Johann Peter Kirsch

Die päpstlichen Kollektorien in Deutschland während des XIV.

Jahrhunderts

Johann Peter Kirsch

Die päpstlichen Kollektorien in Deutschland während des XIV. Jahrhunderts

ISBN/EAN: 9783742898517

Hergestellt in Europa, USA, Kanada, Australien, Japan

Cover: Foto ©ninafisch / pixelio.de

Manufactured and distributed by brebook publishing software
(www.brebook.com)

Johann Peter Kirsch

Die päpstlichen Kollektorien in Deutschland während des XIV. Jahrhunderts

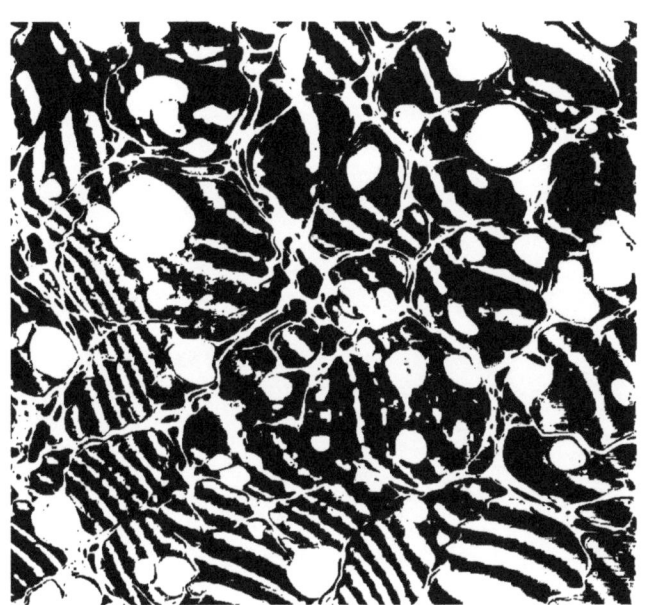

QUELLEN und FORSCHUNGEN

AUS DEM GEBIETE DER GESCHICHTE.

IN VERBINDUNG MIT IHREM HISTORISCHEN INSTITUT
IN ROM

HERAUSGEGEBEN

VON DER

GÖRRES-GESELLSCHAFT.

III. BAND.

➤✦◀

PADERBORN.

DRUCK UND VERLAG VON FERDINAND SCHÖNINGH.

MDCCCLXXXXIV.

ZWEIGNIEDERLASSUNGEN IN MÜNSTER I. W., OSNABRÜCK UND MAINZ.

DIE PÄPSTLICHEN

KOLLEKTORIEN

IN DEUTSCHLAND

WÄHREND DES XIV. JAHRHUNDERTS.

HERAUSGEGEBEN

VON

DR. JOH. PETER KIRSCH,

PROFESSOR AN DER UNIVERSITÄT ZU FREIBURG I. D. SCHWEIZ.

—>·<—

PADERBORN.

DRUCK UND VERLAG VON FERDINAND SCHÖNINGH.

MDCCCLXXXXIV.

ZWEIGNIEDERLASSUNGEN IN MÜNSTER I. W., OSNABRÜCK UND MAINZ.

Vorwort.

Mit dem vorliegenden Bande soll, im Auftrage der Görres-Gesellschaft zur Pflege der Wissenschaft im katholischen Deutschland, eine Reihe von Publikationen zur Geschichte des päpstlichen Finanzwesens im XIV. Jahrhundert eröffnet werden. Das Material zu denselben liefern hauptsächlich die Bücher der Apostolischen Kammer aus der Avignoner Zeit, welche in den beiden grofsen Serien »Collectoriae« und »Introitus et exitus Camerae apostolicae« im päpstlichen Geheim-Archiv im Vatikan aufbewahrt werden. Von beiden Serien wurde, als Grundlage für die weiteren Arbeiten, ein vollständiges Inventar angefertigt, von den »Collectoriae« durch mich, von den »Introitus et exitus« durch Herrn Dr. F. X. Glasschröder, gegenwärtig Archivsekretär in Speyer. Da dieses Inventar ebenfalls veröffentlicht werden soll, kann hier von einer eingehenderen Behandlung dieser Bände des Kameralarchivs abgesehen werden, um so mehr, da bereits durch andere Publikationen der Charakter derselben im allgemeinen bekannt ist.[1] Es genüge daher zu bemerken, dafs die Serie der »Introitus et exitus« hauptsächlich zwei Arten von Registern enthält: die »Manualia«, in welche die einzelnen Beamten ihre Einnahmen oder Ausgaben verzeichneten, und die eigentlichen »Introitus et exitus Camerae apostolicae«, in welche nach den verschiedenen Titeln die Einnahmen und Ausgaben eines Pontifikatsjahres summarisch eingetragen wurden.[2] Die »Collectoriae« enthalten hauptsächlich die Rechnungsberichte der von der Camera in die verschiedenen Länder geschickten Einnehmer, die Register der direkt an der Centralstelle bezahlten Pfründen-

---

[1] Vgl. Ehrle, Historia bibliothecae Romanorum Pontificum tum Bonifatianae tum Avenionensis, t. I, Romae 1890. — Gottlob, Aus der Camera apostolica des 15. Jahrhunderts, Innsbruck 1889. — Müntz, Les arts à la cour des papes pendant le XVe et le XVIe siècle, 3 vol. (In der »Bibliothèque des Écoles franç. d'Athènes et de Rome«, 1re série, fasc. IV, IX, XXVIII). — Guasti im »Archivio storico Italiano« 1884. Gelegentliche Bemerkungen finden sich in mehreren Aufsätzen von P. Denifle und P. Ehrle in deren »Archiv für Litteratur- und Kirchengesch. des Mittelalters«.
[2] In den Registern dieser Art aus dem Pontifikate Johanns XXII. sind die Einnahmen unter folgenden Rubriken eingetragen: Recepta censuum et visitationum. — Recepta emolumenti bulle. — Recepta communium serviitorum. — Recepta de diversis. — Vom Jahre 1334 an kommen hinzu: Assignationes per thesaurarium Venaicini. — Recepta a collectore Anglie u. s. w., Einnahmen aus den Kollektorien. — Die Ausgaben werden meistens unter folgenden Titeln angeführt: Expense pro coquina. - - Pro panataria. — Pro officio vaixelle. — Pro palafrenaria. — Pro cera et extraordinariis. — Pro vadiis ordinariis. — Pro vadiis extraordinariis. — Pro ornamentis. — Pro libris et scripturis. — Pro operibus et edificiis. — Pro helemosina, pro pinhota. Dazu gelegentlich Ausgaben für Kriege und dgl.

gelder, sowie zahlreiche Register der von den Camerarii, Thesaurarii und
Notaren der Camera ausgefertigten Zahlungsverpflichtungen (obligationes)
und Quittungen. Diese Serie erhielt ihre jetzige Gestaltung im vorigen
Jahrhundert unter dem Archivar Garampi, welcher die Rechnungen der
Kollektoren nach den verschiedenen Ländern zusammenstellen und diese
sowie die andern Register fast alle einbinden liefs. Zahlreiche in diese
Serie gehörigen Stücke waren vorher irrtümlich in die Papierregister der
Bullen aus der Kanzlei der Avignoner Päpste mit eingebunden worden.

Die Berichte und Rechnungen der Kollektoren sind für die Geschichte des päpstlichen Finanzwesens und der mittelalterlichen Wirtschaft
überhaupt von grofser Wichtigkeit. Dieselben haben deshalb auch in der
letzten Zeit gröfsere Beachtung gefunden, und es wurde eine Anzahl derselben   allerdings ein verschwindend kleiner Bruchteil des Vorhandenen ·
veröffentlicht.[1] In dem vorliegenden Bande werden nun die aus dem XIV.
Jahrhundert stammenden Rechnungen und Berichte der in Deutschland
thätigen Kollektoren, welche ich in der Serie »Collectoriae« aufgefunden
habe, nebst den dazu gehörigen Aufzeichnungen aus andern Bänden des
Kameralarchivs publiziert. Ich behielt als Titel die Bezeichnung »Kollektorien« bei, weil das Wort »collectoria« bereits in unseren Rechnungen
selbst vorkommt und sowohl die gesamte Thätigkeit der Kollektoren, als
die Gebiete, wo sie dieselbe ausübten, bezeichnen kann. In der erwähnten
Serie tragen die Bände 3 bis 9 die Aufschrift: »Rationes collectoriae Alamanniae«. In der That enthalten dieselben fast ausschliefslich Berichte
der in Deutschland thätigen Einnehmer und Verzeichnisse der Verpflich-
tungen von Inhabern deutscher Pfründen zur Zahlung der Annaten, sowie
die Register der wirklich eingezahlten Summen. Diese letzteren habe ich
in dem vorliegenden Bande nicht berücksichtigt; dieselben werden in den
folgenden Bänden der »Quellen und Forschungen« zur Veröffentlichung
gelangen. In dem vorliegenden Bande finden sich nur die Berichte der
eigentlichen Kollektoren und Subkollektoren, welche in Deutschland thätig
waren. Doch beschränkte ich mich nicht auf die oben angeführten sieben

---

[1] Theiner, Vetera monumenta Hibernorum et Scotorum historiam illustrantia, Romae
1864. — Vetera monumenta Hungariam sacram illustrantia, Romae 1859, 2 B. — Vetera
monumenta Poloniae gentiumque finitimarum historiam illustrantia, Romae 1860—1864,
4 B. -- Vetera monumenta Slavorum meridionalium historiam illustrantia, Romae 1863. —
P. A. Munch, Pavelige Nuntiers Regnskabs-og Dagböger, förte under tiende-opkraev-
ningen i Norden 1282—1334, Christiania 1864. — Liljegren, Svenskt Diplomatar. —
W. Haid, Liber decimationis cleri Constantiensis pro Papa de anno 1275 im »Freiburger
Diöcesan-Archiv« 1865, B. I. — Monumenta Hungariae Vaticana, Ser. I, tom. I: Rationes
collectorum pontificiorum in Hungaria, Buda-Pesth 1887. — Will. Hauthaler, Libellus
decimationis de anno 1285. Beilage zum Programm des Collegium Borromaeum, Brixen
1887. — Fabre, la perception du cens apostolique dans l'Italie centrale en 1291, in
»Mélanges d'archéol. et d'histoire de l'École franç. à Rome«, X (1890), S. 369 ff. —
S. Steinherz, Die Einhebung des Lyoner Zehnten im Erzbistum Salzburg, in »Mitteil.
des Instituts f. österr. Geschichtsforschung«, XIV (1893), S. 1—86. — Vgl. dazu die von
Gottlob, Die päpstlichen Kreuzzugssteuern des 13. Jahrhunderts (Heiligenstadt 1892),
S. 256, Anm. 3, angeführte Litteratur.

Bände; auch die in den übrigen Registern der Serie enthaltenen deutschen Sachen nahm ich auf. Jeder einzelnen Rechnung geht eine kurze Beschreibung der Handschrift voraus. In Bezug auf das Gebiet, welches in Betracht zu ziehen war, nahm ich die kirchliche Einteilung zur Grundlage und berücksichtigte deshalb die Kirchenprovinzen Trier, Köln, Mainz, Bremen, Riga, Magdeburg, Salzburg und Prag, dann die exempten Bistümer Bamberg und Camin, endlich von der Provinz Besançon blofs die Diöcese Basel. Auf dieses Gebiet verteilen sich nun die Kollektorien in sehr ungleicher Weise. Am meisten sind die westlichen Diöcesen vertreten, und besonders für die drei lothringischen Diöcesen Metz, Toul und Verdun finden sich darin viele für die kirchliche Topographie wichtige Angaben. Der als Num. VIII abgedruckte Bericht bildet das älteste und das einzige meines Wissens bisher gedruckte Verzeichnis der Klöster, Stifte und hauptsächlichen Pfarreien der grofsen Diöcese Metz. Zum Vergleiche ist besonders der als Handschrift in der Metzer Stadtbibliothek erhaltene »Pouillé général et raisonné du diocèse de Metz« von Dom Nicolas Tabouillot für die kirchliche Geographie der Diöcese heranzuziehen.

Neben Angaben über kirchliche Topographie enthalten unsere Kollektorien Einzelheiten zur Spezialgeschichte mehrerer Diöcesen und zahlreicher Kirchen. Vor allem aber zeigen dieselben die Entwickelung dieses Zweiges des päpstlichen Finanzwesens während des XIV. Jahrhunderts und bieten viele Einzelheiten für die Geldgeschichte dieses Zeitraumes, welcher in dieser Beziehung überhaupt von grofser Wichtigkeit war. Endlich lassen sich auch für das Benefizienwesen und für die Kulturgeschichte jener Zeit manche Beiträge aus den Aufzeichnungen der Kollektoren schöpfen.

Zeitlich hält sich die Publikation in den Grenzen des XIV. Jahrhunderts schon aus dem Grunde, weil aus der vorhergehenden Zeit im Vatikanischen Archiv blofs zwei Berichte des Kollektors Alironus de Riccardis erhalten sind, von denen der eine von P. Hauthaler in seiner oben citierten Schrift veröffentlicht wurde; der andere, auf welchen P. Denifle[1] hingewiesen hat, anderweitig veröffentlicht werden soll. Aus der Zeit des Schisma sind in der Serie der Kollektorien keine Rechnungen, welche das angegebene Gebiet betreffen, erhalten, und so bot sich hier ebenfalls von selbst ein passender Abschlufs.

Beim Abdruck der Texte wandte ich in Bezug auf die Buchstaben u und v die heutige Schreibweise an. Blofs die Namen, abgesehen von allbekannten Ortsnamen, wie Treverensis, liefs ich nach der Schreibweise der Handschrift abdrucken. Jedoch wurden die Schreibeigentümlichkeiten alle im Drucke beibehalten, wie der Gebrauch von c für t, c für s oder ss und dgl., so dafs der Druck eine genaue Wiedergabe des Originaltextes ist. Wo man die beibehaltene Form eines Wortes für einen Druckfehler

---

[1] Archiv für Litteratur- und Kirchengeschichte. B. II, S. 15, Anm. 3.

halten könnte, mache ich durch ein beigefügtes »*sic*« auf den richtigen Abdruck des Originals aufmerksam. Offenbare Fehler korrigiere ich im Texte und gebe in einer Note die Form des Wortes in der Handschrift an; wo jedoch der Fehler von selbst leicht erkannt wird, begnüge ich mich, durch ein zugefügtes »*sic*« auf denselben aufmerksam zu machen. Von mir im Texte ergänzte Worte sind in Kursivlettern gedruckt und stehen zwischen Klammern. Über die anderweitige Verwendung von Kursivlettern und Klammern geben die Vorbemerkungen zu den einzelnen Stücken, sowie die Anmerkungen Aufschlufs. Eigennamen und als solche geltende Substantive haben grofse Anfangsbuchstaben. Die Zahlen gebe ich alle mit modernen arabischen Ziffern, weil dies für die Benutzung das bequemste war, und die Schreibart der Zahlen im XIV. Jahrhundert genügend bekannt ist. Die Folienzahlen konnten, da fast immer mit jeder neuen Seite ein anderer Posten anfängt, in den Text hineingesetzt werden. Ich hielt es deshalb auch nicht für notwendig, bei einzelnen längeren Angaben und bei einigen in den Rechnungen registrierten Aktenstücken das genaue Wort, mit welchem die neue Seite beginnt, anzugeben. Blofs in dem letzten Stücke unter den Beilagen, wo die Zerstörung einzelner Worte und Zeilen am oberen Rande der Seiten die genaue Bezeichnung der Seitenanfänge wünschen liefs, habe ich diese durch senkrechte Striche in der Zeile unter der Folienzahl angemerkt. Die Anmerkungen beschränkte ich auf das Notwendigste. Bisweilen werden im Texte Kardinäle und Bischöfe erwähnt, ohne dafs der Name dabei steht. Wenn es sich dabei um eine persönliche Sache der betreffenden Kirchenfürsten handelt, habe ich den Namen in einer Anmerkung hinzugefügt. Betraf die Notiz jedoch mehr die amtliche Stellung, besonders mehr das Bistum und die mensa episcopalis als den Bischof selbst, hielt ich dies nicht für notwendig; doch habe ich im Personenregister unter dem Stichwort der betreffenden Diöcese die Namen der Bischöfe angegeben, um das Nachschlagen in anderen Werken zu ersparen. Die Einleitung sollte nach meinem ursprünglichen Plane auch über das Amt der Kollektoren im allgemeinen handeln. Allein unterdessen hat Dr. Gottlob in seiner Schrift über die päpstlichen Kreuzzugs-Steuern im 13. Jahrhundert in trefflicher Weise die Thätigkeit dieser Beamten der Camera dargestellt; ich konnte deshalb seine Ausführungen als Grundlage nehmen, und brauche nur die besonderen, durch die Kollektorien des XIV. Jahrhunderts gebotenen Einzelheiten zu berücksichtigen.

Zum Schlusse spreche ich dem Vorstande der Görres-Gesellschaft für die Verleihung eines Stipendiums des Römischen historischen Institutes, sowie den Beamten des Vatikanischen Archivs für das freundlichste Entgegenkommen meinen besten Dank aus.

Freiburg i. d. Schweiz, Januar 1894.

J. P. Kirsch.

Einleitung.

Die Lage des Papsttums beim Beginne des XIV. Jahrhunderts war keine erfreuliche. Bonifaz VIII. war in seinem Bestreben, die hohe kirchen-politische Stellung der Päpste zu wahren, auf die gröfsten Schwierigkeiten gestofsen. Die schrecklichen Parteiwirren in Italien, der Streit mit den Colonna, die politischen Verwickelungen wegen Sizilien, zuletzt noch der Kampf mit Philipp dem Schönen von Frankreich hatten einen Zustand geschaffen, der die schlimmsten Folgen nach sich ziehen konnte. Nun kam mit Clemens V. die Trennung der Päpste von ihrem Bischofssitze Rom, welche durch die Übersiedlung Johanns XXII. nach Avignon für lange Zeit zu einer dauernden wurde.[1] Dies mufste besonders bei der partikularistischen Richtung der Zeit, welche für die grofse Idee der christ-lichen Völkerfamilie kein Verständnis mehr hatte, verhängnisvoll werden. Schon in dem grofsen Kampfe mit dem Kaisertum hatten die Päpste Schutz und Hilfe bei den Anjou gesucht; jetzt folgten sich nacheinander mehrere französische Päpste auf dem Stuhl Petri; die Kardinäle waren vorwiegend Franzosen, und die Kurie residierte in unmittelbarer Nähe Frankreichs. Dazu kam bald der neue, verhängnisvolle Streit zwischen den beiden höchsten Gewalten der Christenheit, welcher naturgemäfs das Bündnis der Päpste mit den französischen Königen stärken mufste, selbst wenn nicht so zahlreiche andere Gründe sie nach dieser Seite gezogen hätten. Auf diese Weise wurde nicht nur in Italien der Einflufs des Papst-tums bedeutend geschmälert, sondern seine ganze universale Stellung in den Augen der christlichen Völker ward stark erschüttert. Denn die Ab-hängigkeit der Päpste von Frankreich wurde in mancher Beziehung zu grofs, so dafs die übrigen Nationen mifstrauisch wurden und hinter allem, was von der Kurie ausging, französische Politik vermuteten. Das Erstarken des partikularistischen Nationalgefühls reizte unter solchen Umständen noch mehr zur Opposition, und so wurden auch die geistige Gewalt und die prinzipiellen Rechte des Papsttums vielfach mifsachtet.

[1] Vgl. Pastor, Geschichte der Päpste seit dem Ausgang des Mittelalters, I², S. 55—96.

Unter den aus einer solchen Lage erwachsenden Schwierigkeiten dürfen diejenigen finanzieller Natur nicht unterschätzt werden. Die gewöhnlichen Einnahmequellen des apostolischen Stuhles in Italien waren fast gänzlich versiegt, da der Kirchenstaat infolge der beständigen Partei-kämpfe so gut wie gar nicht bestand. Die zinspflichtigen Reiche waren mit ihren Leistungen sehr im Rückstand oder weigerten sich unter ver-schiedenen Vorwänden, die Abgaben zu entrichten. Selbst die üblichen servitia, welche die Bischöfe und Äbte entrichteten, konnten häufig erst lange Zeit nach den ursprünglich festgesetzten Terminen bezogen werden. Und doch mufsten die Päpste ihre kirchliche Stellung voll und ganz wahren, für die Interessen der Kirche und die Verteidigung ihrer Rechte eintreten und für die Ausbreitung des christlichen Glaubens Sorge tragen. Sie mufsten aufserdem die politische Stellung des Papsttums, welche die ge-schichtliche Entwickelung des Mittelalters auf der Grundlage der kirchlichen Verfassung geschaffen hatte, aufrecht zu halten suchen, so weit dies unter den veränderten Zeitumständen möglich war. Dann blieb die Richtung der Zeit nicht ohne Einflufs auf die Einrichtung und Verwaltung des päpstlichen Hofes. Ferner verloren die Päpste des XIV. Jahrhunderts die Sorge für die Christen im Orient nicht aus dem Auge. Sie ergriffen jede Gelegenheit, die christlichen Fürsten zu einem neuen Kreuzzuge in das hl. Land zu vereinigen, obwohl ihre Bemühungen durch die politischen Verhältnisse Europas und die oben kurz geschilderte Lage des Papsttums selbst stets vereitelt wurden. Unterdessen thaten die Päpste durch Unter-stützung einzelner kleinerer Unternehmen im Orient, was sie konnten, um das weitere Vordringen des Islam aufzuhalten. Besonders aber mufste in Italien der Einflufs der Römischen Kirche wieder hergestellt werden, falls das Papsttum die ihm notwendige unabhängige Stellung wiedererlangen sollte. Dies war ungemein schwierig, da bei der vielfachen Verkennung der prinzipiellen Rechte der Kirche nur durch materielle Mittel etwas er-reicht werden konnte. Um den Kirchenstaat in ihren Besitz zu bringen, waren die Päpste zum Teil darauf angewiesen, mit Söldnerheeren Krieg zu führen und Besatzungen von solchen in den Burgen ihrer Territorien zu unterhalten. Welche Geldsummen dazu notwendig waren, zeigt eine flüchtige Durchsicht der Ausgabe-Register im Archiv der apostolischen Kammer während der Thätigkeit des Kardinals Albornoz in Italien.

Unter solchen Umständen hätten die gewöhnlichen Einkünfte der Römischen Kirche nicht ausgereicht, selbst wenn dieselben ungeschmälert und regelmäfsig eingelaufen wären, was gar nicht der Fall war. So mufsten die Päpste des XIV. Jahrhunderts darauf bedacht sein, neue Einnahme-quellen für die Camera zu schaffen. Sie setzten die schon im XIII. Jahr-hundert begonnene Besteuerung der kirchlichen Einkünfte durch Aus-schreiben von Zehnten für das hl. Land und für die Bedürfnisse der Römischen Kirche fort. Allein die Erhebung dieser Abgaben stiefs vielfach

aus den oben angeführten Gründen auf grofse Schwierigkeiten. Deshalb
sahen sich die Päpste genötigt, durch Fordern freiwilliger Beiträge, durch
Reservation der Hinterlassenschaft verstorbener Prälaten und besonders
durch die Einführung einer Abgabe bei Verleihung kirchlicher Pfründen
von seiten des apostolischen Stuhles, sich die notwendigen Geldmittel zu
verschaffen. So bildete sich das päpstliche Finanzwesen auf der im XIII.
Jahrhundert geschaffenen Grundlage weiter aus. Mit dem Einsammeln
der erwähnten Auflagen wurden in der Regel besondere Kollektoren
betraut, welche über ihre Thätigkeit der apostolischen Kammer genaue
Rechenschaft abzulegen hatten. Die in dem vorliegenden Bande veröffentlichten Rechnungen der in Deutschland während des XIV. Jahrhunderts
thätigen Kollektoren gewähren uns einen klaren Einblick in die Entwickelung und Verwaltung dieser Art von Einnahmen der Camera in den
Gebieten des Reiches. Eine zusammenfassende Übersicht davon zu geben
ist der Zweck der Einleitung. Es soll darin, mit der Beschränkung auf
Deutschland, zuerst von den verschiedenen Arten der Abgaben, dann von
den Kollektoren und ihrer ganzen Thätigkeit in Erhebung der Gelder,
Buchführung, Einsendung der Erträge und Rechnungsablage, endlich von
den in ihren Rechnungen vorkommenden Münzsorten gehandelt werden.

I. Die Abgaben.

Nicht alle im XIV. Jahrhundert an den päpstlichen Stuhl zu entrichtenden Abgaben wurden durch besondere Kollektoren erhoben.[1] Die
servitia communia, welche von den Bischöfen und Äbten bei Gelegenheit ihrer Ernennung oder Bestätigung durch den Papst an die Camera bezahlt wurden, mufsten von den Prälaten selbst oder von deren Prokuratoren
übergeben werden. Sie wurden nie von den Kollektoren erhoben, deshalb
finden wir sie nicht in unseren Berichten erwähnt. Dasselbe gilt auch
von den Palliengeldern, die beim Empfange des Palliums zu entrichten
waren, und selbstverständlich auch von den freiwilligen Geschenken, welche
bei der Visitatio ad limina Apostolorum durch die Bischöfe der
päpstlichen Kasse gemacht wurden. Auch die Taxen der Kanzlei wurden
direkt an der Kurie durch die Empfänger der Bullen bezahlt.[2] Die übrigen
Geldleistungen wurden jedoch, wenn auch nicht alle ausschliefslich, im
XIV. Jahrhundert durch die Einnehmer der Camera in Empfang genommen.
Wir werden dieselben im einzelnen kurz besprechen.

---

[1] Eine Zusammenstellung der verschiedenen Arten von Einnahmen der Camera
giebt Leo König S. J., Die päpstliche Kammer unter Clemens V. und Johann XXII.
Wien 1894. S. 1—55.
[2] Vgl. über dieselben M. Tangl, Das Taxwesen der päpstlichen Kanzlei vom 13.
bis zur Mitte des 15. Jahrhunderts, in den »Mitteilungen des Instituts für österr. Gesch.«,
XIII (1892), Heft 1.

1. Was zunächst die Tribute der zinspflichtigen Reiche, Städte und Herrschaften angeht,[1] so zeigen die Register der Camera und die Sammlungen päpstlicher Bullen, dafs die grofsen Summen des Census einzelner Reiche durch besondere Bevollmächtigte eingezahlt wurden, während die kleineren Abgaben dieser Art bereits im XIII. Jahrhundert häufig durch Kollektoren erhoben wurden.[2] Für Deutschland kommt von diesen Tributen nur der Peterspfennig in Betracht.[3] Die Teile von Pomerellen und dem Kulmerland, sowie der anderen Gebiete, in welchen der deutsche Orden herrschte, waren zu dieser Abgabe verpflichtet; allein die Erhebung stiefs im XIV. Jahrhundert auf grofse Schwierigkeiten, weil die Ordensherren die Verpflichtung in Abrede stellten. Papst Johann XXII. bestand jedoch auf der Entrichtung, und es entstanden lange Verhandlungen, die sich noch in die Zeit seines Nachfolgers hineinzogen und damit endigten, dafs der Peterspfennig entrichtet wurde.[1] Mit der direkten Einziehung der Abgabe waren die Bischöfe der einzelnen Diöcesen betraut; sie lieferten die Gelder an einen aus ihnen, den der Papst bezeichnet hatte, ab, und von diesem nahmen es die Kollektoren in Empfang. Die Verpflichtung zum Peterspfennig beruhte im Grunde auf irgend einer früheren oder gegenwärtigen Zugehörigkeit zu Polen. Mit der Einziehung der daraus geflossenen Summen wurden immer die nach Polen geschickten Kollektoren beauftragt. Darum glaubte ich bei meinen Excerpten aus den Rechnungsbüchern der Camera dieselben nicht berücksichtigen zu müssen, um so mehr, als verschiedene Rechnungen der in Polen thätigen Kollektoren bereits durch Theiner in den »Monumenta Poloniae« veröffentlicht wurden.[5]

2. Der Census exemter Bistümer, Klöster und Kirchen. — Die ursprünglich als Zeichen des »dominium eminens« des hl. Petrus über einzelne Klöster an den Papst bezahlte Abgabe war in der Anschauung des XIV. Jahrhunderts, wie schon lange vorher, ein äufserer Ausdruck der Exemtion von der Gewalt des direkten kirchlichen Obern für Bistümer und Abteien.[6] In Deutschland waren die Diöcese Bamberg und mehrere Klöster zur Bezahlung eines Census verpflichtet. Derselbe wurde sowohl im XIII. als im XIV. Jahrhundert häufig von den Kollektoren erhoben,[7] jedoch auch oft durch Prokuratoren der betreffenden Körperschaft

---

[1] Vgl. über dieselben Fabre, Etude sur le Liber Censuum de l'église Romaine, Paris 1892. S. 116—128.
[2] Fabre, Etude. S. 149—169.
[3] Vgl. Gottlob, Aus der Camera apostolica des 15. Jahrhunderts, S. 214 ff. — Fabre, Etude, S. 129 ff.
[4] S. die zahlreichen päpstlichen Schreiben über diese Angelegenheit bei Theiner, Monumenta Poloniae. — Vgl. Gottlob, Aus der Camera ap., S. 218 f.
[5] Vgl. auch Vatikanische Akten zur deutschen Geschichte in der Zeit Ludwigs des Bayern. München 1890. S. 488, Nr. 1397; S. 513, Nr. 1477; S. 594, Nr. 1750; S. 595, Nr. 1754; S. 672 (Schreiben des Königs von Böhmen, ohne Nummer); S. 792, Nr. 2188.
[6] Fabre, Etude, S. 71—115.   [7] Fabre, Etude, S. 149 ff.

direkt an die Camera eingeschickt. In unseren Kollektorien wird mehrere
Male die Entrichtung von solchen Census erwähnt. Wir sehen dadurch,
was schon durch Fabre für die vorhergehende Zeit hervorgehoben wurde,
wie unregelmäfsig die Einzahlungen geschahen. Im Jahre 1319 bezahlten
diese Abgabe: das Domkapitel von Bamberg für die 14 letztverflossenen
Jahre, das Stift von Essen für 5 Jahre, die Abtei Pierremont für 33 Jahre
(S. 51), die Abtei Rémiremont für 32 Jahre, ebenso die Stiftskirche von
Saint-Dié (S. 57), die Abtei Hersevelde für 5 Jahre (S. 86). Von anderen
Kirchen und Abteien, welche dem römischen Stuhl zinspflichtig waren,
wie Reichenau, S. Emmeram und S. Jakob in Regensburg, wird nicht angeführt, für welchen Termin die Abgabe entrichtet wurde (S. 43). Von
dieser Zeit an ward der Census während des XIV. Jahrhunderts fast immer
nach einer gewissen Reihe von Jahren durch einen eigenen Prokurator
der betreffenden Körperschaft an der Kurie selbst bezahlt, wie aus der
Rubrik »De censibus et visitationibus« in der Register-Serie »Introitus et
exitus« hervorgeht. Wir finden nach dem Pontifikate Johanns XXII. keine
Einzahlung dieser Abgabe an Kollektoren in unseren Rechnungen erwähnt,
obschon die Abgabe nicht im Prinzip aus den Vollmachten unserer Einnehmer ausgeschlossen wurde. Denn unter dem 13. September 1345 er-
teilte Clemens VI. dem Generalkollektor Gerardus de Arbenco den Auftrag,
den jährlichen Census, welchen einige Prälaten, Kleriker, Grafen u. s. w.
in den Gebieten, in welchen Gerardus thätig war und wozu auch die
Trierer Kirchenprovinz gehörte, der römischen Kirche schuldeten und in
den letztvergangenen Jahren nicht gezahlt hatten, einzufordern.[1] In der
uns erhaltenen und in diesem Bande abgedruckten Rechnung des Kollektors
wird jedoch für die Kirchenprovinz Trier keine Entrichtung von Zins erwähnt. Diese Abgabe war übrigens, wie aus unseren Rechnungen und
aus dem von Fabre publizierten ersten Fascikel des »Liber censuum«
hervorgeht,[2] sehr mäfsig.

3. Die vom Papste auferlegten Zehnten auf die kirchlichen
Einkommen. — Die Erhebung aufsergewöhnlicher Zehnten von den
Gütern und Einkünften der Kirchen in den verschiedenen Ländern der
Christenheit reicht in ihrem Ursprunge in den Anfang des XIII. Jahr-
hunderts zurück.[3] Zunächst waren es die Kreuzzüge und die Bedürfnisse
des hl. Landes, welche diese Abgabe veranlafsten. Später mufsten die
Päpste auch zur Wahrung der Rechte und der Freiheit der römischen
Kirche zu diesem Mittel greifen, um sich und den mit ihnen Verbündeten
die nötigen Geldmittel zu verschaffen. Von den gegen Ausgang des XIII.
Jahrhunderts ausgeschriebenen Zehntauflagen waren beim Beginne des

---

[1] Vatik. Akten, S. 805, Nr. 2231; vgl. S. 501, Nr. 1446.
[2] Le Liber censuum de l'Église Romaine publié avec une préface et un commen-
taire par Paul Fabre. 1er fasc. Paris 1889.
[3] Gottlob, Die päpstlichen Kreuzzugs-Steuern im 13. Jahrhundert. Heiligenstadt 1892.

XIV. Jahrhunderts noch bedeutende Rückstände zu erheben. Von dem allgemeinen, durch das Konzil von Lyon (1274) auferlegten Zehnt[1] wurden in den Jahren 1309 und 1310 bedeutende Summen aus den in verschiedenen Teilen Deutschlands eingesammelten Rückständen an die Camera angewiesen (S. 381 f.). In der Diöcese Konstanz hat noch 1319 ein päpstlicher Kollektor eine aus dieser Auflage stammende Geldsumme eingezogen (S. 58 u. 81). Ob von den Zehnten, welche zu Gunsten Philipps III. von Frankreich u. a. auch in den lothringischen Bistümern Metz, Toul und Verdun, dann in Lüttich, Cambrai, Basel und anderen Diöcesen der Kirchenprovinz Besançon 1284 und 1288 ausgeschrieben wurden, sowie von anderen Auflagen dieser Zeit noch im 14. Jahrhundert etwas erhoben ward, darüber erfahren wir aus unsern Kollektorien nichts.[2] Die erste der hier veröffentlichten Rechnungen betrifft die Erhebung eines von Papst Bonifaz VIII. zur Unterstützung der römischen Kirche in den Kämpfen wegen der Herrschaft in Sizilien und wegen der Empörung der Colonna geforderten Zehnten. Durch die Bulle »Procellosi temporis« vom 1. Oktober 1298 ersuchte dieser Papst die Prälaten Frankreichs um eine Unterstützung und schrieb zugleich für andere Gebiete einen dreijährigen Zehnten aus, welcher von allen kirchlichen Pfründen in Italien und in andern benachbarten Kirchenprovinzen, darunter auch Besançon, erhoben werden sollte.[3] Die Auflage traf somit auch die Diöcese Basel, welche zu der genannten Kirchenprovinz gehörte. Es ist offenbar dieser Zehnt, welcher in den Jahren 1301 bis 1303 oder 1302 bis 1304 in diesem Bistum erhoben wurde,[4] worüber die Spezialrechnung des Subkollektors als Num. I unserer Kollektorien publiziert wird. Denn dieser Zehnt war schon vor längerer Zeit für die Bedürfnisse der römischen Kirche, und zwar auf drei Jahre, ausgeschrieben worden (S. 4). Generalkollektor für Besançon und andere Gebiete war Wilhelm von Mandagot, Erzbischof von Embrun, welcher eben als solcher in unserer Rechnung erwähnt wird (S. 4). Nach dem päpstlichen Ausschreiben sollte die Abgabe jährlich an zwei Terminen, nämlich am Feste des hl. Johannes des Täufers (24. Juni) und an Weihnachten entrichtet werden. Auch in Basel wurde nach der vorliegenden Rechnung der Zehnt in jedem der drei Jahre an zwei Terminen, wohl an den durch die Bulle bestimmten Tagen, erhoben. Die Inhaber der Pfründen kamen bei weitem nicht alle ihrer Verpflichtung nach; kaum die Hälfte bezahlte die Abgabe. Wie in Basel, so wird es wohl ebenfalls in den übrigen Diöcesen ergangen sein. Benedikt XI. war bestrebt, die

[1] Vgl. Gottlob, Kreuzzugs-Steuern, S. 94 ff. — Finke, Konzilienstudien zur Geschichte des 13. Jahrhunderts. Münster 1891. S. 113 ff.
[2] Vgl. über diese Auflagen Gottlob, Kreuzzugs-Steuern, S. 131 ff., S. 137 f.
[3] Potthast, II, Nr. 24727. — Registres de Boniface VIII, ed. G. Digard. fasc. V, S. 318, Nr. 2888.
[4] Es ist nicht genau zu erkennen, ob das S. 31 erwähnte Datum 1302 das erste oder das zweite Jahr der Erhebung bezeichnet.

Rückstände der sowohl für das hl. Land als »pro oneribus Romanae ecclesiae« auferlegten Zehnten, welch letzterer auf andere deutsche Gebiete ausgedehnt wurde, einzutreiben, und gab den Kollektoren hierüber Vollmachten und Anweisungen.[1] Die Ausführung dieser Aufträge läfst sich in den Registern der Camera nicht verfolgen, da aus dem kurzen Pontifikate des genannten Papstes keine Rechnungen für deutsche Gebiete erhalten sind. Wir sehen jedoch aus den Quittungen der Kollektoren, dafs damals in verschiedenen Teilen Deutschlands Geld erhoben wurde.[2] Unter den Bullen dieses Papstes finden sich ebenfalls mehrere Quittungen, welche ausgestellt wurden nach geschehener Abrechnung mit den Kaufleuten, die Gelder im Auftrage der Camera eingezogen hatten.[3]

Während der Sedisvakanz und unter dem Pontifikate Clemens' V. wurde die Erhebung der Rückstände dieser verschiedenen Zehntauflagen fortgesetzt. Nach Deutschland wurden neue Kollektoren geschickt oder die Vollmachten der bisherigen erneuert zum weitern Eintreiben des Lyoner Zehnten für das hl. Land.[4] In diese Zeit fällt die Thätigkeit des Kollektors Petrus Duranti in Basel, welcher sich wegen der Widerspenstigkeit hervorragender Mitglieder des Klerus zu scharfem Vorgehen veranlafst sah. Die Prozefsakten werden unter den Beilagen zu diesem Bande (S. 425 bis 439) veröffentlicht. Mehrere Summen aus den rückständigen Zehnten wurden von den Kollektoren in den Jahren 1309 und 1310 an die Camera eingesandt (S. 381 f.). In verschiedenen Kirchenprovinzen Deutschlands galt es ebenso wie in Basel nicht blofs den Lyoner Zehnt zu erheben, sondern auch die von Bonifaz VIII. für die Bedürfnisse der römischen Kirche ausgeschriebenen Abgaben einzutreiben.

Von den zu Anfang des Pontifikates Clemens' V. verschiedenen Fürsten gewährten Steuern auf kirchliche Güter wurde Deutschland nicht berührt.[5] Allein die grofse finanzielle Not, in welcher sich der Papst befand, zwang ihn, einen Aufruf an die Bischöfe und den übrigen Klerus mehrerer Länder zu richten, worin er bat, man möge durch freiwillige Beisteuern seiner Kasse zu Hilfe kommen. Wir werden im folgenden Abschnitte dieses subsidium näher erörtern. Daneben verlor der Papst die Angelegenheit des hl. Landes nicht aus dem Auge. Für die Unternehmen der Johanniter

---

[1] S. Funke, Papst Benedikt XI., in »Kirchengesch. Studien« I, Heft 1, Münster 1891, S. 56. — Grandjean, in den »Mélanges d'archéologie et d'histoire de l'École franç. de Rome« 1883, S. 61 f.

[2] Vgl. Schmidt, Urkundenbuch des Hochstiftes Halberstadt, II, S. 616, Nr. 1734. — Codex Anhalt. III, Nr. 75. — Codex diplom. Saxoniae, II, Nr. 58. — Sudendorf, Regest. II, Nr. 86. — Codex diplom. Lubecensis, S. 155, Nr. 179; S. 156, Nr. 180. — Mecklenburg. Urkundenbuch, V, S. 179, Nr. 2952; S. 190, Nr. 2965; S. 191, Nr. 2968.

[3] Grandjean, Reg. de Bénoît XI, S. 145, Nr. 181; S. 357, Nr. 534; S. 796, Nr. 1273.

[4] Regestum Clementis V, ed. mon. O. S. Benedicti, Annus II, Nn. 1941—44; Annus III, Nn. 3611—13. — Brom, Bullarium Trajectense, I, S. 223, Nr. 488.

[5] S. Gottlob, Kreuzzugs-Steuern, S. 163 f. Regest. Clementis V, Annus II, Nr. 1604.

zu Gunsten Palästinas wurde 1308—1309 eine allgemeine Cruciata ausgeschrieben.[1] Im Jahre 1311 berief der Papst das Konzil von Vienne.
Eine der hauptsächlichsten Aufgaben dieser Kirchenversammlung war bekanntlich die Angelegenheit des hl. Landes. Infolge der Verhandlungen,
welche hierüber stattgefunden hatten, schrieb der Papst in der ganzen
Christenheit eine neue sechsjährige Zehntauflage behufs einer Kreuzfahrt nach Palästina aus. Unter dem 1. Dezember 1312 erging an alle
Erzbischöfe und deren Suffragane, sowie an die exempten Bischöfe des
deutschen Reiches eine Bulle mit der Aufforderung, vom 1. Oktober an
diesen Zehnt während sechs aufeinander folgenden Jahren jeweilen in zwei
Terminen zu erheben: am 1. Oktober und am 1. April. Das daraus
fliefsende Geld sollten sie an sicheren Orten durch die von ihnen mit
dem Einsammeln beauftragten Kollektoren hinterlegen lassen.[2] Dem Erzbischof von Salzburg und seinen Suffraganen wurde am 1. März 1314 ein
Aufschub bis zum 1. Mai desselben Jahres für den Beginn der Erhebung
des Zehnten von Vienne gewährt.[3] Unter wie grofsen Schwierigkeiten
und wie langsam die Einsammlung der Auflage vor sich ging, ersehen
wir daraus, dafs der folgende Papst Johann XXII. den Kollektoren über
die Erhebung derselben Anweisungen gab (s. Kap. II).[4] Noch im Jahre
1332 wurden Gelder, welche von diesem Zehnten herstammten, für die
Camera erhoben (S. 383). Doch ersehen wir aus den Bullen Johanns XXII.
an die Kollektoren, dafs beständig gröfsere oder kleinere Summen eingezahlt und bei geistlichen Würdenträgern oder in Klöstern und Kirchen
hinterlegt wurden. Allerdings waren diese »deposita« nicht immer gesichert. Einzelne Bischöfe eigneten sich die Gelder an und gebrauchten dieselben für ihre Zwecke, und es kostete später grofse Mühe, die Prälaten
oder deren Nachfolger zur Rückerstattung zu bewegen.[5] Von den früher
in Polen und Böhmen erhobenen Geldern hatte der König Wenzeslaus im
Jahre 1305 eine Anleihe gemacht.[6] Auch behufs der Rückzahlung dieser
Summe mufste Johann XXII. öfter an die Kollektoren schreiben.[7] Im
ganzen scheint aus dem Reiche von dem Vienner Zehnten für Palästina
wenig an die Kurie gekommen zu sein; denn noch im Jahre 1326 schreibt
der Papst, »es sei in einzelnen Teilen Deutschlands wenig oder gar nichts
von dem durch Clemens V. für das hl. Land ausgeschriebenen Zehnten

---

[1] Gottlob, Kreuzzugs-Steuern, S. 163, Anm. 4.
[2] Regest. Clementis V, Annus VIII, Nr. 9983. — Brom, Bull. Traj. I, Nr. 520.
[3] Reg. Clem. V, Annus IX, Nr. 10243.
[4] Vgl. Vatik. Akten, S. 43, Nr. 55; S. 71, Nr. 115; S. 44, Nr. 55, Anm.; S. 111,
Nr. 209; S. 426, Nr. 1202; S. 450, Nr. 1282.
[5] Vgl. Vatik. Akten, S. 14, Nr. 28; S. 44, Nr. 56; S. 45, Nn. 57 und 58; S. 46,
Nr. 59; S. 99, Nr. 176. — Brom, Bull. Traj. I, S. 253, Nr. 540; S. 271, Nr. 582. —
Schmidt, Päpstliche Urkunden und Regesten (Geschichtsquellen der Prov. Sachsen,
B. XXII), Johann XXII., Nr. 74.
[6] Theiner, Monumenta Hungariae, I, S. 414, Nr. 660.
[7] Vatik. Akten, S. 15, Nr. 30.

entrichtet worden«.[1] Dennoch erneuerte Johann XXII. zweimal die Auflage; das erste Mal wenigstens für einzelne Teile des Reiches im Jahre 1323. Wir sind für die Kölner Kirchenprovinz hierüber genauer unterrichtet. Unter dem 6. Dezember des genannten Jahres wurden Kollektoren zum Einsammeln des Zehnten bevollmächtigt.[2] Allein trotz erneuter Mahnungen zur Entrichtung der Abgabe mufste der Papst wegen der Beschwerden des Klerus dieselbe zurückziehen.[3] Am 26. Juli 1333 schrieb dann Johann XXII. aufs neue einen sechsjährigen Zehnten »pro subsidio Terrae sanctae« in allen Ländern der Christenheit aus,[4] nachdem er einzelnen Gegenden ebenfalls zur Unterstützung der Notlage der Römischen Kirche Abgaben auferlegt hatte. In den Einzahlungen an die Camera, welche der Kollektor Johannes Ogerii während der Jahre 1337 bis 1342 machte (S. 156 f.), werden diese Zehnten erwähnt; doch ist nicht im einzelnen gesagt, wieviel auf jede der ihm angewiesenen Kirchenprovinzen von den genannten Summen fällt. Benedikt XII. griff die Idee eines Kreuzzugs von neuem auf und richtete am 31. Januar 1335 an alle Erzbischöfe und Bischöfe des deutschen Reiches eine Bulle mit der Aufforderung, sie sollten nach den Erlassen seines Vorgängers Philipp IV. von Frankreich als Befehlshaber einer allgemeinen Überfahrt anerkennen und ihm den Zehnten aller kirchlichen Einkünfte ihrer Diöcesen gewähren. Allein die politische Lage machte die Ausführung unmöglich, und im Jahre 1336 wurde die Auflage widerrufen.[5] Überhaupt stiefs in Deutschland wegen des Streites Ludwigs des Bayern mit dem Oberhaupte der Kirche die Erhebung der verschiedenen vom Papste auferlegten Abgaben auf die gröfsten Schwierigkeiten. Charakteristisch sind in dieser Beziehung die Äufserungen eines Kollektors für Polen, Galhardus de Carceribus, welcher auch in angrenzenden deutschen Gebieten sein Amt ausübte. Er sagt in seinem Berichte vom Jahre 1337: »Item sciat Sanctitas Vestra, quod in omnibus civitatibus regni Polonie, in quibus Theutonici dominantur, omnia iura sedis apostolice et vestre camere quasi depereunt in totum« u. s. w. Und später: »Item in diocesi Kamynensi, que notorie est infra antiquos limites regni Polonie: quia ibi filius Bawari dominatur et . . episcopus ibidem est theutonicus, igitur omnia iura camere totaliter indebite denegantur: nam nec clerus aliquid solvit de decima supradicta et populares censum (d. h. den Peterspfennig) solvere indebite contradicunt, nec clerus nec populus interdictum curant observare«.[6] Doch suchte Papst Clemens VI. die deutsche Geistlichkeit zur Beisteuer für

[1] Vatik. Akten, S. 216 f., Nn. 617 u. 618.
[2] Vatik. Akten. S. 433, Nr. 1233 Anm.
[3] Vatik. Akten, S. 433, Nr. 1233. — Brom, Bull. Traj. I. S. 359, Nr. 847; vgl. Nr. 834.
[4] S. die Bulle »Gravem dilectorum« Benedikts XII. vom 5. April 1337 bei Theiner, Monumenta Hungariae, I, S. 613, Nr. 917.
[5] Gottlob, Kreuzzugs-Steuern, S. 164, Anm. 1.
[6] Theiner, Monumenta Poloniae, I, S. 392.

Abwehr der Türken wieder heranzuziehen. Am 1. Dezember 1343 schrieb er in allen Kirchenprovinzen des Reiches einen während drei Jahren von allen kirchlichen Pfründen zu leistenden Zehnten aus zur Unterstützung eines Heeres gegen die Türken.[1] Nach Ablauf dieser ersten Zehntperiode erneuerte er die Auflage auf zwei weitere Jahre (s. S. 183). In einzelnen Ländern des Reiches scheint, wenn auch nicht sofort, doch später diese Beisteuer teilweise bezahlt worden zu sein. Denn bei der Summe, welche am 4. Dezember 1355 aus Böhmen an die Camera gelangte, werden ebenfalls Zehntgelder erwähnt; höchst wahrscheinlich sind damit die eben erwähnten Türkenzehnten gemeint (S. 384). In andern Diöcesen wurde die Entrichtung der Steuer vollständig verweigert; so in der Trierer Kirchenprovinz und in Basel, wie der Kollektor Gerardus de Arbenco in seiner Rechnung ausdrücklich bemerkt (S. 183). Sicher erging es in andern Teilen des Reiches nicht besser, da weder in den Rechnungen, noch in den Aufzeichnungen der Registerbände »Introitus et exitus«, aufser der angeführten Zahlung aus Böhmen, Zehntgelder in dieser Zeit erwähnt werden. Die scharfen Mafsregeln, zu denen sich der Kollektor Gerardus Vollmachten erbeten hatte, blieben ohne Erfolg.[2]

Innocenz VI. wandte ein besonderes Interesse den politischen Verhältnissen Italiens zu und strebte mit allem Nachdruck die Wiedergewinnung des Kirchenstaates an. Dies war eine Hauptbedingung, um die Rückkehr der Päpste nach Rom zu ermöglichen. Der Papst konnte hoffen, für dieses Unternehmen materielle Unterstützungen von seiten der Geistlichkeit ohne Schwierigkeit zu erhalten, da dasselbe das Wohl der ganzen Kirche betraf. Durch Bulle vom 15. Mai 1355 legte er einen während drei Jahren, von Allerheiligen dieses Jahres an gerechnet, zu entrichtenden Zehnten auf alle kirchlichen Benefizien in Deutschland wie in vielen andern Ländern für die Wiedereroberung der abtrünnigen Gebiete der Römischen Kirche.[3] Doch begegnete auch diese Auflage wieder einer allgemeinen Opposition des deutschen Klerus. Es wurden lange Verhandlungen zwischen dem Papste und den deutschen Bischöfen geführt, an welchen auch König Karl IV. sich beteiligte.[4] Auf dem Reichstag in Mainz im Jahre 1359 kam die Angelegenheit ebenfalls zur Sprache. Das Ergebnis der Verhandlungen war, dafs der Papst die Zehntauflage zurückzog und sich mit einer einmaligen Beisteuer begnügte, welche in der Höhe von zwei Prokurationen vereinbart wurde, d. h. sie sollte das Doppelte der Abgabe betragen, welche durch die Inhaber der Benefizien bei der persönlichen Visitation derselben durch die Erzbischöfe, Bischöfe und

---

[1] Schmidt, Päpstl. Urkunden, S. 341, Nr. 41. — Vatik. Akten, S. 786, Nr. 2173.
[2] Vatik. Akten, S. 843, Nr. 2317.
[3] Werunsky, Excerpta ex registris Clementis VI et Innocentii VI, Innsbruck 1885, S. 96, Nr. 337.
[4] Werunsky, Excerpta. Nn. 351. 361, 362, 363, 369, 370 ff.

Archidiakone an diese nach der Dekretale »Vas electionis« Benedikts XII.[1] zu entrichten war.[2] Mit dem Bischof und dem Kapitel der Kathedrale von Toul wurde eine Pauschsumme vereinbart.[3] In dieser Form wurde die Abgabe wirklich entrichtet und im Jahre 1357 und den folgenden, allerdings unter mancherlei Hindernissen, erhoben, nachdem der Papst die Erzbischöfe, Bischöfe, Prälaten und Benefiziaten von der Leistung irgend einer andern »procuratio« oder eines »subsidium« für die päpstliche Kasse enthoben hatte.[4] In den Anweisungen an die Camera unserer Kollektorien (S. 386 ff.) werden die ziemlich hohen Summen angegeben, welche durch Vermittlung der mit der Camera in Verbindung stehenden Kaufleute der päpstlichen Kasse zuflossen. Für die Diöcese Metz besitzen wir die Spezialrechnung des Subkollektors (S. 299 ff.). Es dauerte jedoch lange, bis die Beisteuer vollständig eingezahlt worden war; denn noch im Jahre 1372 wurden einzelne Rückstände derselben erhoben (S. 403).

Papst Urban V. faßte bald nach seiner Erhebung auf den Stuhl Petri den Entschluß, seinen Sitz wieder nach Rom zu verlegen, und war bemüht, durch Wiederherstellung der Ordnung in Italien sich die Rückkehr zu ermöglichen. Auch er mußte zur Ausführung seiner Pläne die kirchlichen Güter belasten. Er schrieb im Jahre 1366 einen Zehnten auf die Einkommen eines Jahres aller geistlichen Pfründen in Deutschland und Böhmen aus.[5] Derselbe wurde, wohl infolge der Verhandlungen, welche Karl IV. bei seinem Besuche in Avignon mit dem Papste geführt hatte, dem Kaiser zur Bekämpfung der Italien verwüstenden Truppen überwiesen. Daß der Zehnt wirklich erhoben wurde, sehen wir aus einer Klage der Abtei Egmond gegen den Kollektor Bernardus Mathesii.[6] Während des Pontifikates Urbans V. wurden vielfach Gelder aus Deutschland und Böhmen an die Camera geschickt; allein in den Anweisungen ist immer allgemein von den Guthaben der Camera die Rede (S. 390 ff.). Jedenfalls wurde die Erhebung der mit Innocenz VI. vereinbarten Beisteuer und der Rückstände anderer, früher auferlegten Abgaben sowohl unter Urban V., als auch unter seinem Nachfolger Gregor XI. fortgesetzt. Dieser forderte auch seinerseits im Anfange seines Pontifikates eine Steuer von den kirchlichen Gütern in der Form eines Zehnten der Einkommen eines Jahres aller geistlichen Pfründen.[7] Der Papst sandte den Kleriker der Camera, Elias de Vodronio (oder Vodromo), in die verschiedenen Länder des

---

[1] Corp. iur. can. Extrav. comm. lib. III, tit. X, cap. un. ed. Richter-Friedberg, II, Col. 1280.
[2] Werunsky, Excerpta, S. 122, Nr. 436.
[3] Werunsky, Excerpta, S. 120, Nr. 429.
[4] Werunsky, Excerpta, S. 131, Nr. 464. Vgl. die dort folgenden, die Angelegenheit betreffenden Bullen. — Schmidt, Urkundenbuch von Halberstadt, III, S. 576, Nr. 2484.
[5] Brom, Bullarium Traiectense, II, S. 136, Nr. 1766; S. 158, Nr. 1834. Es handelt sich in diesen beiden Schreiben wahrscheinlich um dieselbe Zehntauflage.
[6] Brom, Bull. Traj. II, S. 172, Nr. 1875.
[7] Vgl. die Bullen vom 15. April 1372 bei Brom, Bull. Traj., S. 216, Nr. 2052.

deutschen Reiches, um die Leistung der Abgabe zu vereinbaren und deren Erhebung zu ordnen. Derselbe vereinbarte mit mehreren Erzbischöfen und Bischöfen für sie selbst und den Klerus ihrer Diöcesen eine Pauschsumme, welche in verschiedenen Raten abbezahlt wurde (s. S. 405 ff.). In andern Diöcesen scheint die Abgabe direkt von den Inhabern der Pfründen erhoben worden zu sein. Mit Elias waren mehrere Kollektoren und in den einzelnen Diöcesen Subkollektoren mit dem Einsammeln der Gelder beschäftigt. Eine dauernde Opposition scheint sich gegen die Leistung der Abgabe nicht erhoben zu haben. Wohl hatten sich der Erzbischof Peter von Magdeburg und seine Suffragane, namentlich Bischof Konrad von Meissen, zum Widerstande gegen die Abgabe vereinigt. Allein sie gaben den Widerstand auf und vereinbarten die Zahlung einer Pauschsumme von 6000 Goldgulden.[1] In den Anweisungen an die Camera, welche hier veröffentlicht werden, finden sich in der That Gelder aus der Magdeburger Kirchenprovinz (S. 412).

Dies ist die letzte Zehntauflage, von welcher in unsern Kollektorien des XIV. Jahrhunderts Erwähnung geschieht.

4. Freiwillige Subsidien der Geistlichkeit. — Nicht immer bestimmten die Päpste durch einen strikten Befehl die Entrichtung einer Steuer von den kirchlichen Einkommen und deren Höhe, wie es bei den im vorigen Abschnitte besprochenen Zehntauflagen der Fall war. Bisweilen wandten sie sich in ihrer Geldnot an den Gemeinsinn der Bischöfe und Prälaten und begehrten von ihnen eine freiwillige Beisteuer (subsidium caritativum) für irgend einen bestimmten Zweck, besonders zur Bekämpfung der Rebellen gegen die Autorität des Papstes in Italien. War einmal das Versprechen, ein solches subsidium zu leisten, gegeben worden, so wurde dasselbe als bindend angesehen, und die Päpste bestanden auf dessen Erfüllung. Schon im XII. Jahrhundert kamen Fälle vor, dafs Bischöfe von dem Klerus ihrer Diöcesen freiwillige Gaben verlangten, wenn sie in Geldnot waren.[2] Dieser Gebrauch entwickelte sich weiter in der Folgezeit, und so ist es bei der finanziellen Lage der Päpste im XIV. Jahrhundert leicht begreiflich, dafs auch sie von den Bischöfen und dem Klerus solche Beisteuern begehrten.

Clemens V. befand sich beim Beginne seines Pontifikates in sehr grofsen finanziellen Verlegenheiten. Die Tribute aus Italien wurden nicht bezahlt, von Rom kamen keine Gelder, und die zinspflichtigen Reiche brauchten für ihre eigene Politik so viel, dafs von ihnen nichts zu erwarten war. Deshalb erliefs der Papst Aufrufe an die Bischöfe und den Klerus vieler Diöcesen mit der Bitte, durch einen freiwilligen Zehnten der Not der Römischen Kirche zu Hilfe zu kommen. Auch an zahlreiche

---

[1] Gersdorf, Urkundenbuch von Meissen, II, S. 139, Nr. 625 (1373, April 21); S. 153, Nr. 636.
[2] Gottlob, Kreuzzugs-Steuern, S. 40.

deutsche Bischöfe und an den Erzbischof und die Suffragane von Besançon
erging diese Aufforderung. Besondere Gesandten des Papstes wurden in
die Kirchenprovinzen Tarantaise, Arles, Auch, Vienne, Besançon und
Embrun geschickt, um die Gewährung der Beisteuer zu veranlassen.[1] In
Besançon fand ein Provinzialkonzil statt, welches die Höhe des von jedem
Bistum zu leistenden Beitrages festsetzte. Einzelne Bischöfe bezahlten denselben bald, andere erst später. Von Basel wurde derselbe erst durch
den Bischof Gerard in den Jahren 1317 bis 1319 entrichtet (s. S. 382).
In Deutschland versprachen die Bischöfe von Chur, Brixen, Seckau, Gurk,
Passau, Regensburg und Metz den Zehnten von den Einkommen eines
Jahres aller Benefizien ihrer Diöcesen; der Erzbischof von Salzburg bot
den Zehnten während zweier Jahre, der Erzbischof von Trier den Zwan-
zigsten eines Jahres an.[2] Doch wurde die Beisteuer nicht überall sofort
entrichtet; denn noch unter Johann XXII. mufsten Rückstände derselben
eingefordert werden (s. S. 44, 58).

Johann XXII. selbst erbat im Jahre 1326 von den Bischöfen und
Prälaten verschiedener Kirchenprovinzen, u. a. auch in Besançon und in den
drei lothringischen Diöcesen Metz, Toul und Verdun, ein subsidium gra-
tuitum.[3] Die Bischöfe, Domkapitel, Kollegiatstifte, Dekanate, Abteien und
Priorate wurden, wie aus unserer Kollektorie Nr. IV (S. 112 ff.) hervorgeht, zur Beisteuer herangezogen. Für die Cluniacenser[4] und die Cistercienser[5] vereinbarten die Generalkapitel eine Pauschsumme, welche auf die
einzelnen Häuser verteilt wurde. Wir sehen aus unsern Rechnungen, dafs
in den folgenden Jahren noch Rückstände dieses subsidium von den Kollektoren erhoben wurden. Der Bischof von Strafsburg, Berchtold von Bucheck,
liefs im Jahre 1330 dem Papste 4000 Goldgulden als Beisteuer durch einen
eigenen Boten überreichen, wie wir aus dem Dankschreiben Johanns XXII.
vom 19. April dieses Jahres ersehen.[6] Ebenso dankt der Papst unter dem
1. März 1331 für 3000 Goldgulden, welche der erwählte Bischof Thomas
de Bourlemont von Toul ihm als subsidium übersandt hatte.[7] Dafs der
durch Innocenz VI. auferlegte Zehnt in eine Beisteuer umgewandelt
wurde, haben wir bereits gesehen; doch gehört diese nicht zu den sub-
sidia gratuita, da sie förmlich auferlegt worden war. Derselbe Papst erbat
von den Prälaten in Böhmen, Ungarn und Polen, sein Nachfolger Urban V.
auch in einzelnen Teilen Deutschlands eine Beisteuer, welche den dritten
Teil eines servitium commune, wie es die Bischöfe und Äbte bei ihrer

[1] Regestum Clementis V, Annus V, S. 462, Nr. 6385; cf. Nr. 6386.
[2] Reg. Clementis V, Annus VII, S. 330, Nn. 8853, 8854.
[3] Vatik. Akten, S. 349, Nr. 920. — Vgl. Munch, Pavelige Nuntiers Regnskabs-og
Dagböger, S. 169, Nr. 53. S. die beiden päpstlichen Bullen unten S. 110 und 111.
[4] S. unten S. 115.
[5] Vatik. Akten, S. 489, Nr. 1404; S. 500, Nr. 1414.
[6] Vatik. Akten, S. 455, Nr. 1300.
[7] Vatik. Akten, S. 499, Nr. 1439a.

Ernennung oder Bestätigung durch den Papst entrichteten, betragen sollte.[1]
Noch im Jahre 1372 bezahlte der Bischof von Gurk 355 Goldgulden von
diesem Innocenz VI. versprochenen subsidium. In demselben Jahre sandte
der Erzbischof Pilgrim von Salzburg 200 Goldgulden als Abschlagszahlung
einer größeren Summe, welche sein Vorgänger bei derselben Gelegenheit
versprochen hatte (s. S. 403; vgl. S. 392).

Die infolge der Zehntauflage Gregors XI. von verschiedenen Bischöfen mit den Abgesandten des Papstes vereinbarte Pauschsumme (s.
oben) wird ebenfalls als subsidium bezeichnet; allein auch dieses gehört nicht zu
den freiwillig geleisteten Unterstützungen.

5. Die vom Papste vorbehaltenen Einnahmen kirchlicher
Benefizien (Reservationen, Annaten). -- Die Zehnten und Subsidien, welche die Päpste bei verschiedenen Anlässen von der Geistlichkeit begehrten, bildeten keine regelmäßige Einnahme für die apostolische
Kammer. Bei dem häufigen Ausbleiben und der so unregelmäßigen Einzahlung der gewöhnlichen Abgaben (Census, Peterspfennig, servitia communia) mußte sich das Bedürfnis weiterer stehender Einnahmen fühlbar
machen. Unsere Kollektorien zeigen nun, daß sich im Laufe des XIV.
Jahrhunderts eine Besteuerung der kirchlichen Pfründen entwickelte, welche
nach und nach zu einer feststehenden wurde. Anfänglich behielten sich
die Päpste von Zeit zu Zeit einen Teil der Einkünfte des ersten Jahres
aller vakant werdenden Pfründen vor; später geschah dies bei denjenigen
Benefizien, deren Besetzung aus irgend einem Grunde dem päpstlichen
Stuhl reserviert war. In der letzteren Form wurde unter dem Namen
»Annatae« oder »Annalia« die Besteuerung der Einkünfte kirchlicher
Pfründen eine regelmäßige.

Die erste allgemeine Auflage dieser Art erfolgte durch Johann XXII.
Die Bulle »Si gratanter adverteritis« vom 8. Dezember 1316 bestimmte,
daß von allen an diesem Tage vakanten und im Laufe von drei Jahren
vakant werdenden Benefizien, welche nicht ausdrücklich ausgenommen
wurden, die Einkünfte des ersten Jahres für die päpstliche Camera reserviert wurden.[2] Dies bedeutete nicht, daß die Pfründe unbesetzt bleiben
sollte während eines Jahres, sondern der Kleriker, welcher das Benefizium
erhielt, hatte für die reservierten Jahreseinkünfte an die Camera die Taxe
zu entrichten, welche für die seit dem XIII. Jahrhundert so häufigen Zehntauflagen festgesetzt worden war.[3] In diesem Falle zog der Inhaber der
Pfründe das ganze Einkommen ein und bezahlte die als Taxe bestimmte
Summe an die Einnehmer der Kammer. Doch stand es diesem frei, in

---

[1] Theiner, Monumenta Slavorum, I, S. 269, Nr. 372. — K. Müller, Bericht
über die finanziellen Geschäfte der Kurie in Deutschland, in Briegers »Histor. Zeitschr.«
1878, S. 592 ff.
[2] Vgl. u. a. Schmidt, Päpstl. Urkunden und Regesten, S. 88, Nr. 7. — Brom,
Bullar. Trajectense, I, S. 352, Nr. 535. — Theiner, Monumenta Hungariae, I. S. 446.
[3] Über die Einschätzung s. Gottlob, Kreuzzugs-Steuern, S. 219 ff.

umgekehrter Weise die Taxe dem Benefiziaten zu überlassen und das Übrige für die Camera einzuziehen; dann mufste der Kollektor das Einkommen in Empfang nehmen und die als Taxe festgesetzte Summe dem Inhaber der Pfründe auszahlen. In diesen Fällen hatte letzterer alle Obliegenheiten zu erfüllen, welche dem Benefizium anhafteten; er konnte jedoch dem Kollektor die genannten Einkünfte überlassen, und dann mufste dieser für die Erfüllung der dem Benefizium anhaftenden Dienste sorgen. Wurde eine Pfründe zweimal in demselben Jahre vakant, so sollte die Abgabe nur einmal erhoben werden. Befreit von dieser Leistung waren die erzbischöflichen und bischöflichen »mensae«, sowie diejenigen der Äbte, die Pfründen, deren Jahreseinkommen nicht über 6 Mark Silber betrug, die durch Umtausch vakant werdenden Benefizien, endlich die Stiftungen zur Abhaltung von hl. Messen und von Offizien für die Verstorbenen. Bei der Abschätzung wurden die täglichen Verteilungen unter die persönlich dem Chordienst assistierenden Kanoniker (distributiones quotidianae) und die für einen besondern, genau bestimmten Zweck gemachten Stiftungen nicht mitgerechnet.

Diese Bestimmungen reichten jedoch nicht aus, um jeden Zweifel über die Verpflichtung zur Abgabe in einzelnen Fällen auszuschliefsen. Verschiedene Anfragen wurden in der nächstfolgenden Zeit durch die Kollektoren an den Papst gerichtet und veranlafsten genauere Angaben für besondere Fälle.[1] Erwähnt sei daraus die Bestimmung, dafs von den Pfründen, deren Einkommen nicht für die Zehnterhebungen taxiert worden war, die Hälfte der Einkommen des ersten Jahres unter die Reservation fiel und an die Camera bezahlt werden mufste. Die Benefiziaten mufsten in diesem Falle nach abgelegtem Eide genau die Höhe ihrer Einkommen eines Jahres angeben, woraufhin die zu bezahlende Summe mit dem Kollektor vereinbart wurde. In diesem Sinne ist die in unsern Rechnungen öfter vorkommende Bemerkung: »Non est taxata« zu verstehen.[2] Die Entrichtung der Abgabe sollte jährlich an zwei vom Kollektor zu bestimmenden Terminen geschehen. Über die Erhebung dieser Auflage in den westlichen und nördlichen Teilen des deutschen Reiches, sowie in den Gebieten des Deutschordens werden wir genau unterrichtet durch die als Nn. II und III (S. 33—105) hier veröffentlichten Rechnungen, sowie durch zahlreiche Bullen an die Kollektoren und ihre Thätigkeit betreffende Aktenstücke, welche in den Urkundensammlungen über jene Zeit veröffentlicht sind (vgl. die folgenden Kapitel). Einige Jahre später erneuerte Papst Johann XXII. die Reservation in verschiedenen Ländern. Für die

---

[1] Vgl. im Corp. iur. canon. die Dekretalen »Suscepti regiminis« in den Extravag. Ioh. XXII tit. I. cap. 2 (ed. Richter-Friedberg, II, Col. 1205). — »Postulasti per apostolicae« Extrav. comm. lib. III. tit. II, cap. 10 (ed. cit. Col. 1264). — »Quum nonnullae« ibid. cap. 11 und 12 (ed. cit. Col. 1265 f.). — Vgl. Vatik. Akten, S. 67, Nr. 107.
[2] Vgl. Brom, Bullar. Trajectense, I, S. 268, Nr. 572. — Mecklenburger Urkundenbuch, Bd. IV, S. 454, Anm. zu Nr. 4092.

drei Bistümer Metz, Toul und Verdun geschah dies am 7. Oktober 1329,[1] nachdem in andern Gegenden bereits früher die Abgabe ausgeschrieben worden war. Die Bestimmungen über die Erhebung waren verschieden. In einzelnen Kirchenprovinzen wurden, ähnlich wie früher auf drei, jetzt auf zwei Jahre die Einkommen des ersten Jahres der vakanten Pfründen reserviert.[2] In andern Gebieten machte der Papst einen Unterschied zwischen den beim apostolischen Stuhl vakanten Benefizien, d. h. solchen, deren Besetzung aus irgend einem Grunde dem Papste vorbehalten war, und den übrigen.[3] Von den ersteren wurden die während der ganzen Zeit ihrer Erledigung erfallenden Einkommen (Interkalarfrüchte), von den andern die Einkommen des ersten Jahres nach den früher aufgestellten Normen für die Camera eingezogen. In der Kölner Kirchenprovinz reservierte der Papst im Jahre 1329 die zuletzt erwähnten Einkünfte wieder auf drei Jahre. Allein der Klerus widersetzte sich der Steuer; und obschon der Papst gestattet hatte, den Bischöfen der Provinz, um ihre Unterstützung zur Durchführung der Auflage zu erhalten, den dritten oder den vierten Teil aller zu erhebenden Gelder zu überlassen, mußte im folgenden Jahre die Auflage zurückgezogen werden.[4] In den lothringischen Diöcesen und in der Provinz Besançon wurden unter obigem Datum die Einkommen eines Jahres aller vakanten und im Verlauf eines Jahres vakant werdenden Benefizien reserviert; dann wurde während fünf auf einander folgenden Jahren, also bis zum Ende des Pontifikates Johanns XXII., jährlich aufs neue die Steuer ausgeschrieben, wie aus der Rechnung des Kollektors (Nr. IV, S. 119-144) hervorgeht.[5] Rückstände der Auflage wurden noch, wie die folgende Rechnung (Nr. V, S. 147 ff.) zeigt, unter seinem Nachfolger eingetrieben.

Benedikt XII. stellte die regelmäßig dem Papste zur Besetzung vorbehaltenen Pfründen im Jahre 1335 in einer Konstitution zusammen, welche in das Corpus iuris canonici eingetragen wurde und für die Zukunft die Norm bildete.[6] Derselbe Papst reservierte ferner für die Camera alle Einkünfte, welche während der Vakanz solcher Pfründen erfallen waren (medii fructus). Ausgenommen waren blofs die Benefizien der Kathedralkirchen, die Klöster und die durch Umtausch (permutatio) erledigten Benefizien. Diese Reservation wurde wahrscheinlich bald nach der Veröffentlichung der Konstitution »Ad regimen ecclesiae« gemacht, jedenfalls vor dem Jahre 1340; denn am 29. März dieses Jahres schrieb der Papst darüber an Galhardus de Carceribus, Kollektor in Ungarn,[7] und in unsern Kollektorien (S. 157) findet sich unter dem 31. Mai 1341 eine

---

[1] S. die Bulle »Quantis haereticorum« unten S. 119 ff.
[2] Vgl. Munch, Pavelige Nuntiers Regnskabs-og Dagbøger, S. 174.
[3] Vatik. Akten, S. 340, Nr. 897.
[4] Brom, Bullar. Trajectense, I, S. 351, Nr. 827; S. 359, Nr. 848. — Vatik. Akten. S. 432, Nr. 1227; S. 466, Nr. 1336.
[5] Vgl. Vatik. Akten, S. 487, Nr. 1392; S. 554, Nr. 1627.
[6] »Ad regimen ecclesiae«, Extravag. com. lib. III, tit. II, cap. 13.
[7] Theiner, Monumenta Hungariae, I, S. 634, Nr. 956.

Anweisung von Geldern an die Camera, unter welchen auch die Erträge
der Einkünfte von den beim apostolischen Stuhl vakanten Pfründen erwähnt werden.

Clemens VI. hob diese Reservation seines Vorgängers auf; dafür
aber schrieb er gleich am Tage seiner Krönung (20. Mai 1342) eine Auflage aus, welche darin bestand, dafs die Einkommen des ersten Jahres
aller an der Kurie vakanten und durch den Papst zu besetzenden Pfründen
für die Camera eingezogen wurden. Dies geschah in der Weise, dafs der
Benefiziat, welcher die Pfründe erhielt, die Hälfte der Einnahmen des ersten
Jahres oder die Zehnttaxe zu bezahlen hatte, falls er es nicht vorzog, die
Taxe zu behalten und das übrige dem Einnehmer der Camera zu überlassen. Für die von der Leistung befreiten Benefizien galten dieselben
Ausnahmen, welche Johann XXII. in seiner Konstitution »Si gratanter
adverteritis« (s. oben) festgesetzt hatte, mit dem Unterschied jedoch, dafs
das Minimum des Einkommens, von dem die Abgabe zu entrichten war,
auf 10 Pfund Turnosen festgesetzt wurde, und dafs auch die Vikarien,
welche zur Abhaltung von hl. Messen für Verstorbene gestiftet waren,
zur Zahlung herangezogen wurden, falls die jährlichen Einnahmen mehr
als 20 Pfund kleiner Turnosen betrugen.[1] Das ist die Form, unter welcher
diese Abgabe (Annatae, Annalia) von jetzt an wahrscheinlich ohne jede
Unterbrechung während des ganzen XIV. Jahrhunderts erhoben wurde.
Sie war zuerst auf zwei Jahre ausgeschrieben worden, wurde aber nach
Ablauf dieser Zeit für zwei weitere Jahre, und dann nochmals auf zwei
Jahre wiederholt.[2] In den Abrechnungen des Kollektors Gerardus de
Arbenco mit · der apostolischen Kammer (S. 250—57) werden in den
Jahren 1343 bis 1360 regelmäfsig die »fructus beneficiorum vacantium ad
Cameram apostolicam pertinentes« erwähnt; ebenso in den Anweisungen
des Kollektors Johannes de Casleto in der Zeit von 1344 bis 1355 (S. 292
bis 295). Somit scheinen diese Annalia, wie eben gesagt, ununterbrochen
während des Pontifikates Clemens' VI. erhoben worden zu sein. Für die
Zeit seiner Nachfolger besteht hierüber, wie unsere Kollektorien (Nn. IX
und X), die Geldanweisungen an die Camera, über die keine Spezialrechnungen vorliegen (S. 383), und die andern Register der Camera im
Vatikanischen Archiv klar beweisen, gar kein Zweifel. Die Rechnungen
unserer Kollektoren mit den Angaben über die Gründe, weshalb gewisse
Benefizienverleihungen keine Pflicht zur Entrichtung der Annalia nach sich
zogen, zeigen, wie die Ausübung der Reservation von seiten der Kurie
sich praktisch gestaltete. Dieselben enthalten manche wichtige Einzelheiten
über das Benefizienwesen; deshalb glaubte ich als Ergänzung eine Reihe
von Entscheidungen über einzelne Fälle, welche sich auf einem Blatte in

---

[1] Vgl. Vatik. Akten, S. 765, Nr. 2121. — Theiner. Monumenta Hungariae,
I, S. 655, Nr. 982.
[2] Vatik. Akten, S. 848, Nr. 2331.

»Collectoriae Alamanniae Nr. 7« finden, unter den Beilagen mitteilen zu müssen (S. 422—25).

Neben den reservierten Einkommen des ersten Jahres finden wir auch die während der Vakanz fälligen Einkünfte der vom Papste verliehenen Pfründen (medii fructus) für die Camera erhoben und besonders berechnet. Dies war zunächst der Fall, wenn ein Kleriker eine Pfründe in unrechtmäfsiger Weise, mit Verletzung kanonischer Vorschriften, eine Zeitlang innegehabt hatte, und ihm dieselbe dann vom Papste mit Erteilung einer Dispens verliehen wurde, so dafs er sie nun rechtmäfsig besafs. Die Pfründe wurde nämlich für die ganze Zeit, während welcher der Inhaber sie in unkanonischer Weise gehabt und die Einkommen eingezogen hatte, als vakant angesehen, so dafs eigentlich die gesamten Einkünfte der Camera hätten abgeliefert werden müssen. Doch vereinbarte statt dessen der Benefiziat mit dem Kollektor eine Pauschsumme, welche neben den »fructus primi anni« zu entrichten war, und mehrmals ausdrücklich erwähnt wird. Wenigstens war dies die Praxis der Camera unter dem Pontifikate Innocenz' VI. (S. 323 ff.); vielleicht hat dieser Papst eine besondere Bestimmung hierüber getroffen.

In unserer Kollektorie Nr. X aus der Zeit Urbans V. und Gregors XI. werden ferner neben der Hälfte der Jahreseinkommen der vom Papste verliehenen Benefizien auch von einzelnen Pfründen die »medii fructus« erhoben, ohne dafs der Besitz der Pfründe wegen Verletzung kanonischer Vorschriften unrechtmäfsig gewesen wäre (S. 343 ff.). Obwohl also die »Annalia« ihrer historischen Entwickelung nach als eine Bezahlung der Interkalarfrüchte für die Vakanz der Benefizien angesehen werden müssen, wurden dennoch die »medii fructus« unter diesen Päpsten besonders für die Camera erhoben, falls die Pfründe wirklich eine Zeitlang unbesetzt geblieben war. Dies war jedoch nicht häufig der Fall wegen der Exspektanzen, welche so oft auf Benefizien gegeben wurden, ehe diese faktisch erledigt waren.

Diese Arten von Abgaben (annalia und medii fructus) wurden seit ihrer definitiven Einführung in den von der Kurie weiter entfernten Gegenden nicht ausschliefslich durch Kollektoren erhoben, obwohl dieses Amt von jener Zeit an als stehend betrachtet werden mufs. Die Empfänger der Pfründen mufsten sich, nachdem ihre Eingabe (supplicatio) an den Papst um Verleihung des Benefiziums in bejahendem Sinne entschieden worden war, vor einem Kammerkleriker verpflichten, die genau bestimmte Abgabe zu bezahlen, und hierüber wurde durch einen Notar der Camera ein Akt (obligatio) aufgenommen. Sie konnten dieser Verpflichtung persönlich nachkommen und an einen damit beauftragten Kammerkleriker die Annate zahlen, worüber Quittung ausgestellt wurde.[1] Für Deutschland

---

[1] Vgl. die Beschreibung des Bandes Nr. 5 der »Collectoriae Alamanniae« unten S. 337. Der Band Nr. 4 enthält ausschliefslich solche »obligationes« der Inhaber kirch-

war dies höchst wahrscheinlich seit dem Pontifikate Innocenz' VI. die
Regel, obschon auch Kollektoren und Subkollektoren in einzelnen Diöcesen angestellt waren. Blofs in den lothringischen Diöcesen, in Lüttich
und in Utrecht wurden die Benefiziengelder meistens durch Kollektoren
erhoben. Diesen wurden von der Kurie aus die Verzeichnisse der vom
Papste verliehenen Benefizien regelmäfsig zugesandt, damit sie nach ihnen
das Einziehen der Gelder bewerkstelligten.

6. Spoliengelder. — Von dem ihnen zustehenden Rechte, das
Vermögen eines Klerikers, über welches nicht testamentarisch zu guten
Zwecken bestimmt worden war, oder dessen Verfügung sich der Papst
vorbehalten hatte, für die allgemeinen Bedürfnisse der Kirche in Anspruch
zu nehmen, machten die Päpste im XIV. Jahrhundert häufig Gebrauch.
In Deutschland wurden so die Spolien einzelner Bischöfe und Prälaten
während dieser Zeit durch die Camera eingezogen. Zunächst behielt sich
Johann XXII. im Jahre 1325 die Disposition über die Hinterlassenschaft
des verstorbenen Bischofs Gerard von Basel vor.[1] In gleicher Weise reservierte sich später Benedikt XII. die Güter des Erzbischofs Friedrich
von Riga, welcher 1341 in Avignon starb.[2] Sein Nachfolger Clemens VI.
beanspruchte die Hinterlassenschaft des Erzbischofs Balduin von Trier und
beauftragte den Bischof von Verdun, mit dem Propst und dem Archidiakon
der Kathedrale in Trier, nach dem Tode des Prälaten die Verwaltung der
Güter zu übernehmen, bis der Papst darüber verfügt habe.[3] Später wurden
ferner die Spolien der Erzbischöfe Wilhelm von Gennep von Köln († 1362)
und Ortholph von Weisseneck von Salzburg († 1365), sowie des an der
Kurie gestorbenen Dekans von Dorpat, Gottfried Warendorp, durch den
apostolischen Stuhl reserviert und durch Kollektoren für die Camera eingezogen (s. S. 392, 394, 403).

7. Almosen und Vermächtnisse der Kleriker und der Gläubigen. — Wie ihre Vorgänger der vorhergehenden Jahrhunderte, so
wandten auch die Päpste des XIV. Jahrhunderts den Angelegenheiten des
hl. Landes ihre besondere Sorgfalt zu. Sie bemühten sich nicht nur, die
christlichen Fürsten zu einem gemeinsamen Unternehmen zur Befreiung
Palästinas zu vereinigen, sondern suchten auch die Gläubigen zur Spendung
milder Gaben für ihre Glaubensbrüder im hl. Land anzueifern. Die Kollektoren erhielten häufig den Auftrag und die Vollmacht, Geschenke und Vermächtnisse für diese Zwecke in Empfang zu nehmen, da die Camera die
Verwendung derselben in diesem Sinne besorgte. Wir finden in unsern

---

licher Benefizien aus Deutschland und die infolge davon an den Kammerkleriker Eblo
de Mederio bezahlten Summen. Ich hoffe diesen Band demnächst zu publizieren.
    [1] Vatik. Akten, S. 212, Nr. 460. Darnach mufs die Behauptung von L. König,
die päpstliche Kammer unter Clemens V. und Johann XXII. (Wien 1894) S. 42, be-
richtigt werden.
    [2] Vatik. Akten, S. 758, Nr. 2096.
    [3] Vatik. Akten, S. 776, Nr. 2158.

Kollektorien (S. 240) einmal die Bestimmung, dafs das Vermögen eines Bürgers von Verdun, welcher die Armen zu seinen Erben eingesetzt hatte, für die christlichen Gefangenen im Reiche des Halbmonds (in subsidium captivorum ultramarinorum) verwendet werden sollte.

Auch direkt für den Papst wurden Vermächtnisse gemacht, wie das Beispiel des Mag. Laurentius zeigt, dessen Testamentsvollstrecker 80 Pfund kleiner Turnosen »pro legato domino pape facto« einem Kollektor auszahlten (S. 92). Ein bedeutendes Geschenk im Betrage von 15 000 Mark Silber machte der König Kasimir von Polen im Jahre 1336 dem Papste Benedikt XII., indem er ihm die Hälfte des Guthabens abtrat, welches er von dem Deutschorden zu fordern hatte. Der Papst nahm das Geschenk an und beauftragte den Kollektor Galhardus de Carceribus, sich die nötigen Garantieen darüber zu verschaffen und die diesbezüglichen Aktenstücke an ihn zu senden.[1]

Zum Kampfe gegen die Feinde des Papstes und die Aufständischen in den Gebieten der Kirche suchte Johann XXII. ebenfalls Unterstützung von seiten der Gläubigen zu erhalten durch Verleihung eines Ablasses für diejenigen, welche Beiträge zu diesem Zwecke spendeten. Er forderte durch Bulle vom 8. Dezember 1321 den Erzbischof Wilhelm von Köln und seine Suffragane auf, in den Kirchen ihrer Diöcesen diesen Ablaſs verkünden zu lassen und darin auch Opferkasten aufzustellen, in welche die Beiträge gelegt werden könnten. Der Ertrag dieser Gaben sollte den Kollektoren eingehändigt werden.[2] In unsern Rechnungen werden jedoch niemals aus solchen freiwilligen Gaben fliefsende Summen erwähnt.

Das sind die verschiedenen Arten von Abgaben und Beiträgen, welche durch Kollektoren der Camera für den Papst und die Bedürfnisse der Römischen Kirche oder für die Zwecke des hl. Landes, welche der Papst vertrat, im Laufe des XIV. Jahrhunderts in Deutschland erhoben wurden.

II. Die Kollektoren.

Der Gebrauch, durch besondere von der Kurie entsandte oder bevollmächtigte Einnehmer in den einzelnen Ländern die vom Papste auferlegten Zehnten und die der Römischen Kirche geschuldeten Abgaben zu erheben, begann zu Anfang des XIII. Jahrhunderts.[3] Derselbe führte zur Ausbildung einer besondern Klasse von Beamten, welche mit der Apostolischen Kammer in Verbindung standen und den Namen »Kollektoren« erhielten. Über ihre Amtsthätigkeit bildeten sich bereits im Laufe des XIII. Jahrhunderts feste Normen aus, welche wir im XIV. Jahr-

---

[1] Vatik. Akten, S. 624, Nr. 1833.
[2] Brom, Bullar. Trajectense, I, S. 280, Nr. 599 f.
[3] Vgl. Fabre, Étude sur le Liber Censuum, S. 160 ff. — Gottlob, Kreuzzugs-Steuern, S. 176 ff.

hundert wiederfinden. Denn auch in dieser Zeit dauerte derselbe Er-
hebungsmodus fort: alle aufsergewöhnlichen Auflagen und vielfach auch
die gewöhnlichen Abgaben an den päpstlichen Stuhl wurden von solchen
Einnehmern erhoben. Indem wir die von Fabre und Gottlob (s. S. XXX,
Anm. 3) angestellten Untersuchungen über das Amt der Kollektoren im
allgemeinen zur Voraussetzung nehmen, wollen wir zunächst die Persönlich-
keiten kennen lernen, welche mit der Erhebung in Deutschland während
des XIV. Jahrhunderts betraut waren.

1. Während des Pontifikates Bonifaz' VIII. waren in den zum deutschen Reiche gehörenden Gebieten mehrere Kollektoren thätig, hauptsächlich, um den vom Lyoner Konzil auferlegten Zehnten für Palästina und
die von dem genannten Papste geforderte Unterstützung für die Römische
Kirche in Empfang zu nehmen. Im Osten des Reiches und in Polen und
Ungarn finden wir einen Scriptor der Kurie, Bonaiutus de Casentino,
Kanoniker von Aquileja, mit dem Erhebungsgeschäfte betraut. Er war
im Jahre 1301 von Bonifaz dorthin geschickt worden[1] und setzte seine
Thätigkeit unter Benedikt XI. und im Anfange des Pontifikates Clemens' V.
in jenen Gegenden fort.[2] Er überwies im Auftrage der Camera verschiedene Summen an die Kaufmannsgesellschaft der Bardi, welche mit jener
in Verbindung stand.[3] In unsern Kollektorien findet sich (S. 381) ebenfalls eine ziemlich bedeutende Summe registriert, welche er im Jahre 1309
an die Camera ablieferte. Einen Teil der in der Olmützer Diöcese erhobenen Gelder hatte sich König Wenzeslaus von Böhmen im Jahre 1305
als Anleihe geben lassen mit der Verpflichtung, sie am nächsten Weih-
nachtsfeste wieder zu erstatten.[4] Allein es sollte noch lange dauern, bis
die Camera wieder in den Besitz ihres Guthabens gelangte. Zugleich mit
Bonaiutus war Gabriel, Pleban von Valleneto (Diöcese Pisa) als
Generalkollektor der Zehnten für das hl. Land nach Deutschland, Böhmen,
Ungarn und Polen geschickt worden,[5] während schon früher, nämlich am
27. März 1300, Bonifaz VIII. den Kölner Erzbischof Wicbold von Horte
beauftragt hatte, alles eingesammelte Geld von den ausgeschriebenen
Zehnten den in der Bulle bezeichneten Kaufleuten einzuhändigen.[6] Über
die Einnahmen dieser Kollektoren liegen in unsern Berichten keine Nach-
richten vor. Wohl aber wird darin (S. 382) zum Jahre 1310 noch eine Anweisung an die Camera erwähnt von Geldern, welche der von Martin IV.

---

[1] Potthast, Nr. 25073.
[2] Reg. de Bénoit XI, ed. Grandjean, S. 700 ff., Nn. 1155—61. — Vgl. Gottlob, Kreuzzugs-Steuern, S. 109.
[3] Regest. Clementis V, Annus I, ed. Bened. S. 211, Nr. 1151.
[4] Theiner, Mon. Hungariae, S. 414, Nr. 660. — S. oben S. XVIII.
[5] Schmidt, Päpstliche Urkunden und Regesten (Geschichtsquellen der Provinz
Sachsen, B. XXI. Halle 1886) S. 37. — Vgl. Schmidt, Urkundenbuch des Hochstiftes
Halberstadt, II, S. 616, Nr. 1734 und die dort citierten Urkunden. — Mecklenburgisches Urkundenbuch, B. V, S. 179, Nr. 2952; S. 190, Nr. 2905; S. 191, Nr. 2968. —
Vatikan. Akten, S. 43, Nr. 55.
[6] Potthast, Nr. 24933.

zur Einsammlung des Lyoner Zehnten in die Kirchenprovinz Salzburg und
die Diöcesen Prag, Olmütz, Eichstätt und Bamberg entsandte Kollektor
Aliro de Riccardi erhoben hatte.[1]   Neben den erwähnten Einnehmern der Zehntgelder für das hl. Land
hatte Bonifaz VIII. andere Kollektoren mit der Erhebung des von ihm zur
Unterstützung der Notlage der Römischen Kirche in einzelnen Gegenden
ausgeschriebenen Zehnten beauftragt. In den Kirchenprovinzen der Graf-
schaften Provence, Savoyen, im Dauphiné und in Burgund übte Wilhelm
von Mandagot, Erzbischof von Embrun, das Amt eines Generalkollektors
aus. Derselbe hatte für Basel und vielleicht auch für andere Diöcesen den
Propst der Baseler Kathedrale, Lutoldus von Roetheln (de Rotellein)
mit der Erhebung der Abgabe betraut.[2] Dieser seinerseits beauftragte
Heinrich, Propst von St. Peter in Basel, in diesem Bistum von den
Inhabern der einzelnen kirchlichen Pfründen den Zehnt in Empfang zu
nehmen. Die Rechnung des Subkollektors Heinrich, welcher in den Jahren
1301 bis 1303 oder 1302 bis 1304 das Einsammeln betrieb, bildet die
Nr. 1 der hier veröffentlichten Kollektorien-Rechnungen (S. 1—32). Wir
sehen daraus, dafs bei weitem nicht alle Inhaber kirchlicher Benefizien
ihrer Verpflichtung nachkamen. In andern Diöcesen ging es nicht besser,
wie die von seiten Benedikts XI. und Clemens' V. ergangenen Mahnungen, die Rückstände dieser Steuerauflage zu entrichten, uns beweisen.[3]
In dem Berichte des Subkollektors Heinrich wird auch ein anderer
Kleriker, Petrus Durandi, als thätig in Sachen der Zehnterhebung erwähnt (S. 30); wir werden demselben bald in Deutschland als Kollektor
wieder begegnen. Für die lothringischen Bistümer Metz, Toul und Verdun,
dann für Lüttich und die zu Deutschland gehörenden Teile von Cambrai
ernannte Bonifaz VIII. Johannes von Châlons (de Calona), Archidiakon
von Gent, zum Kollektor. Sowohl er, als der Erzbischof Wilhelm von
Embrun wurden durch Benedikt XI. in dieser Eigenschaft bestätigt, und
beide erhielten neue Aufträge und Vollmachten betreffs Erhebung des
Zehnten.[4] Eine allgemeine Vollmacht zur Entgegennahme aller Guthaben
der Römischen Kirche und aller Zehnten und Vermächtnisse für das heil.
Land erhielt auch Thomas de Blamont, erwählter Bischof von Verdun,
durch Benedikt XI. unter dem 5. Februar 1304.[5] In den übrigen deutschen

[1] Über seine Thätigkeit s. Will. Hauthaler, Libellus decimationis de anno 1285.
Salzburg 1887. — Mit ihm waren Theodorich, Prior von S. Andreas in Orvieto, und
Raynerius de Orio in den Gebieten des Reiches thätig gewesen. Vgl. Hauthaler
a. a. O. S. 21 ff.   Potthast, Nr. 21918. — Finke, Papsturkunden Westfalens, I,
Nr. 736.
[2] Vgl. über ihn Reg. de Boniface VIII, B. II (ed. Digard), S. 487, Nr. 3213.
Potthast, Nr. 24871. — Reg. Clementis V, Annus VI, S. 255, Nn. 7162—66.
[3] Reg. de Bénoît XI, S. 145, Nr. 181. — Reg. Clementis V, Annus VII, S. 328,
Nr. 8848.
[4] Reg. de Bénoît XI, S. 145, Nr. 181; S. 357, Nr. 534. — Vgl. Grandjean in
den »Mélanges de l'École franç. de Rome«, 1883, S. 61 f.
[5] Reg. de Bénoît XI, S. 479, Nr. 767.

Bistümern, in welchen ebenfalls der Zehnt für die Römische Kirche durch
diesen Papst auferlegt wurde, erhielten die daselbst thätigen Kollektoren
Gabriel und Bonaiutus de Casentino den Auftrag, die Gelder einzu-
sammeln.[1]

Die Generalkollektoren ernannten für einzelne kleinere Gebiete Subkollektoren, welche von den einzelnen Pfründen die Steuern erhoben.
Wir haben bereits oben solche subdelegierte Einnehmer in Basel kennen
gelernt. Aus dem Schuldbrief des Königs Wenzeslaus von Böhmen vom
31. Mai 1305 sehen wir, dafs in Mähren zu Anfang des XIV. Jahrhunderts
der Prämonstratenser-Abt von Zaberdowitz in Mähren und der Propst von
Kunitz mit dem Sammelgeschäft betraut waren und dem Könige die ge-
liehene Summe einhändigten. Nach Lübeck hatte der Kollektor Gabriel
den Bruder Johannes, Lektor der Dominikaner zu Soest, zum Einsammeln
der Zehnten subdelegiert, und empfahl denselben in einem Schreiben dem
Rate der Stadt.[2]

2. Papst Clemens V. betrieb gleich vom Anfange seines Pontifikates
an mit aller Energie die Einsammlung der Rückstände von den Zehnten
für das hl. Land und die Römische Kirche, sowie der Guthaben, welche
der Apostolische Stuhl einzufordern hatte. Nach Basel kam der schon
erwähnte Petrus Duranti, Kanoniker der Kathedrale von Embrun, als
Generalkollektor für die Kirchenprovinz Besançon, um an Stelle aller vorher
ernannten Sammler, von denen er Rechenschaft fordern sollte, die Gelder
der Camera zu erheben. Er fand gleich bei Beginn seiner Thätigkeit
grofse Schwierigkeiten, weil der Offizial von Basel ihn in keiner Weise
unterstützen wollte, und weil der Prior Haimo von S. Alban die Register
früherer Kollektoren, welche sich in diesem Kloster befanden, nicht aus-
liefern wollte (s. die Prozesse des Kollektors unter den Beilagen S. 425 ff.).
Für die Kirchenprovinzen Mainz, Trier, Köln, Bremen, Magdeburg und
Salzburg, sowie für die Diöcesen Eichstätt, Bamberg und Camin wurde
unter dem 18. Oktober 1307 mag. Gabriel in seinem Amte bestätigt.
Als Gehilfen erhielt er Petrus de Garlenx (oder Garleux?), Kanoniker
verschiedener Kirchen, später Propst in Frankfurt.[3] Die Vollmachten aller
bisher ernannten Kollektoren jeden Ranges wurden zurückgezogen, so dafs
die beiden genannten Beamten genau den Stand des Erhebungsgeschäftes
feststellen mufsten. Sie hatten Rechnung zu fordern, die Zehntregister
zu sammeln und die gemachten Deposita festzustellen und zu erheben,
und dann die Rückstände einzutreiben. Aufserdem erhielten sie noch

---

[1] Ibid. S. 796, Nr. 1273; S. 700 ff., Nn. 1155—61; S. 750, Nr. 1233. — Vgl.
Funke, Papst Benedikt XI. (Kirchengesch. Studien, I, 1, 1891), S. 58.

[2] Codex diplomaticus Lubecensis. Lübeckisches Urkundenbuch, 1. Ab-
teilung, Urkundenbuch der Stadt Lübeck, 2. Teil, 1. Hälfte (1858), S. 155 f., Nn. 179
und 180.

[3] Reg. Clementis V, Annus II, S. 95, Nn. 1941 ff. — Die Präbenden des Petrus
de Garlenx werden aufgezählt ebendort, Annus VIII, S. 96, Nr. 9028. — Brom, Bullar.
Trajectense, I, S. 216, Nr. 474.

besondere Aufträge durch den Papst.[1] Unter den Anweisungen, welche in unsern Kollektorien erwähnt werden, ist ebenfalls eine durch Petrus de Garlenx gemachte verzeichnet (S. 381). Als später Papst Clemens, wie wir oben sahen, von verschiedenen deutschen Prälaten das Versprechen einer bestimmten Beisteuer für die erschöpfte päpstliche Kasse erhielt, sandte er Petrus Duranti als neuen Kollektor nach Deutschland an Stelle des Gabriel, der nun mit Petrus de Garlenx gemeinschaftlich in den Jahren 1312 bis 1314 die Guthaben der Camera einzog.[2] Während derselben Zeit wurden verschiedene Bischöfe vom Papste angewiesen, die Einzahlung des von mehreren Abteien versprochenen Subsidium, das noch nicht entrichtet worden war, zu veranlassen.[3] In der Kirchenprovinz Besançon erhielten der Propst und der Archidiakon von Embrun den Auftrag, die Beisteuer vom Klerus der einzelnen Bistümer in Empfang zu nehmen, und ersterer sollte aufserdem die Rückstände des von Bonifaz VIII. ausgeschriebenen Zehnten erheben.[4]

Mit der Erhebung des vom Konzil zu Vienne ausgeschriebenen sechsjährigen Zehnten für das hl. Land beauftragte der Papst die Erzbischöfe und Bischöfe der einzelnen Länder Deutschlands.[5] Wir erfahren aus unsern Kollektorien wenige Einzelheiten über den Erfolg dieser Auflage in den Gebieten des Reiches, obschon P. Duranti Erkundigungen einzog (S. 67 ff.).

Von Subkollektoren, welche vor der Zeit Johanns XXII. im Anfange des XIV. Jahrhunderts die Geschäfte der Camera in deutschen Diöcesen besorgt hatten, finden wir in unsern Berichten erwähnt: Gobertus, Dekan der Kathedrale in Metz, und den Scholasticus von S. Symeon in Trier, welche vor dem Jahre 1317 einen päpstlichen Zehnt erhoben hatten (S 43).

3. Eine neue Periode der Erhebung von Abgaben für die päpstliche Kammer begann unter Johann XXII., als sich dieser Papst auf drei Jahre die Einkommen des ersten Jahres aller vakanten Pfründen vorbehielt. Bald nach der Publikation der diesbezüglichen Bulle wurden in die verschiedenen Länder Kollektoren geschickt, um die Gelder zu erheben. Deutschland ward in zwei grofse Erhebungsbezirke eingeteilt, welche verschiedenen Kollektoren zugewiesen wurden, jedoch nicht so ausschliefslich, dafs nicht die in dem einen Teil thätigen Beamten auch zur Entgegennahme von Geldern in dem andern vom Papste bevollmächtigt worden wären. Die Kirchenprovinzen Köln, Trier und Mainz wies der Papst den beiden Kanonikern Petrus Durandi und Bernardus von Mont-

[1] Vgl. Reg. Clementis V. Annus III, S. 379 f., Nn. 3611 ff. — Brom, Bullar. Trajectense, I, S. 223, Nr. 488.
[2] Reg. Clementis V. Annus VIII, S. 394, Nr. 9928; S. 423, Nn. 9985—87; Annus IX, S. 118, Nr. 10343.
[3] Ibid., Annus VIII, S. 426, Nr. 9988.
[4] Ibid., Annus VI, S. 455, Nr. 7591; Annus VII, S. 528, Nr. 8848.
[5] Ibid., Annus VIII, S. 412, Nr. 9983. Brom, Bullar. Trajectense, I, S. 342, Nr. 520.

Valérien (de Monte Valrano) an; später wurde auch Salzburg zu ihrem
Bezirk hinzugefügt. Beide waren schon durch Johann XXII. zu Anfang
des Pontifikates, am 11. November 1316, nach Deutschland, wo Petrus
vorher bereits thätig gewesen war, gesandt worden, um die deposita aus
den Clemens V. versprochenen Subsidien in Empfang zu nehmen.[1] Bald
darauf, am 8. Dezember 1316, erhielten sie zugleich mit den Bischöfen
der einzelnen Diöcesen den Auftrag, die Einkünfte der vakanten Pfründen
für die päpstliche Kasse zu erheben.[2] Von ihrer ersten Sendung zur
Rechnungsablage nach Avignon zurückgekehrt, verliefsen die beiden Kollektoren die Kurie am 7. Juli 1317, versehen mit den verschiedensten Vollmachten, Geleitbriefen und Empfehlungsschreiben an geistliche und weltliche Fürsten, um ihre Thätigkeit zu beginnen. Sie hatten oder erhielten
gleichfalls Aufträge bezüglich der Eintreibung anderer Guthaben der Camera:
der Rückstände von den früher auferlegten Zehnten, von versprochenen
Subsidien und geschuldeten Census, der Schuld des böhmischen Königs;
aufserdem sollten sie alle irgendwie deponierten Gelder, welche der Camera gehörten, erheben, sowie Vermächtnisse und Gaben aller Arten für
das hl. Land in Empfang nehmen. Wie die zahlreichen päpstlichen
Schreiben an beide Kollektoren zugleich oder an jeden einzeln beweisen,
blieben sie in dem regsten Verkehr mit der Kurie.[3] Die Rechnung und
der Bericht über die Thätigkeit der beiden Kollektoren sind erhalten und
folgen als Num. II unserer Kollektorien (S. 33—82). Sie sind sehr aus-
führlich und bieten mit den eben erwähnten päpstlichen Briefen zusammen
wohl das vollständigste Bild von der Thätigkeit dieser Beamten der Camera, welches wir bisher besitzen.[4]

Das zweite Erhebungsgebiet, welches sich teilweise mit dem ersten
deckte, indem die erwähnten Kollektoren im Süden des Reiches ebenfalls
thätig waren, umfafste die Kirchenprovinzen Salzburg, Magdeburg, Bremen,
Riga und die exempten Diöcesen Bamberg und Camin. In diese Gegenden
wurden drei Kleriker als Kollektoren gesandt: Jacobus de Rota aus der
Diöcese Cahors, Ademarus Targa und Matfredus de Montiliis aus
der Diöcese Rodez. Statt des letztern war ursprünglich Raymundus de
Fontefagino bestimmt worden und wird in den ersten päpstlichen Com-
missionsbullen genannt;[5] allein in andern Schreiben und in dem Berichte

---

[1] Vatik. Akten, S. 6, Nr. 10.
[2] Brom, Bullar. Trajectense, I, S. 252, Nn. 535 u. 536. — Vatik. Archiv, Regest. Vatic. Iohannis XXII. Nr. 36, fol. 376, cap. 159 inter litteras curiales.
[3] Brom, Bullar. Trajectense, I, Nn. 540, 541, 567, 572, 582, 583, 584. — Vatik.
Akten, Nn. 26 bis 28, 30, 55 bis 59, 64, 87, 95, 110, 115, 117, 154, 155, 159, 162,
176, 196, 208 bis 211, 215, 319. — Schmidt, Päpstl. Urkunden und Regesten, Nn. 74
und 75.
[4] Auszüge aus der Rechnung wurden veröffentlicht von Schmidt, Päpstl. Urkunden und Regesten, S. 115, Nr. 60, und von Luschin von Ebengreuth, das Wertverhältnis der Edelmetalle in Deutschland während des Mittelalters, Bruxelles, Goemaere,
1892, S. 44—52.
[5] Vatik. Akten, S. 46, Nr. 61; S. 49, Nr. 64; S. 71, Nr. 116. — Schmidt,
Päpstl. Urkunden, S. 96, Nr. 18.

des Jacobus de Rota (S. 85, 97) findet sich Matfredus, der wohl als Er-
satzmann für den aus irgend einem Grunde verhinderten Raymundus eintrat.[1] Die drei Kollektoren teilten sich in das angegebene Sammelgebiet.
Ademarus Targa war in der Kirchenprovinz Salzburg thätig, Matfredus
de Montiliis in der Provinz Magdeburg und der Diöcese Kamin, dem
Jacobus de Rota fielen die beiden nördlichen Kirchenprovinzen Bremen
und Riga zu. Blofs die Rechnung des letztern ist in den Kollektorien-
Bänden des Vatikanischen Archivs erhalten und folgt unten als Nr. III
unserer Berichte (S. 83—105).

Von den in den einzelnen Diöcesen angestellten Subkollektoren werden
folgende genannt: Gotifredus für Mainz; Heinrich de Verdenberg
(der spätere electus von Konstanz) für Konstanz; der Notar Johannes
de Sartiis für Toul; mehrere Dominikaner für Regensburg, Meissen
und Passau; Roricus, Dekan von S. Georg in Köln, für diese Erzdiöcese.
Im Bistum Halberstadt waren der Dekan Fredericus, Wernerus de
Wanzsleve, Kämmerer, und Conradus de Winninghestede, Kanoniker der Kathedrale, mit dem Einsammeln der Gelder beauftragt.[2]

In Böhmen und in Schlesien erhob derselbe Kollektor, welcher auch
im Königreich Polen thätig war, nämlich Gabriel, Erzpriester der Kirche
des hl. Erzengels in Rimini, die fälligen Einnahmen der vakanten Pfründen.
Seine Rechnung wurde schon vor längerer Zeit herausgegeben.[3] Nach
Ungarn wurde Rufinus Alberti de Cibinio mit dem gleichen Auftrage
geschickt. Auch der Bericht dieses Kollektors wurde bereits veröffentlicht.[4]

Einen besondern Auftrag, nämlich die Einforderung der noch immer
nicht bezahlten Anleihe des Königs von Böhmen, erhielt ein Kanoniker
der Diöcese Langres, Johannes de Pinu, durch päpstliches Schreiben
vom 1. September 1321.[5] Mit Einziehung und Verwaltung der reservierten
Erbschaft des verstorbenen Bischofs Gerhard von Basel, soweit derselbe
nicht nach den kanonischen Vorschriften darüber verfügt hatte, beauftragte
der Papst unter dem 25. März 1325 den Propst der Kathedrale in Basel
und Pontius Textoris, Kanoniker der Kathedrale in Lüttich; letzterer
war offenbar eigens zu diesem Zwecke nach Basel geschickt worden.[6]

Noch war in Deutschland für die Erhebung des im Anschlufs an
das Konzil von Vienne durch Clemens V. ausgeschriebenen Zehnten für
das hl. Land fast gar nichts geschehen. Johann XXII. wollte diese Abgabe ebenfalls eintreiben; er richtete Schreiben darüber an die Bischöfe

---

[1] Schmidt, Päpstl. Urkunden, S. 88, Nn. 7 u. 8; S. 96, Nr. 19. — Mecklenburg. Urkundenbuch, VI, Nn. 4089, 4132, 4205.
[2] Schmidt, Urkundenbuch von Halberstadt, III, S. 177, Nr. 2018; S. 234,
Nr. 2102.
[3] Theiner, Monumenta Poloniae et Lithuaniae, I, S. 139, Nr. 223.
[4] Monumenta Vaticana Hungariae, Ser. I, tom. I, S. 13—38. — Vgl.
Theiner, Monumenta Hungariae, I, S. 451, Nr. 688.
[5] Vatik. Akten, S. 15, Nr. 30, Anm. 2.
[6] A. a. O. S. 212, Nr. 460.

und ernannte Kollektoren, welche die Gelder in Empfang nehmen sollten.
Für die Diöcesen der Kölner Kirchenprovinz wurden Heidenricus, Propst
von S. Severin in Köln, und Godescalcus de Barberg, Scholasticus
der Stiftskirche in Bonn, bezeichnet; sie sollten ebenfalls die vom Papste
neuerdings reservierten Einkünfte vakanter Benefizien einziehen und erhielten noch spezielle Aufträge in Sachen der Camera.[1] Später wurde als
dritter Kollektor Johannes de Bunna, Dekan der Stiftskirche in Bonn,
ernannt.[2] Allein, da der Klerus sich weigerte, sowohl den Zehnten, als
die Einkünfte der vakanten Pfründen zu zahlen, zog der Papst die Vollmachten der Kollektoren zurück.[3] In Österreich und Steiermark wurden
Dietrich Wolfhauer, Bischof von Lavant, der Abt von Melk und der
Propst von Neuenburg mit der Erhebung des Zehnten von Vienne betraut; doch sollte der Ertrag dem Herzog Leopold von Österreich überwiesen werden.[4] Für die Kirchenprovinzen Mainz und Magdeburg ernannte Johann XXII. am 1. Dezember 1327 den Kanoniker von Segovia,
Rotgerus de Rippis, zum Generalkollektor zur Erhebung der deposita
von Zehntgeldern und zur Eintreibung der rückständigen Abgaben dieser
Art.[5] In die östlichen Reiche kamen um dieselbe Zeit zu diesem Zwecke
Petrus de Alvernia, Kanoniker von Noyon, und Andreas de Verulis,
Kanoniker von Breslau, päpstlicher Skriptor,[6] welche aufserdem den Peterspfennig, die Vermächtnisse zu Gunsten der Römischen Kirche, die Einkünfte des verstorbenen Bischofs Heinrich von Breslau († 1319) während
der Zeit, als derselbe suspendiert war, und die Einkünfte der bischöflichen
Mensa von Krakau, welche der verstorbene Archidiakon Rimboldus ver-
waltet hatte, für die Camera erheben sollten. Die Rechnung dieser Kollektoren, sowie der Bericht der nach Ungarn geschickten Einnehmer Jacobus
Berengarii und Raymundus de Bonofato wurden bereits veröffentlicht.[7] Einen besondern Auftrag zur Einziehung einer Abgabe des Kapitels
von Wischehrad erhielt der Bischof Heinrich Berka von Olmütz unter
dem 21. März 1331 durch Papst Johann XXII.[8]

Zur Erhebung des von den Prälaten und Klerikern der drei lothringischen Diöcesen und der Kirchenprovinz Besançon und anderer Gebiete
dem Papste versprochenen Subsidium wurden im Jahre 1327 Petrus
Guigonis (oder Moreti) de Castronovo, Kanoniker von Langres und

[1] Vatik. Akten, S. 432, Nn. 1227 u. 1228; S. 433, Nr. 1233 Anm.; Nn. 1859
u. 1860; S. 466, Nr. 1335. — Brom, Bullar. Trajectense, I, S. 351, Nn. 827, 828;
S. 352, Nn. 830—834; S. 355, Nr. 839.
[2] Brom, a. a. O. S. 356, Nr. 842.
[3] Vatik. Akten, S. 466, Nr. 1336. — Brom, a. a. O. S. 359, Nn. 847 u. 848.
[4] Vatik. Akten, S. 266 f., Nn. 617 u. 618.
[5] Schmidt, Päpstl. Urkunden, S. 448, Nr. 306b.
[6] Vatik. Akten, S. 417, Nr. 1162 ff.; S. 424, Nr. 1194. — Theiner, Monumenta Poloniae, I, S. 206 ff., Nn. 318—333; S. 208, Nr. 322; S. 211, Nr. 328.
[7] Theiner, Monumenta Poloniae, I, S. 228 ff. — Monum. Vatic. Hungariae,
Ser. I, tom. I, S. 39—409. Vgl. Theiner, Monumenta Hungariae, I, S. 536 ff.
[8] Vatik. Akten, S. 501, Nr. 1446.

Archidiakon von Vic (D. Metz) und Petrus de Viveriis (Vineriis?), Kanoniker von Viviers (Vivarien.) bevollmächtigt. Als dann im Jahre 1329 der Papst auch in diesen Diöcesen, wie in Köln, die Einkünfte des ersten Jahres vakanter Pfründen in der gewöhnlichen Form für die Camera reservierte, wurde mit Petrus Moreti ein anderer Kollektor, Raymundus de Valle aurea, Kanoniker von Langres, mit der Einziehung dieser Abgabe betraut. Beide waren bis zum Jahre 1337 als Einnehmer in jenen Gegenden thätig und erhielten während dieser Zeit mehrere besondere Instruktionen und Vollmachten bezüglich der Rückstände früherer Auflagen.[1] Die Reservation wurde immer blofs für ein Jahr ausgeschrieben, und nach Ablauf desselben jedesmal für ein weiteres Jahr erneuert. Die Rechnung des Petrus Moreti ist erhalten und wird hier als Nr. IV (S. 109 bis 144) veröffentlicht. In derselben findet sich ein Blatt, welches die Ausgaben seines Kollegen Raymundus de Valle aurea enthält; ich habe dasselbe mit abgedruckt (S. 140 f.). Petrus Moreti blieb bei seiner Schlufsrechnung eine bedeutende Summe schuldig, zu deren Bezahlung während einer Reihe von Jahren die Einkünfte seines Archidiakonates von Vic durch die Camera sequestriert wurden. Derselbe starb vor September 1348, da am 9. September dieses Jahres der durch seinen Tod vakant gewordene Archidiakonat einem andern verliehen wurde (S. 206).

Gegen Ende dieses Pontifikates wurde Galhardus de Carceribus, Kleriker der Diöcese Cahors, als Kollektor nach Polen und den übrigen Gegenden gesandt, in welchen Petrus de Alvernia thätig war; beide sollten gemeinschaftlich das Erhebungsgeschäft betreiben.[2]

4. Papst Benedikt XII. bestätigte im Jahre 1335 die Vollmachten und Sendungen, welche Galhardus de Carceribus erhalten hatte, und ernannte ihn zum alleinigen Kollektor in den erwähnten Ländern.[3] Und da gegen seine Vorgänger im Amte Klagen an den Papst gelangt waren, wurde er beauftragt, über die Thätigkeit des Andreas de Verulis und des Petrus de Alvernia genaue Erkundigungen einzuziehen und diese in einem offiziellen Aktenstück an die Kurie einzusenden.[4] Er erhielt noch besondere Aufträge betreffend das Geschenk, welches Kasimir von Polen dem Papste gemacht hatte,[5] die Eintreibung des Zehnten von Vienne, sowie des Peterspfennigs, deren Entrichtung durch den Bischof und die Diöcesanen von Kulm verweigert wurde,[6] und eine Schuld des Bischofs Nankerus von Breslau.[7] Einige der betreffenden päpstlichen Schreiben,

---

[1] Vatik. Akten, S. 349, Nr. 920; S. 426, Nr. 1202; S. 427. Nr. 1206; S. 450. Nr. 1282; S. 487, Nr. 1392; S. 554, Nr. 1627.
[2] Theiner, Monum. Poloniae, I, S. 354, Nn. 467—69.
[3] Theiner, Monum. Poloniae, I, S. 361, Nr. 483; S. 363, Nn. 488 u. 489.
[4] Vatik. Akten, S. 596, Nr. 1757.
[5] Vatik. Akten, S. 624, Nr. 1833.
[6] Theiner, Mon. Pol., I, S. 403 f., Nn. 530 u. 531; S. 467, Nn. 601 u. 602. — Vatik. Akten, S. 700, Nr. 1935; S. 784, Nr. 2168.
[7] Vatik. Akten, S. 659, Nr. 1849.

nämlich die über die Angelegenheiten in Kulm, sind zugleich an einen andern Kollektor: Petrus Gervasii, Kanoniker von Viviers, gerichtet, welcher mit Galhardus de Carceribus in jener Zeit in Ungarn thätig war.[1] Auch aus den westlichen Diöcesen des deutschen Reiches waren Klagen gegen den Kollektor Petrus Moreti an die Kurie gelangt. Deshalb erhielt sein Nachfolger Johannes Ogerii, Dekan von Beaune (Belnensis), welcher zu Anfang des Pontifikates Benedikts XII. als Kollektor für die Kirchenprovinzen Lyon, Vienne, Tarantaise, Besançon und Trier ernannt wurde, ebenfalls den Auftrag, die Thätigkeit seines Vorgängers zu kontrollieren und die begangenen Unrichtigkeiten im Erheben der Gelder wieder gut zu machen. Aufserdem sollte derselbe die Rückstände der früher auferlegten Zehnten, der reservierten Benefiziengelder und der den Vorgängern des Papstes versprochenen Subsidien, sowie die Interkalarfrüchte und die Annaten der vakanten Pfründen, welche durch den apostolischen Stuhl zu besetzen waren, einziehen. Seine Rechnung findet sich im Vatikanischen Archiv, und ein Auszug aus derselben folgt hier als Num. V unserer Kollektorien (S. 147—157). Wir sehen aus den Anweisungen, dafs er bis zum Jahre 1341 im Amte blieb; denn unter dem 31. Mai dieses Jahres wird seine Abrechnung mit der Camera erwähnt, infolge welcher er eine gewisse Summe schuldig blieb, die er in Terminen abbezahlte. In den Ausgaben des Kollektors (S. 154 f.) wird als sein Vorgänger in der Kirchenprovinz Tarantaise Johannes Bernerii erwähnt, gegen dessen Amtsführung Johannes Ogerii ebenfalls vorgehen mufste. Als Subkollektoren finden wir in den deutschen Diöcesen erwähnt: Für Trier und Metz den Primicerius der Kathedrale in letzterer Stadt, wohl Fulco Bertrandi, welcher durch den Nachfolger des Kollektors als solcher genannt wird; für Toul Johannes de Alumpno, und für Verdun Johannes de Dei Custodia. In Basel war entweder jetzt oder kurz vorher Rodulphus de Berno als Subkollektor der Zehnten thätig gewesen, wie aus der Rechnung des gleich zu erwähnenden Kollektors hervorgeht (S. 162).

In die genannten Kirchenprovinzen, welche eine stehende Kollektorie bildeten, sandte Clemens VI. als Generalkollektor Gerardus de Arbenco (oder Arbento), Thesaurar einer Marienkirche der Diöcese Rouen. Er erhielt seine Aufträge teils durch den Papst selbst, teils durch den Camerarius und den Thesaurarius der apostolischen Kammer. Derselbe blieb in diesem Amte thätig von 1342 bis 1360. Er hatte zunächst die Rückstände früher auferlegter Abgaben und reservierter Benefiziengelder einzutreiben; dann die Einkommen des ersten Jahres der von den Päpsten Clemens VI. und Innocenz VI. verliehenen Pfründen, welche regelmäfsig für die Camera reserviert wurden, einzuziehen; ferner die von Clemens VI. zweimal ausgeschriebenen Türkenzehnten zu erheben; endlich sollte er die rückständigen Census

---

[1] Theiner, Mon. Hungariae, I, S. 621, Nr. 933. — S. die Rechnung der beiden Kollektoren in Monum. Hungariae Vaticana, Ser. I, tom. I, S. 410—437.

von Klöstern und Kirchen eintreiben.[1] Einen speziellen Auftrag erhielt der Kollektor über das Testament eines Einwohners von Verdun. Die Dauer seiner Amtsführung ersehen wir aus den Anweisungen an die Camera oder an andere Personen, denen er im Auftrage derselben Geldsummen übergab. Über die von ihm erhobenen Summen, die dabei gemachten Ausgaben und die Rückstände von Benefiziengeldern finden sich als Nr. VI zwei Spezialrechnungen; die eine über die Jahre 1342 bis 1345, die andere von 1345 bis 1355 (S. 161—183; S. 187—257). Den Zehnten gegen die Türken weigerte sich der Klerus der Trierer Kirchenprovinz und der Diöcese Basel zu bezahlen, weshalb nur die Ausgaben, welche die fruchtlosen Bemühungen des Kollektors in diesem Sinne verursachten, in der betreffenden Rechnung angeführt sind (S. 183—187). Auch die Erhebung der Einkommen vom Papste verliehener Pfründen in der Diöcese Trier war nicht vollständig durchzusetzen. Der Subkollektor, welchen Gerardus ernannt hatte, mufste auf die Ausübung seines Amtes verzichten, so dafs der Metzer Subkollektor Fulco Bertrandi, primicerius der Kathedrale, die Geschäfte der Camera für die Trierer Diöcese ebenfalls übernahm. Selbst als im Jahre 1354 der Trierer Erzbischof Boemund von Saarbrücken zum Kollektor seiner Erzdiöcese ernannt wurde, ging es nicht besser, da er den ihm gewordenen Auftrag nicht auszuführen wagte (S. 195 f.). In Basel stiefs der Kollektor auf dieselben Schwierigkeiten, so dafs auch der für diese Diöcese ernannte Subkollektor nichts thun konnte, und nur in einigen Teilen des Bistums, in welchen die französische Sprache herrschte, konnte der Subkollektor von Besançon, Johannes de Gohenant, die Interessen der Camera wahrnehmen (S. 241). In Toul und in Verdun finden wir dieselben Untereinnehmer wieder, welche schon unter Johannes Ogerii in diesen Diöcesen das Einsammeln der Gelder besorgt hatten. Überhaupt bieten die Ausgaben des Gerardus viele interessante Einzelheiten, welche die Amtsthätigkeit der Kollektoren beleuchten.

Die Kirchenprovinz Köln hatte zu derselben Zeit als Kollektor Johannes Vastini de Casleto, Kanoniker der Kathedrale in Lüttich, welcher ebenfalls die Einkünfte des ersten Jahres und die während der Vakanz fälligen Früchte der vom Papste verliehenen Pfründen erhob. Doch übte er seine Thätigkeit blofs, soweit die Rechnung schliefsen läfst, in den drei Diöcesen Köln, Lüttich und Utrecht aus. In letzterem Bistum war Hugo Uustinc Subkollektor;[2] seine Abrechnung findet sich in der Rechnung des Kollektors, welche als Nr. VII hier veröffentlicht wird (S. 261—295). Dieselbe bezieht sich blofs auf die Einnahmen der Rückstände aus den Jahren 1344 bis 1346 und auf die von 1346 bis 1348

---

[1] Vgl. Vatik. Akten, S. 798, Nr. 2209; S. 805, Nn. 2230 u. 2231; S. 807, Nr. 2236; S. 843, Nr. 2317.
[2] Vgl. Brom, Bullar. Trajectense, I, S. 440, Nr. 1084.

erhobenen Summen; doch geht aus den Anweisungen an die Camera hervor, dafs er bis zum Jahre 1354 sein Amt verwaltete, da in einer derselben seine Schlufsrechnung mit der Camera erwähnt wird, welche die Zeit bis zum 22. April des erwähnten Jahres umfafst. Erst in einer nachträglichen Zahlung vom 14. September 1355 wird er als »olim collector« bezeichnet (S. 295). Es sind mehrere päpstliche Bullen veröffentlicht, durch welche der Kollektor Sammelaufträge erhält und den Prälaten seines Sammelgebietes und auch dem Erzbischof von Trier empfohlen wird;[1] in einer solchen vom 17. Oktober 1346 wird auch dem Kölner Erzbischof Walram von Jülich die Vollmacht verliehen, die reservierten Einkommen vakanter Pfründen zu erheben.[2] Johannes de Casleto starb höchst wahrscheinlich im Jahre 1362, da er wohl identisch ist mit dem S. 357 erwähnten »subcollector apostolicus«, durch dessen Tod eine Pfründe in Weset, Diöcese Lüttich, vakant wurde, welche Urban V. in seinem ersten Pontifikatsjahre wieder verlieh.

Einen besondern Auftrag betreffend die Erbschaft des verstorbenen Erzbischofs Friedrich von Riga gab Benedikt XII. unter dem 22. März 1341 dem Bischof Johannes von Drazic von Prag und dem Scholasticus von Wischehrad.[3]

Zum Kollektor der Annaten in der neu errichteten Kirchenprovinz Prag und in Schlesien bezeichnete Clemens VI. im Jahre 1345 den Dekan der Prager Kathedrale, Tobias, und im folgenden Jahre Johannes Paduanus, Dekan von Wischehrad.[4] Von letzterem finden sich in den Registern der Camera mehrere Geldanweisungen aus den Jahren 1355, 1356 und 1358 (S. 384 f.).

Als Nachfolger der beiden Kollektoren Galhardus de Carceribus und Petrus Gervasii wurde durch Clemens VI. Arnaldus de la Caucina nach Ungarn, Polen und den umliegenden Gebieten (»partes circumvicinae«) im Jahre 1344 gesandt.[5] Derselbe übte eine lange Reihe von Jahren hindurch, nämlich bis nach 1365, seine Amtsthätigkeit in diesen Gegenden aus; seine Rechnungen sind, soweit dieselben im Vatikanischen Archiv erhalten sind, veröffentlicht.[6]

Nicht zu Kollektoren, wohl aber zu Exekutoren der Gewährung eines kirchlichen Zehnten für Johann, König von Böhmen, in den Diöcesen Prag, Olmütz, Breslau und im Herzogtum Luxemburg ernannte Clemens VI. 1343 die Bischöfe der erwähnten Bistümer, die Äbte von S. Hubert und

---

[1] Brom, Bullar. Trajectense, I, S. 453, Nr. 1121; S. 467, Nr. 1170. Vgl. auch II, S. 21, Nr. 1295. — Vatik. Akten, S. 786, Nr. 2175.
[2] Vatik. Akten, S. 839, Nr. 2307 Anm.
[3] Vatik. Akten, S. 758, Nr. 2096.
[4] Vatik. Akten, S. 803, Nr. 2223; S. 839, Nr. 2307.
[5] Theiner, Mon. Pol. I, S. 471, Nr. 607; S. 579, Nr. 773; S. 584 f., Nn. 782, 783 u. 784; S. 641, Nr. 863. — Vatik. Akten, S. 803, Nr. 2222.
[6] Theiner, Monum. Poloniae, I, S. 480, Nr. 623. — Monum. Vatic. Hungariae, Ser. I, tom. I, S. 438—453.

von S. Maria (Münster) in Luxemburg, sowie den Archidiakon von
Trier.[1]

5. Während des Pontifikates Innocenz VI. nahm das Einsammeln
von Geldern für die Camera in Deutschland einen neuen Aufschwung in-
folge der von diesem Papste auferlegten Steuer, welche in der Form von
Prokurationen entrichtet wurde, wie wir oben gesehen haben (S. XX ff.).
Zum Generalkollektor der Abgabe in Deutschland ernannte der Papst
Philipp von Cabassole, Bischof von Cavaillon, später Patriarch von
Jerusalem und dann Kardinal (S. 300). Derselbe kam im Jahre 1357 mit
päpstlichen Empfehlungsschreiben an die deutschen Erzbischöfe und Bischöfe,
an die weltlichen Fürsten und Vorsteher der Städte in das Reich, um die
Entrichtung der Abgabe zu veranlassen.[2] Er ernannte für die einzelnen
Diöcesen Subkollektoren, welche die Steuer erheben sollten. Die Spezialrechnung des Untereinnehmers des Metzer Bistums, Johannes de Hoyo,
Primicerius der Kathedrale, ist im Vatikanischen Archiv erhalten und wird
hier als Nr. VIII unserer Kollektorien abgedruckt (S. 299—319). Die
Erhebung geschah erst im Jahre 1361. Aus den der Rechnung hinzugefügten Anweisungen (S. 318 f.) ersehen wir, daſs der Subkollektor
ebenfalls zur Einnahme anderer der Camera geschuldeter Gelder bevollmächtigt war, da von den »pecuniis ad Cameram quocumque modo pertinentibus« gesprochen wird, welche derselbe eingezogen hatte. Unter dem
Datum des 24. Februar 1357 wird in einer Geldanweisung an die Camera
ein anderer Subkollektor für Metz erwähnt, nämlich Balduinus Gervasii, Archidiakon von Metz (S. 385). Wahrscheinlich hatte dieser die
Annaten der vom Papste verliehenen Benefizien zu erheben, als Nachfolger
des Fulco Bertrandi, den wir oben in dieser Thätigkeit kennen lernten.
Als Subkollektoren anderer Diöcesen Deutschlands in jener Zeit werden
erwähnt: Hermann von Werberg, Dompropst von Magdeburg,[3] und
Bernhard von der Schulenburg, Archidiakon von Stargard[4] in der
Kirchenprovinz Magdeburg. Beide waren am 28. April 1358 zu Subkollektoren ernannt worden. Beide werden als Übermittler einer Geldsumme direkt an die Camera in den Anweisungen an diese vom Jahre
1362 erwähnt (S. 391). Denn die Gelder wurden nicht immer von den
Subkollektoren an den Generalkollektor und durch diesen an die Camera
oder an die mit ihr verbundenen Kaufleute angewiesen, sondern häufig übermittelten jene die von ihnen erhobenen Summen direkt an die Centralstelle.
So werden in den unsern Kollektorien hinzugefügten Geldanweisungen

---

[1] Vatik. Akten, S. 775, Nr. 2152.
[2] Vgl. Werunsky, Excerpta ex registris Clementis VI et Innocentii VI, S. 123 f.,
Nr. 439 u. 440; S. 125, Nr. 444 u. 445; S. 127, Nr. 451. — Schmidt, Urkundenbuch
von Halberstadt, III, S. 576, Nr. 2484.
[3] Schmidt, Urkundenbuch von Halberstadt, III, S. 634, Nr. 2557.
[4] A. a. O. S. 612, Nr. 2531. — In der Anmerkung werden die übrigen Pfründen
desselben angeführt.

(S. 386—392) aufser den Summen, welche Philipp von Cabassole einsandte, auch viele durch die Subkollektoren persönlich besorgte Einzahlungen erwähnt. Einen Beitrag der Diöcese Konstanz schickte der Bischof Heinrich von Brandis selbst ein (S. 386); dasselbe that der Magdeburger Erzbischof Theodorich Kagelwit (S. 389). In Trier war Johann von Luxemburg, Domherr von Metz, mit der Einziehung des subsidium beauftragt (S. 388 u. 389); in Eichstätt erhoben der Bischof Berthold von Nürnberg, der Dekan Gaufridus und der Propst Ulrich von Leonrod[1] der Stiftskirche in Illmünster das subsidium (S. 389); im Erzbistum Mainz war Wykerus von Frankfurt, Scholast von St. Stephan in Mainz, als Subkollektor bestellt (S. 390). Diese Einnehmer hatten wohl alle gleichfalls die Vollmacht, andere Abgaben, speziell die Annaten der vom Papste verliehenen Pfründen, zu erheben. Bei einzelnen derselben, wie Ulrich von Leonrod, Johann von Luxemburg, wird dies ausdrücklich in den Anweisungen gesagt. Der letztere hatte, wie aus dem Texte einer Anweisung (S. 389) hervorgeht, einen diesbezüglichen Auftrag, neben demjenigen, welchen ihm Philipp von Cabassole gegeben hatte, durch den Erzbischof von Trier erhalten. Offenbar bezog sich derselbe auf die Annatengelder, mit deren Erhebung der Erzbischof selbst betraut worden war; denn wir sehen aus einer Geldanweisung vom 20. April 1356 (S. 384), dafs auch der Erzbischof von Köln, Wilhelm von Gennep, durch Innocenz VI. einen ähnlichen Auftrag erhalten hatte und durch den von ihm ernannten Subkollektor Hermann von Xanten, Propst von St. Peter in Lüttich, in der Diöcese Lüttich die Benefiziengelder erheben liefs. Eine weitere Geldanweisung desselben findet sich im Juni 1362 verzeichnet (S. 391). Andere Subkollektoren waren in derselben Zeit: für Strafsburg Johann von Lampertheim (S. 387, 390); für die Kirchenprovinz Prag Guillelmus de Lastav, Dekan in Wischehrad (S. 388); für Würzburg Johann Schenk (Pincerna), Domherr von Magdeburg (S. 390); für Worms Jakob von Gerolzheim, Domherr in Worms (S. 390, 391); für Mainz Ulrich Froysterii, Scholast von St. Stephan (S. 390); für die Kirchenprovinz Bremen Wilhelm Horborch, Propst der St. Andreaskirche in Verden (S. 391, 392); die oberdeutschen Diöcesen Chur, Konstanz, Basel, Strafsburg und Augsburg hatten als gemeinsamen Kollektor den Abt des Benediktinerklosters von Gengenbach, Lambert von Born (S. 390).

Über die Einnahmen und Ausgaben aller dieser Subkollektoren fand ich keine Rechnungen in den Registern des Kammer-Archivs vor; blofs die Summen, welche sie an die Centralstelle schickten, werden in den Bänden der Serie »Introitus et exitus« aufgeführt.

6. Im einzelnen unterrichtet sind wir wieder über die Einnahmen und Ausgaben von zwei Kollektoren der Kölner Kirchenprovinz. In der

---

[1] Vgl. Monumenta Boica, XXIV, S. 408, Nr. 98; S. 419, Nr. 107.

Erzdiöcese Köln selbst begann im Jahre 1360 sein Amt als Einnehmer der Camera Florentius von Wevelinghoven, Subdekan der Kathedrale.[1] Dieses Benefizium hatte er vor dem Jahre 1356 erhalten, wie aus der Einzahlung der Annaten (80 flor.) für dasselbe an die Camera hervorgeht (S. 385). Er hatte als Kollektor die Interkalarfrüchte und die Annaten der vom apostolischen Stuhl bis zum 18. April 1360 verliehenen Pfründen zu erheben und lieferte den Betrag der Einnahme zum Teil persönlich oder durch Vermittlung von Kaufleuten an die Camera ab, zum Teil übergab er denselben andern päpstlichen Kollektoren. Seine Rechnung findet sich als Nr. IX unserer Sammlung (S. 323—334). Nach ihm wurde zum Kollektor der Kölner Kirchenprovinz der Dekan von St. Servatius in Maestricht, Sigerus (Sigerius) de Novolapide, ernannt; denn die erste Geldanweisung an die Kammer, welche sich von ihm vorfindet, geschah am 26. Januar 1363 (S. 367). Seine letzte Rechnung legte er der Camera vor im Juli 1375; und wie die in der Zwischenzeit vollzogenen Geldanweisungen zeigen, war derselbe beständig als Kollektor in den Diöcesen Köln, Lüttich und Utrecht thätig. Die als Nr. X unserer Kollektorien (S. 337—377) veröffentlichte Spezialrechnung bezieht sich blofs auf den Zeitraum vom März 1367 bis zum März 1371. Doch geht aus dem Titel derselben hervor (S. 338), dafs der Kollektor unter dem ersteren Datum schon einmal Rechnung vor den Beamten der Kammer abgelegt hatte; dieser Bericht, sowie auch die im Juli 1375 vorgelegte Schlufsrechnung sind nicht im Vatikanischen Archiv erhalten. In einer Anweisung vom Jahre 1374 wird neben ihm Guillelmus Benlata als Kollektor erwähnt (S. 376). In der Erzdiöcese Köln war unter Sigerus als Subkollektor ein Kanoniker von St. Andreas, Constantinus de Bunna, thätig (S. 344). Auch ein Subkollektor der Diöcese Utrecht lieferte Gelder für die Camera an Sigerus ab (S. 345). Es war wohl Gerardus de Veno, Propst von Arnheim, der schon seit einiger Zeit als Kollektor in dem genannten Bistum angestellt war, da ihn Urban V. unter dem 17. Februar 1363 von neuem (»de novo«) in dieser Eigenschaft anstellte.[2] Dieser hatte wieder am 16. Oktober 1366 Johannes de Bosinchem als Subkollektor bestellt, so dafs vielleicht auch letzterer an Sigerus die in dessen Rechnung erwähnten Summen ablieferte. Von Gerardus de Veno findet sich eine Geldanweisung an die Kammer vom 30. April 1364 (S. 392).

Der frühere Kölner Subdekan und Kollektor Florentius von Wevelinghoven war im Jahre 1364 Bischof von Münster geworden und vom Papste mit Erhebung der Abgaben für die Kammer in den drei Diöcesen Münster, Minden und Osnabrück betraut worden.[3] Derselbe hatte

---

[1] Vgl. Hontheim, Histor. diplom. II, S. 230, Nr. 719.
[2] Brom, Bullar. Trajectense, II, S. 128 f., Nr. 1745. Vgl. S. 141 f., Nr. 1780; S. 175, Nr. 1883.
[3] Er ist der Verfasser der Chronik der Bischöfe von Münster; s. Lorenz, Deutschlands Geschichtsquellen, II², S. 83.

ferner zugleich mit Petrus Begonis, Kanzler der Kathedrale von Breslau, die Erbschaft des verstorbenen Kölner Erzbischofs Wilhelm von Gennep († 15. September 1362), dessen Güter der Papst für die apostolische Kammer vorbehalten hatte, einzuziehen. Von beiden finden wir Anweisungen von Geldern aus dieser Reservation an die Camera (S. 393). Petrus Begonis wird allgemein als »apostolice sedis nuntius in partibus Coloniensibus« bezeichnet, und unter den Geldern, welche er durch Vermittlung verschiedener Kaufhäuser während der Jahre 1364 und 1365 an die Kurie schickte, sind wohl neben den Summen aus der Hinterlassenschaft des verstorbenen Erzbischofs auch andere Abgaben an die Camera mit einbegriffen. Spezialrechnungen habe ich im Vatikanischen Archiv nicht aufgefunden (S. 394—397). In den Kirchenprovinzen Mainz, Magdeburg und Salzburg und in der Erzdiöcese Trier waren während dieser Zeit der Dominikaner Johannes Schadland, Bischof von Kulm, dann nacheinander von Hildesheim, Worms und Augsburg, endlich Patriarch von Konstantinopel,[1] und Lambertus von Born (Buren), Bischof von Speyer, dann von Strafsburg, endlich von Bamberg,[2] als Kollektoren thätig. In den drei lothringischen Bistümern Metz, Toul und Verdun war Johannes de Hoyo, der wohl identisch ist mit dem Metzer Subkollektor, den wir oben kennen lernten, mit der Erhebung der Gelder für den päpstlichen Stuhl betraut; derselbe war als Nachfolger des Gerardus de Arbenco für diese drei Diöcesen ernannt worden, während in den übrigen Kirchenprovinzen Lyon, Vienne, Tarantaise und Besançon, die zu des letzteren Kollektorie gehört hatten, Aubricus Radulphi von Langres, Primicerius der Kathedrale in Verdun, zum Kollektor bestellt worden war.[3] Von diesen verschiedenen Einnehmern der Gelder für die Camera, mit Ausnahme des zuletzt genannten, finden sich aus den Jahren 1364 bis 1371 Anweisungen an die Centralstelle in unsern Kollektorien (S. 392—403). Zur Erhebung der von den Päpsten Innocenz VI. und Urban V. auferlegten Zehnten und Abgaben, sowie der von verschiedenen Prälaten Deutschlands diesen Päpsten versprochenen Subsidien, mit deren Einsammlung auch die zuletzt erwähnten Kollektoren beschäftigt waren, schickte Urban V. den Titularbischof von Limisso (Nemosiae, Nimolium auf der Insel Cypern), Thomas de Amanatis nach Deutschland. Derselbe kam in der Folgezeit noch zu wiederholten Malen in die Gebiete des Reiches, um Geldsummen zu erheben und an die apostolische Kammer zu übermitteln. Die von ihm gemachten Anweisungen gehören den Jahren 1368 bis 1375 an (S. 401—415). Endlich

---

[1] Vgl. Gersdorf, Urkundenbuch des Hochstifts Meissen, II, S. 122, Nr. 612.

[2] Derselbe ist identisch mit dem Abt Lambertus von Gengenbach, den wir früher als Kollektor kennen lernten, und der im Jahre 1364 als »electus Brixinensis« bezeichnet wird (S. 392).

[3] Die vier zuletzt genannten Kollektoren werden mit Sigerius de Novolapide und Arnaldus de la Caucina in einem Verzeichnis dieser Beamten der Camera (»Nomina collectorum apostolicorum«) aufgeführt, das in der Nr. 114 der »Collectoriae« auf dem ersten Blatt sich findet.

war ebenfalls unter Urban V. noch Guillelmus de Lacu, Kanoniker von
Rodez,[1] als päpstlicher Kollektor in Deutschland thätig (S. 405).

Über den ganzen Stand der Geschäfte der apostolischen Kammer in
Deutschland am Schlusse des Pontifikates Urbans V. besitzen wir einen
sehr interessanten Bericht des Bernardus Marthesii (wohl identisch
mit Bernardus Marchesii), den Karl Müller aus einer Pariser Handschrift
veröffentlicht hat.[2] Die Ausführungen des Berichterstatters bilden eine
sehr willkommene Ergänzung der Angaben, welche in den hier veröffentlichten Geldanweisungen an die Camera gemacht werden. Dieser Bernardus
ist offenbar identisch mit Bernardus Mathesii, dem Kollektor des Karl IV.
gewährten Zehnten, gegen welchen die Abtei Egmond Klage beim Papst
erhoben hatte[3]; er wird in einem unserer Berichte erwähnt (S. 347).

Die Hinterlassenschaft des verstorbenen Erzbischofs von Salzburg,
Ortholphus von Weisseneck († 12. August 1365) hatte sich Urban V. reserviert; der Nachfolger des Erzbischofs, Pilgrim von Puchheim, hatte
mit dem Kollektor Bisch. Lambertus von Born eine Summe dafür vereinbart und bezahlte dieselbe nach und nach ab zugleich mit dem subsidium,
welches der Vorgänger Pilgrims versprochen hatte (S. 402, 403 u. 404).
Dasselbe that der Dekan von Dorpat, Gottfried Warendorp, dessen
Vorgänger Johannes Guilaberti an der Kurie gestorben war (S. 394).

7. Unter Gregor XI. wurde die Erhebung der verschiedenen, im
ersten Abschnitt angegebenen Auflagen durch die erwähnten Kollektoren
fortgesetzt. Zur Betreibung der neuen, von diesem Papste beim Beginne
seines Pontifikates in Deutschland und Böhmen geforderten Steuer wurde
der Kammerkleriker Elias de Vodronio dorthin gesandt.[4] Er hat auch
persönlich aus dieser Auflage fliefsende Gelder erhoben und an die Camera
befördert (S. 406). Als Kollektoren finden wir aufserdem in den Geldanweisungen erwähnt: den Bischof Johannes Schadland, die beiden
Titularbischöfe Thomas de Amanatis von Limisso und Nikolaus
O. Pr. von Mirum (Prov. Scythopolis).[5] Diese waren offenbar die Haupt-
kollektoren. Neben ihnen werden erwähnt: Bernard von Berne, Kanoniker der Kreuzkirche in Lüttich, welcher wohl in den Gegenden des
Niederrheins und in Lüttich das Einsammeln der Gelder besorgte;[6] Henricus Rand (Rant), Domdekan in Bamberg, welcher die von mehreren
Erzbischöfen und Bischöfen vereinbarte Pauschsumme zu erheben hatte;[7]

---

[1] Vgl. Brom, Bullar. Trajecteuse, II, S. 178, Nr. 1896; S. 211, Nr. 2044.
[2] In Briegers »Zeitschrift für Kirchengeschichte«, II (1878). S. 592—611.
[3] Brom, Bullar. Trajecteuse, II, S. 172, Nr. 1875.
[4] Vgl Brom. Bullar. Trajectense, II, S. 216, Nr. 2052. — Gersdorf, Urkundenbuch des Hochstifts Meissen, II. S. 139, Nr. 625; S. 153, Nr. 636.   Theiner. Monumenta Poloniae, I, S. 726, Nr. 979; S. 727, No. 980 u. 981.
[5] Vgl. Rattinger S. J., der »Liber provisionis praelatorum Urbani V« und die
von ihm citierte Litteratur in »Histor. Jahrbuch« 1894, Heft I, S. 80.
[6] Vgl. Lacomblet, Urkundenbuch, III, S. 735, Nr. 839.
[7] Vgl. Schmidt, Urkundenbuch von Halberstadt, Index s. v. Rant.

Johannes de Vitriaco, Kanoniker der Erlöserkirche in Metz, Kollektor für alle in den drei lothringischen Bistümern der Camera geschuldeten Abgaben; Johannes, Dekan der Apollinariskirche in Prag, als Kollektor für Böhmen. Als Subkollektoren für einzelne Diöcesen kommen vor: Henricus Dapiferi, Domherr von Konstanz, für dieses Bistum; Johannes de Demin für Camin; Rudolph, Kustos der Kathedrale, für Basel; Heinrich, Propst der St. Magnuskirche, für Regensburg; Ulrich Purtrani, Domdekan, für Augsburg; Rudolph von Lewenstein für Würzburg; Nikolaus de Gincuria für Verdun (S. 404 bis 416). Auch mehrere Bischöfe sandten die für sich und den Klerus ihrer Diöcese infolge der von Gregor XI. auferlegten Steuer mit dem päpstlichen Bevollmächtigten vereinbarte Pauschsumme ein. Aus einer Urkunde, durch welche Abt Nikolaus von Neuzelle gegen das Vorgehen des Bischofs Konrad von Meissen Protest einlegt, ersehen wir, dafs letzterer von Johannes Schadland zum Kollektor ernannt worden war.[1] In gleicher Weise hatten wohl auch andere Bischöfe, welche Gelder aus den erwähnten Abgaben an die Camera anwiesen, das Kollektorengeschäft für ihre Diöcesen übernommen. Einige Male wird ausdrücklich in den Anweisungen gesagt, dafs das eingesandte Geld blofs der Beitrag des Bischofs selbst für seine mensa episcopalis ist. Es werden nun in den Einzahlungen an die Camera infolge der erwähnten Auflagen während des Pontifikates Gregors XI. folgende Bischöfe aufser den oben genannten Generalkollektoren erwähnt: Johann von Neumarkt von Olmütz, der wohl als Kollektor thätig war, da auf seine Rechnungsablage hingewiesen wird (S. 402); Johann von Toeckheim von Gurk, welcher für seine mensa das Innocenz VI. versprochene subsidium erst im Jahre 1372 zahlte (S. 403); Bertram Cremon von Lübeck, welcher die von Elias de Vodronio für ihn und seinen Klerus festgesetzte Summe entrichtete (S. 405); Johann von Neuchâtel, Bischof von Toul, und Theodorich Bayer von Boppard, Bischof von Metz, die für dieselbe Auflage durch einen Prokurator eine Pauschsumme mit der Kammer vereinbarten und diese in drei Raten entrichteten (S. 406, 409, 410, 411, 415). Auch die drei norddeutschen Bischöfe Heinrich von Wittorp zu Ratzeburg, Friedrich von Bülow zu Schwerin, Philipp von Reberg zu Camin, sowie Gerard von Schwarzburg zu Würzburg bezahlten selbst den Beitrag für sich und ihren Diöcesanklerus, den sie natürlich von diesem eingefordert hatten, denn bei einer Anweisung aus Camin wird der Kollektor des Zehnten für diese Diöcese erwähnt (S. 408 u. 410); einen Teil der Auflage lieferte der Bischof von Würzburg an den Generalkollektor Thomas de Amanatis ab (S. 415) und liefs aufserdem dem Papste durch denselben eine freiwillige Beisteuer überreichen (S. 413). Aus Konstanz sandte ein Sub-

---

[1] Gersdorf, Urkundenbuch des Hochstifts Meissen, II, S. 122, Nr. 612.

kollektor Gelder an die Camera, über welche wir nichts Näheres erfahren;
doch scheint der vom Papste auferlegte Zehnt nicht darin einbegriffen
gewesen zu sein, da dieser durch den Bischof Heinrich von Brandis
nach Vereinbarung einer Pauschsumme durch Vermittlung von Kaufleuten
abbezahlt wurde (S. 411, 413).

In Böhmen, Polen und Ungarn wurde unter dem 12. Juli 1371 mit
Johannes Schadland der Domherr von Narbonne Johannes de Cabre-
spino mit der Erhebung der Beisteuer betraut, welche für die Bischöfe
und Äbte den dritten Teil ihres commune servitium, für die übrigen Inhaber
kirchlicher Ämter und Pfründen das Doppelte der bei der Visitation zu entrichtenden procuratio betrug.[1] Bald darauf finden wir in Polen und Ungarn
als Kollektor Petrus Stephani, Domherr von Erlau (Agria).[2] Diese
Kollektoren erhoben ebenfalls einen später von Gregor XI. ausgeschriebenen Zehnten, sowie die übrigen dem Apostolischen Stuhle geschuldeten
Abgaben. Eine Rechnung des Petrus Stephani liegt gedruckt vor.[3]

Im Jahre 1375 beauftragte Gregor XI. den Dompropst von Gnesen,
Nikolaus Strosberg, in der Kirchenprovinz Gnesen und in der Diöcese
Kulm die Entrichtung des Peterspfennigs zu veranlassen.[4] Derselbe wurde
unter dem 18. November 1377 zum Kollektor aller der Camera geschuldeten Gelder von kirchlichen Pfründen in Polen, in der Gnesener Kirchenprovinz und in Kulm ernannt.[5] Kurz vorher, am 5. März 1377, hatte
der Papst den Bischof Bernard von Bologna nach Polen, Ungarn und
Dalmatien gesandt, um für die Bedürfnisse der Römischen Kirche von den
Erzbischöfen, Bischöfen, Prälaten, Pfarrern und Klöstern eine Beisteuer zu
begehren und in Empfang zu nehmen.[6]

Dieser kurze Überblick über die Kollektoren in Deutschland zeigt,
welche Bedeutung die finanziellen Beziehungen mit der Kurie hatten, da
eine so grofse Anzahl von bedeutenden kirchlichen Personen in die Geschäfte der Kammer hineingezogen wurden. Es geht ferner aus demselben
hervor, wie sehr die politische Geschichte auf die finanziellen Geschäfte
einwirkte. Wir bemerken in der That einen grofsen Unterschied zwischen
der Zeit des Kampfes mit Ludwig dem Bayer und der Folgezeit in dieser
Übersicht der päpstlichen Steuern und der Kollektoren. Die Interessen
der apostolischen Kammer kamen in der zweiten Hälfte des XIV. Jahrhunderts bedeutend mehr zur Geltung in Deutschland, obschon sich fort-
während dieselbe grundsätzliche Opposition gegen päpstliche Steuern zeigte,
welche auch den Reichsteuern entgegengebracht wurde.

---

[1] Theiner, Monum. Slavor., I, S. 269, Nr. 372.
[2] Theiner, a. a. O. S. 287, Nr. 404; S. 289, Nr. 407; S. 294, Nr. 415. -
Theiner, Mon. Polon., I, S. 708, Nr. 956.
[3] Monum. Vatic. Hungariae, Ser. I, T. I, S. 454—520.
[4] Theiner, Mon. Polon., I, S. 711, Nr. 961.
[5] Theiner, a. a. O., S. 746, Nr. 1010 u. 1011. — Vgl. Historia Polonica lib. X;
Opera omnia von Dlugosz, ed. Alex. Przezdziecki, Tom. XII, S. 395.
[6] Theiner, Mon. Polon., I, S. 739, Nn. 1000 ff.

III. Erhebung der Abgaben und Buchführung.

Die Generalkollektoren, welche das ganze Erhebungsgeschäft der auferlegten Abgaben zu leiten hatten, erhielten ihre Anstellung durch päpstliche Bullen, in welchen ihre Vollmachten angegeben wurden. Häufig war die Dauer ihres Auftrages nicht bestimmt, so dafs sie bis zum förmlichen Widerruf ihrer Sendung im Amte blieben. Oft jedoch wurde den Kollektoren auch zur Erhebung einer Steuer, welche mehrere Jahre hindurch eingezogen werden sollte, blofs für eine kürzere Zeit das Einsammeln der Gelder übertragen, so dafs ihre Aufträge erneuert werden mufsten. So war dem Propst Heydenricus von St. Severin in Köln und Godeschalcus de Barbergh, Scholastiker von Bonn, blofs auf ein Jahr die Erhebung einer dreijährigen Auflage in der Kölner Kirchenprovinz übertragen worden. Als sie darüber an der Kurie Vorstellungen machten, erwiderte Papst Johann XXII., dies sei »wegen gewisser Gründe geschehen; doch sei es seine Absicht, auch für die beiden folgenden Jahre sie mit der Erhebung zu betrauen«.[1] Auch die Kollektoren Petrus Moreti und Raymundus de Vallcaurea wurden jedesmal blofs für ein Jahr während einer Reihe von fünf Jahren zum Einsammeln der Annatengelder bevollmächtigt (S. 123 ff.); ebenso finden sich unter den Ausgaben des Gerardus de Arbenco mehrere Male solche für Boten an die Camera, um eine Verlängerung seiner Vollmachten zu erhalten (»pro habenda extensiva«, S. 243 ff.). Besondere Aufträge während der Dauer ihrer Thätigkeit wurden den Kollektoren ebenfalls durch päpstliche Schreiben übermittelt, so dafs sie beständig, wie auch die Ausgaben für Boten in unseren Rechnungen beweisen, mit der Kurie in Verbindung standen. Dies geschah naturgemäfs durch Vermittlung der apostolischen Kammer, welcher das ganze päpstliche Finanzwesen unterstand, und von deren obersten Beamten, dem Camerarius und dem Thesaurarius, die Kollektoren ebenfalls Anweisungen zur Ausübung ihres Amtes erhielten. Wie man aus der Vorbemerkung zur Rechnung des Gerardus de Arbenco ersieht (S. 162), hatte dieser unter Clemens VI. sogar die Schreiben, in welchen die zu erhebende Steuer auferlegt und ihm seine Vollmachten erteilt wurden, von den beiden Schatzmeistern der Kammer erhalten. Allein in den Gebieten des deutschen Reiches erwuchsen ihm daraus Schwierigkeiten. Denn als er die Ausschreiben der Thesaurare zur Veröffentlichung an die Subkollektoren im Reiche sandte, antworteten ihm diese, es sei von alters her Gebrauch gewesen, dafs alle Reservationen kirchlicher Einkünfte von den Päpsten durch Bullen ausgeschrieben und die Vollmachten zur Erhebung derselben ebenfalls durch päpstliche Bullen erteilt wurden; die Siegel der Thesaurare, mit denen das Kommissionsschreiben des Gerardus beglaubigt war, sei den Prälaten des

---

[1] Brom, Bullar. Trajectense. I, S. 355, Nr. 839.

Reiches unbekannt, und man schenke den Aktenstücken keinen Glauben.
Daraufhin liefs sich der Kollektor durch die Camera päpstliche Bullen
zusenden, in welchen die Ausschreibung der Auflage und der ihm gewordene Auftrag, diese zu erheben, enthalten waren (S. 179). Wir finden
somit hier ausdrücklich bestätigt, was die in den beiden vorhergehenden
Kapiteln angezogenen Bullen und die in den Rechnungen selbst mitge-
teilten päpstlichen Schreiben beweisen: dafs nämlich die Anstellung der
Kollektoren durch päpstliche Bullen geschah. Sehen wir nun kurz, in
welcher Weise dieselben ihre amtliche Thätigkeit ausübten.

1. **Veröffentlichung der Vollmachten.** — Versehen mit päpstlichen Geleitsbriefen und mit Empfehlungsschreiben an die Prälaten und
die weltlichen Fürsten, begaben sich die Kollektoren in das ihnen zugewiesene Gebiet, falls sie sich nicht bereits dort befanden und die
Schreiben ihnen von der Kurie aus zugeschickt worden waren. Schon
vorher waren, wenn es sich um Erhebung einer neuen Auflage handelte,
die diesbezüglichen Bullen an die Bischöfe geschickt worden, damit diese
dem Klerus ihrer Diöcesen dieselben bekannt machten. Der Kollektor
mufste nun gleichfalls zunächst seine Vollmachten veröffentlichen. Er
liefs durch einen Notar beglaubigte Kopieen der päpstlichen Schreiben anfertigen und durch Boten in die einzelnen Diöcesen bringen, falls er sich
nicht persönlich an Ort und Stelle befand. Diese Übersendung der Vollmachten geschah bisweilen schon vor der Ankunft des Kollektors in das
ihm zugewiesene Gebiet, damit er später um so rascher die Geschäfte
erledigen konnte (S. 178). Waren in den einzelnen Diöcesen bereits
Subkollektoren angestellt, so schickte er an diese die Urkunden behufs
Veröffentlichung derselben (S. 178, 179). Waren keine Untereinnehmer
vorhanden, so sandte der Kollektor, wenn er nicht persönlich in kurzer
Zeit in die betreffenden Bistümer reisen konnte, einen bevollmächtigten
Vertreter, um die Publikation vorzunehmen. So beauftragten Petrus
Durandi und Bernardus de Montevalrano ihren Notar Petrus Gervasii
(S. 62), der Kollektor Jacobus de Rota den Hamburger Domherrn, mag.
Pelegrinus, und den Pfarrer von Schönberg, mag. Petrus,[1] mit der Ver-
öffentlichung der Steuererhebung. Mit den päpstlichen Aktenstücken
machten die Kollektoren zugleich auch die Art ihres Vorgehens (pro-
cessus) in Erhebung der Auflage bekannt (S. 263). Diese Publikationen
erfolgten in der für kirchliche Erlasse vorgeschriebenen oder gewohnten
Weise. Den Kathedralkapiteln wurden sie während einer Sitzung derselben durch Bevollmächtigte bekannt gemacht (S. 179); dem übrigen
Klerus ward durch Bekanntmachung auf Synoden der Diöcesen[2] oder der
Archidiakonate die Steuer zur Kenntnis gebracht (S. 154, 184).

---

[1] Mecklenburg. Urkundenbuch, VI, S. 478, Nr. 4132.
[2] Mecklenburg. Urkundenbuch a. a. O.

Schon bei dieser Publikation ihrer Vollmachten konnten die Kollektoren auf Schwierigkeiten stofsen, wie aus den Akten des Prozesses ersichtlich ist, den Petrus Durandi gegen den Offizial von Basel anstrengte (S. 435—439). Dieser weigerte sich nämlich, die Verlesung der päpstlichen Schreiben durch Bevollmächtigte des Kollektors anzuhören und die Aktenstücke, welche letzterer ausgefertigt hatte, durch sein Siegel zu beglaubigen. Häufig kamen die Inhaber der kirchlichen Pfründen auf die Veröffentlichung der Steuererhebung hin ihrer Zahlungspflicht nicht freiwillig nach. Sie mufsten einzeln durch die Unterbeamten der Kollektoren dazu ermahnt und durch Androhen oder wirkliches Verhängen kirchlicher Censuren gezwungen werden. So bemerkt Johannes de Casleto in seiner Rechnung, dafs wegen harter Kriegsnot fast die ganze Diöcese Lüttich in Opposition gekommen sei, und deshalb beinahe für jede einzelne steuerpflichtige Pfründe ein besonderer Prozefs gemacht werden mufste (S. 289). Dasselbe geht aus der Bemerkung hervor, welche Florentius von Wevelinghofen am Schlusse seiner Rechnung über die grofsen Schwierigkeiten macht, welchen er beim Einziehen der Gelder begegnete (S. 334). In der That finden sich unter den Ausgaben öfter solche verzeichnet, welche durch Strafvorgehen gegen Widerspenstige verursacht wurden (S. 67 ff.; vgl. S. 219).

2. Anstellung von Subkollektoren. — Die Erhebung der Abgaben in den einzelnen Diöcesen, besonders der reservierten Einkommen vakanter Pfründen und der Annaten, geschah durch Subkollektoren, welche vom Generalkollektor ernannt wurden. Aus den Rechnungen von Petrus Durandi und Bernardus de Montevalrano (Nr. II), sowie aus derjenigen von Jacobus de Rota (Nr. III) ersehen wir, dafs diese Einnehmer in jeder einzelnen Diöcese des deutschen Reiches einen oder mehrere Subkollektoren anstellten. Sie wählten dazu meistens, wie aus dem vorhergehenden Kapitel ersichtlich ist, einen höhern Kleriker der Diöcese; daneben finden wir aber auch einen Notar und Dominikaner in dieser Stellung thätig. Die Bischöfe wurden bisweilen um Angabe einer geeigneten Persönlichkeit ersucht.[1] Infolge der häufigen Wiederholung der Abgaben von kirchlichen Benefizien, welche diese zu regelmäfsigen machte, wie wir oben sahen (S. XXVII), wurde auch das Amt der Subkollektoren zu einem ständigen in den Bistümern, in welchen diese Abgaben durch besondere Einnehmer erhoben wurden. Während die oben erwähnten Kollektoren unter dem Pontifikate Johanns XXII. erst überall Subkollektoren bestellten, fand Gerardus de Arbenco solche im Westen des Reiches in allen Diöcesen vor und konnte gleich bei Beginn seiner Thätigkeit im Jahre 1342 durch sie die Aktenstücke, welche seine Vollmachten enthielten, veröffentlichen lassen. Nur die Erzdiöcese Trier hatte keinen solchen, sondern der Metzer

---

[1] Vatik. Akten, S. 831, Nr. 2286.

Subkollektor besorgte die Geschäfte der Camera (S. 178). Gerardus ernannte nun, als er nach Trier kam, einen Subkollektor; allein dieser
konnte angesichts des Widerstandes, den der Klerus erhob, und durch
welchen das Leben des Einnehmers in Gefahr stand (»quia fuerat in periculo submergendi, nisi dictum officium dimisisset«), sein Amt nicht aus-
üben. Auch im Centrum und im Osten Deutschlands finden wir in unsern
Kollektorien von der Mitte des XIV. Jahrhunderts an gelegentlich Subkollektoren erwähnt (s. Kap. II), besonders bei Erhebung der Zehnten
und der Subsidien für den Papst und der Annaten von den vom apostolischen Stuhl verliehenen Pfründen. Die Subkollektoren wurden wohl, wie
daraus hervorgeht, dafs ein neuer Generalkollektor mit ihnen in Beziehung
trat, ohne ihre Vollmachten zu erneuern, auf unbestimmte Zeit, d. h. bis
zum Widerrufe ihrer Anstellung, ernannt. Wir finden in der That in
päpstlichen Bullen für Kollektoren die Bestimmung, dafs mit der Ernennung
des neuen Einnehmers die Kommissionen aller frühern Kollektoren und
Subkollektoren zurückgezogen werden (S. 428; mehrere der im Kap. II
citierten Bullen enthalten ähnliche Bestimmungen). Die Subkollektoren
standen unter der Kontrolle des Kollektors, der durch sie die Einkommen
vakanter Pfründen erheben, die Steuern von den Benefiziaten eintreiben
und sich einhändigen liefs. Sie konnten jedoch ebenfalls direkt mit der
Camera in Beziehung treten, an sie den Ertrag der Einnahme überweisen
und vor ihr oder ihren Vertretern Rechnung ablegen. Letzteres war allerdings die Ausnahme; die Thätigkeit der Generalkollektoren bestand zum
grofsen Teil darin, von den Subkollektoren sich Rechnung vorlegen zu
lassen und die von ihnen eingenommenen Gelder in Empfang zu nehmen.

3. Feststellung der steuerpflichtigen Personen und Körper-
schaften. — Die Kollektoren jeder Rangordnung mufsten vor allem feststellen, welche kirchliche Benefizien in ihrem Sammelgebiete zur Entrichtung einer Abgabe verpflichtet waren. Dies geschah in verschiedener
Weise, je nach der Art der Steuer selbst. Am leichtesten war die Sache
in Bezug auf die zinspflichtigen Kirchen und Klöster. Der »Liber censuum« der Römischen Kirche enthielt das genaue Verzeichnis aller Ver-
pflichtungen dieser Art; es wurde sicher im XIV. Jahrhundert, wie schon
im vorhergehenden, zur Kontrolle der Entrichtung dieser Abgabe benutzt.[1]
Vielleicht erhielten die Kollektoren, welche mit der Erhebung beauftragt
wurden, eine Liste der zinspflichtigen Kirchen in den ihnen angewiesenen
Diöcesen. Jacobus de Rota bemerkt in seiner Rechnung (S. 86), dafs er in
den Kirchenprovinzen Bremen und Riga hierüber fleifsige Nachforschungen
angestellt habe; in welcher Weise dies geschah, erfahren wir nicht.

Handelte es sich um eine allgemeine Auflage auf alle kirchlichen
Benefizien, so beschränkte sich die Thätigkeit der Kollektoren in dieser

---

[1] Vgl. Fabre, Étude sur le Liber censuum, S. 159 ff.

Hinsicht darauf, die in dem päpstlichen Ausschreiben ausdrücklich bestimmten Pfründen, welche nicht zur Zahlung verpflichtet waren, festzustellen. Sie mufsten ferner die Höhe der Einkommen abschätzen, da die
schwach dotierten Benefizien ebenfalls von der Steuer befreit wurden
(S. 301). Betraf die Auflage blofs die vakant gewordenen Benefizien,
entweder alle oder die dem Papste zur Neubesetzung vorbehaltenen, so
mufsten die Kollektoren Kenntnis der eingetretenen Vakanzen zu erhalten
suchen. Aus der Rechnung des Jacobus de Rota sehen wir, dafs derselbe
vom Bischof von Schwerin die Liste der vakanten Pfründen erhalten hatte,
dieselbe jedoch ergänzte durch Hinzufügung von zwei Benefizien, welche
der Bischof ausgelassen hatte (S. 95). Wahrscheinlich hatten Jacobus
und die übrigen Kollektoren von allen Bischöfen ihrer Erhebungsgebiete
solche Verzeichnisse verlangt, da diese ebenfalls vom Papste den Auftrag
zur Erhebung der reservierten Einkünfte erhalten hatten. Ferner mufste
auch bei dieser Steuer entschieden werden, ob bestimmte Pfründen unter
die von der Zahlung befreiten zu rechnen seien oder nicht. Bei Meinungs-
verschiedenheiten zwischen den Kollektoren und den Inhabern der während
der Reservation vakant gewordenen Pfründen oder den Vertretern der
Kirchen, wo sich solche befanden, wandten sich jene an die Camera,
welche eine päpstliche Entscheidung herbeiführte oder selbst Anweisungen
hierüber erliefs. Unter den Ausgaben der Kollektoren werden öfter solche
für Boten an die Kurie zur Überbringung solcher Anfragen erwähnt
(S. 65, 76, 99, 245). Ich habe bereits oben (S. XXV) auf päpstliche Entscheidungen über solche Fälle hingewiesen,[1] und teile unter den Beilagen
(S. 423—425) die Antworten auf verschiedene Anfragen über Erhebung
von Annatengeldern mit. Die letztern beziehen sich auf die Einkünfte
des ersten Jahres, welche von den Pfründen zu entrichten waren, die
vom Papste verliehen wurden. Um diese zur Kenntnis der Kollektoren
zu bringen, wurden ihnen die Listen der vom Papste verliehenen Benefizien von der Kurie aus zugeschickt. Die Kollektoren übermittelten an
die Untereinnehmer Abschriften der Verzeichnisse jener Pfründen, welche
in den Diöcesen der letzteren lagen, und daraufhin wurden die notwendigen Schritte zur Erhebung der Annaten gethan. In den letzten Berichten des vorliegenden Bandes bilden diese Listen die Grundlage der
ganzen Rechnung, und es werden mehrere Male Zusendungen von solchen
an die Kollektoren erwähnt (z. B. S. 219, 220, 265, 284, 288).[2] Endlich
mufsten die Kollektoren beim Beginne ihrer Thätigkeit feststellen, welche
Rückstände von früher auferlegten Steuern noch aus der Zeit ihrer Vorgänger im Amte zu erheben waren. Zu diesem Zwecke nahmen sie bisweilen eine Kopie der Rechnung ihres Vorgängers von der Kurie aus
mit (S. 177); dann liefsen sie sich die Register, Obligationen und andere

---

[1] Vgl. auch Brom, Bullar. Trajectense, I, S. 265, Nr. 567.
[2] Vgl. Theiner, Monumenta Scotor. et Hibern., S. 337.

Aktenstücke, welche der Vorgänger im Erhebungsgebiete zurückgelassen
hatte, einhändigen, um die noch zu erhebenden Gelder festzustellen. Dies
ging nicht immer ganz leicht; wir sehen aus den als Beilage veröffentlichten Prozeßakten (S. 426 ff.), daß der Benediktiner-Prior Haimo von
St. Alban in Basel die Auslieferung der Register an Petrus Durandi ver-
weigerte, weshalb über ihn die Exkommunikation und über das Kloster
das Interdikt verhängt wurden.

4. Taxierung der zu zahlenden Abgabe. — Die dem apostolischen Stuhle zu leistenden Census waren genau festgesetzt; ihre Höhe war
im Liber censuum der Römischen Kirche angegeben. Bestand der Census
in einem zu liefernden Gegenstand, so nahm der Kollektor eine frühere
Abschätzung desselben als Taxe an (S. 57 für Remiremont). Für die
übrigen Abgaben finden wir in unsern Berichten hauptsächlich vier Arten
der Taxierung angewandt. Zuerst die früher festgestellten Zehnttaxen
für die Zahlung der zu Gunsten des hl. Landes zu entrichtenden Zehnten.
Es waren nämlich im Laufe des XIII. Jahrhunderts bei dieser Gelegenheit
für verschiedene Länder und Diöcesen Einschätzungslisten der Pfründen
angefertigt worden, durch welche die Höhe der Steuer bestimmt wurde.[1]
Wo solche bestanden, bildeten sie im XIV. Jahrhundert die Grundlage
der Taxierung, nicht bloß für eigentliche Zehnten, sondern auch für die
Annaten (fructus primi anni) der vom Papste verliehenen Pfründen und
für die reservierten Einkünfte des ersten Jahres der vakanten Benefizien
(fructus medii temporis). Von solchen Einschätzungen sind die öfter in
unsern Rechnungen wiederkehrenden Bemerkungen über eine »taxatio in
solutione decimae«, oder »non taxatur ad decimam«, oder »taxatur« (scil.
beneficium) u. dgl. zu verstehen. Doch konnte der Kollektor auch die
Zehnttaxe dem Benefiziaten überlassen und das Übrige einziehen. Hatten
sich im Laufe der Zeit bedeutendere Veränderungen in den Einnahmen
ergeben, mußten dieselben berücksichtigt werden.

Fand sich keine solche Einschätzung vor, so wurde die Hälfte der
Jahreseinnahmen von den betreffenden Pfründen als Taxe für die Vakanz und als Annate erhoben. Es galt also, eine Abschätzung der Einnahmen vorzunehmen. Dies geschah durch die Inhaber der Pfründen
selbst, und zwar mußten sie ihre Angaben eidlich bekräftigen. Es war
dasselbe Prinzip der Selbsteinschätzung, welches schon im XIII. Jahrhundert
angewendet wurde.[2] Weigerten sich die Benefiziaten, die Höhe ihrer
Einkünfte anzugeben, so erhielten die Kollektoren vom Papste Vollmacht,
sie durch Censuren dazu zu zwingen.[3] Über eine durch den Bischof Marquard von Ratzeburg und den Kollektor Jacobus de Rota vorgenommene
Einschätzung der Pfründen in der Diöcese Ratzeburg sind die Originalakten

[1] S. Gottlob, Die päpstl. Kreuzzugs-Steuern, S. 219 ff.
[2] S. Gottlob a. a. O.
[3] Vatik. Akten, S. 90, Nr. 159. — Brom, Bullar. Trajectense, I, S. 268, Nr. 592.

teilweise erhalten nebst dem Register, welches auf die Angaben der Benefiziaten hin angefertigt wurde.[1] Sehr interessante Einzelheiten über das
Vorgehen des genannten Kollektors bei der Einschätzung erfahren wir
ferner durch die Klageschrift, welche Heinrich, Marquard und Hermann,
Bischöfe von Lübeck, Ratzeburg und Schwerin über das willkürliche Verfahren und die Erpressungen des Kollektors dem Papste Johann XXII.
einsandten.[2] Von den so festgesetzten Einnahmen eines Jahres wurde
die Hälfte als Taxe eingezogen, falls nicht der Inhaber der Pfründe das
ganze Einkommen dem Kollektor überlassen wollte, in welchem Falle
letzterer für die Erfüllung der Obliegenheiten der Pfründe zu sorgen hatte
(s. oben S. XXIV f.). Eine dritte Art der Taxierung beruhte auf den
Prokurationen, welche bei der Visitation der kirchlichen Pfründen an
den Visitierenden zu zahlen waren.[3] Schon im XIII. Jahrhundert trat
vielfach an die Stelle der Leistung von Naturalien für die Verpflegung
des Visitators ein Aequivalent an Geld, wofür im XIV. Jahrhundert Papst
Benedikt XII. bestimmte Taxen festsetzte.[4] Wir haben oben (S. XX f.)
gesehen, welche Abgaben nach dieser Taxe erhoben wurden. Doch zeigt
die Rechnung des Kollektors für Metz, Johannes de Hoyo, wie gelind
man bei der Erhebung verfuhr; denn in dieser grofsen Diöcese entrichteten blofs die Kathedrale, 4 Abteien und 31 Pfarrkirchen die ganze Taxe;
alle übrigen Kirchen zahlten blofs einen Teil derselben an den Kollektor.

Eine letzte Art der Festsetzung der zu entrichtenden Steuer bildete
die Vereinbarung einer Pauschsumme (compositio). Dies geschah nicht
blofs bei allgemeinen Auflagen, für welche der Bischof mit der Camera und
ihren Abgesandten die Höhe des Betrages für seine ganze Diöcese oder für
die bischöfliche mensa abmachte (S. 406 ff.; s. oben S. XXI u. XXII),
sondern auch bei den Annaten und den Intercalarfrüchten vakanter Pfründen.
In unsern Rechnungen werden häufig solche Vereinbarungen, über welche
ein notarieller Akt aufgenommen wurde, erwähnt (z. B. S. 128, 131, 151
und sonst); besonders bei Feststellung der Summe, die ein Benefiziat zu
zahlen hatte für die Zeit, während welcher er seine Pfründe gegen die
Vorschriften des kanonischen Rechtes innegehabt und das Einkommen
daraus bezogen hatte, wurde dieses Verfahren in Anwendung gebracht
(S. 324 ff.).

Was die von den Päpsten begehrten Subsidien angeht, so finden wir
aufserdem noch das »commune servitium« als Norm für die Feststellung
der Beisteuer angewandt, indem ein Bruchteil desselben, z. B. ein Drittel
durch Innocenz VI., gefordert wurde (S. 403).

---

[1] Mecklenburg. Urkundenbuch, VIII, S. 540, Nr. 5613; VI, S. 453 ff.
[2] Mecklenburg. Urkundenbuch, VI, S. 449, Nr. 4089.
[3] Vgl. Phillips, Kirchenrecht, VII, S. 221 ff.
[4] Corp. iur. can. Extrav. comm. lib. III, tit. X, cap. un. (Ed. Richter-Friedberg, II, Col. 1280.)

5. Die Erhebung der Gelder. — Die faktische Erhebung der Steuer geschah hauptsächlich durch die Subkollektoren der einzelnen Diöcesen persönlich oder durch Bevollmächtigte. Die Kollektoren beaufsichtigten ihre Thätigkeit, ließen sich von ihnen die Gelder überbringen und dabei Rechnung vorlegen; doch auch sie nahmen häufig, wie unsere Rechnungen beweisen, die Steuer direkt von den Kirchen oder den Inhabern der Pfründen in Empfang. Das Einziehen der Gelder von den Einzelnen stieß häufig auf Schwierigkeiten. Oft weigerten sich die Kirchen und die Benefiziaten, die Abgaben zu entrichten; ein anderes Mal nahm der weltliche Herr des Ortes die Einkünfte in Beschlag, und der Kollektor wagte nicht, gegen denselben vorzugehen; bald waren es Kriege und Fehden, bald ungünstige Witterung, welche die Einkünfte zum Teil vernichtet hatten, so daß dies bei der Berechnung der Steuer in Anschlag gebracht werden mußte (vgl. z. B. S. 37, 49, 115, 117, 131, 150, 164, 227). Konnte der Inhaber einer steuerpflichtigen Pfründe nicht gleich bezahlen, oder war er wegen eines Prozesses um deren Besitz nicht gleich dazu verpflichtet, so wurde durch notariellen Akt eine Zahlungsverpflichtung (obligatio) aufgenommen, und er mußte genügende Bürgschaft stellen. Das erhobene Geld wurde in Säckchen und Kisten aufbewahrt, welche regelmäßig in den Ausgaben unserer Rechnungen erwähnt werden. War eine größere Summe beisammen, ward sie an sicheren Orten deponiert, bis der Kollektor das Geld sammelte, um es auszuwechseln (s. darüber die folgenden Kap.) und an die Camera zu übermitteln. Als Aufbewahrungsorte für die Gelder wurden hauptsächlich Klöster gewählt, und auch das Überbringen größerer Summen wurde häufig Mönchen übertragen (S. 64, 69, 155). Um dies alles auszuführen, mußten die Subkollektoren ihre Diöcese, die Generalkollektoren ihr großes Sammelgebiet in verschiedenen Richtungen bereisen und Boten an Orte schicken, wohin sie nicht persönlich gehen konnten. Kollektoren und Subkollektoren mußten beständig miteinander in Verkehr bleiben, da bald für schwierige Fälle Instruktionen zu geben waren, bald der Kollektor die Vorlage der Rechnung oder die Überbringung der Gelder verlangte; dann lag letzterem der Verkehr mit der Camera ob, an die er bald Geld zu senden oder von der er besondere Vollmachten und Instruktionen zu fordern hatte; ferner standen alle Kollektoren in der Regel mit Kaufleuten in Beziehung, durch welche die Geldsummen an die Centralstelle übermittelt wurden. Wie manche Hindernisse sich bei diesem Verkehr den Einnehmern in den Weg stellten, zeigen die Ausgaben unserer Rechnungen. Da man überall wußte, daß die Kollektoren Gelder zu erheben hatten, und man voraussetzte, daß sie größere Summen mit sich führten, konnten sie häufig nur unter starker Bedeckung reisen, welche sie von Grafen und Rittern gegen Zahlung erhielten. Trotzdem wurden mehrere Kollektoren überfallen und ausgeplündert oder in Gewahrsam gehalten. Petrus Durandi ward mit seiner Begleitung

mifshandelt und geplündert, so dafs der Papst Johann XXII. durch den Erzbischof von Besançon und den erwählten Erzbischof von Mainz gegen die Räuber einschreiten liefs.[1] Petrus Moreti und Petrus de Viveriis wurden ebenfalls gefangen genommen und 28 Tage in Gewahrsam gehalten (S. 119, 137)[2]; Moreti rechnete dafür, wohl wegen persönlicher Verluste, die er dabei erlitten, eine Summe unter seinen Ausgaben (S. 138). Öfter wurden auch Boten und Bevollmächtigte der Kollektoren mifshandelt und ausgeplündert (S. 68, 114, 138, 150, 162, 163, 178). Auch die Opposition des Klerus einzelner Diöcesen gegen die päpstlichen Steuern brachte die Kollektoren in Gefahr; so wurde der in Trier von Gerardus de Arbenco angestellte Subkollektor mifshandelt, als er die Erhebung der Annaten beginnen wollte, und er mufste, da man ihn zu ertränken drohte, sein Amt niederlegen (S. 195). In Basel war der Kollektor selbst mit seinen Begleitern nicht sicher, da ein Anhänger Ludwigs des Bayern dort herrschte; er mufste als Karmelit verkleidet des Nachts heimlich die Stadt verlassen, weil sein Gastwirt ihm gesagt hatte, sein Leben schwebe in Gefahr. Auch der von ihm angestellte Subkollektor wurde mit dem Tode bedroht, falls er etwas zur Erhebung der päpstlichen Auflagen unternähme (S. 189); selbst dem Bischof von Basel traute der Kollektor nicht (S. 184). Ein Kaplan der Dominikaner von Regensburg, welcher im Auftrage des Priors Heinrich von Hecpont eine Summe Geldes an Petrus Durandi bringen sollte, wurde entweder ausgeplündert und getötet, oder er ging mit dem Gelde durch. Der Kollektor liefs seiner Spur nachforschen (S. 73 ff.), und Papst Johann XXII. schrieb an den erwählten Bischof Albert und den Dekan von Passau, den Bischof von Olmütz und den Dekan der Alten Kapelle von Regensburg, sie sollten jenem hierin behilflich sein.[3]

Allein auch abgesehen von solchen Gefahren und Schwierigkeiten war das Amt der Kollektoren mit grofsen Beschwerden verbunden. Die Opposition gegen jede Steuer war tief gewurzelt bei Geistlichen und Laien in Deutschland; dann war das beständige Herumreisen in so grofsen Gebieten, wie sie den Generalkollektoren angewiesen wurden, sehr beschwerlich, und wie wenig sie sich in dieser Beziehung schonten, zeigt die Rechnung von Petrus Durandi und Bernardus de Montevalrano, die das genaue Itinerar der beiden Einnehmer enthält.

· 6. Gerichtliches Vorgehen der Kollektoren gegen Widerspenstige. — In den päpstlichen Bullen, durch welche die Kollektoren ihre Anstellung erhielten, wurde ihnen auch die Vollmacht erteilt, gegen Widerspenstige und gegen solche, die ihrer Amtsthätigkeit Schwierigkeiten entgegenstellten, durch Verhängung kirchlicher Censuren vorzugehen. Sie

---

[1] Leuckfeld, Antiq. Gandersheim., S. 243.
[2] Vgl. Vatik. Akten, S. 350, Nn. 922[a], 923.
[3] Vatik. Akten, S. 107, Nr. 196.

kamen in Deutschland häufig genug in den Fall, von diesen Vollmachten
Gebrauch machen zu müssen. Wir finden in unsern Berichten mehrere
Male das Vorgehen mit kirchlichen Strafen erwähnt. So mufste Petrus
Durandi gegen das Kapitel von Saint-Dié und gegen die Abtei Remiremont mit Exkommunikation und Interdikt einschreiten (S. 67 f.); ferner
gegen den Erzbischof von Mainz, Petrus von Aichspalt, und dessen Neffen
(S. 72, 76), sowie gegen verschiedene Widerspenstige der Diöcesen Hildesheim und Minden vorgehen (S. 74). Petrus Moreti stiefs bei Erhebung
der Abgaben sowohl bei Klerikern als bei adligen Laien auf Opposition und
ging mit Strafen gegen dieselben vor (S. 124, 127); ebenso seine Nachfolger Johannes Ogerii (S. 153) und Gerardus de Arbenco (S. 171, 203,
219). Interessant ist die Bemerkung des letztern, dafs er das Vorgehen
gegen mächtige Laien, welche Güter eines Priorates gepachtet hatten, der
Camera überläfst mit dem Hinzufügen, dafs sich kaum jemand finden
würde, welcher die Urteile gegen sie ausführte (S. 202). Auch in der
Rechnung des Johannes de Casleto werden gerichtliche Prozesse erwähnt
(S. 283, 289). In welcher Weise dieses gerichtliche Verfahren vor sich
ging, zeigen die Akten der Prozesse des Petrus Durandi in Basel, welche
unter den Beilagen veröffentlicht werden. Erwähnt sei noch, dafs auch
Kollektoren mit der Publizierung der päpstlichen Strafsentenzen gegen
Ludwig von Bayern beauftragt wurden (S. 139, 140).

7. Buchführung und Ausstellung von Quittungen und andern Aktenstücken. — Die Kollektoren mufsten naturgemäfs über die
Erhebung der Steuern, das Einziehen von Geldern aus solchen, die gemachten oder aufgenommenen deposita, das Abliefern von Geldern an die
Camera oder die von dieser Bevollmächtigten und über alles, was mit
ihrer Thätigkeit zusammenhing, Buch führen und offizielle Akten anfertigen;
sie mufsten über jede erhobene Summe Quittung ausstellen und sich beim
Abliefern der Gelder solche geben lassen. Wir finden deshalb unter den
Ausgaben regelmäfsig solche für Papier und Pergament, sowie für Sie-
gelung von Urkunden erwähnt. Die Kollektoren hatten zu diesem Zwecke
stets einen oder mehrere Notare bei sich, welche alles hierauf Bezügliche
zu besorgen hatten und auch mit Ausführung anderer Aufträge betraut
wurden (S. 44, 62 ff., 99, 138, 154, 182 u. s. w.). Ferner erfahren wir,
dafs einzelne Kollektoren rechtskundige Berater heranzogen, welche ihnen
bei der Ausübung ihres Amtes beistanden (S. 287).

Die Rechnungen selbst wurden, wie die hier publizierten Berichte
beweisen, in verschiedener Weise angefertigt; die einen sind vollständiger
in Bezug auf Einzelangaben über die Thätigkeit zur Erhebung der Abgaben
als die andern, welche nur das Allgemeine und die Summen der Ausgaben
enthalten. Einige geben blofs die Namen der Kirchen, von welchen
wirklich die Abgaben entrichtet wurden, andere teilen auch die Pfründen
mit, von denen die Einzahlung der Steuer rückständig war, oder von

welchen nichts bezahlt zu werden brauchte. Aus einzelnen Angaben ersehen wir, dafs die Gesamtrechnung in zwei Exemplaren ausgefertigt wurde
(S. 31, 156). Diese wurde wohl zusammengestellt, bevor der Kollektor
an die Kurie reiste, um über seine Thätigkeit Rechenschaft abzulegen.
Wir sehen dies daraus, dafs bei mehreren der hier veröffentlichten Rechnungen in der Überschrift freier Raum gelassen wurde, in welchen das
Datum der Rechnungsablage nachgetragen werden konnte (S. 36, 338).
Die Berichte wurden offenbar von gewöhnlichen Schreibern kopiert; bisweilen sind jedoch die Summen der einzelnen Seiten und die Gesamtsummen von anderer Hand, wahrscheinlich durch den Kollektor selbst,
hinzugefügt worden.

8. Gehalt der Kollektoren. — Die laufenden Ausgaben bei der
Ausübung ihrer Amtsthätigkeit bestritten die Kollektoren aus den von ihnen
eingenommenen Geldern. Sie behielten aufserdem einen Teil derselben
als Lohn (salarium) für ihre Amtsthätigkeit zurück. Papst Johann XXII.
hatte den von ihm zur Erhebung der reservierten Einkünfte vakanter
Pfründen ausgeschickten Kollektoren für jeden Tag, an welchem sie diesem
Geschäfte oblagen, 3 Goldgulden bewilligt (S. 80, 103). Die beiden Kollektoren Petrus Moreti und Raymundus de Vallcaurea erhielten der erstere
1 Goldgulden (S. 138), der andere 12 Solidi (S. 139). Sonst erfahren
wir nichts über feste Gehälter der Kollektoren. Dem Subkollektor von
Metz wurden die Einkünfte eines Jahres von einer vakanten Pfründe überlassen (S. 166). Florentius von Wevelinghoven erwähnt im allgemeinen
die grofse Mühe und die vielen Ausgaben, welche ihm das Kollektoren-
amt verursachte, und empfahl sich der geneigten Erinnerung des Papstes
und der obersten Beamten der Camera. Er hatte es nicht umsonst gethan, da er bald darauf Bischof von Münster wurde.

IV. Übermittlung der Gelder an die Kammer und Rechnungsablage.

Die von den Kollektoren erhobenen Gelder für die päpstliche Kammer
wurden, nachdem sie gegen die an der Kurie gangbaren Münzen umge-
wechselt worden waren, an die Centralstelle abgeliefert, und es hatte
darüber genaue Rechnung vorgelegt zu werden. Letztere konnte sich
über mehrere Geldsendungen zugleich erstrecken. Am Ende seiner Amtsthätigkeit mufste der Kollektor Schlufsrechnung machen und sein Soll und
Haben mit der Camera in Ordnung bringen.

1. Die Ablieferung der Gelder. — Meistens überwiesen wohl
die Kollektoren aus eigenem Antriebe, wenn sie eine gröfsere Summe
beisammen hatten, den Ertrag ihrer Einnahme der Camera oder ihren Vertretern. Doch kam es auch vor, dafs sie vom Papste dazu aufgefordert
wurden, wahrscheinlich dann, wenn die päpstliche Kasse nicht imstande

war, eine gröisere Summe aufzubringen.[1] Die Ablieferung der Geldsummen
geschah nach den hier vorliegenden Berichten in dreifacher Weise: Sie
wurden durch den Kollektor und seine Bevollmächtigten direkt der Camera
übergeben oder einem andern Kollektor oder einem Beamten der Kurie
zum Ankaufe der für die päpstliche Hofhaltung nötigen Dinge eingehändigt,
oder endlich an Vertreter der mit der Camera in Verbindung stehenden
Handelsgesellschaften angewiesen, welche sich verpflichteten, innerhalb
einer genau bestimmten Frist sie der Camera zur Verfügung zu stellen.
Sehr häufig brachten die in Deutschland thätigen Kollektoren den
Ertrag ihrer Sammlungen selbst an die Kurie oder liefsen die Summen
durch Boten dahin tragen. So reiste Bernardus de Montevalrano mitten
in der dreijährigen Reservationsperiode für die Einkünfte vakanter Pfründen,
am 15. Januar 1319, nach Avignon und übergab der Camera eine bedeutende Summe (S. 77 f.); bald darauf liefs er durch den erwählten
Bischof von Konstanz, Heinrich von Verdenberg, eine weitere Geldsumme
übergeben (S. 51 u. 78); den übrigen Ertrag ihrer Einnahme lieferten die
Kollektoren bei der Rechnungsablage über ihre Thätigkeit während der
ganzen Reservationsperiode ab (S. 78 f.). Nur einmal waren Kaufleute
die Vermittler einer Geldsendung, nämlich für eine Summe, welche Petrus
Durandi dem Erzbischof von Salzburg und dieser den Dominikanern in
Venedig zur Aufbewahrung übergeben hatte (S. 81). Auch eine gröfsere
Summe, welche der zuletzt genannte Kollektor bei einer folgenden Reise
nach Deutschland eingenommen hatte, übergab er persönlich der Camera
(S. 81 f.). Die beiden Kollektoren Petrus Moreti und Raymundus de
Valleaurea überbrachten gleichfalls der Camera persönlich die Gelder, teils
während der Einsammlung (S. 138), teils am Schlusse bei der Abrechnung
(S. 141). Johannes Ogerii liefs während der Dauer seiner Thätigkeit
dreimal das erhobene und an verschiedenen Orten deponierte Geld zu-
sammenbringen und durch einen Bevollmächtigten an die Camera tragen
(S. 155 f.); den Rest bezahlte er nach Vorlegung seiner Schlufsrechnung
selbst (S. 157). Das Gleiche that Gerardus de Arbenco blofs für einen
kleinen Teil seiner Einnahmen (S. 250 ff.). Johannes de Casleto überwies
wieder das Meiste von den in seinem Erhebungsgebiete eingenommenen
Geldern persönlich oder durch seinen Kaplan Johannes de Fres direkt an
die Centralstelle (S. 292—295); ebenso Johannes de Hoyo (S. 318 f.).
Florentius von Wevelinghoven liefs den gröfsten Teil seiner Einnahmen
in Avignon abliefern; einige kleinere Summen übergab er andern Kollektoren der Camera (S. 334). Sigerus de Novolapide endlich benutzte
regelmäfsig die Vermittlung der in den Niederlanden ansässigen Vertreter
von Kaufhäusern, und nur bei seiner definitiven Abrechnung bezahlte er
persönlich eine kleine Summe an der Centralstelle (S. 377). Was die

---

[1] Vgl. die Bulle Benedikts XII. vom 1. Februar 1336 an Galhardus de Carceribus
in Vatik. Akten, S. 606, Nr. 1772.

Geldanweisungen aus Deutschland angeht, über welche keine Spezial-rechnungen vorliegen (S. 389—416), so wird ebenfalls häufig die direkte Einzahlung durch die Kollektoren selbst (»manualiter solvit«) oder durch Boten und Bevollmächtigte (»procuratores«) erwähnt.

Besonders häufig erhielt einer aus unsern Kollektoren, Gerardus de Arbenco, von der Camera den Auftrag, an Beamten der Kurie zum An-kauf von Getreide, von Wein, Fischen und andern Lebensmitteln, dann auch von Stoffen zu Kleidungsstücken und von Kohlen teils für den päpst-lichen Hof, teils für die Armenhäuser in Avignon, gröfsere Geldsummen abzugeben (243—256). Eine Summe von 50 Goldgulden übergab Flo-rentius von Wevelinghoven dem nach Dänemark und Schweden gesandten Kollektor Guido de Cruce, wahrscheinlich weil diesem das Reisegeld aus-gegangen war (S. 333). Erwähnt sei auch, dafs Gerardus de Arbenco dem Herzog von Bourbon, Karl I., bedeutende Summen als Anleihe an-zuweisen hatte (S. 187, 246).

Schon im XIII. Jahrhundert wurden Kaufleute mit dem Einziehen und der Übermittlung von Geldern der Camera und für das hl. Land be-traut.[1] In gröfserem Mafsstabe noch geschah dies während des XIV. Jahr-hunderts, wie aus unsern Rechnungen hervorgeht. Es waren fast immer italienische Handelshäuser, welche im deutschen Reiche und besonders in den Niederlanden ihre Vertreter hatten, denen die Gelder übergeben wurden mit der Verpflichtung, sie an die Camera innerhalb eines be-stimmten Termins abzuliefern. Die Kaufleute standen in regelmäfsigen geschäftlichen Beziehungen zur Camera, mit welcher sie laufende Rechnung führten, die von Zeit zu Zeit abgeschlossen wurde. Wir ersehen dies z. B. aus Bullen Clemens' V., in welchen die Resultate solcher Abrech-nungen mitgeteilt werden.[2] Sie erhielten von den Päpsten, welche Geld von ihnen empfingen, Anweisungen auf die Gelder aus den Einnahmen der Kollektoren, und setzten sich so mit diesen in Verbindung. Der Sub-kollektor von Basel, dessen Bericht an erster Stelle hier mitgeteilt wird, legte sogar vor den »mercatores domini pape«, welche der Generalkollektor Erzbischof Wilhelm von Embrun hierzu bevollmächtigt hatte, seine Rech-nung ab und übergab ihnen das Geld (S. 30, 31).

Folgende sind die Kaufleute und Handelshäuser, durch deren Ver-mittlung Gelder von den Kollektoren in Deutschland eingeliefert wurden:

Guillelmus Lanfredi aus Florenz und Guillelmus de Condamina, um 1302 bis 1304 (S. 32).

Raynaldus de Bardis, »mercator curie Romane«, 1317 (S. 81).

Paulus Bertaldi von der Gesellschaft der Scali in Florenz, 1322 (S. 382).

---

[1] Gottlob, Kreuzzugs-Steuern, S. 245 ff.
[2] Reg. Clementis V, Annus II, S. 168, Nr. 2270; S. 171, Nr. 2271.

Pachinus Tomasii von der Gesellschaft der Perucii in Florenz 1322 (S. 382).

Philippus Raynerii von der Gesellschaft der Bardi in Florenz, 1322 (S. 382).

Jacobus Malabayla von Asti, 1345 (S. 292).

Guido Malabayla von Asti, 1356 (S. 384), 1361 (S. 390).

Antonius Malabayla von Asti, »curiam Romanam sequens«, 1355, 1358, 1360 (S. 384, 385, 386).

Raphael Damiani von Asti, Martinus Catayrani, Albertus de Plano, in Bruges ansässig, 1358, 1360 (S. 385, 386).

Von der Gesellschaft der Alberti antiqui in Florenz werden erwähnt:

Laurentius Spinelli, Vertreter in Lüttich, 1360, 1364, 1365 (S. 369, 387, 394, 396).

Bancus Daniciani, Vertreter in Lüttich, 1360 (S. 387).

Petrus Bruni, Vertreter an der Kurie, 1360 (S. 387).

Angelus Johannis, Vertreter in Bruges, 1364; in Paris 1374 (S. 393, 409).

Thomas Nicolai Lambertesqui, »curiam Romanam sequens« 1364, 1365 (S. 369, 393, 394, 396, 397).

Nicolaus Jacobi, Haupt der Gesellschaft, 1364—1375 (S. 393 ff.).

Bartholomaeus Johannis, Vertreter in Köln, 1365 (S. 395).

Benedictus Nerocii, Haupt der Gesellschaft, 1365—1375 (S. 396 ff.).

Laurentius Fruosini, Vertreter in Bruges, 1365, 1368 (S. 397, 400).

Perozus Corsini, Vertreter in Bruges, 1365, 1366 (S. 397, 398).

Thomas Monis, Vertreter an der Kurie, 1365, 1366, 1368, 1372 (S. 374, 397, 398, 400, 405).

Lambertus Lambertesqui, Vertreter an der Kurie, 1366 (S. 398, 399).

Villanus Johannis, Vertreter in Venedig, 1365 (S. 399).

Nicolaus de Perussiis, Vertreter in Avignon, 1367, 1368 (S. 399, 372, 401).

Talentus Andreae Bucelli, Vertreter in Lüttich, 1368, 1372 (S. 372, 374).

Jacobus Bernardi, Vertreter in Bruges, 1368, (S. 400).

Raynerius Dominici, Vertreter in Bruges, 1372, 1374 (S. 405, 409).

Bertholdus (Bartholomaeus) Johannis Sonaglini, Vertreter in Mecheln, 1372, 1374, 1375 (S. 374, 376, 408).

Jacobus Vannis, Vertreter an der Kurie, 1372, 1374 (S. 375, 408, 410).

Nerocius Bernardi, Vertreter an der Kurie, 1372, 1374 (S. 375, 405).

Philippus de Marsiliis, Vertreter an der Kurie, 1374 (S. 405, 408, 410).

Bernardus Nicolai, Vertreter in Lüttich, 1374; in Mecheln, 1374 (S. 375, 376, 410).

Mattheus Vitte, Vertreter an der Kurie, 1374 (S. 409).

Petrus Bartholi, Vertreter an der Kurie, 1375 (S. 376).

Von der Gesellschaft der Alberti novi in Florenz finden wir:
Johannes Bonaguida, Vertreter in Mecheln, 1363, 1365 (S. 368, 371).
Cyprianus de Albertis und Dophus Duchii, Leiter der Gesellschaft,
1363—1365 (S. 369, 395).
Banchus Zenobius, Vertreter in Köln, 1364 (S. 395).
Kyriacus Garnerii, Vertreter an der Kurie, 1364 (S. 395).
Thomas Bonaguida, Vertreter in Lüttich, 1365 (S. 370).
Weniger häufig kommen wieder vor: Stoldus de Altovitis und Fran-
ciscus Geri de Soderinis von Florenz mit ihren Vertretern und Genossen:
Hubertinus de Strociis, Angelus Borgognonis und Dominicus Soderini
(beide in Mecheln), während der Jahre 1365 (S. 395), 1368 und 1369
(S. 372 f.). Ferner die Gesellschaft der Gardi aus Florenz, von welcher
genannt werden: Jannius Angeli und Anglicus de Anglico, dann Ubaldus
Fecci de Ubertinis, Vertreter in Bruges, 1371 (S. 402 f.) und Bernardus
Laurentii de Marallo, Vertreter in Mecheln, 1372 (S. 403). Blofs je ein-
mal werden erwähnt: Bernardus Jandoni, Vertreter der Kaufleute Johannes
Columberii und Antonius Brunecgii von Montpellier, 1363 (S. 368);
Mattheus Carensoni de Lucha (Lucca), »curiam Romanam sequens«, 1372
(S. 404); Georgius Tigrini de Luca, »curiam Romanam sequens«, 1375
(S. 411). Der Bischof Johannes von Toul liefs ebenfalls durch Kaufleute
seiner Diöcese, Guillelmus Rechaufe und Richardus de la Roqueta von
Épinal (Spindelle) den Vertretern des Hauses »Alberti antiqui« in Bruges
die von ihm eingesammelten Gelder übermitteln (S. 401).

Aus dieser Übersicht ergiebt sich, dafs der Schwerpunkt des Geld-
verkehrs zwischen den Kollektoren in Deutschland und der Kurie in
Lüttich und in Brabant lag. Dies braucht uns nicht zu wundern, da grade
in den Niederlanden so bedeutende italienische Faktoreien bestanden. Dort
befanden sich auch so zahlreiche und reich dotierte Pfründen, und die
Erhebung der vom Papste auferlegten Steuern ging leichter und regel-
mäfsiger vor sich als in den übrigen Teilen des deutschen Reiches.

2. Abrechnung der Kollektoren mit der apostolischen
Kammer. — Am Schlusse ihrer Sendung und auch, falls die Ausübung
ihrer Thätigkeit eine längere Reihe von Jahren dauerte, in gewissen
Zwischenräumen während derselben legten die Kollektoren Rechnung ab.
Sie begaben sich zu diesem Zwecke mit ihren Registern und Aktenstücken
an die Kurie und reichten ihre Rechnungen in der Form, wie sie die
hier veröffentlichten zeigen, ein: Dieselben enthielten die Einnahmen, die
Ausgaben und die der Camera gemachten Geldanweisungen. Die Rechnungen wurden dem Camerarius und dem Thesaurarius vorgelegt, wie
die Einleitungsworte zum Berichte des Petrus Durandi zeigen (S. 66).
Die Prüfung derselben geschah durch einen Kleriker der Kammer, welcher
damit durch den Camerarius beauftragt wurde. Dies geht aus einigen
Zusätzen zu unsern Berichten mit aller Sicherheit hervor. So heifst es

am Ende der Abrechnung des Sigerus de Novolapide, dafs seine Schlufsrechnung durch Elias de Vodronio, den der Camerarius speziell dazu bezeichnet hatte, geprüft wurde (S. 377). Johannes de Hoyo rechnete ab
»coram domino Eblone«, nämlich Eblo de Mederio, welcher um die Mitte
des XIV. Jahrhunderts Kammerkleriker war (S. 318). Sigerus de Novolapide legte auch einmal vor dem Kleriker Petrus de Albiartz im März 1371
Rechnung ab, worüber der letztere selbst eine Bemerkung am Schlusse
derselben hinzufügte (S. 347 f.). Zur Kontrolle der Rechnung mufste
der Kollektor die notariellen Akte über die einzelnen Posten vorlegen;
ferner die Nachweise, weshalb von gewissen vakanten Pfründen nichts erhoben wurde. Der Kollektor Johannes de Casleto erwähnt am Schlusse
der einzelnen Posten seines Berichtes ausdrücklich, dafs ein öffentlicher
Akt über die Zahlung aufgenommen wurde; ferner giebt er die Beleg-
stücke an, durch welche festgestellt wurde, dafs einzelne Benefiziaten nichts
zu zahlen hatten (S. 264 ff.). Aufserdem brachten die Generalkollektoren
die Belege zu den Rechnungen der Subkollektoren vor; wir sehen dies
daraus, dafs Gerardus de Arbenco in einer seiner Rechnungen jedesmal
den Grund angiebt, weshalb die von ihm angesetzte Summe kleiner ist
als die im Briefe der Subkollektoren angegebene: weil nämlich die letztern
von einigen Benefiziaten zu viel genommen hatten, und der Kollektor die
Hälfte zurückerstatten liefs (S. 198 ff.). So konnte der Revisor die einzelnen Posten kontrollieren; und wenn er es für nötig erachtete, schrieb
er eine kurze Bemerkung hinzu, um den Camerarius oder den Thesaurarius aufmerksam zu machen. Ferner rechnete er die Summen nach und
setzte sein »Approbo« oder »Approbatur« hinzu. Endlich entschied er,
ob die vom Kollektor angesetzten Auslagen alle zu billigen seien oder
nicht, wie z. B. aus den Bemerkungen zur Rechnung des Petrus Moreti
hervorgeht (S. 138). Am Schlusse der Revision, welche längere Zeit in
Anspruch nahm, notierte der Kammerkleriker kurz das Ergebnis der Rechnung auf besondere Blätter (computus brevis), welche dem Berichte des
Kollektors beigelegt wurden. Das Ganze ward alsdann dem Thesaurarius
und dem Camerarius übergeben, welche die letzte Approbation zu geben
hatten. War alles erledigt, wurden die Rechnungen in dem Archiv der
Camera niedergelegt. Die Summen, welche die Kollektoren der Kammer
eingesandt hatten, wurden in den Registern des Camerarius und des
Thesaurarius notiert. Seit dem Pontifikate Benedikts XII. bilden in den
Registern »Introitus et exitus Camerae apostolicae« unter den Einnahmen die »Collectoriae« eine stehende Rubrik, in welcher alle Einnahmen aus Benefiziengeldern (»medii fructus« und »annalia«) nach den
einzelnen Ländern eingetragen wurden. Hieraus sind die Anweisungen
gezogen, welche teils am Schlusse der Einzelrechnungen, teils in dem
letzten Teile des vorliegenden Bandes abgedruckt sind. Auch die Gesamtsummen der Annaten, welche von den Inhabern der vom Papste verliehenen

Pfründen an der Camera einem Kammerkleriker bezahlt wurden, sowie die von einzelnen Benefiziaten persönlich oder durch Prokuratoren dem Thesaurarius entrichteten Annaten finden sich unter dieser Rubrik verzeichnet.

Hatte sich ein Kollektor Ungenauigkeiten in Erhebung der Gelder zu schulden kommen lassen, so wurde sein Nachfolger beauftragt, die gemachten Einnahmen an Ort und Stelle zu kontrollieren und zu berichtigen. Einen solchen Auftrag hatte Johannes Ogerii erhalten, und er giebt in seiner Rechnung die Resultate seiner Kontrolle an (S. 148, 150, 154 ff.). Auf einen Bericht hin, den er der Camera eingesandt hatte, erhielt er den Befehl, einen seiner Vorgänger, Johannes Bernerii, gefangen zu nehmen und an die Kurie bringen zu lassen (S. 154).

3. Ergebnisse der Rechnungsvorlagen. — Soweit die Ergebnisse der Schlufsrechnungen für unsere Kollektorien vorliegen, zeigt sich, dafs — mit einer gleich zu besprechenden Ausnahme — nach Berechnung der gemachten Geldanweisungen die Kollektoren gröfsere oder kleinere Summen schuldig blieben. Einige bezahlten dieselben sofort und erhielten Schlufsquittung. Andere trugen ihre Schuld in verschiedenen Raten ab. Zwei unserer Kollektoren: Petrus Moreti und Raymundus de Valleaurea, blieben mit bedeutenden Summen im Rückstande, offenbar weil sie von dem eingesammelten Gelde viel für andere Zwecke ausgegeben hatten und nicht imstande waren, dasselbe bei Vorlage ihrer Rechnung zu ersetzen. Die Einkünfte ihrer Benefizien wurden daraufhin durch die Kammer unter Sequester gestellt und bis zur Abtragung der Schuld erhoben, was für Petrus Moreti mehrere Jahre währte (S. 142—144). Letzterer wurde aufserdem während dieser Zeit an der Kurie in Gefangenschaft gehalten (S. 167).

Die Rechnung eines Kollektors, des Jacobus de Rota, schliefst mit einem bedeutenden Defizit zu Ungunsten der Camera ab. Die kirchlichen Benefizien in den nördlichen Teilen Deutschlands und in den Gebieten des Deutschordens waren offenbar weniger zahlreich und weniger reich dotiert, als in den übrigen Teilen des Reiches. Man sieht dies aus seiner Rechnung, welche wenige innerhalb drei Jahren vakant gewordene Pfründen aufweist, von denen die meisten verhältnismäfsig kleine Summen zu zahlen hatten. So belief sich seine Gesamteinnahme nach Abzug der Ausgaben der Subkollektoren auf 2207 Goldgulden, 100 Pfund, 10 Schilling, 4 1/4 Denare Turnosen und 3 3/4 Unzen Silber Avignoner Gewicht. Als Gehalt für die Zeit seiner Thätigkeit waren ihm 3 Goldgulden täglich angewiesen; er rechnete dafür 2985 Goldgulden und forderte aufserdem die 3 3/4 Unzen Silber als sein Eigentum. Mit Berechnung einer Summe, die er während der Erhebung an die Camera eingesandt hatte, blieb ihm die letztere etwa 680 Goldgulden schuldig, so dafs sie ihm von den 94 Pfund, 9 Schilling, 6 Denare Turnosen und 5 Goldgulden, die er ihr übersandt hatte, diese Summe von 680 Goldgulden wiedergeben mufste (S. 102—105).

.4. Schlufsergebnis der Einnahmen. — Stellen wir, um einen
Begriff von der Gesamteinnahme der Kammer aus den Anweisungen ihrer
Kollektoren in Deutschland während des XIV. Jahrhunderts zu gewinnen,
die eingelieferten Summen in einer Übersicht zusammen. Ich ordne die-
selben nach den verschiedenen Abgaben, welche im ersten Kapitel der
Einleitung festgestellt wurden. Um die Zahlenreihen nicht zu sehr ver-
gröfsern zu müssen, habe ich die französischen Goldstücke verschiedener
Prägungen, welche im folgenden Kapitel aufgeführt werden, immer in eine
Summe zusammengerechnet. Die erste Kolonne giebt die Seitenzahl des
Bandes, wo sich die Summe findet; die zweite das Datum der Einzahlung
an die Kammer; die dritte die Namen der Kollektoren resp. der Bischöfe,
welche die ihnen auferlegten Abgaben entrichteten; die vierte enthält die
Summen. Die Einzahlungen, welche Gelder aus mehreren Arten von Auflagen enthalten, habe ich unter der Rubrik »Verschiedenes« aufgeführt.

a) Zehnten für das hl. Land.

381	1309, April 8	Bon. de Casentino	2840½ Guld.
381	1309 (?), Aug. 12	Petrus de Garlenx	1422 »
382	1310, Jan. 13	Alero de Riccardi	58 » 9 gross. Turnos.
81	1317, Mai 20	Petrus Durandi	2574 Guld.
78	1319, Febr. 9	Petrus Durandi und Bernardus de Montevalr.	24½ Mark 1 Unze 2½ Quart Gold
79	1320, Febr. 9	»	615 Guld. 28 Golddukat.
81	1320, Juni 28	»	317 Guld.
81 f.	1323, Sept. 28	Petrus Durandi	4354 »
383	1330, Nov. 22	Henr. de Wistoc	6 » 4 böhm. Goldden.
383	1332, April 1	Gerard Gr. v. Holstein	600 Guld.

Summe: 12 786½ Guld., 24½ Mark 1 Unze 2½ Quart Gold, 28 Goldduk., 4 böhm. Goldden.,
9 gross. Turnos.

b) Census.

78	1319, März 15	P. Durandi u. B. de Montevalr.	650 Guld.
78	1320, Febr. 9	»	482 »
82	1323, Sept. 28	P. Durandi	350 »
104	c. 1319	Jacobus de Rota	50 gross. Turnos.
384	1356, Juli 20	Joh. Paduanus	566 Guld.

Summe: 2046 Gulden, 50 gross. Turnos.

c) Freiwillige Subsidien.

382	1317—1319	Gerard, Bisch. von Basel	1400 Guld.
79	1320, Febr. 9	P. Durandi	290 » 62 Mark Gold
81 f.	1323, Sept. 28	»	576 Guld. 6 Mark 1 Lot Gold

134 f.	1328	Petrus Moreti	{ 2684 Guld. / 37 Agni Gold.
362	1364, Jan. 27	Lambert von Born	2000 Guld.
402	1369, Mai 14	Pilgrim, EB. v. Salzburg	70 »
403	1372, Jan. 31	»	200 »
403	1372, Febr. 27	Johann, B. v. Gurk	355 »
413	1375, März 28	Gerard, B. v. Würzburg	1000 »

Summe: 8595 Gulden, 68 Mark 1 Lot Gold, 37 Agni Gold.

d) Zehnten für den apostol. Stuhl.

30	1304	Petrus, Subkoll. in Basel	{ 1741 Pf. 1 sol. 9 den. Basel. den. / 29 Pf. 10 sol. klein. Turn. / 28 Mark 3 Verd. Silber
162	c. 1342	Ger. de Arbenco	110 Pf. Baseler den.
386	1360, Jan. 11	Phil. von Cabassole	3 460 Guld. 22 sol. 6 den.
386	1360, Febr. 5	Heinr. B. von Konstanz	2 562 Guld.
386	1360, Febr. 28	Philipp von Cabassole	4 930 Guld. 13 sol. 4 den.
388	1360, Juni 17	»	4 000 Guld.
388	»	Joh. von Luxemburg	1 000 »
389	1361, März 15		600 »
389	1361, Juni 18	Dietrich, EB. v. Magdeburg	1 000 »
389	1361, Juni 21	Berthold, B. von Eichstätt	590 »
390	1361, Okt. 11	Wykerus von Frankfurt	1 000 »
318	1361, Nov. 20	Joh. de Hoyo	{ 1 729 » / 3½ gross. Turnos.
404	1372, Mai 10	Pilgrim, EB. von Salzburg	766 Guld. 18 sol. 8 den.
405	1374, Jan. 7.	Bertram, B. von Lübeck	295 Guld. 15 sol.
406	1374, Jan. 13	Heinrich Rand	10 000 Guld.
406 ff.	1374	Johann, B. von Toul	400 »
406	1374, Jan. 26	Elias de Vodronio	1 150 »
407	1374, März 16	Heinrich Rand	5 000 »
408	1374, April 6	Heinrich, B. von Ratzeburg	385 Guld. 20 sol.
408	»	Friedrich, B. von Schwerin	578 Guld. 16 sol.
408	»	Philipp, B. von Kammin	964 Guld. 8 sol.
409	1374, April 22.	Heinrich Rand	7 000 Guld.
409 ff.	1374—1375	Theodorich, B. von Metz	1 400 »
410	1374, Sept. 23	Johann von Demin	300 »
410	1374, Okt. 5	Gerard, B. von Würzburg	2 000 »
376	1374, Okt. 31	Sig. de Novolap. u. G. Benlata	1 650 Frank.
411	1375, Febr. 17	Heinrich, B. von Konstanz	1 157 Guld. 4 sol.
412	1375, März 28	Thomas de Amanatis	6 231 Guld. 23 sol. 24 den.
413	1375, Juli 22	Heinrich, B. von Konstanz	1 157 Guld. 4 sol.
413	1375, Okt. 23.	Thomas de Amanatis	5 260 Guld. 16 sol. 6 den.

Summe: 64 944 Gulden, 1650 Frank, 159 sol. 42 den. Avignon. Münze, 1851 Pf. 1 sol. 9 den. Basler Münze, 29 Pf. 10 sol. klein. Turnos., 3½ den. gross. Turnos., 28 Mark 3 Verding Silber.

e) Abgaben aus reservierten Benefizieneinkünften.

78	1319, Febr. 9	P. Durandi u. B. de Montevalr.	{ 3375 Guld. / 774 Goldstücke / 74 Dukat. / 10½ Mark Gold.

78	1319, März 15	P. Durandi u. B. de Montevalr.	1 135 Guld.
			5 698 »
78	1320, Febr. 9	»	198 Goldstücke
			19 Pf. 3 sol. 8 den. gross. Turn.
			4 Mark 12 Unzen Gold
81	1320, Juni 21	»	356 Guld.
			3 gross. Turnos.
102	c. 1319	Jacobus de Rota [1]	1 065 Guld. 2 gross. Turn.
135 ff.	1330 ff.	Petrus Moreti	2 514 Guld.
			842 Goldstücke
			463 Guld.
			428 Goldst.
176	c. 1345	Gerardus de Arbenco	10 Doubl.
			33 gross. Turn.
			20 Pf. 12 den. Toul.
383	1352, Febr. 6	Joh. Tid. de Untingle	20 Guld.
			2 751 »
189—233	1345—1355	Ger. de Arbenco	25 gross. Turn.
			849½ Goldst.
			1 875 Guld. [2]
254 ff.	1355—1360	»	12 gross. Turn.
			425 Goldst.
			280 Guld.
			6 930½ Goldst.
292 ff.	1344—1355	Joh. de Casleto	13 Doubl.
			1 den. böhm.
			1 Pacat.
			57 sol. 5 den. Avign.
384	1356, April 20	Herm. de Xantis	167 Scud.
385	1356—1358	Flor. de Wevelinghoven	80 Guld.
387	1360, Mai 13	Petrus Kard.	310 »
387	1360, Juni 8	Joh. de Lampertheim	580 »
388	1360, Juli 2	Joh. de Lützelburg	300 »
388	1360, Okt. 27	Guill. de Lastav	300 »
389	1361, März 15	Joh. de Lützelburg	200 »
389	1361, Okt. 8	Ulrich de Leonrod	106 »
339		Flor. de Wevelinghoven	3 024 »
			21 623 »
367 ff.	1363—1375	Sig. de Novolapide	4 728 Frank.
			1 104 Scud.
			145 sol. 17 den.
392	1363, April 7	Nikolaus Hoet	60 Guld.
399	1367, Juni 28	Gottfr. Wyngherhut	55 »
416	1377, Nov. 11	Henr. Ulrici	4 Guld. 14 sol.

Summe: 46 174 Goldgulden, 16 445½ franz. Goldstücke, 74 Dukaten, 14½ Mark 12 Unzen Gold, 23 Doubles, 19 Pfund 3 sol. 83 den. grofser Turnosen, 20 Pfund 216 sol. 35 den. verschiedener Denare, 1 Patacus (= 2 Denare).

---

[1] Nach Abzug des Guthabens, welches er als salarium von der Kammer forderte.
[2] Diese Summen habe ich erhalten, indem ich die Hälfte ungefähr der vorhergehenden nahm; in den Anweisungen werden nämlich die Einnahmen aus dem ganzen Gebiete des Kollektors ohne Unterscheidung der Diöcesen angegeben.

f) Spoliengelder.

393	1364, Mai 16	Flor. von Wevelinghoven	3716 Guld.
			3 sol. 4 den.
393	1364, Aug. 6	Petrus Begonis	3716 Guld.
			3 sol. 4 den.
394	1364, Sept. 5	Gottfried Warendorp	150 Guld.
395	1364, Dez. 14	Petrus Begonis	3846 Guld. 4 sol.
395	1365, Febr. 6	»	3846 Guld. 4 sol.
397	1365, März 27	»	1923 Guld. 2 sol.
402	1369 (?), Mai 14	Pilgrim, EB. von Salzburg	100 Guld.
403	1372, Jan. 31	»	200 »
414	1375, Okt. 23	Thomas de Amanatis	294 Guld. 18 sol.

Summe: 17 691 Goldgulden, 34 sol. 8 den. Avignoner Münze.

g) Verschiedenes.

52	1320	B. de Montevalrano	103 Guld. 3 sol. 6 den. kl. Turn.
382	1322, Febr.-März	Falco de Cistarico	3398½ Guld.
135	1330, Jan. 31	Petrus Moreti	950 Guld. 43 Goldst.
383	1330, Nov. 21	Petrus de Alvernia	435 Guld.
151 ff.	1337—1342	Johannes Ogerii	167 » 20 Goldstücke 436 Pf. 17 sol. 8 den. kl. Turn.
384	1355, Dez. 4	Joh. Paduanus	5000 Guld.
384	1356, Jan. 7	»	3307 Guld. 18 sol. 8 den.
385	1357, Febr. 24	Balduinus Gervasii	100 Guld.
385	1358, Dez. 10	Joh. Paduanus	1783 »
390	1361, Dez. 14	Lambert v. Born	1050 »
390	1362, März	Joh. Pincerna	1200 »
390	1362, Mai	Jac. de Geroltzheim	250 »
390	»	Ulric. Froysterii	100 »
390	»	Joh. de Lampertheim	320 »
391	1362, Juni	Jac. de Geroltzheim	150 »
391	»	Herm. de Xantis	400 »
391	1362, Dez. 22	Herm. de Wulbergh und Bern. de Sculenborgh	250 »
391	1363, Jan. 26	Guill. Horborch	60 »
391	1363, März 17	Ulric. de Leonrod	85 Guld. 12 sol.
392	1363, März 28	Guill. Horborch	600 Guld.
319	1363, Mai 9, Juni 13	Joh. de Hoyo	962 » 69 Goldst.
392	1364, April 30	Gerardus de Veno	300 Brab. Goldst.
393	1364, Sept. 5	Joh. Schadland	8978 Guld. 5 sol. 4 den.
396	1365, März 1	»	3846 Guld. 4 sol.
397	1365, Sept. 18	»	1165 Guld. 11 sol.
398	1366, Febr. 28	»	1250 Guld.
398	1366, Aug. 13	»	550 »
398	1366, Nov. 5	»	500 »
399	1367, Juli 31	Lambert de Born	1186 »
400	1368, März 15	Joh. Schadland	2879 Guld. 16 sol. 9 den.

401	1368, März 27	Joh. B. von Toul	661 Guld. 1 sol. 6 den.
401	1368, Sept. 13	Thomas de Amanatis	4 140 Guld.
402	1368, Sept. 17	»	6 210 «
402	1371, April 14	Joh., B. von Olmütz	3 427 Guld. 2 sol. 4 den.
403	1371. April 14	Joh. Schadland	12 016 Guld. 10 sol. 4 den.
404	1372, April 3, 14	Bern. de Berne	10 343 Guld. 21 sol.
405	1372, Mai 21	Joh. Schadland	{ 5 000 Guld.
			{ 4 664 Goldst. 13 sol. 4 den.
407	1374, Febr. 16	Henr. Dapiferi	200 Guld.
407	1374, März 2	Joh. Paduanus	400 »
409	1374, Juni 27	Joh. de Vitriaco	1 227 Goldst.
409	»	Bern. de Berne	2 000 »
410	1374, Okt. 27	»	700 »
411	1374, Dez. 23	Henr. Dapiferi	230 Guld.
411	1375, Febr. 28	Joh. de Vitriaco	964 Guld. 8 sol.
413 f.	1375, Okt. 23	Thomas de Amanatis	1 220 Guld. 62 sol.
415	1375, Nov. 10	Rodolph. de Lewisten	71 Guld. 18 sol. 11 den.

Summe: 85 906½ Gulden, 8723 franz. Goldstücke, 300 Brabanter Muton., 437 Pf. 8 den. kleiner Turnosen, 9 Pf. 17 sol. 2 den. Avignoner Münze.

Gesamtsumme: 228 142¾ Goldgulden verschiedener Prägungen, 26 855⅚ franz. Goldstücke verschiedener Arten, 402 Goldstücke verschiedener Länder, 107 Mark, 13 Unzen, 1 Lot, 2½ Quart Gold, 23 Doubles, 20 Pfund, 1 sol. 10 den. grofser Turnosen, 466 Pfund, 10 sol. 8 den. kleiner Turnosen, 1901 Pfund, 15 sol. 2 den. verschiedener Städtemünzen, 28 Mark, 3 Verding Silber.

Mit Berechnung der verschiedenen Geldsorten in ihrem Verhältnisse zu den Goldgulden, soweit dieses Verhältnis in unsern Rechnungen angegeben ist, ergiebt sich ungefähr eine Gesamtsumme von 280 985 Goldgulden. Erwägen wir nun, dafs der Wert eines Goldguldens schweren Gewichtes zwischen den Jahren 1343 bis 1372 nach dem heutigen Reichsgelde 9,77 bis 9,68 Mark betrug, und dafs der Geldwert, die Kaufkraft des Geldes im XIV. Jahrhundert etwa viermal so hoch war, als im dritten Viertel unseres Jahrhunderts,[1] so können wir uns einen annähernden Begriff von der relativen Gröfse dieser Summe bilden. Obschon nun besonders für die erste Hälfte des XIV. Jahrhunderts die Rechnungen nicht alle erhalten sind, so bieten doch die in der Serie »Introitus et exitus« erhaltenen Aufzeichnungen einen sicheren Anhaltspunkt dafür, dafs in obiger Summe bei weitem der gröfste Bruchteil aller von Kollektoren während des XIV. Jahrhunderts in Deutschland erhobenen Gelder enthalten ist. Und wenn wir auch in Betracht ziehen, dafs von den meisten Pfründen aus Deutschland die Annaten während der zweiten Hälfte des XIV. Jahrhunderts direkt an der Kurie bezahlt wurden, so kommen wir dennoch zu dem Resultate, dafs die entrichteten Abgaben einen sehr geringen

---

[1] Vgl. Kruse, Kölnische Geldgeschichte bis 1386 (Ergänzungsheft IV der Westdeutschen Zeitschr. f. Gesch. und Kunst). Trier 1888, S. 114—121.

Prozentsatz der kirchlichen Einkünfte im deutschen Reiche betrugen. Die gegen päpstliche Auflagen gerichtete Opposition entstand nicht sowohl wegen der Höhe der Abgaben, als vielmehr durch die ganze in Deutschland herrschende Anschauung des Adels und des höheren Klerus, welche sowohl von Reichssteuern als von Abgaben für die allgemeinen Bedürfnisse der Kirche nichts wissen wollte.

V. Die Münzsorten.

Den Kollektoren wurden die Abgaben in den verschiedenen Gebieten in dort gangbaren Münzsorten entrichtet. Sie mufsten die Geldsorten abzählen oder abwägen, den Wert derselben feststellen und sie gegen solche Münzen, die an der Kurie Kurs hatten, umzutauschen suchen. Sehen wir kurz, welche Einzelheiten die vorliegenden Rechnungen in dieser Beziehung enthalten.

1. **Abzählen und Abschätzen der Geldsorten.** — Bei den verschiedenen im Laufe des XIV. Jahrhunderts in den Gebieten des deutschen Reiches geprägten Münzsorten war es, besonders für nichtdeutsche Kollektoren, nicht immer leicht, sich über den Gehalt und den Wert der Münzen Gewifsheit zu verschaffen. Selbst zum blofsen Abzählen der Summen nahmen sie häufig die Hilfe von andern Personen in Anspruch. So finden wir unter den Ausgaben des Propstes Heinrich von St. Peter in Basel solche erwähnt als Lohn für diejenigen, welche das angewiesene Geld zählen halfen (S. 31). Desgleichen in der Rechnung der beiden Kollektoren Petrus Durandi und Bernardus de Montevalrano für das Abwägen und die Prüfung der eingenommenen Gelder (S. 64, 70, 71). Denn gröfsere Summen wurden nach dem Gewichte der Metalle berechnet; deshalb finden wir nebeneinander Personen erwähnt, welche das Geld abwägen, zählen und prüfen halfen (»ponderator, numerator, elector pecuniae«, S. 71). Einmal berichtet Petrus Durandi, dafs die Summe von 540 Pfund Heller, die Einnahme der Diöcese Würzburg, nicht gezählt, sondern gewogen wurde, weil sie von den Boten des Subkollektors nach dem Gewichte abgeliefert worden war; dafs aber später wegen falscher und zerbrochener und nicht gangbarer Denare die Abschätzung eine Verringerung der Summe von 17 Pfund ergab (S. 56). Ein Quantum Gold, welches nach dem Gewicht in Avignon durch die eben erwähnten zwei Kollektoren abgeliefert wurde, prüfte der Wechsler der Camera mit einem andern Kaufmann auf Gewicht und Feingehalt hin, wie in der Rechnung ausdrücklich hervorgehoben wird (S. 78). Bei der Ablieferung solcher Geldmassen wurde das Verhältnis der deutschen Gewichtseinheiten zum Gewichte von Avignon oder der Kurie berechnet und darnach der Wert bestimmt (S. 80). Auch aus der Bezeichnung der Summen, welche in den Kirchenprovinzen Bremen und Riga eingenommen wurden, ersehen

wir, dafs das Geld zum Teil gewogen und nach dem Gewichte berechnet,
zum Teil gezählt wurde (S. 86 ff.).

2. Auswechseln der Geldsorten. — Die Kollektoren waren bestrebt, die in Deutschland erhaltenen Silbermünzen gegen Gold und Goldmünzen einzutauschen. Dies war nicht immer leicht, wie aus einzelnen
Bemerkungen hervorgeht. Für die in der Salzburger Kirchenprovinz als
Subsidium für den Papst eingezogenen Summen in Silbermünzen konnte
Petrus Durandi kein Gold an Ort und Stelle erhalten. Er schickte deshalb seinen Notar Stephan Pistoris nach Venedig, um dort das Geld auszuwechseln; leider giebt er nur die Gesamtsumme der Goldgulden an,
welche er dafür erhielt (S. 44). Leichter ging es in Regensburg, wo derselbe Kollektor für die Summe von 329 Pfund, 17 Schilling, 2 Denare
Regensburger Silberdenare ungemünztes Gold sich verschaffen konnte von
zwei Kaufleuten; diesmal giebt er im einzelnen an, welches Quantum
Gold an Gewicht er für eine bestimmte Summe Regensburger Silberdenare
erhielt (S. 44 f.). Petrus Durandi benutzte auch die Gelegenheit der
grofsen Messe in Frankfurt, um Heller gegen Goldgulden umtauschen zu
lassen (S. 73). Häufig werden unter den Ausgaben der Kollektoren solche
erwähnt, welche durch das Auswechseln des Geldes als Lohn für die dabei
behilflichen Makler verursacht wurden (S. 63, 64, 71, 72, 75, 152, 290).
Wie aus den Anweisungen hervorgeht, suchten die Kollektoren womöglich
Goldgulden, französische Goldstücke und Turnosen zu erhalten. Nachdem in Deutschland im Laufe des XIV. Jahrhunderts der Florentiner Goldgulden vielfach nachgeprägt wurde, konnten die Kollektoren die Abgaben
leichter in Gold erheben oder das Silber gegen Gold umtauschen. Wie
aus den Anweisungen S. 382 ff. hervorgeht, wurden die Gulden deutscher
Prägungen häufig ohne vorhergehende Umwechselung an die Camera abgeliefert; noch häufiger jedoch erhielten die in den Niederlanden ansässigen
Kaufleute die deutschen Goldmünzen und zahlten dafür, natürlich unter
Berechnung des Wertverhältnisses und des Agio (z. B. $3\frac{1}{2}$ Prozent, S. 368,
vgl. S. 402), die Summen in Kammergulden oder in andern, besonders
französischen Goldmünzen an die Camera. Auch der Kurswert wurde
bei diesen Bankoperationen in Berechnung gezogen; so wechselte der
Kollektor Jacobus de Rota, als er sah, dafs ein Florentiner Goldgulden in
Bruges etwa 6 kleine Turnosen mehr galt, als an der Kurie, die Summe
von 3707 Goldgulden gegen grofse Turnosen ein (S. 102).

Die verschiedenen Angaben über das Auswechseln des Silbers gegen
Goldmünzen in unsern Rechnungen enthalten zahlreiche Einzelheiten über
das Wertverhältnis der beiden Metalle. Dieselben sind um so wichtiger,
als gerade im XIV. Jahrhundert durch die Prägung der Goldgulden zuerst
ein starker Preissturz des Silbers und bald darauf ein ebenso rasches Sinken
des Goldwertes eintrat. Eine ausführliche Behandlung dieses schwierigen
Gebietes würde eine Verwertung andern Quellenmaterials notwendig

machen, und deshalb den Umfang einer Einleitung zu sehr überschreiten. Ich kann um so eher davon absehen, als vor kurzem ein bekannter Forscher auf diesem Gebiete die Frage behandelt hat.[1] Die Einzelheiten, welche sich in unsern Rechnungen finden, lassen sich nach den dort gemachten Ausführungen leicht verwerten. Ich will mich deshalb begnügen, eine Übersicht über die einzelnen, in den Berichten vorkommenden Münzen mit Hinzufügung der wichtigeren Wertangaben zu machen.

3. Die verschiedenen Münzsorten. — Die Edelmetalle werden in unsern Rechnungen sowohl in gemünztem als in ungemünztem Zustande erwähnt und berechnet. Bei ungemünztem Gold und Silber, sowie auch vielfach bei dem Abwägen des gemünzten Geldes bildete die Gewichts-Mark die Einheit. Als Unterabteilungen derselben werden erwähnt: die Unze (uncia), von denen 8, und das Lot (loto), von welchen 16 auf die Mark gingen; ferner der Vierding (ferto), nämlich ¼ Mark; der Quintinus, von welchen 64 auf die Mark kamen (S. 45, 97); der Quart(inus?) (S. 45, 46, 79, 80). Über das Verhältnis der Gewichts-Mark in verschiedenen Städten vgl. S. 87, 101 für die Mark Silber; S. 45, 46, 56, 59, 79, 80 für die Mark Gold. Als Wertberechnung gegenüber dem gemünzten Gelde sind hervorzuheben: Eine Mark Silber galt im Jahre 1319 in Mainz 64 Schilling, 8 Denare Heller (S. 55); in Avignon 51 Groschen Turnosen (S. 105), in Bamberg 4 Goldgulden 2 Groschen Turnosen (S. 51), während sie im vorhergehenden Jahre 4 Goldgulden gegolten hatte, desgleichen in Strafsburg (S. 42, 41); in Konstanz 4 Goldgulden (S. 42 u. 43); in Lüttich 62 Schilling 6 Denare kleiner Turnosen; in Riga 3 Goldgulden (S. 100). Für Basel wird in der Zeit von 1302 bis 1304 der Wert von 1 Mark 3 Vierding auf 4 Pfund 11 Schilling neuer Baseler Denare angegeben in der Handschrift, welcher die Rechnung Nr. I entnommen ist; in Magdeburg werden um 1318—1320 für 1 Goldgulden 19 Quintini berechnet (S. 97); in Regensburg sind um dieselbe Zeit 300 Mark Silber als gleichwertig mit 356 Pfund, 5 Schilling Regensburger Denare angesetzt. (S. 44). Was das Gold betrifft, so wurden im Jahre 1309 oder 1310 für 4 Mark 222 Goldgulden an die Camera eingezahlt (S. 381), während 1319 für eine Mark verschiedene Summen Regensburger Denare berechnet wurden (S. 45). Wie die Mark, so war auch das Pfund Gewichtseinheit; doch ist nur einmal für Würzburg das Gewichtspfund als mafsgebend für die Berechnung angegeben (S. 56); im übrigen ist das Pfund immer als Zählpfund der Silbermünzen angeführt. Denn beide Einheiten, sowohl die Mark als das Pfund, waren bekanntlich nicht blofs Gewichtseinheiten, sondern auch Zähleinheiten für das Silbergeld im Mittelalter.[2]

---

[1] Arnold Luschin von Ebengreuth, Das Wertverhältnis der Edelmetalle in Deutschland während des Mittelalters. Bruxelles, Goemaere 1892.

[2] Vgl. Halke, Einleitung in das Studium der Numismatik (Berlin 1889), S.85—89 und S. 117 f. — Kruse, Kölnische Geldgeschichte bis 1386, S. 5—15.

Was das gemünzte Edelmetall angeht, so werden in unsern Rechnungen zahlreiche Gold- und Silbermünzen angeführt mit häufigen Angaben über deren gegenseitiges Wertverhältnis. Berücksichtigen wir zunächst die Silbermünzen. Das Münzwesen beruhte seit der karolingischen Zeit in Deutschland auf der Silberwährung, und diese behauptete sich bis in das XIV. Jahrhundert hinein. Der Münzfuſs hing mit dem von Karl dem Grofsen ebenfalls neu eingeführten Gewichtssystem zusammen; er hatte als Einheit das Pfund zu 12 Unzen, jede wieder zu 20 Denaren. Nur die Denare wurden ausgeprägt; es gingen also 240 auf ein Pfund. Als blofse Rechnungsmünze zwischen Denar und Pfund hatte man den Schilling (solidus), von denen jeder zu 12 Denaren berechnet wurde, so dafs 20 Schillinge ein Pfund ausmachten. Aufserdem kam der Obolus als die Hälfte eines Denars vor. In unsern Rechnungen werden Denare dieser Art von folgenden Städten und Ländern erwähnt:

Aquileja, in der Diöcese Brixen bezahlt (S. 44);

Basel, alte und neue Denare (S. 4 ff., 162);

Besançon (»solidi Stephanienses«, S. 29, 119);

Genf (S. 140 f.);

Konstanz: 1½ Den. = 1 Den. Heller i. J. 1318 (S. 42);

Lausanne (S. 139, 140 f.);

Lüttich: 33 Schilling = 1 kleiner Goldgulden i. J. 1345—48 (S. 227), über den Kurs vgl. S. 263.

Lothringen: 25 Schilling = 1 écu d'or i. J. 1342 (S. 172);

Metz: 17 Schilling 6 Den. = 1 Goldgulden i. J. 1327—28 (S. 117); »schwere Metzer Denare« (denarius gravis): 9 Schilling 2 Den. = 1 Goldgulden guten Gewichts in den Jahren 1345—55 (S. 196);

Regensburg: 1 Denar = 3 Denare Heller i. J. 1317—18 (S. 43, 44);

Salzburg (S. 44);

Sitten (S. 140 f.);

Strafsburg: 2 Denare = 3 Den. Heller i. J. 1318—19 (S. 41);

Utrecht: 28 Schilling = 1 écu d'or in den Jahren 1345—48 (S. 282, 284); über die Entwertung in dieser Zeit vgl. S. 284;

Toul: 17 Schilling 6 Den. = 1 Goldgulden i. J. 1327—28 (S. 115); 25 bis 28 Schilling = 1 Goldgulden in den Jahren 1348—50; 21 Schilling = 1 Gulden i. J. 1351 (S. 214);

Venedig[1] (S. 44);

Verona[1] (S. 44);

»Vicenarii«[1] (S. 44);

Verdun: 25 Schilling 3 den. = 1 Goldgulden i. J. 1338—39 (S. 152 f.); die Münze hiefs »Valosius« und wird als »debilis moneta« bezeichnet.

Hierher gehören auch die Sterlinge, von welchen 240 auf 1 Pfund gingen (S. 40); 3 Sterlinge = 1 dicker Turnosgroschen i. J. 1318 (S. 40).

---

[1] Vielleicht wurden diese Denare nach der Mark berechnet.

Neben dem Pfund bildete die Zähl-Mark eine in Deutschland seit dem XI. Jahrhundert übliche Münzeinheit. Die bekannteste war die Kölner Mark. Hier wurden dem Münzfufs nach aus der Mark legierten (rauhen) Silbers 160 Denare geschlagen; in der Münzrechnung zählte man die Mark zu 12 Schillingen oder 144 Denare (Pfennige).[1] Nach der Markeinheit gezählte Denare werden von folgenden Städten und Ländern erwähnt:

Köln: 1 Mark = 18 Schilling Heller in den Jahren 1317—19 (S. 39, 47); 26 Schilling 8 Den. = 1 écu d'or 1346—48 (S. 272);

Graz und Freising (S. 44);

»Astringi«: 1 Mark = 2 Schilling dicker Turnosen i. J. 1317—20 (S. 101);

Bremen: 1 Mark = 30 dicke Turnosen in derselben Zeit (S. 101);

Hamburg (1 Mark = 16 Schilling Hamburger Denare, S. 101): 12 Schilling = 1 Goldgulden i. J. 1317—20 (S. 101);

Lübeck (1 Mark = 16 Schilling): 12 Schilling 1 Denar = 1 Goldgulden zu derselben Zeit (S. 101);

Preufsen (1 Mark = 24 Skoter; 1 Skoter = 30 Denare): 13 Skoter = 1 Goldgulden 1317—20 (S. 100);

Schleswig (1 Mark = 16 Schilling): 2 Mark = 1 Mark Lübecker Denare 1317—20 (S. 101);

Prag (S. 44);

Wien (S. 44).

Zwei nach der Pfundeinheit gezählte Silbermünzen sind besonders zu erwähnen: die Turnosen und die Heller (Hallenses, von der Stadt Hall benannt). Die Turnosen waren von zwei Arten: kleine und dicke Turnosen. Die letzteren entstanden dadurch, dafs man wegen der Verringerung des alten Denars in Frankreich[2] wirkliche Schillinge, also zu 12 Denaren ausprägte. Doch war das Verhältnis der kleinen zu den dicken Turnosen in der Berechnung ein schwankendes. So wurden im Jahre 1317 in Metz, Verdun, Trier und Utrecht auf 1 dicken 14 kleine Turnosen gerechnet (S. 37, 40, 49), in Köln dagegen 15 kleine Turnosen (S. 38). Ein Goldgulden galt im Jahre 1317 in Köln 13 dicke Turnosen (S. 38), im Jahre 1361 im allgemeinen 12 dieser Silberstücke (S. 301). Die dicken Turnosen wurden in Böhmen nachgeprägt (Bohemicales denarii grossi); in der Zeit von 1318 bis 1320 wurden 17 solcher Denare für 1 Goldgulden gerechnet (S. 97).

Eine in Deutschland viel verbreitete Scheidemünze war der Heller. Wir finden für denselben in unsern Rechnungen folgende Vergleichungen: 18 Schilling Heller = 1 Kölner Pagaments-Mark i. J. 1317 (S. 39). Der Goldgulden wird berechnet i. J. 1318 in Köln mit 15 Schilling 3 Denaren

---

[1] Kruse, Köln. Geldgesch., S. 13.

[2] S. 142 wird i. J. 1340 ein »denarius argenti de Francia« erwähnt.

(S. 39); in Strafsburg mit 16 Schilling 3 Den. (S. 41); in Würzburg, Eichstätt, Augsburg und Konstanz mit 15 Schilling 6 Den. (S. 41, 42); im Jahre 1319 in Köln und Trier mit 16 Schilling 9 Den. (S. 49, 50), in Worms mit 16 Schilling 10 Den. (S. 54).

Von den Goldmünzen kommt naturgemäfs der Goldgulden am häufigsten in unsern Rechnungen vor. Im Jahre 1252 zuerst in Florenz geprägt, gewann der Florenus neben dem Dukaten bald die Bedeutung einer allgemeinen Münze, besonders im Abendland. Auch in Deutschland, wo anfänglich nur die Kurfürsten das Recht hatten, goldene Münzen zu prägen, wurde das Florentiner Goldstück im XIV. Jahrhundert vielfach nachgefragt; ebenso in den Niederlanden, in Ungarn, Frankreich, Spanien und durch den Papst. Die in den vorliegenden Rechnungen erwähnten Goldgulden sind folgende:

Der Florentiner Goldgulden, welcher mehrere Male ausdrücklich mit dem Zusatz »de Florentia« bezeichnet wird; doch ist wohl auch in der Regel dieser Goldgulden gemeint, wenn sich die einfache Bezeichnung »florenus« findet. Es ist unnötig, alle Berechnungen hier anzugeben, welche in den Berichten angeführt sind, da fast immer die Silbermünzen zu Goldgulden umgerechnet werden; es genüge, im allgemeinen auf die Gesamtsummen und deren Reduktion in den Rechnungen zu verweisen.

Der deutsche Goldgulden, speziell der rheinische (»de Rheno« oder »Rhenensis«, S. 405, 412) und der Goldgulden mit dem Adler (»ad aquilam«, S. 391, 406). Dahin gehören auch der Kölner Goldgulden (»flor. auri ponderis Coloniensis«, S. 408), der lothringische Goldgulden (»flor. auri de Lothoringia«, S. 400), der Metzer Goldgulden (»flor. auri secundum pondus Meten.«, S. 401); der Mainzer Goldgulden (»flor. auri cugni de Maguntia«, S. 374).

Der böhmische und der ungarische Goldgulden, welche immer als gleichwertig angesehen werden (vgl. S. 374 und sonst).

Der Kammergulden (»flor. de Camera«), welcher in der zweiten Hälfte des XIV. Jahrhunderts häufig erwähnt wird (S. 369 ff.).

Der päpstliche Goldgulden (»flor. ad claves papales« oder »papalis«, S. 369, 393).

Der Brabanter Goldgulden (S. 171, 174).

Der Goldgulden von Cambrai (»de Cameraco«, S. 294, 319).

Der Piemonteser Goldgulden (»flor. de Pedemontis«, S. 144, 383 ff.).

Der Goldgulden von Aragonien (S. 319).

Der »florenus Auraycensis« (S. 369).

Von der Prägung hergenommen sind für die Goldgulden die Bezeichnungen »ad graylctum« (S. 369), »de cornu« (S. 372), »ad aquilam«.

Endlich finden wir noch den »florenus cambii« (S. 373) und den »florenus sententie« (S. 368, 385 ff.) erwähnt.

Je nach dem Gehalte werden die Goldgulden öfter bezeichnet als
»fortes« oder »boni ponderis«, »minoris ponderis«, auch einfach »ponderis«, scil. »boni« oder als »cugni melioris«.

Von älteren Goldmünzen werden angeführt: Der Aureus, zu 10
Schilling kleiner Turnosen (S. 57 f.), und der Bizantius zu 10 Den.
dicker Turnosen (S. 51, 86) berechnet.

Weitere italienische Goldmünzen, welche vorkommen, sind: Der
Dukat (ducatus) von Venedig und eine gleichwertige Münze von Genua
(S. 78, 79, 407).

In Frankreich begann man im XIII. Jahrhundert mit der Prägung
eigener Goldmünzen. Im XIV. Jahrhundert gab es eine grofse Zahl derselben, welche meistens nach dem Bilde des Averses bezeichnet wurden.
Dieselben werden häufig in den Rechnungen der Kollektoren angeführt,
was für die Zeit des Aufenthaltes der Päpste in Avignon leicht begreiflich
ist. Folgende Arten dieser Goldmünzen kommen vor:

Agneau d'or (»agnus de auro«), zu 15 dicken Turnosen (S. 40, 51,
60). Sie hiefsen auch Mouton d'or und wurden ebenfalls in der zweiten
Hälfte des XIV. Jahrhunderts in Brabant geprägt (»Muton. auri de Brebantia«, S. 392).

Ange d'or (»denarius auri ad Angelum«), von welchen drei verschiedene Prägungen mit ungleichem Werte angegeben sind (S. 172, 173,
250).

Chaise d'or (»den. auri ad cathedram«, S. 135).

Couronne d'or (»den. auri ad coronam«, S. 142 ff.).

Double (»den. auri vocatus Doble«, S. 142; derselbe ist wohl identisch
mit dem »Duplex de Francia«, S. 171, 172; vgl. S. 250).

Lion d'or (»den. auri ad leonem«, S. 143, 152, 172, 173).

Masse d'or (»den. auri cum massia«, S. 39, 40, 51, 60), so genannt
von dem Stabe, welchen der König in der Hand trug auf dem Bilde der
Münze.

Pavillon d'or (»den. auri ad pavalhonem«, S. 152, 172), welcher
seinen Namen hat von dem Baldachin, der den Thron des Königs über-
ragte.

Reine d'or (»den. auri de Regina«, S. 40, 60), mit dem Bilde der
Königin.

Écu d'or (»den. auri ad scutum, scudatus auri«), auf welchem der
König das Wappenschild in der Hand trägt. Diese Goldmünze wird häufig
genannt; sie wurde auch in Deutschland geprägt (S. 375, 384). Von besonderen französischen Prägungen werden erwähnt: der »den. ad scutum
novus Iohannis«, nämlich K. Johanns II. (S. 218, 228) und »Philippi«,
nämlich K. Philipps VI. (S. 214).

Franc d'or (»Francus auri«, S. 374, 405), welcher das Bild des
Königs zeigt, wie er in voller Rüstung auf galoppierendem Pferde sitzt.

Royal d'or (»Regalis auri«, S. 135, 151, 152, 157, 171 ff., 278), auf welchem der König unter einem gotischen Portale stehend dargestellt ist. Parisis d'or (»den. auri Parisien.« oder »Parisinus«, S. 135, 142 ff.), von dem Orte der Prägung, Paris, so genannt.

Bei mehreren der angeführten Goldmünzen wird ein Unterschied in Bezug auf den Gehalt je nach den verschiedenen Prägungen gemacht, ähnlich wie wir es oben für die Goldgulden gesehen haben. Für die meisten dieser französischen Golddenare findet sich an den citierten Stellen eine Wertbestimmung im Verhältnis zu Goldgulden oder zu Silbermünzen. Diese Angaben bieten keine Schwierigkeiten, und da eine weitere Ausführung nicht in den Rahmen dieser Einleitung gehört, so genüge dieser allgemeine Hinweis.

Schon diese kurze Zusammenstellung giebt einen, wenn auch sehr unvollständigen Begriff über das weit ausgebildete und sehr zersplitterte Münzwesen des XIV. Jahrhunderts. Zugleich vollzog sich im Laufe dieses Jahrhunderts in ganz Mitteleuropa der Übergang von der Silber- zur Goldwährung.[1] Eine solche Umgestaltung ist immer für die Wirtschaftsgeschichte von grofser Bedeutung. Die Verwertung des in den vorliegenden Rechnungen gebotenen Materials für die Geldgeschichte sowohl in dieser Hinsicht, als auch in Bezug auf die Anhaltspunkte für den Zahlwert einzelner Münzen, welche sich aus den Ausgaben folgern lassen, mufs ich den Spezialforschern auf diesen Gebieten überlassen.

---

[1] L. von Ebengreuth, Das Wertverhältnis der Edelmetalle, S. 43.

II.

Rechnung der Kollektoren Petrus Durandi und Bernardus de Montevalrano über ihre Einnahmen und Ausgaben in den Jahren 1317- 1320.

(Archiv. Vatic. Camer. Avinion. 11. 3. »Rationes collectoriae Alemanniae.« 1306—1320.)

————— ❊✦❊ - ··

In dem Bande Nr. 3 der Serie »Collectoriae«, der, wie fast alle Bände dieser Serie des Avignoner Kameralarchivs, im 18. Jahrhundert unter Garampi zusammengestellt und eingebunden wurde, und dessen Foliierung ebenfalls aus dieser Zeit stammt, sind vier verschiedene Handschriften vereinigt.

I. Fol. 1—17. Fragmente von Akten eines Prozesses, den der Kollektor Petrus Duranti in Basel in Sachen der Camera führte. Dieselben werden im Anhang zu dem vorliegenden Bande abgedruckt.

II. Fol. 18—26. Papierfascikel in 8°, inhaltlich identisch mit dem ersten Teile (fol. 27—38) des folgenden Fascikels, jedoch von einem andern Schreiber.

III. Fol. 27—66. Dieser Teil bildet die an dieser Stelle abgedruckte Rechnung. Er enthält die Einnahmen und Ausgaben, welche die beiden Kollektoren Petrus Durandi (al. Duranti) und Bernardus de Montevalrano zuerst gemeinschaftlich (Einnahmen fol. 27 bis 38; Ausgaben fol. 51—54), dann jeder allein (Einnahmen des B. de Montevalrano fol. 39—44; Ausgaben desselben fol. 55. Einnahmen des P. Durandi fol. 45—50; Ausgaben desselben fol. 56—62) in den Kirchenprovinzen Trier, Köln, Mainz und Salzburg in der Zeit vom 26. Juli 1317 bis 20. Januar 1320 bei Erhebung der dem päpstlichen Stuhle geschuldeten Abgaben machten. Die letzten Blätter (fol. 63—66) enthalten die kurze Zusammenstellung der Einnahmen und Ausgaben und das Verzeichnis der an verschiedenen Daten an die Kurie eingelieferten Gelder. Jeder Teil der Rechnung ist auf einen besonderen quinternus geschrieben; füllte die Abschrift der Rechnung nicht den ganzen quinternus, so blieb der übrige Teil der Blätter leer. Diese unbeschriebenen Blätter wurden nicht foliiert. Die Folia sind 0,30 m. hoch und 0,23 m. breit. Sie wurden in vier gleiche Teile gefaltet; das linke Viertel blieb leer, auf den beiden mittleren steht der Text, auf dem rechten die Summen. Die ganze Rechnung ist von derselben Hand geschrieben, mit Ausnahme von einigen Titeln der verschiedenen Teile und von Korrekturen, welche ich jedesmal als von anderer Hand geschrieben angegeben habe. Neben den Generalsummen steht das »Approbo« des Revisors am Rande; dasselbe ist in Kursivlettern gedruckt. Das vordere Blatt der ursprünglichen Pergamentdecke der Handschrift ist erhalten und wurde vor fol. 27 mit eingebunden. Auf dem Rücken der Decke (jetzt als kleiner Ausschnitt beim Abtrennen des Rückblattes erhalten) findet sich von einer Hand des 16. Jahrhunderts die Jahrzahl 1319 und die Archivnummer 608. Auf der Pergamentdecke stehen folgende Titel in Schrift des 14. Jahrhunderts, von denen der ältere wahrscheinlich bei der Deponierung der Rechnung in das Kameralarchiv, der andere später geschrieben wurde. Bei welcher Gelegenheit dieser längere Titel hinzukam, konnte ich nicht feststellen; es finden sich zahlreiche Rechnungen des Avignoner Kameralarchivs, welche neben dem älteren Titel noch einen ausführlicheren und erst später, jedoch im 14. Jahrhundert, hinzugeschriebenen Titel tragen. — Der jüngere Titel lautet: »Liber rationum dominorum Bernardi de Montevalrano et Petri Durandi, collectorum vacantium in provinciis Treverens. Colonien. et Maguntina in Alamannia de receptis per eos et expensis tam de vacantibus quam aliis eis commissis.« — Der ältere Titel lautet: »Liber receptorum de Alamannia.« — Eine spätere Hand, vielleicht des 16. Jahrhunderts, schrieb dazu: »Jo(hannes) 22.«

Da der erste Teil des Berichtes, die gemeinschaftlichen Einnahmen der beiden Kollektoren, auch in Nr. II dieses Bandes vorhanden ist, habe ich bemerkenswerte Varianten dieses Fascikels in Anmerkungen hinzugefügt, indem ich denselben mit dem Buchstaben B bezeichnete. Das erste Blatt von B trägt die Aufschrift: »Liber communis — CLXXII dies« *in Schrift des 14. Jahrhunderts.*

Auszüge aus dieser Handschrift von fol. 28—37 wurden veröffentlicht durch Arnold Luschin von Ebengreuth in der Abhandlung: »Das Wertverhältnis der Edelmetalle in Deutschland während des Mittelalters«. Bruxelles, Goemaere 1892. S. 44—52.

IV. Fol. 67—103. Rechnung der Kollektoren Petrus Moreti und Raymundus de Valleaurea. Dieselbe folgt unten an vierter Stelle.

Wie bemerkt, folgt hier Abdruck von Nr. III mit Berücksichtigung der Varianten von Nr. II (B).

Archiv. Vat. Collectoriae Nr. 3.

Fol. 27.

Rationes communes dominorum B. de Monte Valrano et P. Durandi. — Iohannes XXII.[1]

Fol. 28.

In provincia Treverensi.

In nomine Domini amen. Anno eiusdem 1319 videlicet die[2]

Sequitur ratio collectionis et receptionis facte per nos Bernardum de Montevalrano et Petrum Durandi nuncios domini pape in partibus Alamannie et collectores fructuum primi anni beneficiorum vacantium in provinciis Treverensi, Maguntina et Coloniensi necnon debitorum domini nostri pape seu subsidii bone memorie domino Clementi pape V promissi.

In primis siquidem anno Domini 1317 die Martis post festum Apostolorum Petri et Pauli, que fuit 5a dies mensis Iulii, recessimus de civitate Avinionensi et in crastinum beati Iacobi apostoli, quod fuit 26a die mensis Iulii eiusdem anni, intravimus civitatem Tullensem, que est prima civitas regni Alamannie versus Curiam Romanam, et ibidem processus nostros fecimus et commissum nobis negotium fuimus exequti et inde recepimus ibidem de fructibus beneficiorum vacantium que sequntur:

Dyocesis Tullensis provincie Treverensis.

Recepimus a subcollectoribus civitatis et diocesis Tullen. de fructibus beneficiorum vacantium per eos collectis et receptis videlicet

Fol. 28 v.   168 libr. Tur. parv.

Item recepimus ibidem a procuratore archidiaconi maioris ecclesie Tullensis pro primis fructibus dicti archidiaconatus   23 libr. 7 sol. Tur. parv.

--- ---

[1] Der Name des Papstes ist von einer andern Hand. Diese Titel der Rechnung fehlen in B.
[2] In der Handschrift folgt ein leerer Zwischenraum. Das Datum der Rechnungsablage sollte erst nach erfolgter Abrechnung in der Camera nachgetragen werden. Der Schreiber liefs Raum zu diesem Zwecke frei, doch das Eintragen des Datums unterblieb; es ist der 14. Januar. (S. unten S. 53).

Item ibidem ab eodem procuratore pro eadem causa videlicet 15 die mensis
Ianuarii   11 libr. 13 sol. 4 den. Tur. parv.
Item die predicta recepimus a supradictis subcollectoribus Tullensibus de
predictis fructibus   4 libr. 8 sol. Tur. gross. que valent 61 libr.
                                        12 sol. Tur. parv. computando quemlibet
                                        grossum Tur. argenti pro 14 Tur. parv.
Summa parvorum Turon. et grossorum ad parvos Tur. reductorum
                                        264 libr. 12 sol. 4 den. Tur. parv. que valent
                                        352 flor. auri et 12 sol. 4 den. Tur. parv.
                                        computando 15 sol. pro uno floreno.
Summa omnium receptorum in civitate et diocesi Tullen. ad florenos re-
ductorum   352 flor. 12 sol. 4 den. Tur. parv.

Dyocesis Metensis provincie Treverensis.

Fol. 29.

Item anno quo supra 17ª die mensis Augusti recepimus Metis a magistro
Iohanne Colini pro fructibus ecclesie prope muros civitatis Metensis
                                        10 libr. Tur. parv.
Item eadem die recepimus a magistro Petro dicto Euleto pro fructibus
ecclesie sue de Oron   20 libr. Tur. parv.
Item recepimus ibidem a domino Gotfrido pro fructibus ecclesie sue de
Rogencort   10 libr. Tur. parv.
Item 18ª die mensis Augusti recepimus a domino Albrico circatore ecclesie
Metensis pro fructibus dicte circatorie   50 libr. Tur. parv.
Item anno et die quibus supra recepimus a domino stipendiario ecclesie
Metensis pro fructibus stipendiarie sue   10 libr. Tur. parv.
Item 20ª die dicti mensis Augusti recepimus a domino Iohanne de Rogon-
cort, custode ecclesie Metensis, pro fructibus prepositure ecclesie
Beate Marie Rotunde   12 flor. auri.
Item eadem die recepimus a magistro Bartholomeo fizico pro fructibus
unius prebende sue in ecclesia sancti Theobaldi prope muros civitatis
Metensis   10 libr. Tur. parv.
Item eadem die recepimus a domino Iohanne de Rogencort, custode
ecclesie Metensis, pro fructibus duarum prebendarum, unius in ecclesia
de Marcleves et alterius in ecclesia de Orges   67 Tur. parv.

Fol. 29ʳ.

Item anno Domini 1318 die 12ª mensis Novembris recepimus a subcollectoribus civitatis et diocesis Meten. pro fructibus memoratis
                                        267 libr. Tur. parv.
Item recepimus a domino Philippo de Lucemburg canonico ecclesie Metensis pro fructibus prebende sue per guerram et incendium devastate
                                        12 libr. Tur. parv.

Item ibidem in vigilia Nativitatis Domini recepimus a subcollectoribus
supradictis   20 libr. Tur. parv.
Item ibidem ab eisdem   120 libr. Tur. parv.
Item ibidem ab eisdem   30 libr. Tur. parv.
Summa parvorum Tur. — 626 libr. Tur. parv. que valent — 834 florenos
auri et 10 sol. Tur. parv. computando 15 sol. Tur. parv. pro uno
floreno.
Summa omnium receptorum in civitate et diocesi Meten. ad florenos reductorum   846 flor. auri et 10 sol. Tur. parv.

Dyocesis Virdunensis provincie Treverensis.

Summa receptorum in civitate et diocesi Virdunen. 120 flor. auri quos
recepimus de predictis fructibus a subcollectoribus ibidem.   120 flor.

Provincia Treverensis et diocesis.

Fol. 30.
Item anno quo supra die 21ª mensis Novembris recepimus in civitate
Metensi a subcollectoribus civitatis et diocesis Treveren. de fructibus
beneficiorum vacantium   200 flor. auri.
Item ibidem ab eisdem subcollectoribus pro eadem causa: 58 flor. 2 den.
Tur. grossorum qui valent, computando quemlibet grossum pro 14
Tur. parv.   40 libr. 14 sol. 4 den. Tur. parv.
Item recepimus ibidem a rectore ecclesie de Andernaco diocesis Tre-
verensis pro fructibus dicte ecclesie   40 libr. Tur. parv.
Summa parvorum Tur. et grossorum ad parvos Tur. reductorum: 80 libr.
14 sol. 4 den. Tur. parv. que valent computando 15 sol. 3 den.
Tur. parv. pro quolibet floreno
                                        105 flor. auri 13 sol. 1 den. Tur. parv.
Summa omnium receptorum in civitate et diocesi Treveren. ad florenos
reductorum   305 flor. auri 13 sol. 1 den. Tur. parv.

In provincia Coloniensi et primo diocesis Coloniensis.

Fol. 30 v.
Item anno Domini 1317 die 23ª mensis Septembris a Guillermo de Bocen
cive Coloniensi pro fructibus unius prebende in ecclesia Sanctorum
Apostolorum Coloniensi: 30 sol. grossorum Tur. qui valent computando 13 Tur. grossos pro uno floreno
                                        27 flor. auri et 9 Tur. gross. argenti; valent dicti
                                        9 Tur. grossi 11 sol. 3 den. Tur. parv. computando
                                        grossum pro 15 Tur. parv.
Item recepimus a subcollectoribus civitatis et diocesis Colonien. pro
fructibus beneficiorum vacantium   20 libr. Hallen.

Item die secunda mensis Octobris recepimus a domino Johanne de Stalberg canonico ecclesie sancti Gereonis Coloniensis pro fructibus prebende in ipsa ecclesia: 9 marchas pagamenti Coloniensis; que marche valent computando marcham pro 18 sol. Hallen. 8 libr. 2 sol. Hallen. Item recepimus a dominabus Sancte Cecilie Coloniensis pro fructibus trium prebendarum in ipsa ecclesia: 20 marchas dicti pagamenti; valent computando ut supra 18 libr. Hallen. Item recepimus 6a (die) dicti mensis a domino Luardo (sic) de Signo canonico ecclesie sancti Andree Coloniensis pro fructibus unius prebende in ipsa ecclesia: 10 marchas dicti pagamenti; valent 9 (libr. Hallen.)[1] Item 7a die dicti mensis recepimus a subdecano ecclesie Coloniensis pro fructibus dicti subdecanatus 15 libr. Hallen. Item eadem die recepimus a domino Florequino canonico ecclesie Coloniensis pro fructibus prebende sue Coloniensis: 15 marchas dicti pagamenti et 6 sol. Hallen.; valent 14 libr. et 14 sol. Hallen.

Fol. 31.

Item recepimus a domino Friderico Maclar canonico ecclesie Coloniensis pro fructibus prebende sue in dicta ecclesia: 6 marchas dicti pagamenti et 4 sol. 6 den. Hallen.; que valent computando ut supra 5 libr. 12 sol. 6 den. Hallen. Item recepimus a domino Henrico de Salmis canonico ecclesie Coloniensis pro fructibus prebende sue: 8 marchas dicti pagamenti, que valent 7 libr. et 4 sol. Hallen. Item anno quo supra die 8a mensis Novembris recepimus a subcollectoribus civitatis et diocesis Colonien. pro fructibus quos receperant de beneficiis vacantibus, computatis in infra scriptis florenis 5 denariis auri dictis cum massa pro 10 florenis 600 flor. auri. Summa Hallensium et marcharum dicti pagamenti ad Hallen. reductarum: 98 libr. et 3 sol. 9 den. Hallen., computando marcham dicti pagamenti pro 18 sol. Hallen. ut supra; que summa Hallen. predicta valet, computando 15 sol. 3 den. Hallen. pro quolibet floreno, 128 flor. auri 11 sol. 9 den. Hallen. Summa omnium receptorum in civitate et diocesi Colonien. ad florenos reductorum 755 flor. et 11 sol. 9 den. Hallen.

Dyocesis Leodiensis provincie Coloniensis.

Fol. 31ᵛ.

Item anno Domini 1318 die 15a mensis Decembris recepimus a subcollectoribus civitatis et diocesis Leodien. de primis fructibus beneficiorum vacantium 2000 flor. auri seu valorem.

---

[1] An dieser Stelle steht hier libr. Tur. parv.; in B jedoch das richtige »libr. Hallen.«

Inter quos erant	672 Agni de auro;
Item erant	40 den. auri dicti de Regina ;
Item erant	57 den. cum massa de auro ;

Computando singulos Agnos pro 15 Tur. argenti et singulos denarios de Regina pro eodem precio et singulos denarios cum massa pro 23 Tur. argenti; qui Agni et denarii de Regina et denarii de massa assendunt ad florenos 922 flor. auri et 5 Tur. argenti, singulis florenis pro 13 Tur. grossis argenti computatis.

Diocesis Traiactensis (sic) provincie Coloniensis.

Item anno quo supra in civitate Metensi recepimus a subcollectoribus civitatis et diocesis Traiacten. pro primis fructibus beneficiorum vacantium 280 flor. auri.

Item ibidem ab eisdem pro eadem causa 6 libras sterlingorum que valent, computando 3 sterlingos pro uno grosso Tur. 40 sol. Tur. gross.

Item ibidem ab eisdem pro eadem causa 30 sol. Tur. gross.

Que summe grossorum Tur. et sterlingorum predictorum valent computando 13 gross. Tur. pro quolibet floreno 64 flor. auri et 8 Tur. gross.

Fol. 32.

Summa omnium receptorum in civitate et diocesi Traiacten. ad florenos reductorum 344 flor. auri et 8 Tur. argenti; qui Tur. valent 9 sol. 4 den. Tur. parv., grosso computato pro 14 Tur. parv.

In provincia Maguntina et primo diocesis Spirensis.

Item anno quo supra recepimus a subcollectoribus civitatis et diocesis Spiren. pro fructibus beneficiorum vacantium 40 flor. auri.

Dyocesis Argentinensis provincie Maguntine.

Item anno quo supra recepimus in civitate Argentina a magistro Thederico (*sic*) de Aganeyo pro fructibus unius prebende in ecclesia sancti Thome Argentine 6 march. argenti.

Item recepimus a magistro Ulrico de Monda (Menda?) capellano domini episcopi Argentinensis pro fructibus ecclesie sue de Suendûcen et a magistro Iohanne notario ipsius domini episcopi Argentinensis pro fructibus ecclesie sue de Truthusen 10 libr. den. Straburgen.

Item recepimus a domino Iohanne Sorn custode Sancti Petri Iunioris (*sic*) Argentin. pro fructibus custodie ipsius ecclesie 9 march. argenti.

Fol. 32 v.

Item recepimus a rectore ecclesie sancti Andree Argentin. pro fructibus ipsius ecclesie 6 libr. den. Straburgen.

Item recepimus a rectore ecclesie de Villedeceint Argentin. diocesis
pro fructibus ipsius ecclesie   6 libr. Straburgen.
Item recepimus in civitate Tullensi a subcollectoribus civitatis et diocesis
Argentin. pro primis fructibus beneficiorum vacantium
                                                300 flor. auri.
Item recepimus ibidem ab eisdem pro eadem causa
                                          10 libr. Tur. gross. argenti.
Summa marcharum supradictarum: 15 march. argenti, que valent compu-
tando marcham pro 4 flor.   60 flor. auri.
Summa denariorum Straburgen. supradictorum: 22 libr. Straburgen. que
valent 33 libr. Hallen. computando 3 Hallen. pro 2 Straburgen.; et
valent dicti Hallen. ad flor. reducti, computando 16 sol. 3 den. Hallen.
pro quolibet floreno   40 flor. auri et 10 sol. Hallen.
Summa receptorum florenorum   300 flor. auri.
Summa grossorum Tur. 10 libr. Tur. gross. que valent computando 13 Tur.
gross. pro quolibet floreno   184 flor. auri et 8 Tur. argenti.
Fol. 33.
Summa omnium receptorum predictorum in civitate et diocesi Argentin.
ad florenos reductorum   585 flor. auri et 3 sol. 9 den. Hallen.

Dyocesis Herbipolensis provincie Maguntine.

Item anno quo supra recepimus a domino Henrico de Stalberg canonico
et Archidiacono Herbipolen. pro fructibus archidiaconatus sui
                                                26 libr. Hallen.
Item recepimus a domino Friederico de Stalberg canonico Herbipolensi
pro fructibus ecclesie in Rőgenshusen in uachae[1]
                                          22 libr. 10 sol. Hallen.
Item recepimus a domino Conrado de Huereym canonico Herbipolensi pro
fructibus unius prebende et unius ecclesie in Ciridorf
                                    20 march. argenti ponderis Ratispon.
Item recepimus a rectore ecclesie de Lebur pro fructibus dicte ecclesie
                                                15 libr. Hallen.
Summa denariorum Hallen. receptorum in civitate et diocesi Herbipolen.
63 libr. 10 sol. Hallen. que valent computando 15 sol. 6 den. Hallen.
pro quolibet floreno   82 flor. auri minus 12 den. Hallen.
Summa marcharum argenti: 20, que valent computando marcham pro
4 florenis   80 flor. auri.
Summa omnium receptorum in civitate et diocesi Herbipolen. ad florenos
reductorum   162 flor. auri minus 12 den. Hallen.

---

[1] B hat vielleicht äuachae; der Schreiber scheint selbst die Bezeichnung nicht
recht verstanden zu haben.

Dyocesis Bambergensis provincie Maguntine.

Fol. 33 r.

Item anno quo supra recepimus a rectore ecclesie in Alstat diocesis Bambergensis pro fructibus ipsius ecclesie: 24 march. argenti; que valent computando marcham pro 4 florenis   96 flor. auri.

Dyocesis Eystetensis provincie Maguntine.

Item anno quo supra recepimus a domino Bertholdo Friko canonico ecclesie Eystetensis pro fructibus ecclesie in Wrdingen[1] Eystetensis diocesis   25 libr. Hallen.
Item recepimus a quodam alio canonico Eystetensi pro fructibus unius prebende in ecclesia Eystetensi   18 libr. Hallen.
Summa omnium receptorum in civitate et diocesi Eysteten. 43 libr. Hallen.
que valent computando florenum pro 15 sol. 6 den. Hallen.
       55 flor. auri et 7 sol. 6 den. Hallen.

Dyocesis Augustensis provincie Maguntine.

Item anno quo supra recepimus a subcollectoribus civitatis et diocesis Augusten. de fructibus beneficiorum vacantium·   50 libr. Hallen.
Item recepimus a Comendatore domus sancti Antonii in Memmingen pro parte fructuum comendatorie   20 sol. Hallen.
Summa omnium receptorum in civitate et diocesi Augusten. 51 libr. Hallen.
que valent, computando 15 sol. 6 den. Hallen. pro quolibet floreno
       65 flor. auri et 12 sol. 6 den. Hallen.

Dyocesis Constanciensis provincie Maguntine.[2]

Fol. 34.

Item anno domini 1318 die sabati post festum beati Michaelis[3] recepimus in Constancia a rectore ecclesie de Bibraco pro primis fructibus ipsius ecclesie seu pro parte ipsorum   20 flor. auri.
Item die 6ª mensis Octobris recepimus a domino . . preposito in Oeningen pro fructibus sue prepositure: 45 libr. denariorum Constancien. que valent 67 libr. et 10 sol. Hallen. et valet dicta summa Hallen. computando 15 sol. 6 den. Hallen. pro quolibet floreno
       87 flor. auri et 18 den. Hallen.
Item recepimus a domino Henrico de Staynec canonico Constanciensi pro fructibus unius prebende in ecclesia Constanciensi: 9 march. argenti, que valent computando marcham pro 4 florenis   36 flor. auri.
Summa omnium receptorum in civitate et diocesi Constancien. ad florenos reductorum   143 flor. auri et 18 den. Hallen.

---

[1] B hat »Wudingen«.
[2] In der Handschrift »Magatin«.   [3] 30. September.

Summa summarum receptorum fructuum beneficiorum ecclesiasticorum vacantium in provinciis Treverensi, Coloniensi et Maguntina per nos Petrum Durandi et Bernardum de Montevalrano simul: 5873 flor. auri 3 sol. 3 den. Hallen. computatis in ipsis 4 libr. 9 den. Hallen. sive Tur. parvorum pro 5 flor. et 3 sol. 3 den. Hallen. sive Tur. parvorum.

Approbo.[1]

Fol. 34ʳ.

Sequitur quod recepimus de **Censibus** in provinciis Maguntina et Salzeburgensi.

Item anno quo supra recepimus ab . . abbate A u g i e maioris Constanciensis diocesis pro parte census in quo monasterium suum tenetur Romane ecclesie: 20 march. argenti, que valent computando marcham pro 4 florenis   80 flor. auri.

Item recepimus ab . . abbate monasterii S a n c t i A m e r a m i (*sic*) Ratispone pro censu in quo tenetur monasterium suum Romane ecclesie
                                                                35 libr. den. Ratisponen.

Item recepimus ab . . abbate monasterii S a n c t i I a c o b i Ratispone pro censu in quo monasterium suum tenetur Romane ecclesie
                                                                5 libr. den. Ratisponen.

Summa denariorum Ratisponen. 40 libr. que valent 120 libr. Hallen. et dicta summa Hallen. valet, computando 15 sol. 6 den. Hallen. pro quolibet floreno   154 flor. auri et 13 sol. Hallen.

Summa omnium censuum predictorum ad florenos reductorum
                                        234 flor. auri et 13 sol. Hallen.

Fol. 35.

Sequitur quod recepimus in provincia T r e v e r e n s i de **debitis** sive de **subsidio** olim promisso domino Clementi pape V.

Primo, anno quo supra recepimus a procuratore seu vicariis domini . . episcopi T u l l e n s i s pro dicto subsidio   65 flor. auri.

Item recepimus a domino Goberto decano ecclesie M e t e n s i s pro quodam debito antiquo in quo dixit se teneri domino pape pro residuo decime per ipsum collecte: 30 libr. Tur. parv. que valent computando 15 sol. Tur. parv. pro quolibet floreno   40 flor. auri.

Item recepimus a . . scolastico ecclesie S a n c t i S y m e o n i s Treverensis pro eadem causa: 20 libr. Tur. parv. que valent computando 15 sol. Tur. parv. pro quolibet floreno   26 flor. auri 10 sol. Tur. parv.

Summa receptorum debitorum et dictorum residuorum in provincia Treverensi ad florenos reductorum   131 flor. auri et 10 sol. Tur. parv.

---

[1] Am Rande von der Hand des Revisors in der Camera geschrieben. In B steht am Rande neben »Approbo« noch »de fructibus«.

Fol. 35 r.

Sequitur quod recepimus de subsidio olim promisso domino Clementi bone memorie pape V. in provincia Salzeburgensi.

Primo, anno quo supra recepimus a subcollectoribus dicti subsidii in civitate et diocesi Brixinen.   82 libr. den. Vicenariorum.

Item	18 libr. den. Aquilegen.
Item .	14 libr. den. Venetorum et contrafactorum.[1]
Item . .	40 den. Pragen. argenti.
Item . . .	4 libr. den. Veron. que valent. 20 Pragen.
Item	16 libr. 10 sol. Vicenariorum.

Item recepimus a domino . . episcopo Gurcensi pro dicto subsidio.

Primo . . . . 40 march. argenti, quod dicitur crematum.

Item . .	15 march. den. Wiennen.
Item . . .	6 libr. et 23 den. Pragen.
Item	7 sol. 6 den. Venetorum.
Item	14 libr. den. Salzeburgen.
Item	19 libr. 6 sol. 2 den. Aquilegen.
Item	35 march. den. Frizacen. et Gracen. simul.

Item recepimus a domino . . abbate Amontensi diocesis Salzeburgensis pro dicto subsidio domino Clementi promisso

	65 march. den. Gracen. et 1 loton.
Item	18 march. 13 loton. den. Wiennen.
Item .	4 march. minus 2 loton. den. Pragen. argenti.

Fol. 36.

Quas siquidem predictarum pecuniarum et marcharum quantitates omnes de dicto subsidio receptas per me Petrum Durandi et in simul congregatas, quia in illis partibus nullum auri cambium poterat inveniri, portari fecimus ad civitatem Venetorum per magistrum Stephanum Pistoris nostrum fidelem notarium, qui de predictis pecuniis et marcharum quantitatibus ibidem in cambio habuit et nobis assignavit, primo ab eo ratione recepta, deductis omnibus expensis in nuntiis et securo conductu et aliis ómnibus   1477 flor. auri.

Item[2] anno quo supra recepimus a domino . . episcopo Ratisponensi pro dicto subsidio domino Clementi pape V. promisso: 356 libr. 5 sol. denariorum Ratisponen., quas solvit idem dominus episcopus pro 300 march. argenti, quas pro dicto subsidio tunc solvere tenebatur; de qua summa emimus aurum infra scriptum pro 329 libr. 17 sol. 2 den. Ratisponen., et restant de dicta summa recepta 26 libr. 7 sol. 10 den.

---

[1] In B steht »Venetorum antiquorum et contrafactorum«.
[2] In der Hdschr. steht vor dieser Zeile ein »Item« allein. — In B. steht am Rande vom Revisor »Attende«.

Ratisponen. que valent[1] 79 libr. 3 sol. 6 den. Hallen., et valet dicta summa Hallen. computando 15 sol. Hallen. pro quolibet floreno
105 flor. auri et 8 sol. 6 den. Hallen.
Item anno quo supra de pecunia recepta a domino episcopo Ratisponensi emimus aurum infra scriptum: Et primo 4ᵃ die mensis Iulii emimus a Georio mercerio Ratisponensi 2 march. auri cum dimidia, 1 fertonem, 1 loton. cum dimidio et pondus 2 denariorum Ratisponen. quamlibet marcham pro precio 14 libr. cum dimidia Ratisponen. (valet den. Ratisponen. 3 Hallen.).[2] Summa 41 libr. 7 sol. 2 den. Ratisponen.

Fol. 36ʳ.

Item die 11ᵃ mensis Iulii emimus a dicto Georio 3 march. auri et 7 loton. minus pondere 3 denariorum Ratisponen., minus de dictis tribus denariis quarta parte unius denarii, quamlibet marcham pro precio 16 libr. 20 den. Ratisponen. Summa 55 libr. 2 sol. 1 den. Ratisponen.
Item die 17ᵃ mensis Iulii emimus a dicto Georio 6 marchas auri cum medio loton. minus pondere trium obolorum, quamlibet marcham pro precio 16 libr. 50 denariorum Ratisponen. Summa
97 libr. 13 sol. 1 den. cum obol. Ratisponen.
Item die predicta emimus 3 march. auri minus tribus loton. et dimidio loton. a quodam mercatore extraneo, quamlibet marcham pro precio 14 libr. cum dimidia Ratisponen. Summa 40 libr. 6 sol. 7 den. Ratisponen.
Item eadem die emimus 4 march. auri et 1 den. Ratisponen. quamlibet marcham pro precio 15 libr. 15 sol. Ratisponen. Summa
63 libr. 15 den. obol. Ratisponen.
Item die 24ᵃ mensis predicti emimus a predicto Georio 2 marchas auri, minus pondere 2 den. Ratisponen. et 3 partibus alterius denarii, quamlibet marcham pro precio 16 libr. 5 sol. Ratisponen. Summa
32 libr. 6 sol. 11 den. Ratisponen.

Fol. 37.

Summa pecunie date pro precio auri superius emti
329 libr. 17 sol. 2 den. Ratisponen.
Valet denarius Ratisponen. 3 Hallen.; assendunt ad monetam Hallensem 989 libr. 11 sol. 3 den. Hallen.; valent ad florenos reducte, singulis florenis pro 15 sol. Hallen. computatis 1319 flor. auri et 5 sol. Tur. parv.
Summa auri superius emti: 21 march. auri 5 quintini minus pondere unius den. Ratisponen.; ad pondus Ratisponen. quintinus valet sexagesimam quartam partem unius marche.
Item anno quo supra recepimus 9 march. auri et 3 ferton. auri ponderis Viennen. olim depositas per me dictum Petrum Durandi in domo fratrum Predicatorum Viennensium in Austria de subsidio olim promisso domino Clementi pape V.

---

[1] In der Handschrift folgt »computando«, welches Wort durchgestrichen wurde, da es irrigerweise geschrieben war.
[2] Das Eingeklammerte fehlt in B.

Summa totius auri superius positi: 30 march. 3 ferton. 5 quintin. minus
1 den. Ratisponen. ad pondera superius expressata (*sic*), valent ad
pondus curie Romane ut infra proxime. Summa totius auri emti in
Ratispona et recepti ex deposito Wiennensi in Austria: 35 march.
1 uncia et 2 quarton. cum dimidio auri ad pondus curie Romane.

Fol. 37ᵛ.

Summa summarum omnium supra receptorum de fructibus beneficiorum vacantium in provinciis Treverensi, Coloniensi et Maguntina: 5873 flor. auri 3 sol. 3 den. Hallen. computatis in ipsis
4 libr. 9 den. Hallen. pro 5 flor. et 3 sol. 3 den. Hallen. sive Tur. parv.
Summa receptorum debitorum sive subsidii supradicti in provincia
Salzeburgensi: 1582 flor. auri 8 sol. 6 (oder 7?) den. Hallen.
et 35 march. auri 1 uncia 2 quart. cum dimidio ad pondus curie
Romane, minus 6 den. Hallen.
Summa omnium summarum predictarum receptorum de dicto subsidio et decima: 1714 flor. auri 3 sol. 6 den. Hallen. reductis
monetis ad florenos et 30 march. et 3 ferton. 5 quintin. auri in massa
minus 1 den. Ratisponen. ad diversa pondera Alamannie.
Summa omnium censuum predictorum: 234 flor. auri et 13 sol. Hallen.
Summa omnium predictorum receptorum subsidii et censuum: 1949
flor. auri et 18 den. Hallen. et 35 march. auri 1 uncia 2 quart. cum
dimidio ad pondus curie Romane.

Fol. 38.

Summa omnium summarum ex quacumque causa superius receptorum: 7822 flor. auri 4 sol. 9 den. Hallen. (et 30 march.
et 3 fertones et 5 quintini auri in massa minus 1 den. Ratisponen. ad
diversum pondus Alamannie valent)[1] 35 march. auri — 1 uncia —
2 quart. cum dimidio ad pondus curie Romane.[2]

Rationes domini Bernardi de Monte Valrano per se.[3]
In provincia Coloniensi.
Fol. 39.

In nomine Domini amen. Anno eiusdem 1318. Ego Bernardus de
Montevalrano veni de Alamannia die martis post festum beati Ylarii episcopi[4] cum pecunia quam camere domini nostri pape et vobis dominis
thesaurariis ipsius domini pape assignavi, et deinde in curia et extra recepi
summas que sequntur.

---

[1] Das Eingeklammerte wurde von anderer Hand zwischen die Zeilen hineingeschrieben.
[2] Bis hierhin reicht B, welches wohl Original ist von A; besonders in den Generalsummen finden sich in B viele Korrekturen.
[3] Von derselben Hand, welche den Titel fol. 27 schrieb.   [4] 17. Januar.

Item die Veneris post festum beati Iohannis Baptiste[1] anno Domini 1319 reversus fui de curia Romana ad Alamanniam et Coloniam ivi et ibidem recepi summas que sequntur, subcollectoribus absentibus: Et primo die sabbati post festum beati Laurentii[2] recepi a domino Syfrido de Renemberg pro fructibus ecclesie in Herthene: 24 march. pagamenti Colonien.; valent computando marcham pro 18 sol. Hallen. et grosso (sic) pro 15 (sol.) Hallen. 21 libr. 12 sol. Hallen.

Item recepi a Valtelino de Lobio, canonico ecclesie Sancti Severini Coloniensis, pro fructibus prebende sue: 10 march. dicti pagamenti; valent computando marcham ut supra 9 libr. Hallen.

Item die 21ª Augusti recepi ab Hulgnero et Rosquino, canonicis ecclesie beate Marie ad Gradus, pro fructibus duarum prebendarum vacantium ibidem: 20 march. dicti pagamenti; valent computando marcham ut supra 18 libr. Hallen.

Fol. 39ᵛ.

Item recepi a rectore ecclesie de Tulpeto pro fructibus ipsius ecclesie: 7 march. dicti pagamenti cum dimidia et 15 sol. Hallen.; valent 7 libr. 10 sol. Hallen.

Item in die beati Bartholomei[3] recepi a capitulo sancti Cuniberti pro fructibus duarum prebendarum vacantium ibidem: 21 march. dicti pagamenti minus 18 den. Hallen.; valent 18 libr. 15 sol. 6 den. Hallen.

Item eadem die a domino Ernesto decano Coloniensi pro quodam mutuo per subcollectores Colonienses eidem facto de pecunia domini pape: 60 march. dicti pagamenti; valent 54 libr. Hallen.

Item eadem die a domina abbatissa XI milium Virginum pro fructibus duarum prebendarum ibidem vacantium 15 flor. auri.

Item eadem die ab .. Agnete de Blanche moniali monasterii beate Marie in Capitolio pro fructibus prebende condam .. decane 5 flor. auri.

Item in crastinum beati Bartholomei[4] a rectore ecclesie de Rigrode pro fructibus ipsius ecclesie: 5 march. dicti pagamenti; valent 4 libr. 10 sol. Hallen.

Item die Martis sequenti[5] a .. domina abbatissa beate Marie in Capitolio pro fructibus unius prebende vacantis ibidem 5 flor. auri.

Item die ultima Augusti a Ricardo celarario et Riquino thesaurario monasterii Virdunen.[6] ordinis sancti Benedicti pro fructibus celararie et thesaurarie: 8 march. dicti pagamenti; valent 7 libr. 4 sol. Hallen.

Item eadem die ab Henrico de Valerke canonico Assindensi pro fructibus unius prebende ipsius ecclesie: 8 march. dicti pagamenti; valent 7 libr. 4 sol. Hallen.

---

[1] 29. Juni.   [2] 11. August.   [3] 24. August.
[4] 25. August.   [5] 28. August.
[6] So in der Handschrift; offenbar ist Werden gemeint.

Fol. 40.

Item die 2ª mensis Septembris a Capitulo sancti Gereonis pro fructibus prebende condam domini magistri Willermi canonici ibidem: 9 march. dicti pagamenti et 10 sol. Hallen.; valent 8 libr. 12 sol. Hallen.

Item eadem die a domina . . decana sancte Cecilie pro fructibus prebende condam Yrmengardis de Linepe canonice ibidem: 7 march. dicti pagamenti; valent 6 libr. 6 sol. Hallen.

Item die 12ª dicti mensis a Capitulo Coloniensi pro distributionibus sanctorum Magorum pertinentium domino pape pro parte duarum prebendarum: 50 march. dicti pagamenti; valent 45 libr. Hallen.

Item die 17ª mensis Septembris a . . preposito Aquensi pro vino capituli Coloniensis quod receperat extra civitatem Coloniensem: 13 march. cum dimidia dicti pagamenti et 4 sol. 1 den. Hallen.; valent 12 libr. 7 sol. 1 den. Hallen.

Item eadem die ab hospitalario monasterii de Tuwicio ordinis sancti Benedicti pro fructibus hospitalarie: 8 march. dicti pagamenti et 7 sol. 6 den. Hallen.; valent 7 libr. 11 sol. 6 den. Hallen.

Item die 3ª mensis Octobris a Conrado plebano ecclesie in Monze pro fructibus ipsius ecclesie: 12 march. dicti pagamenti; valent 10 libr. 16 sol. Hallen.

Item eadem die a plebano ecclesie in Exze pro fructibus ipsius ecclesie: 16 march. dicti pagamenti; valent 14 libr. 8 sol. Hallen.

Item die 4ª dicti mensis ab . . abbate monasterii in Browilre ordinis sancti Benedicti pro fructibus celararie pissium: 38 march. dicti pagamenti; valent 34 libr. 4 sol. Hallen.

Item eadem die a rectore ecclesie in Upladen pro fructibus ipsius ecclesie 8 flor. auri.

Fol. 40ᵛ.

Item die 5ª dicti mensis a domino Reynero de Cleuis pro fructibus prepositure ecclesie sancti Gereonis: 26 march. dicti pagamenti; valent 24 libr. 8 sol. Hallen.

Item eadem die a priore de Dunewalt ordinis Premonstratensium pro fructibus prioratus sui: 6 march. dicti pagamenti; valent 5 libr. 8 sol. Hallen.

Item eadem die a rectore ecclesie in Vaule pro fructibus ipsius ecclesie: 4 march. dicti pagamenti; valent 3 libr. 12 sol. Hallen.

Item die 11ª dicti mensis a rectore ecclesie in Kirdorp pro fructibus ipsius ecclesie: 12 march. dicti pagamenti; valent 10 libr. 16 sol. Hallen.

Item eadem die ab Arnoldo clerico domini Thederici de Cleuis pro fructibus unius prebende cum ferculo vacantis in ecclesia Xantensi: 18 march. dicti pagamenti; valent 16 libr. 4 sol. Hallen.

Item die 14ᵃ dicti mensis a Leone de Rece canonico ecclesie Recensis pro fructibus ecclesie monumenti inferioris: 12 march. cum dimidia pagamenti predicti, valent   11 libr. 5 sol. Hallen.

Item die 22ᵃ dicti mensis a celarario monasterii Campensis ordinis Cisterciensium pro fructibus ecclesie in Berke: 50 march. dicti pagamenti, valent   45 libr. Hallen.

Item die 25ᵃ dicti mensis a pastore ecclesie in Surdorp pro fructibus ipsius ecclesie: 7 march. dicti pagamenti, valent   6 libr. 6 sol. Hallen.

Item die 30ᵃ dicti mensis de fructibus ecclesie sancti Petri Coloniensis   50 flor. auri.

Item die 2ᵃ mensis Novembris a capitulo sancti Andree pro vino quod distribuerant inter se canonici dicti loci, pro parte prebende Alexandri de Brumsor ad dominum papam pertinentis: 40 march. dicti pagamenti, valent   36 libr. Hallen.

Fol. 41.

Item ab eodem capitulo pro parte fructuum prebende dicti Alexandri que fuerat consumta per guerram: 4 march. dicti pagamenti et 5 sol. Hallen., valent   3 libr. 12 sol. Hallen.

Summa marcharum predictarum: 498 march. 13 sol. 1 den. Hallen. que marche valent, computando marcham pro 18 sol. Hallen.

                          448 libr. 17 sol. 1 den. Hallen.

Et valet predicta summa Hallen. ad florenos reducta, computatis 16 sol. 9 den. Hallen. pro quolibet floreno   536 flor. minus 11 den. Hallen.

Item summa florenorum receptorum   83 flor. auri.

Item recepi a subcollectoribus civitatis et diocesis Colonien. de fructibus beneficiorum vacantium   300 flor. auri.

Item ibidem a domino Rorico decano sancti Georgii Colonie subcollectore in dictis fructibus pro eadem causa   18 flor. auri.

Summa omnium receptorum hac vice in civitate et diocesi Colonien. de fructibus beneficiorum vacantium   937 flor. auri minus 11 den. Hallen.

Dyocesis Traiactensis provincie Coloniensis.

Fol. 41 v.

Item recepi a subcollectoribus civitatis et diocesis Traiacten. die 9ᵃ mensis Decembris anno quo supra de fructibus beneficiorum vacantium

                         682 flor. auri

Item ab eisdem pro eadem causa   14 den. auri dictos cum massia

Item ab eisdem pro eadem causa   12 den. auri dictos Agnos

Item ibidem ab eisdem pro eadem causa: 18 libr. 12 sol. Tur. grossorum que valent, computando quemlibet grossum Tur. pro 15 Tur. parvis   279 libr. Tur. parv.

Item recepi ab eisdem pro eadem causa: 34 march. unum fertonem cum dimidio argenti ponderis Leodiensis; valent dicte marche, computando marcham quamlibet pro 62 sol. 6 den. Tur. parv.

                                 107 libr. 8 sol. 5 den. Tur. parv.

Summa predictorum Tur. grossorum et marcharum ad parvos Tur. reductorum   386 libr. 8 sol. 5 den. Tur. parv.

Summa predictorum Tur. parvorum reductorum ad florenos, computando 16 sol. 8 den. Tur. parv. pro quolibet floreno

                          464 flor. auri et 11 sol. 9 den. Tur. parv.

Fol. 42.

Summa omnium summarum receptorum de civitate et diocesi Traiacten.

ad florenos reductorum   1145 flor. auri

et .   .   .   14 den. auri dictos cum massia

et .   .   .   12 den. auri dictos Agnos

et .   11 sol. 9 den. Tur. parv.

Dyocesis Leodiensis provincie Coloniensis.

Item die ultima mensis Decembris anno quo supra recepi a subcollectoribus civitatis et diocesis Leodien. in florenis de fructibus   1792 flor. auri.

Item ab eisdem subcollectoribus pro eadem causa   150 Agnos auri.

Item ab eisdem pro eadem causa   22 den. auri dictos cum massia

et . . . .   8 Tur. grossos argenti.

Provincia Treverensis et primo diocesis.

Item die 28ᵃ mensis Octobris anno quo supra recepi a rectore ecclesie de Andernaco Treverensis diocesis pro fructibus ipsius ecclesie: 40 libr. Hallen. que valent, computando 16 sol. 9 den. Hallen. pro quolibet floreno   47 flor. auri 12 sol. 9 den. Hallen.

Dyocesis Metensis provincie Treverensis.

Fol. 42ᵛ.

Item recepi a subcollectore civitatis e diocesis Meten. die 12ᵃ mensis Ianuarii de fructibus beneficiorum vacantium: 50 libr. Tur. parv. que valent computando 15 sol. 8 den. Tur. parv. pro quolibet floreno

                        63 flor. auri et 13 sol. Tur. parv.

Summa omnium receptorum de fructibus beneficiorum vacantium per me Bernardum de Montevalrano facta a die dominica post festum beati Ylarii fuit annus citra est ista   3984 flor. auri.

et . . . . 36 sol. 7 den. Tur. parv.

et   .   . . .   36 den. auri dictos cum massia

et   .   .   .   162 den. auri dictos Agnos
et . . . .   8 Tur. gross. argenti;
computando denarium cum massia auri pro 23 Tur. gross. argenti et
Agnos auri pro 15 Tur. gross. argenti et florenum pro 13 Tur. gross.
argenti.

Diocesis Constantiensis provincie Maguntine.

Fol. 43.

Item recepi in curia Romana a domino Henrico de Verdenberg Constantiensi, subcollectore in civitate et diocesi Constantien. de fructibus beneficiorum vacantium per eum receptis, quos vobis dominis
assignavi   1135 flor. auri.

Sequitur quod recepi de censibus in provinciis Coloniensi et Treverensi.
Item recepi ego Bernardus predictus a capitulo Bambergensi, sede episcopali vacante, pro 168 march. argenti ponderis Bambergensis pro
censu annuo 14 annorum preteritorum in quibus tenebatur domino
pape et Romane ecclesie, pro quolibet anno 12 march. argenti ponderis predicti, computando marcham pro 4 flor. auri et 2 Tur. argenti
                                        697 flor. auri et 11 Tur. gross. argenti.

Provincia et diocesis Colonien.

Item recepi ab . . abbatissa Assindensi Coloniensis diocesis pro censu
annuo 5 annorum proxime preteritorum, pro quolibet anno 2 flor. in
quibus tenebatur domino nostro pape et Romane ecclesie pro exemptione sua et monasterii sui   10 flor. auri.
De alio tempore probavit se solvisse domino Guillermo Meschini
cum litteris eiusdem.

Provincia Treverensis et primo diocesis Metensis.

Fol. 43 r.

Item recepi ab . . abbate et conventu monasterii Sancti Petri-Montis
diocesis Metensis pro exemptione sua: 83 Tur. argenti pro uno Bizantio
in quo dixerunt se teneri domino nostro pape quolibet quadriennio,
vel in quarta parte ipsius Bizantii singulis annis; et valet Bizantius
10 Tur. argenti et tantum alias solverant domino Thederico ecclesie
Romane nuncio; valent dicti Tur. argenti, computando 15 sol. et
8 den. Tur. parv. pro quolibet floreno et Tur. gross. argenti pro 14
Tur. parvis   ·   6 flor. 2 sol. 10 den. Tur. parv.

et fuit solutus census pro 33 annis terminatis anno nativitatis Domini
1320 circa festum Nativitatis Domini.
Summa receptorum censuum
                                        713 flor. auri 2 sol. 10 den. Tur. parv. et 11 Tur. gross.

Dyocesis Metensis provincie Treverensis.

Item recepi ab exequtoribus testamenti magistri Laurentii rectoris ecclesie
de Richemunt condam diocesis Metensis: 80 libr. Tur. parv. in
quibus tenebantur domino nostro pape pro quodam legato per ipsum
eidem domino nostro pape facto; et valent dicte libr. Tur. computando 15 sol. 6 den. Tur. parv. pro quolibet floreno
                                        103 flor. auri 3 sol. 6 den. Tur. parv.
Fol. 44.
Summa summarum omnium censuum et legati predictorum
                                        816 flor. auri
et .   .   .   9 Tur. gross.
et . . . . 6 sol. 4 den. Tur. parv.
Summa omnium summarum fructuum beneficiorum vacantium supra
receptorum in provinciis Coloniensi, Treverensi et Maguntina
                                        5119 flor. auri
et   .   36 sol. 7 den. Tur. parv.
et   36 den. auri dicti cum massia
et   162 den. ad agnum de auro
et   8 Tur. gross.

Summa omnium summarum fructuum, censuum et legati predictorum
receptorum per dictum dominum Bernardum per se
                                        5939 flor. auri
et   .   162 den. agni de auro
et   . .   .   36 den. auri dicti cum massia
et . . . .   3 sol. 5 den. Tur. parv.
reductis Tur. grossis et parvis ad florenos, computando 13 Tur. gross.
pro floreno et 15 sol. 6 den. Tur. parv. pro quolibet floreno.

Rationes receptorum per dominum Petrum Durandi solum.[1]

Fol. 45.
In nomine Domini amen. Anno nativitatis eiusdem 1320 videlicet
13ª die mensis Maii. Hec est ratio quam ego Petrus Durandi, canonicus
Ebredunensis et dudum in partibus Alamanie nuntius domini nostri pape,
reddo vobis dominis camerario et thesaurario[2] domini nostri pape de

---
[1] Wieder von der Hand, welche den Titel fol. 27 schrieb.
[2] In cod. »thesaurio«.

collectis, receptis et gestis per me solum in partibus Alamanie et Lethoringie (*sic*), domino Bernardo de Montevalrano collega meo quandoque in
Romana curia quandoque in aliis partibus Alamanie a me remotis absente,
videlicet a 14ª die mensis Ianuarii anno Domini 1319 usque ad 7ᵃᵐ diem
mensis Februarii anno eiusdem 1320, quo intravi civitatem Avinionensem
de Alamania reddeundo (*sic*).

Et primo in provincia Treverensi et in civitate et dyocesi Tullen.
provincie Treverensis.

Recepi siquidem 24ª die mensis Februarii proxime preteriti fuit annus a
    subcollectoribus a me et dicto domino Bernardo socio meo consti-
    tutis in civitate et dyocesi Tullen.   10 libr. Tur. parv.
Item recepi sequenti die, a magistro domus helemosine, pro censu deca-
    natus T u l l e n s i s   40 sol. Tur. parv.
Item recepi ibidem 5ª die mensis sequentis Martii a curato ecclesie de
    B o v e y a pro parte primorum fructuum ipsius ecclesie de Boveya
           110 sol. Tur. parv.
Item recepi ibidem in illa eadem septimana a magistro Iohanne notario
    curie domini episcopi Tullensis pro primis fructibus ecclesie de V i l -
    c o r t quos ydem magister Iohannes emerat a subcollectore Tullensi
           11 libr. Tur. parv.
Summa predictorum Tur.   28 libr. 10 sol. Tur. parv.
    qui valent computando florenum pro 16 sol.   35 flor. 10 sol. Tur. parv.
Item recepi ibidem in die Circumsizionis (*sic*) Domini anno eiusdem 1320
    a procuratore archidiaconi Tullensis maioris
           15 libr. 4 sol. 4 den. Tur. parv.
    Fol. 45 ᵛ.
Item recepi eodem anno in crastenum Circumsizionis (*sic*) Domini ibidem
    ab eodem subcollectore Tullensi ex parte alia   147 libr. 7 sol. Tur. parv.
Summa predictarum duarum summarum   162 libr. 11 sol. 4 den. Tur. parv.
    que valent, computando florenum pro 16 sol.   2 den. Tur. parv.
           201 flor. 22 den. Tur. parv.
Summa summarum omnium predictorum florenorum
           236 flor. 11 sol. 10 den. Tur. parv.

De Metensi dyocesi provincie Treverensis.

Item recepi in festo Sanctorum Innoscentium (*sic*) proxime preterito a
    subcollectore civitatis et dyocesis Meten. pro fructibus beneficiorum
    ecclesiasticorum que vacarunt   56 libr. den. Meten.
    que valent   112 libr. Tur. parv.
    qui parvi Tur. valent, computando unum florenum pro 16 sol. 4 den.
           137 flor. 2 sol. 4 den. Tur. parv.

De civitate et dyocesi Werdunen. (sic) provincie Treverensis.

Item recepi in crastinum dictorum Sanctorum Innoscentium *(sic)* a subcollectoribus Verdunensibus pro fructibus beneficiorum ecclesiasticorum
per manus prioris et lectoris conventus fratrum Predicatorum Metensium   99 flor. auri.

De civitate et dyocesi Treveren.

Fol. 46.

Item recepi die Mercurii ante dominicam de Passione Domini proxime
preterita fuit annus elapsus[1] a subcollectore Treverensi de fructibus
beneficiorum ecclesiasticorum per manus domini Symonis de Metis
presbyteri ex una parte   120 flor. auri.
Item eadem die ex parte altera pro eadem causa
                                       7 libr. 16 sol. 6 den. Tur. gross.
qui Tur. grossi valent, computando quemlibet grossum pro 14 den.
Tur. parv.   109 libr. 11 sol. Tur. parv.
qui parvi Tur. valent, computando unum florenum pro 16 sol. 2 den.
Tur. parv.   135 flor. 8 sol. 6 den. Tur. parv.
Summa summarum omnium receptorum in civitate et dyocesi Treveren.
   ad florenos reductorum   255 flor. 8 sol. 6 den. Tur. parv.
Summa summarum omnium predictorum florenorum receptorum de fructibus beneficiorum in civitate et provincie *(sic)* Treveren.
                                       728 flor. 6 sol. 6 den. Tur. parv.

In provincia Maguntina. Et primo in civitate Vormassiensi (sic) provincie Maguntine.

Quam quidem civitatem intravi die dominica qua cantatur »Quasi modo
geniti«[2] et ibi steti per 15 dies, et recepi a subcollectoribus Vor-
maciensibus per manus prioris et lectoris conventus fratrum Predicatorum Metensium pro fructibus beneficiorum   158 flor. auri.
Item ab eisdem et ex eadem causa   120 libr. Hallen.
que valent, computando florenum pro 16 sol. 10 den. Hallen.
                                       142 flor. 9 sol. 8 den. Hallen.
Fol. 46ʳ.
Summa summarum omnium receptorum dicte dyocesis
                                       300 flor. 9 sol. 8 den. Hallen.

[1] 28. März 1319.
[2] 15. April.

De civitate et dyocesi Spiree (sic) provincie[1] [Maguntine].

Item dominica tertia post octabas Pasche[2] intravi civitatem Spirensem et in ipsa recepi a subcollectore Spirensi de dictis fructibus beneficiorum ecclesiasticorum   410 libr. Hallen. que valent computando florenum pro 16 sol. 10 den. Hallen.

                                       487 flor. 2 den. Hallen.

De Maguncia.

Post premissa recedendo de Spirea perveni ad civitatem Maguntinam in vigilia Assentionis (sic) Domini[3] et in ea exequendo iniunctum michi officium recepi a subcollectoribus Maguntinis pro fructibus beneficiorum ecclesiasticorum que vacarunt, scilicet: Primo in crastinum dicte festivitatis Assentionis Domini   70 libr. Hallen.

Item recepi die Veneris[4] post festum Pentecosthen (sic) ab eisdem subcollectoribus pro dictis fructibus beneficiorum ecclesiasticorum

                                         200 libr. Hallen.

Item recepi in septimana post octabas Pentecosten ab eisdem subcollectoribus et ex eadem causa   186 libr. Hallen.

Item recepi in eadem septimana a custode sancti Victoris Maguntinensis pro fructibus sue custodie   12 libr. Hallen.

Item recepi in dominica tertia post festum sancte Trinitatis in qua cantatur »Respice in me«[5] a procuratore capituli Maguntini pro fructibus unius prebende per manus dictorum subcollectorum   40 libr. Hallen.

Fol. 47.

Summa Hallen. dicte dyocesis Maguntine   508 libr. Hallen. que valent, computando florenum pro 16 sol. 10 den. ad florenos reducte[6]   603 flor. 9 sol. 6 den. Hallen.

Item recepi ab eisdem subcollectoribus ex eadem causa in octabis festi beatorum Apostolorum Petri et Pauli[7] per manus prioris et lectoris conventus fratrum Predicatorum Metensium   395 flor. auri.

Item recepi eadem die a predictis subcollectoribus et ex eadem causa

                                   60 march. usualis argenti;

que valent, computando quamlibet marcham pro 64 sol. 8 den. Hallen.

                                       194 libr. Hallen.

que summa Hallen. valet, computando florenum pro 16 sol. 10 den. Hallen.   230 flor. 8 sol. 4 den. Hallen.

Summa summarum omnium receptorum in civitate et dyocesi Maguntine in florenis et aliis ad florenos reductis, que omnia sunt de fructibus beneficiorum   1229 flor. 12 den. Hallen.

---

[1] Der Name der Kirchenprovinz fehlt.   [2] 29. April.
[3] 17. Mai.   [4] 1. Juni.   [5] 24. Juni.
[6] In der Handschrift: »reductorum«.   [7] 6. Juli.

De civitate et dyocesi Herbipolen.

Item recepi die penultima mensis Iulii a subcollectore Herbipolensi pro
primis fructibus beneficiorum que vacarunt, per manus Radulphi clerici et camerarii et cuiusdam militis domini episcopi Herbipolensis
qui venerunt de civitate Herbipolensi cum multitudine hominum armatorum ad me apud Magunciam, in quo spacio vie tres magne diete
sunt et ultra   540 libr. Hallen.

Que fuerunt michi tradite ad pondus et per me recepte et ideo non
fuerunt numerate set ponderate ille tunc, quia timebant de periculo
suorum corporum in via; et dicta pecunie quantitas postmodum reperta fuit diminuta tam pro falcis (sic) et fractis denariis et in usu
non habentibus (sic) usque ad quantitatem   17 libr. Hallen.

Fol. 47 r.

Summa . . . . 540 libr. Hallen.

que valent, computando florenum pro 16 sol. 10 den., ad florenos
reducte [1]   641 flor. 9 sol. 10 den. Hallen.

De civitate et dyocesi Bamburgen. (sic).

Item recepi in crastenum festivitatis Assumtionis beate Marie [2] a subcollectore Bamburgensi, per manus subcollectoris Herbipolensis, de fructibus
beneficiorum que vacarunt: unam marcham auri et dimidiam et unum
lot. cum dimidio et dimidio quintino ponderis Bamburgensis auri
minuti de Palhola, que ponderabant unam marcham cum 5 unciis ponderis Avinionensis.

De civitate et dyocesi Hildessemen.

Item recepi ultima die mensis Augusti a subcollectore Hildessemensi de
dictis fructibus beneficiorum   26 march. usualis argenti.
(quas [3] deposui penes fratres Predicatores Tullenses et ideo non po-
nuntur infra in summa summarum receptorum.)

De civitate et dyocesi Argentina.

Item recepi in mense Novembris in crastinum festi beati Martini [4] a subcollectoribus Argentinis de dictis fructibus beneficiorum   400 flor. auri.
Item ab eisdem et ex eadem causa   10 flor. auri.

---

[1] In der Handschrift: »reductorum«.
[2] 16. August.
[3] Diese Bemerkung wurde später zwischen die Zeilen hineingeschrieben.
[4] 12. November.

Item recepi ibidem tercia die post dictum festum sancti Martini ab abbatissa monasterii de Hoemburc (*sic*) de fructibus   76 flor. auri.
Summa summarum in civitate et dyocesi Argentine   486 flor. auri.

De civitate et dyocesi Constantien.

Fol. 48.

Item recepi die quarta mensis Decembris a subcollectoribus civitatis et
dyocesis Constantien. de primis fructibus beneficiorum vacantium per
manus domini Hermani de Liberueltz militis apud civitatem Argentinam   1008 flor. auri.
Item recepi a magistro Petro Geruasii pro primis fructibus beneficiorum
vacantium in dyocesi Constantiensi   152 flor. auri.
Summa summarum omnium receptorum dicte dyocesis Constantiensis de
fructibus   1160 flor. auri.

Summa summarum omnium florenorum et aliorum ad florenos reductorum totius provincie Maguntine pro fructibus beneficiorum
      4304 flor. 3 sol. 10 den. Hallen.

Sequitur rubrica de censibus.

In civitate Tullensi.

Et primo recepi quinta die post festum Nativitatis Domini proxime preteritum[1] in dyocesi Tullensi ab abbatissa et conventu Romarissimontis monasterii Tullensis dyocesis pro censu unius palafredi de
quatuor in quatuor annis domino nostro Summo Pontifici et Romane
ecclesie debito, in cuius palafredi solutione dicta abbatissa et eius
monasterium cessaverant 32 annis, et sic debebantur de dicto tempore
octo palafredi; qui quidem palafredus censualis antiquitus fuit extimatus pro 32 libr. 10 sol. Tur. parv. per quendam legatum sedis
apostolice dictum dominum Thedericum,[2] dictorum censuum tunc in
illis partibus collectoris, et pro tanto ego recepi dictum palafredum,
salvis in omnibus beneplacito et iure domini nostri Pape et Romane
ecclesie, cui protestationi pars adversa consenciit   260 libr. Tur. parv.
Item recepi sequenti die qua supra a procuratore capituli ecclesie sancti
Deodati Tullensis dyocesis exempte pro censu annuo[3] unius aurei,
in cuius solutione cessaverat dictum capitulum pro 32 annis (*sic*), qui

---

[1] 30. Dezember 1319.
[2] Theodorich, Prior von St Andreas in Orvieto, Kollektor in Deutschland unter
Martin IV. Vgl. Will. Hauthaler, »Libellus decimationis de anno 1285«. Salzburg 1887.
S. 21—23. Potthast, Nr. 21918.
[3] In der Handschrift: »anuo«.

Fol. 48ʳ.

aureus per dictum legatum fuit extimatus pro 10 sol. Tur. parv. et pro tanto ego recepi ipsum, salva protestatione premissa cui pars adversa consenciit 16 libr. Tur. parv.
Qui predicti Tur. valent, computando florenum pro 16 sol. 4 den. Tur. parv.
338 flor. 8 den. Tur. parv.
Item recepi eadem die qua supra proxime de subsidio in eadem civitate olim promisso bone memorie domino Clementi pape quinto a domino Iohanne sigillifero domini episcopi Tullensis 130 flor. auri.

In dyocesi Constantiensi.

Et primo recepi prima die Decembris proxime preterita a subcollectoribus Constantiensibus in civitate Argentina per manus domini Hermanni de Liberueltz militis de censibus Romane ecclesie debitis in dyocesi Constantiensi 143 flor. auri.
Item recepi ex parte alia in septimana Circumsizionis (*sic*) Domini per manum magistri Petri Geruasii ab abbate Augee maioris de censibus in dyocesi Constantiensi 27 flor. auri.
Summa summarum omnium receptorum in dicta dyocesi Constantiensi de censibus 170 flor. auri.
Item recepi de decima antiqua a dictis subcollectoribus in septimana qua supra dicta in eadem dyocesi a vicariis generalibus episcopatus Constantiensis, per manum magistri Petri Geruasii, de eo quod de emolumento sigilli curie Constantiensis collegerat, et assignarunt dicti vicarii in diminutione debiti 600 march. argenti in quibus ecclesia Constantiensis Romane ecclesie erat et adhuc est in residuo obligata de decima antiqua imposita in consilio (*sic*) generali Lugdunensi
600 flor. auri.
Item recepi a capitulo Curiensi in preffata septimana per manus dicti magistri Petri de dicta decima antiqua 43 flor. auri.

Fol. 49.

Summa summarum dicte antique decime 643 flor. auri.

In provincia Salzaburgensi.

Recepi etiam de subsidio in septimana beati Michaelis[1] proxime preteritum (*sic*) a fratribus priore, subpriore et lectore et fratre Octone Pragarii conventus fratrum Predicatorum civitatis Ratisponensis provincie Salzaburgensis de subsidio olim promisso bone memorie domino C(lementi) pape quinto in massa ponderis Maguntinensis 62 march. auri.

—

[1] Es ist des Fest das hl. Michael vom 29. September 1319 gemeint.

Qui fratres per me et dominum Bernardum fuerant deputati collectores
ad recipiendum ea que debebantur domino nostro a dominis Ratisponensi et Missinensi episcopis et capitulo Pataviensi.
Item recepi in septimana sequenti post predictam ab eisdem subcollectoribus et pro eadem causa   60 flor. auri.
Item recepi in septimana predicta ab abbate monasterii in Nitingua ordinis Premonstratensium dyocesis Brixinensis de eodem subsidio per
manus dicti prioris Ratisponensium Predicatorum   100 flor. auri.
Summa summarum dicti subsidii recepti in provincia Salzaburgensi
                                                          62 march. auri
                                                         160 flor. auri
     et de eodem subsidio in civitate Tullensi   130 flor. auri.

Summa summarum dictorum censuum receptorum tam in dyocesi
Tullensi quam Constantiensi, quia aliunde nichil habeo
                                                    508 flor. 8 den. Tur. parv.
Summa summarum omnium supra receptorum de antiqua decima
                                                         643 flor. auri.
Summa summarum predictorum omnium florenorum receptorum de cen-
sibus et antiqua decima atque etiam de subsidio   1441 flor. 8 den.

Fol. 49 c.
Summa summarum omnium florenorum et aliorum receptorum supra
per me Petrum Duranti de fructibus beneficiorum vacantium tam
provinciis (*sic*) Treverensis quam provincie Maguntine
                                               5032 flor. 10 sol. 4 den. Tur. parv.
et una marcha cum dimidia et uno lothono cum dimidio et dimidio
quintino auri de Palhola ponderis Bambergensis, quod aurum ponderat
de Palhola unam marcham cum quinque unciis ponderis Avinionensis.
Summa summarum omnium per me receptorum in florenis et aliis ad
florenos reductis et auro in massa et auro minuto et etiam in marchis
argenti in provinciis Maguntina, Treverensi et Salzaburgensi
ex quacumque causa   6473 flor. 10 sol. Tur. parv.
et . . . . 62 march. in massa auri ponderis Maguntini;
et una marcha cum dimidia et uno lothono cum dimidio et dimidio
quintino auri minuti de Palhola, quod aurum minutum ponderat unam
marcham cum quinque unciis ponderis Avinionensis.

Fol. 50.
Summa[1] summarum omnium receptorum tam de fructibus beneficiorum vacantium quam censibus, subsidio, antiqua decima et legatis

---

[1] Die Generalsumme ist von anderer Hand, vielleicht von einem Kollektor selbst
geschrieben.

ac aliis ex quacumque causa, tam per dominum Bernardum de Montevalrano per se solum quam per dominum Petrum Durandi per se solum
quam per ambos simul in dictis provinciis

	20 235 flor. auri 3 sol. 8 den. Tur. parv.
et	162 Agni de auro
et	36 den. auri cum massia
et	93 march. cum dimidia auri et 3 fer-
	tonibus et 5 quintinis cum dimidio,
	1 lotono cum dimidio de auro in
	massia et minuto ad diversa pon-
	dera Alamannie.

De et in qua totali summa florenorum sunt inclusi sive comprehensi
922 flor. auri 5 Tur. grossi in 672 Agnis auri et 40 den. de Regina
de auro et 57 den. cum massia de auro, singulis Agnis et denariis de
Regina pro 15 Tur. gross. et singulis denariis cum massia pro 23 Tur.
gross. et singulis florenis pro 13 Tur. gross. computatis.[1]

Expense communes dominorum Petri Durandi et Bernardi de Montevalrano.[2]

Fol. 51.

Hec sunt expense facte in nunciis et securo conductu per nos Bernardum
de Montevalrano et Petrum Durandi nuncios sedis apostolice in partibus Alamanie.

Primo, anno Domini 1317 videlicet die 22ª mensis Augusti dedimus pro
conductu cuidam domicello domini regis Boemie qui conduxit nos
de Tiouilla usque ad civitatem Treverensem   12 Tur. argenti.

Item die ultima mensis Augusti dedimus pro conductu cuidam domicello
dicti domini regis Boemie qui conduxit nos de Bastunha usque
Leodium   12 Tur. argenti.

Item dedimus cuidam clerico eunti cum equo de Leodio ad dominam
Beatricem comitissam de Lucemburgo pro presentandis sibi litteris
clausis domini pape sub bulla, que domina comitissa erat in parte re-
mota comitatus Anonie   27 Tur. argenti.

Item dedimus eidem clerico qui ivit de Colonia ad dominum . . archiepiscopum Coloniensem pro expensis suis cum litteris nostris
3 Tur. cum dimidio argenti.

Item dedimus die Lune post festum beati Michaelis[3] quibusdam domicellis
comitis Cleuensis qui conduxerunt nos per terram et aquam de Colonia usque ad civitatem Traiactensem, et distat una illarum civitatum ab alia per quatuor magnas dietas   10 flor. auri.

---

[1] Die folgenden vier Blätter sind leer und nicht foliiert.
[2] Wieder von der Hand, welche die anderen Titel schrieb.
[3] 3. Oktober.

Item die 15ª mensis Octobris dedimus pro conductu illis qui conduxerunt nos de Dauantria usque ad illam que vocatur Aldeselen 7 flor. auri.

Fol. 51ᵛ.

Item die 24ª dicti mensis dedimus pro conductu illis qui conduxerunt nos de civitate Monasteriensi usque ad civitatem Osneburgensem (*sic*) 3 flor. auri.

Item die 27ª dicti mensis dedimus pro conductu illis qui conduxerunt nos de Osnaburgensi civitate usque ad civitatem Paderburgensem (*sic*) et sunt 2 diete 3 flor. auri.

Item dedimus pro conductu illis qui conduxerunt nos a Paderburgensi civitate, de qua exivimus die 30ª mensis Octobris, usque Maguntiam quam intravimus die 5ª mensis Novembris, et sunt 5 diete 9 flor. auri.

Item die 12ª mensis Novembris dedimus cuidam nuncio qui portavit litteras de Maguntia subcollectoribus de Colonia ad instruendum eos qualiter se haberent in negotio collectionis fructuum beneficiorum vacantium 12 Tur. argenti.

Item die 26ª dicti mensis dedimus cuidam nuncio qui portavit litteras de Maguntia eisdem subcollectoribus Coloniensibus super respontione (*sic*) quam fecimus eisdem super quibusdam dubiis de quibus duxerant nos consulendos 5 Tur. argenti.

Item die 7ª mensis Decembris dedimus pro conductu illis qui conduxerunt nos de Maguntia usque Vormatiam 19 Tur. argenti.

Item die 14ª dicti mensis dedimus pro conductu illis qui conduxerunt nos de Vormatia usque ad Spiream 4 flor. auri.

Item die 17ª dicti mensis dedimus pro conductu illis qui conduxerunt nos de Spirea usque Landol 4 flor. auri.

Item die 18ª dicti mensis dedimus pro conductu illis qui conduxerunt nos de Landol usque Vicemburg 3 flor. auri.

Fol. 52.

Item die 19ª dicti mensis dedimus illis qui conduxerunt nos de Vicemburg usque Argentinam 4 flor. auri.

Item dedimus cuidam nuncio qui portavit litteras de Vormatia subcollectoribus civitatum et diocesum Meten., Virdunen. et Tullen. ad excitandum eos, ut celeriter et rigide se haberent in negotio collectionis fructuum beneficiorum eis commisso 8 Tur. argenti.

Item die 25ª mensis Ianuarii dedimus pro conductu illis qui conduxerunt nos de Ensichem usque Argentinam quando ivimus in Axaciam (*sic*) ad dominum episcopum Constantiensem; et de Argentina dicti conductores redeuntes portaverunt litteras subcollectoribus Constantiensibus et Curiensibus 4 flor. auri.

Item die 3ª mensis Febroarii dedimus pro conductu illis qui conduxerunt nos redeundo de Argentina usque Spiream, et sunt 3 diete

7 flor. auri.

Item dedimus pro conductu illis qui conduxerunt nos de Spirea, de qua exivimus die 9ª mensis Febroarii, usque ad civitatem Herbipolensem quam intravimus die 13ª dicti mensis　　　　　　　　　15 flor. auri.

Item die prima mensis Martii tradidimus magistro Petro Geruasii qui ivit de Herbipoli ad civitatem Eystetensem pro litteris apostolicis publicandis et subcollectoribus ibidem constituendis　　　　　　4 flor. auri.

Item eadem die dedimus cuidam nuncio qui duxit dictum magistrum Petrum de Herbipoli ad dictam civitatem Eystetensem
　　　　　　　　　　　　　　　　　　　　　2 flor. et 8 Tur. argenti.

Item die 2ª dicti mensis dedimus pro conductu illis qui conduxerunt nos de Herbipoli usque ad civitatem Bambergensem
　　　　　　　　　　　　　　　　　　1 flor. auri et 4 Tur. argenti.

Fol. 52ᵛ.

Item dedimus illis qui conduxerunt nos de civitate Bambergensi usque ad civitatem Ratisponensem, et sunt 3 diete　　11 libr. 15 sol. Hallen.

Item die 23ª mensis Martii tradidimus magistro Petro Geruasii qui ivit de Ratispona ad civitatem Augustensem pro mandatis apostolicis publicandis et subcollectoribus ibidem constituendis pro expensis suis
　　　　　　　　　　　　　　　　　　　　　　　　　4 flor. auri.

Item eadem die dedimus cuidam domicello qui duxit dictum magistrum Petrum de Ratispona usque Frisingam et Augustam
　　　　　　　　　　　　　　　　　　　　　　　　50 sol. Hallen.

Item anno Domini 1318 die 27ª dicti mensis dedimus duobus nunciis qui iverunt de Ratispona pro recuperandis depositis et debitis domini pape versus Pataviam et ad abbatem Amontensem pro expensis suis
　　　　　　　　　　　　　　　　　　　　　　　　　4 flor. auri.

Item die ultima dicti mensis dedimus cuidam nuncio qui ivit de Ratispona ad dominum . . episcopum Brixinensem requirendum quod satisfaceret de subsidio olim promisso domino Clementi bone memorie pape V.
　　　　　　　　　　　　　　　　　　　　　　　　　2 flor. auri.

Item die 28ª mensis Aprilis tradidimus cuidam nuncio qui ivit de Ratispona apud Bamberg ad requirendum capitulum Bambergense quod satisfaceret de censu annuo in quo tenebatur domino pape pro exemptione sua　　　　　　　　　　　　　　　　20 sol. Hallen.

Item die 26ª mensis Madii tradidimus cuidam nuncio qui ivit de Ratispona apud Bamberg. et portavit litteras . . priori Predicatorum et gardiano fratrum Minorum ut monerent capitulum Bambergense de solvendo censu predicto　　　　　　　　　　　　　　6 sol. Hallen.

Item die 6ª mensis Iunii dedimus cuidam nuncio qui portavit litteras de Ratispona domino Petro Durandi apud Salzaburgam ut mandaret qualiter procedebant negotia domini pape　　　　　　　6 sol. Hallen.

Fol. 53.

Item die 30ª mensis Iulii dedimus cuidam nuncio qui portavit litteras de
Ratispona apud Boemiam domino regi Boemie ut solveret 580 march.
Pragen. argenti in quibus tenetur domino nostro pape
                                                        37 sol. Hallen.

Item die 3ª mensis Augusti dedimus cuidam nuncio qui ivit de Ratispona
ad episcopum Misinensem ad requirendum eum ut satisfaceret de debito in quo tenebatur domino nostro pape pro decima antiqua
                                                        70 sol. Hallen.

Item die 10ª dicti mensis dedimus cuidam nuncio qui ivit apud Constantiam ad magistrum Stephanum Pistoris, qui venerat de Venetiis cum
pecunia quam permutaverat ibidem, et portavit sibi litteras
                                                        13 sol. Hallen.

Item die 24ª mensis Augusti exivimus civitatem Ratisponensem et dedimus
conductui qui conduxit nos usque ad civitatem Eystetensem cum
50 hominibus armatis   10 libr. Hallen.

Item die 27ª dicti mensis exivimus civitatem Eystetensem et dedimus conductui qui conduxit nos de dicta civitate usque Augustam cum 60
hominibus armatis   25 libr. Hallen.

Item die 10ª mensis Septembris exivimus civitatem Augustensem et venimus Constantiam, et sunt quinque diete, et dedimus conductui qui
conduxit nos cum 10 hominibus armatis singulis diebus
                                                        18 libr. Hallen.

Item die 22ª dicti mensis tradidimus magistro Petro Geruasii qui ivit de
Constantia apud civitatem Curiensem pro subcollectoribus ibidem
constituendis   40 sol. Hallen.

Item eodem anno die Sabbati post festum beati Michaelis[1] dedimus cuidam nuncio qui portavit litteras de Constantia ad comitem Guilhel-
mum de Monteforti ut nobis provideret de conductu   3 sol. Hallen.

Fol. 53ʳ.

Item die 6ª mensis Octobris dedimus cuidam nuncio qui portavit litteras
de Constantia abbati Sancti Galli ut nobis solveret censum in quo
dicebatur teneri domino pape   3 sol. Hallen.

Item eadem die dedimus cuidam nuncio qui ivit de Constantia ad magistrum Petrum Geruasii versus Argentinam et sibi portavit litteras
ad instruendum eum qualiter se habere deberet in negotiis domini
pape   4 sol. Hallen.

Item dedimus conductui qui conduxit nos de civitate Constantiensi usque
ad civitatem Tullensem, et sunt 8 diete   8 flor. auri.

---

[1] 30. September.

Item die 5ª mensis Novembris dedimus cuidam nuncio qui ivit de Metis
apud Argentinam et Basileam ad requirendum subcollectores ut
nobis pecunias quas collegerant aportarent   10 sol. Tur. parv.

Item die 21ª dicti mensis tradidimus magistro Petro Geruasii qui ivit de
Treueris ad monendum dominum . . archiepiscopum Maguntinum
ut satisfaceret de debito in quo tenebatur domino pape
                                                        15 sol. Tur. parv.

Item die 23ª dicti mensis dedimus conductui qui conduxit nos de Treueris usque Coloniam   48 sol. Tur. parv.

Item die 28ª dicti mensis dedimus cuidam nuncio qui portavit litteras de
Colonia subcollectoribus Traiactensibus, ut nobis pecuniam quam
collegerant aportarent   10 sol. Hallen.

Item die 9ª mensis Decembris dedimus conductui qui conduxit nos de
Colonia usque Leodium   30 sol. Hallen.

Item dedimus conductui qui conduxit nos de Leodio usque ad civitatem
Metensem   101 Tur. argenti.

Fol. 54.

Item tradidimus domino Symoni de Metis quando ivit Treuerim pro
pecunia aportanda in crastinum Nativitatis Domini   10 sol. Hallen.

Item die Sabbati post dictum festum[1] tradidimus magistro Petro Geruasii
qui ivit apud Argentinam pro pecunia aportanda   20 sol. Tur. parv.

Item dedimus . . priori fratrum Augustinorum domus Virdunensis qui nobis
aportavit pecuniam de Virduno Metis   20 sol. Tur. parv.

Item dedimus pro conductu illis qui conduxerunt nos de Ponte Muntionis usque Tullum die Lune post Epiphaniam Domini[2]
                                                        20 sol. Tur. parv.

Item dedimus cuidam militi qui nobis tulit pecuniam de Argentina apud
Tullum   104 Tur. argenti.

Item dedimus illi qui nobis aportavit de Vianna in Austria 9 march. auri
et 3 ferton. depositas ibidem per me dictum Petrum Durandi pro
labore suo   6 libr. 12 den. Hallen.

Item solvimus pro pondere, examinatione et corratariis qui aurum nobis
procuraverunt et pro quibusdam sarraturis archarum in quibus domini
pape pecunia ponebatur[3] in domo fratrum Predicatorum Ratispone
                                                        36 sol. 9 den. Hallen.

Fol. 54ᵛ.

Summa expensarum Hallen.: 94 libr. 7 sol. 9 den. Hallen. que valent,
computando 15 sol. 6 den. Hallen. pro quolibet floreno
                                                121 flor. auri et 12 sol. 3 den. Hallen.

---

[1] 27. Dezember.   [2] 9. Januar.
[3] Im Cod. »nonebatur«.

Summa expensarum florenorum   98 flor. auri.
Summa Tur. argenti: 25 sol. 5 den. cum dimidio Tur. gross. argenti
qui valent, computando 13 Tur. argenti pro quolibet floreno
                                            23 flor. et 6 Tur. argenti cum dimidio.
Summa summarum expensarum superius simul factarum ad florenos reductarum   243 flor. auri et 4 sol. 6 den. Tur. parv.

Expense facte per dominum Bernardum de Montevalrano solum.[1]

Fol. 55.

Hec sunt expense facte per me Bernardum de Montevalrano solum necessarie pro negotiis domini nostri pape in nunciis et securo conductu
postquam recessi a civitate Tullensi et veni ad curiam Romanam et
reversus ad Alamanniam et etiam huc fui reversus.

Primo, anno Domini 1319 die Martis post festum beati Ylarii,[2] quando recessi de Tullo versus curiam Romanam cum pecuniis domini pape,
dedi conductoribus qui me conduxerunt de Tullo usque Lingonis
                                            81 Tur. argenti.

Item die Lune post festum beati Iacobi apostoli[3] anno Domini 1319, quando
veniebam de curia Romana et ibam Leodium, dedi cuidam domicello qui me conduxit   4 Tur. argenti.

Item die 28ª mensis Augusti dedi cuidam nuncio qui portavit litteras domini pape declaratorias et meas de Colonia subcollectoribus Tre-
verensibus   10 sol. Hallen.

Item prima die mensis Septembris dedi cuidam nuncio qui portavit litteras
de Colonia domino Petro Durandi apud Maguntiam ad intimandum
que gesseram in curia Romana   5 sol. Hallen.

Item 5ª die dicti mensis dedi cuidam nuncio qui portavit litteras de Colonia ad partes Saxonie sex episcopis et subcollectoribus, ut satisfacerent
de pecunia quam receperant de fructibus beneficiorum vacantium
                                            40 sol. Hallen.

Item die 8ª mensis Novembris dedi cuidam nuncio qui portavit litteras de
Leodio domino . . episcopo Virdunensi, ut satisfaceret de 525 libr.
Tur. in quibus tenetur domino pape   11 Tur. argenti.

Item die 15ª dicti mensis dedi cuidam nuncio qui portavit litteras de
Leodio subcollectoribus Traiectensibus, ut aportarent pecunias quas
receperant de fructibus beneficiorum vacantium   18 Tur. argenti.

Fol. 55 v.

Item die 9ª mensis Decembris dedi pro expensis illis qui aportarunt pecunias michi de Traiecto apud Leodium   100 Tur. argenti.

---

[1] Von der Hand, welche die übrigen Titel schrieb.
[2] 16. Januar.   [3] 30. Juli.

Item expendi pro conductu veniendo de Leodio' versus civitatem Metensem die 2ª mensis Ianuarii   86 Tur. argenti.
Item die 13ª mensis Ianuarii dedi domino Symoni de Metis qui ivit ad citandum dominum . . archiepiscopum Maguntinum
         40 sol. Tur. parv.
Item die 19ª dicti mensis dedi quibusdam domicellis qui me conduxerunt de Valcolor versus Rinellum   20 Tur. argenti.
Summa expensarum Tur. gross. per me Bernardum predictum factarum in nunciis et securo conductu   320 Tur. argenti.
Summa expensarum Tur. parv. et Hallen.   4 libr. 15 sol. Tur. parv.
Valent predicti Tur. argenti et libr. Tur. parv. et Hallen. ad florenos reducti, computando 16 sol. 4 den. Tur. parv. pro quolibet floreno et grossum Tur. computando pro 15 Tur. parvis
         30 flor. auri et 5 sol. Tur. parv.
De qua summa computat dictus dominus Bernardus pro securo conductu, ut supra continetur per partes, 14 flor. auri et 9 Tur. gross. et residuum dicte summe pro expensis aliis per eum factis in prosecutione commissionis sibi facte.[1]

Expense per dominum P. Durandi solum facte.[2]

Fol. 56.

In nomine Domini amen. Anno nativitatis eiusdem 1320 videlicet 13ª die mensis Maii. Hec est ratio expensarum factarum per me Petrum Duranti canonicum Ebredunensem et dudum nuncium domini nostri summi pontificis in partibus Alamannie pro colligendis fructibus beneficiorum ecclesiasticorum, que per certi temporis spatium vacaverunt, et pro aliis debitis camere domini nostri, scilicet a 14ª die mensis Ianuarii anno Domini 1319 usque ad 7ᵃᵐ diem mensis Februarii anni sequentis scilicet 20ᵐⁱ, quam rationem reddo vobis reverendis dominis camerario et thesaurario domini nostri pape.

Primo enim expendi anno Domini 1319 in crastenum festi beati Ylarii[3] in recessu domini Bernardi, eundo de Tullo versus curiam Romanam cum multitudine armatorum clericorum et laycorum in castro Vallis Coloris: 32 sol. 8 den. Tur. parv. pro victualibus et pro ferraturis equorum 3 sol. 2 den. et pro conductu 3 libr. Tur. parv.
         Summa: 4 libr. 15 sol. 10 den. Tur. parv.
Item dedi nuncio qui venit eadem septimana de Constantia ad me de magistro Petro Geruasii notario in Tullum, qualiter debebat procedere in negotio sibi commisso   3 sol. 8 den. Tur. parv.

---

[1] Die fünf folgenden Blätter sind leer und nicht foliiert.
[2] Wieder von der Hand, welche öfter die Titel schrieb.   [3] 15. Januar.

Item eadem septimana dedi nuncio qui venit ad me de Metis missus per dominum Symonem presbiterum et familiarem, excecutorem (sic) negotiorum domini nostri, ad adnuntiandum quod prior Predicatorum Metensium depositarius noster recedebat a Metis   4 sol. Tur. parv.

Item in festo sancte Agneti (sic)[1] dedi nuncio qui venit ad me de Patavia ad adnuntiandum in quo statu erant negotia domini nostri
4 Tur. gross. argenti.

Item sequenti die dedi nuncio qui ivit a Tullo Verdurium (sic) ad portandas litteras officiali et commissariis nostris Verdunensibus ad sciendum, mandato speciali nobis facto a domino nostro, si aliquid ibi receptum fuerat de decima imposita pro negotio terre sancte in consilio Viennensi   8 sol. Tur. parv.

Item eadem septimana dedi alii nuncio, qui ivit de Tullo Leodium pro eadem causa, et pro aliis negotiis domini nostri   16 sol. Tur. parv.

Fol. 56 v.

Item eadem septimana dedi magistro Nycolino notario curie officialis Tullensis pro diversis et pluribus transcriptis litterarum domini pape et unius littere de censibus recipiendis et etiam alterius littere papalis continentis, ut premittitur, ut cum omnibus archiepiscopis, episcopis, abbatibus[2] et capitulis atque aliis prelatis nunciationis nostre inquireremus, sciremus et dicto domino notificaremus, si et quantum in partibus Alamannie et Lethoringie huiusmodi nunciationis nostre receptum fuerat de dicta decima, scilicet   15 Tur. gross. argenti.

Item die penultima mensis Ianuarii dedi eidem notario in Tullo pro reformandis et transcripbendis (sic) rationibus scriptis per magistrum Iohannem de Sartiis notarium subcollectorem nostrum infirmum tunc morbo incurabili, et adhuc est si non est mortuus
10 Tur. gross. argenti.

Item ultima die eiusdem mensis dedi alii nuncio, qui ivit cum meis litteris pro requirendo censu domino nostro et ecclesie Romane debito a decano et capitulo ecclesie exempte sancti Deodati Tullensis dyocesis   10 Tur. gross. argenti.

Item prima die mensis Februarii dedi Richardo alii nuncio, qui portavit meas litteras compulsorias pro eadem causa ad idem capitulum, cum esset inobediens, alios   10 Tur. gross. argenti.

Item quinta die dicti mensis dedi tercio nuncio, qui ivit ad dictum capitulum cum meis litteris sententiam interdicti continentibus
8 Tur. gross. argenti.

Item eadem septimana dedi uni presbitero, qui ivit bis ad monasterium Romarissimontis cum uno equo, pro solvendo censu quo abbatissa

---

[1] 21. Januar.
[2] Vor »abbatibus« steht noch »ab«, offenbar der aus Irrtum wiederholte Anfang des Wortes.

5*

et capitulum dicti monasterii de quatuor in quatuor annis tenentur
domino nostro et ecclesie Romane   12 Tur. gross. argenti.

Item in crastenum festi Purificationis beate Marie [1] eidem presbitero, qui pro
eadem causa ad dictum monasterium iterum ivit cum meis litteris
comminatoriis et iterum tercio cum uno scutifero et uno pedite cum
meis litteris excommunicationis in personas et interdicti in ipsum monasterium, pro expensis et pro salario dicti scutiferi

20 sol. Tur. parv.
10 Tur. gross. argenti.

Summa primi folii Tur. parv. . .   7 libr. 7 sol. 6 den.

et Tur. gross. argenti . . .   79.

Fol. 57.

Item dedi uni nuncio qui eadem septimana ivit de Tullo ad monasterium
de Domina Maria cum meis litteris pro fructibus dicti prioratus

5 Tur. gross. argenti.

Item dedi alii nuncio in festo beati Valentini,[2] qui ivit de Tullo Treverim ad dominos archiepiscopum et capitulum Treverim (*sic*) et
etiam commissarios nostros ibidem ad sciendum, si et quantum de
dicta decima receptum fuerat   12 Tur. gross. argenti.

Item sequenti die dedi uni nuncio qui ivit de Tullo Constantiam ad
magistrum Petrum cum meis litteris et inde debuit reverti ad me
in Magunciam et transcire (*sic*) per Argentinam, ad sciendum si et
quantum de dicta decima receptum fuerat   10 Tur. gross. argenti.

Item eadem die expendi in Tullo in pargameno et papiro

12 sol. 9 den. Tur. parv.

Item in crastinum dicti festi expendi in nuncio subcollectorum Alberstaden-
sium tam in victualibus, quas fecit in Tullo et Metis expectans re-
sponcionem meam super diversis dubitationibus pertinentibus ad expeditionem negotii domini nostri, et super pecunia per me sibi ministrata
ad reddeundum ad dictos subcollectores dominos suos, cum michi
dixisset et iurasset se in itinere depredatum ad me veniendo fuisse

24 Tur. gross.

Item dedi ultima die dicti mensis Februarii alii nuncio, qui ivit de Metis
Treverim iterato pro dicta causa decimarum scienda

6 Tur. gross. argenti.

Item dedi eadem die domino Symoni presbitero qui portaverat michi
peccunias (*sic*) de Treverensi pro expensis suis

12 Tur. gross. argenti.

Item secunda die post festum sancti Gregorii,[3] cum vellem equitare de
Metis in Wormassiam pro exequendo michi iniuncto officio, misi duos

---

[1] 3. Februar.   [2] 14. Februar.
[3] 13. März.

nuncios unum post alium ad committem (*sic*) de Sarraponte pro habendo conductum ab ipso, quibus dedi   12 Tur. argenti.
Item in festo sancti Benedicti abbatis,[1] cum habuissem homines in armis
pro huiusmodi conductu, decostitit michi conductus de Metis usque
ad Vormassiam, in quo spatio vie sunt magne tres diete de terra
multum periculoza (*sic*)   52 Tur. gross.
Fol. 57.
Item tertia die post octabas Pasche[2] expendi in conductu de Vormassia in
Spiream et de Spirea in Vormassiam revertendo   40 sol. Hallen.
Item elapsis quindecim diebus reddeundo abinde expendi in consimili conductu de Wormassia in Magunciam   10 sol. Hallen.
Item in crastinum festi Asscntionis (*sic*) Domini[3] dedi priori conventus
fratrum Predicatorum Vormassiensium et socio suo, qui portaverunt
michi cum curru 200 libr. Hallen. de Spirea in Vormassiam
                                                           30 sol. Hallen.
Item dedi eadem septimana in pargamenis Maguncie   10 sol. Hallen.
Item die Sabbati ante festum beati Iohannis Baptiste,[4] cum haberem requirere
necessario cum litteris et processibus omnes subcollectores nostros et
commissarios in civitatibus et dyocesibus Alberstaden., Hildessemen.,
Badaburgen. (*sic*), Verden., Minden., Osneburgen., Monasterien. et
Treiecten. (*sic*) ad sciendum quantum receperant de peccuniis beneficiorum ecclesiasticorum que per certi temporis spatium vacaverant
et in quibus speciebus receperant peccuniam, et ut eas aportarent seu
portari facerent Magunciam illi prelati et commissarii qui sunt de
provincia Maguntinensi, et etiam apud Coloniam illi qui sunt de provincia Coloniensi, et cum personaliter ad dictas civitates que sunt in
Saxoniam (*sic*) et Velfalia (*sic*) constitute ire non possem, emi unum
ronsinum pretio 15 libr. 3 sol. 10 den. Tur. parv. et ad huiusmodi
iter faciendum et negotium exequendum elegi magistrum Symonem
de Metis rectorem ecclesie de Creis Verdunensis dyocesis et Loduu-
cum (*sic*) Volframi clericum Herbipolensem, qui ambo sciunt loqui
et intelligere Theutonicum quique pluries alias fuerant et steterant in
partibus illis, et quia ipsos utiles putavi ipsis feci apparatum ad iter
huiusmodi exequendum in cellis, frenis, maletis et calciamentis et
indumentis et aliis diversis necessariis et hutilibus (*sic*) ad huiusmodi
executionem faciendam que constiterunt   8 libr. Hallen.
Item[5] dedi ultima die mensis Octobris domino Iohanni vicario Sancti Petri
dum ivit Wormassiam pro apportanda pecunia secrete cum domino
Symone alio presbitero, qui tam pro expensis quam pro conductu expenderunt   43 sol. Hallen.

---

[1] 21. März.   [2] 17. April.
[3] 18. Mai.   [4] 23. Juni.
[5] Am Rand: »Istud debet esse in fine quarti folii sequentis ad tale signum †.«

Fol. 58.

Item eadem die et ex parte alia tradidi ipsis pro expensis   6 libr. Hallen.
Item in dicto ronsino per ipsos ducto, quem vendi feci melius quam potui,
admisi   86 sol. Hallen.
Item in crastinum festi sancti Iohannis[1] dedi magistro Radulpho scriptori
pro diversis scripturis et litteris missis ad subcollectores Herbipolenses
et Bamburgenses et Ratisponenses, ut nobis mitterent que collegerant
de fructibus beneficiorum que vacarunt   20 sol. Hallen.
Item illo tempore dedi magistro Artrado alii notario pro scriptis per eum
factis   8 sol. Hallen.
Item in Comemoratione (*sic*) sancti Pauli[2] dedi duobus nunciis quos misi
cum pluribus litteris ad tres proximas dictas civitates, ut michi mitterent pecunias quas receperant de officio ipsis commisso
                                                          75 sol. Hallen.
Item dedi illo tempore dicto magistro Artrado notario pro diversis instrumentis et litteris ab ipso[3] scriptis, quas misi ad dominos Coloniensem et Treverensem archiepiscopos et ad nostros collectores, ad
certificandum me de dicta decima in generali consilio imposita, si et
quantum receptum fuerat   9 sol. Hallen.
Item dedi in octabis apostolorum Petri et Pauli[4] nuncio qui iterato portavit litteras de Maguncia ad dominum Treverensem archiepiscopum
pro dicta decima imposita in consilio generali   26 sol. Hallen.
Item eadem die expendi in 4 pellibus ad faciendum sacos (*sic*) ad ponendum ibidem peccunias et pro ipsis sacis faciendis et suendis sive
beatis (?) seu maletis   12 sol. 3 den. Hallen.
Item dedi in festo sancte Margarite[5] nuncio per me misso ad dominum
archiepiscopum Coloniensem et ad subcollectores nostros ibidem,
ut notificarent quid et quantum receperant de et pro dictis fructibus,
qui stetit 13 diebus cum litteris meis et pro habenda certificatione
dicte decime   24 Tur. gross. argenti.

Fol. 58 v.

Item dedi eodem tempore uni clerico collectoris Maguntinensis pro diversis scripturis et laboribus quos sustinuit   10 sol. Hallen.
Item dedi in crastenum festi beati Iacobi[6] lectori fratrum Augustinensium,
qui mandato meo ivit ad monendum archiepiscopum Maguntinum
ad quinque leucas de Maguncia pro loquerio unius vieruli (?) sive
bige   20 sol. Hallen.
Item eadem die dedi ponderatori peccunie quam assignavit dominus Gotifredus subcollector Maguntinensis   5 sol. Hallen.

---

[1] 25. Juni.   [2] 30. Juni.
[3] In der Handschrift »ipsis«.
[4] 6. Juli.   [5] 20. Juli.   [6] 26. Juli.

Item eodem tempore dedi uni notario misso Magunciam ad me per subcollectores Colonienses pro portandis meis litteris cohortationis, qui
mecum fuit pluribus diebus   20 sol. Hallen.
Item dedi in crastenum festi sanctorum Nazarii et Celsi[1] nuncio [misso] per
me ad subcollectorem Erfordie pro exequtione huiusmodi negotii
                                                             18 sol. Hallen.
Item eodem tempore dedi dicto Artrado notario pro litteris et processibus
ab eo factis   17 sol. Hallen.
Item alii subscriptori suo pro eadem causa   8 sol. Hallen.
Item ultima die mensis Iulii preffato Artrado notario dedi pro scribendis
processibus et in formam publicam reddigendis contra dominum Maguntinum archiepiscopum   34 sol. Hallen.
Item eodem tempore posui tam in pargameno quam papiro pro litteris
faciendis   7 sol. Hallen.

Fol. 59.

Item et eodem tempore dedi duobus nunciis missis per me iterato ad
dictas civitates Bamburgensem, Ratisponensem et Extadensem (*sic*) cum
litteris et processibus, ut ad me mitterent peccunias ab eis collectas
                                                             44 sol. Hallen.
Item dedi in festo inventionis sancti Stephani[2] alii nuncio, qui portavit
litteras de Maguntia Meten. ad magistrum Petrum notarium subcollectorem nostrum[3] Metensem et ad quosdam mercatores ibidem
pro facto cambii monetarum, ubi stetit diebus novem
                                                             24 sol. Tur. parv.
Item dedi illa septimana duobus presbiteris, qui iverunt equites de Maguncia ad civitates Wormassiensem et Spirensem pro inquirendis
beneficiis que fuerant electi quondam Wormassiensis et ad vendendum
fructus horum beneficiorum et ad inquirendum de locis exemptis et
aliis qui debent censum domino nostro et ecclesie Romane
                                                             30 sol. Hallen.
Item dedi eodem tempore uni clerico, quem misi cum litteris meis et processibus ad civitates Halberstadensem, Hildessemensem et Badabur-
gensem in Saxoniam et Asiam[4] (*sic*)   4 libr. Hallen. 10 den. Pragen.
Item in vigilia sancti Laurencii[5] dedi ponderatoribus et numeratoribus et
electoribus peccunie que fuit apportata de Herbipolensi cum esset tota
in Hallen. novis et veteribus et aliis diversis formis   34 sol. Hallen.
Item precedenti die et sequenti in prandio expenderunt illi qui apportabant
ipsam peccuniam cum armis   6 libr. 5 sol. Hallen.
Item in eadem septimana dedi nuncio, qui ivit de Maguncia Leodium
ad dominum Bernardum cum meis litteris ad notificandum quid feceram

---

[1] 29. Juli.   [2] 3. August.
[3] Im Cod.: »nostrorum«.
[4] Für »Hassiam«.   [5] 9. August.

et qualiter processeram in commissis negotiis tam pro expensis quam
pro salario   35 sol. Hallen.
Item eodem tempore dedi uni nuncio qui portavit litteras de Maguncia
ad Frahemforth ad citandum coram me comendatorem domus sancti
Antonii de Frahemforth   5 sol. Hallen.
Fol. 59ʳ.
Item eodem tempore alii nuncio, qui ivit in Asiam ad comendatorem de
Rutemberch et ad alterum illarum partium et ad prepositum sancti
Iohannis de Wolda per duas vices ad sciendum in hiis que debebant
domino nostro, pro salario et sumptibus   36 sol. Hallen.
Item nunciis qui iverunt de Maguncia ad Romanam curiam ad dominos
thesaurarios scilicet: uni Theutonico de dictis nunciis qui duxit alium
nuncium non Theutonicum usque ad exitum Alamannie pro salario
                                                          10 sol. Hallen.
Et alii qui venit ad curiam cum pluribus meis litteris domino nostro et
vobis dominis camerario et thesaurario directis et domino Iohanni de
Verulis, pro notificanda contumacia domini Maguntinensis archiepiscopi in non solvendo marchas argenti in quibus tenetur domino
nostro; qui nuncius stetit in via eundo et in curia respontionem expectando et in reveniendo ad me, quem invenit in civitate Vormassiensi,
scilicet a die 26ª mensis Iulii usque ad diem Sabbati post festum beati
Martini,[1] qua die in ipsa civitate Wormassiensi presentavit michi duas
litteras domini nostri sub bulla continentes quod deberem procedere
et modum procedendi contra dominum Maguntinum, et expendit dictus
nuncius et ·habuit a me pro dicto temporis spacio, in quo fuerunt
114 dies, valorem pro quolibet die duorum Tur. argenti, qui sunt
228 Tur. argenti; set de istis sunt deducendi 30 Tur. quos mandato
meo recepit in via a nostris subcollectoribus in civitate Tullensi, et
remanent tam pro expensis quam pro salario   198 Tur. gross.
Item in festo sancti Bernardi abbatis[2] dedi alii nuncio qui portavit litteras
meas excommunicationis contra dominum Bernardum, nepotem domini
Maguntini, qui nolebat satisfacere de fructibus unius ecclesie quam
tenebat, scilicet pro salario et expensis   14 sol. Hallen.
Item in crastinum dicti festi dedi duobus nunciis qui iverunt pro negotiis
domini nostri ad priorem Ratisponensem ordinis Predicatorum et
collegas suos commissarios nostros et deinde Salzeburgam, tam pro
expensis quam pro salario, ut mitterent ad me quod collegerant de
pecuniis domini nostri ad sciendum quid receperant de subsidio olim
domino Clementi promisso   62 sol. Hallen.
Fol. 60.
Item dedi eodem tempore corratario et argentario qui procuraverunt michi
habere cambium de florenis   9 sol. Hallen.

---

[1] 11. November.   [2] 20. August.

Item posui illo tunc in pargameno et papiro   3 sol. 8 den. Hallen.

Item dedi in festo beati Bartholomei[1] nunciis qui iverunt cum meis litteris ad collectores civitatis Argentine, Constancien., Curien. 'et Augusten. ad requirendum eos, quod aportarent sive mitterent peccunias quas collegerant   30 sol. Hallen.

Item dedi eodem tempore nuncio quem misi Coloniam ad dominum Bernardum pro exequendo mandato nobis facto contra dominum regem Boemie   6 sol. Hallen.

Item dedi in eodem tempore uni mercatori, quem misi ad nundinas de Frahenfurth pro habendis florenis pro Hallen. in cambio, et expendit ille mercator cum alio clerico quem sibi adiunxi   18 sol. Hallen. 9 den.

Item eadem septimana expendi in papiro et pargameno   4 sol. Hallen.

Item penultima die mensis Augusti dedi alii nuncio qui iterum ivit ad collectores nostros Herbipolensem et Bambergensem cum meis litteris compulsoriis, ut satisfacerent de hiis que receperant   24 sol. Hallen.

Item ultima die dicti mensis expendi in priore et lectore conventus fratrum Predicatorum Ratisponensium commissariis nostris, qui ad me venerunt Magunciam cum curru suo et duobus equis et duobus famulis apportantes michi aliquam quantitatem auri et qui in hospicio publico fuerunt et ad expensas meas omnes, inter duas vices steterunt 7 diebus; que expense sunt   75 sol. Hallen.

Item in crastinum sancti Egidii abbatis[2] expendi in nunciis bis missis de Maguncia Wormassiam ad priorem Ratisponensium Predicatorum, ut michi apportarent Magunciam secrete per aquam unam quantitatem Hallen. quam sibi feceram tradi   6 sol. Hallen.

Fol. 60ᵛ.

Item die Lune ante festum beati Barnabe apostoli misi unum nuncium de Maguncia ad dominum nostrum et ad vos dominos camerarium et thesaurarium ad notificandum, si et quantum et in quibus civitatibus nunciationis nostre collectum fuerat de decima imposita[3] in consilio Viennensi et super aliis diversis articulis et in ipso viagio stetit a ipsa decima die mensis Iunii usque ad octavam diem sequentis mensis Septembris, in quo temporis spacio fuerunt 91 dies,[4] pro quorum quolibet dedi et expendi in dicto nuncio tam pro expensis quam pro salario duos Tur. gross. pro die, et est summa   182 Tur. gross.

Item dedi sequenti die duobus nunciis, qui secuti fuerunt unum capellanum ordinis Predicatorum, qui mandato prioris Predicatorum Ratisponensium commissarii nostri debebat apportare michi aurum de Ratispona

---

[1] 24. August.   [2] 2. September.
[3] In der Handschrift: »impositam«.
[4] In der Handschrift: »die«.

ad civitatem Maguntinam, qui cappellanus captus dicebatur interfectus
vel cum dicto auro fugisse, ut dictus prior sepius michi scripsit
50 sol. Hallen.
Item expendi eodem tempore in pargameno 3 sol. 9 den. Hallen.
Item expendi eadem die in cera 3 sol. 3 den.
Item dedi in illa eadem septimana uni mercatori, qui de Vormassia apportavit Magunciam ad me peccuniam, pro suis expensis 20 sol. Hallen.
Item dedi prima die post festum exaltationis sancte Crucis [1] Iohanni nuncio,
qui ivit cum meis litteris publicis et processibus contra inobedientes
ad civitatem Hildessemen. et Mileten. pro expensis et suo salario
50 Pragen. qui valent 50 sol. Hallen.
Item eadem die in tela pro sacis 2 sol. 8 den. Hallen.
Fol. 61.
Item dedi sequenti die duobus presbiteris, quos misi de Maguncia ad civitatem Spirensem, in quo viagio steterunt pro aportanda michi peccunia 8 diebus eundo et reddeundo et cum hominibus pro conductu
cum armis expenderunt 34 sol. Hallen.
Item dedi in festo sancti Mathei apostoli quatuor nunciis, qui per vicec
(*sic*) iverunt cum meis litteris conpulsoriis ad sex plabanos (*sic*) existentes sub archipresbitero in Fredemborc 25 sol. Hallen.
Item in papiro 18 den. Hallen.
Item dedi tertia die post dictum festum beati Mathei apostoli duobus nunciis,
quos iterum misi ad dominum priorem Ratisponensem et eius collegas
subcollectores nostros ad investigandum dictum sacerdotem ordinis
Predicatorum qui dicebatur fugisse ab illis partibus cum dicta quantitate auri domini nostri, dedi ex parte una 3 libr. Hallen. et ex parte
alia, ut animose persequerentur dictum sacerdotem et si possent [2]
facerent ipsum capi, promisi eis vestes facere quas feci, que decosti-
terunt sex libr. Hallen. et longe ultra. Summa 9 libr. Hallen.
Item dico, prout superius per me alias protestatus fueram, quod in illa
quantitate 540 libr. Hallen. quam recepi a subcollectoribus Herbipolen-
sibus in pondere fuit inventus deffectus et diminutio dictorum Hallen.
et tot fracti, falsi et confracti quod, dum cambivi ipsos pro florenis,
fuit diminutus valor dictorum Hallen. in 17 libr. 10 den. Hallen.
Item dedi sequenti die uni nuncio, qui ivit Metis de Maguncia ad subcollectores nostros cum meis litteris responsivis quod ipsi debebant
recipere fructus beneficiorum vacantium ultra triennium, infra quod
deputati fuerant camere domini nostri, videlicet de illis beneficiis que
vacarent infra triennium ipsum 10 sol. Hallen.
Fol. 61 r.
Item dedi eadem septimana nuncio, qui ivit ad regem Boemie cum
litteris domini nostri pape atque nostris 40 sol. Hallen.

---

[1] 15. September. [2] In der Handschrift: »possem«.

Item dedi eodem tempore magistro Colino ponderatori et corraterio pro cambio habendo 10 sol. Hallen.

Item dedi eodem tempore priori Predicatorum Moguntinensium, quem misi extra Magunciam ad monendum de satisfaciendo archiepiscopum Maguntinum 20 sol. Hallen.

Item habuit[1] corraterius pro cambio faciendo 2 sol. 3 den. Hallen.

Item in festo beati Michaelis[2] dedi uni clerico, qui tribus vicibus ivit de Maguncia Wormassiam ad priorem Predicatorum pro cambio secreto faciendo cum mercatoribus et pro peccunia abinde Magunciam secreto apportanda 20 sol. Hallen.

Item dedi eodem tempore uni corraterio cambii 4 sol. Hallen.

Item dedi eadem septimana illis, qui portaverunt litteras Pincerne Ratisponensis pro inquirendo contra dictum capellanum, qui cum auro fugisse dicebatur 2 sol. Hallen.

Item dedi eadem septimana uni nuncio, quem de Constancia misit michi magister Petrus Geruasii, me requirens qualiter se haberet in negotio sibi commisso 10 sol. Hallen.

Item in crastinum festi sancti Luce euuangeliste[3] dedi uni clerico, quem misi ad dominum magistrum Petrum cum litteris responsivis 15 Tur. gross. argenti.

Item dedi eadem septimana Iohanni clerico Rancho, qui iterum ivit ad collectores Hildessemenses[4] 20 sol. Hallen.

Fol. 62.

Item in octabis sancti Martini,[5] quando recessi ab illis partibus, dedi pro conductu a Maguncia usque ad civitatem Argentinam, in quo spacio itineris posui quinque dies, tam pro victualibus quam pro salario conducencium 13 libr. 12 sol. Hallen.

Item dicta die dedi cuidam nuncio, quem misi ad collectores Constancienses pro diversis articulis et pro peccunia ad me aportanda 20 Tur. gross. argenti.

Item die Mercurii ante festum sancti Andree[6] dedi cuidam clerico, qui ivit ab Argentina ad abbatem Novillarensem 6 Tur. gross.

Item eadem die ibidem in pargameno 2 Tur. gross. argenti.

Item prima die mensis Decembris dedi nuncio qui ivit ad abbatissam monasterii de Hoemburch cum meis litteris monitoriis, ut satisfaceret pro fructibus unius beneficii in quibus tenebantur 9 Tur. gross.

Item tertia die dicti mensis Decembris dedi uni nuncio, quem misi de Argentina ad vos dominum camerarium ad sciendum si expense, quas

---

[1] In der Handschrift: »habui«. [2] 29. September.
[3] 19. Oktober.
[4] Hier steht am unteren Rande das Verweisungszeichen, welches oben S. 69 angegeben ist.
[5] 18. November. [6] 28. November.

fratres sancti Antonii voluerunt deducere de suis certis redditibus et
non de questis ipsorum et si debebant deduci solum de dictis ipsorum
certis redditibus, qui debent cedere camere domini nostri pape, an de
dictis questis, et etiam pro executione facienda contra dominum Maguntinum   25 Tur. gross.

Item in crastinum sancti Thome, receptis dictis litteris papalibus de proce-
quendo (sic) contra archiepiscopum Maguntinum, rescripsi vobis domino camerario qualiter processeram et qualiter ultra erat per me pro-
cedendum, cum dominus Bernardus socius meus longe a me absens
esset in et super negotio commisso, cui nuncio dictarum litterarum
latori dedi   20 Tur. gross. auri
et in revertendo ad me recepit a procuratore meo   25 sol. Tur. gross.

Item duobus diebus ante festum sancte Lucie virginis[1] solvi pro conductu
de civitate Argentina usque ad civitatem Metensem tam pro victualibus quam pro mercede quam habuerunt illi qui nos conduxerunt,
in quo spacio vie sunt quinque diete   13 libr. 7 sol. Tur. parv.

Fol. 62 r.

Item postea Metis quinta die post dictum festum sancte Lucie expendi
ibidem in pargameno   2 sol. 8 den. Tur. parv.

Item dedi eadem die domino Symoni presbitero qui ivit de Metis in Verdunum pro requirendis collectoribus Virdunensibus de mittendo ad
me peccuniam quam credebam ipsos collegisse   10 Tur. gross.

Item expendi penultima die Decembris de Metis in Tullum tam pro victualibus quam pro salario conductorum   58 Tur. gross.

Item dedi dicto domino Symoni ultima die Decembris, quando recessit a
me de Tullo iter suum faciens versus civitatem Metensem et deinde
versus Magunciam pro publicandis processibus per me factis contra
dominum archiepiscopum Maguntinum   34 sol. Tur. parv.

Item anno Domini 1317 (sic) in die sanctorum Innocentium de Argentina
misimus unum nuncium ad curiam Romanam pro quibusdam declarationibus obtinendis super pluribus dubitationibus nobis factis super
collectione fructuum beneficiorum vacantium, qui nuncius eundo et
expectando in curia Romana et reddeundo ad nos in Bavariam apud
Ratisponam stetit per 33 septimanas, et dedimus eidem pro expensis
et celario (sic)   29 sol. 9 den. Tur. gross.

Item dedimus cuidam famulo Theutonico, qui supradictum nuncium direxit
in via usque ad egressum lingue Theutonice   2 sol. 2 den. Tur. gross.

Item, cum crederemus primum nuncium fuisse mortuum propter moram
quam trahebat nimiam, misimus unum alium nuncium ad curiam Romanam qui nobis dictas declarationes apportaret, et dedimus eidem

---

[1] 11. Dezember.

pro expensis et celario (*sic*), qui nuncius eundo et expectando in curia Romana et reddeundo ad nos stetit per 17 septimanas
12 sol. 9 den. Tur. gross.

Fol. 63.

Summa expensarum dictorum trium nunciorum   44 sol. 8 den. Tur. gross.
qui valent, computando pro uno flor. 13 Tur. gross. argenti
41 flor. 3 Tur. gross.
Item est summa expensarum ceterorum Tur. gross.   781,
qui valent, computando unum Tur. gross. pro 15 Tur.[1]
50 libr. 8 sol. 9 den. cum obolo Tur. parv.
qui parvi Tur. valent, computando flor. pro 16 sol. 6 den. Tur. parv.
61 flor. 2 sol. 3 den. cum obolo Tur. parv.[2]
Summa summarum expensarum Tur. parv.   25 libr. 12 sol. 11 den.
qui valent, computando unum flor. pro 16 sol. 6 den. Tur. parv.
31 flor. 17 den. Tur. parv.
Summa summarum Hallen.   129 libr. 1 den. Hallen.
qui valent, computando unum flor. pro 16 sol. 10 den.
153 flor. 4 sol. 7 den. Hallen.
Summa summarum omnium florenorum dictarum expensarum
286 flor. 12 sol. 3 den. Tur. parv. cum obolo;
de quibus computat dictus dominus Petrus pro securo conductu
49 flor. 10 sol. 9 den. Tur. parv.
et residuum dicte summe pro expensis aliis factis per ipsum in prosecutione negotii sibi commissi.

Fol. 63 v.

Summa omnium summarum expensarum factarum tam per dominum Bernardum de Montevalrano per se quam per dominum Petrum Durandi per se quam per ambos simul et tam pro securo conductu quam pro expensis nunciorum, papiro, pergameno et aliis pro exequtione officii eorundem, reductis monetis ad florenos
560 flor. auri 4 Tur. gross.
De qua summa computant pro securo conductu, ut in caternis rationum eorum per partes continetur   245 flor. auri 12 sol. 3 den. Tur. parv.
(et[3] residuum dicte summe pro expensis aliis per eos factis in prosecutione commissionis eis facte ut supra per partes continetur).

Assignata.[4]

Anno a nativitate Domini 1319 die 9a mensis Februarii dominus Bernardus de Montevalrano, archidiaconus Sicalonie in ecclesia Bituricensi, collector dictorum fructuum beneficiorum vacantium una cum domino

---

[1] Der Schreiber hatte hinzugefügt: »parvis cum obolo«, was gestrichen wurde.
[2] »Tur. parv.« steht auf Rasur.
[3] Dieser Satz von einer andern Hand wurde später hinzugefügt.
[4] Am Rande.

Petro Durandi, canonico Ebredunensi, a sede apostolica deputatus
assignavit Camere domini nostri pape de dictis fructibus per ipsos
collectis in dictis provinciis   3375 flor. auri.
Item de eisdem fructibus   74 ducatos de auro.
Item de eisdem fructibus   672 den. ad Agnum de auro.
Item .   . .   40 den. dictos de Regina de auro.
Item . . .   . .   62 den. ad massiam de auro.
Fol. 64.

Item de debitis aliis supra dictis, videlicet de quodam deposito facto alias
per dominum magistrum Petrum Durandi apud Vianniam in Austria,
ut dixit, assignavit
          10 march. cum dimidia auri in massia ad pondus curie Romane.
Item de pecunia quam recepisse se dixit ab . . episcopo Ratisponensi,[1] in
qua dictus episcopus tenebatur ratione decime neglecte imposite dudum per felicis recordationis dominum Clementem papam V. assignavit Camere   24 march. cum dimidia auri, una uncia et
                            2 quart. cum dimidio in massia
ad dictum pondus, quod aurum supradictum fuit ponderatum per
Franciscum Batralhi camsorem Avinionensem et Richum Corbi Mercerili et secundum dictum eorum erat 20 quadratorum de lege.
Item die 15ª mensis Martii anno quo supra proxime assignavit dictus dominus Bernardus per manum domini Henrici electi Constantiensis de
dictis fructibus beneficiorum vacantium in civitate et diocesi Constantien.   300 flor. auri.
Item die quarta sequentis mensis Iunii assignavit camere per manum prefati domini Henrici de dictis fructibus beneficiorum vacantium in civitate et diocesi Constantien. predictis   835 flor. auri.
Item assignavit idem dominus Bernardus de peccunia recepta per ipsum de
censu annuo ecclesie Bambergensis   650 flor. auri.
Item anno a nativitate Domini 1320 die 9ª Febroarii dominus Bernardus
de Montevalrano et dominus Petrus Durandi collectores predicti de
peccunia dictorum fructuum pro ipsos collecta in
Fol. 64 v.
provinciis supradictis assignaverunt camere ut infra sequitur, videlicet:
dictus dominus Bernardus de dictis fructibus beneficiorum vacantium
                            2831 flor. auri.
Item idem dominus Bernardus assignavit de peccunia censuum per ipsum
recepta a quibusdam exemptis   16 flor. auri.
Item assignavit de quodam legato relicto domino nostro pape per quendam clericum civitatis Metensis nomine Laurentium rectorem[2] ecclesie
de Richemunt   103 flor. auri.

---

[1] Nikolaus de Stachowitz (?) 1313—1340.
[2] In der Handschrift: »rectoris«.

Item assignavit de peccunia dictorum fructuum per ipsum recepta
162 Agnos de auro
et . . . . 36 den. cum massia de auro.
Item dictus dominus Petrus Durandi assignavit de peccunia dictorum fructuum per ipsum recepta 2867 flor. auri.
Item de iisdem fructibus 19 libr. 3 sol. 8 den. Tur. gross.
(pro[1] 297 libr. 6 sol. 10 den. monete Hallen. que ascendunt ad florenos 353 flor. auri et 4 sol. Hallen., singulis Tur. pro 14 den. cum obolo Hallen. et singulis florenis pro 16 sol. 10 den. computatis).
Item de eisdem fructibus in massia de auro assignavit precio infra scripto
3 march. 7 unc. auri in massia ad pondus Ratisponen.
(quod[2] aurum decostiterat 220 flor. auri et 16 sol.
8 den. Hallen., ut dixit).
(Ascendunt[3] ad pondus Avinionense 3 march. 7 unc. 1 cart. ut dixit.)
Item de eisdem unam marcham 5 unc. auri minuti de Palhola ad pondus Avinionense, (que[4] ascendunt unam marcham cum dimidia et uno loton. cum dimidio, et dimidio quintino ad pondus Bambergense, ut dixit).
Item assignavit dictus dominus Petrus de peccunia censuum quorundam exemptorum per ipsum recepta in dictis provinciis 466 flor. auri.
Item assignavit de peccunia per ipsum recepta de antiqua decima imposita dudum per dominum Gregorium bo. me. papam X. 615 flor. auri
et . . . . 28 ducatos de auro et Ianuen.

Fol. 65.

Item assignavit de peccunia per ipsum recepta de subsidio olim concesso domino Clementi bo. me. pape V. in provincia Salzeburgensi et in diocesi Tullensi 290 flor. auri.
Item de eodem subsidio assignavit 62 march. auri in massia ad pondus
Avinionense que assendunt, ut dixit,
62 march. ad pondus Maguntin.

Fol. 65 v.

Summa summarum assignatorum tam per dominum Bernardum de Montevalrano per se quam per dominum Petrum Durandi per se quam per ambos simul est 12 348 flor. auri.
Item . . 834 Agni de auro.
Item . 98 den. cum massia de auro.
Item . . 102 ducati de auro.
Item . . 40 den. de Regina de auro.

---

[1] Dieser Satz bis »computatis« wurde nachträglich zwischen die Zeilen hineingeschrieben.
[2] Später zwischen die Zeilen hineingeschrieben.
[3] Von hier ab bis »ut dixit« wurde zwischen die Zeilen in den Summen im letzten Viertel der Seite hineingeschrieben.
[4] Von hier ab später hineingeschrieben.

Item in auro in massia inextimato (*sic*) assignato per dominum Petrum
Durandi   63 march. cum dimidia, 1 loton. cum dimidio et di-
                     midio quintino, que assendunt ad pondus Avinio-
                     nense 63 march. 5 unc.
Item in auro assignato in massia per dominum Bernardum de Monte-
valrano   30 march. 3 ferton. et 5 quintin. minus 1 den. Ra-
                     tisponen. ponderis Ratisponensis, que assendunt
                     35 march. 1 unc. 2 quart. ad pondus curie Romane.
Summa supradicti auri   93 march. cum dimidia, 3 ferton. 5 quintini cum
                     dimidio et 1 loton. cum dimidio.
Item .   19 libr. 3 sol. 8 den. Tur. gross. valentes, ut dixe-
                     runt, 297 libr. 6 sol. 10 den. monete Hallen. que
                     assendunt ad flor. 353 flor. auri et 4 sol. Hallen.
                     · singulis Tur. gross. pro 15 den. cum obolo Hallen.
                     et singulis flor. pro 16 sol. 10 den. Hallen. compu-
                     tatis.
Item .   3 march. 7 unc. auri in massia ad pondus Magun-
                     tinum pro 220 flor. auri 16 sol. 8 den. Hallen.
Fol. 66.

Item est summa expensarum factarum tam per dominum Bernardum de
Montevalrano per se quam per dominum Petrum Durandi per se
collectores predictos quam per ambos simul pro predictis negotiis
exequendis tam pro nunciis quam pro securo conductu, prout superius
continentur   560 flor. auri et 4 Tur. gross. argenti.
Item est summa salarii ipsis collectoribus deputati quod retinuerunt et
sibi ipsis solverant a 26ª die mensis Iulii de anno Domini 1317 usque
ad diem 20ᵃᵐ mensis Ianuarii de anno Domini 1320, quod tempus
continet 919 dies, quibus iuramento suo asseruerunt se in dicto collectionis officio laborasse, detracto salario 16 dierum pro domino Bernardo de Montevalrano quibus a dicto officio fuerat absens, computatis
pro quolibet diebus singulis tribus florenis auri   5406 flor. auri.
Quibus assignatis, expensis factis et salario supradictis deductis de summa
totali supra receptorum, que summa summarum receptorum est prout
superius continetur   20 235 flor. auri et 3 sol. 8 den. Tur. parv.
et .   . . .   162 Agni de auro,
et . . . .   36 den. auri cum massia,
et . . . .   93 march. cum dimidia auri et 3 ferton.
                           5 quintini cum dimidio et 1 loton. cum
                           dimidio de auro in massia et minuto
                           ad diversa pondera Alamannie,
restat quod debent Camere dicti collectores de predicto computo,
salvo errore calculi   313 flor. auri et 3 Tur. gross. argenti.

Quosque[1] die 21ᵃ mensis Iunii dicti domini Bernardus de Montevalrano
et Petrus Durandi collectores pro resta dicti computi assignaverunt
Camere dicti domini nostri pape dictos

313 flor. auri et 3 Tur. gross. argenti.

Fol. 65ʳ.

Item eadem die 21ᵃ mensis Iunii dixit se dominus Petrus Durandi predictus emisse de peccunia domini pape per ipsum recepta ultra predictum computum, quam non computaverat in predicta recepta, duos
roncinos et quasdam mapas usque ad summam

43 flor. auri, quos ibidem camere assignavit.

Postque anno a nativitate Domini 1320 die 28ᵃ mensis Iunii dicti domini
Bernardus de Montevalrano et Petrus Durandi collectores predicti ultra
predictum computum receperunt de antiqua decima imposita per dominum Gregorium papam X ab episcopo Curiensi et ibidem Camere
dicti domini nostri pape assignarunt[2]   317 flor. auri.

Aus »Introitus et exitus Cam. apost. a. 1316«. — Nr. 13.

Fol. 2.

1317, Mai 20. — Die 20ᵃ mensis Madii recepti sunt a Raynaldo de Bardis
mercatore curie Romane de deposito facto Veneycie (*sic*) per archiepiscopum Salzburgensem apud fratres Predicatores ibi, quos dictus
archiepiscopus receperat nomine Romane ecclesie a magistro Petro
Durandi, qui apud eum et ipse apud dictos Predicatores deposuerant
duo milia et sexcentos florenos, sed residuum fuit positum in expensis   2574 flor. auri.

»Joh. XXII. Intr. et Exit. 1323—24.« — Nr. 57. Fol. 25.

1323, Sept. 28. — Dominus Petrus Durandi, archidiaconus de Rivello in
ecclesia Tullensi sedis apostolice nuncius in partibus Alamannie, de
peccuniis per ipsum nomine Camere domini nostri pape in dictis partibus Alamannie tam de depositis quam decimis antiquis quam de
censibus Romane ecclesie debitis assignavit camere 5480 flor. auri
6 marchas unum lotonem auri in massa ponderis Avinionensis.

De qua summa dixit se recepisse dictus archidiaconus de pecunia decime
olim imposite in concilio Lugdunensi quam receperat dominus Henricus quondam archiepiscopus Maguntinus in partibus Erforden. 1810
flor. auri et de decima antiqua eadem a vicariis generalibus ecclesie
Constanciensis valorem 1800 flor. auri minus 6 flor. auri et ab episcopo Virdunensi de subsidio olim promisso domino Clementi bone

---

[1] Das Folgende ist vielleicht etwas später, jedenfalls von derselben Hand geschrieben.
[2] Folgt noch ein leeres Blatt.

memorie pape V 523 flor. auri et de dicto subsidio ab episcopo
Ratisponensi seu priore et conventu fratrum Predicatorum Ratisponensium pro eo 6 marchas et unum lotonem auri et 53 flor. auri et
a magistro Egidio canonico Metensi olim officiali ibidem pro domino
Raynaudo tunc Metensi episcopo de peccunia decime imposite in concilio Viennsi 750 flor. auri et de censibus ecclesie Romane debitis a
diversis 350 flor. auri; que omnia resultant ad summam predictam.

III.

Rechnung des Kollektors Jacobus de Rota über seine Einnahmen und Ausgaben in den Kirchenprovinzen Bremen und Riga 1317—1320.

(Archiv. Vatic. Avinion. Collector. 183. »Rationes collectoriae Poloniae et Hungariae 1317, 1332, 1337.«)

❋

Die Rechnung bildet den ersten Fascikel des Sammelbandes Nr. 183 der Serie »Collectoriae« im Vatikanischen Archiv. Derselbe wurde unter Garampi in seiner jetzigen Form zusammengestellt und eingebunden. Auf der Aufsenseite der jetzigen Pergamentdecke des ganzen Bandes stehen die älteren Signaturen: 174 und 5. 183 Br. Über den Inhalt des Sammelbandes vergl. »Monumenta Hungariae Vaticana«, Scr. I, B. I, Einleitung. Der Fascikel I besteht aus 14 Papierblättern (0,32 M. hoch und 0,23 M. breit) und einem Pergamentblatt; letzteres ist das Vorderblatt der ursprünglichen Umhüllung und trägt aufser wenigen Spuren eines vollständig unlesbaren Titels die beiden Zahlen: 1317 (Datum) und 603 (alte Archivnummer) in Schrift des 16. Jahrhunderts. Das erste Papierblatt ist leer. Der Fascikel hat am oberen Teile sehr stark durch Feuchtigkeit gelitten, so dafs vielfach die ersten Zeilen der einzelnen Seiten völlig zerstört sind. Wo es anging, habe ich dieselben zu ergänzen versucht, indem ich die Hinzufügungen zwischen Klammern setzte; ist die Ergänzung zweifelhaft, füge ich ein ? hinzu. — Die von der Hand des Revisors an den Rand geschriebene Approbation der einzelnen Summen (Approbo) oder andere Notizen des Revisors habe ich unter die Summen in Kursiv drucken lassen. Ausgelassene und von mir im Text ergänzte Worte stehen zwischen runden Klammern (); in den Summen gemachte Korrekturen in der Handschrift zwischen eckigen Klammern [].

Arch. Vat. Collectoriae Nr. 183.

Fol. 1.

In Dei nomine amen. Cum sanctissimus in Christo pater et dominus noster papa (Iohannes XXII dominos Ademarum) Targa et Matfredum de Montilhiis (Ruthenensis) dyocesis (clericos? et me Iacobum de Rota Catur)censis dyocesis clericum [1] ad provincias certas Alamannie super (collectione) fructuum et proventuum beneficiorum vacantium Camere sue reservatorum et (usibus sancte Romane ecclesie tribuendorum?) destinasset, et fuerit ordinatum pro utilitate (negotii quod ego Iacobus) prefatus in duabus provinciis, videlicet Rigensi et Bremensi, (negotia exercerem [?] colle)gis meis ea in aliis provinciis exercentibus, idcirco de collectione (predicta ego) Iacobus facio computum et rationem sub forma infra scripta.

---

[1] Aus dem Texte der kurzen Zusammenstellung der Rechnung (unten S. 97) geht hervor, dafs mit Iacobus de Rota die beiden Kollektoren Manfredus de Montiliis und Ademarius Targa in den östlichen und nördlichen Gegenden Deutschlands fungierten. In den Bullen Johanns XXII., welche den Sammlern mitgegeben wurden (»Vatikanische Akten zur Geschichte Deutschlands in der Zeit Ludwigs des Bayern«, S. 46, Nr. 61; S. 49, Nr. 64 und öfter) wird statt des Manfredus de Montiliis stets Raymundus de Fontefagino (alias Montefagino) genannt.

Et primo de provincia Rigensi ubi 8 episcopatus exsistunt singulariter de quolibet episcopatu facio computum.

Et primo de ipso episcopatu Rigensi.

Et est sciendum quod in tota provincia Rigensi non potuit reperiri census aliquis debitus sancte Romane ecclesie licet fuerit inquisitum. In provincia vero Bremensi, inquisitione facta diligenti prout melius fieri potuit de quolibet episcopatu, non potuit aliquis census debitus reperiri excepto ipso episcopatu Bremensi, in quo repertum est monasterium quoddam vocatum in Herseuelde, quod tenetur dare singulis annis sancte Romane ecclesie unum bisentinum auri; pro quo censu solvit michi Iacobo de Rota recipienti nomine Romane ecclesie anno Domini 1319 pro quinque annis, de quibus tenebatur solvere post datam litterarum domini Willermi Meschini tunc vicecamerarii super solutione retroacti temporis datarum et concessarum, pro quibus 5 annis solvit michi Iacobo predicto dictum monasterium

50 gross. Tur. argenti,

dando et solvendo 10 grossos pro singulis bisentinis, quia sic inveniebatur bisentinus extimatus et sic solverunt temporibus retroactis.

Summa igitur census percepti de istis duabus provinciis Rigensi et Bremensi per me Iacobum de Rota collectorem predictum est in universo   50 gross. Tur. argenti.

Fol. 1 r.

(Sequitur de collectione fructuum beneficiorum vacantium. Et primo de Rigensi episcopatu.)

1. (In primo anno reservationis vacavit . . . . .) solvit
   10 march. argenti puri et ponderis Rigen.
2. (Item vacavit . . . .) sanctimonialium . . . . solvit
   2 march. argenti puri ponderis Rigen.
3. Item in primo anno reservationis vacavit ecclesia sancti Petri in . . . . et solvit   10 march. argenti puri ponderis Rigen.
4. Item vacavit ecclesia in . . . . per mortem et solvit
   9 march. argenti puri ponderis Rigen.
5. Item vacavit ecclesia in Kerkolme et solvit
   3 march. argenti puri ponderis Rigen.
6. Item in secundo anno reservationis fuit vacans ecclesia de Koreyda per mortem et solvit   4 march. argenti puri ponderis Rigen.
7. Item vacavit ecclesia in Kubezala et solvit
   6 march. argenti puri ponderis Rigen.
8. Item vacavit ecclesia in Ledegha et solvit
   2 march. argenti puri ponderis Rigen.
9. Item in isto secundo anno reservationis vacavit ecclesia in Trikaten per mortem et solvit   8 march. argenti puri ponderis Rigen.

10. Item in tertio anno vacavit ecclesia in Yskeshusen et solvit
2 march. argenti puri ponderis Rigen.

11. Item advocatia castri de Cremon vacavit et solvit
18 march. argenti puri ponderis Rigen.

Summa omnium receptorum istius Rigensis episcopatus
72 march. argenti puri ponderis Rigen.

Apr(obo).

Unde sciendum est quod argentum Rigen. non est purum argentum, et ad hoc quod marcha argenti Rigen. efficiatur pura vel puri argenti Rigen. semper ad quamlibet marcham additur unus loto, hoc est 16ª pars marche. Et tunc addita 16ª parte efficitur et dicitur marcha puri argenti Rigen. et sic predicte
72 march. argenti puri ponderis Rigen.

valent   76 march. cum dimidia argenti non purificati ponderis Rigen.

Apr(obo).

Ista summa computatur in summa totali.[1]

Fol. 2.

Sequitur de episcopatu Trarbatensi (*sic*) recepta.

1. In primis primo anno vacavit quedam maior prebenda in ecclesia kathedrali per mortem domini Herbordi et solvit 30 marchas puri argenti Lubicen. valentes   37 march. ponderis Rigen.

2. Item eodem primo anno vacavit minor prebenda per adoptationem factam de predicta maiori et solvit
25 march. argenti Rigen. et ponderis.

3. Item eodem primo anno vacavit ecclesia in Capesten. per mortem et solvit   6 march. argenti ponderis Rigen.

4. Item in isto primo anno fuit (*vacans?*) in ecclesia kathedrali quedam penitentialis (?) prebenda et solvit   2 march. cum dimidia.

5. Item in secundo anno reservationis in ecclesia kathedrali Tharbatensi vacavit Custodia per mortem et solvit 3 marchas argenti parvi ponderis Lubicen. valentes   3 march. et 3 fertones ponderis Rigen.

6. Item eodem anno secundo vacavit in ipsa kathedrali ecclesia minor prebenda per mortem dicti custodis et solvit [2]
25 march. argenti ponderis Rigen.

7. Item eodem anno secundo vacavit[3] in ipsa kathedrali ecclesia Tharbatensi prebenda maior per adoptationem factam de predicta maiori et solvit   12 march. cum dimidia Rigen. argenti et ponderis.

---

[1] Diese Bemerkung ist von einer andern Hand.
[2] Von »minor« ab auf Rasur.
[3] Die vier Worte von »eodem« ab auf Rasur.

8. Item vacavit ecclesia de Uelin per resignationem et super expensis pro ea factis 2 marcharum cum dimidia solvit
20 march. Rigen. argenti et ponderis.

9. Item in ecclesia kathedrali vacavit vicaria domini Iohannis de Nughen (Mighen?) per resignationem et solvit
4 march. Rigen. argenti et ponderis.

10. Item in tercio anno reservationis vacavit ecclesia Domine Nostre in civitate Tharbatensi per mortem et solvit
11 march. 3 fertones Rigen. argenti et ponderis.

11. Item de una penitentiali (?) prebenda in ecclesia kathedrali Tharbatensi et de una ecclesia vocata ut credo Wemela, ignorante domino nostro episcopo Tharbatensi, propter quod in litteris suis fuit omissum, receptum est
9 march. 1 fert. Rigen. argenti et ponderis.

Summa omnium receptorum istius Tharbatensis diocesis [1]
157 march. 1 fert. Rigen. argenti et ponderis.

Apro(bo).

Fol. 2 v.

Sequitur recepta de episcopatu Osiliensi.
In episcopatu Osiliensi recepta universalis (.... quam fecerunt?) episcopus et subcollectores secundum suas rationes est
67 march. Rigen. argenti et ponderis.

Sequitur recepta de episcopatu Curoniensi.
In isto episcopatu vacavit una sola ecclesia in toto triennio reservationis domini nostri pape et per mortem, solvit
4 march. Rigen. argenti et ponderis.

Sequitur de episcopatu Sambiensi recepta.
In isto episcopatu vacavit ecclesia de Berenwalde per mortem in primo anno reservationis domini pape, solvit   8 flor. de Florentia.
Summa huius pagine continentis 3 episcopatus [2]
71 march. argenti ponderis Rigen.
8 flor. de Forentia.

Apro(bo).

Fol. 3.

Sequitur recepta de episcopatu Warmiensi.
1. In primis in primo anno reservationis vacavit quedam prebenda per mortem in ecclesia kathedrali et solvit   20 march. monete Pruscie.
2. Item eodem primo anno vacavit ecclesia in Villa Theutonica per mortem et solvit   13 march. monete Pruscie.
3. In secundo anno reservationis vacavit ecclesia in Ruchenberghe per mortem et solvit   7 march. monete Pruscie.

---

[1] Dieser Satz ist von einer andern Hand.
[2] Dieser Satz und die Summe sind von anderer Hand geschrieben.

4. Item in tercio anno reservationis vacavit ecclesia in Domenow per mortem et solvit subcollectoribus, ut ipsi faciunt rationes suas
12 march. monete Pruscie.

5. Item in isto ultimo tercio anno vacavit ecclesia in Kruken per mortem et solvit subcollectoribus, ut ipsi faciunt rationes
12 march. monete Pruscie.

6. Item in isto ultimo tercio anno reperta fuit vacans de iure ecclesia in Truns et subcollectoribus solvit ut faciunt rationes
22 march. cum dimidia monete Pruscie.

7. Item in isto ultimo tercio anno vacavit ecclesia de Scalmia et solvit subcollectoribus ut faciunt rationes   11 march. monete Pruscie.

Summa totius recepte istius episcopatus Warmiensis
102 march. monete Pruscie.
Apro(bo).

Fol. 3 r.

Sequitur de episcopatu Pomezaniensi.

In isto episcopatu fuit (facta taxatio beneficiorum?) iuxta illam (taxationem?) de medietate fructuum, quia nullum beneficium reperiebatur taxatum.

1. In primis igitur primo anno reservationis vacavit ecclesia de Listende et solvit   13 march. monete Pruscie.

2. Item in eodem primo anno vacavit ecclesia sancti Adelberti per receptionem secunde et solvit   20 march. monete Pruscie.

3. Item eodem primo anno vacavit ecclesia in Stangenberghen, solvit
4 march. monete Pruscie.

4. Item eodem anno vacavit ecclesia in Balon per resignationem et solvit   3 march. monete Pruscie.

5. Item eodem anno vacavit ecclesia in Muckera et solvit
6 march. monete Pruscie.

6. Item ecclesia in Sconowize fuit de novo plantato[1], solvit
3 march. monete Pruscie.

7. Item vacavit ecclesia in Merginbroc per resignationem, debuit solvere et solvit   20 march. monete Pruscie.

8. Item in secundo anno reservationis vacavit ecclesia in Richenbachen et solvit   10 march. monete Pruscie.

9. Item vacavit ecclesia in Saluelt et solvit   12 march. monete Pruscie.

10. Item eodem anno secundo vacavit ecclesia in Reskendorf per resignationem et solvit   5 march. monete Pruscie.

11. Item vacavit ecclesia in Kisselin, solvit   6 march. monete Pruscie.

12. Item eodem secundo anno vacavit ecclesia Kirsebroc per constitutionem *Execrabilis,* solvit   50 march. monete Pruscie.

---

[1] So in der Handschrift; soll wohl heifsen: »provisa«.

13. Item vacavit ecclesia in Pomerio per mortem, solvit
8 march. monete Pruscie.
14. Item in tercio anno vacavit ecclesia in Wisconia, solvit
10 march. monete Pruscie.
15. Item isto tercio anno vacavit ecclesia in Nocendorf, solvit subcollectoribus ut ipsi faciunt rationes   5 march. monete Pruscie.
16. Item vacavit ecclesia in Tirgartin, solvit subcollectoribus ut supra proxime   5 march. monete Pruscie.
17. Item isto anno tercio vacavit ecclesia in Paulcen, solvit ut supra subcollectoribus ut ipsi faciunt rationes   4 march. monete Pruscie.
Fol. 4.
De eodem episcopatu Pomezaniensi.
18. In isto ultimo tercio anno vacavit ecclesia in Iohannisdorf et solvit subcollectoribus, ut ipsi faciunt rationes   5 march. monete Pruscie.

Summa igitur omnium receptarum huius Pomezaniensis episcopatus
189 march. monete Pruscie.
Fol. 4ʳ.
Sequitur recepta de episcopatu Colmensi.
1. In primis in primo anno reservationis vacavit ecclesia in Toron, solvit   240 florenos de Florentia.
2. Item eodem anno vacavit ecclesia in Sc . . . . obeniche[1] et solvit
24 march. monete Pruscie.
3. Item eodem anno primo vacavit ecclesia in Libenualde, solvit
8 march. 1 fert. monete Pruscie.
4. In eodem primo anno vacavit ecclesia in Polkow, solvit
4 march. cum dimidia monete Pruscie.
5. Item eodem anno vacavit ecclesia in Birgelon, solvit
11 march. monete Pruscie.
6. Item isto primo anno vacavit ecclesia in Serelt, solvit
12 march. monete Pruscie.
7. Item in secundo anno reservationis vacavit ecclesia in Tilutz, solvit
5 march. monete Pruscie.
8. Item isto secundo anno vacavit ecclesia in Scherechov, solvit
3 march. monete Pruscie.
9. Item eodem anno vacavit ecclesia in Missenov, solvit
6 march. monete Pruscie.
10. Item eodem anno secundo vacavit ecclesia in Brosna, solvit
7 march. cum dimidia monete Pruscie,
et adhuc solvere tenetur duas marchas monete illius cum fertone.
Resta.

---

[1] Das Wort ist fast unlesbar; die hier gegebenen Buchstaben glaube ich festgestellt zu haben.

11. Item eodem anno secundo vacavit ecclesia in Poluere, solvit
2 march. monete Pruscie.
12. Item in tercio anno reservationis vacavit ecclesia in Trebes, solvit
15 march. monete Pruscie.
13. Item eodem tercio anno vacavit ecclesia in Saluelt, solvit
5 march. cum dimidia cum 4 scutis 6 den. monete Pruscie.
14. Item in isto ultimo tercio anno vacavit ecclesia in Oresechow et
debuit solvere, sed non solvit adhuc
8 march. cum dimidia monete Pruscie. — Debentur.
Resta.
Summa tocius recepte huius Colmensis episcopatus
240 flor. [103 march.] cum dimidia [1] monete Pruscie cum
4 scotis et 1 fertone 6 den. eiusdem monete Pruscie.
Et debentur ibidem adhuc 10 march. cum dimidia monete Pruscie, de
quibus 10 march. cum dimidia debitis subcollectores defalcare volunt
pro expensis factis per ipsos ultimo in recollectione sua
3 march. monete Pruscie.
[Et sic restarent [2]   7 march. cum dimidia monete Pruscie.]
Resta.

Fol. 5.

Sequitur recepta provincie Bremensis.
Et primo (de prepositura Hamburgensi).
Et quia episcopatus iste breviter (?) habet duas partes: unam citra Albiam
(in qua existit sedes) metropolitana in loco vocato de Brema et aliam
partem ultra Albiam ubi prepositura Hamburgensis existit et antiquitus
metropolitana sedes consuevit esse, ideo de ista prepositura tanquam
de anticquiori (*sic*) parte primo ponitur recepta.
1. In primis igitur tempore date reservationis vacavit prepositura Hamburgensis et vacaverat per mortem, et iuxta taxationem repertam in
solutione decime tanquam utiliorem preelectam solvit
100 march. Hamburgen. den.
2. Item tempore date reservationis vacabat scolastria Hamburgensis et
prepositura in Rameslo quas optinet de facto Hinrici dux (?) licet
contra constitutionem *Execrabilis,* pro quibus solvit
70 march. Hamburgen. den.
3. Item in primo anno reservationis vacavit in ecclesia ipsa Hamburgensi
quedam prebenda per consecrationem domini Hinrici episcopi Lubicensis et iuxta sui existimationem repertam in solutione decime solvit
60 march. Hamburgen. den.

---

[1] Diese Zahlangabe ist korrigiert in der Handschrift.
[2] Dieser Zusatz stammt von einer andern Hand, nämlich von einem Schreiber, der
bisweilen auch die Summen der Diöcesan-Einnahmen schrieb.

4. Item eodem primo anno vacavit alia prebenda per mortem in ecclesia ipsa Hamburgensi et iuxta taxationem ipsius ad decimam solvit
60 march. Hamburgen. den.
5. Item eodem primo anno vacavit ecclesia de Hilgestede per mortem et iuxta taxationem suam solvit 70 march. Hamburgen. den.
6. Item in secundo anno reservationis vacabat ecclesia in Sistera per mortem et licet non reperiretur taxata solvit
10 march. Hamburgen. den.
7. Item eodem anno secundo vacavit ecclesia in Crucowe per mortem et iuxta sui existimationem repertam solvit
30 march. Hamburgen. den.
8. Item in secundo anno vacavit ecclesia in Radelnesteda, solvit
20 march. Hamburgen. den.
9. Item eodem anno secundo vacavit ecclesia in Wedela per mortem, solvit 16 march. Hamburgen. den.
10. Item in tercio anno reservationis vacavit ecclesia in Wilstria et iuxta taxationem decime solvit 51 march. cum dimidia Hamburgen. den.
11. Item in tercio anno vacavit ecclesia de Membroke, solvit
16 march. Hamburgen. den.
12. Item in tercio (anno) in ecclesia Hamburgensi vacavit vicaria quam nunc habet Vernerus de Stadis, solvit
7 march. cum dimidia Hamburgen. den.
Summa omnium receptorum istius prepositure Hamburgensis
511 march. 4 sol. Hamburgen. den.
Apro(bo).

Fol. 5 v.

(Sequitur recepta in parte citra Albiam) in episcopatu Bremensi.

1. In primis in primo anno reservationis vacavit prebenda . . . . . in ecclesia kathedrali Bremensi . . . . (solvit) 13 march. Bremen. argenti.
2. Item eodem primo anno vacavit ecclesia in Lum . . . . husen, solvit
14 march. Bremen. argenti.
3. Item eodem primo anno vacavit ecclesia de Bochorn de qua recepte sunt 7 march. Bremen. argenti.
4. Item in secundo anno reservationis vacavit 'in ecclesia kathedrali Bremensi prebenda domini Artmundi de qua recepte sunt
13 march. Bremen. argenti.
5. Item in isto secundo anno vacavit ecclesia in Achim de qua recepte sunt [1] 8 march. Bremen. argenti.

---

[1] Dieser Posten war ausgelassen worden und wurde nach mehreren anderen eingeschoben; ebenso der zweitfolgende, der dann ebenfalls eingeschoben wurde. Zur Herstellung der richtigen Reihenfolge bezeichnete der Schreiber die Posten mit den Buchstaben »a, b, c, d«, mit dem vorhergehenden beginnend. Ich habe darnach die richtige Reihenfolge im Drucke hergestellt.

6. Item eodem anno secundo vacavit in ecclesia kathedrali Bremensi prebenda Iohannis de Oldembroc per resignationem de qua recepte sunt 10 march. Bremen. argenti.

7. Item in isto secundo anno vacavit ecclesia in Cademberghe de qua recepte fuerunt 6 march. Bremen. argenti.

8. Item eodem anno secundo vacavit in ecclesia Buxensi prebenda cum obedientia per mortem decani, de quibus recepte sunt 8 march. Bremen. argenti.

9. Item in tercio anno reservationis in ecclesia sancti Wilheadi vacavit prebenda cum obedientia per mortem decani, de quibus recepte sunt 10 march. Bremen. argenti.

10. In eodem tercio anno in ecclesia Buxensi vacavit prebenda Hinrici de Bremis, solvit 4 march. Bremen. argenti.

11. Item in ipso tercio anno in ecclesia sancti Wilheadi de prebenda et obedientia Otonis Floren vacantibus per resignationem recepte sunt 16 march. Bremen. argenti.

12. Item isto ultimo tercio anno vacavit ecclesia sancti Martini in Brema per mortem de qua recepte sunt 14 march. Bremen. argenti cum 1 lotone.

13. Item in isto ultimo tercio (anno) vacavit ecclesia in Woldescorpe de qua recepte sunt 8 march. Bremen. argenti.

Summa istius Bremen. argenti recepti 131 march 1 lot. Bremen. argenti.

Fol. 6.

Sequitur recepta Astringorum denariorum.

14. In primis de ecclesia in Scortenze vacante in secundo anno reservationis recepte sunt 7 march. Astring. den.

15. Item de ecclesia in Certenze in secundo anno recepte sunt 8 march. cum dimidia Astring. den.

16. Item de ecclesia in Solle vacante in secundo anno recepte sunt 8 march. Astring. den.

17. Item de ecclesia in Minenze vacante secundo anno recepte sunt 5 march. Astring. den.

18. Item de ecclesia in Celensteda recepte fuerunt 8 march. cum dimidia Astring. den.

19. Item in tercio anno reservationis de ecclesia Metzellen recepte fuerunt 8 march. Astring. den.

Summa istorum Astringorum denariorum 44 march.

Sequitur recepta in Tur. grossis argenti.

20. Primo de medietate ecclesie in Wacwerden sunt recepti 20 sol. gross. Tur. argenti.

21. Item de ecclesia in Hasenberghe   20 sol. gross. Tur. argenti.
Summa Tur. grossorum argenti   40 solidi.

Sequitur de moneta Hamburgensi.

22. In primo anno igitur vacavit ecclesia in Oclendorpe et solvit
    16 march. Hamburgen. den.
Summa istius plane   44 march. Astring. den.
Item   . . .   40 sol. gross. Tur. argenti.
Item   . .   16 march. Hamburgen. den.

Fol. 6ᵛ.

Summa (omnium receptorum istius episcopatus Bremensis in parte?) citra
Albiam   131 march. 1 lot. Bremen. argenti.
Item   44 march. Astring. den.
Item   40 sol. gross. Tur. argenti.
Item   16 march. Hamburgen. den.

Fol. 7.

Sequitur recepta in episcopatu Ziwrinensi (*sic*).

1. In primis igitur in primo anno reservationis domini pape vacavit ecclesia in Camin per mortem, de qua recepte sunt
    30 march. Slav. den.

2. Item eodem anno primo vacavit ecclesia in Trebezes, solvit
    40 march. den. Slav.

3. Item eodem primo anno in ecclesia Buxwen. vacavit quedam prebenda de qua recepte fuerunt   29 march. 4 sol. Slav. den.

4. Item in secundo anno reservationis vacavit ecclesia Gussowe de qua
recepte sunt   16 march. den. Slav.

5. Item eodem anno secundo vacavit ecclesia de Bocholt per mortem
de qua recepte sunt   15 march. den. Slav. et 13 sol.

6. Item eodem anno secundo vacavit ecclesia in Metle de qua recepte
sunt   12 march. Slav. den.

7. Item isto secundo anno vacavit ecclesia Guetze, solvit
    7 march. 10 sol. Slav. den.

8. Item eodem secundo anno vacavit ecclesia Scartowe, solvit
    2 march. cum dimidia Slav. den.

9. In isto secundo anno vacavit ecclesia Guognelow, solvit
    26 march. Slav. den.

10. Item eodem anno secundo vacavit ecclesia Cobedin, solvit
    20 march. Slav. den.

11. Item isto anno secundo vacavit ecclesia in Qualitz, solvit
    18 march. Slav. den.

12. Item in tercio anno reservationis vacavit ecclesia Bocowe de qua
recepte sunt   40 march. den. Slav.

13. Item eodem tercio anno vacavit ecclesia in Baritz, solvit
    65 march. den. Slav.
14. Item isto ultimo tercio anno vacavit ecclesia Pinowe, solvit
    8 march. den. Slav.
15. Item in isto tercio anno de prebenda domini Iohannis Gans vacante
    in ecclesia kathedrali Zuwrinensi recepte sunt   30 march. Slav. den.
16. Item isto tercio anno vacavit ecclesia Sternebergh per mortem,
    solvit 4 march. argenti puri pro   20 march. Slav. den.
Summa istorum denariorum Slavicalium omnium
    380 march. 3 sol. Slav. den.
    Apro(bo).
17. Item in tercio anno vacavit prebenda domini Iohannis de Bulowe in
    ecclesia kathedrali Zurinensi, solvit   30 march. Lubicen. den.
18. Item in eadem ecclesia vacavit officium pan(atarii) licet sit in litteris
    domini episcopi per errorem omissum, solvit tamen
    5 march. Lubicen. den.
19. Item in eadem ecclesia kathedrali quedam vicaria vacavit Hinrici Parvi
    que, licet sit per errorem omissá per dominum episcopum, solvit
    12 march. Lubicen. den.
Summa istorum denariorum Lubicen. receptorum   47 march. Lubicen. den.
    Apro(bo).
Summa totius recepte istius episcopatus Zurinensis
    380 march. den. Slav. cum. 3 sol. et 47 march. den. Lubicen.
    Apro(bo).

Fol. 7ᵛ.

Sequitur recepta in episcopatu Raisaburgensi (*sic*).[1]

1. In secundo igitur anno reservationis vacavit ecclesia in Seuenoken
   de qua recepte sunt   22 march. Lubicen. den.
2. Item de ecclesia de Nova Gamma eodem anno secundo recepte
   fuerunt   12 march. Lubicen. den.
3. Item de ecclesia in Antiqua Gamma recepte sunt
    16 march. Lubicen. den.
4. Item in tercio anno reservationis de ecclesia in Mustin vacante recepte sunt   18 march. Lubicen. den.
5. Item de ecclesia in Kolmestoppe[2] recepte sunt
    10 march. Lubicen. den.

---

[1] Die in der Handschrift folgende Bemerkung, wahrscheinlich die taxatio der
Benefizien betreffend, ist völlig unlesbar.
Die von dem Kollektor Jacobus de Rota und dem Bischof Marquard von Ratzeburg festgestellten Taxen der Kirchen und geistlichen Pfründen in der Diöcese Ratzeburg sind zum Teil in den ausführlichen Originalangaben der Pfarrer über die Einkommen
(Mecklenburgisches Urkundenbuch, Bd. VI, S. 453 ff.), vollständig in einem Taxenregister
erhalten (ebenda, Bd. VIII, S. 540, Nr. 5613). Es geht daraus hervor, dafs der Kollektor
etwa die Hälfte der als Jahreseinkommen in dem Register festgestellten Summe für die
Camera apostolica bezog.
[2] Offenbar identisch mit Celmerstorpe in dem Anm. 1 erwähnten Register.

6. Item de prepositura kathedralis Raisaburgensis vacante per privationem factam de preposito in isto tercio anno recepte fuerunt
100 march. Lubicen. den.
7. Item de ecclesia in Wismarie beate Virginis reperta vacare de iure quia minor fuerat assumptus recepte sunt   20 march. Lubicen. den.

Summa tocius recepte istius Raisaburgensis episcopatus
188 march. Lubicen. den.

Apro(bo).

Fol. 8.

Sequitur de episcopatu Lubicensi recepta.

1. In primis primo anno reservationis vacavit prepositura kathedralis per consecrationem domini Henrici episcopi Lubicensis de qua recepte sunt
40 march. Lubicen. den.
2. Item eodem anno primo vacavit sua prebenda ipsius episcopi per suam consecrationem predictam; solvit iuxta suum valorem
80 march. Lubicen. den.
3. Item eodem anno vacavit alia prebenda kathedralis per (mortem Rotheri de Camin?), solvit iuxta taxationem decime
60 march. Lubicen. den.
4. Item vacavit ecclesia de Insula per resignationem et solvit
10 march. Lubicen. den.
5. Item in secundo anno reservationis vacavit Cantoria in ecclesia kathedrali Lubicensi per constitutionem *Execrabilis,* solvit
10 march. Lubicen. den.
6. Item eodem anno secundo vacavit ecclesia de Saro per mortem, solvit   10 march. Lubicen. den.
7. Item in ecclesia kathedrali vacavit vicaria domini Bromoldi per mortem, de qua recepte fuerunt   15 march. Lubicen. den.
8. Item in ecclesia ipsa kathedrali vacavit alia vicaria Gotfridi de Cremon per resignationem, de qua recepte sunt   20 march. Lubicen. den.
9. Item eodem anno secundo in ecclesia parrochiali Domine Nostre Lubicen. vacavit vicaria domini Cimonis (*sic*) per mortem, solvit
10 march. Lubicen. den.
10. Item in tercio anno reservationis vacavit ecclesia in Antiqua Crempa per resignationem, solvit   30 march. Lubicen. den.
11. Item eodem tercio anno in ecclesia kathedrali vacavit vicaria Gerardi de Bocholt per resignationem, de qua recepte sunt
20 march. Lubicen. den.
12. Item eodem tercio anno in ecclesia kathedrali vacavit vicaria Iohannis de Krusmekult, de qua recepte sunt   8 march. Lubicen. den.
13. Item eodem anno tercio in dicta ecclesia kathedrali vacavit quedam prebenda de minoribus per mortem domini Brokardi Warmanshagen (?), solvit   20 march Lubicen. den.

Summa omnium receptarum istius Lubicensis episcopatus

339 march. Lubicen. den.

Apro(bo).

Fol. 8ᵛ.

(Sequitur computus?) de duabus provinciis Magdeburgensi et Salzaburgensi.

(Ego Iacobus supradictus in?) provincia Salzaburgensi et Caminensi diocesi et in provincia Magdeburgensi recepi que secuntur.

1. In primis in civitate Magdeburgensi a subcollectoribus ibidem constitutis   5 march. cum dimidia Magdeburgen. argenti

   pro . .   18 flor. cum duabus partibus unius floreni et tercia parte unius quintini,

   computando singulos florenos pro 19 quintinis, sicut ibi valebant. Et est sciendum quod in qualibet marcha sunt 64 quintini.

2. Item in civitate Hauelbergensi recepi a subcollectoribus ibidem substitutis   47 march. cum 1 fert. et dimidio Brandaburgen. argenti et ponderis

   pro   15[9] [florenis] et dimidio flor. [et] 1 quintino cum dimidio,

   computando etiam singulos florenos ut supra pro 19 quintinis et 64 quintinos in marcha.

3. Iterum recepi in provincia Salzaburgensi et in civitate ipsa Salzaburgensi de fructibus huiusmodi   26 sol. 8 den. Bohemicales

   pro . . . . . [19] flor. [minus 3 den.] de Florentia cum dimidio, computando 17 Bohemicales denarios pro singulis florenis.

[Summa[1] istius pagine recepte in argento

52 march. cum dimidia 1 fert. cum dimidio
Magdeburgen. et Brandenburgen. argenti,
26 sol. 8 den. Bohemicalium grossorum.]

Apro(bo).

Alias vero receptas, computa et rationes istarum provinciarum Salzaburgensis, Magdaburgensis et episcopatus Caminensis debent reddere et facere dilecti viri magister Ademarus Targa de provincia Salzaburgensi et magister Matfredus de Montiliis de provincia Magdaburgensi et episcopatu Caminensi, ubi ipsi remanserunt ex certa causa liquida et probabili et propter evidentem utilitatem negotiorum extitit ordinatum.

Summa florenorum istius pagine   197 flor. cum [quarta parte] unius floreni de Florentia et [2 quintinis et medio] quintino †.

---

[1] Dieser Satz ist von anderer Hand.

Summa omnium receptarum supradictarum

	204 march. cum dimidia 1 fert. Rigen. argenti.
Item	394 march. [cum dimidia parte marche et] cum 6 den. monete Pruscie.
Item	527 march. 4 sol. Hamburgen. den.
Item	130 march. 1 lot. Bremen. argenti.
Item	44 march. Astring. den.
Item	40 solidi gross. Tur. argenti.
Item	380 march. Slavicalium den. cum [tribus] sol.
Item	574 march. Lubicen. den.
Item	248 flor. de Florentia.
Item	52 march. cum dimidia 1 fert. cum dimidio [Magdeburgen. et Brandenburgen. argenti].
Item	26 sol. 8 den. Bohemicalium gross.
	Apro(bo).[1]

De istis supradictis receptis expenderunt alii subcollectores in certis episcopatibus certas **expensas** in negotio sue recollectionis, et sunt expense que sequntur:

Primo, subcollectores constituti in episcopatu Warmiensi computant se expendisse de peccunia recepta in episcopatu illo

2 march. monete Pruscie.

Item subcollectores substituti in episcopatu Pomezaniensi computant etiam se expendisse de receptis in episcopatu illo

1 march. cum dimidia monete Pruscie.

Item subcollectores substituti in episcopatu Colmensi computant de expensis factis per ipsos in recollectione sua illius episcopatus

3 march. monete Pruscie.

Quas tres marchas deducunt et deducere volunt de illis 10 marchis ibi debitis, sicut in receptis illius episcopatus supra continetur.

De aliis vero quinque episcopatibus provincie Rigensis nulle expense per subcollectores facte computantur in istis rationibus quia ego Iacobus omnes expensas subportavi.

Sequntur expense facte per subcollectores in provincia Bremensi.

(Primo subcollectores substituti) in episcopatu (Bremensi in prima parte illius episcopatus ultra) Albiam (in prepositura) Hamburgensi (ubi etiam?) antiqua sedes metropolitana fuit, computant se expendisse de receptis ibidem factis pro (recollectione) sua et negotio et reditione

17 march. 12 sol. Hamburgen. den.

---

[1] Am Rande, von der Hand des Revisors.

Item subcollectores istius Bremensis episcopatus in alia parte citra Albiam, ubi hodie sedes metropolitana existit, computant et deducunt de receptis ibidem factis summas infra scriptas:

Primo in expensis factis per ipsos in recollectione ipsa computant se expendisse   7 march. Bremen. argenti cum 1 sol. illorum den. et 8 march. Hamburgen. den. et 1 sol.

Item isti subcollectores Bremenses defalcant et computant de receptis predictis in parte illa citra Albiam se tradidisse et exposuisse pro magistro Matfredo de Montilhiis altero collectore [1] deputato
    29 march [2] fert. et 1 lot. Bremen. argenti.
Attende.[2]

Item isti subcollectores Bremenses defalcant de predictis receptis et computant se exposuisse pro sepultura et infirmitate cuiusdam famuli domini Ademari Targe alterius collectoris
    2 march. cum dimidia et 1 lot. Bremen. argenti.
Attende.[2]

Summa omnium expositorum in ista parte citra Albiam per subcollectores
Bremenses   39 march. [2 lot.] et 1 sol. Bremen. argenti.
Item   8 march. Hamburgen. den.
Apro(bo).

Item subcollectores substituti in episcopatu Zuwrinensi (*sic*) computant, se expendisse de receptis ibidem factis pro executione negociorum predictorum   31 march. et 5 sol. Slavicalium den.

Item subcollectores substituti in episcopatu Raisaburgensi defalcant et deducunt pro expensis factis per ipsos de receptis ibidem factis
    11 march. minus duobus sol. [Lubicen. den.]

Fol. 10.

Omnes alie expense facte in aliis episcopatibus et in omnibus processibus et notariis ac nunciis missis hinc inde per istas provincias et specialiter etiam in nunciis bis vel ter missis ad Romanam curiam super declarationibus inde factis, cum super illis totaliter negaretur auctoritas colligendi, fuerunt facte et solute per me, Iacobum de Rota, de peccunia recepta pro stipendiis meis sicut inferius continetur.

Summa omnium expensarum predictarum per subcollectores factarum in negotio recollectionis ipsorum est
    6 march. cum dimidia monete Pruscie.
Item   25 march. 13 sol. Hamburgen. den.
Item   7 march. Bremen. argenti et 1 sol.
Item   31 march. et 5 sol. Slavical. den.
Item   11 march. Lubicen. den. minus 2 sol.
Item   32 march. [2 lot.] Bremen. den.
Apro(bo).

---

[1] In der Handschrift: »collectori«.
[2] Am Rande, von der Hand des Revisors.

7*

Una cum expositis per ipsos pro venerabilibus viris magistris Ademaro Targa et Matfredo de Montilhiis ut superius est dictum.

Apro(bo).[1]

Quibus expensis deductis de dictis receptis restat in recepta

	304 march. cum dimidia 1 fert. argenti Rigen. [simpliciter].
Item	388 march. [1 fert.] et 4 scot. monete Pruscie et 6 den.
Item	501 march. cum dimidia [minus] 1 sol. Hamburgen. den.
Item	91 march. [cum dimidia 1 fert.] cum dimidio [et 1 sol.] Bremen. argenti.
Item	44 march. Astring. den.
Item	40 sol. gross. Tur. argenti.
Item	348 march. et 9 sol. Slavical. den.
Item	563 march. et 2 sol. Lubicen. den.
Item	[248] flor. de Florentia [cum duabus partibus unius flor.].
Item	[52 march. cum dimidia 1 fert. cum dimidio Magdeburgen. et Brandeburgen. argenti.]
Item	[26 sol. 8 den. Bohemical. gross.]

Fol. 10 r.

Sequitur **cambium** factum de receptis predictis.

(Et primo de predictis)   304 march. cum dimidia [1 fert.] argenti Rigen.
empti fuerunt   914 flor. de Florentia [cum quarta parte floreni] dando singulas marchas pro tribus florenis.

Sequitur cambium monete Pruscie.

Et ut intelligatur, sciendum est quod marcha monete Pruscie valet et computatur pro 24 scotis illius monete, et scotus est 30 denarii illius monete, sic quod 60 solidi faciunt marcham. De predictis igitur
[388] march. [1 fert. 4] scot. et 6 den. monete Pruscie
empti fuerunt   717 flor. de Florentia [1 scot. 6 den. monete Pruscie];

Apro(bo).[2]

[Non[3] computatur infra in fine secundum istam summam.]

dando singulas marchas cum duobus scotis supra pro duobus florenis et 13 scotos pro singulis florenis. Set de istis florenis debentur adhuc 21 per illos mercatores, quibus subcollectores substituti in episcopatibus Warmiensi et Pomezaniensi vendiderant, ad restituendum michi

---

[1] Das »Aprobo« des Revisors steht hier einmal neben den Summen und nochmals neben der letzteren Bemerkung.
[2] Am Rande, vom Revisor.
[3] Diese Bemerkung ist nicht von der Hand des Revisors, sondern von einer dritten Hand hinzugefügt.

Iacobo predicto, quod non fecerunt; quare in recepta non computo
nisi   703 flor. minus 7 flor. [1 scot. 6 den.].

                                 Apro(bo).

[*Secundum*[1] *istam summam fit infra computum.*]

Sequitur cambium denariorum Hamburgensium.
Et est sciendum quod 16 solidi illorum denariorum est marcha illa, [et
12 sol. valent florenum]. De predictis vero
                501 march. cum dimidia 1 sol. minus Hamburgen. den.
empti fuerunt   668 flor. cum duabus partibus unius floreni;

                                 Apro(bo).

dando pro singulis florenis 12 sol. illorum denariorum, marcha computata et pro 16 sol. illorum denariorum.

Fol. 11.

Sequitur cambium Bremensis argenti.
De predictis etiam   91 march. cum dimidia [1 fert. cum dimidio
                             1 sol. Bremen. argenti]
recepte fuerunt   11 libr. [9 sol. . . . . . den. cum quarta parte
                             1 den.] gross. Tur. argenti;

                                 Apro(bo).
recipiendo quamlibet marcham pro 30 grossis.
Sequitur cambium Astragorum denariorum.
De supradictis   44 march. Astragorum den.
recepte fuerunt   [4] libr. cum 8 sol. gross. Tur. argenti;

                                 Apro(bo).
recipiendo singulas marchas pro 2 sol. grossorum.
Sequitur cambium Slavicalium denariorum.
Et est sciendum quod marcha Slavicalium est 16 solidi illorum denariorum
et marcha Lubicen. denariorum etiam est 16 solidi Lubicen. denariorum,
ita quod isti denarii Slavicales fuerunt cambiti in Lubicen. denarios
per dominum episcopum Zurinensem, eo quod illi denarii Slavicales
reprobabantur.
Et ideo de supradictis   348 march 14 sol. Slavicalium
empte fuerunt   174 march. denariorum Lubicen. minus tribus
                           solidis, quia fuit id quod deficit etiam pe-
                           cunia reprobata;
dando duas marchas Slavicalium pro una Lubicen.
Et ita est summa universalis Lubicen. denariorum cum supradicta recepta
et isto cambio facto   737 march. Lubicen. den. minus uno solido.

Fol. 11ᵛ.

Pro quibus empti fuerunt   982 flor. cum dimidio, 1 sol.

                                 Apro(bo).

dando pro singulis florenis 12 sol. Lubicen. 1 den., marcha qualibet
Lubicen. computata pro 16 sol. Lubicen. denariorum.

---

[1] Von derselben Hand wie die obige Randbemerkung, S. 100, Anm. 3.

Cambium 52 march. et medie 1 fert. et medii argenti ponderis Magdeburgen. et Brandeburgen. et 26 sol. 8 den. Bohemicalium gross. prout
factum est supra, ubi est tale signum †, cadit hic et fuit factum pro
					197 flor. cum quarta parte unius flor. 2 quint.
					cum medio quint. argenti.
Summa tocius cambii facti cum grossis Tur. argenti et florenis contentis
in supradicta recepta universali			[3707] flor. de Florentia [1 Tur.
					gross. reductis monetis ad flor.].
Item .	.	17 libr. et 17 sol. 9 den. gross. Tur. [cum quarta parte 1 den.]
Item .	.	50 gross. Tur. argenti pro censu supradicto.
Resta.[1]

[Deductis [2] 21 florenis qui debentur adhuc per mercatores Warmiensis et
Pomezaniensis episcopatuum ut supra patet.]
De istis florenis sic cambitis ego Iacobus de Rota, percipiens quod plus
valebant floreni in Brugis quam in Romana curia quilibet florenus
circa 6 Tur. parvos, cambivi Brugis mille florenos cum grossis Tur.
argenti; de quibus mille recepi 54 libras et 13 sol. cum 9 den. gross.
Tur. cum o rotunda, pro singulis florenis dando 13 grossos et 3 micas;
[que [3] valent octavam partem unius Tur. gross.] computatis 24 micis
pro quolibet grosso.
Item emi 27 libras et 5 sol. et unum den. gross. Tur. cum o rotunda
pro quingentis florenis, dando pro singulis florenis 13 grossos et 2
micas, computando 24 micas pro quolibet grosso.
Summa istorum grossorum Tur. sic emptorum
					81 libr. [18 sol. 10 den. Tur. gross. argenti].
Summa omnium grossorum Tur. tam receptorum pro fructibus et pro
censu quam cambiatorum cum argento alio et florenis ut supra
					100 libr. 10 den. quarta pars. 1 den. Tur. gross. argenti.
Fol. 12.
De istis omnibus sic receptis et cambitis assignata fuerunt Camere domini
nostri pape per me Iacobum de Rota predictum
					90 libr. 15 sol. gross. Tur. argenti cum o rotunda.
Item	3 libr. 14 sol. 6 den. Tur. gross. cum o longa.
Item .	. . . .	5 flor. parvos (sic) de Florentia.
Item		. . . .	3 uncias argenti puri sub pondere Avinion. et 3
					partes unius uncie.
Reliqua vero restantia de perceptis supradictis supra illa assignata Camere
ipsius domini nostri pape [que [4] ascendunt ad 2202 flor. auri 5 libr.

---

[1] Am Rande; das erwähnte † findet sich oben S. 97.
[2] Dieser Zusatz ist von einer andern Hand, welche mehrere Male die Summen
schrieb; wahrscheinlich vom Kollektor selbst.
[3] Diese Notiz steht am Rande, sie stammt von demselben Schreiber, der andere
Randbemerkungen hinzufügte; s. oben S. 100, Anm. 3.
[4] Dieser Zusatz steht am Rande, von dem Revisor hinzugefügt.

11 sol. 4 den. Tur. gross. et quartam partem 1 Tur. gross.] recepi ego Iacobus de Rota, Caturcensis dyocesis clericus, pro stipendiis michi assignatis et deputatis per dominum nostrum papam pro expensis necessariis meis, sicut idem dominus noster papa per suas patentes litteras deputavit, nec non etiam in expensis factis in scripturis et nunciis ac alias pro executione negotiorum ipsorum. Unde sciendum est, quod sanctissimus pater dominus noster papa deputavit michi Iacobo et aliis collegis meis et cuilibet in solidum tres florenos auri diebus singulis, postquam ingressi fuissemus provincias ipsas, usque ad diem quo egrederemur ad Romanam curiam redeundo, percipiendos de peccunia, que ad manus nostras pro negotiis nobis commissis perveniret, et hoc pro salario expensarum nostrarum necessariarum. Et isti tres floreni omnibus singulis diebus cuilibet nostrum sunt deputati, sicut in litteris ipsis apostolicis continetur. Quas quidem provincias, videlicet civitatem Bremensem, ego Iacobus ingressus fui primo anno Domini 1317, 24ª die mensis Novembris et egressus fui, ad Romanam curiam redeundo, anno Domini 1320, 15ª die Augusti; sicque pro 995 diebus exsistentibus intra ingressum et egressum predictos debentur michi Iacobo predicto tres floreni pro singulis diebus ipsis. Et[1] . . . . Et ita supra omnia recepta per me Iacobum predictum teneretur michi Camera de stipendiis meis circa 680 florenos auri.

Item tenetur de expensis factis per me Iacobum in executione negotiorum apostolicorum, sicut in notariis, scriptoribus, nunciis et litteris processibus tam super collectione fructuum, inquisitione census et informatione decime, specialiter etiam in nunciis bis missis ad curiam, que omnia solvi ego Iacobus de predictis restis computatis ut supra in stipendiis meis. Item respiciat sanctitas domini nostri quod, cum ego sim sine beneficio ecclesiastico et fuero in curia per 14 menses sine culpa mea causa reddende rationis et ultra, quod michi dentur stipendia assignata pro isto tempore quo sic sum impeditus sine culpa.

Fol. 12ᵛ.

(**Computus**[2] **brevis** de recollectione?) fructuum beneficiorum (vacantium per triennium et aliorum debitorum sancte Romane ecclesie facta?) per dictum magistrum Iacobum de (Rota in provincia) Bremensi et episcopatibus Rigensi, Tharbatensi, (Osiliensi, Curoniensi, Sambiensi), Warmiensi, Pomezaniensi (et Colmensi), deductis expensis factis per subcollectores que (ascendunt ad 6 march. cum dimidia monete Pruscie,

---

[1] Der Rest der Zeile ist weggradiert.
[2] Von hier ab ist alles von einer andern Hand; offenbar wurde der Computus brevis erst an der Kurie von einem Kameralbeamten geschrieben.

25 march. 13 sol. Hamburgen.) den., 7 march. Bremen. argenti et
1 sol., 31 march. et 5 sol. Slavical. den., 11 march. minus 2 sol.
Lubicen. den., deductis etiam receptis de dicta collecta per magistros
Matfredum de Montiliis et Ademarum Targa collegas suos, que ascendunt ad 32 march. 2 lot. Bremen. argenti [de[1] quibus prout dictus
magister Iacobus asserit ipsi debent reddere rationes] est in universo
> 303 march. cum dimidia 1 fert. simplicis argenti Rigen.
> 388 march. 1 fert. 3 escot. (*sic*) 5 den. monete Pruscie.
> 501 march. cum dimidia minus 1 sol. Hamburgen. den.
> 91 march. cum dimidia 1 fert. cum dimidio 1 sol.
> Bremen. argenti.
> 44 march. Astringorum den.
> 40 sol. Tur. gross.
> 348 march. 14 sol. Slavicalium den.
> 563 march. 2 sol. Lubicen. den.
> 248 flor.
> 52 march. cum dimidia 1 fert. cum dimidio argenti
> ponderis Magdeburgen. et Brandeburgen.
> 26 sol. 8 den. Bohemicalium gross.

[Dictus[1] autem magister Manfredus non reddidit in rationibus suis nisi de
23 march. minus medio gross. Tur. et debebat computare secundum
istas rationes de 29 march. 2 fert. 1 lot. et sic deficerent 6 march.
2 fert. 1 lot. med. Tur. gross.]

Et est sciendum quod facto cambio de predicto argento ac de predictis
denariis diversi valoris cum florenis auri et de parte ipsorum florenorum cum Tur. grossis argenti est predictorum omnium summa
> 2207 flor. auri.
> 100 libr. 10 den. Tur. gross. argenti cum quarta
> parte 1 den. Tur. gross.

deductis et defalcatis 21 florenis, quos dixit deberi per quosdam mercatores Warmiensis et Pomezaniensis episcopatuum subcollectoribus
eorundem locorum.

Resta.[2]

De quibus assignavit dictus magister Camere domini nostri pape
> 90 libr. 15 sol. Tur. gross. argenti cum o rotunda.
> 3 libr. 14 sol. 6 den. Tur. gross. argenti cum o longa.
> 5 flor. auri.

Item assignavit dicte Camere
> 3 unc. et 3 partes uncie argenti puri ponderis Avinion.
quod argentum allegat esse suum proprium.

---

[1] Diese Bemerkungen stehen am Rande, die letztere neben den Summen.
[2] Am Rande.

Quibus assignationibus dictorum florenorum et Tur. grossorum argenti deductis restant de dicta summa

2202 flor. auri; 5 libr. 11 sol. 4 den. quarta
pars 1 den. Tur. gross. argenti,

que omnia recepit pro stipendiis suis ut infra patet.

Fol. 13.

Dicit et asserit dictus magister Iacobus se fuisse per provincias sibi decretas, prosequendo negocia a sede apostolica eidem commissa, a 24ᵃ die mensis Novembris anno 1317 usque ad 15ᵃᵐ diem mensis Augusti de anno 1320, infra quod spacium sunt 995 dies, pro quibus diebus ascendunt stipendia sua ad 2985 flor. auri, tribus florenis pro die quolibet computatis, prout sibi fuerant assignati. Et pro predictis stipendiis suis retinuit sibi

2202 flor. auri; 5 libr. 11 sol. 4 den. et quartam
partem 1 den. Tur. gross. argenti,

qui penes eum restabant, facta assignatione supradicta.

Quibus detractis de summa stipendiorum suorum, ut supra dictum est, restant sibi deberi per dictam Cameram de dictis stipendiis, ut dicit

680 flor. auri vel circa conversis Tur. argenti in florenos.

Et ultra predicta dicit sibi deberi per dictam Cameram pro predictis 3 unciis et 3 partibus uncie argenti sui, ut supra per eum assignatis Camere

23 Tur. argenti et medium vel circa,

computando marcham 51 Tur. argenti.

IV.

Rechnung des Kollektors Petrus Guigonis (*alias* Moreti)
de Castronovo über seine Einnahmen und Ausgaben
in den Diöcesen Metz, Toul und Verdun, 1327 1334.

(Archiv. Vatic. Camer. Avinion. »Collectoriae Alamanniae« n. 3.)

✳︎∶✳︎———

Die unten abgedruckte Rechnung des Kollektors Petrus Guigonis de Castronovo bildet den vierten Teil des Sammelbandes (fol. 67—103), welcher oben S. 35 f. beschrieben wurde. Das erste Blatt (fol. 67) ist das Vorderblatt der ursprünglichen Pergamentdecke. Es ist ausgeschnitten aus einem notariellen Akte, der, soviel man aus den auf der Rückseite erhaltenen Zeilen ersehen kann, einen Prozeß zwischen einem Abte und Kanonikern der Diöcese von Auch im Jahre 1331 betrifft. Auch wird ein Provinzialkonzil der Kirchenprovinz von Auch vom Jahre 1330 erwähnt. Auf der Vorderseite des Blattes steht der Titel: »Liber racionum dominorum Petri Moreti de Castronovo et Raimundi de Valle aurea«; *darunter:* »Treveren.«, *beides in Schrift des 14. Jahrhunderts, doch wurde der Name der Kirchenprovinz später hinzugefügt. Einmal (fol. 77) wird die Gesamteinnahme aus der Diöcese Besançou erwähnt; es fehlt jedoch die Einzelrechnung. Auf einem kleinen Ausschnitt des Rückens der Pergamentdecke, welchen man beim Wegschneiden des Rückblattes stehen ließ, finden sich die beiden Zahlen 1328 (Datum) und 650 (alte Archivnummer) in Schrift des 16. Jahrhunderts. Beide Zahlen wurden auf dem Pergamentblatte wiederholt. Die Größe der Papierblätter ist dieselbe wie bei Fascikel III des Sammelbandes (0,30 M. hoch, 0,23 M. breit). Die ganze Handschrift stammt von einem und demselben Schreiber; bloß die »Assignationes« (fol. 98) sind vielleicht von einem andern Schreiber. Die Bemerkungen am Rande sind von der Hand des Revisors; sie werden hier, wie immer, in Kursivlettern gedruckt. Mit fol. 98 schließt die eigentliche Rechnung ab. Die folgenden Blätter, in der Mitte gefaltete Quartblätter, enthalten eine an der Kurie von einem andern Schreiber gemachte kurze Übersicht der Rechnung (Ratio brevis); auch zu dieser wurden, offenbar vom Revisor, Randbemerkungen gemacht. Beim Heften des Fascikels wurde ein Blatt der Rechnung eines andern Kollektors, des im Titel und in den kopierten Bullen des Papstes erwähnten Raymundus de Valle aurea, mit eingebunden; es sind fol. 96 (beschrieben) und ein leeres Blatt zwischen fol. 98 und 99. Ich habe dieses Fragment am Schlusse als Anhang abdrucken lassen. Der Rechnung lasse ich die Auszüge aus der Serie* »Introitus et exitus« *der Kameralregister folgen, welche die Einzahlungen des Kollektors angeben.*

Archiv. Vatic. Collectoriae Nr. 3.

Recepta domini P. Guigonis archidiaconi de Vico in ecclesia Metensi.[1]

Fol. 68.

In Dei nomine amen. Secuntur recepte per me Petrum Guigonis de Castronovo, archidiaconum de Vico in ecclesia Metensi, facte de gratuito subsidio singulariter concesso a prelatis et personis ecclesiasticis civitatis et diocesis Tullen. sanctissimo patri et domino nostro domino Iohanni pape XXII pro anno Domini 1327, tam in florenis auri quam in Tur.

---

[1] Steht links oben am Rande.

parvis tunc currentibus in civitate et diocesi predictis, virtute commissionis michi et venerabili viro domino Petro de Vineriis, canonico Vivariensi, per dictum sanctissimum patrem tunc super hoc facte, cuius tenor sequitur.[1] Iohannes episcopus servus servorum Dei venerabili fratri episcopo Tullensi et dilectis filiis universis abbatibus, prioribus, decanis, prepositis, capitulis, collegiis, conventibus et aliis personis ecclesiasticis tam secularibus quam regularibus, exemptis et non exemptis, ordinum quorumcumque necnon domorum hospitalis s. Iohannis Ierosolimetani, beate Marie Theotonicorum et Calatravensium magistris, prioribus et preceptoribus in civitate et diocesi Tullen. constitutis salutem et apostolicam benedictionem. Si uni membro pacienti compaciantur alia, profecto pacienti capiti est a membris compaciendum fortius et ei subsidium promptius ministrandum. Sane vestram credimus prudenciam non latere, quam dure quamque inmaniter ab hereticis et infidelibus plurimis sacrosancta Romana ecclesia, mater nostra, que aliarum ecclesiarum caput esse dinoscitur, in diversis Italie partibus molestetur. Ideoque nos attencius cogitantes quod res nostra

Fol. 68 v.

dum sua tractatur agitur, necessitates ipsius, ad quas supportandas per se (*non*)[2] sufficit, vobis fiducialiter providimus exponendas, sperantes indubie, quod velut devoti et grati filii eidem matri compassionis et pietatis aperietis viscera et ad tante superbie et infidelitatis cornua, quanta prefati heretici et infideles contra ipsam erigunt, conterenda ipsi ecclesie de oportuno subsidio maturabitis subvenire, presertim quia sicut nostis toto tempore nostro vitavimus in postulandis subsidiis, cum hoc primum esse credamus quod a nobis postulatum extiterit vos gravare. Quocirca universitatem vestram monemus, rogamus et hortamur attencius quatinus, premissis in servicio recte considerationis adductis et insuper diligenter attento quod, hereticorum et infidelium predictorum invalescente malicia ubique in illis partibus, pullulant[3] hereses, divinus cultus minuitur, fides catholica premitur, libertates et iura ecclesiastica conculcantur, prelati quoque ac alii clericali milicia insigniti plerumque capiuntur et ignominiose tractantur, spoliantur sacra et pia loca tam religiosa quam alia possessionibus et aliis bonis suis et, quamquam sint divino dedicata cultui, ad usus tamen deputantur illicitos et prophanos, potestas ecclesiastice censure contempnitur, incenduntur et destruuntur urbes et castra cum ecclesiis que sunt ibi constructe, infrangitur stratarum securitas, spoliantur viatores nec parcitur ordini, sexui vel etati, defenduntur heretici adeo, quod in eis partibus inquisitores heretice pravitatis raro audent accedere ad loca de quibus esset expediens pro suo officio contra dictos hereticos exercendo. Ad

---

[1] Dieselbe Bulle findet sich, an andere Kollektoren gerichtet und unter anderem Datum, bei P. A. Munch, Pavelige Nuntiers Regnskabs-og Dagböger, Christiania 1864, S. 169 f.
[2] Hier wurde offenbar »non« ausgelassen.
[3] In der Handschrift: »postulant«.

Fol. 69.

reprimendum tam presumptuosos ausus tamque periculosos hereticales excessus et supportandum gravium sarcinam onerum incumbencium ex premissis, vos et vestrum singuli sic prompte velitis manus extendere liberaliter adiutrices quod, auxiliante Domino vestroque auxilio mediante, tanta reprimatur temeritas, fides in partibus illis, quibus iam periclitari noscitur, solidetur catholica et, hereticorum prostrata malicia nociva,[1] suscipiat fidelium incrementa, vosque nostram et apostolice sedis graciam valeatis uberius promereri.   Super predictis autem dilectis filiis Petro Guigonis de Castronovo Lingonensis et Petro de Vineriis Vivariensis ecclesiarum canonicis, apostolice sedis nunciis, et eorum cuilibet in solidum, quos[2] ad vos mittimus, propter hoc velitis intendere et fidem indubiam adhibere.   Dat. Avinione 4 kal. Martii pontificatus nostri anno undecimo.

Iohannes episcopus servus servorum Dei dilectis filiis Petro Guigonis de Castronovo Lingonensis et Petro de Vineriis Vivariensis ecclesiarum canonicis, apostolice sedis nunciis, salutem et apostolicam benedictionem. Licet verisimiliter extimemus, quod prelati et persone ecclesiastice necnon capitula, collegia et conventus Bisuntine (et)[3] Treverensis provinciarum subsidium pro repressione hereticorum et rebellium parcium Italie contra Deum et ecclesiam fidemque catholicam crudeliter et immaniter seviencium

Fol. 69ʳ.

ab ipsis liberaliter ecclesie Romane promissum exhibere prompte ac solvere procurabunt, quia tamen eisdem hereticis et rebellibus crudelius solito[4] sevientibus predicto subsidio noscuntur presencialiter indigere, discretioni vestre per apostolica scripta committimus et mandamus, quatinus prefatos prelatos et personas ecclesiasticas necnon capitula, collegia et conventus efficaciter requiratis, ut de predicto subsidio promptam satisfactionem impendant.   Nos enim vobis et vestrum cuilibet in solidum dictum subsidium ab ipsis et eorum singulis nostro et ecclesie memorate nomine recipiendi eisque de hiis que inde receperitis quitationis cautelas faciendi ac instrumenta, si qua facta super promissione et obligacione predicti subsidii confecta fuerint, eis restituendi seu ea cancellandi post plenam de contentis in illis vobis satisfactionem impensam necnon contradictores, si qui forsan fuerint, eciam si pontificali vel quavis alia premineant dignitate, auctoritate nostra, appellacione postposita, compellendi, non obstantibus exemptionis aut quibusvis privilegiis quibuscumque personis aut locis sub quacumque forma vel expressione verborum concessis, eciam (si)[5] de illis esset in presentibus de verbo ad verbum specialis et expressa mencio facienda, aut si eis vel eorum aliquibus communiter vel divisim a sede apostolica sit

---

[1] In der Handschrift: »maliciam nocivam«.   [2] In der Handschrift: »quo«.
[3] Hier fehlt offenbar »et«.
[4] In der Handschrift: »solita«.   [5] »Si« fehlt in der Handschrift.

indultum quod interdici, suspendi vel excommunicari non possint per litteras apostolicas non facientes plenam et expressam ac de verbo ad verbum
Fol. 70.
de indulto huiusmodi mentionen, plenam et liberam concedimus auctoritate presentium facultatem. Dat. Avinione id. Aprilis pontificatus nostri anno XI.

Virtute quarum commissionum ego Petrus memoratus recepi a domino episcopo Tullensi	400 flor.
Item a capitulo toto ecclesie cathedralis in universo	200 flor.
Item a capitulo sancti Iangulfi (*sic*) Tullensis	25 libr.
Item ab abbate sancti Apri Tullensis pro se et priore de Gondrecuria	30 libr.
Item ab abbate sancti Mansueti Tullensis	40 libr.
Item ab abbate sancti Leonis Tullensis	8 flor.
Item ab ecclesia collegiata de Liberduno	15 libr.
Item ab ecclesia collegiata de Dei Custodia	4 libr.
Item a decano christianitatis Tullensis	15 libr.
Item a decano christianitatis de Dei Custodia	10 libr.
Item a decano christianitatis de Spinello	25 libr.
Item a decano christianitatis de Princyo	12 libr.
Item a decano christianitatis de Portu	20 libr.
Item a decano christianitatis de Dalubrio	20 libr.
Item a decano christianitatis de Romaricimonte	15 libr.
Summa huius pagine	231 libr. 608 flor.

Apro(bo).[1]

Fol. 70 ͬ.

Item a decano christianitatis de Iorceyo	10 libr.
Item a decano christianitatis de Porces	18 libr.
Item a decano christianitatis de Castineto	12 libr.
Item a decano christianitatis de Vitello	20 libr.
Item a decano christianitatis de Bormonte	14 libr.
Item a decano christianitatis de Novocastro	12 libr.
Item a decano christianitatis de Sanctays	20 libr.
Item a decano christianitatis de Runello	20 libr.
Item a decano christianitatis de Riperia Bleze	10 libr.
Item a decano christianitatis de Dompna Maria	12 libr.
Item a decano christianitatis de Robertispenia	13 libr.
Item a decano christianitatis de Barroducis	10 libr.
Item a decano christianitatis de Bello Ramo	10 libr.

---

[1] Das »Aprobo« ist immer von der Hand des Revisors neben die Summen gesetzt.

Item a decano christianitatis de Lineyo	12 libr.
Item a decano christianitatis de Grondicuria (*sic*)	10 libr.
Item a decano christianitatis de Riperia Moze	20 libr.
Item ab abbate sancte Marie ad nemus	4 libr.
Item ab abbatissa de Buxeriis	100 sol.
Item ab abbate Lunari	100 sol.
Item ab abbate Mediani monasterii	15 libr.
Summa huius pagine	252 libr.
	Appro(bo).

Fol. 71.

Item ab abbate de Altereyo	40 sol.
Item ab abbate Sancti Salvatoris	10 libr.
Item ab abbate Belli campi	8 flor.
Item ab abbate Bonifageti	40 sol.
Item ab abbatissa Spinellensi	6 libr.
Item ab abbatissa Portu suavis	4 libr.
Item ab abbate Flabonis Montis	60 sol.
Item ab abbate Miravallis	10 libr.
Item ab abbate de Iondoriis	6 libr.
Item ab abbate Ianiuilers	6 libr.
Item ab abbate Regevallis	60 sol.
Item ab abbate Stivagiensi	6 libr.
Item ab abbate de Chamoyse	100 sol.
Item a priore de Amontu	20 sol.
Item a priore de Nanseyo	40 sol.
Item a priore de Layo	60 sol.
Summa huius pagine	69 libr. 8 flor.
	Appro(bo).

Fol. 71 ᵛ.

Item a priore de Valdelavila	25 sol.
Item a priore de Portu	4 libr.
Item a priore de Varengevilla	100 sol.
Item a priore de Donis	20 sol.
Item a priore Leonis montis	30 sol.
Item a priore de Danubrio	25 sol.
Item a priore de Gileberviles	20 sol.
Item a priore de Landecort	20 sol.
Item a priore de sancti Stephani Monte	20 sol.
Item a priore de Villeyo	2 flor.
Item a priore de Arevilla	60 sol.
Item a priore de Burgo sancte Marie	4 libr.
Item a priore de sancto Theobaudo subtus Bromont	20 sol.
Item a priore de Bolencort	25 sol.

Item a priore de Flavinheyo	60 sol.
Item a priore de Bemvilla	30 sol.
Item a priore de Runello	60 sol.
Item a priore de Armeville	50 sol.
Item a priore de Flamerencort	40 sol.
Item a priore de Rus	40 sol.
Item a priore de Barro	40 sol.
Summa huius pagine	42 libr. 5 sol. et 2 flor.
	Appro(bo).

Fol. 72.

Item a priore de Dei memoria	20 sol.
Item a priore de Brolio	50 sol.
Item a priore de Vallis Colore	50 sol.
Item a priore de Rogecuria	4 libr.
Item a priore de Chalamont	40 sol.
Item a priore de sancto Ilario	40 sol.
Item a priore de Novo Castro	40 sol.
Item a priore de sancti Iacobi Monte	40 sol.
Item a priore sancti Theobaldi in Sanctoys	20 sol.

Secuntur abbatie Cisterciensium ordinis que se volebant excusare a prestacione subsidii.

Recepi primo ab abbate Clari Loci	100 sol.
Item ab abbate Alte Silve	6 libr.
Item ab abbate Belli Prati	8 libr.
Item ab abbatissa de Stagno	5 flor.
Item ab abbate de Escureyo	10 flor.
Item ab abbate de Insula	12 flor.

Item ab abbate de Vallibus en Ornoys nichil recepi, quia cum ipse conduxisset socium meum eundo in Burgundiam, ipse abbas cum reverteretur fuit captus per Ferricum de Turre et eius complices et ductus in Alamania et ibi fuit captivatus fere per dimidium annum et perdidit equos suos et plura alia dampna sustinuit propter dictam capcionem.

Summa huius pagine	38 libr. 27 flor.
	Appro(bo).

Fol. 72ʳ.

Item ab ecclesia collegiata de Mota	10 libr.
Item ab ecclesia collegiata de Briceyo	8 flor.
Item ab ecclesia collegiata de Runello	6 libr.
Item ab ecclesia collegiata de Salhe	5 flor.
Item ab ecclesia collegiata de Fista	4 flor.
Item ab ecclesia collegiata de Linheyo	10 libr.
Item ab ecclesia collegiata de Vallis Colore	4 libr.

Item ab ecclesia collegiata de Commarceyo	6 libr.
Item ab ecclesia sancti Deodati	25 libr.
Item ab abbatissa Romatici Montis[1] (*sic*)	40 libr.

Item sciendum quod prior de Dompna Maria Cluniacensium ordinis
Item prior de Frovilla eiusdem ordinis
Item preceptores omnes ordinis hospitalis sancti Iohannis Ierosolimitani dicte Tullensis diocesis
Item prior de Relangijs ordinis Cluniacensium
Item prior de Badopera eiusdem ordinis
} se excusaverunt asserentes quod a maioribus ipsorum habuerant in mandatis a superioribus ipsorum quod non concederent dictum subsidium quia dicti maiores debebant cum domino nostro pro toto ordine convenire.

Item aliqui alii priores pauperes et alique abbatisse Cisterciensum ordinis sicut abbatissa Benedicte Vallis
Item abbatissa de sancta Adhulde
} se excusaverunt propter paupertatem et quia propter guerram perdiderunt bona sua.

Summa huius pagine   101 libr. et 17 flor.

Appro(bo).

Fol. 73.

Summa totalis recepte facte de dicto subsidio in diocesi Tullensi 733 libr. 5 sol. monete tunc currentis apud Tullum et 662 flor.

Appro(bo).

De quibus 733 libr. 5 sol. dicte monete empti fuerunt 800 flor. quilibet pretio 17 sol. et 6 den. dicte monete; valent 700 libr. dicte monete.

[Item[2] valent 33 libr. 5 sol. que supersunt   38 flor. 10 sol. florenis computatis ut supra.

Summa universalis recepte predicte diocesis facta reductione de monetis ad florenos   1500 flor. 10 sol.]

Diocesis Metensis.

Fol. 73 v.

Sequitur recepta facta de eodem subsidio per me Petrum memoratum in diocesi Metensi virtute consimilis commissionis michi et college meo facte.

Et primo a reverendo in Christo patre domino Ludovico de Pictavia tunc episcopo Metensi nichil egi seu recepi ex eo, quia absens erat quando venimus in diocesi sua et erat in patria sua, ubi mense Augusti diem clausit extremum.

Item a capitulo maioris ecclesie Metensis   50 libr.

---

[1] »Remiremont« ist gemeint.
[2] Von hier ab bis zum Schlusse der Seite des Manuskriptes schrieb eine andere Hand.

8*

Item a magistro Aubrico maiori archidiacono   20 libr.
Item a domino Guillermo de Monte Ferrandi archidiacono de Marssallo in eadem ecclesia   10 libr.
Item a procuratore domini cardinalis de Garno archidiaconi de Vico absentis   10 libr.
Item a procuratore archidiaconi de Salborc in eadem ecclesia   6 libr.
Item ab abbate sancti Vincencii Metensis   10 libr.
Item ab abbate sancti Symphoriani   10 libr.
Item ab abbatissa sancte Glodecindis (*sic*)   100 sol.
Item ab abbatissa sancti Petri Metensis   100 sol.
Item ab abbate sancte Crucis ante Metim   4 libr.
Summa huius pagine   130 libr.

Appro(bo).

Fol. 74.

Item ab archipresbitero Metensi   10 libr.
Item ab archipresbitero de Tionisvilla   6 libr.
Item ab archipresbitero de Nentes   50 sol.
Item ab archipresbitero de Ioye   40 sol.
Item ab archipresbitero de Ponte montis   100 sol.
Item ab archipresbitero de Gorcia   7 libr.
Item ab archipresbitero de Novineyo   8 libr.
Item ab archipresbitero de Demes   8 libr.
Item ab archipresbitero de Ierrasia   10 libr.
Item ab archipresbitero de Marssallo   12 libr.
Item ab archipresbitero de Salaborc   10 libr.
Item ab archipresbitero de sancto Arnuali   10 libr.
Item ab archipresbitero de Novo Monasterio   8 libr.
Item ab archipresbitero de Virgavilla   10 libr.
Item ab archipresbitero de Rombar   6 libr.
Item ab archipresbitero de Horenbac   10 libr.
Item ab archipresbitero de Bokenem   8 libr.
Item ab archipresbitero de Morangiis   12 libr.
Item ab archipresbitero de Hastixe   6 libr.
Item archipresbiter de Camputre promisit 7 libr., sed nichil solvit propter paupertatem.
Item dominus abbas sancti Clementis promisit 60 libr., sed nichil solvit propter paupertatem.
Item dominus abbas sancti Arnulphi promisit 60 libr., sed morte preventus non solvit et successor eius excusavit se propter paupertatem.
Summa huius pagine   150 libr. 10 sol.

Appro(bo).

Fol. 74 v.

Item ab abbate Salve Vallis   8 libr.
Item ab abbate sancti Martini Glandariensis   10 libr.

Item ab abbate Iustimontis	100 sol.
Item ab abbate Bosonisville	6 libr.
Item ab abbate sancti Petri Montis	10 flor.
Item ab abbate sancti Nabors (*sic*)	8 libr.
Item ab abbate sancti Martini ante Metim	100 sol.
Item ab abbate Gorsiensi	40 flor.
Item ab abbate Warno Villariensi	100 sol.
Item ab abbatissa de Crusallo	6 libr.
Item ab abbatissa de Novo Monasterio	10 libr.
Item ab abbatissa de Hesse	10 libr.
Item ab abbatissa de Bargavilla	8 libr.
Item a magistra de Bassala	100 sol.
Item ab abbatissa de Herbossen	10 libr.

Item abbas de Villari
Item abbas Pontis Tifredi
Item abbas sancte Marie Metensis
Item prior de Alminga

} excusaverunt se propter paupertatem, quia combusti fuerunt tempore guerre et de excusatione eorum tradiderunt litteras suas apertas sigillis suis sigillatas.

Summa huius pagine   96 libr. 50 flor.

Appro(bo).

Fol. 75.

Item ab ecclesia collegiata de Salaborc	100 sol.
Item ab ecclesia collegiata de Marcello	6 libr.
Item ab ecclesia collegiata de Humborc	100 sol.
Item ab ecclesia collegiata de Novo Monasterio	4 libr.
Item ab ecclesia collegiata de sancto Arnuali	6 libr.
Item a priore de Luxen	4 libr.
Item a priore Moysionis	20 sol.

Item prior de Tiancort
Item prior de Vinerijs
Item prior sancti Germani
Item prior de Cella

} se excusaverunt propter guerras et propter paupertatem.

Summa huius pagine   31 libr.

Appro(bo).

Summa totalis recepte de dicto subsidio in diocesi Metensi 407 libr. et 10 sol. monete tunc currentis in dicta diocesi. Item 50 flor. auri.

Appro(bo).

De quibus 407 libr. et 10 sol. fuerunt empti 400 flor. precio quilibet 17 sol. 6 den. dicte monete et 37 ad agnum quilibet precio 20 sol. dicte monete; valent[1] 387 den.

---

[1] Dieser Zusatz scheint von anderer Hand; in den Zahlen sind Korrekturen. — Fol. 75ᵛ ist unbeschrieben.

Fol. 76.

Sequitur recepta facta per me Petrum memoratum de subsidio gratuite concesso domino nostro pape in civitate et diocesi *Virdunen*.[1] virtute consimilis commissionis michi et prenominato college meo facte.

Et primo a domino episcopo Virdunensi	150 libr. monete currentis apud Virdunum tempore solutionis.
Item ab universali capitulo maioris ecclesie Virdunensis	200 libr. dicte monete.
Item ab ecclesia collegiata ecclesie beate Marie Magdalene Virdunensis	40 libr.
Item ab abbate sancti Pauli Virdunensis	30 libr.
Item ab abbate sancti Agerici	10 libr.
Item ab abbate sancti Nicolay in prato	12 libr.
Item ab abbatissa sancti Mauri	10 libr.
Item a decano rurali Virdunensi	15 libr.
Item a decano rurali de Damvillers	20 libr.
Item a decano rurali de Chaucecort	15 libr.
Item a decano rurali de Villa supra Cosanssam	20 libr.
Item a decano christianitatis de Ramblensim (*sic*)	25 libr.
Item a decano christianitatis de sancto Michaele	20 libr.
Summa huius pagine	567 libr.

Appro(bo).

Fol. 76 v.

Item ab abbate sancti Michaelis	30 libr.
Item a decano rurali de Hatonis Castro	20 libr.
Item a decano rurali de Harvilla	15 libr.
Item a decano rurali de Bolinguey	20 libr.
Item ab abbate de Stagno	100 sol.
Item ab abbate de Castellione	100 sol.
Item ab abbate de Calladia	6 libr.
Item a priore de Amella	100 sol.
Item ab abbate sancti Agerici[2]	20 libr.

Item prior de Asperomonte	se excusaverunt propter
Item prior de Flabaix	guerras et propter pauper-
Item canonici sancte Crucis Virdunensis	tatem maximam.
Item abbas Belli loci Cluniacensium ordinis	se excusaverunt asserentes, quod maiores ordinis ipsorum eis
Item omnes preceptores hospitalis sancti Iohannis Ierosolimitani dicte diocesis	scripserant quod ipsi concesserant dictum subsidium domino nostro pape pro toto ordine.

[1] In der Handschrift irrtümlich »Meten.«.
[2] Dieser Name findet sich schon oben; vielleicht ist »sancti Vitonis« zu lesen.

Verdun — Besançon. 119

Summa huius pagine 126 libr.
Appro(bo).
Fol. 77.
Summa totalis recepte de dicto subsidio diocesis Virdunensis
693 libr. monete currentis Virduno.
Appro(bo).

Et est sciendum quod anno Domini 1327 venimus primo Virduni (*sic*)
socius meus et ego, ita quod propter captionem nostram in dicta
diocesi illo anno nichil potuimus facere. Postquam anno 28° fuit ibi
promissum dictum subsidium et fuit solutum eodem anno circa mensem Augusti, tunc vero in dicta civitate currebat debilis moneta videlicet Valosius qui computatur pro 2 den. cum o et grossus pro
25 den. et flor. auri pro 25 sol. et 3 den.
De predictis vero 693 libr. fuerunt empti 500 flor. Florentie precio quilibet 25 sol. 3 den.; valent dicte monete 631 libr. 5 sol.

Item recepi a subcollectoribus meis civitatis et diocesis Bisuntin. facto
finali computo cum eisdem, de subsidio gratuite domino nostro pape
concesso per prelatos et personas ecclesiasticas civitatis et diocesis
predictarum 1228 flor. 17 sol. 6 den. debiles 16 sol. 7 den. ob. Steph.
Quere infra particulares receptas in sequenti folio.
Attendere debet particulas.[1]
Fol. 78.
Sequitur tenor commissionum michi et domino Raymundo de Valleaurea
factarum primo a sanctissimo in Christo patre et domino domino
Iohanne papa XXII super receptione fructuum beneficiorum vacantium tunc apud sedem apostolicam et alias ubicumque in civitate et
diocesi Tullen. currente anno Domini millesimo trecentesimo vicesimo
nono pontificatus domini Iohannis pape XXII anno quartodecimo.

Iohannes episcopus servus servorum Dei venerabili fratri . . episcopo
Tullensi et dilectis filiis abbatibus, prioribus, decanis, prepositis, archidia-
conis, archipresbiteris et ceteris[2] ecclesiarum prelatis et rectoribus, capitulis
quoque collegiis et conventibus Cisterciensium, Cluniacensium, Premonstratensium, Grantimontensium, Cartusiensium, Vallis umbrose, Camaldu-
lensium, sanctorum Benedicti et Augustini et aliorum ordinum ceterisque
personis ecclesiasticis tam secularibus quam regularibus exemptis et non
exemptis necnon sancti Iohannis Ierosolimitani, beate Marie Theotonicorum, Calatravensium et Humiliatorum magistris, prioribus et preceptoribus eorumque loca tenentibus per civitatem et diocesim constitutis

---

[1] Diese Bemerkung wurde wahrscheinlich durch den Revisor an den Rand geschrieben. — Fol. 77ᵛ ist unbeschrieben.
[2] In der Handschrift: »eccliis«.

Fol. 78ᵛ.

salutem et apostolicam benedictionem. Quantis hereticorum et scismaticorum eorumque fautorum sacrosancta Romana ecclesia molestetur insultibus quantaque requirat ipsius a premissis defensio profluvia expensarum
vestram non credimus prudenciam ignorare. Cum igitur ad honera expensarum huiusmodi supportanda proventus nostre Camere sint exiles,
nos volentes tantis periculis quanta possent ex defectu expensarum circa
premissa subsequi, sicut cum possumus, obviare, deliberatione prehabita
super hiis diligenti, fructus, redditus et proventus primi anni omnium et
singulorum beneficiorum ecclesiasticorum cum cura vel sine cura, eciam
dignitatum, personatuum et aliorum locorum ecclesiasticorum tam secu-
larium quam regularium, exemptorum et non exemptorum que in tuis,
frater episcope, civitate et diocesi Tullen. vacant ad presens et que usque
ad unum annum a die date presentium computandum qualitercumque et
ubicumque, eciam apud sedem apostolicam, vacare contigerit, certis tamen
ecclesiis, monasteriis, dignitatibus et beneficiis subscriptis expressim exceptis, percipiendos modo infrascripto, pro nostris et ecclesie memorate
utilius supportandis oneribus, auctoritate apostolica reservamus et eidem
Camere applicamus. Non obstantibus quibuscumque statutis et consuetudinibus contrariis ecclesiarum, monasteriorum et locorum in quibus huiusmodi beneficia, dignitates et personatus ac officia [1] fuerint, iuramento, con-

Fol. 79.

firmatione dicte sedis seu quacumque firmitate alia roboratis, aut si fructus,
redditus et proventus primi anni ex privilegio sedis eiusdem vel alias de
iure seu quacumque consuetudine vel statuto alicui vel aliquibus debeantur
aut si sint in usus alios convertendi. Volumus autem quod si idem beneficium bis in anno (*vacare*) [2] contingat, non nisi semel fructus illius pro
dicta Camera exigantur, et eodem anno unica fructuum cuiuslibet beneficii
sic vacantis perceptione ipsa Camera et collectores deputati super hoc sint
contenti, quodque predicti fructus, redditus, proventus iuxta taxationem
decime persolvantur et a collectoribus percipiantur eisdem, ut scilicet
summam, pro qua unumquodque beneficiorum ipsorum in decime solutione
taxatur, exigant et recipiant, totali residuo beneficia huiusmodi obtinentibus
remansuro, nisi forte collectores predicti residuum huiusmodi pro nobis
et Camera nostra vellent percipere et habere et obtinentibus beneficia ipsa
pro supportandis eorum oneribus et sustentacione habenda summam pro
qua beneficia ipsa taxantur in decima remanere. Nos enim percipiendi
utrumlibet predictorum, videlicet taxationis vel residui, eosdem collectores
habere volumus obtionem (*sic*). De beneficiis autem non taxatis ad decimam sic volumus ordinari, quod medietas fructuum illorum ad Cameram
predictam et alia ad obtinentes dicta beneficia debeat remanere, ita quod

---

[1] In der Handschrift: »officiarum«.
[2] Dieses Wort wurde hier offenbar ausgelassen.

Fol. 79ᵛ.

quicquid dicti collectores elegerint, beneficiorum ipsorum onera debeant
obtinentes ipsa beneficia de parte quam sibi collectores dimittent totaliter
supportare, nisi forte ipsi obtinentes dicta beneficia vellent dictos fructus,
redditus et proventus omnino dimittere collectoribus ipsis, quo casu ipsi
collectores habeant huiusmodi beneficiis quo ad curam animarum, si eis
immineat, necnon quo ad divinum officium et sacramentorum ecclesiasticorum ministrationem facere per personas ydoneas deserviri. Nostre insuper intentionis existit quod, ne presens reservatio et alia que de fructibus, redditibus et proventibus beneficiorum apud dictam sedem vacantium
facimus se per concursum valeant mutuo impedire, si vigore unius fructus
alicuius beneficii dicte Camere recipiantur nomine, pro eadem vacatione
pretextu alterius nullatenus exigantur. Ceterum volumus et tenore presentium declaramus, quod deputatio nostra huiusmodi nullatenus extendatur
ad episcopalem ecclesiam nec ad abbacias regulares nec ad beneficia illa
quorum fructus, redditus et proventus annui valorem sex librarum parvorum Tur. non excedunt et que permutationis causa vacare contigerit,
nec etiam ad vicarias seu capellanias ut plurimum a decedentibus secundum morem diversarum ecclesiarum institutas ad missas pro ipsis decedentibus celebrandas, certis constitutis redditibus presbitero inibi celebranti
seu alias, ut diurnis et nocturnis canonicis horis intersint, nec etiam ad

Fol. 80.

cotidianas distributiones quarumcumque ecclesiarum seu anniversaria vel
obventiones que ad certum quid deputate noscuntur. Verum quia con-
tingit interdum quod fructus, redditus et proventus beneficiorum huiusmodi
primi anni debentur defuncto vel fabrice aut prelato seu ecclesie habenti
annalia, declaramus quod pretextu nostre deputationis huiusmodi non pre-
iudicetur eisdem qui alias primi anni fructus, redditus et proventus fuerant
percepturi de consuetudine, privilegio vel statuto, quin fructus, redditus
et proventus huiusmodi sequenti anno percipiant, sicut percipere consue-
verunt temporibus retroactis. Volumus autem, prout est consonum rationi ad scandala evitanda, quod solutio huiusmodi fructuum, reddituum
et proventuum fiat in duobus terminis congruis ipsorum collectorum ar-
bitrio statuendis, sic equidem quod, ubi collectores taxationem decimalem
fructuum, reddituum et proventuum huiusmodi primi anni pro eadem Camera nostra habere voluerint, obtinentes ipsa beneficia dictorum fructuum,
reddituum et proventuum residuum habituri de eisdem fructibus, redditibus
et proventibus, quos eodem casu iidem obtinentes in totum colligent, eandem taxationem collectoribus solvant eisdem in ipsis duobus terminis, ut

Fol. 80ᵛ.

premittitur,[1] statuendis et sufficientem prestent cautionem de solutione
huiusmodi facienda; ubi vero collectores predicti taxationem prefatam

---

[1] In der Handschrift: »premititur«.

obtinentibus beneficia ipsa dimittere et habere residuum fructuum, redditum et proventuum ipsorum elegerint, tunc iidem collectores de ipsis fructibus, redditibus et proventibus, quos in totum colligent eo casu, solvant obtinentibus beneficia taxationem eandem in duobus terminis similiter statuendis; sed nec pretextu solutionis huiusmodi volumus ut ad calices, cruces, vasa, libros ac bona mobilia divino usui dedicata manus aliquatenus extendatur. Quocirca universitatem vestram rogamus et monemus per apostolica scripta vobis stricte precipiendo mandantes, quatinus huiusmodi nostris et ecclesie nostre necessitatibus pio compacientes affectu per collectores predictos et subcollectores ab eis deputandos huiusmodi fructus, redditus et proventus primi anni in forma prescripta colligere, exigere et recipere absque alicuius difficultatis obstaculo libere permittatis et illos, prout in vobis fuerit, integre assignetis eisdem, non obstantibus quibuscumque statutis, privilegiis et consuetudinibus contrariis ecclesiarum et locorum, in quibus huiusmodi beneficia fuerint, iuramento, confirmacione sedis apostolice vel quacumque alia firmitate vallatis, seu si vobis vel quibusvis aliis aut vestris ordinibus specialiter vel generaliter a sede apostolica indultum existat quod excommunicari, suspendi vel interdici non possitis per litteras aposto-

Fol. 81.

licas non facientes plenam et expressam ac de verbo ad verbum de indulto huiusmodi seu de propriis ordinum, locorum et personarum vestrarum nominibus mencionem, ac quibuslibet litteris, privilegiis et indulgentiis generalibus vel specialibus quibuscumque dignitatibus, ordinibus, personis et locis sub quacumque forma vel expressione verborum a dicta sede concessis, per que presentibus non expressa vel totaliter non inserta effectus earum impediri valeat quomodolibet vel differri et de quibus quorumque tenoribus de verbo ad verbum mentionem in nostris litteris fieri oporteat specialem. Dat. Avinione non. Octobris pontificatus nostri anno quartodecimo.

Tenor vero alterius littere commissionis sequitur in hec verba.

Iohannes episcopus servus servorum Dei dilectis filiis Petro Guigonis de Castronovo, archidiacono de Vico in ecclesia Metensi, et Raymundo de Valle aurea canonico Vivariensi apostolice sedis nunciis salutem et apostolicam benedictionem. Quantis hereticorum et scismaticorum. — Dat. Avinione non. Octobris pontificatus nostri anno quartodecimo.

Der Inhalt dieser Bulle (fol. 81—83ᵛ) ist mutatis mutandis mit dem der vorhergehenden identisch. Die beiden genannten Kollektoren werden mit der Erhebung der reservierten Benefiziengelder betraut.

Fol. 84.

Virtute quarum litterarum ego Petrus prenominatus recepi de fructibus beneficiorum, que a dictis nonis Octobris predictis currente anno Domini 1329 usque ad alias nonas Octobris subsequentes anno Domini 1330 vacarunt apud sedem apostolicam vel alias qualitercumque in civitate et diocesi Tullen. ut sequitur.

Prima reservatio in diocesi Tullensi.

Fol. 84 r.

Et primo pro ecclesia de Frouart 12 libr.
Item pro ecclesia parrochiali sancti Iohannis prope Petram Fortem
10 libr.
Item pro ecclesia sancti Petri prope Pontem Montionis 4 libr.
Item pro ecclesia de Flireyo 100 sol.
Item pro ecclesia de Duino 8 libr.
Item pro ecclesia de Lygnevilla 9 libr.
Item pro quadam prebenda in ecclesia de Brixeyo 6 libr.
Item pro ecclesia de Luceyo 6 libr.
Item pro ecclesia de Sartilluez 10 libr.
Item pro ecclesia de Meligneyo parvo 100 sol.
Item pro ecclesia de Ocheyo 6 libr.
Item pro ecclesia de Hulleycort 8 libr.
Item pro ecclesia de Hadonvillari 100 sol.
Item pro quadam prebenda in ecclesia Tullensi quam obtinebat dominus
Petrus Durandi olim collector in dictis partibus 30 libr.
Hec vacabat apud sedem apostolicam.[1]
Summa huius pagine 124 libr.

Fol. 85. *Approb(bo).*

Item pro ecclesia de Dompno Martino ante Tullum 6 libr.
Item pro prioratu de sancto Ylario 100 sol.
Item pro ecclesia de Brissons 4 libr.
Summa 15 libr.

Prima reservatio in diocesi Metensi.

Sequitur recepta de fructibus beneficiorum vacantium apud sedem aposto-
licam aut alibi ubicumque in civitate et diocesi Meten. pro eodem
termino et anno supradictis.
Item pro ecclesia de Morangiis recepi 100 sol.
Item pro ecclesia de Tilh alias eciam dicta de Bream 4 libr.
Item pro ecclesia de Leudinga et de sancto Apro 7 libr.
Item pro ecclesia de Bendostorf 6 libr.
Summa huius pagine 37 libr.

Fol. 85 r. *Appro(bo).*

Item pro ecclesia de Destroy 40 sol.
Item pro ecclesia de Ius 100 sol.
Item pro ecclesia de Tionisvilla 8 libr.
Item pro ecclesia de Fristor 60 sol.
Item pro ecclesia de Amps 40 sol.

[1] Diese Bemerkung steht am Rande.

Item pro ecclesia de Sulinga   40 sol.
Item pro ecclesia de Wilre   10 sol.
Item pro duabus prebendis in ecclesia sancti Arnualis quas emit Guillermus de Menonvilla   10 libr.
Item pro ecclesia de Dompno Victore   6 libr.
Item pro ecclesia de Soigvel   60 sol.
Item pro ecclesia de Domuer (?)   100 sol.
Item pro ecclesia de Bidelinga   40 sol.
Item pro ecclesia de Bizinga   60 sol.
Item pro ecclesia de Betvilre   40 sol.
Item pro ecclesia de Stencella inferiori   50 sol.
Item pro ecclesia de Virnospec   60 sol.
Item pro quadam prebenda in ecclesia sancti Theobaldi Metensis   7 libr.
Item pro ecclesia de Guelembac superiori   50 sol.
Summa huius pagine   68 libr. 10 sol.

Appro(bo).

Fol. 86.

Item vacavit illo anno ecclesia de Chassey pro qua debebamus habere 40 quartas vaymi et tamen nichil receptum reperio de hoc.

Item vacavit ecclesia de Cutingua pro qua debebamus habere 40 quartas bladi et Willicus de Alberstorf recepit violenter bladum totum dicte ecclesie; fuit excommunicatus et agravatus et ita nichil receptum est.

Item vacavit ecclesia parrochialis de Gorsia et antequam venirent fructus, ille curatus permutavit cum alio curato et cum ab illo peterentur fructus dicte ecclesie, ille secundus curatus se excusavit et post fuerunt super hoc vocati ambo et fuit diu litigatum pro hoc et facti processus, verum nichil receptum est pro dicta ecclesia.

Item vacavit perpetua vicaria ecclesie de Walmustre collata domino Iohanni Fleuter, capellano baylivi Alamanie, qui pluries vocatus fuit super hoc nec curavit respondere propter potentiam dicti baylivi; facti fuerunt processus contra ipsum.

Item vacavit ecclesia de Menenbac collata filio cuiusdam nobilis de Alamania qui numquam curavit comparere nec aliquis venit pro ipso ad componendum de fructibus dicte ecclesie; fuit factus processus contra ipsum.

Item vacavit in maiori ecclesia Metensi archidiaconatus et prebenda que obtinebat ibidem reverendus pater dominus B(ernardus) de Garno cardinalis, que proprio motu tunc michi Petro contulit sanctissimus pater dominus Iohannes papa.

R(esta).[1]   *At(tende).*[2]

---

[1] Von der Hand des Revisors neben die Rückstände an den Rand geschrieben.
[2] Neben den letzten Absatz vom Revisor an den Rand geschrieben.

Prima reservatio in diocesi Virdunensi.

Secuntur recepte facte per me Petrum memoratum de fructibus beneficiorum que pro eodem termino vacaverunt in civitate et diocesi Virdunen.

Et primo recepi pro fructibus ecclesie de sancto Michaele
16 libr. monete Virdunen.

Item pro ecclesia de Monte sancti Egidii   12 libr.

Item pro ecclesia de Warc   8 libr.

Item pro ecclesia sancti Desiderii   10 libr.

Item pro ecclesia de Pileus   11 libr.

Item pro ecclesia de sancto Merdardo (*sic*), cum nullus vellet illam arendare propter interdictum in civitate tunc appositum contra cives per dominum Virdunensem, fecimus eam per ydoneos presbiteros deserviri et deductis omnibus expensis habuimus de residuo
12 libr. et 10 grossos cum o et 5 sol. Valosiorum.

Item pro ecclesia de Flurey   15 libr.

Item pro prebenda maioris ecclesie vacante per mortem Rotgerii de Martey
20 libr.

Prebenda illa non habuit residentem et propter hoc tantum valuit illo anno.

Summa huius pagine   104 libr. 10 gross. 5 sol. Valosiorum.
Appro(bo).

Fol. 87.

Item vacavit ecclesia de Heypes de qua nichil recepimus propter tenuitatem reddituum dicte ecclesie.

Item vacavit eodem anno prebenda in ecclesia maiori quam obtinet Hugominus filius magnifici viri domini Petri de Barro, pro qua nichil exactum est.

R(esta).[1]

In diocesi Tullensi pro secunda reservatione.

Fol. 87ᵛ.

Sequitur recepta facta de fructibus beneficiorum que vacaverunt in civitate et diocesi Tullen. a nonis Octobris currente anno Domini 1330, pontificatus vero sanctissimi patris et domini nostri domini Iohannis pape XXII anno 15° usque ad nonas Octobris immediate sequentes currente anno Domini 1331 virtute prorogacionis facte per dictum dominum papam de prima reservacione per eum anno preterito facta.

Et primo recepi pro ecclesia de Rus   10 libr.

Item pro ecclesia de Mariamcort   7 libr.

Item pro ecclesia de Dompno Apro   6 libr.

---

[1] Am Rande von der Hand des Revisors.

Item pro ecclesia de Longo Campo   8 libr.
Item pro ecclesia sancti Iohannis Tullensis   10 libr.
Item pro ecclesia de Statinheyo   9 libr.
Item pro ecclesia de Malencuria   7 libr.
Item pro ecclesia de Padonzel   100 sol.
Item pro ecclesia de Behanne   4 libr.
Summa huius pagine   66 libr.

Appro(bo).

Fol. 88.

Item pro ecclesia de Sorteyo Castro   6 libr.
Item pro ecclesia de Iemulleto   100 sol.
Item pro prebenda vacante in ecclesia Tullensi per promocionem domini nunc Tullensis episcopi quam obtinuit Prerussonus (?) de sancto Michaele, que fuit eidem vendita illo anno propter bonum forum bladi
     26 libr.
Item vacavit prioratus de Dompna Maria Cluniacensium ordinis per obitum reverendi patris domini P. de Areblayo cardinalis, qui fuit collatus domino Nicolao de Iolonheyo monacho Cluniacensi, pro quo recepi   40 libr.
Debet adhuc dictus prior 160 libr. pro fructibus primi anni.
     Resta.[1]
Summa huius pagine   77 libr.

Appro(bo).

Secunda reservatio in diocesi Metensi.

Fol. 88 v.

Sequitur recepta facta per me Petrum memoratum de fructibus beneficiorum que eodem termino et per eandem reservationem vacaverunt in civitate et diocesi Meten.

Et primo recepi pro ecclesia de Limiers   4 libr.
Item pro quadam prebenda ecclesie de Mon(asterio)   100 sol.
Item pro ecclesia de Chaire   100 sol.
Item pro ecclesia de Valerijs   40 sol.
Item pro ecclesia de Hativilre   3 flor.
Item pro ecclesia sancti Martini ante Metim   40 sol.
Item pro ecclesia de Swigneyo   50 sol.
Item pro ecclesia de Lutevislre (*sic*)   100 sol.
Item pro quadam prebenda in ecclesia de sancto Arnuali que fuit domini Folmari quondam canonici dicte ecclesie quam emit Guillermus de Menonvilla   4 libr.

---

[1] Am Rande.

Item vacavit ecclesia de Droseneyo que fuit vendita pro 18 quartis avene cuidam vicario eiusdem ecclesie; nichil recepimus et dictus vicarius fuit monitus et excommunicatus.

Summa huius pagine 29 libr. 10 sol. 3 flor.

Appro(bo).

Fol. 89.

Item in ecclesia maiori Metensi vacavit prebenda per mortem domini Michaelis quondam canonici, pro qua compositione per me cum capitulo facta habui 16 libr.

Item vacaverunt ecclesie de Warsvilre et de Centeleuges que fuerunt vendite curatis dictarum ecclesiarum pro certa quantitate bladi; dicti vero curati fuerunt super hoc moniti et post excommunicati et dicte ecclesie interdicte, set ipsi ostenderunt quod domini temporales ipsorum illo anno ceperunt blada sua et per aliquos nobiles fuerunt etiam combuste ville in quibus dicte ecclesie site sunt.

Summa pagine 16 libr.

Patet.

Secunda reservatio in diocesi Virdunensi.

Fol. 89v.

Sequitur recepta facta per me Petrum memoratum de fructibus beneficiorum que eodem termino et per eandem reservacionem vacaverunt in civitate et diocesi Virdunen.

Et primo recepi de ecclesia de Gilbecort 15 libr.

Item pro ecclesia de sancto Amano 20 libr.

Item pro ecclesia de Buxerijs 12 flor.

Item pro ecclesia de Bramivilla 10 libr.

Item pro ecclesia de Novilhenponte 15 flor.

Item pro ecclesia de Dambly 12 libr.

Item pro ecclesia de Perrey 20 flor.

Item vacavit primiceriatus et prebenda Virdunen. per mortem domini Athenulphi de Supinu et fuit collatus domino cardinali Petragoricensi, de quibus nichil recepi quia super hec litteras habui huiusmodi a domino meo domino camerario.

Summa huius pagine 57 libr. 47 flor.

Appro(bo).

In diocesi Tullensi tercia reservatio.

Fol. 90.

Sequitur recepta facta per me Petrum memoratum de fructibus beneficiorum que vacaverunt in civitate et diocesi Tullen. a nonis Octobris currente anno Domini 1331 pontificatus vero sanctissimi patris et domini nostri domini Iohannis pape XXII anno 16° usque ad nonas Octobris currente anno Domini 1332 virtute alterius prorogacionis facte per dictum dominum nostrum de prima reservacione per eum ut permittitur facta.

Et primo recepi pro ecclesia de Chairancort	10 libr.
Item pro ecclesia parrochiali de Salheyo	12 libr.
Item pro ecclesia de Lemenvilla	8 libr.
Item pro ecclesia sancti Privati de Vitello	9 libr.
Item pro ecclesia de Oyllienvilla	6 libr.
Item pro ecclesia de Arreyvilla	7 libr.
Item pro ecclesia de Brueriis	10 libr.
Item pro ecclesia de Brevoncort	100 sol.
Item pro prebenda et decanatu de Liberduno	10 libr.
Item pro ecclesia de Dompna Libaria	100 sol.
Summa huius pagine	82 libr.

Appro(bo).

Fol. 90ᵛ.

Item pro prebenda maioris ecclesie quam obtinebat dominus Vivianus quondam canonicus dicte ecclesie vacante per obitum eiusdem ex compositione per me facta cum magistro Iohanne de Montemadeyo   22 libr.

Patet.

Item vacavit quedam capellania fundata et instituta in ecclesia Tullensi pro missis celebrandis, pro qua subcollectores mei receperant pignora et quia secundum tenorem commissionis nobis facte de talibus capellaniis nichil debebamus percipere seu levare, feci pignora capta restitui.

In diocesi Metensi tercia reservatio.

Sequitur recepta facta per me Petrum memoratum de fructibus beneficiorum que eodem termino et per eandem reservacionem vacaverunt in civitate et diocesi Meten.

Et primo pro prebenda capelle beate Marie Rotunde vacante per obitum domini Fortonis condam canonici dicte capelle	100 sol.
Item pro ecclesia de Rokelanges	50 sol.
Summa huius pagine	29 libr. 10 sol.

Appro(bo).

Fol. 91.

Item pro ecclesia de Nuevesches	50 sol.
Item pro prebenda ecclesie de Homborc quam obtinet Nicolaus de sancto Nabore canonicus dicte ecclesie	4 libr.
Item pro prebenda maioris ecclesie vacante per obitum domini Philippi de Lucemborc ex compositione per me facta cum capitulo	16 libr.
Item pro ecclesia de Walteinga	40 sol.
Item pro ecclesia de Bilsterf	60 sol.
Item pro ecclesia de Makestat	6 libr.

Item pro prebenda et thesauraria ecclesie Metensis vacantibus per obitum magistri Hugonis de Monteiustino, qui in curia diem clausit extremum, que fuerunt collate reverendo patri domino Ambaldo cardinali, recepi pro medietate cum illud beneficium non taxetur ad decimam   75 libr.

Dicit se dictus dominus cardinalis adhuc gravatum quia non solvi expensas totas vinearum.

Item vacaverunt ecclesie de Lupeyo et de Hombor a quibus nichil potuimus habere, quia curati concesserunt quod reciperemus totum et eas faceremus deserviri; et quia vidimus quod redditus erant tenues, dimisimus eos in pace.

Item vacavit ecclesia sancti Iuliani Metensis de qua etiam nichil habui propter tenuitatem reddituum dicte ecclesie.

R(esta).[1]

Summa huius pagine   108 libr. 10 sol.

Appro(bo).

Tercia reservatio in diocesi Virdunensi.

Fol. 91 v.

Sequitur recepta per me Petrum memoratum facta de fructibus beneficiorum que eodem termino et per eandem reservacionem vacaverunt in civitate et diocesi Virdunen.

Et primo recepi pro ecclesia de Handonvilla   12 libr.

Item pro ecclesia de Troyons   16 flor. auri.

Item pro prebenda et camerariatu ecclesie Virdunensis que obtinet dominus Iohannes de Firmitate recepi pro parte, et dictus dominus Iohannes habuit per privilegium aliam partem   24 flor.

Item (pro) prebenda maioris ecclesie vacante per obitum domini Iocelini canonici dicte ecclesie condam, que habuit residentem, recepi   12 flor.

Item vacavit ecclesia sancti Iacobi Virdunensis de qua nichil recepimus propter interdictum appositum in civitate per episcopum contra cives.

R(esta).[2]

Item vacavit ecclesia sancti Amancii Virdunensis de qua eciam nichil habuimus ex eadem causa.

Item pro ecclesia de Venilleyo   16 flor.

Item vacavit prebenda in ecclesia sancte Crucis Virdunensis de qua nichil habuimus propter tenuitatem reddituum.

Summa huius pagine   12 libr. 67 flor.

Appro(bo).

---

[1] Am Rande neben den Rückständen.
[2] Am Rande neben den drei Rückständen.

Fol. 92.

Item (*pro*) prebenda maioris ecclesie vacante per obitum domini David
que habuit residentem   12 flor.
Item pro ecclesia de Rareycort   100 sol.

Quarta reservatio in diocesi Tullensi.

Sequitur recepta facta per me Petrum memoratum de fructibus beneficiorum
que vacaverunt in civitate et diocesi Tullen. a nonis Octobris currente anno Domini 1332 pontificatus vero sanctissimi patris et domini
nostri domini Iohannis pape XXII anno 17° usque ad nonas dicti
mensis currente anno Domini 1333 virtute alterius prorogationis per
dictum dominum nostrum de prima reservacione sua ut premittitur
facte.

Et primo pro parrochiali ecclesia de Famoncort	10 libr.
Item pro ecclesia de Dompno Remigio[1]	12 libr.
Item pro ecclesia de Foruille	6 libr.
Item pro ecclesia de Auboncort	8 libr.
Item pro ecclesia de Guencort	6 libr.
Item pro ecclesia de Dompno Martino ad Fratinas	10 libr.
Summa huius pagine	57 libr. 12 flor.

Appro(bo).

Fol. 92 v.

Item pro ecclesia de Lignevilla	8 libr.
Item pro ecclesia de Soinoy	6 libr.
Item pro prioratu de Barro Ducis cum magna pena	20 libr.
Item pro prebenda in ecclesia maiori Tullensi admediata Iohanni de	
Bariseyo clerico[2]	20 libr.
Summa dicte diocesis Tullensis[3]	

Quarta reservatio in diocesi Metensi.

Sequitur recepta facta per me Petrum memoratum de fructibus beneficiorum
que eodem termino et per eandem reservationem vacaverunt in civitate et diocesi Meten.

Et primo pro ecclesia de Wilre	40 sol.
Item pro ecclesia de Rodis	35 sol.
Item pro ecclesia de Villa	40 sol.
Item pro ecclesia de Rispet	30 sol.
Item pro ecclesia de Bissinga	40 sol.
Summa huius pagine	63 libr. 5 sol.

Appro(bo).

----

[1] In der Handschrift: »Remgio«.
[2] In der Handschrift: »clerici«.   [3] Die Summe fehlt.

Fol. 93.
Item pro ecclesia de Domenehem nichil quia redditus erant tenues.
Item pro ecclesia de Dompno Victore · 6 libr.
Item pro vicaria de Rentey · 30 sol.
Item pro ecclesia de Forkeringa · 20 sol.
Item pro ecclesia de Suligneyo · 4 libr.
Item pro ecclesia de Xoms · 35 sol.
Item pro ecclesia de Guelembac inferiori recepi tantum · 30 sol.
quia dominus temporalis loci recepit illo anno bladum dicte ecclesie.
Item pro prebenda maioris ecclesie vacante per obitum magistri Feliciani
condam canonici dicte ecclesie recepi ex compositione cum capitulo
facta · 16 libr.
Item pro prebenda maioris ecclesie vacante per obitum magistri Bertoldi
condam canonici dicte ecclesie ex eadem compositione · 16 libr.
Summa huius pagine · 47 libr. 15 sol.
Appro(bo).

Quarta reservatio in diocesi Virdunensi.
Fol. 93 r.
Sequitur recepta facta per me Petrum memoratum de fructibus beneficiorum
que eodem termino et per eandem reservationem vacaverunt in civi-
tate et diocesi Virdunen.
Et primo recepi pro ecclesia de Autemont · 8 libr.
Item pro ecclesia de Lixier · 12 libr.
Item pro ecclesia de Geneicort nichil quia nimis tenuis.
Item pro ecclesia de Serencort · 8 libr.
Item pro quadam prebenda in ecclesia Madelensi, quia habuit residentem
· 14 flor. auri.
Item pro ecclesia de Borronre · 10 libr.
Item pro ecclesia de Rampont · 8 libr.
Item pro ecclesia de Richecort · 13 libr.
Item pro ecclesia de Ymonuille · 9 libr.
Item pro ecclesia de Loyson · 7 libr.
Item pro ecclesia de Baencort · 10 libr.
Summa huius pagine · 85 libr. 14 flor.
Appro(bo).

Quinta reservatio in diocesi Tullensi.
Fol. 94.
Sequitur recepta ultima per me Petrum memoratum facta de fructibus
beneficiorum que vacaverunt in civitate et diocesi Tullen. a nonis
Octobris currente anno Domini 1333 pontificatus vero sanctissimi
patris et domini nostri domini Iohannis pape XXII anno 18⁰ usque
ad nonas dicti mensis currente anno Domini 1334 virtute alterius et

9*

consimilis prorogationis de prima reservatione per dictum dominum
nostrum facte.

Et primo recepi pro ecclesia de Gongoncort	8 libr.
Item pro ecclesia de Dompaire	8 libr.
Item pro ecclesia de Febrecort	6 libr.
Item pro ecclesia de Faix	4 libr.
Item pro ecclesia de Clarey	9 libr.
Item pro quadam prebenda in ecclesia de Brixeyo	6 libr.
Item pro ecclesia de Doncort	4 libr.
Item pro ecclesia de Brantigney	7 libr.
Item pro ecclesia de Arches	8 libr.
Item pro ecclesia de Rotberti espaygne	10 libr.
Summa huius pagine	70 libr.
	Appro(bo).

Fol. 94ʳ.

Item pro ecclesia de Hodeimonte	100 sol.
Item pro ecclesia de sancto Medardo	6 libr.
Item pro una prebenda in ecclesia de Liberduno	10 libr.
Item pro ecclesia de Dei Villari	100 sol.
Item pro ecclesia de Demenges	6 libr.
Item pro quadam prebenda in ecclesia Gengulphi Tullensis	12 libr.

Et sciendum quod per totum tempus supradictum vacaverunt in dicta diocesi Tullensi plures prebende in ecclesiis collegiatis, sicut in ecclesia
collegiata de Mota.

Item in ecclesia collegiata de Barro Ducis, quas confert dominus comes
Barrensis.

Item in ecclesia collegiata de Commarceyo, quas confert comes de
Seraponte.

Item in ecclesia collegiata de Lineyo quas confert dominus dicti castri;
de quibus nichil recepimus dictis patronis laicis impedientibus et com-
minationes facientibus.

Summa huius pagine	44 libr.
	Appro(bo).

Quinta reservatio in diocesi Metensi.

Fol. 95.

Sequitur recepta per me Petrum facta de fructibus beneficiorum que eodem
termino et per eandem reservacionem vacaverunt in civitate et diocesi Meten.

Et primo recepi pro ecclesia de Waltringa	40 sol.
Item pro ecclesia de Ramspac	30 sol.
Item pro quadam prebenda ecclesie de Monasterio	100 sol.
Item pro ecclesia de Fossues	6 libr.

Item pro ecclesia de Columbeyo	50 sol.
Item pro ecclesia de Ranconvalle	6 libr.
Item pro ecclesia de Genanuilla	60 sol.
Item pro ecclesia de Xulfewlre	60 sol.
Item pro quadam prebenda in ecclesia de Marssallo	4 libr.
Item pro ecclesia de Aldinga	40 sol.
Item pro ecclesia de Diepae	45 sol.
Item pro ecclesia de Gymonville	100 sol.
Item pro ecclesia de Ventos	20 sol.
Summa huius pagine	43 libr. 5 sol.
	Appro(bo).

Fol. 95ʳ.

Item pro ecclesia de Herbemaygnis 40 sol.

Item vacavit ecclesia de Landinges cuius fructus recepit comes de Salverne.

Item vacavit ecclesia de Gueybeldinga cuius fructus recepit dominus Iohannes de Asperomonte dominus temporalis dicti castri qui tunc habebat guerram.

Item vacaverunt due prebende in ecclesia Metensi illo anno de quibus nichil recepi.

At(tende).[1]

Item vacavit alia prebenda in ecclesia collegiata sancti Salvatoris Metensis per mortem Symonis de Humbore.

Item vacaverunt ecclesie curate de Blumereyo, de Riminga, de Lonhes, de Hamereyo, de Guuhs, de Condeyo supra Nidam de quibus eciam nichil recepi, quia illo termino recessi de civitate Metensi ad veniendum in curia; et cum fui in curia, sanctissimus pater et dominus noster dominus Iohannes papa per decem dies antequam intrarem curiam diem clausit extremum, per eius vero obitum aliquid[2] in illis partibus non exegi seu recepi.

Declara nomina illorum qui tenent et qualiter vacaverunt.[3]

Item sciendum quod durante tempore reservationum per dictum dominum nostrum papam ut premittitur factarum, vacaverunt plura alia minuta beneficia et ecclesie in dictis civitate et diocesi Meten., de quibus nichil recepi seu exegi propter tenuitatem reddituum et paupertatem.[4]

Declara beneficia.[5]

Summa huius pagine 40 sol.

Appro(bo).

---

[1] Am Rande, von der Hand des Revisors.
[2] In der Handschrift: »aliquis«.
[3] Diese Bemerkung wurde vom Revisor neben die vorher erwähnten Benefizien, von denen nichts gezahlt wurde, an den Rand geschrieben.
[4] Das folgende Blatt, fol. 96, wurde irrtümlich hieher gebunden; es gehört zur Rechnung des Kollektors Raymundus de Valle aurea; siehe unten.
[5] Am Rande neben der vorhergehenden Bemerkung.

Fol. 97.

Quinta reservatio in diocesi Virdunensi.

Sequitur recepta per me Petrum memoratum facta de fructibus beneficiorum que eodem termino per eandem reservacionem vacaverunt in civitate et diocesi Virdunen.

Et primo recepi pro ecclesia de Puys   10 libr.

Item pro ecclesia de Gouraincort   10 libr.

Item pro ecclesia de Malley   12 libr.

Item pro prebenda maioris ecclesie vacante per mortem Faucherii condam canonici dicte ecclesie que habuit residentem   12 flor.

Item pro prebenda dicte ecclesie vacante per obitum domini Varini condam canonici dicte ecclesie que habuit residentem   24 flor.

Item pro prebenda beate Marie Magdalene vacante per obitum eiusdem   10 flor.

Item pro succentoria ecclesie Virdunensis   12 flor.

Item pro ecclesia de Parges   10 libr.

Item pro ecclesia de sancto Andrea   12 libr.

Et sciendum quod durante termino dictarum reservationum ut premittitur per sanctissimum patrem factarum vacaverunt alia beneficia in dicta civitate et diocesi de quibus nichil receptum est seu exactum propter tenuitatem reddituum dictorum beneficiorum et paupertatem.

              Declara ut supra.[1]

Summa huius pagine   54 libr. 58 flor.

              Appro(bo).

Fol. 97ᵛ.

Summa summarum totius recepte fructuum beneficiorum vacancium pro toto tempore predicto in diocesibus Tullensi et Metensi talis est   965 libr. 5 sol. 15 flor.

              Appro(bo).

Summa summarum totius recepte in diocesi Virdunensi fructuum beneficiorum vacantium pro toto tempore predicto talis est   312 libr. 186 flor. 10 gross. 5 sol. Valos.

              Appro(bo).

Fol. 98.

Hic secuntur **assignationes** Camere domini nostri pape facte per me Petrum Guigonis de Castronovo, archidiaconum de Vico in ecclesia Metensi, de pecuniis ut supra dicitur per me receptis.

Et[2] primo assignavi eidem Camere de subsidio per me levato in civitatibus et diocesibus Tullen. et Meten. anno 1328 die quinta mensis Aprilis de   1300 flor. auri.

---

[1] Am Rande, vom Revisor.
[2] Die Assignationen sind von anderer Hand geschrieben.

Secunda vero assignatio fuit de dicto subsidio facta anno Domini 1328 die secunda mensis Octobris de   784 flor. auri cum 37 Agnis auri et 200 flor.

Tercia assignacio fuit facta de eodem subsidio anno predicto die 23ª mensis Novembris de   400 flor. auri.

> *Docet per litteras dominorum P. de Cefalbis*
> *et G. de Petrilia clericorum.*[1]

Quarta vero assignatio fuit facta tam pro dicto subsidio quam pro fructibus beneficiorum vacancium anno Domini 1330 die 13ª mensis Ianuarii de   650 flor. auri cum 37 Agnis auri et 6 Regalibus auri et 300 flor. auri.

Quinta vero assignatio per cum facta fuit anno Domini 1334 die 2ª mensis Aprilis nomine suo et nomine domini Raymundi de Valleaurea de   1442 flor. auri cum 218 den. Reg. auri et cum 52 Parisien. auri et cum 20 den. auri ad quatedram (*sic*) et 140 flor. auri.

> *Docet per litteras domini camerarii.*[2]

Fol. 98ᵛ.

Sexta vero assignatio facta fuit anno Domini 1335 de   472 flor. auri cum 112 Regalibus auri et 2 Parisinis auri de qua adhuc litteram non habemus.

> *Videatur liber.*[2]

Fol. 99.

Ratio brevis[3] venerabilis viri domini Petri Moreti, archidiaconi de Vico in ecclesia Metensi, de gestis et administratis per ipsum et receptis tam de subsidio promisso domino nostro pape quam de fructibus beneficiorum vacantium tam apud sedem apostolicam quam alibi in civitatibus et diocesibus Tullen., Methen. (*sic*) et Virdunen. in provincia Treverensi.

Primo computat recepisse anno Domini 1327 de subcidio promisso domino nostro pape per prelatos et beneficiatos diocesis Tullensis in summa   733 libr. 5 sol. monete cuius flor. valebat 17 sol. 6 den.

Item . . . .   762 flor.;
    valet totum   1500 flor. 10 sol.

Item computat recepisse de dicto subsidio a prelatis et beneficiatis de civitate et diocesi Methen. (*sic*)   407 libr. 10 sol. dicte monete, 50 flor.

Summa istarum diocesium   1140 libr. 15 sol. debilium.

Valent . . . .   1303 flor. 12 sol. 6 den.

Item computat recepisse pro dicto subcidio a prelatis et beneficiatis civitatis et diocesis Virdunen.   693 libr. monete cuius flor. valebat eo tunc 25 sol. 3 den.

Valent . .   548 flor. 23 sol.

---

[1] Am Rande und von anderer Hand, wohl vom Revisor geschrieben.
[2] Steht wieder am Rande, wie oben.
[3] Die Ratio brevis oder kurze Übersicht der Rechnung steht auf der Länge nach gefalteten Quartblättern; sie ist von einem andern Schreiber.

Item computat recepisse de subcidio diocesis Bisontine (sic)
        1228 flor. 17 sol. 6 den. tunc debil. 16 sol. 7 den. obol. Stefan.
Summa florenorum pagine   32.44 flor., moneta parva ut supra.
        Fol. 100.
Recepta fructuum beneficiorum vacantium.

Et primo computat recepisse de fructibus (beneficiorum) que vacaverunt
    in diocesi Tullensi anno Domini 1329 a nonis Octobris usque ad alias
    nonas Octobris de anno 30°   139 libr. Tur., et valebat flor. 15 sol.
                                            3 den. dicte monete.
Item computat recepisse de eadem civitate et diocesi Tullen. a nonis Oc-
    tobris de anno 30° usque ad nonas Octobris de anno 31°
                1.43 libr., de qua moneta valebat flor. 14 sol. 2 den. Tur.
Item computat recepisse de fructibus beneficiorum que vacaverunt in eadem
    diocesi Tullensi a nonis Octobris de anno 31° usque ad nonas Oc-
    tobris de anno 32°   10.4 libr. dicte monete.
Item computat recepisse de fructibus (beneficiorum) que vacaverunt in dicta
    diocesi a nonis Octobris de anno 32° usque ad nonas eiusdem mensis
    de anno 33°   106 libr. dicte monete.
Item computat recepisse de fructibus beneficiorum que vacaverunt a nonis
    Octobris de anno 33° usque ad nonas dicti mensis de anno 34°
                114 libr. dicte monete.
Summa receptorum de fructibus beneficiorum vacancium in diocesi Tullensi
        139 libr. Tur. flor. computato pretio 15 sol. 3 den.;
        summa ad flor. 182 flor. 4 sol. 6 den.
Item de eadem diocesi   467 libr., flor. computato 14 sol.;
                                    summa 667 flor. 2 sol.
Summa pagine   8.49 flor. 6 sol. 6 den.
                                            Appro(bo).
        Fol. 100ᵛ.
                    Diocesis Methensis.

Computat recepisse pro fructibus beneficiorum que vacaverunt in dicto
    anno a nonis Octobris de anno 29° usque ad nonas eiusdem mensis
    de anno 30°   90 libr. 10 sol.;
    valebat flor. . . . . 15 sol. 3 den.
    valent . . . . 118 flor. 10 sol. 6 den.
Item computat recepisse de fructibus beneficiorum que vacaverunt in pre-
    dicta diocesi a nonis Octobris de anno 30° usque ad annum revo-
    lutum   45 libr. 10 sol. 3 flor.
    valebat flor. de dicta moneta   14 sol.
Item computat recepisse de dictis fructibus a nonis Octobris de anno 31°
    usque ad annum revolutum   116 libr. dicte monete.
Item computat recepisse de dictis fructibus a nonis Octobris de anno 32°
    usque ad 33ᵘᵐ annum revolutum   57 libr.

Item computat recepisse de dictis fructibus in dicta diocesi a nonis Octobris de anno 33° usque ad nonas anni 34¹   45 libr. 5 sol.

Summa receptorum in dicta diocesi   263 libr. 15 sol. monete cuius flor. valet 14 sol.

Valet moneta facta reductione   376¹ flor. 11 sol.

Summa totius pagine ad florenos   498 flor. 7 sol. 6 den.

Fol. 101.

Diocesis Verdunensis.

Primo computat recepisse de fructibus beneficiorum que vacaverunt in dicta diocesi a nonis Octobris de anno 29° usque ad annum 104 libr. 10 den. Tur. gross. 5 sol. Valos.; valebat flor. 16 sol. 6 den. dicte monete.

Item computat recepisse pro fructibus beneficiorum que vacaverunt in dicta diocesi a nonis Octobris de anno 30° usque ad annum   57 libr. 47 flor.

Item de fructibus que vacaverunt in dicta diocesi de anno 31° usque ad nonas Octobris de anno 32°   79 flor. 17 libr.

Item pro fructibus a nonis Octobris de anno 32° usque ad nonas eiusdem mensis de anno 33°   85 libr. 14 flor.

Item computat recepisse de dictis fructibus a nonis Octobris de anno 33° usque ad annum   58 flor. 54 libr.

Summa pagine   317 libr. 10 gross. 5 sol. Valos.

Valent facta reductione ad monetam   385 flor. 8 sol. 2 den.

Summa totius pagine   583 flor. 8 sol. 2 den.

Summa summarum omnium receptorum de dictis fructibus   1931 flor. 8 sol. 2 den.

Fol. 101v.

Summa omnium receptorum tam de subcidio quam de fructibus beneficiorum vacantium est   5175 flor. — 35 sol. 6 den.; valent 2 flor.

Item alie monete parve possunt valere   2 flor. cum medio.

Summa omnium   5179 flor. cum medio.

Expense facte per dominum Petrum predictum.

Primo computat se vacasse in dictis negociis a 15ª die Aprilis de anno 27° usque ad 11ᵃᵐ diem Febroarii de anno 34° computando ab incarnacione diversis diebus et horis²   981 diebus

de quibus stetit in curia   159 dies.

Item in captione per   28 dies.

Item computat pro socio suo³   220 dies.

Item computat pro diversis nunciis missis dictis temporibus   15 libr. 8 sol. 36 gross. 4 flor.

---

¹ Hinter der Summe steht vor »flor.« noch »s(ol.)«.
² Dieser Posten ist durchstrichen.
³ Dieser Posten wurde nachträglich zwischen die Zeilen hineingeschrieben.

Item computat pro diversis scripturis   5 flor.

Item computat pro expensis factis per familiam suam certis diebus quibus
ipse fuit cum episcopo Methensi quos non computat
23 libr. 8 sol. 4 den.

Item computat pro expensis factis anno 28° per quendam qui adportavit
sibi apud Lingones de Virduno 400 florenos   65 sol.

Attende quod non sunt dicta de recepta sua.[1]

Item eodem anno pro expensis factis per dominum R. de Valleaurea quem
miserat de Lingonibus apud Bisuntium pro 400 florenis quos portavit
Avinionem et assignavit Camere a 6ª die Novembris et stetit usque
ad 23am diem eiusdem mensis   12 libr. Steph.

Attende quod non sunt de recepta sua.[1]

Item computat pro expensis factis per subcollectores diocesis Verdunensis
subcidii pro nunciis missis   13 libr.

At(tende).[2]

Fol. 102.

Item computat, quando fuit saumerius suus depredatus, quod perdidit 20 libr.
et ultra anno 30°.

Att(ende).

Item computat pro equis suis perditis   100 libr. Tur. et ultra.

Att(ende).

Item computat pro nunciis missis, scripturis et litteris factis pro fructibus
in civitate et diocesi Tullen. per subcollectores per quinque annos
20 libr. 10 sol.

Item pro eodem in diocesi Methensi   17 libr. 6 sol.

Item pro eodem in diocesi Virdunensi   15 libr. 10 sol.

At(tende).

Item computat pro captione sua anno 27°   165 libr. 13 sol. 5 den.

At(tende).

Item computat vacasse dictis negociis per 743 (*dies*) pro quibus computat
expendisse in summa   767 libr. 14 sol. 1 den. 80 flor.
inclusis 200 diebus vel circa quibus dominus P. de Vineriis suus collega vacavit una cum ipso in dictis negociis.

Fol. 102v.

De expensis supra contentis allocantur dicto Petro prout infra continetur.

Primo allocantur sibi pro toto tempore quo fuit in dictis negociis, incluso
tempore quo fuit in curia, 400 dies, pro quibus assignantur sibi
400 flor.

Item recipiuntur pro nunciis missis   15 libr. 8 sol. 36 gross. 4 flor.

Item pro diversis scripturis   5 flor.

---

[1] Bemerkungen am Rande von anderer Hand.
[2] Immer von einer andern Hand an den Rand geschrieben.

Item pro expensis subcollectorum diocesis Virdunensis   28 libr. 10 sol.

Item pro eodem in diocesi Tullensi   20 libr. 10 sol.

Item pro eodem in diocesi Methensi   17 libr. 5 sol.

Valet totum, facta reductione ad florenos, in summa   502 flor. 5 sol.

Item collocantur domino Raymundo de Valleaurea pro 260 diebus ad racionem pro qualibet die 12 sol.: in summa   156 libr.

Item collocantur eidem pro expensis factis per subcollectores diocesis Bisuntine   20 libr.

Item pro eodem in diocesi Lausannensi   15 libr.

Item pro eodem in diocesi Gebennensi   20 libr.

Item recipiuntur sibi pro pecunia per ipsum missa de Lausanna apud Bisuncium   5 flor.

Item pro expensis factis in nunciis pro publicatione processuum contra Bavarum   20 libr. 6 sol.

Summa expensarum dicti domini Raymundi   232 libr. 6 sol. 5 flor.

valentes . . . . 263 flor. 2 sol.

singulis florenis precio 18 sol. computatis.

Universalis summa expensarum factarum per dictos collectores est

765 flor. 7 sol.

Fol. 103.

Et est sciendum quod universalis recepta habita per dictos collectores est

16938 flor. cum medio,

33 den. ad Agnum auri,

64 libr. 9 sol. Tur. gross.

18 sol. 8 den. Steph.

20 sol. 4 den. Lausann.

9 sol. 10 den. monete albe.

Item est summa assignatarum per ambos

12904 flor.

244 Parisien. auri,

430 Regal. auri,

80 den. auri ad reginam,

20 den. auri ad cathedram,

59 libr. 3 sol. 4 den. Tur. gross.

Quibus deductis de recepta restant   2914 flor. cum medio,

5 libr. 5 sol. 8 den. Tur. gross.

et alie monete minute ut supra.

De quibus computant pro expensis   765 flor. 7 sol.

Quibus deductis restant ad assignandum

2257 flor.

facta reductione de moneta ad florenos.

Item preter predicta tenentur respondere de fructibus beneficiorum suorum.

In die Rechnung des Kollektors P. Guigonis wurde das folgende Blatt aus derjenigen seines Kollegen Raymundus de Valleaurea mit hineingebunden; es trägt die Folienzahl 96.

Fol. 96.

Sequitur brevis reductio expensarum factarum per me Raymundum de Valleaurea canonicum Lingonensem, a quintadecima die mensis Novembris currente anno Domini 1329, qua die recessi de curia cum commissionibus michi et domino meo domino Petro, archidiacono de Vico in ecclesia Metensi, factis per sanctissimum patrem et dominum nostrum Iohannem XXII super levandis fructibus beneficiorum vacantium et residuis decimarum sexennalis et triennalis in civitatibus et diocesibus Bisuntin., Lausann., Bellicen., Gebennen. et Sedunen. usque ad 7am diem Ianuarii currente anno Domini 1335, qua die dictus dominus meus et ego intravimus curiam pro facienda ultima assignacione Camere domini nostri pape ut sequitur.

Et primo revolutis annis predictis, tam pro levandis et exigendis fructibus et residuis decimarum in predictis civitatibus et diocesibus ac pro publicandis litteris et processibus contra Bavarum et antipapam ac in prosecucione negocii domini archiepiscopi Bisuntini, vacavi et laboravi toto tempore predicto per dies   753 et ultra.

Item hac ultima vice intravi curiam 16a die Novembris pro reddendis rationibus meis.

Secuntur expense extraordinarie per me facte pro toto tempore predicto. Et primo annis predictis 29° et 30° quibus fui in Bisuntin., Gebennen., Lausannen. et Sedunen. civitatibus et diocesibus pro levandis et exigendis fructibus beneficiorum et residuis decimarum per plures dies ac post anno predicto 30° in civitate Basiliensi pro publicandis processibus contra Bavarum (et) antipapam, pro conductibus mecum habitis ac pro nunciis et litteris ac scripturis pro predictis factis ac sa-

Fol. 96v.

lario clericorum qui circa predicta vacaverunt expendi

40 libr. Steph.

30 libr. Lausannen.

22 libr. Gebennen.

12 libr. Sedunen.

15 libr. Tur. tunc in regno Francie currentium

et 17 libr. Basilien.

Item pro anno 31°, quo etiam fui et laboravi per plures dies et vices in civitatibus et diocesibus Bisuntin., Lausannen. et Gebennen. et Bellicen., pro conductibus, nunciis missis et scripturis et litteris et processibus inde factis in persequendo dominum Bisuntinum expendi

45 libr. Steph.

25 libr. Lausannen.

29 libr. Gebennen.

19 libr. Tur. tunc in regno Francie currentium.

Item pro anno 32°, quo vacavi et laboravi circa predicta in diocesibus predictis Bisuntina, Lausannensi, Gebennensi pro predictis scripturis et nunciis missis ut supra expendi   22 libr. Steph.

    12 libr. Gebennen.

    18 libr. Lausannen.

    10 libr. Tur.

Item anno 33° pro conductibus et nunciis missis et scripturis et nunciis missis ut supra in diocesibus Bisuntina et Lausannensi

    24 libr. Steph.

    18 libr. Lausannen.

    12 libr. Tur.

Item anno 34° pro conductibus, litteris, scripturis et nunciis missis ut supra in predictis civitatibus et diocesibus Bisuntin. et Lausannen. et Bellicen.   18 libr. Steph.

    16 libr. Lausannen.

    10 libr. Tur.

Item annis predictis, prosequendo negocia michi commissa, perdidi equos usque ad valorem   120 libr. Tur.

Item pro raubis meis et familie mee expendi predicto tempore

    80 libr. et ultra Tur. parv.

Aus den Bänden der Serie »Introitus et exitus«. Num. 146. Fol. 36.

1335, Februar 11. — Anno a nativitate Domini 1335 die 11ª mensis Februarii dominus Petrus Moreti alias Guigonis, archidiaconus de Vico in ecclesia Metensi, collector fructuum beneficiorum ecclesiasticorum in Bisuntina et Treverensi provinciis una cum domino Raymundo de Valleaurea, canonico Lingonensi, per sedem apostolicam deputatus, de pecunia per ipsos de dictis fructibus recepta assignavit Camere domini pape suo et dicti domini Raymundi nomine

    227 flor. de Florentia,

    244 flor. de Pedemontis,

    112 Regales auri,

    2 den. ad cathedram auri Parisien.

de pecuniis collectis per eosdem de fructibus beneficiorum vacantium dictarum provinciarum.

Num. 185. Fol. 19.

1340, Juni 1. — Die prima mensis Iunii venerabiles viri domini Petrus Moreti et Raymundus de Valleaurea canonici Lingonenses (*sic*) olim collectores fructuum beneficiorum apud sedem apostolicam vacantium

in provinciis Bisuntina et Treverensi auctoritate apostolica deputati,
in extenuationem debiti in quo sunt Camere domini pape per finem
computorum suorum Camere predicte redditorum obligati, per manus
discretorum virorum dominorum Iohannis Laurencii curati de Coron.
et Iohannis Geben(nensis?) curati de Altavilla Lingonensis diocesis
Camere domini pape solvi fecerunt 223 flor. auri de Florentia et 43
flor. auri Pedimontis in   69 flor. de Florentia,

                   43 flor. auri Pedimontis,

                   21 den. auri ad scutum,

                   3 den. auri ad coronam,

                   1 den. auri Parisien.,

                   1 den. auri vocati Doble,

                   1 Agn. auri,

                 20 sol. Tur. gross. argenti,

                 13 libr. 5 sol. obolor. argenti de Francia.

Singulis scudatis pro uno floreno cum quarto, singulis denariis auri ad
coronam pro 1 flor. cum dimidio, Parisien. auri pro 2 flor. minus
18 den. parve monete, Doble auri pro 2 flor. auri et duobus sol.
monete parve, Agno auri pro 1 flor. 3 sol. et 9 den. monete parve,
Tur. gross. argenti 12 pro uno flor. et obolis albis argenti pro 10
den. monete parve, videlicet 27 sol. dicte monete parve pro uno
floreno computatis, florenis predictis in sua specie remanentibus.

Num. 185. Fol. 18.

1340, April 11. — Eadem die (11ª Aprilis) cum discretus vir dominus
P. Moreti archidiaconus de Vico in ecclesia Metensi esset, sicuti adhuc est, in quibusdam pecuniarum quantitatibus Camere apostolice
obligatus et propterea fructus, redditus et proventus prebende sue Metensis ac archidiaconatus predicti de mandato dicte Camere apostolice
sequestrati per discretum virum dominum officialem Metensem, de
fructibus dictorum prebende et archidiaconatus per ipsum sequestri
nomine perceptis per manus Gaytoni de Castronovo Diensis diocesis
familiaris sui Camere assignavit   112 den. auri ad scutum,

                                 106 Regal. auri,

                                 12 pavalh. auri,

                                 2 flor. auri.

Num. 190. Fol. (23ª).[1]

1341, Dezember 24. — Die 24ª Decembris cum dominus P. Moreti, archidiaconus de Vico in ecclesia Metensi, et Raymundus de Valleaurea,
canonicus Lingonensis, essent in quibusdam pecuniarum quantitatibus
Camere apostolice obligati, et propterea de mandato eiusdem Camere
fructus, redditus et proventus beneficiorum suorum fuissent sequestrati

---

[1] Die Notiz steht auf einem unfoliierten, nach fol. 23 eingeschobenen Blatt.

pro solvendo debito supradicto, dominus Stephanus Genesii, officialis
Lingonensis, de receptis per eum de fructibus prebendarum dictorum
dominorum Petri et Raymundi per manus domini I. Geruasii presbiteri de Montilio Ademari in extenuationem dicti debiti Camere apostolice assignavit et solvit   200 flor. auri.

Num. 202.   Fol. 17.

1342, September 4. — Eadem die (4ª Septembris) recepimus a venerabili
viro . . officiali Methensi, assignante per manus domini Dalmacii de
sancto Laurencio, canonici Tricastrini, de fructibus archidiaconatus de
Vico in ecclesia Methensi in extenuationem debiti in quo dominus
Petrus de Castronovo archidiaconus de Vico est Camere apostolice
obligatus   143 den. ad scutum, quorum sunt 2 de Alemannia
                     et quorum 23 sunt minoris ponderis,
                     5 den. auri ad pavilion.,
                     1 den. ad leonem minoris ponderis,
                     9 Regales auri,
                     3 flor. parvi.

Num. 202.   Fol. 21ᵛ.

1343, März 20. — Die 20ª mensis Marcii recepimus a venerabili viro
officiali Methensi de fructibus archydiaconatus de Vico in ecclesia Methensi manualiter solvente, in extenuationem debiti in quo venerabilis
vir dominus P. de Castronovo archidiaconus de Vico est Camere apostolice obligatus   50 den. auri ad scutum;
singulis den. ad scutum pro 1 flor. et quart. et .4 den. parve monete
Avinionen. computatis.

Num. 200.   Fol. 37.

1344, Januar 28. — Die 28ª Januarii recepimus in extenuationem debiti,
in quo dominus Petrus Moreti, archidiaconus de Vico in ecclesia Metensi, olim collector in provinciis Bisuntina et Treverensi, per finem
computorum suorum Camere apostolice tenebatur, per manum magistri Iohannis de Vertriaco Metis commorantis de hiis que . . officialis
Metensis receperat de fructibus beneficiorum dicti domini Petri
                                                               60 flor.

Ibid.   Fol. 38.

1344, März 3. — Die 3ª mensis Marcii recepimus in extenuationem debiti, in quo dominus Petrus Moreti, archidiaconus de Vico in ecclesia
Metensi, olim collector in provinciis Bisuntina et Treverensi, per
finem computorum suorum Camere apostolice tenebatur, per manus
Iaceconii habitatoris Metensis de hiis que . . officialis Metensis receperat de fructibus beneficiorum dicti domini Petri   40 flor.

Num. 236. Fol. 24v.

1346, Februar 10. — Die 10ª mensis Februarii dominus Alardus de Tiaco officialis Metensis de fructibus archidiaconatus de Vico in ecclesia Metensi sequestratis occasione cuiusdam magne summe pecunie, in qua dominus Petrus Moreti archidiaconus predicti archidiaconatus erat et est eidem Camere obligatus, receptis per eum, per manus magistri Io(hannis) de Vertriaco civis Metensis nobis assignavit   155 flor.
Quorum sunt 48 ponderis et de Florentia, 15 minoris, 76 de Pedemontis ponderis et 16 minoris ponderis.

V.

Rechnung und Bericht des Kollektors Johannes Ogerii, decanus Belnensis, über seine Thätigkeit in der Trierer Kirchenprovinz 1338 1339.

(Archiv. Vatic. Camer. Avinion. Collector. 135.)

Der Bericht des Kollektors Johannes Ogerii bildet einen Papierband (Nr. 135 der Serie »Collectoriae« im Vatikanischen Archiv) von dem gewöhnlichen Quartformat der Kameralbände. Derselbe ist unvollständig, da die Rechnung auf fol. 89ᵛ mitten in den Ausgaben abbricht. Johannes war in mehreren französischen Diöcesen und in der Trierer Kirchenprovinz thätig. Ich habe blofs die auf letztere bezüglichen Teile kopiert; sie befinden sich in der Handschrift von fol. 82ᵛ bis 86ᵃ; dann die Ausgaben des Kollektors, soweit diese erhalten sind, fol. 88—89.

Der Auftrag an den Kollektor lautete dahin, die Thätigkeit seiner Vorgänger, von denen einzelne anscheinend wegen Amtsmifsbrauchs angeklagt worden waren, zu kontrollieren und zu berichtigen; dann die Rückstände der Annaten von früher verliehenen Benefizien, sowie die Annaten der augenblicklich an der Kurie vakanten Pfründen zu erheben.

Am Schlusse der Rechnung füge ich, wie gewöhnlich, die vom Kollektor an die Camera gemachten Zahlungen aus den Bänden der Serie »Introitus et exitus« hinzu.

Archiv. Vatic. Collectoriae Nr. 135.

Treveren. et Meten.

Fol. 82ᵛ.

Sequuntur recepte provincie Treverensis.

Et primo recepte civitatum et diocesum Treveren. et Meten.

Anno a nativitate Domini 1338 die 12ᵃ mensis Februarii, pro fructibus prebende Metensis domini Iohannis de Sona que, ut dicitur, non est taxata in decima, computatione facta de dictis fructibus et dimissa beneficiato medietate fructuum, pro alia medietate composuit idem dominus Iohannes et solvit[1] 12 libr. Tur.

Item[2] eodem anno et die dominus Petrus Moreti, archidiaconus de Vico in ecclesia Metensi, pro fructibus archidiaconatus sui, qui vacavit infra tempora reservationum et qui ut dicitur non est taxatus in decima, composuit ad 50 flor. solvendos Lugduni duobus terminis iam elapsis et stat instrumentum.

Item[3] eodem anno et die, cum repertum fuerit quod dominus Petrus Moreti predictus recepit plures summas pecunie in diocesi Virdunensi

---

[1] Am Rande: »De fructibus«.   [2] Am Rande: »Resta«.

[3] Am Rande: »Resta«. Darunter von anderer Hand, offenbar vom Revisor: »Attende ad alia que recepit et que continentur in instrumentis traditis per decanum Bellnensem Camere«.

a diversis beneficiatis ultra quam computaverit nec non et centum
florenos a decano Tullensi, preterea et centum florenos legatos pro
subsidio Terre sancte a quodam cive Virdunensi, que summe pecu-
niarum assendunt .|24 flor. et 175 libr. 15 sol. Tur. monete currentis
in partibus illis, item obligavit se ad dictas summas pecunie solvendas
apud Lugdunum, terminis iam elapsis, nisi interim possit se excusare
de aliquibus summis particularibus contentis sub summis superius expressatis et stat de hoc instrumentum.

Summa huius pagine solutorum: 12 libr. Tur. parv. monete currentis
anno 28⁰. *Patet.*[1]

Summa restarum: 474 flor. et 175 libr. 15 sol. Tur. currentis monete in
partibus illis, quorum 15 valent unum grossum.

Fol. 83.

Item anno Domini 1339 die 16ᵃ mensis Novembris computavit dominus
primicerius Metensis de summis pecuniarum receptis a pluribus beneficiatis Treverensis et Metensis diocesum.

Primo[2] pro prepositura sancti Paulini Treverensis de fructibus primi
anni, qui prepositus composuit in 80 flor. solvendis certis terminis;
solvit per manum dicti primicerii dictos 80 flor. auri magni ponderis.

Item a capitulo Metensi pro eo, quod fraudata fuerat Camera domini
pape in quibusdam compositionibus factis per dominum P. Moreti de
tribus prebendis 20 libr. Tur. parv.

Item a curato sancti Ylarii Minoris Metensis, compositione facta,
recepit dictus dominus primicerius 20 sol. Tur. parv.

Item a Bernardo procuratore domini archidiaconi de Sarbourch pro
quibusdam fructibus receptis per eum de quodam beneficio, cuius
fructus debebantur domino nostro pape 20 sol. Tur.

Item a curato sancti Gengulphi Metensis pro eo quod fraudata fuerat
Camera domini pape in quadam compositione per dominum P. Moreti
de fructibus ecclesie sue 100 sol. Tur. parv.

Item a domino Iohanne de Turre, curato sancti Eucarii Metensis
de fructibus in parte ecclesie sue 10 libr. Tur.

Item a quodam alio curato, qui receperat partem fructuum primi anni debitorum domino pape eiusdem ecclesie sancti Eucarii 10 libr. Tur.

Item a domino abbate Sancti Vincentii Metensis pro restis subsidii
debiti per eundem dominum abbatem 72 sol. Tur.

Item a curato de Dendendorf pro restis subsidii 5 sol. 4 den. Tur.

Summa huius pagine 80 flor. auri magni ponderis,
50 libr. 17 sol. 4 den. parv. Tur.
Ap(probo).

_____

[1] Vom Revisor in der Camera an den Rand geschrieben.
[2] Am Rande: »De fructibus«. Dies findet sich immer bei den entsprechenden
Posten; ich werde es deshalb nicht mehr besonders angeben.

Fol. 83 r.

Item a curato de Vbolheskirchen pro restis subsidii	10 sol. Tur.
Item a curato de Bistorf pro restis subsidii	12 sol. Tur.
Item a curato de Airees pro restis subsidii	14 sol. Tur.
Item a curato de Bioncort pro restis subsidii	14 sol. Tur.
Item a curato de Gerney pro restis subsidii	18 sol. Tur.
Item a curato de Graner pro restis subsidii	5 sol. Tur.
Item a curato de Mayr pro restis subsidii	9 sol. Tur.
Item a curato de Saynt Steule pro restis subsidii	9 sol. Tur.
Item a curato de Boueney pro restis subsidii	24 sol. Tur.
Item a curato de Chamenat pro restis subsidii	16 sol. Tur.
Item a curato de Buxeriis pro restis subsidii	16 sol. Tur.
Item a curato de Sarley pro restis subsidii	20 sol. Tur.
Item a curato de Chimonville pro restis subsidii	20 sol. Tur.
Item a curato de Hehon pro restis subsidii	8 sol. Tur.
Item a duobus capellanis de Nobbelroit pro restis subsidii	10 sol. Tur.
Item a curato de Mondelanges pro restis subsidii	12 sol. Tur.
Item a curato de Mayceres pro restis subsidii	6 sol. Tur.
Item a curato de Bosanges pro restis subsidii	4 sol. Tur.
Item a curato de Fay pro restis subsidii	4 sol. Tur.
Item a curato de Flocort pro restis subsidii	10 sol. Tur.
Item a curato de Alterupe pro restis subsidii	8 sol. 4 den. Tur.
Item a curato de Ludelinguis pro restis subsidii	20 sol. Tur.
Summa huius pagine	13 libr. 9 sol. 4 den. Tur.

Ap(probo).

Fol. 84.

Item a curato de Guerigiis pro restis subsidii	20 sol. Tur.
Item a curato de Wilre pro restis subsidii	20 sol. Tur.
Item a curato de Elborswilre pro restis subsidii	12 sol. Tur.
Item a curato de Burlixe pro restis subsidii	16 sol. Tur.
Item a curato de Othoniville pro restis subsidii	24 sol. Tur.
Item a curato de Murtina pro restis subsidii	24 sol. Tur.
Item a curato de Rimeringa pro restis subsidii	26 sol. Tur.
Item a curato de Dehargarde pro restis subsidii	14 sol. Tur.
Item a curato de Bringa pro restis subsidii	16 sol. Tur.
Item a curato de Gaukirke pro restis subsidii	30 sol. Tur.
Item ab abbatissa de Esse pro restis subsidii	12 libr. Tur.

quia de 22 libris promissis per eam reperiuntur solute et computate
per dominum P. Moreti 10 libr. Tur.

Item ab archipresbitero de Ventos pro restis subsidii	20 sol. Tur.
Item a curato de Teyxei pro fructibus ecclesie sue	4 libr. Tur.
Item a curato de Lupey pro fructibus ecclesie sue	4 libr. Tur.

Item ab archipresbitero de sancto Arnuali pro restis subsidii

7 libr. 2 sol. Tur.

Item ab archipresbitero de Vbergavilla pro restis subsidii   20 sol. Tur.

Item ab archipresbitero de Morangiis pro restis subsidii   9 libr. Tur.

Item a domino Iohanne de Freycul pro fructibus unius anni prebende

sancti Annualis (*sic*)   1.4 libr. Tur.

Item a domino Henrico procuratore curati de Makestat   8 libr. Tur.

in quibus Camera domini pape fuerat fraudata pro quadam compositione facta per dominum Petrum Moreti.

Item ab abbate Sancti Arnulphi Metensis, compositione secum facta

per dominum decanum Belnensem pro subsidio   60 flor. auri.

Summa huius pagine   60 flor. auri.

Item .   . .   70 libr. 4 sol. Tur.

Ap(probo).

Fol. 81 r.

Item pro prebenda Nicholay de Scecano de anno 38⁰, deductis 8 libr. 4 sol.
Tur. pro pluribus refusionibus que fiunt capitulo Metensi

28 libr. 16 sol. Tur.

Item pro prebenda domini Theobaldi, archiepiscopi Panormitani, deductis
8 libr. 4 sol. Tur. pro refusione capituli, facta compositione per dominum decanum Belnensem cum capitulo Metensi de dictis refusionibus pro anno 38⁰   17 libr. 16 sol. Tur.

Item de eadem prebenda de anno 39⁰, quo anno fuit defectus vini et in
levatione dicte prebende fuit vulneratus magister Iohannes de Verteriaco et captivatus per Thomam Trikestar canonicum Metensem,
deductis 8 libr. 4 sol. Tur. pro refusionibus capituli Metensis

11 libr. 16 sol. Tur.

Summa huius pagine   58 libr. 8 sol. Tur.

Ap(probo).

Summa summarum receptarum tam de restis fructuum quam subsidii
in civitatibus Treverensi et Metensi, videlicet

140 flor. auri magni ponderis.

Item   204 libr. 18 sol. 8 den. Tur. parv.

Ap(probo).

Sequntur **expense** facte in dictis diocesibus pro recuperandis pecuniis predictis et faciendis informationibus de gestis domini P. Moreti; que
expense fuerunt facte et computate per primicerium Metensem subcollectorem in dictis diocesibus.

Primo solvit dictus primicerius pro pluribus processibus minutandis et scribendis   40 sol. Tur.

Item computavit idem primicerius se solvisse magistro Iohanni Reuelli,
Dominico Rosa clericis, magistro Brehel advocato, tam pro dando

consilium dicto primicerio et advocatione, scripturis et aliis laboribus
quam pro restis subsidii et pro informationibus domini P. Moreti

Fol. 85.   10 libr. Tur.

Item computavit et solvit idem primicerius magistro Iohanni de Rumillie
pro dictandis, notandis et grossandis informationibus de gestis dicti
domini P. Moreti, videlicet pro expensis suis, salario et aliis laboribus;
qui etiam magister Iohannes quasi per unum annum fuit occupatus
circa inquisitionem dictarum informationum   15 libr. Tur.

Summa dictarum expensarum   27 libr. Tur.

Restat, deductis dictis expensis, quod assendit (*sic*) summa receptarum
dictarum diocesum Treverensis et Metensis

              140 flor. auri magni ponderis inexstimati.

Item . . . . 177 libr. 18 sol. 8 den. parv. Tur.

Que 177 libr. 18 sol. 8 den. Tur. necnon et predicti centum quadraginta floreni inexstimati fuerunt soluti per predictos beneficiatos et primicerium

Metensem in   centum quadraginta flor. magni ponderis inexstimati.

Item in . .   53 Regalibus auri, quolibet computato 18 sol. 9 den.
                       Tur., valentibus 49 libr. 13 sol. 9 den. Tur.

Item in .   16 flor. auri magni ponderis quolibet extimato 15 sol.
                       Tur.; valentibus 12 libr. Tur.

Item in .   99 den. auri ad scutum, quolibet 20 sol. 6 den. Tur.
                       computato, valentibus centum unam libr. 9 sol.
                       6 den. Tur. parv.

Item in .   9 libr. 16 sol. 10 den. denarii graves valentibus 14 libr.
                       15 sol. 4 den. Tur. parv.

Sequntur recepte civitatis et diocesis Tullen.

Fol. 85 v.

Primo, anno a nativitate Domini 1338 die 25ª Februarii, pro fructibus
ecclesie sancte Genofeve Tullensis, que vacavit apud sedem apostolicam a die 26ª mensis Maii usque ad festum sequens beati Martini
hyemalis[1] anno 37º, composuit Coletus Choderons de Barroducis
clericus, qui receperat dictos fructus, ad 10 libr. Tur.; solvit michi
collectori dictas   10 libr. Tur. monete currentis anno predicto.

Item anno Domini 1339 die 20ª mensis Decembris computavit dominus
Iohannes de Alumpno de infrascriptis receptis pro restis fructuum a
pluribus beneficiatis, cum quibus composuimus tam ego collector quam
ipse dominus Iohannes:

Primo recepit dictus dominus Iohannes pro sex prebendis in Lineyo que
vacaverunt tempore reservationis pro fructibus primi anni 84 libr. Tur.

Item pro prepositura de Mota cum prebenda pro fructibus 20 libr. Tur.

Item a priore de Dompna Maria pro restis fructuum 102 libr. 19 sol. Tur.

[1] 11. November.

Item a curato de Armevilla ordinis sancti Iohannis Iherosolimitani pro
fructibus ecclesie sue 8 libr. Tur.
Item a curato de Aceyo pro fructibus ecclesie sue 6 libr. Tur.
Item a domino Iacobo curato de Manillo pro ecclesia de Brandicuria
pro fructibus ecclesie predicte 100 sol. Tur.
Item solvit idem curatus pro eadem ecclesia ex eadem causa per manum
Girrini de Curresia alios 100 sol. Tur.
Summa receptorum tocius diocesis Tullensis: 240 libr. 19 sol. Tur.
solutas in 11 den. ad papil. quolibet computato 30 sol. Tur.
Item in 138 den. ad scutum quolibet computato 25 sol. Tur.
Item in 3 den. ad leonem computato quolibet 27 sol. 6 den. Tur.
Item in 15 Regalibus auri quolibet computato 22 sol. 6 den. Tur.
Item in 14 flor. parvi ponderis quolibet computato 20 sol. Tur.
Item in 15 libr. Tur. parv. monete currentis anno 38^0 mense
Februarii.
Item fuit solutus unus florenus auri valens 20 sol. Tur. pro scripturis in-
formationum factarum contra dominum P. Moreti.
Item 19 sol. Tur. fuerunt computati pro scambio dictarum monetarum.
Quere residua dicte diocesis infra in 88^0 folio in prima pagina.

Sequntur recepte de civitate et diocesi Virdunen.

Fol. 86.[1]

Primo anno a nativitate Domini 1338 die 29^a mensis Ianuarii, pro fructibus
ecclesie de Perreyo anni 37^i et 38^i, que quidem ecclesia vacat apud
sedem apostolicam per mortem Simonis de Loquemont, qui super
dicta ecclesia duas sententias reportavit et pendente appellatione in
tertia instantia apud Avinionem diem clausit extremum, post mortem-
que dicti Simonis nullus prossequtus fuit dictam causam appellationis,
ymo remansit deserta dicta causa appellationis; nichilominus tamen
dominus Dominicus de Villeyo officialis Virdunensis de facto fecit se
institui in dicta ecclesia; composuit tamen mecum per modum pro
fructibus perceptis in 50 flor. boni ponderis; solvit
25 flor. auri boni ponderis.
Residuos 25 flor. auri debet; quos contradicit solvere quousque diffinitum
sit in causa pendente in Camera inter procuratorem fici (sic) et Colinum de Soulers, qui Colinus fecit se institui de facto in eadem
ecclesia post dimissionem dicti officialis, negans dictam ecclesiam apud
sedem apostolicam vacare.
Item eodem anno et die pro fructibus ecclesie sancti Amanti Virdunensis composuit curatus dicte ecclesie in 20 den. auri ad scutum;
solvit dictos 20 den. auri ad scutum.

---

[1] Auf der Rückseite des Blattes steht die alte Folienzahl »LXXXVIII«.

Item anno Domini 1339 die 21ª mensis Decembris dominus Iohannes de
Dei Custodia, subcollector Virdunensis, pro fructibus ecclesie de Vita-
villa et de Lux solvit   20 libr. Tur in 18 libr. Tur. minute monete
                             et in 2 flor. auri parvi ponderis.
Summa receptarum predictarum dicte diocesis Virdunensis
                    20 den. auri ad scutum.
Item .   27 flor. auri parvi ponderis.
Item .   18 libr. Tur. monete currentis anno 39º mense Decembris.

Fol. 86 r.
Sequntur **residua** dictarum diocesum Tullensis et Virdunensis.
Primo in Tullensi curatus de Villa Stephani debet fructus unius anni ecclesie
    sue cum vacaverit infra tempora reservationum nisi probet satisfactum.
Item plures ecclesie diocesis Tullensis vacabunt per assequutionem aliorum
    beneficiorum, quas habet subcollector Tullensis penes se.
Item dominus Nicholaus prior Dompne Marie Tullensis diocesis ordinis
    Cluniacensium [1] debet de resta pro fructibus primi anni prioratus sui
    26 Regales auri ab una parte et 70 flor auri de Florentia ab alia; et
    est excommunicatus, agravatus et omnino rebellis. Notam obligationis
    predicte habeo ego collector penes me.
Item in Virdunensi diocesi debentur fructus duorum annorum ecclesie de
    Pereyo, quos fructus debebunt Colinus de Senliers, qui fecit se in-
    stitui in dicta ecclesia, necnon et archidiaconus de Argona.
Preterea pro eadem ecclesia debebit dominus Dominicus de Villeyo 25 flor.;
    insuper et eadem ecclesia remanebit ad manum domini pape, cum lata
    fuerit sententia super dicta ecclesia contra dictum Colinum de Senliers.

Summa summarum receptarum provincie Treverensis:
Primo   .   11 den. auri ad papil.
Item .   3 den. auri ad leonem. [2]
Item .   257 den. auri ad scutum.
Item . .   68 Regales auri.
Item . .   156 flor. auri magni ponderis.
Item .   41 flor. auri parvi ponderis.
Item .   9 libr. 16 sol. 10 den. denarii graves.
Item .   15 libr. Tur. parv. monete currentis anno 38º
Item   18 libr. Tur. parv. monete currentis anno 39º.

Fol. 88.
Sequntur expense.
Et primo, quando fuit michi facta prima commissio de residuis fructuum
    et informationibus faciendis contra collectores de receptis ultra quam
    computaverunt et aliis extortionibus et gravaminibus per eos illatis et

---

[1] In der Handschrift: »Clunluacen».   [2] In der Handschrift: »reonem«.

factis necnon et commissio domini Avinionensis episcopi de fructibus beneficiorum apud sedem apostolicam vacantium percipiendis pro toto tempore vacationis eorum, feci incontinenti fieri pro qualibet diocesi in qua erant michi predicte commissiones facte, exceptis Basiliensi et Treverensi diocesibus, singulos processus qui dirigebantur ordinariis et officialibus, in quibus erant incorporate litere (*sic*) commissionum mearum. Qui processus fuerunt publicati in sinodis, ecclesiis cathedralibus et curiis officialium contra omnes quos tangebant negotia michi commissa, ut infra 10 dies revelarent officialibus locorum beneficia vacantia, restas et cetera, ut sic postmodum me veniente ad dicta loca brevius possent negotia expediri; et stetit in illo negocio ille qui ivit plus quam quadraginta dies, pro quibus processibus scribendis per diversos scriptores et mitendis (*sic*) per unum notarium pro expensis, salario et locatione roncini

16 libr. 10 sol. Tur. fortis monete currentis anno 36⁰.

Item factis aliquibus informationibus contra dominum Iohannem Bernerii, idem dominus Iohannes appellavit ad sedem apostolicam licet informationes nondum essent complete, ad finem ne ulterius fieret aliqua informatio contra eum; quas informationes iam factas misi per dominum Guillermum Esperonis notarium meum ad curiam mense Iunii pontificatus domini nostri pape anno secundo, consulendo dominum papam et curiam utrum expediret supersedere ab informando me ulterius de gestis dicti domini Iohannis pretextu appellationis predicte. Qui dictus Guillermus stetit in curia circa 15 dies pro expectando respontionem (*sic*) super predictis et quasdam commissiones quas Camera misit michi per eundem et stetit quasi per 26 dies eundo et veniendo et stando in curia et expendit

8 libr. 5 sol. Tur. fortis monete currentis anno 36⁰.

Fol. 88 r.

Item factis informationibus de gestis dicti domini Iohannis Bernerii misi eas ad curiam circa mensem Novembris pontificatus domini nostri anno secundo per dictum dominum Guillermum Esperonis, qui stetit in curia per tres ebdomadas pro expectando de mandato Camere ordinationem que fuit facta de capiendo dictum dominum Iohannem necnon et plures alias commissiones quas misit michi Camera tunc per dictum dominum Guillermum, et stetit dominus Guillermus quinque ebdomadas tam eundo et veniendo quam stando in curia; expendit in universo   11 libr. 5 sol. Tur. fortis monete currentis anno 36⁰.

Item pro dictis informationibus factis per me collectorem preter illas que fuerunt facte per subcollectores Cabilonenses in dicta diocesi specialiter, que fuerunt misse Camere in pargameno tabellionate et remanserunt penes me collectorem copiate

7 libr. 10 sol. Tur. fortis monete currentis anno 36⁰.

Item vacaverat ecclesia de Narres Sedunensis diocesis prope fines dicte diocesis in partibus Alamanie, a curato cuius ecclesie habuerat dictus dominus Iohannes Bernerii 10 libr. Tur. grossorum pro fructibus primi anni et non computaverat; preterea vacavit prepositura Montis Iovis que est in cacumine montium et morabatur tunc prepositus ultra montes in diocesi Augustensi; a quo preposito habuerat dictus dominus Iohannes Bernerii 300 flor. auri et nichil computaverat; pro quibus preposito et curato citandis et postmodum mitendis (*sic*) aliis processibus contra eos donec fecerant fidem quod satisfecerant dicto domino Iohanni de dictis quantitatibus pecuniarum expendi

4 libr. Geben.

Item feci tres assignationes Camere quas misi per diversos nuncios et quia pro toto tempore officii predicti non ausus fui defferre pecuniam mecum nisi quatinus erat necessarium pro expensis, ymo quicquid receperam vel a subcollectoribus vel a beneficiatis semper dimitebam (*sic*) in loco securo in deposito et consignatum sigillo meo, postmodumque quando erat locus dictas pecunias congregandi et assignandi, mithebam (*sic*) unum ydoneum ad hec cum uno bono socio ad congregandam dictam pecuniam et postmodum dictam pecuniam congregatam mitebam ad curiam per unum qui assignaret eandem et ita tres assignationes feci, prout patebat ex litteris assignationum factarum Camere, pro expensis prius congregationis pecunie assignate et expensis illius qui dictam pecuniam assignavit Camere, qui stetit in curia per 8 dies   22 den. auri ad scutum.

Fol. 89.

Item pro expensis secunde pecunie congregande et assignande secundo Camere   18 den. auri ad scutum.

Item pro expensis tercie pecunie congregande et assignande tercio Camere domini pape   16 den. auri ad scutum.

Item receptis commissionibus de residuis decimarum subsidii et de beneficiis reservatis ac de pecuniis debitis a dominis archiepiscopis Lugdunensi et Bisuntino quondam, quia incontinenti discurrere non poteram ad singula loca, misi nuncium discretum cum processibus pro dictis negociis ad omnes subcollectores meos ad finem quod, quando venirem et transirem per dicta loca, invenirem aliquid de dictis negociis expeditum et quod illud quod non esset expeditum valerem brevius expedire; qui nuncius pro salario, locatione roncini et expensis suis habuit   12 den. auri ad scutum et 6 grossos Tur.

Item pro conductu in dyocesibus Lausannensi et Basiliensi

22 flor. magni ponderis.

Item pro conductu in Treverensi provincia et Bisuntina diocesi

16 flor. cum dimidio magni ponderis.

Item pro pargameno et papiro pro toto tempore   6 flor. magni ponderis.

Item pro factura presentis compoti, qui fuit duplicatus

5 flor. magni ponderis.

Item pro duobus nunciis missis ad curiam quando misi Camere requestas
factas domino archiepiscopo Lugdunensi super pecuniis debitis tam
per eundem quam per predecessorem suum necnon et responcionibus
(*sic*) factis per eundem dominum archiepiscopum ad dictas requestas,
et stetit dictus nuntius in curia qualibet vice per 7 vel per 8 dies
antequam expediretur   4 flor. cum dimidio magni ponderis.
Item pro expensis meis a die 13ª mensis Februarii anno 36⁰ [1]

Aus den Bänden der Serie »Introitus et exitus«. — Num. 161. Fol. 35.

1337, September 11. — Recepta provinciarum Viennensis, Lugdunensis et
Tarantasiensis. Die 11ª mensis Septembris dominus Iohannes Ogerii,
decanus Belnensis Eduensis diocesis, collector residuorum beneficiorum
vacantium, subsidii et decime sexannalis et triennalis in provinciis
Viennensi, Lugdunensi, Tarantasiensi, Bisuntina et Treverensi, assignavit Camere de receptis per eum in dictis provinciis per manus domini Guillermi Esperonis familiaris sui   785 Regal.
                                                140 scudat.
                                                1282 flor. de Florentia,
                                                810 flor. de Pedemontis.
Num. 170. Fol. 39.

1338, Oktober 25. — Recepta provinciarum Viennensis, Lugdunensis, Tarantasiensis. Die 25ª mensis Octobris recepti sunt a domino Iohanne
Ogerii decano Belnensi, collectore in provinciis Lugdunensi, Viennensi,
Bisuntina, Tarantasiensi et Treverensi, assignante per manus Gerini
de Curresia nepotis sui de pecuniis per ipsum receptis de fructibus
beneficiorum vacancium, residuis decimarum et aliis emolumentis ad
Cameram spectantibus   2600 flor. auri,
                                                102 den. ad scutum auri,
                                                530 Regal. auri,
                                                1 den. ad agnum auri,
                                                4 den. Tur. gross.
Num. 185. Fol. 38.

1340, Mai 31. — Recepta provinciarum Viennensis, Lugdunensis, Tarantasiensis, Bisuntine et Treverensis.
Anno quo supra et die ultima mensis Maii venerabilis vir dominus Iohannes
Ogerii, decanus Belnensis Eduensis diocesis, collector residuorum decimarum sexannalium et triennalium ac subsidii et procurationum concessarum felicis recordationis domino Iohanni pape XXII in provinciis
Viennensi, Lugdunensi (*etc.*) auctoritate apostolica deputatus, de receptis

_____
[1] Hier bricht die Handschrift ab.

per eum in provinciis predictis per manus Gerini de Curresia nepotis
sui Camere domini pape assignavit   1927 flor. de Florentia,
                                    926 flor. Pedemontis,
                                    160 Regal. auri,
                                    145 paballi. boni ponderis,
                                     5 paballi. parvi ponderis,
                                  762 scudat. boni ponderis,
                                  43 scudat. parvi ponderis,
                                  105 Leon. auri,
                                     1 Parisien. auri,
                                  10 Agnos auri.

Num. 190. Fol. 33.

1341, Mai 31. — Lugdunen., Viennen. et Tarantasien.

Anno quo supra die ultima mensis Maii venerabilis vir dominus Iohannes
Ogerii decanus Belnensis, collector residuorum decimarum sexannalium et triennalium impositarum per felicis recordationis dominum
Iohannem papam XXII necnon et fructuum beneficiorum apud sedem
apostolicam vacantium in Lugdunensi, Viennensi, Tarantasiensi, Bisuntina et Treverensi provinciis auctoritate apostolica deputatus, de ipsis
fructibus beneficiorum et residuis dictarum decimarum per ipsum receptis, in extenuationem summe in qua est Camere predicte obligatus
per finem computorum suorum ipsi Camere redditorum, ipsi Camere
assignavit et solvit   261 flor. auri Pedemontis,
                                    77 scudat. auri,
                                  8 duplices de Francia,
                                  4 paballi. auri,
                                  5 Regales auri,
                                  18 libr. Gebennen.

Num. 202. Fol. 19ᵛ.

1342, Dezember 19. — Eadem die (19ᵃ Decembris) dominus Iohannes
Ogerii decanus Belnensis Eduensis diocesis, olim collector in provinciis Lugdunensi, Viennensi, Tarantasiensi, Bisuntina et Treverensi,
in extenuationem summe in qua tenetur Camere apostolice obligatus,
eidem Camere assignavit   200 flor. auri ponderis (*sic*).

VI.

Rechnungen des Kollektors Gerardus de Arbenco über
seine Einnahmen und Ausgaben in der Kirchenprovinz
Trier und der Diöcese Basel während der Jahre
1342 1355.

(Archiv. Vatic. Camer. Avinion. Collector. 64 und 65.)

———※⁑※— -- -

Die folgenden Rechnungen des Kollektors Gerardus de Arbenco sind Auszüge aus den beiden Registern Nr. 64 und 65 der Serie »Collectoriae« im Vatikanischen Geheimarchiv. Beide Register sind Papierbände in dem gewöhnlichen Quartformat, mit Foliierung aus dem 18. Jahrhundert, welche mit dem jetzigen, unter Garampi angefertigten Einband gleichzeitig ist. Gerardus war Generalkollektor für die Kirchenprovinzen Vienne, Lyon, Tarantaise, Besançon und Trier.

1. Der Band Nr. 64 enthält 169 Blätter (0,285 M. hoch, 0,22 M. breit) und besteht aus zwei ursprünglich getrennten Fascikeln, von denen der zweite unvollständig ist. Fasc. I (fol. 1—123) enthält die Rechnungen über die Gelder, welche für die vom Jahre 1342 bis 1345 durch den päpstlichen Stuhl verliehenen Benefizien, nämlich die Hälfte des Einkommens im ersten Jahre des Besitzes, an die Camera zu zahlen waren, sowie die durch den Kollektor eingetriebenen Rückstände dieser Annaten. Die eigentliche Rechnung füllt die 112 ersten Blätter; fol. 113 beginnt die kurze Übersicht (computus brevis), welche bis fol. 123 reicht; das folgende Blatt ist leer und ohne Folienzahl. Fasc. II (fol. 124—169) berichtet über den Ertrag der von Clemens VI. auferlegten dreijährigen und zweijährigen Zehnten gegen die Türken. Die Einnahmen finden sich fol. 124—156, die Anweisungen an die Zentralstelle (»Assignationes«) fol. 157—158, die Ausgaben der Subkollektoren in den einzelnen Diöcesen fol. 159—166, die Ausgaben des Generalkollektors beginnen mit fol. 167. Dieser Teil ist unvollständig; er bricht fol. 169ᵛ mitten im Berichte ab. Die ursprüngliche Pergamentdecke dieses Fascikels ist erhalten und trägt die alte Archivnummer 758.

2. Der Band Nr. 65 (408 Papierblätter in 4°) enthält die Fortsetzung der Einnahmen aus den Annatengeldern für die vom päpstlichen Stuhle verliehenen Benefizien. Die Rechnung umfaßt die Zeit vom 20. Juli 1345 bis zum 29. Mai 1355. Die Listen der Benefizien sind nach den einzelnen Diöcesen geordnet und auf kleinen, im Schnitte an den entsprechenden Blättern festgenähten Pergamentstreifen sind die Namen der Diöcesen angegeben. Für jede Diöcese werden zuerst die bezahlten Rückstände aus der Zeit vor dem Jahre 1345 verzeichnet, dann die nach Pontifikatsjahren geordneten Einnahmen während der zehn Jahre, welche der Bericht umfaßt, an dritter Stelle die während derselben Zeit verliehenen Benefizien, von welchen noch die Abgabe zu zahlen ist, und endlich diejenigen, deren Inhaber nichts zu bezahlen haben oder nichts bezahlen können (»de quibus nec est receptum nec recipi debet«). Eine der Schrift gleichzeitige Foliierung reicht bloß bis fol. CLXXXIII; sie wurde im vorigen Jahrhundert, als die Handschrift ihren jetzigen Einband erhielt, fortgesetzt. Die ursprüngliche Pergamenthülle des Bandes blieb beim Einbinden erhalten und bildet jetzt das erste Blatt; sie trägt einen gleichzeitigen, mit dem unten folgenden Anfang des Bandes gleichlautenden Titel. Dann folgen zwei nicht foliierte Papierblätter, von denen das erste leer ist, das zweite die Notiz trägt: »Quaternus sextus Lugdun.«, welche offenbar in der Camera geschrieben wurde.

Ich habe aus diesen Bänden die Rechnungen und Angaben, welche die Kirchenprovinz Trier und die Diöcese Basel betreffen, ausgezogen und lasse sie hier folgen.

Archiv. Vatic. Collectoriae Nr. 64. Fasc. I.
Fol. 1.

In nomine Domini amen. Anno a resurrectione Domini 1342, die duodecima mensis Septembris. Ego Girardus de Arbenco, thesaurarius ecclesie beate Marie Escoyarum Rothomagensis dyocesis, Avinione recepi a reverendis in Christo patribus et dominis dominis Stephano Casinensi et Guillermo Foroiuliensi episcopis, thesaurariis sanctissimi in Christo patris ac domini nostri domini Clementis divina providentia pape VI commissionem, virtute cuius et aliarum commissionum michi tam per dictum dominum nostrum papam quam per dictos dominos thesaurarios subsequenter directarum recepi summas pecuniarum infrascriptas, videlicet in Viennensi, Lugdunensi, Tarantasiensi, Bisuntinensi et Treverensi provinciis, tam racione arragiorum decimarum et fructuum ante creacionem dicti domini nostri pape quam post eius creacionem fructuum ex reservacionibus eiusdem apostolice Camere debitorum, de quibus receptis et expensis inde subsequtis computo prout inferius continetur.

Basilien.[1]
Fol. 85.

Sequntur recepte civitatis et diocesis Basilien.

Primo cum Radulphus de Berno olim subcollector decimarum sexennalium et triennalium in diocesi Basiliensi in 220 libr. Basilien. Camere teneretur, ut in restis domini decani Belnensis[2] continetur, contra eum Radulphum fuerunt per me collectorem multi processus facti adeo quod solvit 110 libr. Basilien.; residuas 110 libr. se obligavit soluturum subcollectori Bisuntino[3] aut ipsas in deposito tradere in capitulo Bellicadri Basiliensis diocesis. Et cum iterum ad civitatem Basiliensem irem pro dictis centum decem libris restantibus et aliis Camere debitis racione reservacionum domini nostri pape recuperandis, transeundo per Bellicardum (*sic*) accessi ad capitulum dicti loci ad sciendum si dictus Radulphus dictas 110 libr. in deposito tradiderat ut promiserat, sed non inveni ibi dictum Radulphum aliquam pecuniam in deposito tradidisse morte preventus. Cuius Radulphi bona ceperunt gentes domini episcopi Basiliensis. Inveni etiam subcollectorem Basiliensem canonicum Bellicardi fuisse captum per quendam militem inimicum suum et tunc esse detentum, quare ab hinc reversus fui et ulterius non processi. Super predictis et aliis scribatur domino episcopo Basiliensi, ut dirigat collectores et subcollectores domini nostri pape, quia alias in dicta diocesi procedi secure non potest.[4]

---

[1] Auf jeder Seite steht oben der Name der Diöcese, deren Abgaben daselbst verzeichnet sind. Ich habe den Namen blofs je einmal gesetzt.
[2] Johannes Ogerii, Vorgänger des Gerardus als Kollektor.
[3] Johannes de Gohennant subcentor.
[4] Am Rande links ist die erhobene Summe wiederholt.

Super quibus premissis scripsi dicto domino episcopo Basiliensi, cuius responsionem subcollector Bisuntinus debet habere.

Item habeo penes me registra decimarum Basiliensium, in quibus continentur illi qui predicto Radulpho persolverunt; de quibus decimis non est sexta pars persoluta.

Item non scambiavi dictam monetam per me receptam ad florenos, quia tantum non valet de tertia parte sicut est estimatum (sic) in receptis domini decani Belnensis.

Fol. 85 v.

Sequntur reste civitatis et diocesis Basilien. racione reservacionum domini nostri pape.

Primo[1] facta est gratia Henrico nato quondam Ludovici de Ratohdorf de canonicatu sub expectatione prebende ecclesie Columbariensis Basiliensis diocesis, qui dimittet parrochialem ecclesiam de Roschelis dicte diocesis cum dictam prebendam fuerit assecutus.

Item de parrochiali ecclesia in Mase Minister (sic) Basiliensis diocesis, quam Wernherus quondam Wrnheri Vngot per multos annos tenuit ad sacros ordines non promotus, fuit ipsi Wernhero de novo provisum et debet dare 200 flor. contra Turcos.

De canonicatibus et prebendis Basiliensis, Columbariensis, Sancti Amarini et Seconiensis, Basiliensis et Constantiensis diocesum ecclesiarum, et de scolastica (sic) dicte ecclesie Basiliensis quos dominus Petrus de Bebelnboem tenebat, fuit sibi ex causa de novo provisum.

Item de prepositura ecclesie sancti Martini Columbariensis Basiliensis diocesis, vacante per liberam resignationem Petri Boblehem, fuit provisum domino Henrico, nato quondam Ludowici de Rochzdorf, 4 kal. Ianuarii. Iniunctum fuit per me subcollectori Bisontino, ut litteram quam super hoc scripsi subcollectori Basiliensi eidem mitteret quando carcerem exiret, in quo detinebatur per inimicos; qui postmodum michi rescripsit quod dictus subcollector Basiliensis eidem subcollectori Bisuntino rescripsit quod, postquam manus inimicorum evasit, circa predicta recuperanda diligentiam quam poterit adhibebit.

De canonicatu et prebenda ecclesie sancti Vrcissini (sic) Basiliensis diocesis, quos Elricus Theobaldi contra constitutionem Excrabilis (sic) obtinet, vacantibus propter ea fuit provisum Gerardo Charbon.

De parrochiali ecclesia de Zone dicte diocesis eodem modo vacante fuit provisum Iohanni Charbon, rectori parrochialis ecclesie de Aldorf eiusdem diocesis, quam dimittet.

---

[1] Am Rande: »Reste«.

Treveren.

Fol. 91 v.

Sequntur recepte civitatis et diocesis Treveren.

Primo recepi a domino Boemundo de Saraponte archidiacono Treverensi
pro fructibus anni 43 dicti archidiaconatus et prepositure sancti Pauli
ad decimam non taxate sibi de novo et ex causa collatis pro primo
termino 25 flor.   Parvi ponderis 25 flor.
Dicta prepositura magna onera bladi habet sustinere et illo anno fuit deffectus bladi, quare fuit minoris valoris. Restat debens pro secundo
termino 25 flor. solvendos subcollectori Metensi in festo Nativitatis
beati Iohannis Baptiste anno 45.[1]

Non taxatur.

Item pro fructibus prebende sancti Symeonis a Roricho in Monte Cellarum per manum domini Armanii de Cyper 3 flor.
                                   Parvi ponderis 3 flor.
Item pro fructibus anni 44 ecclesiarum de Rohens et de Willieres uni-
tarum, que vacaverunt ad curiam per liberam resignationem factam
in curia per rectorem earundem, quia voluerunt impetrare in forma
gratiarum generalium, per manum Francisci di Virduno notarii Treverensis 6 flor.   .   Parvi ponderis 6 flor.
Item pro fructibus ecclesie de Chauenceyo anni 43 a curato dicte ecclesie per manum Francisci de Arbenco receptoris Lugdunensis 20 flor.
                                     Magni ponderis 20 flor.

Summa[2] receptarum predictarum:

Primo .   .   . . .   20 flor. magni ponderis.

Item .   . . .   34 flor. parvi ponderis.

Fol. 92.

Sequntur beneficia per dominum nostrum papam collata.

De perpetua vicaria altaris sancte Katherine siti in ecclesia Lumpigensi
Treverensis diocesis quocunque modo vacante fuit provisum Iohanni
Hertingi de Leye clerico dicte diocesis 13 kal. Augusti.

De parrochiali ecclesia in Moynfeldem Treverensis diocesis, quam Henricus de Helfendesteyn obtinet et obtinuit iam sunt decem anni, fuit
sibi de novo provisum, sic tamen, quod trium annorum fructus solvat
Camere in pios usus convertendos non. Octobris.

Facta est gratia magistro Rorico de Montestellarum Treverensis diocesis
de canonicatu sub expectatione prebende in ecclesia Spirensi qui,
obtenta prebenda, dimittet canonicatum et prebendam Sancti Symeonis Treverensis diocesis et canonicatum et prebendam in Wilbrug eiusdem Treverensis diocesis 13 kal. Iulii.

---

[1] Am Rande: »Resta«.
[2] Am Rande: »Summa universalis diocesis«.

Facta est gratia Ludowico de Lutzelinburch presbitero Treverensis diocesis
de canonicatu sub expectatione prebende et dignitatis in ecclesia
sancti Symeonis Treverensis diocesis, qui habita prebenda dimittet
capellaniam sive vicariam in ecclesia parrochiali sancti Michaelis in
Lutzelinburch et curatam ecclesiam in Frisingum dicte Treverensis
diocesis 3 id. Octobris.

De perpetua vicaria Sanctorum Apostolorum in ecclesia sancti Castoris
in Confluencia Treverensis diocesis, vacante per mortem quondam Henrici dicti Welle de Confluencia, fuit provisum Henrico de
Leyo dicte diocesis non. Martii.

De prepositura ecclesie beate Marie Palatiolensis Treverensis diocesis
ad quam Iohannes Ruremunde alias canonice electus ad collationem
domini pape spectantem tenet et possidet fuit sibi provisum 17 kal.
Augusti.

Fol. 92ᵛ.

De perpetua vicaria altaris sanctorum decem milium martirum siti in ecclesia sancti Florini in Confluentia Treverensis diocesis vacante
per liberam resignationem factam in curia per Iohannem dictum Crehaue fuit provisum Mathie de Gulse 17 kal. Augusti.

De perpetua vicaria hospitalis sancti Spiritus in Monmeyneuelt[1] Treverensis diocesis vacante per mortem Iohannis de Grenoi fuit provisum Syfredo Ludowici de Confluentia 17 kal. Augusti.

De canonicatu et prebenda ecclesie Werflariensis (*sic*) Treverensis (*diocesis*) vacantibus per liberam resignationem Iohannis Muzoberg factam
in curia fuit provisum Hermanno Waltman 3 id. Februarii.

De prepositura ecclesie sancte Marie Erfordensis vacante quia Iohannes
dictus Boaym de Treveris ipsam cum aliis dignitatibus contra constitutionem *Excorabilis* (*sic*) tenuit fuit provisum Geraldo nato domini
comitis de Nassayre (*sic*) 9 kal. Maii.

De curata ecclesia de Mendien Treverensis diocesis vacante quia quondam Nicholaus de Etheginstin ipsam per decem annos tenuit non
promotus ad sacros (*ordines*) fuit provisum Waltero Nicholay de Redelinga 14 kal. Iulii.

De scolastria ecclesie Treverensis vacante per mortem Iohannis de Geleuingen qui eam tenuit pluribus annis cum aliis ecclesiis parrochialibus
fuit provisum Iohanni de Salewerne 3 non. Decembris.

Fol. 93.

De parrochiali ecclesia sancte Genouefe de Bochon Treverensis diocesis vacante per liberam resignationem Dominici Iohannis Musardi
de Villa fuit provisum Iohanni Poncii de Raigecourt 10 kal. Maii.

---

[1] Soll heifsen: »Mon(asterio) Meineuelt«, Münster-Maifeld.

De parrochiali ecclesia in Epternacho Treverensis diocesis quandocumque vacet in curia sive per resignationem domini cardinalis Boloniensis vel alias fuit provisum Petro de Kuremunde rectori parrochialis ecclesie de Vecebetingon 8 id. Maii.

Canonicatus et prebenda ac scolastria ecclesie Treverensis vacantes quia Iohannes de Gerleungen quondam ipsos cum ecclesiis parrochialibus tenuit non promotus sunt domino Danieli episcopo Verdensi commendati 8 id. Maii.

Meten.

Fol. 93 v.

Sequntur recepte civitatis et diocesis Meten.

Die 14ª mensis Iunii anno 44 dominus Fulco Bertrandi primicerius et subcollector Metensis mecum Metis computavit prout inferius continetur.

Non taxantur prebende Metenses.

Primo computat se recepisse pro fructibus anni 41 prebende Metensis que fuit domini archiepiscopi Penormitani (*sic*)[1]   23 libr. 20 den. Tur.

Item pro fructibus anni 42 dicte prebende   25 libr. 11 sol. 4 den.

Fructus anni 40 dicte prebende Camere debebantur; sed quia in littera quittacionis ultimi computi facti inter dominos . . decanum Belnensem et dominum premicerium (*sic*) subcollectorem Metensem continetur quod dictos fructus dictus dominus decanus dicto domino primicerio assignabat pro salario et labore termini tunc preteriti, ideo dictos fructus eidem dimisi.[2]

Item computat pro fructibus prebende Metensis quam nunc tenet dominus Bernardus Melioris   24 libr.

Item pro fructibus anni 43 prebende Metensis quam nunc tenet Iohannes filius nobilis viri Francisci de Herbenlher   22 libr.

Summa dictarum receptarum   94 libr. 13 sol. Tur.

Quam summam asserit se recepisse in florenis, quolibet precio 17 sol. 4 den.

Fol. 94.

Et sic valet dicta summa: 109 flor. 2 gross. cum dimidio flor. dicto precio extimato.

De qua summa retinuit dictus subcollector quatuor florenos pro salario illorum qui collegerunt fructus et vineas excoli fecerunt aliquarum dictarum prebendarum.   4 flor.

Item pro expensis quorundam famulorum qui portaverunt quosdam processus tam per me quam per ipsum factos   3 flor.

Et sic restant 102 flor. 2 gross. cum dimidio.

Magni pond. 102 flor. 2 gross. cum dimidio.

---

[1] Theobaldus nach Gams, Series episc. S. 952.   [2] Am Rande: »Videte«.

Fol. 94ᵛ.

Sequntur alie recepte per me collectorem facte.[1]

Non taxatur.

Primo a domino Henrico de Homborc pro fructibus duorum annorum, videlicet 41 et 42, prebende et cantorie de Homborc que vacaverunt per assequcionem prebende Metensis per ipsum factam: 18 libr. monete Meten. in 40 flor. quolibet precio 9 sol. Meten. Parvi pond. 40 flor.

Non taxatur.

Item pro fructibus anni 43 prebende (*et*) elemosinarie Meten. quas nunc obtinet ex provisione apostolica de novo sibi facta et ante obtinebat dominus Boemundus de Saraponte per manum eiusdem: 30 Regales, quorum sex sunt debilis ponderis.   30 Regales.

Non taxatur.

Item anno Domini 1345 die 22ª Maii per manum domini Theobaldi Bruneti pro fructibus anni 44 prebende Metensis quam tenebat Girerdus dictus Malota oneribus deductis: 41 flor. quilibet pretio 17 sol. 4 den.

Magni pond. 41 flor.

Item per manum dicti domini Theobaldi pro fructibus prebende sancti Nicholay pauperum clericorum Metensium: 6 flor. et 10 gross. Tur.

Magni pond. 6 flor. 10 gross.

Fol. 95.

Summa receptarum dicte civitatis et diocesis Meten. in grossis: 12 grossi cum dimidio; valent unum flor. magni ponderis cum dimidio grosso.

Magni pond. 1 flor. cum dimidio grosso.

Et sic est summa totalis receptarum civitatis et diocesis Meten.[2]

Primo   .   . . . . 150 flor. magni ponderis.

Item .   . . . . 40 flor. parvi ponderis.

Item .   .   .   . 30 Regales.

Item . . . . dimid. gross.

Sequitur de restis Camere traditis per dominum decanum Belnensem.

Cum in restis domini decani Belnensis Camere traditis contineatur dominum Petrum Moreti, archidiaconum de Vico in ecclesia Metensi, teneri Camere in diversarum pecuniarum summis, dictus dominus Petrus diu fuit in Camera arrestatus et eius beneficia ad manum domini pape levantur per certos commissarios per curiam super hoc deputatos.

Fol. 95ᵛ.

Sequntur reste racione reservacionum domini nostri pape.

De canonicatu et prebenda Meten. vacantibus per liberam resignationem domini Iacobi Griffonelli factam in curia fuit provisum Theobaldo Griffonelli 12 kal. Iulii.

---

[1] Am Rande: »Recepte per me«.
[2] Am Rande: »Summa universalis diocesis Metensis«.

Recipiantur isti fructus anni 45.

Item de prioratu de Sella Metensis diocesis dum vacabit per assequcionem prioratus de Argentolio fratri Iohanni de Bonis per dominum papam fuit provisum fratri Guillermo Helleyo 11 kal. Augusti.

Adhuc non est assequtus prioratum de Argentolio, quare etc. (sic).

Item de canonicatu et prebenda Meten. vacantibus per mortem domini Philippi de Lucembour (sic) et tanto tempore quod eorum collacio est ad sedem apostolicam devoluta fuit provisum Thome de Domparia 12 kal. Octobris.

Non vacavit per mortem illius et sic impetrans non obtinuit, quare etc. (sic).

Item de canonicatu et prebenda ecclesie sancti Leodegarii de Marsello Metensis diocesis vacantibus per mortem Nicholay dicti Xellelluen et per dominum papam reservatis fuit provisum Iacobo Symonis de Buxeriis 15 kal. Februarii.

De canonicatu et prebenda ecclesie sancti Leodegarii de Marsello Metensis diocesis vacantibus per mortem Nicholay dicti Xellelluen et per dominum papam reservatis fuit provisum Nicholao Alberti dicto Marsaul 7 kal. Februarii.

Quidam pauper clericus obtinebat ante dictas gratias et adhuc obtinet paciffice (sic).

Fol. 96.

De prebenda ecclesie Metensis vacante per mortem Ioffredi Gronasii (sic) tanto tempore quod eius collacio spectat ad papam fuit provisum domino Iohanni cantori dicte ecclesie 3 kal. Februarii.

De canonicatu et prebenda ecclesie Metensis vacantibus per mortem Ioffredi Gervasii fuit provisum Thome de Domparia 16 kal. Martii.

Eadem est prebenda et est alter possidens tenens dictam prebendam.

Virdunen.

Fol. 96 v.

Sequntur recepte civitatis et diocesis Virdunen.

Die 18ª mensis Iunii anno 44 per manum domini Iohannis de Dei Custodia archidiaconi et subcollectoris Virdunensis recepi pro fructibus anni 43 prebende Virdunensis que fuit Theobali (sic) de Altomonte 40 flor.   Parvi pond. 40 flor.

Item cum dominus Iacobus curatus sancti Ylarii Virdunensis diocesis Camere teneretur in ducentos (sic) flor. magni ponderis pro censa (sic) fructuum anni 44 prioratus de Amella, de quo fuit provisum domino cardinali de Bolonia,[1] de quibus est fideiussor dominus Iohannes de Dei Custodia subcollector Virdunensis, die 22ª mensis Maii anno 45 recepi per manum domini Theobaldi Bruneti indeterminate sine extimacione   24 flor. magni ponderis.[2]

---

[1] Guy de Boulogne.
[2] Die Summen sind jedesmal rechts am Rande wiederholt.

Item	30 flor. parvi ponderis.
Item	34 scutos,

quorum sex sunt debilis ponderis.

Item . .	1 pavaill.
Item	2 Leon.
Item	5 Regal.,

quorum[1] duo sunt debilis ponderis.

Item	1 gross. Tur. argenti.

Fructus[2] vero dicti prioratus per me collectorem dicto curato fuerunt accensati, illi videlicet quos ultimus prior possidebat tempore promotionis eiusdem et qui alienati non erant ad vitam vel ad tempus: 200 flor. boni ponderis de quibus solvit indeterminate summas proxime dictas. Residuum exigatur.

R(esta).[3]

Fol. 97.

Item per manum eiusdem a Iohanneta et Alitzona filiabus quondam Reginaldi Mercerii de Verduno pro decima terragii et furni de Andelaucour ad dictum prioratum pertinente et quam a quodam priore dicti prioratus ad eorum vitam emerunt primi termini

17 scut. et 4 den. gross.

Composuerunt dicte filie beguine ad 50 flor. Residuum debent.

R(esta).

Item per manum eiusdem domini Theobaldi a Symone de Stagno pro primo termino decime Ville prope Magenes   10 scut.

Composuit ad 20 scutos; residuos 10 debet.

R(esta).

Item per manum eiusdem a Poncignone Maressa et Nicholao Herbentzon in exonerationem septem florenorum pro primo termino decime de Bouigneyo   3 scut. non pond.

Item	2 Regales non pond.
et	6 gross. debiles.

Composuerunt ad 14 flor., residuum debent.

R(esta).

Item per manum eiusdem a Iohanne lo Champanoys et Aymerico carnifice pro primo termino decime minute de Amella, de Senon et de Longyane   10 scut.

Composuerunt ad 20 scutos; residuum debent.

R(esta).

Fol. 97 v.

Summa receptarum tocius civitatis et diocesis Virdunen.

Primo	24 flor. magni pond.
Item	70 flor. parvi pond.
Item . .	7 Regales.

---

[1] Dieses Wort steht zweimal in der Handschrift.
[2] Am Rande: »Videte«.
[3] Dies steht immer am Rande, wahrscheinlich von anderer Hand geschrieben.

Item	74 scuti.
Item	2 Leones.
Item	1 pavail.
Item . .	11 grossi.

Fol. 98.

Sequitur de restis contentis in residuis domini decani Belnensis.

Cum in restis domini decani Belnensis contineatur plures restas Camere
debcri de et pro fructibus ecclesie de Parroy et a pluribus personis
cum lata fuerit sententia super dicta ecclesia contra Colinum de
Soilles dictam ecclesiam possidentem, dictus Colinus contra procuratorem fiscalem sententiam obtinuit in qua fuit pronuntiatum dominum
decanum Belnensem male contra dictum Nicholaum processisse. Et
sic dicte reste non debentur et processus per me factos contra de-
bentes dictas restas ut asserebatur in dictis restis domini decani ad-
nullavi.

Sequntur reste dicte diocesis Virdunensis.[1]

Primo cum dominus Iacobus curatus ecclesie sancti Ilarii Virdunensis
diocesis et dominus Iohannes de Dei Custodia in 200 flor. Camere
tenerentur pro censa (*sic*) fructuum prioratus de Amella dicte diocesis anni 44 et solverint summam superius assignatam, residuum
debent. Et est ultimus terminus solutionis in festo Nativitatis beati
Johannis Baptiste anno 45.

Item hiidem (*sic*) tenent ad firmam redditus de Iondeuille et de Gondricour, pro quibus debent 20 flor. magni pond.

Item Iohanneta et Alitzona filie quondam Reginaldi lo Mercier de Virduno, tenentes partem decime de Sapiencour et de Gremigne
composuerunt mecum ad 50 flor. magni ponderis, de quibus solverunt 17 scutos et 4 den. gross.; residuum debent. Et est ultimus
terminus solutionis in festo Nativitatis beati Iohannis Baptiste anno 45.

Item Poncignonus Maressa et Nicholaus Herbentzonis tenentes decimam
de Bouigne composuerunt mecum ad 14 flor. de quibus solverunt
tres scutos non ponderis, 2 Regales non ponderis et sex gross.;
residuum debent in dicto festo beati Johannis.

Fol. 98 v.

Item Johannes li Champanoys tenens minutam decimam Amelle et
Longiane composuit[2] mecum ad 20 scut. de quibus solvit[3] decem.
Residuos decem debet ad dictum terminum.

Item Symon de Stagno tenens decimam de Bille prope Magones composuit mecum ad viginti scut. de quibus solvit decem. Residuos 10
solvere debet ad dictum terminum.

---

[1] Am Rande: »Reste«.   [2] In der Handschrift: »composuerunt«.
[3] In der Handschrift: »solverunt«.

Predicte vero decime sunt de membris dicti prioratus de Amella et fuerunt alienate per olim priores ad vitam eorum qui predictas decimas tenent et composuerunt prout supra.

Item Bertrandus Lehongre burgensis Metensis, dicto prioratu ad manum Camere tenente, fecit piscare quoddam stannum cuius media pars pertinebat ad dictum prioratum. Monitus de restitutione facienda noluit obedire et propter hoc excommunicatus et multiplicitur aggravvatus (*sic*) et a processibus meis appellavit.

Item contra Iaqueminum de sancto Genomero, qui decimam Destre et de sancto Leodegaro (*sic*) ac de Blemont detinet, necnon et contra quam plurimos alios membra dicti prioratus detinentes processi et sententias fulminavi, qui minime componere voluerunt, sententias incurrendo.

Item debentur fructus canonicatus et prebende Virdunen. anni 45 quam obtinet in dicta ecclesia magister Petrus Perior. Fructus sunt futuri.

Fol. 99.

De canonicatu et prebenda ecclesie Virdunensis cum vacabunt per assequtionem prepositure ecclesie Saczonensis Pragensis diocesis Nicholao de Lutzembour (*sic*) per dominum nostrum papam collate fuit provisum Iohanni de Machandio 9 kal. Octobris.

Non est dictam preposituram assequtus, quare etc. (*sic*).

De canonicatu et prebenda ac scolastia ecclesie Virdunensis et de canonicatu et prebenda ecclesie beate Marie Magdalene Virdunensis vacantibus per mortem Nicholay de Spinallo et reservatis fuit provisum Nicholao de Monte Claro clerico 4 kal. Iunii.

Male impetravit et dominus cardinalis de Bolonia obtinet virtute sue gratie.

Tullen.

Fol. 99 v.

Sequntur recepte civitatis et diocesis Tullen.

Et primo de arragiis debitis ante creationem domini nostre pape.

Die 18ª Martii anno 42, qua die mecum Tullis computavit dominus Iohannes de Alumpno subcollector Tullensis prout inferius continetur. Primo computat se recepisse pro restis fructuum prioratus de Dompna Maria 60 scut. pro 80 flor. de quibus 16 sunt debilis ponderis et tres de Brebancia, et residui boni ponderis. Item 16 flor. parvi ponderis. Item duos dupplices pro quatuor parvis flor. Item duos Regales debilis ponderis pro duobus florenis cum dimidio.

60 scut. parvi pond. 16 flor. 2 duppl. 2 Regal.

Valet dictum aurum secundum predictam extimationem 200 flor. cum dimidio.

Dominus temporalis solvit aurum predictum in dicto valore, compulsus per censuram ecclesiasticam ad compellendum dictum priorem, cum alias a dicto priore nichil potuisset haberi. Quare fuit receptum dictum aurum in valore predicto.[1]

Taxatur 35 libr.

Item pro fructibus ecclesie parrochialis de Dompno Remigio in regno Francie, videlicet anni 41 et parte anni 42 usque ad diem collacionis eiusdem: 70 libr. Tur. in duobus Leonibus quolibet pretio 68 sol. 9 den. in uno Regali pretio 60 sol. in duobus Angelis medii ponderis quolibet pretio 100 sol. in duobus dupplicibus quolibet pretio 100 sol. in decem scutis quolibet pretio 66 sol. in duobus pavaillionibus quolibet pretio 71 sol. 3 den.[2]

Item pro fructibus anni 41 ecclesie de Liberauilla: 12 libr. monete ducis Lothoringie (sic) in uno pavaillione pretio 28 sol. in uno scuto pretio 25 sol. et residuum, videlicet 9 libr. 7 sol. in moneta ducis Lotharingie.

Fol. 100.

Item die 29ª Marcii anno 43, qua die secundo Tullis cum dicto subcollectore computavi, pro fructibus anni 41 prebende Tullensis que fuit domini Berengarii Fredori: 30 scut. quorum 12 sunt debilis ponderis et unus ad aquilam; duos dupplices et 6 denarios gross. Tur. argenti.

Sequntur recepte facte ratione reservationum domini nostri pape. Et primo de anno 42.

Taxatur 10 libr.

Die et anno supra proxime dictis pro fructibus ecclesie de Liberauilla de qua fuit provisum Colino Wirieri de Pergiis: 10 libr. monete Tullen.

Taxatur 35 libr.

Item pro fructibus ecclesie de Dompno Remigio que est in regno Francie et de qua fuit provisum Ade de Vrchiis: 35 libr. in decem scutis quolibet pretio 70 sol.

Item pro fructibus prebende Tullensis que fuit domini Berengarii Fedori: 44 flor. parvi ponderis et 6 den. gross. argenti.

Fol. 100ᵛ.

Sequntur recepte anni 43.

Non taxatur archidiaconatus.

Anno 44 die penultima Iunii, qua tercio computavi cum dicto subcollectore, pro fructibus archidiaconatus et prebende Tullen. quos tenet reverendus pater dominus cardinalis Tutellensis,[3] computat dictus subcollector pro fructibus dictarum prebende et archidiaconatus summas infrascriptas.

---

[1] Am Rande: »Videte«.
[2] Die im Texte angegebenen Summen sind jedesmal rechts am Rande in kürzerer Fassung wiederholt; ich lasse diese Wiederholung im Drucke aus, wenn nicht ein besonderer Grund es notwendig macht, sie hinzuzufügen.
[3] Hugo Roger, Bruder Clemens' VI., Bischof von Tulle.

Et primo: 10 libr. 5 sol. Tur. in diversis parvis minutis monetis, de quibus
me presente fuerunt empti 13 flor. magni ponderis et 8 gross. Tur.
Item 26 libr. monete Tullensis de quibus emit 22 flor. quorum 12 erant
parvi ponderis et 10 magni ponderis, quilibet pretio 23 sol. monete
Tullensis, et sic restant 14 sol. dicte monete Tullen.

Item	. . . .	19 scut.
Item	. .	2 pavaill.
Item	.	4 dupplices.
Item	.	1 Angel. de ultimis.
Item		6 flor. parvi pond.
Item	.	9 Regal.
Item	. . . .	2 Leon. 8 gross.

Nichil computat dictus dominus subcollector de precariis de Iocundo
Adventu neque de excessibus dicti archidiaconatus, quia nichil recepit, prout dixit, nisi solum de hiis que in solis redditibus consistunt; quos quidem redditus inter se diviserunt dictus subcollector
et procurator dicti domini cardinalis equali porcione.

Taxatur 32 libr.

Item pro fructibus ecclesie de Germeyo in regno Francie 8 flor.

Parvi pond. 8 flor.

Item	4 scut.
Item unum Angelum ultimi ponderis.	Tercii ponderis 1 Angel.

Et duos Regales debilis ponderis.

Fol. 101.

Sequntur expense facte per dictum subcollectorem.
Pro quibusdam processibus et nunciis per ipsum in diversis locis missis:
duos flor. parvi ponderis et 10 gross.

Fol. 101ᵛ.

Sequntur alie recepte per me facte.[1]

Taxatur quelibet prebenda 40 libr.

Die 29ᵃ mensis Marcii anno 43 pro fructibus trium prebendarum ad colle-
strium[2] ecclesie Tullensis pertinentium, que vacaverunt per consecrationem domini Francisci de Amelia et quas nunc tenet Karolus de
Pictavia et cuiusdam alterius prebende Tullensis quam tenet magister
Hugo de Somma Vela, accensate domino Petro de sancto Michaele
canonico Tullensi et Henrico de Roseriis clerico: 172 libr. in 8 flor.
magni ponderis, quolibet pretio 23 sol. valent. 9 libr. 4 sol.;
in 4 Regalibus, quolibet pretio 28 sol., valent. 112 sol.;
in 19 Leonibus, quolibet pretio 32 sol., valent. 30 libr. 8 sol.;
in 12 Angelis, tercii ponderis, quolibet pretio 38 sol., valent. 22 libr. 16 sol.;
in 69 scutis, quolibet pretio 30 sol., valent. 103 libr. 10 sol.

---

[1] Am Rande: »Recepte per me«.
[2] In der Handschrift: »collesterium«.

Item in moneta Tullensi: 10 sol., valent 5 gross. et quasi quartam partem.

172 libr.

Item prima die Iulii anno 44 pro fructibus anni 43 prebende Tullensis
que fuit domini Berengarii Fedori: 40 libr. monete Tullensis in tribus
florenis magni ponderis, quolibet pretio 23 sol.;

in 24 scutis, quolibet pretio 30 sol.

Item 11 sol. monete Tullensis; valent 5 gross. et tres partes unius grossi.

40 libr.

Item anno 45 die 27ª mensis Maii, per manum domini Theobaldi Bruneti,
pro parte fructuum anni 45 archidiaconatus maioris in ecclesia sancti
Gengulphi vacantis per consecrationem domini Iordani de Columpna
recepi 50 libr. monete Tullensis,

Fol. 102.

solutas in duobus florenis magni ponderis, quolibet pretio 25 sol.;

in uno pavaillione pretio 36 sol.;

in 14 scutis, quolibet pretio 33 sol.;

in 11 Regalibus, quolibet pretio 30 sol.;

in 4 flor. de Breybant, quolibet pretio 24 sol.;

et in 26 sol. monete Tullensis, valent. unum flor. magni ponderis et dimidium grossum.

Fol. 102ʳ.

Summa[1] totalis omnium et singularum receptarum civitatis et diocesis
Tullen.

Primo .	37 flor. magni pond.
Item	88 flor. parvi pond.
Item	29 Regal.
Item	241 scut.
Item	23 Leon.
Item	6 pavaillon.
Item	10 duppl.
Item	2 Angeli secundi pond.
Item	14 Angeli tercii pond.
Item	21 gross. cum dimidio.
Item . .	20 libr. 12 den. monete Tullen.

Fol. 103.

Sequntur reste civitatis et diocesis Tullen.

Taxatur 60 sol. Nanten.

De canonicatu et prebenda ac archidiaconatu maiori et prepositura sancti
Gengulphi Tullensis ecclesiarum (*sic*) cum vacabunt per consecrationem domini Iordani de Columpna electi Lunensis fuit provisum
dicto domino cardinali 15 kal. Iulii.

---

[1] Am Rande: »Summa universalis diocesis«.

In receptis supra 50 libr. computantur et residuum debetur. In principio fuit tradita ad regendum, sed per me fuit iniunctum subcollectori quod ad firmam tradatur.

Facta est gracia Iohanni de Roseriis de canonicatu sub expectatione prebende, dignitatis, personatus seu officii etc. in ecclesia Tullensi, qui obtulit se dimissurum thesaurariam ecclesie Tullensis et decanatum ruralem Luxoviensem Bisuntinensis diocesis et officium Crucifixi in dicta ecclesia Bisuntinensi, cum habuerit aliam dignitatem, 5 yd. Septembris.

De subthesauraria ecclesie Tullensis vacante per mortem Hugonis de Essayo et reservata fuit provisum Thome de Domparia 2 non. Septembris.

Taxatur 30 libr. monete cursibilis.

De thesauraria ecclesie Tullensis vacante per liberam resignationem magistri Iohannis de Roseriis fuit provisum Philippo de Syrocuria 16 kal. Ianuarii.

Pro istis tribus provisionibus michi fructus, videlicet anni 45, debentur.

Fol. 103 v.

De canonicatu et prebenda ecclesie Tullensis vacantibus per mortem Nicholay Iohannis de Gorcia fuit provisum Nicholao Alberti dicto Marsaulz de Gorsia 7 id. Maii.

In omni iure quod competebat Iohanni de Linconla in canonicatu et prebenda sancti Deodoti de Sancto Deodato Tullensis diocesis nuper defuncto est subrogatus Laurentius dictus Bourton kal. Marcii.

De canonicatu et prebenda ecclesie Tullensis quos Therricus de Boyoncuria obtinet fuit sibi petenti de novo provisum[1] 10 kal. Maii.

De canonicatu et prebenda ecclesie Tullensis vacantibus per mortem Hugonis de Essayo et reservatis fuit provisum Iohanni de Gorzia 2 kal. Septembris.

Facta est gratia magistro Nicholao de Blenodio de canonicatu ecclesie Tullensis sub expectatione prebende, qui tenetur dimittere parrochialem ecclesiam de Villa Francha et quandam capellaniam perpetuam sitam in dicto loco Senonensis diocesis, id. Augusti.

Gratia adhuc non habuit effectum.

De perpetua capellania altaris beate Marie siti in ecclesia sancti Gengulphi Tullensis vacante in curia per mortem magistri Widerici de Marbache fuit provisum Guillermo Antheceti de Damuilla, dicte diocesis Tullensis, 5 id. Septembris.

Non ascendit in valore septem libr. et sic non cedit in reservatione facta.

---

[1] Zu den beiden vorstehenden Posten steht am Rande: »fructus anni 45 debentur«.

Fol. 104.

Facta est gratia Frederico de Abonis de Laude de canonicatu sub expectatione prebende in ecclesia Madocciensi Mediolanensis diocesis, qui
dimittet parrochialem ecclesiam de Germayo Tullensis diocesis cum
etc. (*sic*) 11 kal. Iunii.

> Gratia non habuit effectum.

Facta est gratia magistro Iohanni de Veneta alias de Gellis Balvacensis (*sic*)
diocesis de canonicatu sub expectatione prebende ecclesie Tullensis,
qui habita prebenda ex huiusmodi gratia dimittet canonicatum et prebendam ecclesie beate Marie de Montochare dicte diocesis.

> Gratia non habuit effectum.

De quadam capellania quam Warinus de Oritzentacia Tullensis diocesis in
ecclesia sancti Deodati de Sancto Deodato obtinebat per ipsius
resignationem vacante fuit provisum Iohanni Theobaldi 12 kal. Octobris.

> Non reperitur predicta capellania.

De parrochiali ecclesia de Libera Villa, Tullensis diocesis, vacante quia
Girardus ultimus rector ipsius aliam parrochialem ecclesiam ex gratia
domini Benedicti est adeptus, fuit provisum Iohanni Icunci de Arcubus Metensis diocesis 3 id. Februarii.

De parrochiali ecclesia de Libera Villa Tullensis diocesis vacante per
mortem Iohannis de Arcubus fuit provisum Colino Wirieri de Pergiis
16 kal. Augusti.

Dicta ecclesia bis vacavit in anno[1] et uniti fructus superius computantur.

Fol. 104ᵛ.

Summa provincie.

Summa summarum provincie Treverensis:

Primo	231 flor. magni pond.
Item . . .	232 flor. parvi pond.
Item	66 Regal.
Item	315 scuti.
Item	25 Leon.
Item	7 papillion.
Item	10 duppl.
Item . .	2 Angeli secundi pond.
Item . .	13 Angeli tercii pond.
Item	33 grossi.
Item monete Tullensis	20 libr. 12 den.

Fol. 105.

Summa summarum receptarum provinciarum Viennensis, Lugdunensis, Bisuntinensis, Tarantasiensis et Treverensis.

Primo	4445 flor. magni pond.

---

[1] In der Handschrift: »ecclesia«.

Item	2720 flor. parvi pond.
Item	8 Agni.
Item	173 Regales.
Item	710 scuti.
Item	60 Leon.
Item	41 papillon.
Item	13 Corone.
Item	85 dupplices.
Item	11 Angeli primi pond.
Item	128 Angeli secundi pond.
Item	58 Angeli tercii pond.
Item .	3 Parisien.
Item . . .	9 sol. 11 den. gross.

Fol. 105ᵛ.

Item in obolis decem denariorum ultimo factis et in obolis 15 denariorum
32 libr. 6 sol. 8 den.

Qui oboli positi fuerunt precio quo currebat moneta anno 42 quia pro
maiori parte erant contrafacti, prout supra continetur in diocesi Lingonensi in computo prioratus Insule prope Barrum in fine.

Item fortis monete regal.   275 libr. 5 sol.

Item monete Tullensis 20 libr. 12 den. monete cuius florenus valet 23 sol.

Item . . . . 110 libr. monete Basilien.

In dicta summa florenorum parvi ponderis continentur 297 flor. parvi
ponderis quos recepi de bonis domini quondam episcopi Tiburtini,
de quibus computo in receptis post summam receptarum dicte diocesis.

Item deposuit dominus Guillermus de Flay presbiter Cabilonensis diocesis
30 libr. Tur. pro aliquibus fructibus ecclesie de Nantone, si per dominos de Camera declaretur ipsum ad aliquos fructus teneri; tamen
non credo quod ad aliquos fructus teneatur.[1]

Fol. 107.

Sequntur **expense** per me facte racione predictarum receptarum a die qua
fui collector constitutus.

Primo[2] pro copia computorum domini . . decani Belnensis predecessoris
mei in officio collectorie   2 scut.

Dictam copiam de voluntate dominorum de Camera feci copiare, ut tam de
arragiis quam de aliis contentis in dictis computis possem levius in-
formari; et duobus clericis qui predicta computa copiaverunt et mecum
steterunt per quindecim dies meis sumptibus et expensis dedi dictos
duos denarios auri ad scutum.

---

[1] Fol. 106 enthält die »Assignationes«.
[2] Am Rande, von anderer Hand: »Pro copia computorum domini decani«.

Item in Collectura (*sic*) mea continentur viginti due civitates et ideo feci copiare commissiones michi factas super predictis fructibus et arragiis levandis et recuperandis viginti duabus vicibus pro mittendo cuilibet subcollectori unam copiam signo publico signatam una cum commissione per me facta cuilibet subcollectori et cum primis processibus per me factis et litteris clausis, per quas sibi mandabam qualiter se haberent in premissis, ut negocia magis prompta invenirem cum venirem ad loca pro negociis peragendis. Dedi domino Petro de Cuysiaco notario publico Lugduni commoranti pro predictis copiis, commissionibus et processibus faciendis, quia tunc mecum notarium non habebam, nec etiam per unum notarium potuisset ita cito sicut erat necesse compleri   10 flor. magni ponderis.

Item per Merinetum Mistralis habitatorem Lugdunensem misi commissiones directas subcollectoribus provincie Treverensis, videlicet subcollectoribus Meten., Virdunen. et Tullen. In dyocesi vero Treverensi nunquam fuit subcollector constitutus quousque ibidem veni, sed subcollector Metensis se intromittebat de agendis in dicta diocesi Treverensi.

Item subcollectoribus provincie Bisuntinensis, videlicet subcollectoribus Basilien. Bellicen. et Lausannen.

Item subcollectoribus provincie Lugdunensis videlicet Matisconen., Cabilonen., Eduen. et Lingonen. et ville Belnensis, quia in dicta villa Belnensi est unus subcollector necessarius et ibi, iam diu est, fuit constitutus per dominum decanum Belnensem.

Fol. 107 v.

Stetit dictus famulus pro predictis litteris ad loca predicta portandis et pro responsionibus reportandis per quadraginta tres dies, quia dominus subcollector Virdunensis michi rescripsit, quod dictum famulum liberaverat a carcere et quod captus fuerat per quosdam latrones nobiles de patria, qui dictum famulum ceperant et in carceribus detinuerant per sex dies sed eum ob honorem domini nostri pape dicto subcollectori remiserunt; sed quicquid portabat dictus famulus eidem fuerat admotum, et nichil preter litteras quas cum magna difficultate recuperavit potuit habere de bonis famuli prelibati.

Conveneram cum dicto famulo pro qualibet dieta ad duos grossos Tur. et sic recepit a me pro dictis 43 diebus quibus vacavit in negocio
                86 gross. Tur.

Item per Hugonem de Charpenay misi commissiones directas subcollectoribus provincie Viennensis videlicet subcollectoribus Viennen., Gebennen., Gracionopolitan., Valen., Dyen., Vivarien. et Maurianen.

Item misi per eundem famulum subcollectoribus provincie Tarantasiensis, videlicet Tarantasien., Sedunen. et Augusten. et stetit dictus famulus

---

¹ Die Summen sind am Rande wiederholt.

in dictis litteris portandis et responsionibus michi Edue reportandis 26 dies.

Et conveni cum eodem videlicet pro qualibet die ad grossum cum dimidio; valent 39 gross. cum dimidio.

Item pro duabus cayssiis fusteis ad ponendum et portandum dictas commissiones, pro tela cerata ad eas involvendas propter pluvias 4 gross. Tur.

Fol. 108.

Item quasi omnes subcollectores de Imperio michi rescripserunt quod consuetum fuerat ab antiquo, quod quocienscunque per Summum Pontificem fiebant alique reservaciones, quod littere apostolice sub bulla mittebantur dictas reservaciones continentes et ille littere in capitulis ecclesiarum cathedralium publicari debebant.

Item consuetum erat commissiones pro talibus recipiendis fieri sub bulla, aliter in eorum partibus minime aliquibus litteris quovis sigillo sigillatis crederetur, et quod sigilla dominorum meorum dominorum thesaurariorum, quibus erat mea commissio sigillata, erant eis penitus ignota. Quare misi Berchetum Guinoche clericum de civitate Eduensi ad curiam, videlicet ad vos dominos meos reverendos, qui michi litteras sub bulla super premissis omnibus et voluntatem atque responsionem vestram super aliquibus factum Camere tangentibus in suo memoriali contentis apud Lingones in Burgondia reportavit.

Et stetit dictis Berchetus tam eundo ad curiam standoque et redeundo usque Lingones ubi eram 23 dies et michi computavit pro expensis suis et pro famulo et equo pro qualibet die sex gross.; et sic ascendunt dicte sue expense: 11 sol. 6 den. gross. sibi solutos in 11 flor. magni ponderis et sex gross.

Item pro salario unius famuli quem Edue conduxit et qui secum fuit 15 gross.

Item[1] pro conductu recepto in provincia Treverensi 17 flor. parvi ponderis. In dicta provincia fui pluries, sed prima vice qua fui, videlicet primo anno creationis domini nostri pape, erat in patria Lothoringie magna guerra et patria multum periculosa ad equitandum, quare necesse fuit eo tunc me habere conductum vel alias in periculo fuissem;[2] aliis autem vicibus per dictam patriam absque conductu equitavi.

Fol. 108 v.

Item pro conductu in provincia Bisuntina 10 flor. auri parvi ponderis.

Item[3] de predictis receptis per me factis fuerunt facte Camere tres assignaciones; quarum prima assignacio facta fuit per dominum Petrum de Cuysiaca notarium et Franciscum de Arbenco receptorem Lugdunensem: pro eorum expensis cum duobus equis et duobus famulis, quia tunc patria non erat bene secura 16 flor. magni pond.

---

[1] Am Rande, von anderer Hand: »Pro conductu«.
[2] In der Handschrift: »fuisset«.   [3] Am Rande: »Assignatio«.

Item[1] pro expensis Bercheti Guinoche nepotis mei, qui partem aliquam pecunie assignate in dyocesibus Eduensi, Lingonensi, Bisuntina et Tullensi congregavit   5 den. auri ad scutum et 7 gross.

Item michi postmodum fuit scriptum per reverendos in Christo patres et dominos meos dominos thesaurarios, quod Iohanni Barrali, magistro portuum regni Francie, tam pro vinis apud Belnam quam pro luciis et aliis piscibus emendis pro domino nostro papa, omni occasione sublata visis dictorum dominorum meorum litteris, deliberarem et assignarem eidem magistro quingentos flor. auri boni ponderis; qui magister michi dictas litteras in Belna presentavit dum essem in motu eundi Bisuntium et, quia mecum pecuniam non habebam et dictus magister ita aspere me artabat pro dicta pecunia habenda, misi Iohannem de Arcenant clericum subcollectoris Belnensis ad subcollectorem (sic) Eduensem, Cabilonensem et Lingonensem pro pecunia quam habebant congreganda et mittenda pro dicta summa dicto magistro assignanda. Cui tradidi pro expensis   3 flor.

Item misi de Bisuncio per Berchetum nepotem meum apud Belnam aliquam summam auri; qui expendit 18 gross. eundo et redeundo.

Fol. 109.

Item alias per dictos dominos meos dominos thesaurarios michi scriptum fuit quod fratri Bernardo Petri elemosinario, Petro Verneti et Guidoni Stephani cursoribus domini nostri pape 1500 flor. auri aut valorem expedirem et sine difficultate qualibet assignarem pro bladis pignote emendis; et quia non eram[2] in partibus cum predicte littere venerunt Lugdunum, receptor Lugdunensis ad me misit quendam famulum apud Gracionopolitanum qui me ibidem non invenit sed me sequtus fuit Gebennam; qui famulus habuit pro expensis et salario   18 gross.

Item[3] receptis dictis litteris misi nepotem meum Viuario (sic), Valen. et Tarantasie (sic) ad subcollectores pro pecunia apportanda Lugdunum ubi dictos 1500 flor. predictis cursoribus assignavi; pro expensis suis, unius famuli et duorum equorum   5 flor. parvi ponderis.

Item[4] secunda assignacio facta Camere facta fuit per Franciscum de Arbenco, qui venit ad me de Lugduno Edue et dictam assignacionem portavit reverendis dominis meis thesaurariis, qui michi scripserant quod pecuniam domini nostri quam habebam eis mitterem indilate; et stetit tam veniendo ad me Edue quam eundo ad curiam, ibidem stando et reveniendo ad me Gebennam per 22 dies; pro expensis dicti Francisci, unius famuli et duorum equorum et pro maiori parte dicte assignacionis congregande   12 scut. et 8 gross.

Item tercia assignatio per me facta fuit modo cum veni ad curiam pro reddenda racione.

---

[1] Am Rande: »Pro congregatione«.   [2] In der Handschrift: »erat«.
[3] Am Rande: »Pro congregatione«.   [4] Am Rande: »Pro assignatione«.

Et[1] pro parte pecunie assignacionis per me facte congreganda de Edua, ubi eram pro inventario bonorum domini G(uilielmi) quondam (*episcopi*) Eduensis reservatorum per dominum nostrum papam faciendo, misi dominum Theobaldum Bruneti notarium meum una cum nepote meo apud Lingones, Tullum, Virdunum et Metis in Lothoringia pro pecuniis congregandis et recolligendis et computis a dominis subcollectoribus locorum recipiendis iuxta memorialia sibi per me dimissa, cum ultimo recessi ab eisdem; qui per 26 dies steterunt cum duobus

Fol. 109ᵛ.

equis, quia propter diversitatem terrarum et locorum, pericula et guerras in partibus Lothoringie et marchiis Alamanie existentibus unum solum secure mittere non auderem, maxime pro pecunia apportanda; pro eorum expensis usque Lugdunum, ubi me invenerunt descendentem ad curiam   10 libr. 5 sol. Tur.

Item recepta commissione michi facta per dominos meos reverendos dominos thesaurarios de et super prorogatione reservacionis domini nostri pape facta de fructibus beneficiorum in curia hinc usque ad duos annos vacancium, receptis etiam bullis: una super dicta prorogacione, altera super declaracione fructuum beneficiorum ex causa permutationis vacancium factis pro fructibus recuperandis, dictas bullas et commissiones dictorum dominorum meorum copiare feci et commissiones, ut expediebat super premissis, misi subcollectoribus omnibus in provinciis et diocesibus michi commissis; pro duobus clericis qui scripserunt dictas commissiones et litteras et una cum meo notario fuerunt per plures dies sine eorum expensis, pro scripturis suis
                          4 den. auri ad scutum.

Item pro quodam famulo qui copiam dictarum litterarum cum commissione mea portavit dominis subcollectoribus Matisconensi, Cabilonensi, Eduensi, Lingonensi, Tullensi, Virdunensi et Metensi, cui subcollectori Metensi scripsi quod mitteret per alium nuntium Treveren.; item et in Bisuntin. fuit dictus famulus et eciam portavit pro subcollectore Basiliensi: pro expensis et salario dicti famuli   3 flor. auri.

Item pro quodam alio famulo qui portavit dictas litteras subcollectoribus provinciarum Viennensis et Tharantasiensis, facto foro cum eodem pro salario et expensis   2 flor. parvi pond. 2 gross.

Fol. 110.

[Item[2] cum pluries michi missa fuerint per Cameram apud Lugdunum beneficia que in curia vacaverant et quorum Camera percipere debebat primos fructus, et ego subcollectori Lugdunensi ordinassem quod

---

[1] Am Rande: »Pro congregatione«.
[2] Dieses ist durchstrichen mit der Tinte, mit welcher die Anmerkungen an den Rand geschrieben sind; hier steht am Rande: »Deducti fuerunt« von der Hand, welche die übrigen Randbemerkungen schrieb.

quocienscunque talia beneficia michi per Cameram mitterentur, quod
ipse beneficia ipsa in mei absencia reciperet et apperiret et si essem
in partibus multum remotis, quod ipse in qualibet diocesi ad subcollectorem loci mitteret et rescriberet dicta beneficia et eciam ea ubicunque
essem michi mitteret si videret expedire pro fructibus recuperandis ab
eisdem, quod et fecit cum fuit oportunum, pro expensis plurimorum
nunciorum qui pluries et in pluribus locis michi et subcollectoribus
locorum dicta beneficia portaverunt ultra illa que per me missa fuerunt
computavit dictus subcollector per partes in universum

4 flor. parvi ponderis et 6 gross.]

Item[1] anno Domini 1343 die Mercurii post festum Epiphanie Domini[2]
recepi Lugduni per manum Iaqueti de Tornay cursoris commissionem
michi factam per reverendum in Christo patrem et dominum meum
dominum camerarium de colligendo et conservando sub manu Camere
bona mobilia domini P(etri) de Cabilone, quondam episcopi Cabilonensis. Misi eodem instanti dominum Theobaldum Bruneti notarium
meum in dicta diocesi Cabilonensi ad perquirendum statum eius et bonorum suorum, et post per unam diem sequtus fui eundem sicut michi
mandabatur; tamen repertum fuit dictum dominum quondam episcopum
tunc adhuc vivere; tradidi dicto domino Theobaldo pro expensis suis,
qui per aliquos dies expectavit Cabiloni ad sciendum finem, quia ita
graviter infirmabatur quod plus de morte quam de vita sperabatur

40 sol.

Item[3] in quadragesima ultimo preterita, dicto domino episcopo defuncto,
fui statim post eius mortem Cabilonum et bona eiusdem arrestavi
pro plurimis fructibus quorundam beneficiorum per eum levatis, quamvis ad Cameram pertinerent, et de quibus contra eum processus feceram dum vivebat; et quia tesaurarius (sic) regis in baillivia Matisconensi omnia bona mobilia dicti quondam domini episcopi ad manum
regis recepit et penes se habere voluit, quem de restituendo dicta
bona monui, querens dictus thesaurarius copiam commissionis virtute
cuius eum monebam de restituendis dictis bonis, ego tamen, dubitans
ne dicta michi eo tunc facta et missa commissio per dictum dominum meum reverendum dominum camerarium valeret, misi clericum
domini subcollectoris Cabilonensis ad curiam, videlicet ad dictum
dominum meum camerarium; qui michi per dictum clericum misit
commissionem sub bulla de dictis bonis reservatis recipiendis, cui
clerico tradidi pro expensis 6 libr. Tur. et michi dictam commissionem
Edue presentavit.   6 libr. Tur.

---

[1] Am Rande: »Pro facto domini condam episcopi Cabilonensis«.
[2] 8. Januar.
[3] Am Rande: »Pro bonis condam episcopi Cabilonensis«.

Fol. 110 r.

Item cum domini mei reverendi domini thesaurarii michi multum expresse mandassent per dominum Theobaldum Bruneti, notarium meum, quod unam bibliam pulcherrimam quam habebat dictus dominus episcopus dum vivebat volebat habere dominus noster papa, et quod omnibus modis procurarem quod dicta biblia dicto domino nostro mitteretur, thesaurarius regis predictus dictam bibliam habebat et eam portare volebat Parisius ut dicebat, tamen finaliter concordatum fuit inter me et ipsum et heredes dicti domini episcopi, quod dicta biblia apportaretur domino nostro pape per quendam episcopum nepotem dicti domini episcopi Cabilonensis defuncti, quod factum fuit; quod prout factum fuit, scripsi dominis meis dominis thesaurariis, quia ita expresse michi mandaverant, per proprium nuncium, cui dedi pro salario et expensis   16 gross.
Item debentur michi expense a die duodecima mensis Septembris anno Domini 1342.[1]

Coll. 64. Fasc. II.

Fol. 124.

Sequntur recepte decimarum triennalium et biennalium impositarum per felicis recordationis dominum Clementem papam VI per collectorem Lugdunensem receptarum a receptoribus earundem.

Dudum felicis recordationis Clemens papa VI decimas omnium beneficiorum ecclesiasticorum in Imperio existentium, beneficiis dominorum cardinalium ac fratrum hospitalis sancti Iohannis Ierosolimitani dumtaxat exceptis, in subsidium Terre sancte contra Turchos [ad[2] quinquennium videlicet primo per triennium kal. Decembris] pontificatus sui anno [secundo[2]] videlicet anno Domini 1343 et deinde per biennium levandas et exigendas imposuit 2 id. Decembris pontificatus sui anno 4°, anno Domini 1345, singulis dominis archiepiscopis et episcopis in suis civitatibus et diocesibus dictarum decimarum collectoribus specialiter deputatis. Postque, scilicet 5 non. Maii pontificatus sui anno 4°, michi commisit et mandavit ut huiusmodi decimas in Treverensi, Bisuntina, Lugdunensi, Viennensi et Tarantasiensi provinciis ab huiusmodi archiepiscopis et episcopis seu deputatis ab eis exigerem et levarem. Cuius mandati virtute recepi ex eisdem decimis que sequntur.

Fol. 155 r.

De decimis civitatis et diocesis Basilien. nichil computo, quia eas omnino solvere contradicunt.

Nec etiam computo de provincia Treverensi simili de causa.

---

[1] Es folgen noch die Quittungen über die vom Kollektor abgelieferten Gelder.
[2] Das Eingeklammerte wurde später zugefügt.

Sequntur expense facte per collectorem ratione dictarum decimarum.

Primo quando fuit facta michi commissio receptionis dictarum decimarum, misi bullas clausas que domino episcopo Basiliensi dirigebantur per Guillermum Bandeti notarium meum ad finem quod faceret in sua diocesi levare dictas decimas, quod tamen non fecit; expendit

9 flor. boni ponderis.

Non fuerunt levate alique decime in dicta diocesi nec ego fui huc pro processibus faciendis; nam quando fui pro fructibus, dictum dominum episcopum habui pro suspecto quin procurasset me capi nisi de nocte fugiissem (*sic*) et hoc pluries dixi dominis meis de Camera.

Item misi per dictum notarium domino archiepiscopo Treverensi bullas clausas in quibus continebatur et redarguebatur quia non faciebat dictas decimas levare, et verum est quod tunc fecit processus et misit suffraganeis suis, qui procedere ad exactionem decime noluerunt, propter quod ivi ad dictos suffraganeos ut infra continetur. Set dominus archiepiscopus, prout intellexi quando fui Treveris, aliquam partem ipsius decime levavit et tamen nec Camere nec michi aliquid assignavit. Et stetit tam eundo, stando quam redeundo per 36 dies et portavit litteras dictis suffraganeis: pro qualibet die 8 gross.; valent   24 flor. boni ponderis.

Item pro processibus faciendis fui in dicta provincia Treverensi et nomine meo feci processus pro dicta decima triennali exigenda; pro dictis processibus publicandis Metis et Tulli in synodis vel in capitulis decanorum misi dominum Theobaldum Bruneti de Virduno, ubi feci processus publicare et steti per magnum tempus pro quadam alia commissione; stetit dictus dominus Theobaldus predicta faciendo et reveniendo ad me Lingones ubi me invenit per 43 dies: pro qualibet die 6 gross., valent   21 flor. boni pond. 6 gross.

Item quia Lingones clerus Metensis, Tullensis et Virdunensis misit ad me procuratores ad notificandum appellationes factas per ipsum et ad querendum apostolos, misi eodem instanti dictum notarium ad curiam ad notificandum omnia et ad querendum litteras que iterum prelatis et capitulis dirigerentur; et michi fuit mandatum quod procederem ad aggravationes processuum; stetit eundo, stando ad curiam et reveniendo ad me Lugdunum per 32 dies: pro qualibet die 8 gross., valent   26 flor. boni pond. 4 gross.

Item quia pluribus commissionibus michi factis eram multum occupatus ita quod redire non poteram, remisi iterum dictum dominum Theobaldum Bruneti in Lothoringiam et ad dominum Treverensem cum litteris clausis domini mei domini camerarii cum aggravationibus per me factis pro eas publicando in capitulis decanorum vel synodis, videlicet in diocesibus Metensi, Tullensi et Virdunensi ac Treverensi, pro pecunia per dominum archiepiscopum recepta apportanda et tamen inde nichil reportavit; stetit dictos processus exequendo, eundo et redeundo per 67 dies et computavit michi se expendisse pro qualibet die 8 gross. et pro maiori parte fuit secum unus notarius de partibus oriundus; valent   44 flor. boni pond. 8 gross.

Item pro expensis duorum hominum armorum eidem domino Theobaldo traditorum per dominum primicerium Metensem, qui eum conduxerunt usque Lingones, quia dubitabat dictus dominus primicerius ne in via occideretur   10 flor. boni pond.

Item dimisit dictus dominus Theobaldus Lingon. equum suum quia plus ire non poterat et post cito mortuus fuit, ut scripsit subcollector

Fol. 168.

Lingonensis, emitque unum precio   26 flor. boni pond.

Suus michi constiterat 30 flor.

Item cum prima vice pro compoto habendo ab omnibus receptoribus dictarum decimarum ivissem per omnes provincias michi decretas pro congregatione pecunie facienda, quia non audebam mecum portare aurum, dimisi omnibus receptoribus totum aurum et pecuniam per eos receptam in custodia, quamvis omnibus litteram quittationis de summis per eos michi assignatis dedissem, set propter pericula nolebam mecum portare dictum aurum; nam si captus fuissem cum dicto auro, nunquam recuperatum fuisset. Quare post dictum cursum meum misi Iohannem de Villariis et Guillermum Baudeti notarium meum ad omnia loca et expenderunt tam eundo, stando et redeundo pluribus vicibus   58 flor. boni pond.

Item pro uno equo quem ducebat dictus Guillermus Baudeti eundo quesitum dictam pecuniam apud civitatem Maurian., cadendo de una ruppe (*sic*) habuit tibiam ruptam   22 flor. boni pond.

Item cum dictus dominus Theobaldus de Lothoringia rediisset et iterum dictus clerus a dictis meis processibus ad curiam appellasset, remisi iterum per dictum dominum Theobaldum notarium meum ad curiam totum processum, quia multum eram tunc pro multis commissionibus michi factis occupatus; et fuerunt dicti processus per bullam confirmati; expendit eundo, expectando dictam confirmationem et redeundo ad me Gebennam ubi me invenit   26 flor. boni pond.

Fol. 168 v.

Item misi iterum dominum Iohannem de Iusseyo in provincia Treverensi pro confirmatione facta sub bulla publicanda; et stetit expectando synodos et aggravationes per decanos factas in diocesibus Metensi, Tullensi et Virdunensi per tres menses, expendit 60 flor. boni pond.

Item quia plures receptores mortui erant Maurian. et etiam ille quem posueram ob defectum domini episcopi Maurianensis, misi ad dictum dominum episcopum dominum Nicolaum Rossellini, ut poneret ibidem receptorem et ut dictus dominus episcopus redderet illud quod receperat ab heredibus receptorum; qui semper se excusans inde nichil fecit, quare post ivi ad eum; dictus dominus Nicolaus expendit eundo et reveniendo ad me Viennam   7 flor. boni pond.

Item cum fuissem ad dictum locum et non invenissem dictum dominum episcopum, set iverat cum domino comite Sabaudie ultra montes, scripsi sibi quod receptorem ibidem poneret, quia non inveniebam qui receptam facere vellet; pro nuncio qui litteras sibi portavit
                 2 flor. boni pond. 8 gross.

Item pro expensis notarii mei quem dimisi Tarantasien. post mortem domini Petri de sancto Eugendo, receptoris dicte diocesis dum vivebat, causa computandi cum dicto domino archiepiscopo a dicta civitate absente, qui bona dicti domini Petri habuerat et ad finem quod ipse faceret alium receptorem quia facere non volui propter hoc quod non cognoscebam gentes et ad faciendum primos processus, et ivit ad eum in montibus ubi erat et stetit predicta faciendo et veniendo ad

Fol. 169.

curiam, ubi festinanter descendi mandatus pluribus de causis
                 16 flor. boni pond.

Item tradite fuerunt michi extensive decimarum biennalium, misi easdem per unum famulum de curia subcollectoribus . . Lugdunensi . . Viennensi . . Bisuntino et Tarantasiensi, scribendo eisdem quod presentarent dictis dominis archiepiscopis easdem et instrumentum de presentatione acciperent; habuit ille qui portavit   7 flor. boni pond.

Item quia novus Tarantasiensis subcollector fuit mortuus infra unum mensem postquam recessi a dicta civitate nec reperiit dictus famulus aliquem cui traderet dictas bullas et litteras per me missas dicto subcollectori, reportavit Lugdunum bullas; quare misi de Cabilono ubi eram pro commissione bonorum episcopi tunc defuncti,[1] ubi gentes mee michi miserunt dictas bullas, Thomam de Palatra notarium ad dictum dominum archiepiscopum Tarantasiensem et ad perquirendum quid erat receptum et ad requirendum eum quod levaretur illud quod non erat levatum de decima triennali; et eadem causa misi dictum Thomam ad dominum episcopum Maurianensem; et stetit eundo, stando et redeundo per 26 dies: pro qualibet die habuit 8 gross., valent   17 flor. boni pond. 4 gross.

Fol. 169ᵛ.

Item quia dictus dominus archiepiscopus Tarantasiensis et episcopus Maurianensis noluerunt computare pro eorum receptoribus mortuis, misi isto anno 44° magistrum Petrum de Lyon dictum Guyon, qui fuit

---

[1] Petrus II de Châlons. 1342—1344.

receptor decimarum in diocesi Sedunensi et est de partibus illis oriundus, ad dictas civitates et misi processus contra dictos dominos
prelatos; finaliter tantum fecit quod scivit ab omnibus beneficiatis
dictarum diocesum, que parve sunt, quantum solverant de dictis decimis quinquennalibus et quantum restabat et fuit repertum dictos
prelatos maiorem partem recepisse, quare de totali summa omnium
decimarum quinquennalium, que assignata non fuit Camere apostolice
vel michi, se obligaverunt reddere et iam solverunt aliquam partem
prout supra in receptis; et stetit dictus magister Petrus predicta faciendo cum uno notario per 55 dies et apportaverunt hic compota
dictorum dominorum prelatorum; computavit se expendisse

64 flor. boni pond.

Item cum secunda vice irem per omnes provincias pro compotis omnium
decimarum a receptoribus audiendis et pecuniis congregandis, michi
scripte fuerunt plures littere et etiam bulle due sub duabus datis, que
michi misse fuerunt per gentes meas pluribus vicibus, continentes in
effectu quod traderem domino domino (*sic*) tunc Dalphino pro domino duce Borbonii sub certis condicionibus, que condiciones omnes
per me fuerunt complete, 12 000 flor. et etiam pro bladis et aliis
municionibus alias summas; dominus dux pluries michi scripsit, nam
cursum meum complere volebam. Finaliter dum eram in civitate
Sedunensi, in qua steteram per 18 dies, nam exire non audebam
propter guerras et multi alii boni homines erant in dicta civitate qui
exire non audebant, dictus dominus[1] . . . . .

Arch. Vatic. Collectoriae Nr. 65.

Fol. 1.

In nomine Domini amen. Sequntur recepte per me Geraldum de
Arbenco obedientiarium ecclesie sancti Iusti Lugdunensis, sedis apostolice
nuncium et collectorem fructuum apostolice Camere debitorum in Viennensi, Lugdunensi, Bisuntina, Tarantasiensi et Treverensi civitatibus, diocesibus atque provinciis auctoritate apostolica deputatum, facte a die 20ª
mensis Iulii anno Domini 1345 pontificatus felicis recordationis Clementis
pape sexti anno quarto usque ad diem vicesimam nonam mensis Maii
anno eiusdem Domini 1355 pontificatus domini nostri domini Innocentii
pape VI anno tercio, qua die incepit computare.

Fol. 178.   **Secuntur recepte Basilienses.**

Primo pro fructibus anni 6i prepositure monasterii in Olember Basiliensis
diocesis, de qua vacante per liberam resignationem fratris Hugonis
de Wonneberg fuit provisum Petro de Valle Masonis 8 id. Octobris

133 flor. boni ponderis, 4 gross.

[1] Hier bricht der Text ab; die Handschrift ist unvollständig.

De aliis beneficiis in restis per me traditis contentis nichil computatur quia nichil est receptum.

Summa pagine   133 flor. boni ponderis, 4 gross.[1]

Fol. 178 r.

Secuntur beneficia post dictum computum missa.

Primo de prioratu de Altacakla (*sic*) Basiliensis diocesis vacante per obitum fratris Symonis de Monteferrando fuit provisum Bernardo de
Carlario 6 non. Iulii anno sexto.

De prepositura sancti Amarii Basiliensis diocesis, que tanto tempore
vacavit quod eius collatio etc. (*sic*),[2] fuit provisum Rodulpho Vicedomini 7 kal. Novembris anno 6º.

De parrochiali ecclesia de Maseminster Basiliensis diocesis, quam tenuit
Wernherus Vigot (?) non promotus tempore debito, fuit eidem de
novo provisum 16 kal. Maii anno septimo.

Item de canonicatu et prebenda monasterii sancte crucis apud Sanctam
Crucem Basiliensis diocesis vacantibus per resignationem Ottwini de
Selgenstat fuit provisum Wortuwino nato Wigelonis 9 kal. Decembris
anno 10º.

De canonicatu et prebenda Basilien. vacantibus per resignationem Bur-
chordi (*sic*) Monachi fuit provisum Radulpho Clerici 3 non. Aprilis
anno 10º.

De prioratu de Miserath diocesis Basiliensis vacante per resignationem
Theobaldi de Moesperg fuit provisum Hugoni de Rocha 8 id. Maii
anno decimo.

Fol. 179.

De prioratu de sancto Vlrico Basiliensis diocesis vacante per resignationem Hugonis de Rocha fuit provisum Theobaldo de Moesperg
8 id. Maii anno decimo.

De prioratu conventuali de Valpaco Basiliensis diocesis vel Lausannensis
diocesis, vacante per assecutionem abbatie monasterii Balmensis
diocesis Bisuntine faciendam per Richordum (*sic*) Montisgaudii, fuit
provisum Artaudo de Fayno 5 id. Octobris anno 11º.

Electio facta de fratre Iohanne de Blawestin ad preposituram monasterii
in Olemberg Basiliensis diocesis fuit eidem confirmata 8 id. Octobris
anno primo domini Innocentii.

Collatio facta per abbatem Cluniacensem de prioratu sancti Albani Basiliensis fratri Iohanni Ruffart fuit eidem confirmata 4 id. Octobris
anno secundo domini Innocentii.

De beneficio curato parrochialis ecclesie in Sovoen Basiliensis diocesis
vacante per obitum Panthaleonis de Basilea fuit provisum Iohanni
dicto Phorio (?) de Brisacco 10 kal. Marcii anno 3º.   *Attende.*[3]

---

[1] Später geschrieben, vielleicht auch von anderer Hand.
[2] Die Besetzung war an den päpstlichen Stuhl devolviert.
[3] Am Rande, vom Revisor geschrieben.

Pro fructibus beneficiorum predictorum recuperandis non feci processus
quia, prout in aliis meis computis continetur, semel fui ad dictam
civitatem causa substituendi subcollectorem et ibidem steti quasi per
unum mensem. Constitui subcollectorem et recuperavi a receptore
decimarum impositarum per felicis recordationis dominum Iohannem
papam XXII regestra decimarum una cum quadam quantitate pecunie
per receptorem recepta, quam pecuniam Camere assignavi, fecique
processus pro fructibus recuperandis et pro arreragiis decimarum.
Tandem fuit michi revelatum in secretis per hospitem meum quadam
die, quod in crastinum debebam submergi per baillivum Bavari qui
ibidem dominabatur. Quare timens de facto fugii (*sic*) illa nocte in
habitu fratrum Carmelitarum.

Fol. 179ᵛ.

Et ultra hoc dictus subcollector fuit in magno periculo submergendi, nec
postea de dicto officio se intromisit.

Quibus factis veni ad curiam hoc intimando et fuit ordinatum quod bulle
beneficiorum dicte diocesis portarentur ad Cameram et per Cameram
mitterentur ad subcollectorem Bisuntinum, qui vicinus est magis pro-
pinqus (*sic*) in linga (*sic*) gallicana dicte diocesis Basiliensis, et receptis cautionibus et obligationibus a beneficiatis de fructibus solvendis
bullas beneficiorum restituere debebat. Et tamen dicta ordinatio non
(*fuit*) observata.

Super hoc ordinetur per Cameram vel aliquod remedium appo-
natur.

Fol. 180.

[Summa universalis receptarum civitatis et diocesis Basilien. a die dicti
computi   133 flor. boni pond. 4 gross.]

Ap(probo).

Sequntur recepte civitatis et diocesis Treveren. anni quarti.

Fol. 292.

Primo pro fructibus prepositure beate Marie Palaciolensis non taxate,
ad quam Iohannes Reuremonde alias canonice electus, ad collationem
domini pape spectantem tenet et possidet, fuit sibi provisum 17 kal.
Augusti anno 4⁰   20 flor. boni pond.

Item pro fructibus ecclesie de Esternaco (*sic*) non taxate, de qua fuit
provisum Petro Reuremonde 8 id. Maii anno 4⁰   60 flor. boni pond.

Item pro fructibus prebende ecclesie Limpurgensis non taxate, de qua
vacante per resignationem Iohannis Hilarini fuit provisum Iohanni de
Larchon non. Novembris anno 4⁰   16 flor.

Item pro fructibus vicarie altaris sancte Katherine siti in ecclesia sancti
Georgii in Limpurge (*sic*) non taxate, de qua vacante per provisionem factam Iohanni de Larchon de canonicatu et prebenda

Sancti Georgii fuit provisum Christiano App^{nis} (?) 10 kal. Decembris
anno 4[0][1]   10 flor. boni pond.
Fol. 292 v.

Recepte Treverenses anni quinti, sexti et octavi.

Primo pro fructibus ecclesie de Mambres non taxate de qua vacante per
obitum Iohannis de Prella fuit provisum Iacobo de Hagia 2 id. Octobris anno quinto   30 Regales auri.

Item pro fructibus parrochialis ecclesie sancti Bricii cum capella de
Amoth sibi annexa non taxate, de qua vacante per resignationem
Richardi Ancelini fuit provisum Iohanni de Bostorf 16 kal. Decembris
anno sexto   30 scut. auri [veteres].[2]

Item pro parte fructuum prioratus de Sathanaco, de quo vacante per
obitum ultimi prioris fuit provisum domino cardinali Boloniensi 7 id.
Augusti anno 8[0]   8 scut. auri [veteres].[2]

Non potuit plus haberi, quia fructus dicti prioratus illo anno, antequam provisio facta de ipso domino cardinali predicto ad no-
ticiam subcollectoris perveniret, fuerunt dissipati et licet pluries
petiti fuerint a magistro Arnaldo tunc procuratore dicti domini
cardinalis, nichil ulterius est solutum.

Item pro fructibus parrochialis ecclesie de Pontil non taxate
                                                          30 Regales auri.
Fol. 293.

Item pro fructibus prebende de Watflet non taxate collate Hermanno
Waltemanni   10 flor.

Item noviter in curia, videlicet circa festum Pasche anno 54, a domino
Iohanne canonico et olim celerario (*sic*) ecclesie sancti Symeonis
Treverensis per manus magistri Alberti de Sapegina pro fructibus
beneficiorum vacantium que nescit nominare   14 flor. boni pond.
                                                          4 Regales auri.

[Summa[3] universalis receptorum civitatis et diocesis Treveren. a die
computi supradicti   130 flor. boni pond.
                                                          64 Regales,
                                                          38 scut. veteres.]

                                                          Ap(probo).
Fol. 293v.

Sequntur beneficia civitatis et diocesis Treveren. de quibus nichil est receptum. — Primo de anno quinto.

Primo de parrochiali ecclesia de Maruilla Treverensis diocesis vacante
per obitum domini Hugonis et reservata fuit provisum Iacobo Ailine
de Maruilla 2 non. Maii anno quinto.

_____

[1] Am Schlusse jeder Seite steht jedesmal die Summa pagine, welche ich weg-
liefs; sie wurde jedenfalls später, vielleicht auch von anderer Hand, geschrieben.
[2] »Veteres« wurde von anderer Hand hinzugefügt.
[3] Die Summen sind von einer andern Hand, jedoch nicht von der des Revisors,
welcher sein »Approbo« dazu schrieb; ebenso die Summe oben S. 189.

Item de parrochialibus ecclesiis de Colobrio et de Kersen Treverensis diocesis, quas dominus Iohannes de Colobrio simul cum pluribus aliis parrochialibus ecclesiis tenuit indebite, fuit sibi provisum vel fuerunt sibi dicte ecclesie commendate 11 kal. Augusti anno quinto.

Item de canonicatu et prebenda Treveren. vacantibus per obitum seu resignationem quondam Raymundi de Wesemburg capellani pape fuit provisum Rodulpho dicto Losse 11 kal. Augusti anno quinto.

Item de parrochiali ecclesia de Loisburg Treverensis diocesis vacante per liberam resignationem seu dimissionem Iohannis de Colobrio prepositi Treverensis fuit provisum Iohanni de Treveris id. Septembris anno quinto.

Item de parrochiali ecclesia Mertinskirch (sic) diocesis Treverensis simili modo vacante fuit provisum Iohanni de Answilre id. Septembris anno quinto.

Item de prioratu de Sathanaco Treverensis diocesis collato per abbatem monasterii Gorziensis fuit de novo provisum Ludovico de Iandelacourt 13 kal. Iulii anno quinto.

Fol. 294.

Item[1] de canonicatu et prebenda sancti Castoris in Confluencia Treverensis diocesis vacantibus per liberam resignationem domini Nicolai de Lucemburch fuit provisum Theobaldo quondam Martini de Lucemburch 4 non. Decembris anno quinto.

Item de parrochiali ecclesia in Wasserpilche dicte diocesis vacante quia Iohannes dictus de Duna ipsam cum alia curata tenuit ultra annum non promotus fuit provisum Ioffrido de Rodemaca 2 non. Maii anno quinto.

Fol. 294ᵛ.

Beneficia Treverensia collata anno sexto.

Primo de parrochiali ecclesia de Amech Treverensis diocesis vacante per resignationem Iohannis de Aix fuit provisum Richardo Ancelini 3 kal. Octobris anno sexto.

Item de parrochiali ecclesia de sancto Bricio cum capella de Anchenden eidem annexa Treverensis diocesis vacante per resignationem Iohannis dicti Aix fuit provisum Richardo Ancelini 3 kal. Octobris anno 6⁰.

Item de parrochiali ecclesia in Bruchbriuole Treverensis diocesis quam Henricus Rennenberch diu tenuit non promotus fuit sibi de novo provisum et dispensatum 10 kal. Decembris anno 6⁰.

Item de parrochiali ecclesia de Dudelirghen (sic) Treverensis diocesis quam tenet et tenuit non promotus Nicolaus de Glimenich fuit eidem de novo provisum et fructus remissi 6 id. Decembris anno 6⁰.

---

[1] Auf jeder Seite ist der Titel »Beneficia Treveren. collata anno quinto« und die entsprechenden für die folgenden Jahre wiederholt; ich habe ihn blofs beim Beginn eines neuen Jahres gesetzt.

Item permutationes facte in manibus ordinarii de canonicatu et prebenda ecclesie sancti Castoris in Confluencia cum canonicatu et prebenda sancti Paulini extra muros Treverenses cum Boemondo (*sic*) de Sareponte fuerunt per dominum papam confirmate non. Marcii anno 6⁰.

Fol. 295.

Beneficia Treverensia collata anno septimo.

Primo de canonicatu et prebenda ecclesie Treverensis vacantibus per resignationem Iohannis de sancto Laurencio fuit provisum Henrico de Asperomonte 12 kal. Maii anno 7⁰.

Fol. 295ᵛ.

Beneficia Treverensia collata anno octavo.

Primo de parrochiali ecclesia de Osperen diocesis Treverensis quam obtinet vigore permutationis Iohannes Gerlaci; huiusmodi permutatio fuit eidem confirmata 14 kal. Iulii anno 8⁰.

Item acceptatio facta de prioratu de Sauceyo Treverensis diocesis per Henricum de Hotences fuit eidem confirmata 4 non. Octobris anno 8⁰.

Item permutationes facte per Geraldum de Bastonia et Henricum Euradi de parrochiali ecclesia Scletwilre Treverensis diocesis cum canonicatu et prebenda sancti Paulini Treverensis fuerunt confirmate 4 non. Octobris anno 8⁰.

Item de canonicatu et prebenda Treveren. vacantibus per obitum Godefridi de Vianna fuit provisum Nicolao de Gimenich 6 id. Novembris anno 8⁰.

Item permutationes facte per Henricum de Philomena et Geraldum de Bastonia de canonicatu et prebenda sancti Paulini prope muros Treverenses fuerunt confirmate 6 id. Novembris anno 8⁰.

Item de cantoria Cardonensi diocesis Treverensis vacante per resignationem Radulphi dicti Losse fuit provisum Theoderico dicto Mule 6 non. Maii anno 8⁰.

Item collatio facta auctoritate ordinaria Henrico de parrochiali ecclesia de Auliers Treverensis diocesis fuit eidem confirmata 8 id. Maii anno 8⁰.

Fol. 296.

Beneficia Treverensia collata anno nono.

Primo collatio facta de archidiaconatu sancte Agathes in Longwonn in ecclesia Treverensi Godefrido de Spaynheyn fuit eidem confirmata 8 kal. Octobris anno 9⁰.

Item de parrochiali ecclesia de Ardenachen Treverensis diocesis vacante per obitum Geraldi de Ardenachen fuit provisum Geraldo de Montenaken 11 kal. Februarii anno 9⁰.

Item de prepositura sanctorum Severini et Martini Monasterii in Meineuelt Treverensis diocesis vacante per obitum Helie ultimi prepositi fuit provisum domino Pastori tituli sanctorum Marcellini et Petri presbitero cardinali 5 kal. Marcii anno 9⁰.

Item electio facta de Henrico fratre Comitis ad preposituram ecclesie Monasterii in Meynewelt Treverensis diocesis fuit eidem confirmata 4 kal. Marcii anno 9⁰.

Item electio facta de Iordano Offit. ad scolastriam ecclesie sancti Castoris Treverensis diocesis fuit eidem confirmata 8 kal. Marcii anno 9⁰.

Item permutatio facta inter Galterum Raincesseum de capellania perpetua sancte Katherine sita in domo nobilis viri domini Iohannis de Florenuilla Treverensis diocesis et Ponsardum dictum Iaber de parrochiali ecclesia de Vrigina in nemore dicte diocesis fuit eidem confirmata 4 kal. Marcii anno 9⁰.

Fol. 296c.

Beneficia Treverensia collata anno decimo.

Primo acceptatio facta per Radulphum natum Iohannis de Rulen de canonicatu et prebenda sancti Florini in Confluencia Treverensis diocesis vacantibus per obitum Thome Elye fuit eidem confirmata 18 kal. Februarii anno 10⁰.

Item de parrochiali ecclesia Andernacensi Treverensis diocesis vacante per devolutionem seu constitutionem *Execrabilis* fuit provisum Iohanni de Irlich 10 kal. Aprilis anno decimo.

Fol. 297.

Beneficia Treverensia collata anno undecimo.

Primo de canonicatu et prebenda cum pensione ac prepositura ecclesie sancti Symeonis Treverensis vacantibus per obitum Godefridi de Rodenatker (*sic*) fuit provisum domino Petro cardinali Antisiodorensi 6 non. Iulii anno 11⁰.

Item de canonicatu et prebenda sanctorum Severi et Martini Monasterien. in Meyuelt (*sic*) Treverensis diocesis vacantibus per obitum Iohannis de Montestellarum fuit provisum Petro de Hornbach 15 kal. Octobris anno 11⁰.

Item collatio facta auctoritate ordinaria Theoderico de Hamersteym (*sic*) de canonicatu et prebenda Treveren. vacantibus per resignationem Helie de Wandeonio fuit eidem confirmata 2 non. Octobris anno 11⁰.

Item de canonicatu et prebenda Monasterii in Munwelt (*sic*) Treverensis diocesis vacantibus per obitum Iohannis Iacolet fuit provisum Iohanni Iohannis non. Octobris anno 11⁰.

Item de canonicatu et prebenda Cardonen. Treverensis diocesis vacantibus per obitum Iaquelini fuit provisum Henrico Humare 5 non. Octobris anno undecimo.

Item de capella sancti Martini extra muros Andernecenses (*sic*) Treverensis diocesis vacante per obitum Euersti de Oygerbach fuit provisum Roberto de Tuicio 2 kal. Octobris anno undecimo.

Fol. 297ᵛ.

Item de canonicatu et prebenda ac cantoria sancti Castorii (*sic*) in Confluencia diocesis Treverensis vacantibus per obitum Henrici Beyger de Robardia (*sic*) fuit provisum domino R.[1] tituli sancte Crucis in Iherusalem presbitero cardinali 8 id. Octobris anno undecimo.

Item de canonicatu et prebenda ac decanatu ecclesie sancti Symeonis Treverensis vacantibus per obitum Iohannis Iaquelini fuit provisum Hugoni de Engolisma 4 non. Octobris anno undecimo.

Fol. 298.

Beneficia Treverensia collata per dominum nostrum Innocentium anno primo.

Primo de parrochiali ecclesia de Sygnen Treverensis diocesis vacante per resignationem Alberti de Sapangina fuit provisum Dominico de Arenceyo non. Martii anno primo.

Item de decanatu, canonicatu et prebenda ecclesie Treverensis quorum collatio est sedi apostolice devoluta propter ipsorum diuturnam[2] occupationem Iohannis Iaquelonis, qui ea sine dispensatione una cum parrochiali ecclesia de Vertonno dicte diocesis diu obtinuit, fuit provisum Thome de Sancto Iohanne 6 kal. Maii anno primo.

Item de canonicatu et prebenda ecclesie sancti Paulini extra muros Treverenses vacantibus per obitum Iohannis Iaquelonis fuit provisum Iohanni de Sancto Iohanne 8 kal. Iunii anno primo.

Item de quodam altari in ecclesia collegiata beate Marie Treverensis vacante per obitum Iohannis Iaqueleti fuit provisum Iohanni Brubach 3 non. Iulii anno primo.

Item de canonicatu et prebenda sanctorum Martini et Severi Monasterii in Menuelt Treverensis diocesis vacantibus per obitum Iohannis de Leyge fuit provisum Hermanno de Tuicio 2 id. Iulii anno primo.

Item de canonicatu et prebenda ecclesie in Monstermeynefelt (*sic*) Treverensis diocesis vacantibus per obitum Iohannis de Beye fuit provisum Germano Trilha 2 kal. Augusti anno primo.

Fol. 298ᵛ.

Item acceptatio facta per Godfridum de Nersdoin de ecclesia de Brenneron Treverensis diocesis vacante per obitum Iohannis de Berporth fuit eidem confirmata 14 kal. Septembris anno primo.

Item unio facta per archiepiscopum Treverensem de monasterio de Stiffemberch beate Marie Theutonicorum[3] Treverensis diocesis domui de Maborth beate Marie Theutonicorum[3] Maguntine diocesis fuit auctoritate apostolica confirmata 5 kal. Novembris anno primo.

---

[1] Raymundus de Canillac, Erzbischof von Toulouse.

[2] In der Handschrift: »diuturnitatem«.

[3] In der Handschrift: »Theunonicorum«.

Fol. 299.

Beneficia Treverensia collata anno secundo.

Primo acceptatio facta virtute litterarum felicis recordationis Clementis pape VI per Sebertum dictum Snabel de canonicatu et prebenda sancti Castoris in Confluentia Treverensis diocesis fuit eidem confirmata 15 kal. Februarii anno secundo.

Item dispensatum fuit cum Iohanne de Riuenato quod defectu natalium non obstante parrochialem ecclesiam in Widergeisen Treverensis diocesis licite valeat retinere 16 kal. Iunii anno secundo.

Item de canonicatu et prebenda ac prepositura ecclesie sancti Paulini[1] extra muros Treverenses cum vacabunt per consecrationem Boemundi electi Treverensis fuit provisum Roberto de Seraponte 16 kal. Iunii anno secundo.

Item de archidiaconatu Treverensi vacante per consecrationem archiepiscopi Treverensis fuit provisum Arnaldo de Saraponte 14 kal. Iunii anno secundo.[2]

Fol. 300.

De suprascriptis restantibus beneficiis nichil est receptum nec inquisitum plenarie utrum omnes gratie supradicte effectum habuerunt vel non hac de causa: Dudum, iam sunt octo anni, in Lothoringia (*sic*) proficiscens pro huiusmodi fructibus colligendis ad civitatem Treverensem accessi ibique, receptis aliquibus pecuniarum summis, quendam probum virum substitui subcollectorem. Qui subcollector cum post recessum meum vellet procedere ad executionem fructuum predictorum, turpiter fuit tractatus et taliter quod ipse michi scripsit quod nullo modo se intromitteret de recollectione fructuum predictorum, quia fuerat in periculo submergendi, nisi dictum officium dimisisset. Post hec informatus per aliquos de partibus quod subcollector prefatus veritatem dicebat, substitui dominum Fulconem Bertrandi, primicerium Metensem, potentem virum in partibus illis et in civitate fortissima conmorantem, predictarum civitatis et diocesis Treveren. una cum civitate et diocesi Meten. subcollectorem, ut sua potentia mediante fructus prefati recuperari valerent. Qui dominus primicerius fecit fieri plures processus contra omnes beneficiatos Treverenses qui solvere non curabant et eos per certum nuntium ad partes illas destinavit. Qui nuncius eundo per partes fuit invasus ac omnes processus quos portabat fuerunt ablati et dilaniati et ut amplius non reverteretur manum eius amputarunt. Postmodum dictus dominus primicerius fecit alios novos processus et eos ibidem misit; qui processus fuerunt perditi et lator eorum iugulatus. Quibus factis veni ad curiam et premissa dominis meis de Camera intimavi; per quos fuit ordinatum quod bulle im-

---

[1] In der Handschrift: »Pauli«.   [2] Fol. 299ᵛ ist leer.

petrantium illarum partium hic retinerentur aut dicto subcollectori
Metensi magis propinquo civitati Treverensi mitterentur et retinerentur
donec solvissent aut ydoneas de solvendo dedissent cautiones. Que
ordinatio, licet verbotenus fuerit facta, attamen non fuit observata.
Post hec anno preterito, scilicet 54°, fuit factus dominus archiepiscopus Treverensis collector sue civitatis et diocesis. Ego de mandato dominorum meorum misi sibi litteras apostolicas super hoc con-
fectas et omnia beneficia suprascripta una cum litteris decimarum;
qui rescripsit se non esse ausum talia executioni demandare, et misi
litteras suas dominis meis supradictis.

Sequntur recepte civitatis et diocesis Meten.

Fol. 301.

Et primo recepte restarum in aliis meis computis traditarum.

Item pro fructibus anni quarti prebende sancti Leodegari de Marcello
non taxate collate Iacobo Symoni de Buxeriis   60 sol. Meten.

Et est sciendum quod moneta Metensis non mutatur et valet florenus boni ponderis 9 sol. 2 den. et beneficia non taxantur.

Item pro fructibus eiusdem anni prioratus Celle Metensis (*diocesis*) non
taxati collati Guillermo Helleio recepit subcollector [10[1] libr. de quibus
restituit 9 libr. pro fructibus unius anni prebende et cantorie de Hombourc, qui percipi non debebant quia recepte fuerant et per me
computate in alio compoto pro duobus annis 18 libr. et debebantur
solum 9 libr. pro uno anno; sic restant   20 sol.]

Item de canonicatu et prebenda Meten. vacantibus per resignationem domini Iacobi Griffonelli fuit provisum Theobaldo Griffonel.

Gracia ista est penitus ignota in ecclesia Metensi et nullum effectum
est sortita.

De aliis beneficiis in dictis restis contentis nichil debetur causis ibidem
allegatis.

Summa huius pagine [et[2] restarum alterius computi]   4 libr. Meten.

Ap(probo).[3]

Fol. 301 v.

Sequntur recepte beneficiorum missorum a die computi supradicti.

Primo pro fructibus anni quarti prepositure sancti Arnulphi extra muros
Metenses non taxate fratri Henrico de Grangia confirmate 2 non.
Augusti   20 flor. boni ponderis.

Item pro fructibus eiusdem anni prebende Metensis domino Cortano
nepoti domini cardinalis Neapolitani confirmate 8 kal. Marcii
          10 libr. Meten.

---

[1] Von hier ab wurde der Text später eingefügt in einen freigelassenen Raum.
[2] Dieser Zusatz ist von einer andern Hand, jedoch nicht vom Revisor.
[3] Das »Approbo« wurde immer vom Revisor an den linken Rand geschrieben.

Item pro fructibus eiusdem anni ecclesie de Hoanuilla, de qua vacante quia Nycholaus dictus Neminum infra tempus debitum non fuit ad sacros ordines promotus fuit provisum magistro Petro Alberti 8 kal. Maii 12 flor.

Summa huius pagine [et[1] recepte anni quarti] 32 flor. boni ponderis, 10 libr. Meten. *Ap(probo).*

Fol. 302.

Recepte Metenses anni quinti.

Primo pro fructibus anni quinti prebende ecclesie sancti Theobaldi extra muros Metenses non taxate, de qua vacante per liberam resignationem Henrici Baucel fuit provisum Iacobo Ienneti non. Augusti 6 libr.

Item pro fructibus eiusdem anni ecclesie de Domeus, de qua vacante per resignationem Richardi Ancelini fuit provisum Symoni Michaelis 15 kal. Ianuarii 110 sol.

De anno sexto.

Item de canonicatu et prebenda ecclesie Metensis vacantibus per resignationem Iohannis Dumfleus fuit provisum Durando Barionis 7 kal. Octobris anno sexto.

Iste dominus Durandus morabatur in curia et composuit cum Camera et fuit michi mandatum quod amplius non intromitterem.

Attende.[2]

Summa huius pagine [et[1] recepte anni 5] 11 libr. 10 sol. Meten.

Ap(probo).

Fol. 302 v.

Recepte Metenses anni septimi.

Primo pro fructibus anni 7[i] prebende sancti Theobaldi extra muros Metenses, de qua vacante per obitum Stephani dicti Maile fuit provisum Stephano Militis 5 kal. Maii 60 sol.

Item pro fructibus eiusdem anni prebende sancti Salvatoris Metensis, de qua vacante per resignationem Richardi Ancelini fuit provisum Guillermo Wiardi de Vitulo id. Maii 8 libr.

De dicta prebenda fuit provisum Stephano Bellifilii 4 kal. Iulii eodem anno 7°.

Item pro fructibus dicti anni thesaurarie ecclesie Metensis, de qua vacante per resignationem domini episcopi Tusculani fuit provisum Ambaldo de Secano 15 kal. Augusti 64 libr.

Item pro fructibus eiusdem anni prebende ecclesie Metensis, de qua vacante per obitum Iohannis de Sancto Martino fuit provisum Guillermo de Mauchay 10 kal. Augusti 34 flor.

---

1 Von anderer Hand hinzugefügt.
2 Vom Revisor an den Rand geschrieben.

Item pro fructibus dicti anni septimi prebende beate Marie Rotunde
Metensis, de qua vacante per obitum Stephani seu Iohannis dicti Maile
fuit provisum Forkegnono Bertrandi 4 non. Octobris   10 libr.
Fol. 303.

Item pro mediis fructibus anni 7i prebende Metensis, de qua vacante per
resignationem domini cardinalis Boloniensis fuit provisum Dalmatio
Lamberti 18 kal. Februarii   17 flor.

Item pro fructibus eiusdem anni prebende Metensis, de qua vacante per
consecrationem domini episcopi Civitatensis fuit provisum Iohanni
Germani 12 kal. Iunii   34 flor.

De eadem prebenda fuit provisum Richardo Collo de Ceperano
16 kal. Februarii eodem anno 7º.

Item pro mediis fructibus dicti anni prepositure ecclesie sancti Salvatoris Metensis, de qua vacante per obitum ultimi prepositi fuit provisum Bernardo Melioris 11 kal. Maii   18 libr.

licet in littera subcollectoris dicatur me recepisse 36 libr. pro fructibus integris, quia postea de mandato dominorum medietas fuit
eidem subcollectori restituta beneficiato pro suis oneribus assignanda, sicut est de iure faciendum.   *Attende.*

Fol. 303 v.

Item pro mediis fructibus anni 7i officii custodie ecclesie Metensis confirmate magistro Alardo de Thiacuria 15 kal. Iunii   10 libr.

[De[1] eodem vacante per resignationem dicti Alardi fuit provisum
Iohanni Sabelini 5 kal. Martii anno 8º, finito eodem anno.]

Item pro mediis fructibus eiusdem anni prebende ecclesie Metensis, de
qua vacante per obitum Petri de Suessione fuit provisum Iohanni
Sabelini 12 kal. Decembris   17 flor.

[Summa[2] recepte anni 7i   102 flor. 113 libr.]

Fol. 304.   *Ap(probo).*

Recepte Metenses anni octavi.

Primo pro fructibus mediis anni 8i archidiaconatus de Vico, de quo vacante per consecrationem H(enrici) episcopi Vapincensis[3] fuit provisum Iohanni de Sana 15 kal. Iulii   30 libr.

Item pro fructibus eiusdem anni ecclesie de Cronay, super cuius reten-
tione fuit dispensatum cum dicto Iohanne de Sana 15 kal. Iulii
100 sol.

Item pro fructibus mediis dicti anni prebende Metensis, de qua vacante
per consecrationem H(enrici) episcopi Vapincensis fuit provisum Iohanni de Monchay 15 kal. Iulii   17 flor.

Item pro fructibus mediis ipsius anni prebende Metensis, de qua vacante

---

[1] Diese Bemerkung wurde später hinzugefügt.
[2] Diese Summen der Einnahmen aus den in einem Jahre verliehenen Benefizien
sind immer von anderer Hand geschrieben, jedoch nicht vom Revisor.
[3] Heinrich von Poitiers, Bischof von Gap.

per obitum Iohannis Ragecourt fuit provisum Egidio de Stelligen
4 non. Iulii   15 flor.
Item pro mediis fructibus prebende Metensis anni predicti, de qua vacante per obitum Iohannis de Monteclaro fuit provisum Alardo de
Thyacuria 7 id. Septembris   17 flor.

Fol. 304ᵛ.

Item pro fructibus anni 8ⁱ prebende Metensis, de qua vacante per obitum
Petri Longeti fuit provisum Galtero dicto Chasserat 8 id. Decembris
                                                               34 flor.
Item pro mediis fructibus dicti anni prebende Metensis, de qua vacante
per obitum Iacobi Grauasii (*sic*) fuit provisum Guillermo de Neuyraco
3 kal. Februarii   17 flor.
Item pro mediis fructibus ipsius anni ecclesie sancti Supplicii (*sic*) Metensis, de qua vacante per obitum Iohannis Filii Dei fuit provisum
Nycholao de Thiacuria 5 id. Marcii   10 libr.
Item de archipresbiteratu Metensi fuit eidem Nycholao tunc provisum,
set nichil debetur de eo quia non habet fructus set solum modicas
visitationes non valentes 40 sol.
Item pro mediis fructibus dicti anni cantorie ecclesie Metensis, de qua
facta fuit permutatio cum officio custodie dicte ecclesie inter Alardum
de Thiacuria et Iohannem Sobellini 5 kal. Marcii   50 sol.
   De officio custodie nichil debetur, quia eodem anno, scilicet 15 kal.
Iunii anno 7º, fuit confirmatum dicto magistro Alardo qui solvit
ut supra in receptis eisdem.

Fol. 305.

Item pro fructibus anni 8ⁱ prebende Metensis, de qua vacante per obitum
Durandi Barionis fuit provisum Guillermo Cleuchin 3 kal. Februarii
                                                               34 flor.
[Summa recepte anni 8ⁱ   134 flor. 47 libr. 10 sol.]

Fol. 305ᵛ.

Recepte Metenses anni noni.

Primo anni 9ⁱ prebende beate Marie Rotonde Metensis, de qua vacante per resignationem vel contractum matrimonii Andree de Mar-
ganis fuit provisum Iohanni Iohannis de Vitriaco 4 non. Iunii   11 libr.
Item pro fructibus mediis dicti anni decanatus ecclesie Metensis, de quo
vacante per obitum Ludovici de Grangia fuit provisum Nycholao de
Ultricuria 6 id. Augusti   10 libr.
Item pro fructibus anni 9ⁱ prebende sancti Salvatoris Metensis, de qua
vacante per resignationem Stephani Bellifilii fuit provisum Guillermo
Bellifilii 5 id. Septembris   6 libr.
Item pro fructibus mediis eiusdem anni prebende Metensis, de qua va-
cante per obitum domini Ambaldi cardinalis fuit provisum Petro Moc-
zerii id. Octobris   17 flor.

Item pro mediis fructibus dicti anni thesaurarie ecclesie Metensis, de
qua vacante per obitum Ambaldi de Secano, sedis apostolice capellani,
fuit provisum Iohanni de Tornamira 5 id. Octobris   32 libr.
   licet in littera subcollectoris dicatur me recepisse 6.4 libr. pro fructibus integris, quia postea de mandato dominorum de Camera
   medietas fuit eidem subcollectori restituta beneficiato pro suis
   oneribus assignanda.   Attende.
      Fol. 306.
Item pro mediis fructibus anni 9ⁱ prebende Metensis, de qua vacante
per obitum Ambaldi de Secano fuit provisum Iohanni de Tornamira
5 id. Octobris   17 flor.
   licet in littera subcollectoris dicatur me recepisse 34 flor. pro fructibus
   integris, quia postea de mandato dominorum medietas fuit subcollectori restituta beneficiato pro suis oneribus assignanda.   Attende.
Item pro fructibus mediis anni 9ⁱ perpetui beneficii stipendiarie in ecclesia
Metensi nuncupati, de quo vacante per resignationem Philippi Grifonelli fuit provisum Theobaldo Migorinart 6 kal. Marcii   100 sol.
Item pro mediis fructibus eiusdem anni prebende Metensis, de qua va-
cante per resignationem Galteri Chasserat fuit provisum Philippo
Griffonel 6 kal. Marcii   17 flor.
[Summa recepte anni 9ⁱ   51 flor. 64 libr.]
      Fol. 306 v.
Recepte Metenses anni decimi.
Primo pro mediis fructibus anni decimi prebende Metensis, de qua vacante per resignationem Guillermi Cheuchin fuit provisum Guigoni
Ademari 4 id. Iunii   17 flor.
   licet in littera subcollectoris dicatur me recepisse 34 flor. pro fructibus integris, quia postea de mandato dominorum medietas fuit
   eidem restituta subcollectori beneficiato pro suis oneribus assignanda.   Attende.
Item pro fructibus dicti anni prebende Metensis, de qua vacante per
obitum Ludovici de Grangia fuit provisum Poncio de Tornamira 8 id.
Iulii   17 flor.
   licet in littera subcollectoris dicatur me recepisse 34 flor. pro fructibus integris, quia postea de mandato dominorum medietas fuit
   eidem restituta subcollectori beneficiato pro suis oneribus assignanda.   Attende.
Item pro fructibus eiusdem anni prebende Metensis, de qua vacante per
obitum Iohannis dicti Coupet fuit provisum Nycholao de Thyacuria
8 id. Iulii   34 flor.
Item pro fructibus mediis ipsius anni prebende Metensis, de qua vacante
per resignationem Alardi de Thyacuria fuit provisum Bertrando Faxin
9 kal. Decembris   15 flor.

Fol. 307.

Item pro mediis fructibus anni decimi prebende Metensis, de qua vacante per resignationem Chebani Hennemanni fuit provisum Alardo de Thiacuria 9 kal. Decembris   15 flor.

Item pro fructibus eiusdem anni prebende Metensis, de qua vacante per obitum Thome de Synceio fuit provisum Nycholao de Franchauilla 14 kal. Martii   15 flor.

Item pro fructibus dicti anni prebende Metensis, de qua vacante per obitum Iohannis Renaudi alias de Pierrecourt fuit provisum Iohanni de Ays alias Ioffridi kal. Novembris   15 flor.

Item pro fructibus ipsius anni prebende Metensis, de qua vacante per resignationem Bertrandi Piedechat fuit provisum Iohanni Piedechat 8 id. Maii   9 flor.

Ista non valuit tantum quam alie quia existit in loco magis sterili situata.

Item de fructibus eiusdem anni prebende Metensis, de qua vacante per obitum Francisci dicti Laue fuit provisum Iohanni de Bistorf 2 id. Septembris.

De istis fructibus nichil computavit se subcollector recepisse, quia fructus dicte prebende sunt in vineis et recollectis omnibus non potuerunt onera supportare.

Fol. 307 r.

Item de canonicatu et prebenda Meten. vacantibus per resignationem Ferrici de Sancto Deodato fuit provisum Petro de Venderiis.

Nichil computavit se subcollector recepisse, quia sunt in vineis fructus et recollectis omnibus illo anno non potuerunt onera supportare.

Item pro fructibus eiusdem anni archidiaconatus Metensis non taxati, de quo vacante per resignationem Alberti de Metis fuit provisum Balduino Geruasii 5 non. Maii   22 libr. 10 sol.

[de¹ 24 libr. quas debebat ratione dictorum fructuum. Restant   30 sol.] *R(esta).*

[Summa recepte anni 10   137 flor. — 72 libr. 10 sol.|

Fol. 308.

Recepte Metenses anni undecimi.

Primo pro fructibus anni undecimi prebende Metensis, de qua vacante per obitum Henrici de Humbourch fuit provisum Poncio de Metri (*sic*) 14 kal. Iulii   15 flor.

Item pro fructibus eiusdem anni prebende Metensis, de qua vacante per obitum Poncii Barbe fuit provisum Iohanni de Sancto Maximo kal. Iunii   9 flor.

---

¹ Von anderer Hand.

Ista non valuit tantum quantum alie quia est in loco magis sterili situata.

[Summa[1] huius pagine *et recepte anni 11* 24 flor.]

Ap(probo).

Summa universalis receptarum civitatis et diocesis Meten. a die compoti prelibati 480 flor. — 272 libr. 10 sol.

Que valent ad florenos, quolibet precio 9 sol. 11 den.

594 flor. 6 gross. dim. gross.

Ap(probo).

Et sic est summa totalis facta reductione de libris ad florenos

1074 flor. boni ponderis, 6 gross. dim. gross.

De qua summa deducuntur et cadunt pro notario qui scribebat et capellano qui prosequebatur huiusmodi negotium 40 flor.

Item pro expensis per subcollectorem factis ratione decimarum pro quibus personaliter ivit ad dominum archiepiscopum Treverensem et plures nuncios hincinde misit 26 flor.

Quadam alia vice mecum ivit, de quo nichil computo de presenti.

Sic restant 1008 flor. boni ponderis, 6 gross. dim. gross.

Fol. 308 v.

Sequntur reste civitatis et diocesis Meten.

Primo restant fructus prebende Metensis, de qua vacante per resignationem Anthonii magistri Pauli de Viterbio fuit provisum Francisco dicto La Nue 2 kal. Septembris anno quinto.

Magister Iohannes de Vitriaco recepit fructus prebende istius Francisci et tenetur subcollectori solvere eosdem; tamen asserit per suum iuramentum dictos fructus valuisse illo anno 60 sol. Meten. et non plus.

Fol. 309.

Reste Metenses anni octavi.

Primo restant fructus prioratus beate Marie de Campis extra muros Metenses, de quo fuit provisum Roberto de Malorepassu 5 kal. Marcii anno 8º.

Multi obtinent decimas seu redditus istius prioratus ad vitam eorum et illud quod obtinet non sufficit ad sustentationem vite sue; nichilominus solvit aliquam partem subcollectori ut dicit. Quid autem fieri debeat de istis obtinentibus redditus certos dicti prioratus ad vitam eorum per Cameram ordinetur. Tamen layci sunt multum potentes et vix reperiretur qui esset ausus exequi processus contra ipsos.

---

[1] Die Summe ist, wie gewöhnlich, von einer andern Hand geschrieben, und der Zusatz »et recepte« etc. wieder von einem dritten Schreiber.

Fol. 309 v.

Reste Metenses anni noni.

Item restant fructus capellanie sancti Iohannis Baptiste in ecclesia Metensi collate domino Nycholao Bertrandi et eciam domino Iohanni de Hoyo, qui adinvicem litigant super ipsa, 8 kal. Iunii anno 9⁰.

De mandato dominorum de Camera expectetur finis litis et tunc solvet dictus dominus Iohannes fructus, qui est obligatus in Camera; dominus Iohannes Palasini recepit obligationem. Postea commissum est per Cameram domino primicerio, quia finita est causa, ut dictos fructus exigat prout est faciendum.

Item restant fructus parrochialis ecclesie de Vapey Metensis diocesis vacantis per obitum Iohannis de Valercut, de qua fuit provisum Lamberto de Frames 11 kal. Novembris anno 9⁰.

Alexander de Lorey recepit fructus, set pauper est et excommunicatus sicut canis; dominus primicerius subcollector posuit fructus ecclesie in manibus pape in anno preterito.

Fol. 310.

Item restant fructus prepositure sancti Theobaldi extra muros Metenses domino Iohanni de Hoyo confirmate 4 non. Aprilis anno nono.

Item restant fructus prebende ecclesie Metensis, de qua vacante per consecrationem domini Nicholai episcopi Viterbiensis fuit provisum Helie Bayar 13 kal. Aprilis anno nono.

Nondum habuit possessionem; nichilominus quia vidi bullas in quibus dicitur quod dominus noster contulit dictam prebendam tanquam reservatam in curia, exigantur fructus anno futuro.

Fol. 310 v.

Reste Metenses anni decimi.

Primo pro fructibus prebende sancti Salvatoris Metensis, de qua vacante per resignationem Alardi de Thiacuria fuit provisum Chebano Hennemanni 9 kal. Decembris anno decimo.

Restant 4 libr. Meten. solvende terminis elapsis.

Item pro fructibus prebende sancti Salvatoris Metensis confirmate Iohanni Ancelini 18 kal. Februarii anno decimo.

Restant 4 libr. Meten. solvende terminis iam elapsis.

Fol. 311.

Reste Metenses anni undecimi.

Primo de canonicatu et prebenda Meten. vacantibus per resignationem Helie Barro, qui non habita possessione resignavit et qui obtinuerat per consecrationem episcopi Viterbiensis, fuit provisum Matheo Gouesta 10 kal. Iunii anno 11⁰.

Item[1] de dictis canonicatu et prebenda vacantibus per promotionem dicti

---

[1] Dieser Posten wurde nachträglich in den Zwischenraum eingeschoben, doch anscheinend von dem gewöhnlichen Schreiber.

N(icolai) episcopi fuit provisum dicto Matheo 18 kal. Iunii anno secundo domini Innocentii.

Attendatur si ista permutatio habuerit effectum, quem nondum habuit nec fuit facta mentio de ea in ecclesia Metensi; et si habeat effectum, leventur iterato fructus ratione dicte permutationis et sic restat quod duo fructus levari debent de dicta prebenda: primi ratione provisionis facte dicto Helie Borro (*sic*), secundi vero ratione presentis permutationis, quia fuerunt facte diversis annis.

Item de canonicatu et prebenda sancti Salvatoris Metensis vacantibus per obitum Ade de Anuilla fuit provisum Guillermo de Salis 2 non. Iulii anno 11°.

Fol. 311 v.

Reste Metenses anni primi domini nostri domini Innocentii.

Primo restant fructus prebende Metensis, de qua vacante per obitum Arnulphi Scalaboti fuit provisum Henrico de Germeneyo 4 kal. Octobris anno primo.

Item de canonicatu et prebenda ac primiceriatu ecclesie Metensis vacantibus per resignationem domini Iohannis pape XXII fuit provisum Karolo de Pictavia 4 kal. Marcii anno 46°.

Nondum obtinuit impetrans set litigatur adhuc in curia.

Item de canonicatu et prebenda sancti Salvatoris Metensis vacantibus per obitum Guillermi de Barreria fuit provisum Petro de Seria 17 kal. Maii anno primo.

Item de canonicatu et prebenda Meten. vacantibus per resignationem Petri Mazoerii fuit provisum Petro de Vissaco 4 kal. Novembris anno primo.

De secundo anno.

Primo de canonicatu et prebenda ecclesie sancti Theobaldi extra muros Metenses vacantibus per obitum Petri Francisci fuit provisum Iohanni Welchwini 4 kal. Maii anno primo (*sic*).

Item Biuelierus fuit habilitatus, quoque deffectu non obstante, ut preposituram sancti Salvatoris Metensis et queque alia beneficia valeat obtinere 5 kal. Maii anno primo (*sic*).

Item de canonicatu et prebenda Meten. vacantibus per resignationem Dalmacii Lamberti fuit provisum Gibaudo de Melloto 2 id. Iunii anno primo (*sic*).

Item de canonicatu et prebenda ac helemosinaria ecclesie Metensis vacantibus per consecrationem B(oemundi) archiepiscopi Treverensis fuit provisum Ebloni de Venthadoro 10 kal. Iulii anno primo (*sic*).

Item[1] in omni iure quod competebat Iohanni de Hoyo, cui libere re-

---

[1] Die beiden letzten Posten scheinen später hinzugefügt worden zu sein.

nuntiavit, in scolastria ecclesie Metensis fuit surrogatus Nicolaus de
Francauilla 14 kal. Decembris anno secundo.

Item de canonicatu et prebenda Meten. vacantibus per obitum Alberti de
Metis fuit provisum Iacobo Donghin 9 kal. Marcii anno 3⁰.

[Non[1] ponitur summa in restis Metensibus cum non sit concordatum nec
sint taxata beneficia.]

Fol. 312.

Inutilia Metensia.

Sequntur beneficia civitatis et diocesis Meten. de quibus nichil est receptum nec etiam recipiendum causis infrascriptis. — De anno quarto.

Primo de canonicatu et prebenda ecclesie sancti Leodegarii de Marsallo
Metensis diocesis vacantibus per obitum Nycholai dicti Xellekien fuit
provisum Nycholao Alberti dicto Marsaul 7 kal. Februarii anno 4⁰.

> Non obtinuit set Iacobus Symonis de Buxeriis qui eciam erat in
> restis antiquis et computatur supra in receptis restarum.

Item de canonicatu et prebenda Meten. vacantibus per mortem Ioffridi
Geruasii fuit provisum Iohanni cantori dicte ecclesie 3 kal. Februarii
anno 4⁰.

> Gratia non habuit effectum quia alius obtinebat qui vocabatur Pe-
> retus de Suessione, qui obtinuit per spacium decem annorum et
> ultra et continetur eciam in restis antiquis.

Item de canonicatu et prebenda Meten. vacantibus per mortem Ioffridi
Geruasii fuit provisum Thome de Damperia.

> Non valet ut supra et est in restis antiquis.

Item de parrochiali ecclesia de Huefinga dicte diocesis vacante quia Arnaldus Iohannis de Theauilla dictus Staillat ipsam diu tenuit non
promotus fuit provisum Henrico Frigidi de Stueber (?) 4 kal. Marcii
anno 4⁰.

> Nunquam comparuit impetrans nec obtinuit.

Item de canonicatu et prebenda ecclesie beate Marie ad Moniales Metensis vacantibus per resignationem Iohannis Arnulphi de Bays fuit
provisum Iohanni Ludouici de Hygenayo 6 id. Octobris anno 4⁰.

> Non comparuit impetrans nec obtinuit nec eciam valet beneficium
> 8 libr. Tur.

Fol. 312ᵛ.

Inutilia Metensia anni quinti.

Primo de perpetua capellania beati Stephani prothomartiris de Vsinga ante
villam sancti Narboris (*sic*) prope silvam de Waraudo Metensis diocesis, vacante per resignationem Francisci nati Iohannis dicti Lanne,
fuit provisum Anthonio magistri Pauli de Viterbio 2 kal. Septembris
anno quinto.

— —

[1] Von anderer Hand.

Capellania ista est in nemore et non valet 3 sol. et fuit permutata cum prebenda Metensi per simplicem (?) permutationem.

Item de parrochiali ecclesia de Iorneyo dicte diocesis vacante per obitum Iohannis Bellegree fuit provisum Hermanno Iohannis de Gorzia non. Augusti anno quinto.

Nonquam comparuit impetrans nec aliquis pro eo et habuit eam quidam de Pontemontionis impetrans in forma pauperum.

Item de parrochiali ecclesia de Amolecuria Metensis diocesis vacante quia Iacobus dictus le Granatz eam tenuit per 8 annos non promotus, fuit provisum Richardo Bonneti non. Augusti anno quinto.

Nunquam comparuit impetrans nec obtinuit sed adhuc obtinet dictus Iacobus.

Fol. 313.

Inutilia Metensia anni sexti.

Primo de canonicatu et prebenda Meten. vacantibus per obitum Iohannis de Monteclaro fuit provisum Nycholao Morineti id. Marcii anno 6⁰.

Ista gratia non valet set alia facta Alardo de Thiacuria pro quo computatur supra in receptis folio . . (*sic*).[1]

Fol. 313ᵛ.

Inutilia Metensia anni septimi.

Primo de canonicatu et prebenda ecclesie Metensis vacantibus per obitum Romani de Insula fuit provisum Petro Margariti 5 kal. Augusti anno 7⁰.

Nec Romanus habuit prebendam nec alius per consequens.

Item de canonicatu et prebenda ac archidiaconatu de Vico in ecclesia Metensi vacantibus per obitum Petri Moreti fuit provisum Karolo de Pictavia 5 id. Septembris anno 7⁰.

Non obtinuit iste sed Iohannes de Sana pro quo computatur supra in receptis folio . .[2]

Item de canonicatu et prebenda Meten. vacantibus per resignationem Iohannis archipresbiteri fuit provisum Stobanco Hennemanni 16 kal. Februarii anno 7⁰.

Nunquam fuit visus iste Iohannes archipresbiter et sic alius nichil egit.

Fol. 314.

Inutilia Metensia anni octavi.

Primo electio facta de Iacobo dicto Fassaul ad prioratum claustralem monasterii sancti Arnulphi fuit eidem confirmata 4 non. Octobris anno 8⁰.

Prioratus nullos habet redditus set recipit in pane et vino prebendam ut unus monachus.

---

[1] S. oben Seite 199.   [2] S. oben S. 198.

Acceptatio facta de prepositura de Cheminaco Metensis diocesis per Iacobum de Ponte Montionis fuit sibi confirmata 4 non. Octobris anno 8⁰.

Truffa est; nonquam (*sic*) fuit ibi prepositura sed est quedam villa campestris.

Fol. 314ᵛ.

Inutilia Metensia anni noni.

Primo de canonicatu et prebenda Meten. vacantibus per consecrationem episcopi Viterbiensis fuit provisum Ferrico Theobaldi 2 non. Ianuarii anno nono.

Gratia non habuit effectum nec umquam obtinuit iste.

Item de canonicatu et prebenda Meten. vacantibus ut supra fuit provisum Henrico Theobaldi 2 non. Ianuarii anno nono.

Gratia non habuit effectum nec comparuit impetrans.

Item de perpetua capellania sancti Nycholai sita in ecclesia sancti Theobaldi extra muros Metenses, vacante per resignationem Philippi Griffonnel, fuit provisum Galtero dicto Chasserat 6 kal. Marcii anno nono.

Altare est, non valet 20 sol.

Item acceptatio facta per Iohannem Laurentii de parrochiali ecclesia sancti Eukarii Metensis fuit eidem confirmata 4 kal. Marcii anno nono.

Gracia non habuit effectum, set obtinet Dominicus Olrici de Minorivilla qui habuit sub expectatione.

Item de parrochiali ecclesia de Wappey Metensis diocesis vacante per resignationem Iohannis de Valerau fuit provisum Renauldo de Arcubus et dicto Iohanni de perpetua capellania capelle sancti Pauli supra claustrum ecclesie Metensis per resignationem dicti Reginaldi 5 non. Marcii anno 9⁰.

Ista permutatio non habuit effectum, quia obtinens fuit mortuus ante confectionem bullarum; sed obtinet alius ecclesiam ut supra in restis folio . .¹

Fol. 315.

Item de canonicatu et prebenda Meten. vacantibus per obitum Bertrandi dicti Piedechat fuit provisum Iohanni de Bistourf 4 non. Aprilis anno nono.

Vivit Bertrandus et sic nichil est.

Item collatio et assignatio pensionis facte Iohanni de Hoyo de 50 libr. Meten. percipiendis quamdiu vixerit singulis annis in emolumento sigillorum Metensis curie fuit eidem confirmata 9 kal. Decembris anno 9⁰.

Non est beneficium ecclesiasticum et nichil vacabat, ymo est de emolumentis episcopatus Metensis et primicerius subcollector

¹ S. oben S. 203.

Metensis dicit se consuluisse Cameram super hoc et habuisse consilium ab ea quod inde nichil recipi debet.

Fol. 315r.

Inutilia Metensia anni decimi.

Primo de perpetua capellania beati Bartholomei sita in domo domini Poncii de Atrio militis, civis Metensis, vacante per resignationem Iohannis nati Renaldi dicti Piedechant (*sic*) fuit provisum Bertrando dicto Piedechant 8 id. Maii anno 10°.

> Capellania ista non valet 100 sol. Tur.

Item de canonicatu et prebenda Meten. vacantibus per obitum Iohannis de Patz fuit provisum Georgio de Moriacio 16 kal. Iulii anno 10°.

> Non fuit visus Iohannes de Patz in ecclesia Metensi nec iste impetrans.

Item de capellania beate Katerine fundata in domo capitulari Tullensi vacante per resignationem Iohannis de Marsal fuit provisum Nycholao Marsal et dicto Iohanni de parrochiali ecclesia de Onuilla diocesis Metensis per resignationem dicti Nicholai 4 id. Iunii.

> De capellania rendetur in diocesi Tullensi, ecclesia vero v . . . . e . . . . s . . . .[1]

Item de canonicatu et prebenda Meten. vacantibus per consecrationem N(icolai) episcopi Viterbiensis fuit provisum Gaufrido Meillier 17 kal. Septembris anno decimo.

> Non obtinuit nec habuit gratia effectum.

Item de eisdem canonicatu et prebenda vacantibus ut supra fuit provisum Iohanni Iacobi 17 kal. Septembris anno 10°.

> Nulla istarum provisionum habuit effectum, set adhuc restant fructus dicte prebende ut in restis supra folio . .[2]

Item de canonicatu et prebenda Meten. vacantibus per obitum Iohannis de Picrecourt fuit provisum Guillermo Fabri 9 kal. Decembris anno decimo.

> Ista gratia non habuit effectum, set alia facto Iohanni de Ayz, pro quo computatur supra in receptis folio . .[3]

De canonicatu et prebenda Meten. vacantibus per obitum Ade Poleti fuit provisum Iohanni de Calinaco familiari domini nostri pape.

> Tempore impetrationis vivebat dictus Adam et sic impetrans nichil egit.

Fol. 316.

Inutilia Metensia anni undecimi.

Primo de canonicatu et prebenda Meten. de quibus vacantibus per obitum Poncii Barbe fuit provisum Iohanni de Vigenous non. Iulii anno undecimo.

---

[1] Ich weifs diese Siglen nicht mit Sicherheit zu lesen; vielleicht »videndum est supra« (?).
[2] S. oben S. 205.   [3] S. oben S. 201.

Gratia ista non valuit set alia facta Iohanni de Sancto Maximo pro quo computatur supra in receptis folio . .[1]

Item de perpetua capellania seu altari beate Marie in ecclesia sancti Iuvenalis Metensis diocesis vacante per resignationem Iohannis de Serraponte fuit provisum Radulpho Siluani 2 non. Octobris anno undecimo.

Non est talis ecclesia in diocesi Metensi.

De officio custodie ecclesie sancti Salvatoris Metensis vacante per obitum Grimardi de Metis fuit provisum Guillermo la Barriera.

Custodia ista non valet 40 solidos.

Fol. 316 r.

Inutilia Metensia anni primi domini Innocentii pape VI.

Primo de canonicatu et prebenda sancti Salvatoris Metensis vacantibus per obitum Guillermi de Vitulo fuit provisum Nicholao de Serraponte kal. Iulii anno primo.

Non valuit ista gratia set alia facta Guillermo Bellifilii pro quo computatur supra in receptis folio . .[2]

Item de scolastria ecclesie Metensis vacante per obitum Theobaldi Ferreti fuit provisum Nicholao de Franchauilla 4 kal. Novembris anno primo.

Non obtinuit iste set unus alius ad illud officium electus.

De anno secundo.

Item de canonicatu et prebenda ecclesie sancti Theobaldi extra muros Metenses vacantibus per obitum Petri Francisci fuit provisum Iohanni Trauille 10 kal. Iulii anno 2º.

Iste Iohannes non obtinuit set Iohannes Welchewini, prout in restis supra folio . .[3]

De anno tertio.[4]

De preceptoria Pontis Montionis Metensis diocesis vacante per obitum Chaberti Berengarii fuit provisum Ginoto de Alibibus 2 kal. Februarii anno 3º.

Ordinis sancti Antonii est et vivit de questa.

Secuntur recepte civitatis et diocesis Tullen.

Fol. 317 v.

Et primo restarum in aliis meis computis contentarum.

In primis pro residuis anni quarti prebende et archidiaconatus maioris seu prepositure sancti Gengulphi Tullensis ad decimam non taxatorum, de quibus vacantibus per consecrationem domini Iordani de Columpna electi Lunensis fuit provisum domino H(ugoni) tituli sancti Laurentii in Damaso presbitero cardinali 15 kal. Iulii 100 flor. boni pond.

De 50 libr. receptis de eisdem in aliis meis computis computavi.

---

[1] S. oben S. 201.   [2] S. oben S. 199.   [3] S. oben S. 204.
[4] Dieser letzte Posten wurde später hinzugefügt.

Item pro fructibus eiusdem anni thesaurarie Tullensis· taxate 30 libr.,
collate Philippo de Sirocuria 17 kal. Ianuarii ante ordinationem de
taxationibus recipiendis   24 flor. boni pond.
Item pro fructibus eiusdem anni prebende Tullensis non taxate, collate
de novo Tierrico de Biencuria 10 kal. Maii   26 flor. boni pond.
Item pro fructibus dicti anni prebende Tullensis, de qua vacante per
obitum Iohannis de Esseyo fuit provisum Nicholao Alberti de Gorsia
7 id. Maii   26 flor. boni pond.
[Summa¹ huius pagine et restarum civitatis et diocesis Tullen.
                                                       176 flor. boni ponderis.]
                                                               Ap(probo).
      Fol. 318.
Recepte restarum Tullensium.
Item de subthesauraria ecclesie Tullensis vacante per mortem Hugonis
de Esseyo fuit provisum Thome de Domperia 2 non. Septembris
anno quarto.
      Non taxatur nec est valoris nec eciam fructus possunt onera sup-
      portare.
Item in omni iure quod competebat Iohanni de Linauilla in canonicatu et
prebenda sancti Deodati de Sancto Deodato fuit subrogatus Laurencius dictus Boutons kal. Martii anno 4⁰.
      Iste Laurencius non comparuit nec umquam gratia habuit effectum.
Item de canonicatu et prebenda Tullen. vacantibus per obitum Hugonis
de Esseyo fuit provisum Iohanni de Gorsia 2 kal. Septembris anno 4⁰.
      Ista gratia et alia facta Nicholao Alberti fuerunt eodem anno et de
      ea computatur ut supra.
Item facta est gratia Iohanni de Roseriis de canonicatu sub expectatione
prebende, dignitatis, personatus seu officii etc. in ecclesia Tullensi,
qui obtulit se dimissurum thesaurariam ecclesie Tullensis et decanatum
ruralem Luxoviensem Bisuntinensis diocesis et officium Crucifixi in
dicta ecclesia Bisuntinensi cum habuerit aliam dignitatem 5 id. Septembris anno 4⁰.
      Expectatio est quantum ad canonicatum, prebendam et dignitatem;
      per consequens nichil debetur; de thesauraria solvitur ut supra.
De aliis beneficiis in dictis restis contentis cause quare nichil debetur de
eis ibidem sunt contente.
      Fol. 318ᵛ.
Secuntur recepte beneficiorum missorum a die computi supradicti Tullensis anni quarti.
Primo pro fructibus anni quarti prioratus sancti Benigni Tullensis diocesis taxati 146 libr., de quo vacante per obitum Roberti de Monte

---

¹ Diese Summen der Einnahmen in jedem einzelnen Pontifikatsjahre sind immer
von anderer Hand, vielleicht vom Kollektor selbst geschrieben.

Sancti Leodegarii fuit provisum fratri Iohanni de Chaudanayo 7 kal.
Octobris ante ordinationem de taxationibus recipiendis

180 flor. boni pond.

Item pro fructibus dicti anni ecclesie sancti Benigni de Vitello non taxate,
de qua vacante per resignationem domini cardinalis Boloniensis fuit
provisum Humberto Pageti non. Iunii   10 scut. auri veteres.

Item pro fructibus eiusdem anni prebende sancti Deodati de Sancto
Deodato non taxate, de qua vacante per obitum Geraldi Medici
fuit provisum Iohanni Hugonis de Spinallo 13 kal. Iulii   22 flor.

Item pro fructibus ipsius anni prebende dicte ecclesie sancti Deodati
Hermanno de Leucuria collate, vacantis per liberam resignationem
Geraldi de Vrbeche, id. Iunii   10 scut. auri veteres.

    Residebat iste et ideo habuit aliam medietatem.

Item pro fructibus eiusdem anni prebende Tullensis, de qua vacante per
obitum Geraldi Wernerii fuit provisum Geraldo Richardi de Franchauilla id. Septembris   26 flor.

Fol. 319.

Item pro fructibus anni quarti prebende Tullensis non taxate, quos Iohannes Portal acceptavit in casum quo fuerant reservati, fuit sibi provisum 16 kal. Iulii   26 flor.

Item pro fructibus dicti anni prioratus de Cameracuria non taxati, quem
frater Symon de Serreriis iniuste tenuit diu, de quo fuit sibi provisum de novo 19 kal. Februarii   26 flor.

Item pro fructibus eiusdem anni parrochialis ecclesie de Hadonuillari non
taxate, de qua vacante per liberam resignationem Bruneleonis fuit
provisum Iacobo Baillivi 8 id. Septembris   10 flor.

Item pro fructibus eiusdem anni quarti prebende Tullensis, de qua vacante per obitum Symonis de Vsia fuit provisum Iohanni Rosselleti
4 non. Maii   18 scut. veteres.

    De eadem prebenda fuit provisum Iohanni dicto le Maile eodem
    anno, scilicet 7 kal. Aprilis anno quinto, nec valuit ista.

[Summa recepte anni quarti   290 flor., 38 scut. veteres.]

Ap(probo).

Fol. 319ᵛ.

Recepte Tullenses anni quinti.

Primo pro fructibus anni quinti prebende Tullensis et archidiaconatus
de Lineyo in eadem ecclesia non taxatis, de quibus vacantibus per
obitum ultimi archidiaconi fuit provisum Iohanni de Melleto 7 kal.
Februarii ante dictam ordinationem: pro archidiaconatu   21 flor.
et pro prebenda   18 scut. veteres.

Item pro fructibus dicti anni decanatus ecclesie Tullensis non taxati, de
quo vacante per obitum Geraldi de Lamoillie fuit provisum domino
Henrico de Germineyo 14 kal. Octobris   80 flor. boni pond.

14*

Propter guerras et defectum vini in illo anno occurrentes non potuit plus haberi.

Item pro fructibus ipsius anni prebende Tullensis non taxate, de qua
vacante per obitum Geraldi de Lamaillie fuit provisum Bernardo Garnerii 14 kal. Octobris   18 scut. veteres.

Item pro fructibus anni predicti archidiaconatus de Vesaco et prebende
ecclesie Tullensis non taxatorum, de quibus vacantibus per obitum
Pauli de Urbe fuit provisum Berasto Tornamira 7 id. Septembris: pro
archidiaconatu   30 flor.
et pro prebenda   18 flor.

Fol. 320.

Item pro fructibus anni quinti prebende Tullensis, de qua vacante per
obitum Iohannis de Tercialeuca fuit provisum Guillermo Alberti 7 kal.
Febroarii   18 scut. veteres.

Item pro fructibus eiusdem anni parrochialis ecclesie de Mandres non
taxate, de qua vacante per obitum Symonis de Vsia fuit provisum
Iohanni Dominici de Amelono 7 kal. Aprilis   30 scut. veteres.

Item pro fructibus ipsius anni prebende sancti Deodati non taxate, de
qua vacante per resignationem Huardi de Valliscolore fuit provisum
Terrico de Brueriis 3 id. Aprilis   22 flor.

Item pro fructibus eiusdem anni ecclesie de Rambertiuillari non taxate,
de qua vacante per resignationem Terrici de Brueriis fuit provisum
Huardo de Valiscolore 3 id. Aprilis   30 flor.

[Summa recepte anni quinti   201 flor., 84 scut. veteres.]

Fol. 320ʳ.   *Ap(probo).*

Recepte Tullenses anni sexti.

Item pro fructibus anni 6i prebende ecclesie sancti Gengulphi Tullensis
non taxate, de qua vacante per resignationem Widerici de Trulleyo
fuit provisum Iohanni Albertini 9 kal. Novembris   10 scut. veteres.

Item pro fructibus dicti anni ecclesie de Novocastro taxate 25 libr., de
qua vacante per obitum ultimi rectoris fuit provisum Iohanni de
Arofliis alias de Calinaco ante ordinationem de taxationibus 24 flor.

Item pro fructibus eiusdem anni prebende de Romaricomonte (*non*) taxate, de qua vacante per obitum Reginaldi Mali Regis fuit provisum
Guillermo Tripperii 4 kal. Maii   10 scut. veteres.

[De¹ eadem fuit eidem provisum 8 id. Maii eodem anno.]

Item pro fructibus ipsius anni prebende sancti Eukarii de Liberduno non
taxate, de qua vacante per resignationem Guillermi Wiardi fuit provisum Richardo Ancelini id. Maii   10 flor.

Prebendam sancti Petri de Barro non habuit, quia pertinet ad collationem comitis Barrensis.

_____

¹ Dieser Satz wurde später hinzugefügt.

Summa huius pagine [et[1] recepte anni 6]   34 flor., 20 scut. veteres.

Ap(probo).

Fol. 321.

Recepte Tullenses anni septimi.

Primo pro fructibus anni 7[i] ecclesie de Alcuuilla taxate 10 libr., de qua vacante per obitum Thome de Domperia fuit provisum Iohanni Arnulphi 5 non. Iulii ante ordinationem de taxationibus   10 flor.

Item pro fructibus eiusdem anni prebende Tullensis, de qua vacante per obitum Thome de Domperia fuit provisum Nicholao de Malda 2 non. Augusti   20 flor.

Item pro fructibus eiusdem anni archidiaconatus de Vitello in ecclesia Tullensi non taxati, de quo vacante per obitum Wederici ultimi archidiaconi fuit provisum Petro de Sancto Michaele 2 id. Augusti

     30 flor.

Item pro fructibus ipsius anni ecclesie de Dompnoremigio taxate 12 libr., de qua vacante per assecutionem parrochialis ecclesie de Ermeau (?) fuit provisum Stephano Bellifilii kal. Octobris ante dictam ordinationem   12 flor.

Item pro fructibus dicti anni prebende Tullensis non taxate, de qua vacante per obitum quondam Widerici archidiaconi de Vitello fuit provisum Americo Quadrigarii 2 id. Decembris   20 scut. [veteres].[2]

Fol. 321 v.

Item pro fructibus anni 7[i] prebende de Liberduno non taxate, de qua vacante per resignationem Guillermi Magneti fuit provisum Martino de Cauella 12 kal. Martii   10 scut.

Item pro fructibus eiusdem anni parrochialis ecclesie de Dompnomartino sancti Petri taxate 20 libr., de qua vacante per resignationem Stephani Priosi fuit provisum Lamberto de Summauera 3 id. Maii

     19 scut. [veteres].

[Summa recepte anni 7   72 flor., 49 scut. vet.]

Ap(probo).

Fol. 322.

Recepte Tullenses anni octavi.

Primo pro mediis fructibus anni 8[i] prebende Tullensis non taxate, de qua vacante per obitum Nicholai de Villeta fuit provisum Alberto Mambar (?) 5 kal. Octobris   10 scut.

Item pro fructibus dicti anni prebende beati Nicholai de Brizeio non taxate, de qua vacante per resignationem Thome Iaquemini fuit provisum Iohanni Maurelli 7 id. Septembris   7 flor.

Item pro fructibus eiusdem anni ecclesie beate Marie Tullensis taxate 10 libr., de qua ●acante per resignationem Iohannis de Alumpno fuit

---

[1] Dieser Zusatz wurde von derselben Hand hinzugefügt, welche sonst die Summen der Einnahmen jedes einzelnen Jahres schrieb.

[2] Von anderer Hand.

provisum Guillermo Auberti de Harcuilla 7 id. Septembris ante ordinationem de taxatione 9 flor.

Item pro fructibus dicti anni decanatus sancti Deodati de Sancto Deodato taxati 12 libr., confirmati magistro Petro Alberti 4 non. Octobris ante dictam ordinationem 11 flor.

Item pro fructibus eiusdem anni prebende Tullensis non taxate, de qua vacante per obitum Firmini de Ambianis fuit provisum Iohanni de Seraponte 6 id. Novembris, et que eciam fuit confirmata Iohanni Geraldeti non. Decembris eodem anno

20 scut. novos Philippi, 2 flor. boni pond.

Summa huius pagine [et recepte anni 8] 29 flor., 30 scut. veteres.

Ap(probo).

Fol. 322 v.

Recepte Tullenses anni noni.

Primo pro fructibus anni noni prebende sancti Gengulphi Tullensis taxate 15 libr., de qua vacante per obitum Iohannis de Alumpno fuit provisum Iohanni de Gondricuria 10 kal. Iunii, dictam taxam valentem floreno pro 20 sol. computato 15 flor.

Valebat tamen florenus tempore receptionis 21 sol. quod fuit in festo beati Michaelis anno 51, set in anno 48, 49 et 50 valebat florenus de 25 solidis ad 28.

Item de capellania beate Marie Magdalene in ecclesia Tullensi simili modo vacante fuit sibi provisum.

Set non valet 100 sol.

Item pro fructibus dicti anni ecclesie sancti Amancii Tullensis taxate 8 libr. confirmate Iohanni de Monte Iustino 8 id. Iunii, dictam taxam valentem floreno pretio 21 sol. 7 flor. 7 gross. 9 den.

Item pro fructibus eiusdem anni prebende sancti Gengulphi Tullensis taxate 15 libr., de qua vacante per obitum Iohannis Constancii fuit provisum Bernardo de Rossillaco 4 non. Iunii, dictam taxam valentem floreno precio 20 sol. 15 flor.

Valebat tamen florenus 21 sol.

Fol. 323.

Item pro fructibus anni noni prebende ac prepositure ecclesie sancti Deodati non taxatis, de quibus vacantibus per obitum Philippi de Baonna fuit provisum Geraldo de Sancto Deodato id. Iunii 40 flor.

Attamen subcollector Tullensis pro communibus fructibus receperat 80 flor., set medietas fuit sibi restituta de mandato domini camerarii et prout est eciam secundum tenorem reservationis de iure faciendo. Cancellariam[1] autem monasterii Romaricensis, de qua cum dictis canonicatu et prepositura fuit tunc eidem provisum, nondum obtinet set litigat super ipsa.

---

[1] Soll wohl heifsen: »cellerariam«.

Item pro fructibus eiusdem anni prebende sancti Deodati non taxate, de qua vacante per obitum Iohannis Iohannis fuit provisum Fririonno (?) Iohannis 17 kal. Iulii   19 flor.

Item pro fructibus eiusdem anni prebende sancti Gengulphi Tullensis taxate 15 libr. et decanatus eiusdem ecclesie non taxati set eiusdem valoris existentis cuius et pro prebenda, de quibus vacantibus per obitum Iohannis de Nanceyo (fuit[1] provisum Guillermo de Chataneyo) 5 kal. Iulii   15 libr. pro prebenda et 15 libr. pro decanatu.

quolibet precio 20 sol. licet valeant 21 sol.   30 flor.

Item pro mediis fructibus dicti anni cantorie ecclesie Tullensis non taxate, de qua vacante fuit facta gratia Huardo de Peligneyo 5 kal. Iulii   30 flor.

Item pro fructibus eiusdem anni prioratus de Warengeyuilla taxati 100 libr. confirmati fratri Theobaldo de Monteclaro non. Augusti, dictam taxam in   95 flor.

quolibet precio 21 sol.

Fol. 323 r.

Item pro fructibus anni noni prebende ecclesie sancti Deodati non taxate, de qua vacante per obitum Iohannis de Nanceyo fuit provisum Geraldo de Sulleyo 2 non. Augusti   14 flor.

Item pro fructibus eiusdem anni decanatus sancti Eukarii de Liberduno non taxati, confirmati Iohanni de Alterauilla 5 id. Septembris

9 scut. auri novos, 1 flor.

Item pro fructibus eiusdem anni prebende Tullensis non taxate, de qua vacante per resignationem Nicholai de Malda fuit provisum Alberto de Tholen 5 id. Septembris   20 flor.

Item pro fructibus ipsius anni prebende Tullensis non taxate, de qua vacante per obitum Andoyni de Aquilina fuit provisum Symoni Wernerii 6 kal. Februarii   20 scut. novos [Philippi].

Item pro fructibus eiusdem anni ecclesie de Vellouena taxate 7 libr. 10 sol., de qua vacante per obitum Iohannis Milonis fuit provisum Ioffrido Celerarii 5 id. Marcii, dictam taxam valentem floreno pro 21 solidis computato   7 flor. 3 sol. 6 den.

Item pro fructibus anni predicti prebende Tullensis non taxate, de qua vacante per obitum Nicholai de Lucembourch fuit provisum Iohanni Richerii 4 kal. Marcii   20 flor.

Fol. 324.

Item pro fructibus anni noni perpetui beneficii sine cura prebende vulgariter nuncupate in ecclesia de Romaricomonte non taxati, de quo vacante per obitum Iohannis (de) Nanceyo fuit provisum Iohanni Iohannis de Verzelesia 16 kal. Decembris   8 flor.

---

[1] Die eingeklammerten Worte hatte der Schreiber ausgelassen; er fügte dieselben mit einem Verweisungszeichen am Schlusse hinzu.

Item pro fructibus eiusdem anni decanatus sancti Nicholai de Brixeyo non taxati confirmati Iohanni de Reuleuilla 4 id. Maii 7 flor.

Item pro fructibus dicti anni prebende ecclesie sancti Nicholai de Brixeyo non taxate confirmate Iacobo de Bellemont 9 kal. Aprilis 7 flor.

Item pro mediis fructibus eiusdem anni prebende Tullensis non taxate Iohanni Huguemini confirmate 9 kal. Aprilis 10 scut. novos [Philippi]. Residebat iste.

De ecclesia de Liffodio Magno cum qua permutavit nichil debetur, ut infra inter inutilia folio....[1]

Item pro fructibus ipsius anni prioratus de Riuello existente in regno Francie taxati 80 libr., confirmati fratri Geraldo de Fleuilla 11 kal. Aprilis, dictam taxam in 50 flor.

quolibet floreno precio 32 sol. Tur. monete currentis in regno Francie in mense Novembris anni Domini 1351 quo tempore ipse solvit.

[Summa recepte anni 9 385 flor. 9 gross. 9 den. 39 scut. novos Philippi].

Fol. 324 v. Ap(probo).

Recepte Tullenses anni decimi.

Primo pro fructibus anni decimi ecclesie de Rouilla non taxate, de qua vacante per obitum Symonis ultimi rectoris fuit provisum Vernero Vaucheromii de Vichiis 13 kal. Iulii 18 flor.

Item pro fructibus eiusdem anni prebende Tullensis non taxate, de qua vacante per obitum Petri de Alumpno fuit provisum magistro Arnaldo Garnerii 4 kal. Novembris 20 scut. novos [Philippi].

Item pro fructibus anni predicti prebende ecclesie collegiate sancti Laurentii de Dei Custodia non taxate, de qua vacante per obitum Andrewini Andrewini fuit provisum Geraldo de Chiri 13 kal. Octobris 5 flor.

Item pro fructibus eiusdem anni parrochialis ecclesie de Arcu non taxate, de qua vacante per obitum Dominici de Gofreiguen fuit provisum Iacobo Petri de Craceno (?) 5 non. Maii 9 flor.

Item pro fructibus ipsius anni ecclesie de Dompnobasolo taxate 10 libr., confirmate Colardo de Fago 2 kal. Augusti, dictam taxam in 10 flor. Valebat tamen florenus tunc temporis 28 sol.

Fol. 325.

Item pro fructibus anni decimi decanatus sancti Deodati taxati 12 libr., de quo vacante per resignationem Petri de Vonderiis fuit provisum Ferrico de Sancto Deodato 13 kal. Novembris, dictam taxam in 14 flor.

Valebat tum florenus 21 sol.

Capellania sancti Petri restat ut infra in restis folio.[2]

Resta.

---

[1] Es findet sich nichts. [2] S. unten S. 220.

Item pro parte fructuum ipsius anni prioratus de Novocastro taxati 25 libr., confirmati Iohanni Henrici de Gondricuria 2 kal. Augusti, 15 libr. in   15 flor.
licet plus valeret florenus.

[Summa recepte anni 10   71 flor., 20 scut. novos Philippi].
                                         Ap(probo).

Fol. 325 r.

Recepte Tullenses anni undecimi.

Primo pro fructibus anni undecimi prioratus de Liomonte taxati 41 libr., de quo vacante per assecutionem abbatie Senonensis fuit provisum Raymundo Borgonis (?) 2 non. Iulii, deductis 4 flor. quos subcollector expendit in notariis, scripturis et aliis expensis, arrestando fructus eiusdem prioratus de mandato dominorum de Camera   25 flor.

Item de eodem vacante ut supra fuit provisum Geraldo de Monteiustino 7 kal. Iulii eodem anno undecimo.

Item de eodem vacante ut supra fuit provisum Raimundo Borgeis monacho Casedei 2 non. Iulii eodem anno 11°.

Item de eodem prioratu vacante per assecutionem prioratus de Castelleto Mediolanensis diocesis fuit provisum Arnaldo de Fayno 5 id. Octobris eodem anno 11°.

Item pro parte fructuum eiusdem anni prioratus de Castineto taxati 50 libr. confirmati Iohanni Monsteruel alias de Chaualeres 2 non. Octobris anno 11°, 12 libr. 10 sol. in   8 flor. 11 gross.

     Restant 37 libr. 10 sol. 4 den. in restis infra folio....¹
     Resta.

Item pro mediis fructibus ipsius anni prebende Tullensis non taxate, de qua vacante per resignationem Rodulphi de Montigneyo fuit provisum Aymoni de Monteiustino 3 non. Septembris   10 scut. Iohannis.

Fol. 326.

Item pro fructibus anni undecimi parrochialis ecclesie de Loseyo taxate 13 libr., vacantis per obitum Symonis de Millereyo confirmate Bauani (?) phisico 8 id. Octobris, dictam taxam in   14 flor.
licet florenus valeret 28 sol.

Item pro fructibus eiusdem anni parrochialis ecclesie de Dompno Remigio taxate 35 libr., existentis in regno Francie, de qua vacante quia Stephanus Bellifilii parrochialem ecclesiam de Ferreriis Senonensis diocesis est adeptus, fuit provisum Iacobo Colini 9 kal. Iunii, dictam taxam valentem, quolibet floreno pretio 54 sol. monete currentis in regno Francie in festo beati Michaelis anno 53°, quo festo solvere tenebatur de moneta tunc currente   13 flor.

[Summa recepte anni 11   60 flor. 11 gross. 10 scut. Johannis.]
                                            Ap(probo).

---

¹ S. unten S. 221.

Fol. 326 v.

Recepte Tullenses anni primi domini Innocentii.

Primo pro fructibus anni primi parrochialis ecclesie de Boueyo taxate
16 libr., de qua vacante per obitum Tierrici de Brueriis fuit provisum
Iohanni de Mediauilla 17 kal. Aprilis, dictam taxam in   16 flor.
quolibet precio 20 sol., licet plus valeret florenus.

Item pro fructibus dicti anni parrochialis ecclesie de Theruiis (?) supra
Mosellam taxate 25 libr., de qua vacante per obitum Warini Bartholomei fuit provisum Iohanni de Novomolendino 17 kal. Maii
                                              24 scut. Iohannis.
licet plus valeret scutus.

De eadem vacante per obitum Iohannis predicti fuit provisum Petro
    Iohannis Lauelli eodem anno, scilicet 7 kal. Febroarii (*sic*) anno
    secundo.

Item[1] pro mediis fructibus prebende sancti Deodati de Sancto Deodato
non taxate, de qua vacante per resignationem Ioffridi de Spinallo
fuit provisum Geraldo Xendeti 2 kal. Octobris anno primo   10 flor.

Summa huius pagine [et[2] recepte anni primi domini Innocentii]
                                       [26] flor.,[3] 24 scut. Iohannis.
                                                Ap(probo).

Fol. 327.

Summa universalis receptorum civitatis et diocesis Tullen. a die computi prelibati   1345 flor. boni ponderis, 8 gross. [9] den.
                             221 scut. veteres,
                             59 scut. nov. Philippi,
                             34 scut. Iohannis.
                                                 Ap(probo).

De qua summa deducuntur et cadunt pro salario et expensis subcollectoris seu receptoris qui fuit pro tempore per spacium 9 annorum, pro anno quolibet 10 flor., valent   90 flor.

Item pro expensis factis per dominum quondam Iohannem de Alumpno
subcollectorem pro decimis, super quibus multos fecit processus et
nuncios misit ad me Lugdunum cum copiis appellationum cleri dicte
diocesis qui pluries appellarunt   27 flor.

Sic restant   1218 flor. boni ponderis 6 gross.
                                     221 scut. veteres,
                                     59 scut. nov. Philippi,
                                     34 scut. Iohannis.

Fol. 328.

Secuntur reste beneficiorum ecclesiasticorum civitatis et diocesis
Tullen. — Anno septimo.

---

[1] Der letzte Posten ist von anderer Hand.
[2] Von der Hand, welche die Summen der Jahreseinnahmen schrieb.
[3] Die Zahl wurde von einer andern Hand verbessert.

Primo collatio facta Hugucio de Barroducis de prepositura de Brabancio fuit eidem confirmata 15 kal. Maii anno 7°.

> Non taxatur. Fuit monitus, excommunicatus et aggravatus et tamen nichil solvit. Apponatur remedium quod poterit apponi, quia burgensis est de Barro magnus et potens.
>
> *Attende hic et ad similia.*

Item de canonicatu et prebenda ecclesie de Liberduno Tullensis diocesis, vacantibus per resignationem Guillermi Maximeti, fuit provisum Radulpho Lespicier 4 non. Octobris anno 7°.

> Istud beneficium nunquam fuit missum sed est repertum in regestris noviter extractis et positum inter restas donec sciatur, utrum ista provisio valuerit vel non.

Fol. 328 v.

Reste Tullenses anni octavi.

Primo de prioratu de Dompnamaria taxato 140 libr. fuit provisum domino Bastiano de Sarleyo anno 8°, nescio diem quia nonquam fuit missum.   140 libr.

> Habet terminos; elapsi sunt et tamen nichil solvit. Excommunicatus est et aggravatus. Arrestentur fructus si proficere possit, attamen prioratus est valde oneratus et vix possunt onera supportari.

Prioratus de Relangiis Tullensis diocesis fuit commendatus ad vitam Renaudo de Bellomonte, abbati monasterii de Fauerneyo Bisuntine diocesis, qui ipsum antea obtinebat, 4 Augusti (*sic*) anno 8°.

> Exigantur fructus seu taxatio.

Item de parrochiali ecclesia de Campis et de Brueriis vacante pro eo quia Huardus de Poligneyo, qui pro rectore se gerit, non statuto tempore se fecit ad sacros ordines promoveri, fuit provisum Terrico de Vienairia 5 kal. Novembris anno 8°.

> Litigatur super hoc nec adhuc obtinuit impetrans; si obtineat, exigentur fructus.

Item acceptatio facta de parrochiali ecclesia de Floremont et de Teruuo supra Mozellam Tullensis diocesis per Warinum Bartholomei fuit eidem confirmata 4 non. Octobris anno 8°.

> Istud beneficium nonquam fuit missum, set est repertum in regestris noviter extractis et positum inter restas donec sciatur utrum ista provisio valuerit vel non.

Fol. 329.

Reste Tullenses anni noni.

Primo de prioratu de Relangiis Tullensis diocesis vacante per resignationem Renaudi abbatis monasterii de Fauerneyo, qui dictum prioratum ex dispensatione obtinebat, fuit provisum Iohanni de Guichia 12 kal. Novembris anno 9°.

> Exigantur fructus.

Item (*de*) prioratu de Flauigneyo vacante per obitum ultimi prioris fuit
provisum domino P(ictavensi) tituli basilice XII apostolorum presbitero
cardinali 4 non. Maii anno 9⁰.

> Taxatur prioratus 80 libr.; petantur a domino cardinali Albiensi,
> quia procuratores sui nolunt solvere licet fuerint requisiti. 80 libr.

Item de parrochiali ecclesia de Basuilhaco diocesis Tullensis vacante per
resignationem Iohannis de Aplendino fuit provisum Symoni de Atrio
6 kal. Martii anno nono.

> Nondum fuerunt audita nova de ista provisione. Inquiretur et si
> valuerit provisio, exigantur fructus.

Fol. 329 r.

Item de parrochiali ecclesia de Ocheyo Tullensis diocesis vacante per
obitum Tierrici ultimi rectoris fuit provisum Stephano Dominici et
secum dispensatum in etate 11 kal. Aprilis anno nono.

Item de canonicatu et prebenda ecclesie monialium de Romaricomonte
Tullensis diocesis vacantibus per resignationem Guillermi Tripperii
fuit provisum Dominico Francisci 2 kal. Augusti anno nono.

Item de parrochiali ecclesia de Latzeyo Tullensis diocesis vacante per
resignationem Androini Androini fuit provisum Iohanni de Broillio
4 kal. Augusti anno nono.

> Ista tria beneficia non fuerunt missa, set sunt repperta in noviter
> extractis et ideo sunt posita in restis ad inquirendum, utrum va-
> luerint gracie vel non.

Fol. 330.

Reste Tullenses anni decimi.

Primo pro decanatu sancti Deodati de Sancto Deodato et capellania
sancti Proieti de Millereyo Tullensis diocesis et Metensis, vacantibus
per resignationem Petri de Vanderiis, fuit provisum Ferico de Sancto
Deodato 13 kal. Novembris anno 10⁰.

> Solutum est pro decanatu ut in receptis supra folio . .[1] Capellania
> est Metensis diocesis; inquiratur si valeat 10 libr. vel 20, si pro
> decedentibus, et exigantur fructus si sit iustum.

Item de parrochiali ecclesia de Sunetecuria vacante per resignationem
Guillermi Amberti fuit provisum Iohanni de Vondricuria 18 kal. Februarii anno decimo.   [10 libr.][2]

> Taxatur 10 libr., exigatur taxatio.

Item collatio facta Gerardo Lamberti de prioratu de Rocha cum annexis
fuit sibi confirmata 2 kal. Augusti anno decimo.

> Litigatur super hoc in curia; recipiatur super hoc cautio de fruc-
> tibus restituendis in casu evictionis.

---

[1] S. oben S. 216.
[2] Von anderer Hand.

Fol. 330 r.

Item de decanatu et prebenda sancti Deodati de Sancto Deodato Tullensis diocesis vacantibus per resignationem Petri de Vonderiis fuit provisum Iacobo de Rauono 13 kal. Novembris anno decimo.

Item de perpetua capellania sancti Michaelis in monasterio Mediani Monasterii Tullensis diocesis vacante per resignationem Iacobi de Rauono fuit provisum Petro de Vonderiis 13 kal. Novembris anno decimo.

Item collatio facta Iohanni Henrici de Gondricuria de prioratu de Novocastro fuit eidem confirmata 2 kal. Augusti anno decimo.

> Solvit 15 libr. ut supra in receptis folio . .[1]
>
> Debet tamen decem libr. valentes 10 florenos, solvendos terminis futuris quos subcollector habet penes se in scriptis.　　10 flor.

Fol. 331.

Reste Tullenses anni undecimi.

Primo de prioratu de Castineto Iohanni de Monsteruel alias de Chalueres confirmato 4 non. Octobris anno undecimo. Restant　　37 libr. 10 sol.

> Prioratus taxatur 50 libr.; solvit 12 libr. 10 sol., ut in receptis supra folio . .[2]
>
> Restat debens dictas 37 libr. 10 sol. terminis futuris, quos subcollector habet penes se in scriptis.

Item de parrochiali ecclesia de Senon. vacante per obitum Iohannis Ducarii alias de Castrouillario fuit provisum Geraldeto Xendeti 3 non. Septembris anno 11⁰.

> Obligatus est in Camera et mandatum fuit per dominos quod ulterius non intromitteret se subcollector.　　*Attende.*

Item de parrochiali ecclesia de Docellis vacante per devolutionem fuit provisum Petro Uagneti de Spinallo 6 kal. Augusti anno 11⁰.

> Dicitur quod ista gratia non valet, attamen quia lis pendet super hoc, ponitur inter restas.

Item collatio facta Mateuro de Serueres de prioratu de Gondricuria vacante per resignationem causa permutationis cum Thoma de Sancto Elphio de prioratu sancti Georgii prope Tullum fuit confirmata 2 non. Octobris anno undecimo.

> Exigantur fructus seu taxatio qui taxantur 50 libr., et eciam de prioratu sancti Georgii prope Tullum.　　[50 libr.]

Fol. 331 r.

Item collatio facta Iacobo de Pontemoncionis de prioratu de Layo vacante per obitum ultimi prioris fuit eidem confirmata 2 non. Octobris anno 11⁰.　　15 libr.

---

[1] S. oben S. 217.　　[2] S. oben S. 217.

Taxatur 15 libr.; exigatur taxatio nec credatur sibi infitienti confirmationem, quia allegat quod nonquam fecit dictum prioratum
confirmare.   *Attende.*
Item collatio facta Iohanni de Mosteruel de prioratu de Dulleyo fuit eidem
confirmata 2 kal. Augusti anno undecimo.
Item Geraldo de Graus collatio facta de eodem prioratu fuit eidem confirmata 2 non. Octobris anno undecimo.   ·
> Iste due confirmationes fuerunt facte infra duos menses; taxatur
> prioratus 12 libr. 10 sol. Recipiatur una taxatio a dicto Geraldo
> quia iam fuit monitus.   [12 libr. 10 sol.]
> *Fol. 332.*

Reste Tullenses anni primi domini Innocencii.
Primo de canonicatu et prebenda Tullen. vacantibus per obitum Bernardi
Garnerii fuit provisum Radulpho de Turribus 14 kal. Maii anno primo.
Item de prioratu de Regicuria Tullensis diocesis, quem Gerardus abbas
monasterii sancti Iohannis Laudunensis tenebat antequam ad dictam
abbatiam fuisset promotus, fuit provisum fratri Guillermo de Marcoringis 7 id. Iulii anno primo.
Item acceptatio facta per Petrum Renaudi de Ramaricuria de parrochiali
ecclesia de Siricuria Tullensis diocesis, vacante per obitum Ortiqui
ultimi rectoris, fuit eidem confirmata 14 kal. Septembris anno primo.[1]
Item de perpetua capellania beate Marie Magdalene in ecclesia beate Marie
de Sancto Deodato vacante per resignationem Geraldi Xendeti
fuit provisum Ioffredo de Spinallo 2 kal. Oktobris anno primo.
Item de canonicatu et prebenda sancti Gengulphi Tullensis vacantibus
per resignationem Berrardi de Ropilhaco fuit provisum Iohanni nato
Ioffredi Viruti 8 kal. Decembris anno primo.
De anno secundo.[2]
Primo de parrochiali ecclesia de Theruiis (?) et de Floremont Tullensis
diocesis vacante per resignationem Iohannis de Novomolendino fuit
provisum Petro Iohannis Louelli 7 kal. Februarii anno secundo.
Item de canonicatu et prebenda Tullen. ac archidiaconatu de Lyneyo
in eadem ecclesia vacantibus per consecrationis munus impense Iohanni episcopo Cabilonensi fuit provisum Geraldo de Pittonio 10 kal.
Februarii anno secundo.
Item de canonicatu et prebenda ecclesie sancti Nicolai de Brixeyo Tullensis diocesis, vacantibus quia Iohannes Morelli eisdem renunciavit
per alterius beneficii assecutionem, fuit provisum Iohanni Libeguins
4 id. Maii anno secundo.

---

[1] Hier folgt ein schon oben S. 218 unter den Einnahmen erwähntes Benefizium
des Geraldus Xendeti; dasselbe wurde durchstrichen, und von anderer Hand wurde
»solvit« an den Rand geschrieben.
[2] Von hier ab wurden die Benefizien später und wahrscheinlich von anderer Hand
eingetragen.

Fol. 331 v.

Item [1] de parrochiali ecclesia de sancto Ekphio (*sic*) Tullensis diocesis vacante, quam Waltherus de Amantia iam diu tenuit, fuit eidem de novo provisum 16 kal. Iunii anno secundo.

Item de decanatu ecclesie sancti Maximini de Barroducis Tullensis diocesis vacante per obitum ultimi decani fuit provisum Geraldo Verreti 9 kal. Februarii anno secundo.

Item de canonicatu et prebenda ac scolastria ecclesie Tullensis vacantibus per liberam resignationem Karoli de Pictavia fuit provisum Iohanni de Hoyo 6 id. Februarii anno secundo.

Item de prioratu de Liomonte Tullensis diocesis vacante per obitum ultimi prioris fuit provisum Gregorio Potiti 10 kal. Aprilis anno secundo.

Item prioratus de Flamerecuria Tullensis diocesis fuit reservatus conferendus Aymerico de Rollihaco cum vacabit per assecutionem prioratus de Poyaco Treverensis diocesis 5 id. Aprilis anno secundo.

[Summa [2] restarum Tullensium, exceptis quibusdam non declaratis nec concordatis in taxa   370 libr. 10 flor.]

Ap(probo).

Fol. 332 v.

Sequntur beneficia civitatis et diocesis Tullen. pro quibus nichil debet exigi causis super eorum singulis declaratis. — Collata anno quarto.

Primo de canonicatu et prebenda ac scolastria ecclesie Tullensis vacantibus per consecrationem domini Francisci episcopi Tergentini fuit provisum domino Ademario de Mota 4 non. Aprilis anno 4°.

     Ista gratia non habuit effectum, set alia facta Karolo de Pictavia, de qua computatur in antiquis computis.

Item de canonicatu et prebenda ac scolastria ecclesie sancti Deodati de Sancto Deodato diocesis Tullensis, vacantibus per obitum Geraldi Medici et reservatis, fuit provisum Guillermo Nuert 10 kal. Iulii anno 4°.

     Ignoratur hoc penitus.   *Attende: deficiunt quattuor hic.*

Fol. 333.

Inutilia Tullensia anni quinti.

Primo de officio subsacristie Tullensis ecclesie vacante per obitum Iohannis de Thalon fuit provisum Henrico Auchereti de Denuilla 16 kal. Februarii anno quinto.

     Truffa est: obtinens obtinuit per 8 annos, nec est beneficium ymo officium temporale.

---

[1] Die folgenden, im zweiten Pontifikatsjahre Innocenz' VI. verliehenen Benefizien wurden auf die leer gebliebene Hälfte des Fol. 331v geschrieben und mit einem Verweisungszeichen versehen, auf welches Fol. 332 hingewiesen wurde mit der Bemerkung: »Vade ad hoc signum in precedenti pagina«.

[2] Von der Hand, welche die Summen der Jahreseinnahmen schrieb.

Item de parrochiali ecclesia Danubrie Tullensis diocesis vacante per obitum Tierrici et tanto tempore etc.[1] (*sic*) fuit provisum Henrico de
Roseriis 3 kal. Decembris anno quinto.

> Non reperitur ista ecclesia nec umquam gratia habuit effectum.

Item de perpetua capellania in ecclesia Tullensi vacante per obitum
Ferrici de Villeyo fuit provisum Ocino Iermini (?) de Chanis (?)
15 kal. Ianuarii anno quinto.

Item de officio marticularie (*sic*) ecclesie Tullensis vacante per obitum
Iohannis de Portu fuit provisum Henrico Aubrici de Baonuilla 2 id.
Marcii anno quinto.

> Marticlaria (*sic*) ista non habet redditus, sed curialitates parum valentes.

Fol. 333 v.

Inutilia Tullensia anni sexti.

Primo de parrochiali ecclesia de Senariis diocesis Tullensis vacante pro
eo, quia Iohannes dictus Daucarii ultimus vicarius est aliam ecclesiam
pacifice assecutus, fuit provisum Odoni dicto Libernais 7 kal. Februarii
anno sexto.

Item de eadem ecclesia fuit provisum Guillermo Auberti de Hareuilla 8 id.
Februarii anno 6⁰.

> Non est huius diocesis.

Item de parrochiali ecclesia de Amancia Tullensis diocesis vacante per
obitum Iohannis de Visulo fuit provisum Hugoni de Chauayo non.
Augusti anno 6⁰.

> Iste Iohannes de Visulo nunquam fuit curatus, ymo obtinet unus
> qui eam obtinuit per 12 annos.

Item de cantoria ecclesie Tullensis, cum vacabit per assecutionem pacifice possessionis monasterii sancti Cucufati Valentine diocesis Bertrando
de Bellocastro (*sic*), fuit provisum fratri preposito de Lenna 13 kal.
Martii anno 6⁰.

> Bene apparet truffa, quia ecclesia Tullensis secularis est et hic lo-
> quitur de monachis nec umquam fuit visus iste sed obtinet alius
> et solvit ut supra in receptis folio . .[2]

Fol. 334.

Inutilia Tullensia anni septimi.

Primo de subthesauraria ecclesie Tullensis vacante per obitum Thome
de Damperia fuit provisum Bernardo Garnerii 5 non. Iulii anno 7⁰.

> Fructus non possunt onera supportare.

Item de parrochiali ecclesia de Gorinayo dicte diocesis vacante per obitum
Petri Boffredi[3] fuit provisum Maurieto Andree id. Ianuarii anno 7⁰.

> Nunquam comparuit impetrans nec umquam habuit gratia effectum.

---

[1] Dieselbe war nämlich solange vacant, dafs die Besetzung an den päpstlichen
Stuhl gekommen war.
[2] S. oben S. 215.   [3] Soll wohl heifsen: »Goffredi«.

Item de canonicatu et prebenda sancti Deodati de Sancto Deodato vacantibus per obitum Nicholai de Senoncuria fuit provisum Lamberto de Novocastro 12 kal. Martii anno 7⁰.

Item de eisdem canonicatu et prebenda vacantibus per obitum dicti Lamberti fuit provisum Desiderio Coffet 11 kal. Maii eodem anno.

Item de eisdem canonicatu et prebenda vacantibus per obitum Nicholai predicti fuit provisum Nicholao de Thiacuria 4 non. Maii eodem anno 7⁰.

> Non comparuerunt impetrantes nec habuit gratia effectum nec vacavit tunc illa prebenda, set deridebantur tales impetrantes.

Item de canonicatu et prebenda Tullen. vacantibus per obitum Erardi de Samermonte fuit provisum Alberto de Tolan 3 non. Septembris anno 7ⁿ.

> Erardus adhuc vivit et sic gratia non valuit.

Fol. 334ʳ.

Inutilia Tullensia anni octavi.

Primo de canonicatu et prebenda Tullen. vacantibus per obitum Albertini Maimbour fuit provisum Bertrando de Gerungneyo 2 kal. Marcii anno 8⁰.

> Vivit Albertinus et impetrans deffecit in salutari suo.

Item de parrochiali ecclesia de Bureyo et de Tremont vacante cum Dominicus Francisci fuerit aliam ecclesiam assecutus fuit provisum Reginaldo Symonis 3 yd. Septembris anno 8ⁿ.

> Numquam fuit visus iste Reginaldus Symonis, nec fuerunt nova in partibus de ista provisione.

Item collatio facta Renaldo de Bauzemonte de prioratu de Castineto Tullensis diocesis fuit eidem confirmata 8 id. Maii anno 8⁰.

> Bene fuit sibi confirmata set non curavit de confirmatione nec de prioratu nec voluit acceptare, licet abbas suus sibi contulit; fecit confirmari post hec; quia noluit, collatus est alteri scilicet Iohanni Monsteruel qui pro parte solvit ut supra in receptis folio . . .[1]

Fol. 335.

Inutilia Tullensia anni noni.

Primo de canonicatu et prebenda sancti Gengulphi Tullensis vacantibus per obitum Iohannis de Alumpno fuit provisum Iohanni Hugonis 12 kal. Iunii anno 9⁰.

> Non obtinet set Iohannes de Gondricuria[2] pro quo conputatur in receptis supra folio . . .[3]

Item de canonicatu et prebenda sancti Iohannis Leodiensis quos Iohannes de Molendino obtinuerat causa permutationis facte per eum de ecclesia de Basuilhaco Tullensis diocesis cum Symone de Atrio,

---

[1] S. oben S. 217.   [2] In der Handschrift: »Bondricuria«.
[3] S. oben S. 214.

qui ante possessionem adeptam dictorum canonicatus et prebende obiit, fuit provisum dicto Symoni 6 kal. Martii anno 8°.

Dicta ecclesia de Basuilliaco non est de diocesi Tullensi.

Item collatio facta Petro de Ianeyo de prioratu de Flauigneyo Tullensis diocesis fuit eidem confirmata 8 kal. Martii anno 9°.

Ista provisio non valuit sed alia facta domino cardinali Albiensi, ut in restis supra folio . . .[1]

Fol. 335ᵛ.

Inutilia Tullensia anni decimi.

Primo commissum fuit domino officiali Tullensi, ut reciperet fructus capellanie beate Katerine in domo episcopali Tullensi vacantis per resignationem Iohannis Marsalis, de qua fuit provisum Nicholao Marsalis 4 id. Iunii anno decimo.

Commissarius inquisivit et reperiit (*sic*) quod capellania erat fundata pro animabus decedencium; non valet 12 libr., nichil debetur de talibus capellaniis nisi valent 20 libr.

Item collatio facta Guillermo Alberti de ecclesia de Domereuilla fuit confirmata 2 kal. Augusti anno decimo.

Non est in diocesi Tullensi.

Item collatio facta Iohanni Dubranch de parrochiali ecclesia de Buceyo cum annexis fuit confirmata 2 kal. Augusti anno 10°.

Taxatur 6 libr. cum dimidio et tamen non valet 10 libr.

Item de parrochiali ecclesia de Chauegne vacante per obitum Guillermi ultimi rectoris fuit provisum Vernero de Barro (?) 13 kal. Novembris anno 10°.

Taxatur 7 libr. et dimidia et tamen non valet 10 libr.

Item collatio facta Dominico Albertini de parrochiali ecclesia de Dompnomartino fuit eidem confirmata et sibi provisum.

Taxatur 100 sol. et tamen non valet 10 libr.

Fol. 336.

Item de canonicatu et prebenda Tullen. vacantibus per obitum Conradi de Anoncourt fuit provisum Galhardo de Bolaguerie 10 kal. Maii anno 10°.

Gratia non habuit effectum quia dictus Conradus detinebat de facto dictam prebendam et ipso mortuo obtinet ille qui obtinebat ante et debebat obtinere.

Item de prioratu sancti Iacobi in Monte vacante per obitum Iohannis de Blenodio fuit provisum Geraldo de Geraldo 13 kal. Maii anno decimo.

Truffa est, nunquam comparuit impetrans.

---

[1] S. oben S. 220.

Fol. 336ᵛ.

Inutilia Tullensia anni undecimi.

Primo de capellania sancti Laurencii in ecclesia sancti Gengulphi
Tullensis fuit provisum Petro Will(erm)i de Breyo 6 id. Octobris
anno undecimo.

Non valet 30 sol.

Fol. 337.

Inutilia Tullensia anni primi domini Innocentii.

Primo de subthesauraria ecclesie Tullensis vacante per obitum Bertrandi
Garnerii fuit provisum Geraldo Buffardi 12 kal. Maii anno primo.

Subthesauraria non taxatur nec possunt fructus onera supportare.

Sequntur recepte Virdunenses.

Fol. 338.

Et primo recepte restarum in aliis computis per me redditis contentarum.

In primis cum pro fructibus anni tercii prioratus de Amella, de quo
vacante per resignationem Nicolai de Princyo fuit provisum domino
Guidoni tituli sancte Cecilie presbitero cardinali 2 id. Decembris,
ratione cuius provisionis fructus ipsius prioratus, quos dictus prior
tunc temporis percipiebat pacifice, arrendati fuissent domino Iacobo
curato sancti Hilarii precio 2 flor., de qua summa solvit in diversis
monetis usque ad valorem 110 flor. inclusive, de qua summa soluta
in aliis meis computis computavi et restaret debens 90 flor., recepi
de dictis 90 flor. residuis   40 flor.

Residuum vero, scilicet 50 flor., dicit se solvere non debere propter
ovalia que fuerunt illo anno et ita erant sibi prefati fructus
arrendati, quia debebat ab ovalibus indempnis observari et illo
anno fuerunt talia ovalia quod vinee et blada pro maiori parte
in tota Lothoringia perdite gelu fuerunt et consumpta et ego
scio hoc, quia tunc temporis eram in partibus illis.

Item cum plures essent qui tenebant ad vitam plura membra dicti prioratus, de quibus in dictis restis fit mentio, recuperavi ab eis que
sequntur:

Primo a dicto domino Iacobo pro quibusdam redditibus de Gondauilla
et de Gondecourt ad dictum prioratum pertinentibus   20 flor.

Fol. 338ᵛ.

Item a Iohanneta et Alizona filiabus quondam Reginaldi Merecerii de Virduno pro quadam parte decime de Sapiencourt et de Gemigneyo.
                                                              25 flor.

Alii duo floreni fuerunt deducti pro expensis necessariis in causa.

Item a Pontio Marasse et Nicolao Helizonis tenentibus decimam de Lon-
gueyo   7 flor.

Item a Iohanne le Champegnois tenente minutam decimam de Amella
et de Longiana   10 scut. veteres.
Item a Symone de Stagno tenente decimam de Billeyo prope Magena
                                                           10 scut. veteres.
Item cum continetur in dictis restis inter alia, quod debentur fructus prebende Virdunensis, de qua fuit provisum Iohanni de Machandio cum
vacabit etc., computatur suo loco ut infra in restis, quamvis dicatur
quod nundum (sic) obtinuerat quia postea obtinuit.
Item cum continetur ibidem quod debentur fructus canonicatus et prebende
Virdunen. quos obtinebat in dicta ecclesia magister Petrus Perier,
inquisito de hoc repertum est quod non erat iste Petrus ibidem
canonicus.
De aliis restis ibidem contentis sufficienter est responsum.
Summa recepte restarum Virdunensium   92 flor. 20 scut. veteres.
                                                           Ap(probo).
   Fol. 339ʳ.
Sequntur recepte Virdunenses beneficiorum missorum a die computi
   supradicti, videlicet anni sexti.
Primo pro fructibus anni sexti cantorie beate Marie Magdalene Vir-
dunensis taxate 30 libr., de qua vacante per obitum Richardi de
Millereyo fuit provisum Egidio dicto Eix 10 kal. Iunii, dictam taxam in
                                                           30 scut.
   Et est sciendum quod Virduni valet florenus boni ponderis 17 sol.
   et scutus novus Iohannis 20 sol.
De eadem cantoria vacante per liberam resignationem domini G. tituli
sancte Cecilie presbiteri cardinalis fuit provisum dicto Richardo 3 kal.
Iunii anno quinto.
   Fuit eodem anno nec unquam obtinuit sed statim fuit mortuus.
Item pro mediis fructibus anni 6ⁱ prebende beate Marie Magdalene
Virdunensis non taxate, de qua vacante per obitum Richardi de
Millereyo fuit provisum Iohanni Poulain 10 kal. Iunii   7 libr. 10 sol.
Item pro fructibus anni sexti prebende Virdunensis, de qua vacante per
resignationem Hugonis de Barro fuit provisum Thome de Burgo 15 kal.
Februarii   9 scut. veteres.
Summa huius pagine [et recepte anni 6]¹   39 scut. veteres, 7 libr. 10 sol.
                                                           Ap(probo).
   Fol. 340.
Recepte Virdunenses anni septimi.
Primo pro fructibus anni 7ⁱ parrochialis ecclesie de Buxeriis non taxate,
de qua vacante per assecutionem archidiaconatus de Vitello in
ecclesia Tullensi fuit provisum Bernardo de Rossilhaco 2 id. Augusti
                                                           34 libr.

   ¹ Die in dieser Weise eingeklammerten Zusätze sind von der Hand, welche stets
die Summen der Jahreseinnahmen schrieb.

Item pro fructibus anni 7i parrochialis ecclesie de Dugneyo non taxate, de qua vacante per assecutionem ecclesie de Champigniaco fuit provisum Stephano Iaquini 16 kal. Februarii 20 libr.

Item pro fructibus anni 7i prebende Virdunensis non taxate, de qua vacante per obitum Nicolai de Linoncuria fuit provisum Stephano Militis non. Marcii 8 libr. 13 sol.

Summa huius pagine [et recepte anni 7] [1] 62 libr. 13 sol.

Ap(probo).

Fol. 340 r.

Recepte Virdunenses anni octavi.

Primo pro fructibus anni 8i prebende Virdunensis, de qua vacante per obitum Hermanni de Linoncuria fuit provisum Hugoni de Duno 3 kal. Februarii 8 libr. 13 sol.

Item pro mediis fructibus anni 8i prebende Virdunensis non taxate, de qua vacante per obitum Iacobi Agni fuit provisum domino Helye de Liberanno 3 non. Septembris 4 libr. 6 sol. 6 den.

Item pro fructibus anni 8i prebende Virdunensis non taxate, de qua vacante per obitum Dominici de Portu fuit provisum Petro Tarrida alias Anglia 3 kal. Februarii 10 scut. [Philippi veteres].

De dictis canonicatu et prebenda vacantibus per obitum dicti Petri Anglia fuit provisum Roberto de Ginolhaco 3 id. Maii eodem anno 8°.

Item pro fructibus eiusdem anni prebende Virdunensis non taxate, de qua vacante per obitum Nicolai de Asperomonte fuit provisum Henrico Thome 4 id. Octobris 7 libr. 10 sol.

Item pro fructibus eiusdem anni prebende Virdunensis, de qua vacante per obitum Renerii de Duno fuit provisum Guillermo de Monte 3 id. Novembris 7 libr. 10 sol.

Fol. 341.

Item pro fructibus anni 8i prebende Virdunensis, de qua vacante per obitum Symonis Rollandi fuit provisum Stephano de Nuce 3 kal. Februarii 7 libr. 10 sol.

Item pro fructibus eiusdem anni prebende Virdunensis, de qua vacante per obitum Varini de Barro fuit provisum Alberto de Toulon 3 non. Septembris 7 libr. 10 sol.

Item pro mediis fructibus eiusdem anni prebende Virdunensis, de qua vacante per resignationem Roberti de Bordis fuit provisum Roberto Bonifacii de Bordis 6 id. Octobris 75 sol.

Item pro mediis fructibus eiusdem anni prebende Virdunensis, de qua vacante per obitum Petri de Commarceyo fuit provisum Henrico de Sarraponte 8 kal. Novembris 75 sol.

---

[1] S. Anmerkung auf S. 228.

De eisdem canonicatu et prebenda vacantibus ut supra fuit provisum Hugoni de Duno 5 kal. Novembris eodem anno 8º.

Item pro mediis fructibus eiusdem anni prebende Virdunensis, de qua vacante per obitum Ferrici de Asperomonte fuit provisum Sebastiano de Sorbeya 4 kal. Maii   75 sol.

Item de eisdem vacantibus ut supra fuit provisum Petro Latonisa 4 id. Maii eodem anno 8º.

Item de eisdem vacantibus ut supra fuit provisum Iohanni Girardini 12 kal. Iunii anno 9º.

Item collatio facta Iohanni de Columbario de eisdem vacantibus ut supra fuit eidem confirmata 8 id. Iunii anno 9º.

    Omnes iste provisiones fuerunt eodem anno nec valuerunt unam fabam, nisi prima.

Fol. 341 v.

Item pro mediis fructibus anni 8i prebende Virdunensis, de qua vacante per obitum Nicolai de Villeta fuit provisum Iohanni Valteri de Neuilleyo 4 non. Octobris   75 sol.

Item pro fructibus anni 8i prebende Virdunensis, de qua vacante per obitum Valteri de Royaco fuit provisum Iohanni Gilberti id. Septembris   10 scut. novos Philippi.

Item pro fructibus eiusdem anni prebende Virdunensis, de qua vacante per consecrationem electi Urgellensis fuit provisum Marcello de Columpna 3 non. Iulii   10 scut. novos Philippi.

Item pro fructibus eiusdem anni officii cancellarie ecclesie Virdunensis, taxati 10 libr., domino Iohanni de Newilleyo confirmati 3 id. Maii anno 9º pro taxa   10 scut. novos Philippi.

Item pro mediis fructibus eiusdem anni prebende Virdunensis Ioffrido de Spinallo confirmate causa permutationis cum ecclesia de Dompnopetro diocesis Virdunensis 4 non. Octobris   5 scut. novos Philippi.

    Obtinens dictam ecclesiam de Dompnopetro nunquam fecit eam confirmari, quia non timebat de reservatione.

Item pro mediis fructibus eiusdem anni prebende Virdunensis Richardo de Haymonismonte confirmate, vacantis per obitum Alberti de Perina 8 kal. Novembris   5 scut. novos Philippi.

Fol. 342.

Item pro fructibus anni 8i prebende Virdunensis, de qua vacante per obitum Iohannis de Siluaueticis et archidiaconatus de Ripperia in ecclesia Virdunensi, taxati 40 libr., de quo vacante una cum prepositura ecclesie de Antonicastro per obitum Colardi de Asperomonte fuit provisum Nicolao de Franchavilla quinto kal. Novembris: pro prebenda   7 libr. 10 sol.

De prepositura nichil debetur quia non valet 10 libr.

[Summa recepte anni 8ⁱ   65 libr. 9 sol. 6 den.
                                     10 scut. veteres,

Fol. 342 ^{v.}   80 scut. nov. Philippi.]

Recepte Virdunenses anni noni.

Primo pro fructibus anni 9ⁱ parrochialis ecclesie de Ramblerouicino Virdunensis diocesis taxate 22 libr., de qua vacante per resignationem Droci de Rouriis (?) fuit provisum Viriomio Tierrici 8 id. Iunii, pro taxa   22 libr.

Item pro fructibus eiusdem anni officii elemosinarie monasterii Belliloci non taxati, confirmati fratri Willermo de Odiomonte non. Augusti
                                                 12 scut. novos Philippi.

Item pro fructibus eiusdem anni prebende Virdunensis, de qua vacante per obitum Iohannis de Sancto Michaele alias Delchencourt fuit provisum Iohanni de Pologniaco 16 kal. Decembris   7 libr. 10 sol.

De eisdem vacantibus ut supra fuit provisum Petro Fornerii 3 kal. Februarii anno 8°: fuerunt eodem anno, non obtinuit iste set precedens.

Item pro fructibus eiusdem anni prebende Virdunensis, de qua vacante per resignationem Alberti de Toulon fuit provisum Nicolao de Melda 5 id. Septembris   10 scut. novos Philippi.

Item pro fructibus eiusdem anni prebende Virdunensis, de qua vacante per resignationem Philippi de Vitriaco fuit provisum Ade de Vitriaco quinto id. Septembris   10 scut. novos Philippi.

Fol. 343.

Item pro fructibus anni 9ⁱ prebende Virdunensis, de qua vacante per obitum Droconis (*sic*) de Infirmitate fuit provisum Iohanni Girerdini 14 kal. Marcii   10 scut. novos Philippi.

Item (*pro fructibus*) eiusdem anni succentorie ecclesie Virdunensis non taxate, de qua vacante per obitum dicti Droconis fuit provisum dicto Iohanni Girerdini 14 kal. Marcii   10 scut. novos Philippi.

Item pro mediis fructibus eiusdem anni prebende beate Marie Magdalene Virdunensis non taxate Hugoni Albi confirmate 8 kal. Marcii
                                                2 scut. novos Philippi.

Item pro fructibus eiusdem anni prebende beate Marie Magdalene non taxate et scolastrie eiusdem ecclesie taxate 15 libr., de quibus vacantibus per obitum Mileti Bonpaix fuit provisum domino Iohanni de Falce, alias de Sancto Laurencio 4 kal. Augusti: pro prebenda
                                                5 scut. novos Philippi.

Item pro taxa scolastrie   15 scut. novos Philippi.

Item pro fructibus eiusdem anni ecclesie sancti Amancii Virdunensis taxate 70 libr. confirmate domino Dominico de Villeyo 4 kal. Marcii, pro taxa   70 scut. novos Philippi.

Fol. 343 r.

Item pro fructibus anni 9[i] cantorie b e a t e M a r i e M a g d a l e n e Virdunensis
taxate 30 libr., confirmate domino Cauraldo de Cumenieres 8 id. Iunii
30 scut. novos Philippi.

Item pro fructibus eiusdem anni prebende V i r d u n e n s i s, de qua vacante
per resignationem Mathei de Varey de Pontemontionis fuit provisum
Iohanni de Bellomonte .4 kal. Martii   5 scut. novos Philippi.

[Summa recepte anni 9   29 libr. 10 sol.
                                              179 scut. nov. Philippi.]

Fol. 344.   *Ap(probo).*

Recepte Virdunenses anni decimi.

Item pro fructibus anni 10[mi] prebende V i r d u n e n s i s, de qua vacante per
obitum Marcelli de Columpna fuit provisum Laurentio de Combis
9 kal. Decembris   10 scut. novos Philippi.

Item pro mediis fructibus eiusdem anni prebende V i r d u n e n s i s, de qua
vacante per resignationem Iohannis de Vivacurte fuit provisum Richardo
le Grys 4 kal. Augusti   5 scut. novos Philippi.

Item pro fructibus eiusdem anni parrochialis ecclesie de S u l l e y o non
taxate, de qua vacante cum capella sancte Marthe sita in ecclesia
b e a t e M a r i e M a g d a l e n e Virdunensis per obitum ultimorum (*rec-
torum*) fuit provisum Iohanni Girerdini 16 kal. Septembris: pro
ecclesia   16 scut. novos Philippi.
De capella nichil debetur quia non valet 100 sol.

Item pro fructibus eiusdem anni parrochialis ecclesie de I a m d e l i x e taxate
30 libr., confirmate Poncio Symoneti 10 kal. Aprilis, pro taxa
30 scut. novos Philippi.

Item pro fructibus eiusdem anni parrochialis ecclesie de R a m b l e r o u i c i n o[1]
taxate 22 libr., de qua vacante quia Droco de Romiis nulla dispensatione obtenta se non fecit promoveri fuit provisum Iohanni de
Scala 3 id. Martii, pro taxa   22 scut. novos Philippi.

Summa huius pagine [et recepte anni 10]   83 scut. nov. Philippi.

Fol. 344 r.   *Ap(probo).*

Recepte Virdunenses anni undecimi.

Primo pro fructibus anni undecimi prebende V i r d u n e n s i s, de qua vacante
per resignationem Iohannis Guilberti fuit provisum Iohanni de Sancto
Laurentio alias de Falce 17 kal. Novembris   9 scut. novos Philippi.

Item pro fructibus eiusdem anni prebende V i r d u n e n s i s, de qua vacante
per resignationem Iohannis de Sandriis fuit provisum Radolpho de
Baueyo 13 kal. Iunii   9 scut. novos Philippi.

---

[1] Der Name ist in der Handschrift korrigiert.

Item pro mediis fructibus eiusdem anni prebende Virdunensis, de qua
vacante per resignationem Cothardi Nicholai fuit provisum Matheo
Dostins alias de Sanctis 2 non. Octobris

4 scut. cum dimidio novos Philippi.

Summa huius pagine [et recepte anni 11]

22 scut. cum dimid. nov. Philippi.

Ap(probo).

[Item[1] pro mediis fructibus anni primi domini Innocentii prebende
et succentorie ecclesie Virdunensis non taxatarum, de quibus vacantibus per resignationem Iohannis Girerdini fuit provisum Geraldo
Xendeti 12 kal. Decembris: pro prebenda   5 flor.

et pro succentoria   5 flor.

Summa anni primi   10 flor.]

Ap(probo).

Fol. 345.

Summa universalis receptarum civitatis et diocesis Virdunen. a die computi supradicti   69 scut. veteres,

364 scut. dimidium scut. novos Philippi,

102 flor. boni ponderis,

165 libr. 2 sol. 6 den.

Que valent ad florenos, quolibet pretio 17 sol.

194 flor. 3 gross. 3 den. dicte monete.

[Sic[2] est summa florenorum, inclusis 102 flor. in summa computatis

296 flor. 3 gross. 3 den. dicte monete.]

Ap(probo).

De qua summa deducuntur pro expensis factis per receptorem
ratione fructuum et etiam decimarum et labore suo in summa

33 flor. 6 gross.

Sic restant   69 scut. veteres,

364 scut. dimid. scut. novos Philippi,

262 flor. boni ponderis, 9 gross.

Fol. 346.

Secuntur reste civitatis et diocesis Virdunen.

Primo pro fructibus anni tercii pontificatus felicis recordationis domini
Clementis pape VI prebende Virdunensis, de qua vacante per obitum
Nicholai de Lucemburch fuit provisum Iohanni de Michandio 9 kal.
Octobris. Restant fructus solvendi in proximo festo Pasche anno 55°.

In principio non obtinuit iste, set post multa tempora obtinuit,
et capitulum Virdunense vel prepositus capituli scilicet Symonnius
Rolandi levavit fructus illius anni et ideo tenetur ad restitutionem.

---

[1] Dieser Posten ist von anderer Hand, ebenso die Summe. — Das »Approbo«
scheint hier nicht von derselben Hand geschrieben zu sein wie sonst.

[2] Von der Hand, welche die Summen der Jahreseinnahmen schrieb.

Fol. 346 r.

Reste Virdunenses anni quinti.

Primo de parrochiali ecclesia de Streas Virdunensis diocesis vacante per resignationem Symonis Michalis (*sic*) fuit provisum Richardo Ancelini 5 kal. Ianuarii anno quinto.

Item de eadem vacante per obitum Symonis fuit provisum Petro Vnilhal 12 kal. Februarii eodem anno quinto.

Item de eadem ecclesia vacante per resignationem dicti Richardi Ancelini fuit provisum Iohanni dicto de Eix 3 kal. Octobris anno sexto.

> Iste tres provisiones fuerunt eodem anno et illa facta Petro Vnilhal nichil valuit. Alie due fuerunt bone et debentur unici fructus pro ambabus; pro quibus fructibus solvendis dictus Richardus obligavit se subcollectori Virdunensi ad solvendum 50 libr., quia receperat fructus illius anni, et obligatione facta fecit postea permutationem secundam cum dicto Iohanne de Eix et taliter se rexit, quod ad tantam inopiam devenit quod nichil habet in bonis et ideo contra ipsum actio est inanis; et pluries fuit requisitus dictus Iohannes ut solveret dictas 50 libr., sed ipse allegat se non teneri pro eo, quia alter recepit fructus illius anni et obligavit se ad solvendum.   [50 libr.][1]

Fol. 347.

Reste Virdunenses anni octavi.

Primo pro fructibus officii portarie ecclesie Virdunensis taxati 26 libr., de quo vacante per obitum Petri de Commerceyo fuit provisum Iohanni de Clarencio 5 kal. Novembris anno 8°. Restant pro taxa   26 libr. quas diu est solvisse debuisset, tamen excommunicatus est et aggravatus.

Fol. 347 r.

Reste Virdunenses anni noni.

Primo pro fructibus officii camerarie monasterii Belliloci in Argonia non taxati, de quo vacante per obitum Egidii de Cathallauno fuit provisum Roberto Orioli 16 kal. Septembris anno 9°. Restant 30 scut. quos debet ex compositione facta cum eodem terminis iam elapsis.

Item pro provisione prebende Virdunensis non taxate, de qua vacante per obitum Guillermi Mercerii fuit provisum Iohanni Richerii 13 kal. Marcii anno 9°. Restant fructus solvendi in festo Pasche anno 55°.

Item pro fructibus officii camerarie monasterii sancti Vitoni Virdunensis taxati 40 libr., confirmati Nicholao de Ston 3 kal. Aprilis anno 9°. Restant   40 libr.

Item fuit eidem dictum officium confirmatum 8 kal. Marcii eodem anno 9°.

Item dictum officium vacans per assecutionem officii pictantiarie dicti monasterii fuit collatum Petro de Ianney 13 kal. Iunii anno 9°.

> Isti duo litigant adinvicem; recuperabitur taxa ab eo qui obtinebit.

---

[1] Von der Hand, wie oben S. 233 Anm. 2.

(Item [1] pro provisione canonicatus et prebende Virdunen. de quibus vacantibus per obitum Egidii de Barro fuit provisum Petro Pellicerii
6 kal. Februarii anno 9⁰. Restant fructus.) — [Non obtinuit iste set
filius domini de Asperomonte qui erat canonicus sub expectatione.]

Fol. 348.

Item collatio facta Baldessano de Luciaco de officio prepositure monasterii
Belliloci in Argona diocesis Virdunensis fuit eidem confirmata 8 kal.
Marcii anno nono.

> Istud beneficium non fuit missum, set est repertum in noviter
> extractis. Ideo ponitur hic ad requirendum.

Reste Virdunenses anni decimi.

Item pro fructibus parrochialis ecclesie de Tilleyo taxate 60 libr., de
qua vacante in curia iure devoluto per non promotionem rectoris,
cui Poncius de Sancto Michaele successit, a quo Poncio habuit Santtrinus (?) de Hantonicastro vigore permutationis facte coram ordinario,
fuit eidem Sancio (*sic*) provisum 9 kal. Decembris. Restant 60 libr.

> Quarum medietatem solvisse debuisset in festo beati Remigii anno
> 54⁰ iam elapso et aliam medietatem solvere tenetur in consimili
> festo beati Remigii anno 55⁰.

Item pro fructibus cantorie ecclesie Virdunensis taxate 60 libr., de qua
vacante per obitum Conraldi de Auocourt fuit provisum Stephano
Militis 9 kal. Maii anno decimo. Restant 60 libr.

> Quarum medietatem solvere debuit in festo beati Remigii anno 54⁰
> iam elapso et aliam medietatem in consimili festo beati Remigii
> anno 55⁰ solvere tenetur.

Item de canonicatu et prebenda Virdunen. simili modo vacantibus fuit
provisum Iohanni Masculi 9 kal. Maii anno 10⁰.

> Istud non fuit missum sed est repertum in noviter extractis.

Fol. 348 c.

Item pro provisione facta Petro de Confinio de canonicatu et prebenda
Virdunen. non taxatis, vacantibus per resignationem Stephani de
Nuce 8 id. Maii anno 10⁰. Restant fructus solvendi in festo Pasche
anno 55⁰.

Reste Virdunenses anni undecimi.

Primo de canonicatu et prebenda ecclesie beate Marie Magdalene Virdunensis non taxatis ac scolastrie eiusdem ecclesie taxate 15 libr.,
vacantibus per resignationem Iohannis de Sancto Laurencio, fuit provisum Guillermo de Franchauilla 9 kal. Iulii anno 11⁰. [15 libr.]

> Quos fructus et taxam solvere tenetur in festo Pasche anno 55⁰.

---

[1] Diese Angabe bis »restant fructus« inclusive ist durchstrichen und mit der
Randbemerkung »Nichil« versehen. Der eingeklammerte Zusatz ist von anderer Hand
und nicht durchstrichen.

Fol. 349.

Reste Virdunenses anni primi domini Innnocentii.

Primo pro provisione facta de canonicatu et prebenda beate Marie Magdalene Virdunensis non taxatis, vacantibus per resignationem Geraldi Xendeti, fuit provisum Ioffrido de Spinallo 2 kal. Octobris anno primo. Restant fructus solvendi in festo Pasche anno 55⁰.

Item de canonicatu et prebenda Virdunen. non taxatis ac succentoria eiusdem ecclesie vacantibus per resignationem Iohannis Giraldini fuit provisum Giraldo Xendeti 12 kal. Decembris anno primo.

Fol. 349 ᵛ·

Reste Virdunenses anni secundi.

Primo pro provisione facta de canonicatu et prebenda Virdunen. vacantibus per resignationem Galteri Iuntrutti (?) fuit provisum Guillermo Bertroldi 11 kal. Aprilis anno secundo.

Item motu proprio fuit provisum Helie de Luno (?) de officio camerarie ecclesie Virdunensis, vacante per obitum Iohannis de Firmitate 8 kal. Maii anno secundo.

Item pro provisione facta de canonicatu et prebenda Virdunen. vacantibus ut supra fuit provisum Iacobo Comitis 4 kal. Maii anno secundo.

Item[1] de canonicatu et prebenda ecclesie beate Marie Magdalene Virdunensis vacantibus per obitum ultimi decani fuit provisum de novo Richardo de Billeyo 12 kal. Octobris anno secundo.

Item de canonicatu et prebenda dicte ecclesie vacantibus per obitum Mathei de Pontemontionis fuit provisum Frederico de Franchauilla 12 kal. Octobris anno secundo.

Item de perpetua capellania altaris sancti Stephani in ecclesia Virdunensi vacante per alterius beneficii assecutionem fuit provisum Iohanni Karoli 3 id. Februarii anno secundo.[2]

Item de canonicatu et prebenda ecclesie Virdunensis vacantibus per obitum Iohannis de Firmitate fuit provisum Petro de Vincellis 4 kal. Marcii anno secundo.

Item de canonicatu et prebenda ecclesie Virdunensis vacantibus per resignationem ex causa permutationis Mathei de Sanctis fuit provisum Iohanni de Cauancho non. Marcii anno secundo.

Summa restarum civitatis et diocesis Virdunen. exceptis quibusdam non taxatis nec declaratis   251 libr. 30 scut.

Fol. 350 ᵛ·

Secuntur beneficia civitatis et diocesis Virdunen. de quibus nichil est receptum nec recipi debet causis infrascriptis. — Anno quinto.

Primo de canonicatu et prebenda Virdunen. vacantibus per obitum Helie Baray fuit provisum Guillermo de Stagno 17 kal. Ianuarii anno quinto.

---

[1] Von hier ab bis zu Ende der Seite wurden die Benefizienverleihungen später zugefügt, vielleicht auch von anderer Hand.
[2] Im Datum finden sich Korrekturen.

Sive dictus Helias Baray fuerit canonicus sive non, tamen adhuc vivit; sic gratia ista non habuit effectum.

Item de capellania seu altari sancte Margarite in ecclesia Virdunensi vacante per obitum Colini quondam Ambrionii fuit provisum Francisco Gartini 7 kal. Maii anno quinto.

Capellania ista non valet 100 sol.

[Item[1] de parrochiali ecclesia de Dugneyo, cum vacabit per assecutionem decanatus ecclesie Tullensis, fuit provisum Stephano Militis 14 kal. Octobris anno 5°.]

[Item de parrochiali ecclesia de Ramblerouicino vacante per obitum Rodulphi de Elico (?) fuit provisum Bertrando Vacheti de Chauenceyo castrro (sic) 12 kal. Ianuarii anno 5°.]

Fol. 351.

Inutilia Virdunensia anni sexti.

Primo de canonicatu et prebenda Virdunen. vacantibus per resignationem Nicholai de Andregotinis fuit provisum Paulo Fezole 13 kal. Iulii anno 6°.

Nunquam fuit visus iste Nicholaus nec audita nova de eo in ecclesia Virdunensi et sic impetrans nichil egit.

Item de parrochiali ecclesia sancti Petri Iugelati Virdunensis diocesis vacante per mortem Iohannis dicti Laleman fuit provisum Iohanni Girardini de Deliis 5 non. Iulii anno 6°.

Non obtinuit sed quidam impetrans in forma communi.

Fol. 351 r.

Inutilia Virdunensia anni septimi.

Primo de parrochiali ecclesia de Brabant Virdunensis diocesis vacante per obitum Guillermi Francisci de Sancto Michale (sic) fuit provisum Iacobo Raynerii 5 non. Iulii anno 7°.

Item de eadem fuit provisum Iohanni Poinsardi ⎱
Item de eadem fuit provisum Symoni Colini ⎰ 4 non. Iulii anno 7°.

Fructus istius ecclesie fuerunt accensati certis laicis dicti loci et illo anno venit mortalitas in partibus illis, qua mediante dicti fructus fuerunt perditi, censerii mortui et eorum heredes.

Item de canonicatu et prebenda Virdunen. vacantibus per obitum Iacobi Agni fuit provisum Stephano de Vart 4 non. Octobris anno 7°.

Ista gratia non habuit effectum quia mortuus fuit dictus Stephanus ante confectionem bullarum; set alia facta Helie de Limono pro qua computatur supra in receptis folio . . .[2]

---

[1] Diese Angabe und die folgende sind von anderer Hand und später eingetragen; am Rande steht die hierauf bezügliche Bemerkung: »Hic deficiunt duo et ponantur«.

[2] S. oben S. 229.

Item de canonicatu et prebenda beate Marie Magdalene Virdunensis vacantibus per resignationem domini I(ordani) de Columpna cardinalis fuit provisum Petro Bernerii 10 kal. Februarii anno 7⁰.

> Nunquam fuit dominus cardinalis canonicus nec alius per consequens.

Item de parrochiali ecclesia de Paray Virdunensis diocesis vacante quia Petrus rector ipsius est ecclesiam de Organolis Uticensis diocesis assecutus fuit provisum Admeto de Villa 13 kal. Marcii anno 8⁰.

> Fructus istius ecclesie fuerunt accensati cuidam burgensi dicti loci, nomine Iohannes le Marchatel, et ipsi fructus fuerunt tam pro guerris quam per mortalitatem perditi et dictus censerius fuit monitus et excommunicatus; finaliter recessit a partibus sic ligatus nec sunt heredes in quos actio dirigi possit, quia erat inops et pauper valde.
>
> *Fol. 352.*

Item de parrochiali ecclesia de Tilly Virdunensis diocesis vacante per obitum Nicholai de Lanoncuria fuit provisum Nicholao Surelli 10 kal. Aprilis anno 7⁰.

> Non obtinuit iste set unus alius in forma pauperum.

Item de canonicatu et prebenda Virdunen. vacantibus per resignationem Petri Perier fuit provisum Auberto de Cazagatis 12 kal. Maii anno 7⁰.

> Inquisito super hoc diligenter repertum est, quod iste Petrus Perier nunquam fuit canonicus Virdunensis saltem prebendatus nec alius per consequens.
>
> *Fol. 352 v.*

Inutilia Virdunensia anni octavi.

Primo de canonicatu et prebenda Virdunen. vacantibus per obitum Galteri de Rayaco fuit provisum Iohanni de Fontenayo 18 kal. Septembris anno 8⁰.

> Ista gratia non habuit effectum sed alia facta Iohanni Guilberti pro quo computatur supra folio . . .[1]

Item de canonicatu et prebenda Virdunen. vacantibus per obitum Reynerii de Domo fuit provisum Egidio dicto Eys 2 id. Septembris anno 8⁰.

> Ista gratia non habuit effectum sed alia facta Guillermo de Monte pro quo computatur supra folio . . .[2]

Item de canonicatu et prebenda Virdunen. vacantibus per obitum Egidii dicti Eys, qui non habita possessione obiit, fuit provisum Francisco Gartini non. Novembris anno 8⁰.

> Iste Egidius nunquam fuit canonicus prebendatus Virdunensis nec alius per consequens et adhuc vivit dictus Egidius.

---

[1] S. oben S. 230.   [2] S. oben S. 229.

Fol. 353.

Inutilia Virdunensia anni noni.

Primo de canonicatu et prebenda Virdunen. vacantibus per resignationem
Huguemini de Barro fuit provisum Guillermo de Macondio 18 kal.
Decembris anno 9⁰.

> Ista gratia non habuit effectum set alia facta Thome de Burgo, pro
> quo computatur supra folio . . .[1]

Item acceptatio facta per Iohannem Richerii de canonicatu et prebenda
Virdunen. vacantibus per obitum Colardi de Caluomonte fuit eidem
confirmata .4 id. Maii anno 9⁰.

> Non valuit nec habuit istam, set habuit prebendam Guillermi Mer-
> cerii de qua computatur in restis supra folio . . .[2]

Item collatio facta auctoritate ordinaria Poncio de Barroducis de scolastria
ecclesie beate Marie Magdalene Virdunensis vacante per resignationem Colardi de Cumimeres (?) fuit eidem confirmata 3 id. Maii
anno 9⁰.

> Non obtinuit iste quia male impetravit, set obtinuit Iohannes de
> Sancto Laurencio pro quo computatur supra in receptis folio. . .[3]
> et fuerunt eodem anno.

Item collatio facta auctoritate ordinaria Iohanni de Colobro de canonicatu
et prebenda Virdunen. vacantibus per obitum Nicholai de Linoncuria fuit eidem confirmata 8 kal. Marcii anno 9⁰.

> Collatio ista non valuit, set obtinuit eam Stephanus Militis pro quo
> computatur supra in receptis folio . . .[4]

Item de officio camerarie sancti Vitoni Virdunensis vacante fuit provisum Bastino (*sic*) de Sorleyo 12 kal. Iunii anno 9⁰.

> Iste Bastianus non obtinuit, set postea fuit confirmatum fratri Ni-
> cholao de Estamo qui litigat cum alio, ut in restis supra folio . . .[5]
> Deficit.[6]

Fol. 353ᵛ.

Inutilia Virdunensia anni decimi.

Primo de canonicatu et prebenda Virdunen. vacantibus per obitum Iohannis de Monasterio fuit provisum Aymoni de Consolento 8 id.
Iunii anno 10⁰.

> Nec unus nec alius obtinuit prebendam nec umquam fuerunt nova
> de eis in ecclesia Virdunensi.

Item de canonicatu et prebenda Virdunen. vacantibus per resignationem
Nicholai de Antrecinis fuit provisum Conraldo (*sic*) Nicholai .4 id.
Iunii anno 10⁰.

> Nunquam fuit visus iste Nicholaus de Antrecinis et sic alius nichil
> egit.

---

[1] S. oben S. 228. [2] Oben S. 234. [3] Oben S. 231.
[4] Oben S. 229. [5] Oben S. 234. [6] Am Rande.

Item acceptatio facta per Andream Ponsardi de parrochiali ecclesia de Auocourt diocesis Virdunensis fuit eidem confirmata 13 kal. Novembris anno 10⁰.

Item collatio facta de parrochiali ecclesia de Auocourt diocesis Virdunensis Iohanni nato Odometi de Enziaparua fuit eidem confirmata 9 kal. Decembris anno 10⁰.

Item de parrochiali ecclesia de Auocourt Virdunensis diocesis vacante per obitum ultimi rectoris fuit provisum Leodegario Maioris de Sauigniaco 6 non. Maii anno 10⁰.

Nullus istorum obtinuit hanc ecclesiam sed Iohannes de Frigidodorso, nec reperitur provisio facta isti Iohanni; attamen in restis est et intendit collector recipere fructus.

Fol. 354.

Inutilia Virdunensia anni undecimi.

Acceptatio facta per Albertum de Saponia de prebenda Virdunensi vacante per obitum Guillermi Mercerii fuit idem confirmata 9 kal. Iulii anno 11⁰.

Non valuit ista acceptatio quia prebendam istam obtinuit Iohannes Richerii, de quo computatur in restis supra folio . . .[1]

Inutilia Virdunensia anni primi domini Innocentii pape VI.

Acceptatio facta per Albertum de Sapoigny de canonicatu et prebenda Virdunen. vacantibus per obitum Petri de Bello fuit eidem confirmata 5 id. Iulii anno primo.

Ignoratur iste Petrus de Bello et sic acceptatio nichil valet.

Sequntur commissiones de bonis reservatis et quibusdam aliis michi facte a die computi citra.[2]

Fol. 368 r.

Primo bona Iohannis Martini burgensis Virdunensis, qui pauperes Christi heredes in suo constituit testamento, fuerunt reservata sub conditione, quod in subsidium captivorum ultramarinorum deberent converti. Recepta commissione statim ivi ad locum, et facti fuerunt per me multi processus et inqueste, a quibus fuit per quendam tirannum, vocatum magistrum Franciscum, ad curiam appellatum: Misi processus et inquestas, appellationes et omnia munimenta ad curiam et tradita fuerunt procuratori fiscali. Prout intellexi, fuit concordatum in Camera secrete cum domino nostro Clemente, et duo presbiteri, qui venerant pro appellationibus prosequendis, habuerunt duas prebendas Virdunenses.

---

[1] Oben S. 234.
[2] Von diesem und den folgenden Abschnitten habe ich ebenfalls blofs die Angaben, welche die Kirchenprovinz Trier und die Diöcese Basel betreffen, berücksichtigt.

Sequntur expense facte ratione fructuum beneficiorum vacantium
a tempore computi mei citra.
Fol. 371.

In primis pro salariis subcollectorum.

Item pro salario quattuor annorum domini Iohannis de Gohenant, quondam subcollectoris Bisuntini, ac certis expensis per eum factis ratione recuperationis fructuum diocesis Bisuntine et etiam civitatis et diocesis Basilien., de quibus michi particulariter computavit 50 libr. Stephan. valentes, floreno pro 15 sol. computato   66 flor. 8 gross.

Fol. 371ᵛ.

Item post mortem ipsius Iohannis vacavit dicta subcollectoria per 9 menses vel quasi, antequam possem reperire qui vellet dictum officium exercere; set opportuit quod ego facerem per me et gentes meas, prout inferius continetur in expensis per me factis.

Item Basilien. (*sic*) non est subcollector nec sedi apostolice obeditur prout alias personaliter et litteratorie dominis meis intimavi; set subcollector Bisuntinus quosdam fructus ibidem recepit existentes in lingua [1] gallicana.

Fol. 372.

Item in diocesi Treverensi non est subcollector nec fuit nisi per modicum tempus, quia gentes proprie subcollectorem ibidem per me constitutum post recessum meum submergere crediderunt prout ipse michi mandavit et ideo dictum officium dimisit. Dominis meis de Camera hec bene intimavi et quicquid fuit ibidem factum, per me et subcollectorem Metensem fuit factum.

Item subcollectori Metensi non fuit salarium assignatum, set notario qui processus fecit et cuidam capellano qui pluries fuit ad dominum archiepiscopum Treverensem ad finem quod fructus beneficiorum in sua diocesi levarentur, tam pro salario quam expensis   77 flor.

Item subcollectori Tullensi qui fuit per 9 annos, pro quolibet anno 10 flor. valent   90 flor.

Item pro expensis factis per dominum Iohannem de Alompno tunc subcollectorem Tullensem, qui pluries misit ad me Lugdunum   27 flor.

    Verum est quod ibi fuerunt plures subcollectores qui decesserunt, set a tempore alterius computi mei debebatur dicto domino Iohanni salarium suum duorum annorum, et medio tempore, cum mortui fuerunt dicti subcollectores, quasi per spatium 5 mensium, non fuit ibi subcollector; quo tempore per me et gentes meas fuit ibi expeditum quod erat faciendum. Et de presenti, postquam veni ad curiam, decessit subcollector.

Fol. 372ᵛ.

Item pro salario subcollectoris Virdunensis, quasi duo anni sunt elapsi

---

[1] In der Handschrift: »ligna«.

quod secum computavi ac eidem assignavi tam pro salario quam
expensis   33 flor. 6 gross.

Fol. 373.

Sequntur expense per me facte.[1]

Primo in recessu meo a curia post compotum meum fuerunt michi tradite
bulle clause, que dominis archiepiscopo Treverensi et episcopo Basiliensi dirigebantur, in effectu continentes, quod dicti domini prelati
michi darent auxilium, consilium et favorem in eorum diocesibus et
subcollectores sufficientes ministrarent, quia in eorum diocesibus non
erant subcollectores. Et post dictum recessum meum incepi facere
cursum meum per omnes provincias michi decretas. Et quando fui
Metis non fui ausus ire Treveris solus, set rogavi dominum primicerium Metensem, qui homo potens et satis notus erat in partibus,
quod mecum vellet ire usque ad dominum Treverensem, qui libenter
hoc fecit ob sedis apostolice reverentiam et me duxit et reduxit cum
gentibus armigeris, et fuimus Treveris per 8 dies et feci subcollectorem et multos processus, et mecum concordarunt plures: Pro
expensis dicti domini primicerii et subcollectoris Metensis et gentium
suarum eundo et redeundo   34 flor. boni pond.

  Deinde post regressum meum stando in Lothoringia scripsit dictus
  subcollector Treverensis dicto domino primicerio Metensi, quod
  quidam nobiles de partibus, a quibus fructus beneficiorum exigere
  nitebatur et quibus processus meos fecerat publicari, ipsum submergere crediderunt; set necessario oportuit ipsum subcollectorem
  se redimere et etiam iurare quod nunquam dictum officium
  exerceret, et quamvis dominus archiepiscopus hoc bene scivisset,
  tamen cum viventibus hoc permisit transire.

Item quando recessi de civitate Tullensi dubitans ne essem in itinere
depredatus, quia publicum erat quod Metis, Virduni et Tulli fueram
pro pecuniis congregandis, requisivi dominum episcopum Tullensem
ut me conduceret usque ad regnum Francie, quia timebam ne periculum michi eveniret; qui cum difficultate michi tradidit sex homines
armorum qui me per unam dietam conduxerunt. Dedi cuilibet eorum
unum florenum pro eorum servicio et sex flor. expenderunt, et sic
expendi   12 flor.

  In introitu dicte Lothoringie non est magnum periculum, set in
  exitu est maxime cavendum specialiter illis quibus est necesse
  pecuniam portare.

  Deinde veni recta via de Lingonibus apud Avinionem et assignavi tunc, videlicet in mense Aprilis anno 46°, certas pecuniarum
  summas et retuli dominis meis quid per me factum fuerat in

---

[1] Diesen Teil teile ich vollständig mit, weil es schwer ist, einzelne Angaben
auszuziehen.

provincia Treverensi; quibus factis incepi alias provincias visitare
et veni usque Bisuntinum sine conductu.

Item in Bisuntino feci precium cum quodam Alemanno nobili, de consilio subcollectoris Bisuntini, causa me conducendi usque ad dominum
episcopum Basiliensem, et dedit michi bonas cautiones et habuit absque
expensis per me sibi factis cum tribus equis   25 flor.

Basilie steti per 10 dies expectando dominum episcopum et inquirendo de inquirendis et feci multos processus. Durante dicto
termino misi dictum Alemannum ad dominum episcopum, quem
expectando fuit michi secrete revelatum quod per quendam
militem dictam villam nomine Bavari dominantem debebam submergi, quare de nocte cum dicto Alemanno fugi in habitu Carmelitarum usque ad villam Bellicardi (sic).

Item gentes mee per duos dies post me secute fuerunt et conductum
acceperunt qui eis decostitit   10 flor.

Item facta fuit prima assignatio post compotum meum Camere nomine
meo per Franciscum de Arbenco die prima mensis Decembris anno
45°; qui stetit veniendo hic de Lugduno cum duobus equis stando
et redeundo per 11 dies, pro qualibet die 8 gross. valent

                                                 7 flor. 4 gross.

Item de mense Septembris pontificatus felicis recordationis domini Clementis pape sexti anno quinto recepi extensivam, que tunc fuit michi
facta pro duobus clericis, qui iuverunt ad faciendum 18 commissiones
in quibus erat insertus totus tenor dicte bulle, que commissiones
fuerunt directe subcollectoribus   3 flor.

Item pro uno famulo qui portavit commissiones una cum beneficiis subcollectoribus Vivariensi, Valentinensi et Diensi, Viennensi, Lugdunensi,
Matisconensi, Cabilonensi, Eduensi, Lingonensi, Tullensi, Virdunensi
et Metensi, pro qualibet die conveni cum ipso pro expensis et labore
ad tres grossos; et stetit per civitates predictas et revertendo cum
litteris subcollectorum per 39 dies; valent   9 flor. 9 gross.

Item pro alio famulo qui ivit Gratianopolim, Mauriannam, Tarantasiam,
Gebennam, Lausannam, Bisuntinum et Sedunum; pro qualibet die
3 gross. cum dimidio et stetit per 33 dies; valent   9 flor. 11 gross.

In civitatibus et diocesibus Augusten., Bellicen., Basilien. et Treveren.
non misi, quia modicum valuisset.

Item cum domini mei camerarius et thesaurarius michi scripsissent quod
Petro Cabra et Guillermo de Bratone provisoribus bladorum panhote
assignarem pecuniam eis necessariam, de Lugduno miserunt ad me
quendam clericum meum dicti provisores cum littera credentie, quia
periculum fuisset si litteras michi misissent in quibus contineretur
quod eis pecuniam mitterem propter guerras; qui clericus credens
me invenire Gebenne per dictam civitatem transiens venit ad me

Bisuntinum ubi eram, cui tradidi 2000 flor. causa portandi festinanter Cabilonum dictis provisoribus.

Item tradidi eidem clerico commissionem quascumque pecuniarum summas recipiendi in provinciis Treverensi et Lugdunensi; computavit michi pro expensis suis et quodam conductu in exitu Bisuntino et in provincia Treverensi veniendo usque Lugdunum 13 flor., 19 scut. veteres.

Fol. 374.

Item expeditis quibusdam negociis reveni ad dictos provisores Cabilonum, qui michi scripserant iterum quod de magna quantitate pecunie indigebant et alias litteras michi tradiderunt, in quibus continebatur quod eis pecunias necessarias ministrarem et quod eos per me et gentes meas dirigerem quantum possem. Et ideo cum michi exposuissent quod adhuc indigebant de 12 000 flor. et ultra, quamvis per me et gentes meas eis assignati fuissent 6 000 flor., tradidi Guillermo Bendeti clerico meo et Francisco de Arbenco commissionem recipiendi quascumque pecuniarum summas in provinciis Viennensi, Bisuntina, Tarantasiensi et Lugdunensi, causa tradendi eisdem provisoribus quia me transferre habebam in Lothoringia (*sic*) ratione decimarum et pro quadam commissione michi per dictos provisores apportata super reservatione bonorum Iohannis Martini burgensis Virdunensis, qui pauperes Christi heredes constituerat, et dominus noster ordinaverat quod dicta bona in subsidium contra Turchos ponerentur, et michi scriptum fuerat quod bonam et solertem diligenciam apponerem in executione dicte commissionis et quod contra clerum provincie Treverensis procederem pro decimis levandis quantum possem, quia eas solvere contradicunt. Qui quidem Franciscus et Guillermus provincias bene circuierunt et dictis provisoribus circa 9 000 flor. tradiderunt; expenderunt circuiendo dictas provincias in aliquibus locis bis et ter et saltem ubique semel, inclusis quibusdam locagiis roncinorum, quia male meos tractaverunt, et incluso panno duarum tunicarum decostante 5 flor. et conductu in pluribus locis, qui conductus decostitit 20 flor., expenderunt in omnibus   68 flor.

Item expeditis quibusdam negociis in Lothoringia et computo facto cum Guillermo de Bratone, quia Petrus Cabra ad curiam accesserat cum certis bladis, reperi fuisse assignatum dictis provisoribus tam per me quam gentes meas summam 15 000 flor. et ultra; quare de consilio misi Iohannem de Villariis ad curiam ad obtinendam litteram a domino meo thesaurario de totali summa per me dictis provisoribus assignata. Qui stetit in curia, expectando finem computi dictorum provisorum antequam litteram posset obtinere, per mensem cum dimidio et fuit ibi infirmus quasi ad mortem, propter quod dictus Iohannes plus expendit. Expendit in omnibus   42 flor.

Item mortuus fuit sibi unus equus qui michi decostiterat   22 flor.

Item anno 7⁰ pontificatus felicis recordationis Clementis pape sexti 18ª die mensis Augusti misi ad curiam pro alia extensiva habenda et pro multis dubiis, que michi occurrerant dum dictas provincias circuiebam (*sic*) causa cum dictis subcollectoribus computandi, dominum Nicolaum Rosselini notarium meum, qui declaracionem dictorum dubiorum una cum extensiva et multa beneficia apportavit et me invenit in civitate Maurianensi; expendit in omnibus   11 flor.

Dictas extensivas gentes mee duplicarunt.

Fol. 374 r.

Item pro tribus famulis qui dictas extensivas et beneficia subcollectoribus portaverunt   16 flor. 8 gross.

Item ille famulus, qui dictas commissiones portavit in provincia Treverensi, fuit desrobatus prope Tullum et aliqualiter vulneratus; tamen illi qui eum vulneraverunt litteras quas portabat in campis proiecerunt, et post recessum eorum idem famulus dictas litteras recollegit et ivit ita vulneratus sicut erat ad dominum Iohannem de Alompno subcollectorem Tullensem, qui eum amore Dei et apostolice sedis secum tenuit quousque fuit competenter sanatus, et tradidit sibi expensas pro suo regressu ut michi rescripsit, et ita habuit ultra salarium suum 4 flor.

Item pro uno famulo per dictum subcollectorem Tullensem subcollectoribus Metensi et Virdunensi misso   6 gross.

Item cum dominus Guillermus de Marcono alias revenisset in Bonigondia (*sic*) pro bladis, et michi scriptum fuisset quod sibi traderem pecuniam si indigeret, propter quod a gentibus meis quesivit mille florenos eis dictam litteram presentando; quia alibi eram pro negociis michi commissis, misi Cabilonum dicto Guillermo per Franciscum de Arbenco 500 flor.; qui dictus Franciscus expendit eo eundo et redeundo 5 flor.

Item in dictis litteris michi apportatis per dictum Guillermum de Marcono ex parte dictorum dominorum meorum continebatur quod eos informarem de valore bladorum; quare misi ad curiam unum de clericis meis et ad obtinendum litteram de dictis 500 flor.; qui clericus expendit   7 flor.

Item dominus Iohannes Coperii subcollector Gebennensis, cui transeundo de provincia Viennensi ad provinciam Bisuntinam et ad Lothoringiam pro confirmatione processuum meorum super decimis publicanda dimiseram circa 560 flor. vel valorem in custodia, quia non erat michi securum pecuniam portare anno 7⁰ pontificatus felicis recordationis Clementis, quo tempore vigebat mortalitas in patria Gebennensi, michi per duos nuncios successive scripsit Lugdunum quod ad eum irem pro racionibus suis et auro michi debito recipiendis; dubitabat enim ne moreretur sicut et alii, quod eidem satis cito post contigit: tertia vice veniendo ad me Lugdunum in itinere

decessit. Quare cum essem alibi, ivit subcollector Lugdunensis apud
saint Chier ubi fuerat sepultus et accepit pecuniam quam secum appor-
taverat et expendit   12 flor.
Item post frater dicti subcollectoris venit ad me Lugdunum pro computando nomine fratris sui cum notario ipsius subcollectoris, cui de-
duxi pro expensis suis   7 flor. 4 gross.
valentes 4 libr. Gebennen.
Item pro expensis subcollectoris defuncti, quando ad me veniebat pro
computando et aportando aurum per eum debitum, ultra salarium
sibi debitum   14 flor.

Fol. 375.

Item cum non esset subcollector in dicta civitate Gebennensi, et dicto
tempore esset magis necessarius quam alias, misi dominum Nicolaum
Rossellini notarium meum una cum clerico subcollectoris mortui, qui
notas obligationum penes se habebant et secum portaverunt tres commissiones subcollectorie que tribus dirigebantur ad finem, quod si
unus eam acceptare nollet alii traderetur. Et finaliter multis negociis
per eos completis et omnibus positis in statu, dominus Robertus de
Sancto Germano dictam subcollectoriam acceptavit; expenderunt in
omnibus, et steterunt per sex ebdomadas   28 flor.
Item dedi notario dicti subcollectoris pro labore et pro quodam equo
estimato 4 flor. per eum amisso   10 flor.
Item cum dominus Iohannes de Lissiaco tunc receptor et subcollector
Eduensis michi scripsisset per certum nuncium, qui me apprehendit
Vienne ad curiam descendendo, quod visis suis litteris omnibus
omissis ad eum irem pro rationibus reddendis, quia prout michi scribebat infirmabatur infirmitate incurabili; set impeditus de quadam
commissione michi facta per dominos meos, ut domino duci Borbonii
accommodarem 12 000 flor., pro qua diverse bulle michi misse fuerant,
misi ad eum dominum Petrum de Cuysiaco ad hoc potestatem habentem; stetit illuc eundo, stando et reveniendo per 22 dies cum
duobus equis; expendit in omnibus   18 flor.
Item cum michi scriptum fuisset quod Iohanni Aymerici magistro portuum
pro provisione vinorum Belnensium anni 8i pontificatus pecuniam
(*ministrarem*), misi eidem Iohanni 500 flor. 293 scut. per Iohannem
de Villariis; qui expendit   2 flor. cum dimidio.
Item cum michi fuisset scriptum et mandatum quod supradicto domino
duci Borbonii mutuarem seu accommodarem 12 000 flor. et Iohanni
Flote 2 000 ab una parte, et ab alia plures alias summas, et pecuniam
non haberem de qua dictam summam complere possem, misi dominum
Nicolaum Rosselini notarium meum tunc et Franciscum de Arbenco
per omnes provincias pro pecunia congreganda; expenderunt in omni
circuitu, inclusis expensis clericorum quorundam subcollectorum, qui

michi pecuniam per eos receptam Lugdunum portabant, et quorundam
equorum quos affolatos in via dimiserunt 72 flor.

Item anno 9° pontificatus predicti die 25ᵃ Septembris misi dominum
Iohannem de Iusseyo ad curiam pro extensiva et pluribus aliis Cameram tangentibus apportandis; stetit per 21 dies, pro qualibet die
8 gross., valent 14 flor.

Fol. 375ʳ.

Item pro tribus nunciis qui copias dicte extensive cum commissionibus
meis et maxima quantitate beneficiorum quasi omnibus subcollectoribus
portaverunt 22 flor.

Cum magna difficultate tunc reperiebatur qui dictas commissiones
vellet portare, quare plus decostarunt. ◄

Per gentes meas fuerunt dupplicate (*sic*).

Item cum subcollector Bisuntinus misisset michi litteras, in quibus continebatur quod ad eum irem vel mitterem personam ad hoc potestatem
(*habentem*) pro computis suis audiendis, misi ad eum dominum Iohannem de Iusseyo, qui dictum subcollectorem mortuum invenit.
Revenit cum heredibus dicti subcollectoris apud Greyacum pro computis ipsius ordinandis; expendit 12 flor.

Item auditis novis ipsius subcollectoris defuncti, accessi apud Greyacum
et cum dictis heredibus computavi; qui michi computarunt pro expensis suis 9 flor.

Item cum dominus abbas monasterii sancti Pauli tunc subcollector decimarum Bisuntin. michi scripsisset, quod ob reverentiam sedis apostolice subcollectoriam fructuum libenter acceptaret, ivi Bisuntinum
cum dictis heredibus, et dominum Iohannem remisi apud Cabilonum
cum pecunia per me recepta ab ipsis heredibus et ad eundum Edue
ubi subcollector infirmabatur, et reveni Cabilonum infra 12 dies;
expendit dictus dominus Iohannes dicto termino 8 flor.

Item pro conductu meo in regressu Bisuntin. pro salario et expensis 4 hominum armorum 8 flor.

Item cum dominus Iohannes de Alumpno subcollector Tullensis decessisset,
notarius pro Camera in dicta civitate existens misit michi certum
nuntium Lugdunum intimando, quod pecunia per eum subcollectorem Camere debita erat in certo loco deposita et quod mitterem
ibi personam potestatem habentem recipiendi et quittandi; quare misi
Iohannem de Villariis cum uno notario et commissionem dicte subcollectorie secum portavit; qui expenderunt in omnibus 34 flor.

Fol. 376.

Item dictus Iohannes de Villariis fuit Metis et Virduni et litteras clausas
domini nostri pape domino archiepiscopo (*Treverensi*) portavit, et
notarius qui secum ibat de Tullo ad me revenit. Dictus Iohannes
dimisit domino primicerio Metensi equum suum infirmum, quem

postea dictus dominus primicerius ad me Lugdunum reduxit, emitque
dictus Iohannes Metis unum equum precio   32 flor.
    Quem dicto Iohanni dimisi, quia nichil aut parum volebat quando
    Lugdunum revenit.

Item cum dominus Stephanus de Canali receptor Eduensis decessisset, misi
dominum Nicolaum Rosselini notarium meum ad computum ipsius
audiendum, quia tunc eram apud Montembrisionem pro commissione bonorum domini quondam Iohannis Ogerii decani Belnensis;
qui expendit[1] stando et eundo Lingones pro pecunia congreganda
                                      12 flor. 8 gross.

Item venit cum dicto Nicholao frater dicti Stephani receptoris ad me
Lugdunum pro quibusdam discordiis contentis in computis ipsius
Stephani, quia secundum memoriale per me traditum dicto domino
Nicolao de tribus vacationibus beneficiorum non fiebat mentio in computis ipsius receptoris, et etiam in assignationibus erat discordia de
monetis; et fuerunt reperte dicte vacationes inter inutiles; dedi dicto
fratri ipsius receptoris pro expensis suis   6 flor.

Item anno 11⁰ pontificatus predicti habui aliam extensivam et per gentes
meas fuit dupplicata, exceptis quattuor commissionibus: pro scriptura
ipsarum   1 flor.

Item pro famulis qui dictas commissiones portaverunt subcollectoribus
                                      14 flor.

    In principio creationis domini nostri domini Innocentii pape sexti
    habui bullam in qua continebatur, quod possem uti commissionibus
    michi factis per dominum Clementem; non misi subcollectoribus
    quia non fuit necessarium, set quando circuivi provincias, tradidi
    subcollectoribus copiam dictarum bullarum.

Item pro assignatione facta 25ᵃ die mensis Iunii anno 53⁰ misi hic in
curia dominum Iohannem Rosseti de civitate Eduensi: pro expensis
suis   14 flor.

Item apportavit michi dictus dominus Iohannes litteras quod ministrarem
pecuniam pro provisionibus bladorum; quare misi eis pecuniam Cabilone (sic) bis usque ad summam 5000 flor.; pro expensis illorum
qui portaverunt pecuniam semel de Gebenna, Lugduno et post Cabilonum et secunda vice de Vienna, computo facto cum illis qui eam
portaverunt   22 flor.

    Fol. 375ᵛ.

Item quando fui hic in curia anno secundo domini nostri pape, dimisi
dominum Iohannem de Iusseyo notarium meum et unum clericum
ad extrahendum beneficia de registris felicis recordationis domini Clementis pape VI, quia michi missa fuerunt sine annis, et hoc voluerunt

---

[1] In der Handschrift: »expendo«.

domini de Camera; qui duo steterunt sine equis cum uno famulo et
expenderunt stando et reveniendo   19 flor. cum dimidio.
Item tunc apportavit dictus dominus Iohannes de Iusseyo unam extensivam super fructibus, et factis copiis et commissionibus, misi eas ad
subcollectores per tres famulos: pro salario eorum et expensis
                                                            13 flor. 8 gross.
Item quando circuivi ista ultima vice provincias et fui Gebenne, misi pecuniam per me receptam Bisuntini, Lausanne et Gebenne Cabilonum,
quia erat necessaria pro provisionibus faciendis, et ego volebam ire
Gratianopolim nec recta via venire volebam, per subcollectorem
Gebennensem, qui magis tute apportavit quam ego fecissem propter
guerras, et revenit ad me Lugdunum, pro compoto suo reddendo,
quia non poteram expectare Gebenne propter dictas provisiones, et
habuit pro expensis suis et conductu unius equi   18 flor.
[Summa totalis expensarum per me factarum
                                                  723 flor. 10 gross. boni ponderis,
                                                  19 scut. veteres.]
          Fol. 376.
Sequntur expense facte ratione dictarum commissionum.
Expense commissionis Iohannis Martini.
Primo pro commissione Iohannis Martini facti fuerunt multi processus et
inqueste scripte et grossate per magistrum Dominicum in civitate
Virdunensi commorantem, quia meus notarius scribebat processus
qui publicari debebant Virdunen., Tullen. et Metis pro decimis levandis, quia prelati dicte patrie processus facere noluerunt et michi
erat specialiter mandatum et commissum quod in dicta patria decimas
exigerem et levarem, et habui consilium, quod per dictum Dominicum
melius poteram scire veritatem facti quam per alium. Qui Dominicus
pluries fuit extra villam ad examinandum certos testes qui villam in-
trare non audebant; habuit pro omnibus   24 scut. veteres.
Item pro uno clerico qui eum iuvit ad grossandum et fuit secum in omnibus   6 scut. veteres.
          Prout intellexi fuit concordatum in Camera.
Item pro expensis notarii mei (*qui*) ad curiam apportavit dictos processus,
inquestas et copias appellationum executorum; qui stetit tam veniendo
ad curiam, stando hic et reveniendo ad me usque Metis computavit
pro 42 diebus pro expensis[1]   22 scut. veteres.
          Fol. 408.
Item dixit se vacasse in officio et pro Camera a die 26ª mensis Iulii anni
45ⁱ usque ad diem 20ᵃᵐ mensis Maii anni 55ⁱ, 8 annis, 9 mensibus,

---

[1] Die folgenden Seiten enthalten nichts auf die Trierer Kirchenprovinz und die
Diöcese Basel Bezügliches. Von den am Schlusse der kurzen Zusammenstellung der
Rechnungen von einer verschiedenen Hand geschriebenen Bemerkungen teile ich die
auf die Dauer der Sammlung bezügliche mit.

35 diebus, ubi reperiuntur 3237 dies, et removentur pro tempore quo aliis negociis pro suis vacavit 356 dies qui non computantur. In somma (*sic*) faciunt, et sic fuerunt assignati pro predictis 3237 diebus, pro qualibet die 1 flor. et quintam partem unus vel in somma .1046 flor.

Et quia dictus collector dicebat maiores expensas fecisse, quia pluribus commissionibus et in levandis decimis vacabat plus solito et in portandis pecuniis propter pericula viarum, oportuerat ipsum habere maiorem comitivam pro conducendo Avinion. et aliis causis rationabilibus per ipsum allegatis, fuit ordinatum quod haberet et ultra 539 flor. quod est in somma pro toto   4585 flor.

Ap(probo).

Aus den Bänden der Serie »Introitus et exitus« im Vatik. Archiv.

Nr. 200. Fol. 69.

1343, November 4. — Die quarta Novembris assignavit dominus Petrus de Coyfiaco canonicus Fornerii Lugdunensis nomine domini Gerardi de Arbenco, collectoris provinciarum Lugdunensis, Viennensis, Tarantaziensis (*sic*), Bisuntine et Treverensis, de collectis per eum tam pro residuis computorum decani Belnensis, olim dictarum provinciarum collectoris, quam de fructibus reservatis per dominum nostrum papam C(lementem) sextum pecunias que secuntur:

55 duplas de Francia de peioribus,
8 de primo cunio,
10 Angelos de primo cunio,
129 Angelos de secundo cunio,
43 Angelos de tertio cunio,
35 den. ad leonem,
80 den. ad scutum boni,
4 den. ad scutum minoris ponderis,
30 den. ad papilionem ponderis,
2 den. ad papilionem minoris,
10 den. ad agnum,
5 den. ad coronam ponderis,
1 den. ad coronam minoris,
2 Parisien. auri,
59 den. Regal. boni,
3 minoris ponderis,
247 flor. de Pedemontis minoris ponderis et
4 alios valde minoris,
379 flor. de Pedemontis ponderis,
609 flor. boni ponderis.

Nr. 263. Fol. 37.

Collector Viennensis, Tarantasiensis etc.

1352, Januar 12. — Anno Domini millesimo trecentesimo quinquagesimo secundo, indictione quinta.

Die 12ª mensis Ianuarii cum venerabilis vir dominus Geraldus de Arbenco, thesaurarius beate Marie Escoriarum (*sic*) Rothomagensis dyocesis, in Viennensi, Tarantasiensi, Lugdunensi, Bisuntinensi et Treverensi auctoritate apostolica deputatus, de mandato Camere apostolice emisset seu emi fecisset certam quantitatem vinorum de Belna pro usu hospitii domini nostri pape de pecuniis Camere apostolice per ipsum in dicta collectoria sua receptis et recollectis, prout in compoto per ipsum reddito in isto libro continetur sub data predicta, pretio videlicet 1058 scudat. auri,

239 flor. de Pedemontis boni et

7 de Pedemontis parvi ponderis,

ideo predicte summe fuerunt hic posite in recepta.

1352, April 2. — Die 2ª mensis Aprilis cum dominus Gerardus de Arbenco thesaurarius beate Marie Escoiarum Rothomagensis dyocesis, in Viennensi, Tarantasiensi, Lugdunensi, Bisuntinensi et Treverensi auctoritate apostolica deputatus, de mandato Camere apostolice emisset seu emi fecisset per Iohannem Rosseti, familiarem suum clericum, de pecuniis Camere per eum in dicta collectoria sua receptis et recollectis ad dictam Cameram pertinentibus certam quantitatem vinorum de Belna pretio una cum expensis 311 scut.,

29 flor.,

22 sol. 11 den. monete Avinionensis;

necnon certam quantitatem telarum pretio una cum expensis

54 scut. cum tertia parte unius,

2 flor. 11 den.;

item quandam quantitatem articulorum et amarinarum pro usu hospitii domini nostri pape pretio una cum expensis

27 scut. cum dimidio,

24 flor.,

25 sol. 3 den. monete Avinionensis;

item quandam quantitatem bladorum tam pro usu elemosine panhote quam pro usu palatii domini nostri pretio una cum expensis inde factis 169 flor. boni ponderis,

28 flor. cum dimidio parvi,

7 gross. valentes 14

prout in compotis per dictum Iohannem redditis in isto libro sub data predicta continetur, nos dictam traditionem et assignationem pecunie nomine prefate Camere habuimus et ideo dictas summas posuimus in recepta.

Nr. 265. Fol. 25.

Collector Viennensis etc.

1352, Juni 6. — Anno Domini millesimo trecentesimo quinquagesimo secundo, indictione quinta, pontificatus sanctissimi patris et domini nostri domini Clementis pape VI anno undecimo.

Die 6ª mensis Iunii, cum dominus Gerardus de Arbenco, thesaurarius beate Marie Escoriarum Rothomagensis dyocesis et Viennensis, Tarantasiensis, Lugdunensis, Bisuntinensis et Treverensis collector auctoritate apostolica deputatus, de pecuniis Camere apostolice per ipsum in dicta collectoria sua receptis et recollectis de mandato predicte Camere emisset seu emi fecisset per I(ohannem) Rosseti clericum familiarem suum 35 dolia vini Belne pro usu palatii domini nostri pape pretio una cum expensis inde factis 724 scut., 172 flor. magni ponderis et 143 flor. auri parvi ponderis, prout in magno libro expensarum sub data 26ª die Maii in compotis per dictum Iohannem Rosseti redditis particulariter continetur; et de predicta summa mutuati fuerunt sibi, prout continetur in libro de mutuis de anno 51⁰, 500 flor., ideo pro receptis fuerunt positi a dicto collectore per manus dicti Iohannis   724 scut.,

143 flor. parvi ponderis.

Et quia etiam sibi debebantur 172 flor. de Pedemontis magni ponderis, quos deduxit de predicta summa 300 flor. de Pedemontis magni ponderis et reliquos 138 manualiter restituit, et ideo predictum mutuum cancellatum fuit.

1352, August 30. — Die 30ª mensis Augusti recepti sunt a domino Gerardo de Arbenco obedientiario sancti Iusti, collectore fructuum beneficiorum ecclesiasticorum vacantium ad Cameram apostolicam pertinentium in provinciis Viennensi, Tarantasiensi, Lugdunensi, Bisuntinensi et Treverensi auctoritate apostolica deputato, de pecuniis per eum receptis et recollectis ad Cameram predictam pertinentibus in dicta collectoria sua, solvente per manus Guillermi de Channaco   700 flor.

Nr. 272. Fol. 43.

Collector Viennensis, Tarantasiensis etc.

1354, Januar 2. — Anno Domini millesimo trecentesimo quinquagesimo quarto, indictione 7ª, pontificatus sanctissimi patris et domini nostri domini Innocentii divina providentia pape VI anno secundo.

Die 2ª Ianuarii recepti fuerunt a domino Gerardo de Arbenco, obedientiario sancti Iusti Lugdunensis ac collectore fructuum beneficiorum ecclesiasticorum vacantium ad Cameram apostolicam pertinentium in provinciis Viennensi, Tarantasiensi, Lugdunensi, Bisuntina et Treverensi auctoritate apostolica deputato, de pecuniis per eum receptis et recollectis in dicta collectoria sua ad Cameram pertinentibus, ipso manualiter solvente et assignante   1308 flor.,

               62 scut. cugni regis Philippi.

Quorum florenorum sunt 198 ponderis sententie, 534 ponderis boni ponderis, 567 Pedemontis parvi ponderis et 9 de Canteraco et grosso auro.

1354, Juli 14. — Die 14ᵃ mensis Iulii, cum venerabilis vir dominus Bertrandus de Channaco, quondam Camere apostolice clericus dum viveret, teneretur domino Gerardo de Arbenco obedienciario sancti Iusti Lugdunensis ac collectori apostolico in provincia Lugdunensi ex certis causis in mille flor. auri restantibus ad solvendum de maiori summa, in quorum diminutionem Guillermus de Channaco quondam magister marescallie domini nostri pape, frater dicti domini Bertrandi, domino Bertrando episcopo Convenarum olim felicis recordationis domini pape Clementis thesaurario ad instantiam et nomine dicti collectoris septingentos florenos auri dicitur assignasse, et Poncius de Channaco Caturcensis diocesis, maritus Marie de Channaco filie dicti Guillermi die 7ᵃ Iunii pontificatus domini nostri Innocentii anno primo nobis sexaginta novem florenos solvit ac quandam logam ad opus marescallie antedicte in diminutionem premissorum pro 120 flor. auri Camere antedicte vendiderit et dederit, prefatus Poncius in complementum dictorum 1000 flor. ad instantiam et nomine dicti collectoris die qua supra prefate Camere manualiter solvit   111 flor.

1354, Dezember 29. — Anno a nativitate Domini millesimo trecentesimo quinquagesimo quinto, indictione octava, pontificatus ut supra.

   Fol. 43 ᵛ.

Die 29ᵃ Decembris, cum de mandato Camere apostolice dominus Gerardus de Arbenco obedientiarius sancti Iusti Lugdunensis, collector fructuum beneficiorum ecclesiasticorum vacantium ad Cameram apostolicam pertinentium in provincia Lugdunensi assignasset Guillermo de Buxeria, provisori vinorum sancti Porciani pro usu palacii domini nostri pape, pro dicta provisione facienda, videlicet pro anno 55⁰, 484 flor. 20 sol. 6 den., de quibus prefatus Guillermus reddidit computum predicte Camere prout in computis suis que sunt inferius in expensis scripta plenius continetur, ideo fuerunt hic in recepta dicti collectoris positi dicti   484 flor. fort. 20 sol. 6 den.

Die eadem 29ᵃ Decembris cum Guillermus de Buxeria de mandato Camere apostolice fecisset provisiones vinorum sancti Porciani pro usu palatii domini nostri pape, ut superius continetur, de qua provisione computavit, exceptis 141 flor. quos predictus collector solvit pro portu dictorum vinorum de Cabilono usque Avinionem una cum expensis custodie dictorum vinorum et certis copiis litterarum et aliquorum pedagiorum, prout in expensis in libro isto in quodam computo per

dictum collectorem reddito plenius continetur, ideo fuerunt hic positi
in recepta dicti 141 flor.
Die eadem, cum de simili mandato dicte Camere dictus dominus Gerardus
collector fecerit provisionem bladorum, vinorum Belne, pisorum, fab-
barum, piscium, telarum, mapparum et longeriarum et caseorum et
aliarum rerum, tam pro usu palatii domini nostri, palafrenario suo et
hospitio panhote, que ascendunt in universo 14950 flor. 3 sol. 4 den.
prout in compotis pluribus per eum Camere predicte redditis et in
presenti libro per diversas partes inferius in expensis scriptis plenius
et particulariter ac distincte continetur, ideo fuerunt hic positi in recepta dicti collectoris, quos ipse solverat de pecuniis per eum in
collectoria sua receptis ad Cameram pertinentibus et residuum solvit
Camera predicta 9931 flor. 3 sol. 4 den.
Die eadem, cum idem collector de simili mandato emisset in Burgundia
pro usu palatii, videlicet pro Adventu, de pecuniis receptis per eum
in collectoria sua ad Cameram pertinentibus certam quantitatem piscium recentium videlicet lucios, carpas et perchias tam magnos quam
parvos aque dulcis usque ad summam 286 flor. 18 sol., qui computantur inferius in expensis in quodam computo reddito per ipsum de
premissis et qui fuerunt positi in expensis, ideo fuerunt hic positi in
recepta sua dicti 286 flor. 18 sol.

Nr. 286. Fol. 50.

1358, Mai 31. — Collector Viennensis, Tarantasiensis, Lugdunensis, Bisuntinus et Treverensis.

Anno a nativitate Domini 1358 (*etc.*). Die ultima Maii anno, indictione
et pontificatu predictis, cum dominus Gerardus de Arbenco obedien-
ciarius sancti Iusti Lugdunensis et collector fructuum beneficiorum
ecclesiasticorum vacancium ad Cameram pertinentium in provinciis
Viennensi (*etc.*) auctoritate apostolica deputatus, de mandato Camere
super hoc sibi facto tradiderit et assignaverit de pecuniis (*sic*) dicte
collectorie ad eandem Cameram pertinentibus Stephano Vitalis cursori
100 flor. auri pro provisione circulorum et amarinarum in Burgundia
facienda ad opus palacii domini nostri pape, qui cursor de premissis
computavit ut inferius in rubrica expensarum plenius continetur, ideo
fuerunt positi in receptis eiusdem collectoris dicti 100 flor.

Nr. 286. Fol. 50.

1358, Mai 31. — Die eadem ultima Maii, cum idem dominus Gerardus
collector de predicto mandato Camere fecerit anno isto in Burgundia,
pro usu palacii, domus elemosine panhote ac palafrenarie domini
nostri pape certas provisiones bladorum, videlicet frumenti et avene ac
telarum assignatorum per eum vel per alium nomine ipsius domino

Petro de Frigidauilla, magistro dicte domus panhote, et Guillermo
Sabaterii magistro palafrenarie, ut in computis per dictum collectorem
redditis de premissis et inferius in rubricis palafrenarie et panhote
particulariter scriptis sub data presentium plenius continetur, videlicet
usque ad summam ab una parte pro avena 457 flor. 14 den. et ab
alia parte pro dicta avena 585 flor. 2 sol. 9 den. monete Avinionensis,
ac pro panhota in frumento et telis ab una parte 1788 flor. 3 sol.
4 den. et ab alia 67 flor. 12 sol. et ab alia 488 flor. 20 sol. et ab
alia 20 flor. 6 sol. dicte monete Avinionensis, que omnes summe insimul congregate sunt 3405 flor. 45 sol. 3 den. dicte monete Avinionensis, ad finem ut appareat de recepta dicti collectoris et quia fuit
posita in expensis fuerunt hic positi in recepta sua dicti

3405 flor. 45 sol. 3 den. monete Avinionensis.

Nr. 286. Fol. 50 r.

1358, Oktober 31. — Die ultima mensis Octobris recepti fuerunt a domino
Gerardo de Arbenco (*etc.*) de pecuniis per ipsum receptis et levatis
in dicta sua collectoria ad Cameram pertinentibus, traditis et assignatis per ipsum de mandato dicte Camere I. de sancto Bausilio dra-
perio Avinionensi pro provisione brunetarum nigrarum in Burgundia
per ipsum emptarum pro usu elemosine panhote, ultra provisionem
pannorum factam anno isto Burdegalis, in qua deficiebant dicte bru-
nete, necnon et provisione telarum et leguminum factarum in Burgundia pro usu dicte elemosine inferius ista die computatis in expensis
in 4 summis particularibus, que ascendunt in summa tota, assignante
in rebus per ipsum emptis ipso Iohanne de sancto Bausilio

589 flor. 19 sol. 6 den.

Nr. 293. Fol. 47.

Collector Viennensis, Tarantasiensis, Lugdunensis, Bisuntinus
et Treverensis.

1360, Februar 29. — Anno a nativitate Domini 1360 (*etc.*). — Die ultima
mensis Februarii anno, indictione et pontificatu predictis recepti fuerunt
a domino Geraldo de Arboneo (*sic*) obedienciario sancti Iusti Lugdunensis ac collectore fructuum beneficiorum ecclesiasticorum vacantium
ad Cameram apostolicam pertinentium in provinciis supradictis de pecuniis receptis et recollectis in collectoria sua ad Cameram pertinentibus, assignante Stephano Vitalis cursore domini nostri pape, pro
emendo certam quantitatem utensilium videlicet conquarum pro usu
coquine domini nostri pape, qui ista die inferius positi sunt in expensis, dicto cursore manualiter assignante in pretio dictarum conquarum, ut in quodam computo reddito per eum inferius descripto
plenius continetur 80 flor.

Nr. 293. Fol. 47.

1360, März 24. — Die 24ª Martii recepti fuerunt a domino Gerardo de
Arbenco, obedienciario sancti Iusti Lugdunensis ac collectore apostolico
in provinciis Lugdunensi, Viennensi, Tarantasiensi, Bisuntina et Treverensi auctoritate apostolica deputato, de pecuniis per eum receptis
et recollectis in dicta collectoria ad Cameram pertinentibus, solvente
per manus domini Dominici Olerici canonici Metensis capellani sui
                                                        500 flor. fort.

Nr. 293. Fol. 47.

1360, April 30. — Die ultima Aprilis recepti fuerunt a domino Gerardo
de Arbenco (*etc.*) soluti per eum de mandato Camere in provisione
vinorum de Belna facta anno isto in Burgundia pro usu palatii domini nostri pape, prout in compotis redditis per eum et inferius in
expensis descriptis plenius continetur   704 flor. fort. 23 sol. 2 den.

Nr. 293. Fol. 47ᵛ.

1360, April 30. — Die supradicta (ultima) Aprilis recepti fuerunt a dicto
domino Gerardo collectore de pecuniis per eum receptis et levatis
in collectoria sua ad prefatam Cameram pertinentibus traditi et assignati de mandato Camere domino Iohanni Rosseti, canonico Cabilonensi, pro emendis telis, pisis et fabis emptis per ipsum dominum
Iohannem de mandato dicte Camere in Burgundia pro usu palatii et
panhote, que ista die inferius posite sunt in expensis, ut in computo
per eum reddito plenius continetur, que fuerunt assignate domino
Petro de Frigidauilla administratori panhote   450 flor.

Nr. 293. Fol. 47ᵛ.

1360, April 30. — Die eadem (ultima Aprilis) recepti fuerunt ab eodem
collectore de pecuniis antedictis collectorie sue ad Cameram pertinentibus traditis per eum de mandato Camere Ysnardo Porchalhe
mercatori pro emendo et conducendo certam quantitatem carbonum
pro usu palatii domini nostri pape, ut in computo per dictum mercatorem reddito et inferius descripto plenius continetur et ut constat
per relationem dicti mercatoris   162 flor. 21 sol.

Nr. 293. Fol. 47ᵛ.

1360, Mai 23. — Die 23ª Maii recepti fuerunt a dicto Gerardo collectore
apostolico (*etc.*) de pecuniis receptis et recollectis per eum vel subcollectores suos in collectoria sua ad Cameram pertinentibus, solvente
et assignante per manus fratris Arnaldi de Riuis procuratoris generalis
ordinis Cisterciensium   1000 flor. fort.

Nr. 293. Fol. 47ᵛ.

1360, Juli 11. — Die 11ª Iulii recepti fuerunt a domino Geraldo de Arbenco (*etc.*), solvente per manus Perrini de Vallibus domicelli

100 flor. fort.

Nr. 293. Fol. 48.

1360, September 28. — Die 28ª mensis Septembris recepti fuerunt a domino Gerardo de Arbenco (*etc.*), solvente et assignante per manus Isnardi Porchalha provisoris carbonum Gratianopolitane diocesis

97 flor. fort. 3 sol.

Nr. 293. Fol. 48.

1360, Dezember 24. — Die 24ª Decembris, cum dominus Iohannes Rosseti, canonicus Cabilonensis et familiaris domini camerarii, fuisset per Cameram destinatus ad faciendum provisiones vinorum Belne, telarum, pisorum, fabarum et quarumdam aliarum rerum in partibus Burgundie, et esset mandatum per dictam Cameram domino Gerardo de Arbenco, collectori Lugdunensis et Tarantasiensis et Bisuntine provinciarum ut eidem de pecuniis necessariis provideret dicto Iohanni pro dictis provisionibus, idemque Iohannes pro provisione vinorum de Belna retulit se recepisse et habuisse a dicto collectore 1000 flor. qui fuerunt positi in expensis ista die ut patet superius in quodam computo reddito per prefatum Iohannem, et ideo fuerunt positi in receptis dicti collectoris dictos (*sic*) 900 flor. (*sic*).

VII.

Rechnung des Kollektors Johannes de Casleto über seine
Einnahmen in den Diöcesen Köln, Lüttich und Utrecht
vom 21. Juni 1345 bis 28. Februar 1348.

(Archiv. Vatic. Camer. Avinion. Collector. Nr. 8.)

————✳✴—— –

*D*er Band 8 der Kollektorien-Serie (»Rationes collectoriae Alamanniae«) besteht aus drei verschiedenen Handschriften, welche im vorigen Jahrhundert unter Garampi zusammengestellt und eingebunden wurden. Auf dem Einband stehen die Signaturen: 5—216 Br. Die Foliierung stammt ebenfalls erst aus der Zeit Garampis und ist fortlaufend durch den ganzen Band. Folgendes ist der Inhalt der drei Teile.

Fasc. I (fol. 1—48): Verzeichnis der von Clemens VI vom 21. Mai bis 21. Oktober 1342 in verschiedenen Ländern, nicht blofs im Reiche, verliehenen Benefizien mit Angabe der Benefiziaten. Die Reihenfolge ist nicht chronologisch; doch stehen meistens mehrere Benefizien, welche an demselben Tage verliehen wurden, beisammen; wahrscheinlich wurden sie nach den Rotuli supplicationum registriert. Fol. 1: »Sequntur beneficia vacantia collata per felicis recordationis bone memorie dominum papam Clementem VI anno ipsius primo videlicet in Alamannia et in provinciis Colonien., Maguntin. et Bremen. et aliis infra annotatis.« Dieser Titel ist nicht gleichzeitig mit dem Register, jedoch noch in Schrift des 14. Jahrhunderts. Die den Kardinälen verliehenen Benefizien sind besonders registriert (fol. 43—48e); es werden 18 Kardinäle erwähnt.

Fasc. II (fol. 49—69): Rechnung des Kollektors Johannes de Casleto; dieselbe wird hier abgedruckt. Das Format der Papierblätter ist das gewöhnliche Quartformat der Kameralregister. Die ganze Rechnung ist von der Hand desselben Schreibers; blofs in den Posten der ersten zweijährigen Reservation (fol. 49e—55v) schrieb eine andere Hand alle Summen; von fol. 56 an sind jedoch auch die Summen meistens von dem gewöhnlichen Schreiber hinzugesetzt. Neben den Gesamtsummen steht das »Approbo« oder andere Bemerkungen des Revisors; ein Beweis, dafs wir die der Camera vorgelegte Originalrechnung vor uns haben. Diese vom Revisor stammenden Randnoten sind ohne weitere Bemerkung immer in Kursivlettern gedruckt. Der Kollektor begann seine Thätigkeit am 21. Juni 1345 mit der Veröffentlichung der päpstlichen Bulle, welche ihn mit dem Einsammeln beauftragte, und legte am 28. Februar 1348 der Camera seine Rechnung ab. Er nahm in den Text seines Berichtes auch die Spezialrechnung des Subkollektors für die Diöcese Utrecht, Hugo Ustinc, auf, welcher vom 1. Oktober 1345 ab thätig war (fol. 62v—66). Die Seiten fol. 66v—69 enthalten die Ausgaben. Vor das letzte Blatt (fol. 68) wurde beim Einbinden die kurze Übersicht (computus brevis) gestellt, welche in der Camera selbst auf ein in der Mitte der Länge nach gefaltetes Quartblatt geschrieben wurde; ich setze dieselbe an den Schlufs. Die zwei letzten Blätter des Fascikels sind leer und nicht foliiert.

Fasc. III (fol. 70 bis zum Schlusse; dieser Teil ist von fol. 76 ab nicht mehr foliiert; es sind im ganzen 116 Blätter). Register der notariellen Akte, wodurch sich die Empfänger von Benefizien in deutschen Diöcesen verpflichten, in einer festgesetzten Frist die mit der Camera vereinbarten Annaten zu bezahlen. Der Fascikel besteht aus Papier-Quartblättern, die in der Mitte nochmals gefaltet sind. Die einzelnen Akte sind von den Notaren selbst geschrieben und auch meistens unterschrieben. Fol. 70 ist die ursprüngliche Pergamentdecke dieser Handschrift; man nahm dazu einen durch den Notar Johannes Hupe, clericus

Mindensis diocesis, am 2. Februar 1357 ausgestellten Akt, wodurch Amelungus de l'arendorpe canonicus Osnaburgensis als Prokurator an der Kurie bevollmächtigt wird. Auf der Aufsenseite der Decke (fol. 70) steht der Titel: »Iste sunt note obligationum recepte de beneficiis Alamanorum et finationes pro financiis pro fructibus indebite perceptis.« *Aufserdem die alte Archivnummer 1172. Auf dem Rücken steht der Name des Papstes:* »Inno(centius) VI«, *und der Titel:* »Notae de beneficiis non taxatis in partibus Alamaniae 1356« *von einer Hand des 16. Jahrhunderts. Der erste Akt ist vom 5. September 1356, der letzte vom 26. November 1358. Als Beispiel möge der Text des ersten Aktes hier folgen:* »Anno Domini millesimo trecentesimo quinquagesimo sexto, die 5ª mensis Septembris, Theudericus dictus Eberwin, canonicus ecclesie in Orengen Herbipolensis diocesis, non deceptus in aliquo iuravit valorem dicte sue prebende ascendere ad 16 florenos et non amplius et dixit quod non erat taxata. Idcirco finavit cum Camera de fructibus unius anni ad octo florenos, quos promisit solvere et reddere in curia Romana domino thesaurario domini nostri pape infra festum Pache (*sic*) proxime venturum; pro quibus attendendis et complendis se submisit iurisdictioni et compultioni (*sic*) dicte Camere et fideiussit pro eo magister Tilmannus de Nussia, procurator in Romana curia et iuravit etc. (*sic*). Item promisit quod in casu quo dicta prebenda plus valeret, quod solveret illud plus, et si inveniretur quod esset taxata, promisit solvere taxationem ut supra. Testes fuerunt Rigaldus Betelha clericus Caturcensis diocesis et Orthulus dictus Walfram vicarius ecclesie Novimonasterii Herbipolensis. — Guido de Viortio. Ita est.« *Aufser diesem Notar finden sich noch A(rnaldus) Johannis und Johannes de Malomonte. Zwischen diesen* »notae obligationum« *wurden einige Male die vom Papste signierten Supplikationen registriert; die erste derselben lautet:* »Supplicationes signate. — Ottoni quondam illustris principis Lodovici langravii terre Hassie Maguntinensis diocesis fuit provisum de canonicatu et prebenda maiori in ecclesia Magdeburgensi, [vacantibus] per obitum Mathie Wedeghar: 3 non. Februarii anno 5º.« *Ein nicht hieher gehöriges Blatt wurde beim Einbinden nach fol. 75 gesetzt, nämlich ein Blatt eines Registers der Zahlungen von Gehältern an die päpstlichen Hofbeamten, vom 29. November (ohne Jahr). Am Ende des Fascikels findet sich ein Originalbrief auf Pergament des Kollektors in Strafsburg, Johannes de Lampertheim, an den Kammerkleriker Eblo de Mederio; dieser Brief wird unter den Beilagen am Ende dieses Bandes abgedruckt.*

Archiv. Vatic. Collectoriae Nr. 8.

Fol. 49.

Hec[1] est collecta per me Iohannem de Casleto, canonicum Leodiensem, collectorem fructuum, reddituum et proventuum unius anni beneficiorum ecclesiasticorum cum cura vel sine cura, etiam dignitatum, personatuum et officiorum apud sedem apostolicam vel eidem sedi vacantium ad Cameram apostolicam spectantium et per sanctissimum patrem et dominum nostrum dominum Clementem nunc papam sextum a fine primi biennii usque ad aliud biennium continuum et immediatum subsequens reservatorum, facta tam pro residuo ipsius primi biennii in civitatibus et diocesibus Leodien. et Traiecten. dumtaxat, quod incipit 13 kal. Iunii pontificatus ipsius anno primo, quam pro secundo biennio in civitate et diocesi ac provincia Colonien. deputatum per litteras

---

[1] Das Register beginnt so ohne weiteren Titel; wahrscheinlich stand derselbe auf der nicht mehr vorhandenen ursprünglichen Pergamentdecke.

ipsius domini nostri pape quarum data est non. Iulii pont. sui anno
tercio.[1] Que quidem littere apostolice super dicto secundo biennio
michi fuerunt primum exhibite die 18ª mensis Marcii anno 1345 et
die 21ª mensis Iunii anno supradicto per me una cum meo debito
processu subsecuto competenter publicate, de beneficiis infrascriptis in
civitatibus et diocesibus Leodien. et Traiecten. dumtaxat consistentibus,
in quibus beneficia taxata ad decimam non existunt, ac etiam de
quibusdam beneficiis in civitate et diocesi Colonien., super quibus
beneficiis domini mei thesaurarii tradiderunt michi bullas dictorum
beneficiorum. Et est intentionis mee primo incipere computare de
residuo primi biennii in civitate et diocesi Leodien. et tunc ulterius
ad alia. Et licet forsitan secundum aliquos incipiendum esset ad
ecclesiam cathedralem et deinde ad alias inferiores ecclesias gradatim
descendere, tamen cum reverendi patres et domini mei domini thesaurarii apostolici beneficia in curia durante termino dictorum bien-
niorum vacantia et per dominum nostrum papam collata michi per
sua registra seriose rescripserint, mee intentionis, ut de singulis per
me collectis et non collectis ac per me super hec expeditis et non
expeditis seriosius appareat, est incipere et procedere secundum ordinem dictorum beneficiorum in registris per prefatos dominos meos
thesaurarios apostolicos de curia transmissis contentorum. Et quamvis
pro singulis beneficiis infrascriptis, si michi fuit aliquid exsolutum et
inde receperim diversas species monetarum, tamen quia dicte monete
dumtaxat habent cursum suum in partibus Leodiensibus et circum-
vicinis et non in curia Romana, intendo pro posse eas reducere seu
resolvere ad florenos, Regales et scudatos, cum illa sit utilior pro Camera; quorum Regalium quilibet pro toto tempore huius collectionis
et ante per 8 annos 40, et dictorum scudatorum quilibet 44 solidos
monete Leodiensis in civitate et diocesi Leodien. noscitur valuisse,
nisi a festo beati Remigii citra, ubi scudatus valet 50 sol.; set modicum recepi in tali valore. Et illud quod inde recepi reduco ad monetam supradictam. Item de singulis beneficiis, sive de illis aliquid
receptum sit sive non, intendo tam computare quam docere per instrumenta.

Fol. 49ᵛ.

Primo recepi pro residuo custodie ecclesie sancti Petri Leodiensis,
que fuit domini Bernardi de Hulhouen et nunc est domini cardinalis
Boloniensis,[2] quod restabat recipiendum: 112 libr. 19 sol. monete
Leodiensis, Regali pro 40 et scuto pro 44 sol. computatis; et tantum
habuit cardinalis econtra ad supportandum onera et sic est integraliter

---

[1] 7. Juli 1344. Regest bei Brom, Bullarium Traiectense, I., S. 453, Nr. 1121.
[2] Guy de Boulogne, Sohn Roberts VII., Grafen von Boulogne und Auvergne.

Camere satisfactum. Et super huiusmodi ultima solutione est publicum
instrumentum. 112 libr. 19 sol.[1]

Item recepi pro residuo scolastrie sancti Bartholomei Leodiensis,
que fuit dicti domini Bernardi et nunc est domini Iohannis Rogerii,
pro residuo quinque mensium qui restabant: 18 sol. grossorum, dimidio sterlingo minus, quatuor Regalibus pro quinque solidis grossorum
computatis; valentes 28 libr. 15 sol. et sex den. predicte monete Leodiensis; et tantum habuit econtra dictus dominus Johannes ratione
privilegii. Et sic est integraliter satisfactum Camere apostolice de
predicta scolastria. Et super ista solutione ultima est publicum instrumentum. 28 libr. 15 sol. 6 den.

Item pro residuo altaris sancti Nicholai in Hanuto, quod fuit dicti domini Bernardi et nunc est Godefridi de Iandraco, pro rata sex mensium
cum dimidio qui restabant ad perficiendum annum Camere, recepi
septem parvos flor. valentes, floreno computato pro 33 sol., 11 libr.
et 11 sol. monete Leodiensis antedicte. Et tantum habuit dictus
Godefridus econtra ratione privilegii et ad supportandum onera. Et
super hac ultima solutione est publicum instrumentum. 11 libr. 11 sol.

Item pro archidiaconatu de Condrosio in ecclesia Leodiensi qui fuit domini Manuelis de Flisco, episcopi Vercellensis, et qui est nunc domini
N. de Bessia[2] cardinalis: 122 Regales, valentes 244 libr. monete Leodiensis, Regali pro 40 sol. computato; et hoc in discomputationem
250 flor. parvorum, in quibus idem dominus cardinalis pro fructibus
dicti sui archidiaconatus composuit cum Camera. Et super dicta solutione est publicum instrumentum. 244 libr.

Fol. 50.

Item pro rata quinque mensium de residuo decanatus Leodiensis qui fuit
domini cardinalis de Montefauentio[3] et nunc est domini Boloniensis:[4]
104 libr. et 5 sol. parve monete Leodiensis, parvo floreno pro 33,
Regali pro 40, scuto pro 44 et Pavillione pro 49 sol. computatis.
Et tantum habuit idem dominus cardinalis econtra ad supportandum
onera, et isto mediante Camera apostolica habet omnem summam.
Et super habita solutione factum est publicum instrumentum.

104 libr. 5 sol.

Item pro prepositura ecclesie sancte Crucis Leodiensis, que fuit domini Ottomani de Collealto et nunc est domini Iohannis Maurelli,
recepi 10 Regales, valentes 20 libr. monete Leodiensis, Regali pro

---

[1] Alle Summen, sowohl die einzelnen als die Summen der Seiten und die Gesamtsummen, sind von anderer Hand; s. die Vorbemerkungen.

[2] Nikolaus de Besse, genannt de Bellefaye, Neffe des Papstes Clemens' VI. und
Bischof von Limoges.

[3] Bertrand von Montfavence, 1316 zum Kardinal kreiert durch Johann XXII.,
gestorben 1343.

[4] S. oben S. 263.

40 sol. computato; et hoc tamquam mediam partem dicte prepositure totius anni, alia consimili parte dicto domino Iohanni ratione
privilegii remanente. Et inde factum est publicum instrumentum.

20 libr.

Item recepi pro prebenda Visetensi, que fuit domini Bernardi de Kensewilhe et nunc est Walterii Lebart, 12 libr. dicte monete Leodiensis,
Regali pro 40 et scuto pro 44 sol. computatis. Et hoc integraliter
pro toto anno, nichil obtinenti remanente, quia nec resedit nec apparebat de aliquo privilegio. Et super hac solutione factum est publicum instrumentum.

12 libr.

Item de parrochiali ecclesia de Hermale Leodiensis diocesis etc. (sic)
recepi 65 libr. et 4 den. monete Leodiensis, scuto pro 44 sol. computato et hoc tamquam mediam partem fructuum annualium dicte
ecclesie, alia obtinenti non residenti in ipsa ecclesia ad supportandum
onera dicte ecclesie necessaria et ad satisfaciendum officiali et archidiacono suo Leodiensi pro absentia sua, habentibus privilegium ab-
sentie, remanente. Et super hac solutione est publicum instrumentum.

65 libr. 4 sol.

Item pro residuo ecclesie parrochialis de Lammes Leodiensis diocesis:
70 sol. et 5 den. monete Leodiensis, scuto pro 44 sol. computato.

70 sol. 5 den.

Summa residui quod restabat recipiendum de primo biennio
ascendit ad 602 libr. et 15 den. predicte monete Leodiensis.

Fol. 50ᵛ.

Et sic apparet evidenter quod ad plenum receptum est et computatum de
singulis beneficiis primi biennii, ut michi videtur, maxime de quibus
aliquid exigi potest vel haberi; exceptis dumtaxat abbatia seculari
ecclesie Amaniensis Leodiensis diocesis, quam impetravit Ferricus
de Pincerno (?) et quam obtinet dominus Adulphus de Waldeke, de
qua lis est in curia Romana inter eos, cuius fructus annuales perti-
nebunt ad Cameram si obtinens succumbat et impetrans obtineat in
causa; ac etiam capellania de Bilreult, de qua etiam lis est in curia,
cuius fructus spectabunt ad Cameram quando dominus Wilelmus de
Ganeppe, qui dictum beneficium obtinet, succumbat; et etiam residuo
250 parvorum florenorum, quos dominus cardinalis Lemovicensis[1] ex
compositione per eum cum domino thesaurario facta debuerat pro
annualibus fructibus sui archidiaconatus Leodiensis, de quibus solvit
solum 122 Regales. Quoniam autem sit plene computatum de omnibus beneficiis primi biennii predicti, ut dictum est, apparet recolli-
gendo per ordinem singula beneficia dicti primi biennii secundum registra per dominos meos thesaurarios michi missa. Nam de canonicatu

---

[1] Nikolaus de Besse, Bischof von Limoges; s. oben S. 264.

et prebenda ecclesie beate Marie Cennacensis Leodiensis diocesis, vacantibus per consecrationem domini Henrici patriarche Constantinopolitani, de quibus fuit provisum Iohanni Martini, computavi ad plenum in prima computatione, ut in ea patet, et per instrumenta ibidem deliberata.

Item de canonicatu et prebenda ecclesie Hoghardensis Leodiensis diocesis, vacantibus per obitum Iohannis de Bunna capellani pape, de quibus fuit provisum domino Iohanni de Pistorio, etiam in prima computatione de anno integro computavi, ut ibi apparet et per instrumenta deliberata.

Item facta est gratia Lamberto de Linsemeal Leodiensis diocesis de canonicatu sub expectatione prebende in ecclesia sancti Dyonisii Leodien., qui tenetur dimittere beneficium non curatum quod obtinet in ecclesia de Rosmere etc. (sic)[1] — Respondeo quod de dicto beneficio non curato nichil recepi, quia gratia sua nondum est sortita effectum, ut apparet per publicum instrumentum cum signo A.

Fol. 51.

Item de canonicatu et prebenda ecclesie Leodiensis, quos magister Guillermus de Stochem obtinebat, de quibus fuit de novo provisum domino Guidoni de Charnois etc. — Computavi in prima computatione, ut ibi apparet per instrumentum deliberatum.

Item facta est gratia domino Balduino de Bailhiaco Ambianensis diocesis de canonicatu sub expectatione prebende et dignitatis in ecclesia Ambianensi, qui post assecutionem tenetur dimittere decanatum ac canonicatum et prebendam in ecclesia sancti Dyonisii Leodien. — Ad quod respondeo quod non habet hic locum, cum in secundo biennio dominus noster papa fecerit eidem gratiam, quod obtenta possessione pacifica prebende Ambianensis, de qua litigabat et adhuc litigat, debeat retinere prebendam et decanatum in ecclesia sancti Dyonisii Leodien. prout apparet plenius in computatione super secundo biennio.

Item de cantoria beate Marie Aquensis Leodiensis diocesis (*vacante*) per mortem domini Guillermi de Stochem capellani pape etiam computavi in prima computatione ut patet ibi et per instrumentum deliberatum.

Item de canonicatu et prebenda ecclesie sancte Crucis Leodiensis, vacantibus quia dominus Iohannes de Nucerio etc. — Computavi in prima computatione, ut ibi apparet et per instrumentum deliberatum.

Item de cantoria sancti Donatiani Brugensis Tornacensis diocesis etc. — Respondeo quod de ecclesia de Ghudenghoue Leodiensis diocesis nichil recepi, quia prefatus dominus Ludovicus dictus Sixtus ante

---

[1] Der Kollektor bricht in dieser Weise fast regelmäfsig die Formel ab, mit welcher in den ihm übersandten Verzeichnissen der verliehenen Benefizien diese eingetragen waren.

huiusmodi gratiam sibi factam resignaverat per procuratorem dictam ecclesiam, ut apparet per publicum instrumentum inde confectum.

Fol. 51 v.

Item facta est gratia Henrico dicto Coopert etc. — Dico quod non habet hic locum, quod huiusmodi gratia non fuit sortita effectum durante dicto primo biennio et de hoc computabitur in secundo biennio, ut ibi apparebit.

Item facta est gratia magistro Johanni de Bermeren Leodiensis diocesis de canonicatu sub expectatione prebende ecclesie Leodiensis etc. — Respondeo quod huiusmodi gratia non est sortita effectum, ut patet per instrumentum cum signo B.

Item de canonicatu et prebenda collegiate ecclesie sancte Crucis Leodiensis, de quibus fuit provisum Petro Canimate etc. — Computavi in prima computatione, ut in ea apparet et per instrumentum deliberatum.

Item de canonicatu et prebenda ecclesie sancti Petri Leodiensis vacantibus quia dominus Iohannes de Nucerio etc. — Ad plenum de uno anno et etiam de tempore reservationis domini Benedicti pape computavi in prima computatione, ut in ea apparet et per instrumentum deliberatum.

Item facta est gratia domino Iohanni de Banowe etc. — Ad quod respondeo quod non habet adhuc locum saltem quo ad ecclesiam parrochialem de Fexhe, quia nondum tunc fuerat ipsa gratia sortita effectum; de subsequente etiam in isto primo biennio fiet de hoc mentio. Et altare sancti Remigii non attingit ad summam ut apparet per instrumentum.

Fol. 52.

Item de abbatia seculari ecclesie Amaniensis Leodiensis diocesis, vacante per mortem domini Guillermi de Stochem etc. — Ad quod respondeo quod supra ipsa abbatia est lis in curia. Et facio levari fructus per unum capellanum certum et faciam quo ad annum unum, donec obtinens prestiterit cautionem de fructibus restituendis in casu quo succumberet in causa, ut apparet per instrumentum cum signo B.

Item de parrochiali ecclesia de Sprimont etc. — Respondeo quod non habet hic locum, prout in fine huius primi biennii apparebit, ubi apparet quod magister Iohannes de Ripe eam retinet et inde solvit fructus.

Item de parrochiali ecclesia de Soron Leodiensis diocesis etc. — Computavi in prima computatione ut in ea apparet et per instrumenta ibi deliberata.

Item de canonicatu et prebenda ac prepositura Sanctorum Apostolorum Colonien. etc. — Respondeo quod parrochialis ecclesia Novi Oppidi spectat ad patronum laicum, scilicet comitem Ghelrie, et ideo de fructibus nichil recepi prout de hiis constat per publicum instrumentum cum signo A.

Item de altari beate Marie in H o y n g h e n Leodiensis diocesis etc. — Respondeo quod nihil recepi quia non attingit ad taxam (*sic*) ut apparet per instrumentum cum signo B.

Item de beneficio ecclesiastico in honore sancti Iohannis evangeliste fondato (*sic*) in ecclesia de R a n d e n r o d e etc. — Nichil recepi ex eo quod spectat ad patronum laicum, scilicet dominum de Randenrode, ut apparet per instrumentum cum signo B.

Fol. 52 v.

Item de altari beate Marie virginis sito in ecclesia parrochiali de B u g o l e n Leodiensis diocesis etc. — Nichil recepi quia non attingit ad taxam ut apparet per instrumentum.

Item de prepositura ecclesie beate Marie D y o n e n s i s Leodiensis diocesis etc. — Nichil recepi ex eo quod dictus magister Gerardus ipsam preposituram per falsas suggestiones impetravit, quod apparet, quia ante eius obitum per longum tempus dimisit domino Egidio de Wadrecheies, eam prius et nunc obtinentem, eius possessione pacifica gaudere, licet super hoc per magnum tempus inter se litigassent. Et super hoc est instrumentum etiam sigillatum sigillo capituli dicte ecclesie Dyonensis.

Item de custodia H o y e n s i Leodiensis diocesis et canonicatu et prebenda L e o d i e n. vacantibus per obitum Huguelini etc. — Respondeo quod non habet hic locum quia tunc vixit, sed in secundo biennio, ubi habet locum, computabitur de eisdem.

Item de canonicatu et prebenda L e o d i e n. et officio custodie ecclesie s a n c t i P e t r i Leodiensis vacantibus per mortem domini Bernardi etc. — Respondeo et primo de custodia sancti Petri, quod de hac pro parte in prima computatione, ut in ea apparet et per instrumentum inde traditum, et de toto residuo totius anni nunc computo ut apparet supra;[1] et super canonicatu et prebenda Leodien. respondeo quod non habet hic locum, set circa finem huius primi biennii plenius declarabitur de eisdem.

Item de scolasteria s a n c t i B a r t h o l o m e i Leodiensis etc. — Computavi pro parte in prima computatione, ut apparet ibidem et per traditum instrumentum. Et nunc computo de toto residuo totius anni Cameram contingente, ut apparet supra.[2]

Fol. 53.

Item de canonicatu et prebenda ecclesie beate Marie A q u e n s i s Leodiensis diocesis etc. — Computavi integraliter de toto anno in prima computatione, ut in ea apparet et per instrumentum deliberatum.

---

[1] Oben S. 263.   [2] Oben S. 264.

Item de perpetua capellania sancti Nicolai sita in parrochiali ecclesia de Hanuto Leodiensis diocesis etc. — Respondeo quod pro parte inde computavi in prima computatione, ut ibidem apparet et per instrumentum deliberatum; et nunc computo de residuo totius anni Cameram contingente ut superius apparet.[1]

Item pro canonicatu et prebenda ecclesie sancti Dyonisii Leodiensis que fuit magistri Blasii de Cassia etc. — Computavi integraliter in prima computatione, ut ibi apparet et per instrumentum inde deliberatum.

Item de curato beneficio quod Henricus de Baex Leodiensis diocesis in 20⁰ anno constitutus adeptus fuit etc. — Respondeo quod licet fecerim diligentiam meam, non potui repperire quis ille esset vel quod beneficium fuisset.

Item de canonicatu et prebenda ecclesie beate Marie Aquensis Leodiensis diocesis etc. — Computavi integraliter in prima computatione ut ibi apparebit et per instrumentum deliberatum.

Item de canonicatu et prebenda ecclesie sancti Pauli Leodiensis vacantibus per mortem domini Iohannis de Machlina etc. — Respondeo quod nichil inde recepi ex eo, quod ille qui eos immediate habuit post obitum dicti domini Iohannis eos impetravit tanquam vacantes per obitum capellani perpetui et hoc tempore domini Iohannis pape XXII, et hoc apparet per instrumentum et testimonium capituli dicte ecclesie sancti Pauli et aliorum capellanorum dicte ecclesie.

Fol. 53ᵒ.

Item de canonicatu et prebenda ac prepositura Aquensibus Leodiensis diocesis etc. — Nichil inde recepi ex eo, quod dictus dominus Henricus tunc vixit nec idem dominus cardinalis dicta beneficia obtinet, prout sciri potest in curia Romana, et etiam apparet per instrumentum cum signo A.

Item de canonicatu et prebenda ecclesie beate Marie Namurcensis Leodiensis diocesis vacantibus per mortem Eurardi de Embrica, de quibus fuit provisum Michaeli dicto de Antmos etc. — Computavi integraliter de toto anno in prima computatione ut ibi apparet et per instrumentum deliberatum.

Item de canonicatu, prebenda et archidiaconatu ecclesie Leodiensis vacantibus per consecrationem domini Manuelis de Flisco etc. de quibus provisum fuit domino Nicolao de Bessio cardinali etc. — Respondeo quod de prebenda computavi in prima computatione pro rata unius anni Cameram contingente, ut ibi apparet et per instrumentum deliberatum; et de archidiaconatu recepi 122 Regales in discomputationem 250 flor. ut superius apparet.[1]

[1] Oben S. 264.

Item de canonicatu et prebenda ac scolasteria ecclesie Montis sancte
Gertrudis Leodiensis diocesis etc. — Respondeo quod de dictis
canonicatu et prebenda computavi pro rata totius anni Cameram contingente in prima computatione, ut ibi apparet per instrumentum deliberatum; et de scolasteria nichil recepi, quia non attingit ad summam
seu taxam, ut apparet per instrumentum cum signo A.

Item de canonicatu et prebenda ecclesie collegiate sancti Bartholomei
Leodiensis vacantibus per mortem Aymerici de Amelio et reservatis
fuit provisum Bernardo de Viridario etc. — Computavi pro rata totius
anni Cameram contingente in prima computatione ut ibi apparet et
per instrumentum deliberatum.

Item de canonicatu et prebenda beate Marie de Lughardis Leodiensis
diocesis quos magister Stephanus Bellicognati etc. — Computavi integraliter pro toto anno in prima computatione ut ibi apparet et per
publicum instrumentum.[1]

Fol. 54.

Item facta est gratia Iohanni de Iayre etc. — Nichil computo quod dicta
gratia nondum sortita est effectum, ut apparet per publicum instrumentum cum signo A.

Item facta est gratia Godefrido de Iandraco de canonicatu sub expectatione
prebende in ecclesia sancti Dyonisii Leodiensis etc. — Nichil
recepi ex eo quod gratia huiusmodi non est sortita effectum; et etiam
quod dictum altare non attingit ad taxum ut apparet per instrumentum
cum signo B.

Item pro canonicatu, prebenda et thesauraria ecclesie Leodiensis vacantibus per obitum domini Francisci de Medicis etc. de quibus fuit
provisum domino Hugoni Rogerii etc. — Computavi integraliter pro
toto anno in prima computatione ut ibi apparet per instrumenta deliberata.

Item de parrochiali ecclesia de Markow Leodiensis diocesis etc. — Computavi de toto anno Cameram contingente et de tempore domini
Benedicti pape in prima mea computatione, ut ibi apparet et per traditum inde instrumentum.

Item de decanatu ecclesie Leodiensis etc. — Pro parte computavi in
prima computatione, ut ibi patet et per traditum instrumentum; et
nunc de residuo computo ut superius apparet[2] et per instrumentum.

Item de canonicatu et prebenda ecclesie Aquensis Leodiensis diocesis
vacantibus per resignationem Henrici de Spanchaym etc. — Computavi in prima computatione ut ibi patet et per instrumentum deliberatum.

---

[1] Hier stehen zwei leere Blätter in länglichgefaltetem Quartformat, auf deren ent-
sprechende andere Hälfte der »Computus brevis« geschrieben ist.
[2] Oben S. 264.

Item de canonicatu et prebenda ecclesie sancti Servatii Traiectensis Leodiensis diocesis vacantibus per mortem domini Iohannis dicti Platuois etc. — Tam de anno integro Cameram contingente quam de tempore domini Benedicti pape computavi in prima computatione, ut ibi apparet et per traditum instrumentum.

Fol. 54ʳ.

Item de perpetua capellania de Bilreuelt Leodiensis diocesis etc. — Nichil recepi quia lis est de ea in curia Romana et obtinens dicit se cavisse Camere de restituendis fructibus si succumberet. Et etiam habeo obligationem quod de hoc debet idem obtinens dicere vel restituere michi fructus.

Item de canonicatu et prebenda ecclesie Leodiensis condam domini Bernardi de Hulhouen etc. — Computavi integraliter in prima computatione ut ibi patet et per traditum instrumentum, licet nunquam competierit domino cardinali Boloniensi nec dicto domino Bernardo vel etiam magistro Nicolao de Lucembourg, sed eam habet dominus Angelus de filiis Ursi qui eam acceptaverat ante, ut bene invenietur in curia.

Item de canonicatu et prebenda ecclesie sancti Iohannis Leodiensis et fuit domini Iohannis Cortoys, nichil recepi ex eo, quod domini mei thesaurarii michi scripserunt quod supersederem cum reservationem non repperirent.

Item de capellania sancti Michaelis sita in ecclesia beate Marie Aquensis Leodiensis diocesis etc. — Nichil recepi quod non attingit ad taxum ut apparet per instrumentum.

Item de parrochiali ecclesia de Fexhe Leodiensis diocesis etc. — Computavi in prima computatione ut in ea apparet et per traditum instrumentum.

Item de canonicatu et prebenda ecclesie Leodiensis et abbatia seculari Meffiensi Leodiensis diocesis olim domini Petri de Columpna et nunc domini Nicolai Capocii etc. — Computavi in prima computatione ut ibi apparet et per tradita instrumenta.

Item de canonicatu et prebenda maiori ac prepositura ecclesie sancte Crucis Leodiensis condam Ottomani de Collealto nunc domini Iohannis Maurelli etc. — De prebenda computavi in prima computatione, ut ibi apparet et per instrumentum deliberatum; et de prepositura nunc computo ut superius apparet.[1]

Fol. 55.

Item de canonicatu et prebenda ecclesie Visetensis Leodiensis diocesis domini condam Bernardi de Kensewillre et nunc Galteri Lebart etc. — Nunc computo ut superius apparet.[2]

---

[1] Oben S. 264.   [2] Oben S. 265.

Item de canonicatu et prebenda ecclesie Niuellensis Leodiensis diocesis olim domini Albrandini de Basquis et nunc Roberti Infantis etc. — Nichil recepi quia dictus Albrandinus vivit.

Item de quadam parrochiali ecclesia in diocesi Leodiensi videlicet Sprimont que est magistri Iohannis de Rupe etc. — Computavi in prima computatione, ut in ea apparet et per publicum instrumentum.

Item de parrochiali ecclesia de Hermale Leodiensis diocesis etc. — Nunc computo ut superius apparet.[1]

Fol. 55ʳ.

Sequitur collecta per me Iohannem de Casleto canonicum Leodiensem de secundo biennio facta.

Et primo in civitate et diocesi Colonien., quia ecclesia metropolitana, de quibusdam beneficiis, super quibus domini mei thesaurarii michi dederunt bullas eorundem.

Primo recepi pro prebenda Coloniensi que fuit Raynaldi de Vestenburgh, et nunc est Gerardi Henrici de Vernenbeurch (*sic*) 24 scut. 14 sol. 2 den. monete Coloniensis, scuto pro 26 sol. et 8 den. computato, valentes in universo in moneta Leodiensi 54 libr. 2 sol., scuto pro 44 sol. dicte monete Leodiensis computato, et super huiusmodi solutione est publicum instrumentum.   54 libr. 2 sol.

Item pro parrochiali ecclesia in Riindorp inferiori Coloniensis diocesis, que fuit Iohannis de Reno et nunc est Lamberti de Roys, recepi 17 Regales, valentes 32 libr. monete Leodiensis, Regali pro 40 et scuto pro 44 sol. computatis. Et super huiusmodi solutione est publicum instrumentum.   · 32 libr.

Summa dictorum beneficiorum civitatis et diocesis Colonien. est: 86 libr. 2 sol. monete Leodiensis, Regali pro 40 et scuto pro 44 sol. computatis.

Fol. 56.

Sequitur collecta de secundo biennio in civitate et diocesi Leodien.

Et est intentionis mee secundum ordinem registri docere de singulis beneficiis de quibus est aliquid receptum, et de hiis de quibus non est, rationes ostendere et per instrumenta.

Primo pro prebenda Leodiensi que fuit domini Godefridi de Wilhersyes, de qua fuit provisum magistro Petro Batisse: 46 libr. 14 sol. et 2 den. monete Leodiensis, Regali pro 40 et scuto pro 44 sol. computatis; quas habui partim integraliter pro 20 septimanis et quatuor diebus illo tempore onera necessaria supportando, quia non constabat in ecclesia Leodiensi de provisione alicuius, et pro residuo temporis

---

[1] Oben S. 265.

usque ad annum completum mediam partem, alia medietate obtinenti remanente ad supportandum onera et etiam quod fecit se recipi et resedit; et super dicta solutione factum est publicum instrumentum.
46 libr. 14 sol. 2 den.

Item de canonicatu et prebenda ecclesie de Viseit Leodiensis diocesis vacantibus per mortem dicti domini Godefridi etc. de quibus fuit provisum Guilhelmo Castel etc. — Nichil recepi ex eo, quod nondum fuit ibi canonicus idem dominus Godefridus die obitus sui, ut capitulum dicte ecclesie testatur et apparet per instrumentum.

Item de capellania sive hospitali beati Iohannis Baptiste de Dyonanto Leodiensis diocesis, vacante per mortem Iohannis in curia decedentis, de qua fuit provisum Iohanni de Croso etc. — Recepi 12 parvos flor. pro integris fructibus unius anni cum dicte capelle eius omnibus necessariis supportatis; ascendunt ad 19 libr. et 4 sol. monete Leodiensis predicte, Regali pro 40 et scuto pro 44 sol. computatis; et hoc quod de provisione alicuius non constabat. Et super huiusmodi solutione factum est publicum instrumentum. 19 libr. 4 sol.

Item de prepositura collegiate ecclesie sancti Pauli Leodiensis vacante quia Gerardus de Ossen ex gratia domini Benedicti adeptus est abbatiam secularem ecclesie de Cyney Leodiensis diocesis, et fuit provisum magistro Ade Hunkerlur (?) etc. — Nichil recepi quia dominus magister Adam nunquam comparuit cum litteris apostolicis super huiusmodi gratia apostolica sibi concessa, ut testatur decanus dicte ecclesie et apparet per instrumentum cum signo A.

Fol. 56ᵛ.

Item de parrochiali ecclesia de Veruier Leodiensis diocesis vacante quia Henricus de Eys ipsam diu obtinens non fecit se promoveri, de qua fuit provisum Iacobo Albrieti etc. — Nichil recepi quia non constat de impetratione dicti Iacobi nec alterius in partibus, videlicet nec archidyacono loci qui habet instituere obtinentes ecclesias parrochiales consistentes in archidyaconatu suo in corporalem possessionem eorundem, sed habetur dominus Henricus memoratus pro vero rectore dicte ecclesie. Et de hoc apparet per instrumentum de A.

Item de prepositura ecclesie beate Marie Hoyensis Leodiensis diocesis, que fuit domini Martini de Yporegia et nunc est domini cardinalis Boloniensis: 113 libr. et 12 den. predicte monete Leodiensis, Regali pro 40 et scuto pro 44 sol. computatis; et hoc tanquam mediam partem dicte prepositure de toto anno, exceptis circiter duobus scudatis in censibus qui non possunt haberi, in quibus villa Hoyensis tenetur, alia media parte eidem domino cardinali ad supportandum onera remanente; et super huiusmodi solutione est publicum instrumentum. 113 libr. 12 den.

Item de canonicatu et prebenda Leodien. condam domini Martini de Yporegia, quos obtinet idem dominus cardinalis, recepi 33 libr. 3 sol. et 10 den. dicte monete Leodiensis, Regali pro 40 et scuto pro 44 sol. computatis; et tantum ad supportandum onera habuit econtra dictus dominus cardinalis ratione privilegii, et super huiusmodi solutione est publicum instrumentum. 33 libr. 3 sol. 10 den.

Item de prebenda Nassoniensi Leodiensis diocesis, que fuit dicti domini Martini et nunc est dicti domini cardinalis Boloniensis, recepi 18 libr. 12 den. monete Leodiensis, Regali pro 40 et scuto pro 44 sol. computatis; quos habui tanquam mediam partem dicte prebende, alia eidem domino cardinali ad supportandum onera remanente. Et super hoc est instrumentum cum signo C. 18 libr. 12 sol.

Item de canonicatu et prebenda sacerdotali ecclesie Leodiensis vacantibus per mortem Godefridi de Wilhersies, de quibus fuit provisum magistro Petro Batisse etc. — Non habet hic locum, quia istud est primum de quo computo in secundo biennio.

Fol. 57.

Item de canonicatu et prebenda ecclesie Visetensis Leodiensis diocesis vacantibus per mortem Bernardi de Hulhouen etc. — Non habet hic locum, nam de eis computo in fine restantium de primo biennio, ubi collati fuerunt cuidam alteri, scilicet Galtero le Bart.

Item de canonicatu et prebenda parve mense in ecclesia Leodiensi vacantibus per assecutionem canonicatus et prebende sancti Martini in dicta ecclesia Leodiensi Nicolao de Meffia collatorum, de quibus fuit provisum Francisco nato Francisci procuratoris etc. — Nichil recepi ex eo, quia gratia dicti Nicolai non est adhuc sortita effectum ut apparet per instrumentum cum signo A.

Item de capella sive altari Omnium Sanctorum sito in pervisio ecclesie beate Marie Dyonensis Leodiensis diocesis etc. — Nichi recepi ex eo, quia non attingit ad taxam ut apparet per instrumentum.

Item de altari sanctorum Philippi et Iacobi apostolorum in ecclesia sancti Sulplicii (*sic*) Dystensis Leodiensis diocesis etc. — Nichil recepi quia non attingit ad taxam ut patet per instrumentum.

Item de altari sancti Blasii fundato in ecclesia beate Marie Traiectensis Leodiensis diocesis etc. — Nichil recepi ex eo, quia non attingit ad taxam ut apparet per instrumentum.

Item de canonicatu et prebenda ecclesie beate Marie Tongrensis Leodiensis diocesis vacantibus per obitum Iohannis Schette etc. de quibus fuit provisum Wilhelmo de Duras etc. — Recepi 27 libr. 11 sol. et 8 den. monete Leodiensis, Regali pro 40 et scuto pro 44 sol. computatis, tanquam mediam partem prebende, altera dicto obtinenti remanente quia residens fuit et est in dicta prebenda, et super huiusmodi solutione factum est publicum instrumentum. 26 libr. 11 sol. 8 den.

Fol. 57ᵛ.

Item de canonicatu et prebenda Aycurien. Leodiensis diocesis, vacantibus per obitum domini Berengarii etc. de quibus fuit provisum Bernardo Trandi etc. — Nichil recepi ex eo, quod licet condam Bernardus per suum procuratorem litteras suas apostolicas in ipsa Aycuriensi ecclesia ostenderit, tamen ad eius receptionem seu admissionem vel electionem ulterius non processit, ut patet per instrumentum cum signo B.

Item de altari beati Iudoci in ecclesia beate Marie Aquensis Leodiensis diocesis etc. — Nichil recepi quia non attingit ad taxum, ut apparet per instrumentum de capella sancti Michaelis in eadem ecclesia et hoc in primo biennio.

Item de canonicatu et prebenda ecclesie sancti Iohannis Leodiensis dudum Egidii Bughot (*sic*) et nunc magistri Nicolai de Sessia, recepi 37 libr. monete Leodiensis, Regali pro 40, scuto pro 44 sol. computatis; quas recepi pro integralibus fructibus unius anni dicte prebende nichil obtinenti remanente, quia capitulum dicte ecclesie huiusmodi summam totaliter michi obtulit. Et super huiusmodi solutione est publicum instrumentum. 37 libr.

Item pro capella beate Marie sita in ecclesia sancti Sepulcri in Sancto Trudone, que fuit dicti Egidii Bigot et nunc est Egidii Albi, recepi 10 libr. 10 sol. 4 den. monete Leodiensis, Regali pro 40 et scuto pro 44 sol. computatis; et tantum habet obtinens ratione privilegii; et super huiusmodi solutione est publicum instrumentum.

10 libr. 10 sol. 4 den.

Item de canonicatu et prebenda ecclesie sancte Gertrudis Niuellensis Leodiensis diocesis vacantibus de iure per mortem Bartholomei de Vorne, de quibus fuit provisum Waltero Henrici de Busco etc. — Nichil recepi quia lis est de eisdem, sed obtinens prestitit cautionem de restituendis fructibus in casu quo succumberet in causa et de hoc dedit fideiussores et est inde instrumentum.

Item de capella sive altari beati Thome sito in ecclesia beate Marie Dyonensis Leodiensis diocesis etc. — Nichil recepi quia non attingit ad taxum, ut patet per instrumentum VI huiusmodi secundi biennii.

Fol. 58.

Item de perpetua capellania beate Genovefe sita in ecclesia sancti Leonardi de Lewis Leodiensis diocesis etc. — Nichil recepi ex eo, quia non attingit ad taxum, ut per instrumentum inde confectum apparet.

Item de perpetuo beneficio summe misse in ecclesia sancti Martini Ruthensis Leodiensis diocesis etc. vacante quia dominus Henricus dictus Coopers adeptus est canonicatum et prebendam ecclesie sancte Crucis Leodiensis etc. de quo provisum fuit domino Iohanni de Puteo etc. — Recepi 8 libr. et 2 sol. monete Leodiensis, Regali pro 40 et scuto pro 44 sol. computatis, quas eius necessariis omnibus deductis et salariis deservitoris habui pro integris fructibus dicti beneficii, nichil obtinenti remanente cum non resideat nec privilegio gaudeat. Et inde est publicum instrumentum.   8 libr. 2 sol.

Item de capellania sancti Martini de Waseghe Leodiensis diocesis etc. — Nichil recepi ex eo, quia non attingit ad taxum ut apparet per instrumentum inde confectum.

Item de canonicatu et prebenda ecclesie Montis Sancte Gertrudis Leodiensis diocesis vacantibus per mortem Bernardi de Hulhouen, de quibus fuit provisum Nicolao Colardi etc. — Recepi 15 scut. valentes 33 libr. monete Leodiensis, Regali pro 40 et scuto pro 44 sol. computatis, quos pro integralibus fructibus totius anni recepi, licet impetrans nondum sit assecutus possessionem dicte prebende nec eam potest assequi; et super huiusmodi solutione est publicum instrumentum.   33 libr.

Item de canonicatu et prebenda ecclesie Niuellensis Leodiensis diocesis vacantibus per resignationem per dominum cardinalem Boloniensem factam, de quibus fuit provisum domino Iohanni de Caslaer, recepi 31 scut. 18 den. minus, ascendentes ad 68 libr. 2 sol. 6 den. monete Leodiensis, scuto pro 44 sol. computato, pro integralibus fructibus tocius anni, nichil obtinenti remanente cum nec fuerit residens nec privilegio gaudeat nec aliquid sibi dari petiit. Et super dicta solutione est publicum instrumentum.   68 libr. 2 sol. 6 den.

Fol. 58 v.

Item de parrochiali ecclesia de Willhersi Leodiensis diocesis vacante quia frater Iohannes de Castro Raynaldi etc. — Nichil recepi ex eo, quia non constat in partibus Leodiensibus de impetratione dicti fratris Iohannis nec unquam ostendit litteras suas archidyacono loci, ad quem spectat institutio personarum ad ecclesias parrochiales consistentes in districtu suo. Et de hoc est publicum instrumentum cum signo A.

Item de canonicatu et prebenda ecclesie Fossensis Leodiensis diocesis vacantibus per dimissionem Roberti de Tuycio et fuit provisum Iohanni Richardi etc. — Recepi 37 scut. valentes 81 libr. et 8 sol. monete Leodiensis, Regali pro 40 et scuto pro 44 sol. computatis; quos habui a capitulo Fossensi pro fructibus integralibus duorum annorum septem septimanis minus, nichil impetranti remanente, quia non constabat in ipsa Fossensi ecclesia de provisione nec privilegio nec residentia ipsius impetrantis. Et super dicta solutione est publicum instrumentum.   81 libr. 8 sol.

Item de canonicatu et prebenda ecclesie de Monasterio supra Sambriam Leodiensis diocesis vacantibus per mortem domini Godefridi de Wilhersy et fuit provisum Nicolao Iohannis etc. — Nichil recepi quia idem dominus Godefridus dum obiit non fuerat canonicus ibidem nec dictus impetrans unquam comparuit cum litteris suis, ut apparet per instrumentum cum signo B.

Item de canonicatu et prebenda ecclesie beate Marie Traiectensis Leodiensis diocesis resignatis per dominum cardinalem Boloniensem et fuit provisum Gerardo dicto Barreit etc. — Recepi 10 Regales valentes 20 libr. monete Leodiensis, Regali pro 40 et scuto pro 44 sol. computatis, quos habui pro fructibus integralibus tocius anni nichil impetranti remanente, quia non constabat in dicta ecclesia de eius provisione, et super dicta solutione est publicum instrumentum.   20 libr.

Item de capellania sive altari sancti Mauricii sito in ecclesia de Wasege Leodiensis diocesis etc. — Nichil recepi quia non attingit ad taxam et hec eadem capella, de qua superius fit mentio ubi nominatur sancti Martini, sed ibi erratum fuit in nomine. Et de hoc est instrumentum.

Fol. 59.

Item de parrochiali et curata ecclesia de Alne Leodiensis diocesis etc. — Recepi 22 parvos flor. valentes 36 libr. et 6 sol. monete Leodiensis, parvo floreno pro 33, Regali pro 40 et scuto pro 44 sol. computatis; quos habui pro integralibus fructibus tocius anni, deductis oneribus necessariis et pro deservitore, nichil impetranti remanente cum nec resideret nec privilegio gauderet. Et inde est instrumentum.

36 libr. 6 sol.

Item de canonicatu et prebenda ecclesie Leodiensis, qui fuerunt magistri Anthonii de Bugella et nunc sunt magistri Berengarii Gregorii, recepi 51 libr. et 18 den. monete Leodiensis, Regali pro 40 et scuto pro 44 sol. computatis; quos habui partim integraliter pro 10 mensibus, quia non constabat in ecclesia Leodiensi de provisione alicuius, et pro residuis mensibus ad mediam partem. Et super dicta solutione est instrumentum.   51 libr. 17 den.

Item de prepositura ecclesie Leodiensis, que fuit domini Engelberti electi Leodiensis et nunc est domini Bertrandi tituli sancti Marci presbyteri cardinalis etc. — Recepi 640 libr. 10 sol. et 11 den. dicte monete Leodiensis, Regali pro 40 et scuto pro 44 sol. computatis; et hoc pro media parte tocius anni, altera dicto domino cardinali ratione privilegii ad supportandum onera remanente. Et inde est instrumentum.   640 libr. 10 sol. 11 den.

Item facta est gratia magistro Balduino de Bulhiaco etc. — Nichil recepi ex eo, quia michi mandastis quod suprasederim donec haberet summam pro se dictus magister Balduinus de dimidia prebenda in ecclesia Ambianensi, qui adhuc super ea litigat in curia ut scire potestis.

Item de altari sancti Nicolai sito in ecclesia de Monte Sancti Andree Leodiensis diocesis, quod fuit resignatum per Walterum de Melauri et collatum Henrico Humari etc. — Nichil recepi ex eo, quia non attingit ad taxum ut patet per instrumentum cum signo B.

Fol. 59ᵛ.

Item de canonicatu et prebenda ac scolastria ecclesie beate Marie Hoyensis Leodiensis diocesis vacantibus per resignationem Ludolphi de
Winkelhusen, de quibus fuit provisum Wilhelmo de Baldressen etc.
Recepi 40 libr. et 14 sol. monete Leodiensis, Regali pro 40 et scuto
pro 44 sol. computatis; quos recepi pro fructibus integralibus tocius
anni onera necessaria et debita supportando, nichil dicto Wilhelmo
remanente cum nec resideret nec privilegio gauderet. Et super dicta
solutione est factum instrumentum.   40 libr. 14 sol.

Item de parrochiali ecclesia Sancti Viti Leodiensis diocesis etc. — Nichil
recepi ex eo, quia dictus Tilmannus nunquam apparuit cum litteris
apostolicis super gratia sibi facta, sed dominus Iudocus est in possessione dicte ecclesie ut patet per instrumentum et testimonium archi-
dyaconi loci, qui omnes rectores ecclesiarum in suo archidyaconatu
consistentium habet instituere in eisdem, cum signo A.

Item de canonicatu et prebenda ecclesie sancti Servatii Traiectensis
Leodiensis diocesis, qui fuerunt Egidii de Werda et sunt nunc domini
Iohannis de Doblestene etc. — Recepi 19 scut. et 20 sol. cum 5 den.
monete Leodiensis, Regali pro 40 et scuto pro 44 sol. computatis,
valentes 42 libr. 17 sol. et 4 den. dicte monete Leodiensis; quos
habui pro integralibus fructibus tocius anni licet idem obtinens resideret, cum nichil inde peteret. Et super dicta solutione est publicum
instrumentum.   42 libr. 17 sol. 4 den.

Item de canonicatu et prebenda ecclesie sancti Petri de Zittert et ecclesie
beate Katharine nove curie Beghinarum prope Traiectum Leodiensis
diocesis, vacantibus per resignationem Iohannis de Doblestene et fuit
provisum Egidio de Werda etc. — Respondeo quia de dictis canonicatu et prebenda nichil recepi ex eo, quia spectant ad collationem laici
patroni utpote domini Iohannis de Valkenburgh, domini de Borne et
de Zittert militis, et eius progenitorum, ut apparet per instrumentum
cum signo A inde confectum; et de dicta parrochia habui 48 parvos
flor., 4 Regalibus pro 5 parvis florenis computatis, valentes 76 libr.
16 sol. dicte monete Leodiensis, Regali pro 40 et scuto pro 44 sol.

Fol. 60.

computatis; quos habui tanquam mediam partem, alia obtinenti ad
supportandum onera remanente, quia continue resedit. Et super dicta
solutione est publicum instrumentum.   76 libr. 16 sol.

Item in omni iure quod competit domino Iohanni de Pistorio in parrochiali ecclesia de Markow etc. fuit subrogatus Gobelinus etc. —
Nichil recepi ex eo, quia lis est de dicta ecclesia in curia Romana.

Item de canonicatu et prebenda ecclesie Thuduniensis diocesis Leodiensis, qui fuerunt domini Iohannis de Cressiaco et nunc sunt Guil-
helmi de Panhus etc. — Recepi 32 Regales valentes 64 libr. monete

Leodiensis, Regali pro 40 et scuto pro 44 sol. computatis, quos habui pro fructibus integralibus totius anni, nichil impetranti remanente, cum nec resideret nec gauderet privilegio. Et super dicta solutione est publicum instrumentum. 64 libr.

Item de canonicatu et prebenda ecclesie sancti Dyonisii Leodiensis vacantibus per mortem Iohannis de Cressiaco et fuit provisum Iohanni de Bossaco etc. — Computavi in prima mea computatione, ut in ea apparet et per publicum instrumentum.

Item de parrochiali ecclesia in Bakel Leodiensis diocesis etc. — Nichil recepi quia lis est super ea, et prestitit bonam cautionem obtinens de fructibus restituendis in casu quo succumberet, ut apparet per instrumentum.

Fol. 60 r.

Item de canonicatu et prebenda ecclesie Leodiensis vacantibus per contractum matrimonium Spiroti etc. fuit provisum domino Durando Cornuti etc. — Recepi 35 libr. 3 sol. 6 den. monete Leodiensis, Regali pro 40 et scuto pro 44 sol. computatis; et hoc tanquam mediam partem, altera obtinenti remanente quia privilegiatus fuit; et adhuc restat parva pecunie summa recipienda. Et super dicta solutione est publicum instrumentum. 35 libr. 3 sol. 6 den.

Item de parrochiali ecclesia de Dynter Leodiensis diocesis quomodocumque vacet in curia etc. fuit provisum Christiano de Elst etc. — Nichil recepi quia lis est super ipsa ecclesia, et obtinens prestitit cautionem de restituendis fructibus in casu quo succumberet, ut michi mandastis, et super ipsa cautione est instrumentum.

Item de officio custodie collegiate ecclesie Hoyensis Leodiensis diocesis vacante per obitum Hugutionis de Marsiano et fuit provisum Petro de Nigella etc. — Recepi 347 libr. 13 sol. et 4 den. monete Leodiensis, Regali pro 40 et scuto pro 44 sol. computatis, tanquam mediam partem, alia obtinenti remanente ad supportandum onera. Et inde est instrumentum. 347 libr. 13 sol. 4 den.

Item de canonicatu et prebenda ecclesie Leodiensis vacantibus per mortem domini Hugutionis, de quibus fuit provisum Durando Girardi etc. — Recepi 60 libr. 3 sol. 2 den. monete Leodiensis, Regali pro 40 et scuto pro 44 sol. computatis; et hoc pro fructibus integralibus 10 mensium, quia non constabat de provisione vel privilegio alicuius, et de aliis duobus mensibus habui medietatem, altera obtinenti remanente; et adhuc restat parva pecunie summa recipienda. Super dicta solutione est publicum instrumentum. 60 libr. 3 sol. 2 den.

Fol. 61.

Item de canonicatu et prebenda beate Marie Traiectensis Leodiensis diocesis vacantibus per resignationem domini cardinalis Boloniensis fuit provisum Fastrardo filio domini Bertoldi Barreit militis etc. —

Nichil inde recepi, quia ista est de qua computo hic ante et que fuit collata magistro Gerardo Barreit.

Item de parrochiali ecclesia de Milrefelt Leodiensis diocesis vacante quia Iohannes dictus de Traiecto ipsam extitit per symoniacam pravitatem adeptus et fuit provisum Iohanni de Traiecto. — Nichil recepi ex eo, quia quidam alter nomine Arnoldus fuit et est in possessione dicti beneficii et dictus impetrans perdidit per sententiam. Et de hoc est instrumentum.

Item de ecclesia curata sancti Martini de Ans Leodiensis diocesis vacante per obitum Odonis Malabranche de Urbe et fuit provisum Iohanni Viventii de Florentia. — Nichil recepi ex eo, quia dicta ecclesia fuit per multos annos iam elapsos incorporata ecclesie Visetensi Leodiensis diocesis et est inde una prebenda confecta, nec idem impetrans comparuit cum litteris apostolicis. Et super hiis est publicum instrumentum. Et poterit per dominum cardinalem Boloniensem sciri, qui est patronus ibidem.

Item de capella sanctorum Iohannis Evangeliste et Bartholomei sita in ecclesia sancti Pauli Leodien. vacante quia Petrus Brebechan ex gratia domini pape est adeptus canonicatum et prebendam sancti Materni in ecclesia Leodiensi et fuit provisum Petro de Duras etc. — Nichil recepi quia nundum est provisum dicto Petro de prebenda sancti Materni; et inde est instrumentum cum signo A.

Item de parrochiali ecclesia Sancti Viti Leodiensis diocesis vacante quia condam Iohannes de Stornenbergh ipsam per plures annos tenuit non promotus et tanto tempore quod eius collatio etc. fuit provisum Tilmanno Balestarii etc. — Nichil inde recepi ut dictum est superius,[1] quia nunquam litteras suas super hoc ostendit, ut per instrumentum A.

Fol. 61 r.

Item de canonicatu et prebenda Leodien. vacantibus per resignationem Wilhelmi Rufi fuit provisum Firmino Cambacii etc. — Recipietur in brevi.

Item de parrochiali ecclesia de Ramesdunch Leodiensis diocesis quam Godefridus Manfredi minus canonice obtinet fuit provisum de novo etc. — Nichil recepi ex eo, quia spectat ad laicum patronum, nec est usus aliqua gratia apostolica ut apparet per instrumentum.

Item de parrochiali ecclesia de Ghestole supra Zomam Leodiensis diocesis, quam Nicolaus de Valle primo duobus annis, deinde Franco de Reuele aliis duobus annis tenuerunt ad sacros ordines non promoti, fuit provisum Engelberto de Porlaer etc. — Nichil recepi ex eo, quia lis est de eadem. Et idem Franco prestitit cautionem de fructibus restituendis ubi succumberet. Et inde est instrumentum.

[1] Oben S. 278.

Item de canonicatu et prebenda ecclesie Leodiensis cum vacabunt per contrahendum matrimonium Petri de Via, qui ad vota secularia se transferre proponit, provisum fuit Garnero de Silua. — Nichil inde recepi, quia non constat de matrimonio contracto nec de vacatione dicte prebende.

Item de prepositura ecclesie sancti Servatii opidi (sic) Traiectensis Leodiensis diocesis, quam Arnoldus de Blankenhein obtinet, fuit sibi provisum ex causa de novo. — Nichil ex eo recepi, quia spectat ad patronum laicum scilicet ducem Brabantie, ut apparet per instrumentum cum signo A.

Fol. 62.

Demum licet in dictis registris dominorum thesaurariorum predictorum michi collectori predicto, ut premittitur, transmissis non contineantur vacationes beneficiorum subscriptorum, et pro eo dubitaverim utrum illorum fructus primi anni dicte collectioni subiacerent, tamen quia illa scivi apud dictam sedem apostolicam vel eidem sedi vacare, fructus ipsos ad cautelam et ne michi forsitan negligentia imputaretur recepi et collegi iuxta modum michi commissum et prout infra sequitur.

Primo recepi pro prebenda Leodiensi que fuit domini Enghelberti de Marca episcopi Leodiensis: 36 libr. 14 sol. 8 den. et hec tanquam pro media parte, altera obtinenti remanente ratione privilegii. Et super dicta solutione est publicum instrumentum.   36 libr. 14 sol. 8 den.

Item recepi pro prebenda que fuit Francisci Daynoit (?) in ecclesia Niuellensi Leodiensis diocesis et nunc est magistri Iohannis Guidardi: 36 scut. valentes 79 libr. 4 sol., Regali pro 40 et scuto pro 44 sol. computatis; quos recepi pro fructibus integralibus totius anni nichil obtinenti remanente. Et super huiusmodi solutione est publicum instrumentum.   79 libr. 4 sol.

Summa pagine est: 115 libr. 18 sol. 8 den. monete supradicte; et sic apparet quod summa recepte secundi biennii in civitate et diocesi Leodien. est   2025 libr. 7 sol. 10 den. monete Leodiensis.

Ap(probo).

Summa vero totalis recepte, tam de residuo primi biennii in civitate et diocesi Leodien. quam de secundo biennio in civitatibus et diocesibus Colonien. et Leodien. est

2713 libr. 11 sol. et 1 den. monete Leodiensis,
Regali pro 40 et scuto pro 44 sol. computatis.

Ap(probo).

Fol. 62 v.

Sequitur recepta per magistrum Hugonem Wstinc, subcollectorem in civitate et diocesi Traiecten., ad usus Camere domini nostri pape a kalendis Octobris sub anno Domini 1345 citra

michi missa, nichil immutando secundum quod dictam computationem
per ipsum recepi.

In primis de decanatu ecclesie sancti Salvatoris in scudatis et aliis aureis
denariis, scudato pro 28 sol. computato ut patet per instrumentum
                                         100 libr.

Item ab eodem in moneta currenti: 71 libr. 14 sol. 2 den. et o(bol.?)
                               71 libr. 14 sol. 5 den. et o(bol.?).

Item de prebenda de qua provisum est Iohanni de Nyenaer in ecclesia
sancte Marie Traiecten. in simili auro: 40 libr., et super dicta
solutione est publicum instrumentum.   40 libr.

Item ab eodem in moneta currenti: 13 libr. 17 sol. 6 den. et 1 unciam,
ut patet per instrumentum.   13 libr. 17 sol. 6 den. 1 unciam.

Item ex restantibus panis et cervisie prebende Iohannis de Pistorio in
ecclesia sancti Salvatoris in auro: 20 libr., ut apparet per publicum
instrumentum.   20 libr.

Item ex restantibus similis panis et cervisie eiusdem Iohannis de Pistorio
ex prebenda in ecclesia sancti Iohannis Traiecten.: 10 libr. in
moneta currenti.   10 libr.

Item de parrochiali ecclesia de Ondestye (?) in auro: 32 libr., ut patet
per instrumentum.   32 libr.

Item de parrochiali ecclesia de Lexmonde: 27 libr. 12 sol. 6 den. in
moneta currenti.   27 libr. 12 sol. 6 den.

Item de parrochiali ecclesia in Heldel: 19 libr. 14 sol. in moneta currenti,
ut per instrumentum patet.   19 libr. 14 sol.

Item a rectore eiusdem ecclesie in Hedel (sic) contra Turchos: 40 flor.
auri facientes 41 libr. 6 sol. 8 den. et inde est instrumentum.
                                     41 libr. 6 sol. 8 den.

Item ab ecclesia sancti Iacobi Traiecten. in auro[1]   30 libr.

Item ab eadem in moneta currenti   10 libr.

Item ab ecclesia in Iselmude in auro   30 libr.

Item ab eadem in moneta currenti[2]   17 libr.

Item ex prebenda Henrici Hertsplit in ecclesia sancti Salvatoris Traiecten.: 15 scudat. unum Regalem et 3 flor. auri, facientes 25 libr.
8 sol. 4 den. ut patet per instrumentum inde deliberatum.

Fol. 63.   25 libr. 8 sol. 4 den.

Item de prebenda et supplemento quam habet Lodulphus de Winkelhusen
in ecclesia Traiectensi in moneta currenti: 55 libr. 12 sol. 7 den.
ut patet per instrumentum.   55 libr. 12 sol. 7 den.

Item de prebenda Gobelini de Dringhusen quam habet in ecclesia Traiectensi: 39 libr. 7 sol. 9 den. in auro, scudato pro 27 sol. et 6 den.
computato, ut patet per instrumentum.   39 libr. 7 sol. 9 den.

---

[1] Die Summen sind zweimal gesetzt; einmal im Texte und einmal am Rande.
[2] Am Rande: »Inveniuntur non inter reservationes nec in registro.«

Item ex prebenda Davantriensi quam habet Henricus de Embrica:
5 libr. in auro ut iam predictum est computato, ut apparet per instrumentum inde confectum. 5 libr.
Item recepta per prepositum Adenzelensem ex prebenda Davantriensi
Ghiselberti de Euerdinghen in moneta currenti: 25 libr. et de hoc
est instrumentum. 25 libr.
Item de prepositura et archidiaconatu Adenzel. in moneta currenti: 37 libr.
13 sol. 8 den. et super huiusmodi solutione est publicum instrumentum.
37 libr. 13 sol. 8 den.
Summa receptorum in auro 363 libr. 2 sol. 9 den.
Summa receptorum in parvis argenteis currentibus
288 libr. 4 sol. 8 den. o (bol.?) et 1 unc.
Summa summarum omnium receptorum tam in auro quam in ar-
gento 651 libr. 7 sol. 6 den.
Ap(probo).

Hec fuerunt exposita per eundem magistrum Hugonem circa
collectionem fructuum predictorum.
In primis pro copia appellationis Michaelis Moliart canonici Traiectensis,
quam interposuit a processibus domini Iohannis de Casleto canonici
Leodiensis [1] 16 sol.
Item pro copia appellationis prepositi Embricensis interposite a processibus
eiusdem domini Iohannis 16 sol.
Item pro exequendis processibus contra eundem prepositum in ecclesiis
sancti Petri Traiectensis et Embricensi Traiectensis dyocesis et tribus
instrumentis super hoc confectis solvi domino Goeswino de Lole
2 libr. 4 sol.
Item notario in ecclesia sancti Petri 16 sol.
Fol. 63 r.
Item nuntio portatori dictorum processuum 10 sol.
Item pro executione dictorum processuum contra ecclesias de Lexmonde
et de Hedel portitori litterarum 22 sol.
Item pro publicatione bulle domini pape super reservatione nova et co-
piatione eiusdem 30 sol.
Item pro diversis scripturis 20 sol.
Item Hugoni Strubbe pro instrumento Henrici Hertsplit 4 sol.
Item Reynero Modde de instrumento Iohannis de Nyenaer 5 sol. 4 den.
Item domino Iacobo pro instrumento in Bomel 4 sol.
Item Hugoni Strubbe pro uno instrumento super executione 4 sol.
Item magistro Ludovico pro duobus instrumentis 8 sol.
Item Hugoni Strubbe de uno instrumento Ghiselberti de Euerdinghen
— 5 sol. 4 den.

[1] Die Summen sind immer zweimal gesetzt in der Handschrift; ich drucke sie
bloß einmal ab.

Item pro expensis sinodi in archidiaconatu Aldenzelensi 36 sol.

Item pro expensis colligentis fructus prepositure et archidiaconatus Aldenzelen. 30 sol.

Item pro expensis ciusdem 2 libr.

Summa expositorum in parvis denariis currentibus 15 libr. 10 sol. 8 den.

Et sic debentur Camere domini pape 635 libr. 16 sol. 9 den. 0 (bol.?) et 1 unc. De quibus debeo solvere in auro, scudato pro 28 sol. computato: 363 libr. 2 sol. 9 den.

Item in argento: 272 libr. 14 sol. 0 (bol.?) et 1 unc., scudato pro 2 libr. 2 sol. computato ex causa, quia argentea pecunia post tempus receptionis ipsius sic est reproba reputata, quod 6 argentei tunc facientes 2 sol. nunc faciunt 16 den.; et ita soluti fuerunt domino Iohanni in universo: 388 scudati, 2 flor. et 9 sol.

Fol. 64.

Sequitur adhuc alia recepta per eundem magistrum Hugonem michi missa.

Primo pro prebenda cum supplemento domini Michaelis Moiliart in ecclesia Traiectensi: 53 libr. 4 sol. 2 den., scuto pro 28 sol. computato; ascendentes ad 37 scutos aureos 9 gross. monete episcopi Traiectensis, 16 sol. et 2 den. parve monete Traiectensis.

53 libr. 4 sol. 2 den.

Item pro restanciis prepositure de Aldenzel Traiectensis diocesis: 15 scudatos aureos; et pro uno papilione aureo: unum scudatum aureum 2 gross. monete supradicte et 5 den. argenteos Lupart wolgariter nuncupatos. [16 den. ad scud. 2 Tur. gross.][1]

Item pro prebenda et supplemento quas dominus Nicolaus de Hezewiit obtinebat in ecclesia Traiectensi et de quibus provisum est domino Snedero Vterloe: 56 libr. dicte monete, facientes 40 scudat., quolibet scudato pro 28 sol. computato. [40 den. ad scud.][1]

Summa istorum trium beneficiorum est: 93 scudat. 31 sol. et 11 den. monete Traiectensis.

Summa summarum omnium receptorum civitatis et diocesis Traiecten. tam pro residuo primi biennii quam de secundo biennio est 481 scud. et 40 sol. 11 den. monete Traiecten. et 2 parv. flor.

Et sic apparet evidenter quod ad plenum receptum est et computatum de singulis beneficiis primi biennii civitatis et diocesis Traiecten., ut michi videtur, maxime de quibus aliquid exigi potest vel haberi. Quod autem sit plene computatum, apparet recoligendo (*sic*) beneficia dicti primi biennii secundum ordinem registrorum michi missorum. De non receptis intendo dicere rationes, quare hoc est, per instrumenta.

[1] Von anderer Hand.

Primo de canonicatu et prebenda de quibus fuit provisum magistro Iohanni de Oratorio. — Ad plenum computavi de eisdem in prima mea computatione ut patet per instrumentum inde deliberatum.

Fol. 64ᵛ·

Item de canonicatu et prebenda ecclesie sancti Salvatoris Traiectensis qui sunt domini Iohannis de Pistorio, alias pro parte computavi in prima mea computatione ut ibi apparet et per instrumentum inde deliberatum. Et nunc computo de residuo ad plenum ut patet superius.

Item de capella sancti Georgii in ecclesia sancte Marie Traiectensis, cuius fructus debebant spectare ad Cameram accepta possessione prebende sancti Salvatoris Traiectensis per Petrum Haye. — Nichil inde recepi quia dictus Petrus obiit antequam gratia eius sortiretur effectum.

Item de thesaurariis sancti Salvatoris Traiectensis et etiam ecclesie Davantriensis. — Nichil recepi de fructibus annualibus, quia onera excedebant fructus earundem, ut patet per instrumenta in prima computatione deliberata.

Item de canonicatu et prebenda sancti Salvatoris Traiectensis qui sunt Guillermi Cardinali (*sic*). — Nichil recepi ex eo, quod domini mei thesaurarii alias michi scripserunt quod, si repperirem (*sic*) quod ista gratia non faceret sibi fulsimentum ad ius prebende sue, quod nichil inde reciperem, et illud repperi per sententiam latam pro ipso, que adhuc apparet.

Item de prebenda beate Marie Traiectensis que est magistri N. Merre computavi in prima computatione ut ibi apparet et per instrumentum inde deliberatum.

Item de prebenda cum supplemento sancti Petri Traiectensis que est Gerardi Foet computavi in prima computatione, et etiam de reservatione pape Benedicti, ut ibi patet et per instrumentum inde deliberatum.

Item de prebenda cum supplemento ecclesie Traiectensis que sunt Michaelis Moiliart nunc computo ut superius patet.

Item de prebenda sancti Iohannis Traiectensis que est Gerardi Foet. — Nichil recepi ex ea quod vacavit extra curiam nec de aliqua reservatione constat, ut patet per instrumentum.

Fol. 65.

Item de prebenda beate Marie Traiectensis de qua fuit provisum Theodorico de Lederdamme nichil recepi, quia hec est eadem prebenda de qua magistro Nicolao Merre provisum extitit; et quia idem Theodoricus posterior in data fuit, ipse dicto N(icolao) cessit, ut patet per instrumentum.

Item de parrochiali ecclesia de Oestvorne Traiectensis diocesis nichil recepi, quia gratia magistri Godefridi nondum sortita est effectum, ut patet per instrumentum.

Item de prebenda cum supplemento ecclesie Traiectensis de qua fuit
provisum domino Guillermo tituli sancte Sabine cardinali. — Nichil
recepi quia hec est illa prebenda quam Michael Mailiart detinet et de
qua computo nunc.

Item de parrochiali ecclesia de Ondesax. — Nunc computo ut patet
superius, et de parrochiali ecclesia de Wungarde nichil recepi, quia
ita terminus est quod non attingit taxum ut per instrumentum patet.

Item de prebenda Traiectensi que est Gobelini de Dringhusen nunc
computo ut superius patet.

Item de prebenda sancti Salvatoris Traiectensis que est Henrici
Hertspliet nunc computo ut patet superius.

Item de parrochiali ecclesia de Riseberghen nichil recepi, quia gratia
Arnoldi Ayken non est sortita effectum ut patet per instrumentum.

Item de prebenda cum supplemento ecclesie Traiectensis que est domini Iohannis Rogerii computavi in prima mea computatione, ut ibi
patet et per instrumentum deliberatum.

Item de prebenda sancti Iohannis Traiectensis que est domini Iohannis de Pistorio pro parte computavi in prima computatione et per
instrumentum inde deliberatum. Et nunc pro parte computo ut superius patet.

Item de prebenda ecclesie Elstensis Traiectensis diocesis de qua fuit provisum Ghiselberto dicto Gruter. — Nichil recepi quia ipsa provisio
est surrepticia nec ipsa utitur, et alter qui ipsam prebendam possidet
canonice eam habet, ut per instrumentum patet.

Fol. 65 v.

Item de prebenda ecclesie Davantriensis que est Henrici de Embrica
nunc computo ut patet superius.

Et sic patet quod nichil restat exigendum de primo biennio.

Sequntur rationes de beneficiis secundi biennii.

Primo de prepositura ecclesie Embricensis Traiectensis diocesis et archidiaconatu Traiectensi qui sunt domini Henrici Moliart nichil recepi,
quia composuit cum thesaurario etc. de 300 flor. dandis contra
Turchos.

Item de altari sancte Crucis in ecclesia sancti Salvatoris Traiectensis
nichil recepi quia non attingit taxum, ut patet per instrumentum.

Item de altari sancti Andree in maiori cripta ecclesie sancti Salvatoris
nichil recepi, quia non attingit taxum ut patet per instrumentum, et
fuit collatum per ordinarium antequam esset impetratum in curia.

Item de parrochiali ecclesia de Necterden Traiectensis diocesis. — Nichil
recepi ex ea quia non est per impetrantem obtenta, sed succubuit
litigans contra possessorem, ut patet per instrumentum.

Item de prebenda beate Marie Traiectensis que nunc est Iohannis
de Neynaer nunc computo ad plenum ut patet superius.

Item de prebenda cum supplemento ecclesie Traiectensis que est Ludolphi de Winkelhusen nunc computo ut patet superius.

Item de prebenda ecclesie Davantriensis Traiectensis diocesis que nunc est Ghiselberti de Euerdinghen nunc computo ut patet superius.

Item de prepositura ecclesie Elstensis que est Philippi de Groeneuelt. — Recipietur in brevi.

Item de prepositura et archidiaconatu ecclesie Aldenzelensis qui sunt domini Florentii de Iutfaes nunc computo ut patet superius.

Fol. 66.

Item de parrochiali ecclesia in Lexmonde Traiectensis diocesis que est Henrici Vetenleen nunc computo ut patet superius.

Item de decanatu sancti Salvatoris Traiectensis qui nunc est domini Iohannis de Pistorio nunc computo ut patet superius.

Item de parrochiali ecclesia in Hedel Traiectensis diocesis que est Guillermi de Wade nunc computo etc. de 40 flor. datis contra Turchos ut patet superius.

Item de parrochiali ecclesia in Lopiit Traiectensis diocesis quam tenet magister Hugo Wstinc subcollector. — Nichil inde recepi ex eo, quia dictus magister Hugo dicit se possidere dictam ecclesiam canonice et expectare litem quando impetranti placebit, ut patet per instrumentum.

Item de prebenda ecclesie Bomelensis Traiectensis diocesis quam quidam Petrus Ghier possidet. — Nichil inde recepi ex eo, quia impetrans non comparuit nec prosequitur gratiam sibi factam, ut patet per instrumentum.

Et sic apparet quod totum est receptum de secundo biennio extra prepositura ecclesie Elstensis.

Fol. 66v.

Expense necessarie facte per me Iohannem de Casleto canonicum Leodiensem collectorem Camere apostolice in negocio collectionis presentis.

Primo ut securius facta mea ad utilitatem Camere dirigerem, assumpsi michi consiliarios iurisperitos, videlicet dominum Iohannem de Hoxem scolasticum maioris, magistrum Philippum Bruni decanum sancte Crucis Leodien. ecclesiarum et magistrum Andream de Ferieres advocatum, quibus insimul dedi pro salario et patrocinio michi per duos annos impensos   12 scudat.[1]

Item pro una via facta per me in Niuella 28a die Iunii anno 45° ad requirendum abbatissam et capitulum ut satisfacerent michi de aliquibus prebendis, stando extra 4 diebus expendi   4 scudat.

---

[1] Die Summen stehen immer zweimal in der Handschrift, einmal im Texte und einmal am Rande; ich habe sie blofs einmal gesetzt.

Item pro expensis et salario unius famuli, qui est nuntius capituli Leodiensis, missi ad Arnoldum de Erlau pro pecunia prepositure ecclesie
sancte Crucis Leodiensis; qui recessit a Leodien. (*sic*) 4ª die Iulii
anno .45º et stetit extra 6 diebus   1 scut.
Item anno 45º secunda die mensis Augusti misi dominum Iohannem de
Louemoel cum processu et bulla pro secundo biennio apud Traiectum et expendit   4 scudat. 6 gross.
Item anno 45º, 17ª die mensis Augusti pro uno famulo misso apud Tudinium pro pecunia habenda de prebenda que fuit domini Iohannis
de Crissiaco   5 gross.
Item anno 45º, 20ª die mensis Augusti pro expensis factis in hospitio
domini Petri Batisse, quando computavimus de residuo custodie sancti
Petri Leodiensis et de prepositura Hoyensi, que sunt cardinalis Boloniensis   1 scudat.
Item anno 45º, 28ª die Novembris pro uno famulo qui fuit Niuellam
pro pecunia habenda de prebenda que fuit domini cardinalis Boloniensis
                                                                  4 gross.
Item anno 45º, 15ª die Decembris pro uno famulo misso subcollectoribus
Traiectensibus ad portandum eisdem beneficia vacantia per dominos
meos thesaurarios michi missa et per me recepta 28ª die Novembris
                                                             2 parv. flor.

Fol. 67.

Item pro expensis unius famuli qui fuit 3ª die Ianuarii anno .46º pro pecunia prebende beate Marie Traiectensis que fuit domini cardinalis
Boloniensis   3 gross.
Item pro expensis unius famuli eodem die missi apud Alrie, qui stetit
extra sex diebus, qui portavit monitionem contra obtinentem dictam
ecclesiam, qui violenter levavit fructus pertinentes ad Cameram eiusdem ecclesie   9 gross.
Item 18ª die dicti mensis 10 gross. ad portandum excommunicationem
contra dictum obtinentem.   10 gross.
Item pro expensis unius famuli qui fuit ad monendum in Sancto Trudone illum, qui tenebatur Camere in redditibus altaris beate Marie in
ecclesia sancti Sepulcri   4 gross.
Item pro expensis factis anno 46º, 20ª die mensis Iunii pro Iacobo Lucas
clerico meo, qui fuit apud Alken ad monendum omnes trecensarios
et firmarios custodie Hoyensis   8 gross.
Item eodem anno 26ª die Iulii pro eodem clerico qui portavit litteras excommunicationis contra supra dictos trecensarios   10 gross.
Item decima die Septembris anno 46º pro uno famulo misso ad dominum
archiepiscopum Coloniensem cum litteris domini nostri pape
facientibus mentionem, ut michi assisteret in officio meo in suis civitate et diocesi, et stetit in terra archiepiscopi decem diebus antequam

eum invenire potuit: 2 scudatos. Qui archiepiscopus michi scripsit
quod eius voluntatem domino nostro pape super dicta littera scriberet.

2 scudat.

Item anno 45⁰, 19ᵃ die Octobris misi Traiectum subcollectoribus iterato
multa beneficia vacantia michi missa, eis etiam scribendo quod pa-
rarent et colligerent celeriter colligenda. Et stetit dictus nuncius extra
10 diebus et expendit   4 scudat.

Fol. 67 ᵉ.

Item anno 47⁰, die 8ᵃ Ianuarii pro expensis unius famuli qui fuit ad monendum ut habere possem fructus de Mierefelt   8 gross.

Item 28ᵃ die Ianuarii pro uno famulo qui ivit ad habendum pecuniam de
prebenda sancti Servatii Traiectensis et etiam de ecclesia Nove
Curie prope Traiectum   5 gross.

Item anno 47⁰ prima die Marcii pro expensis Iohannis de Hoyo clerici
mei qui fuit Dyonantum pro pecunia habenda de hospitali sancti
Iohannis   8 gross.

Item eadem die eiusdem mensis pro expensis unius famuli qui portavit
monitionem contra obtinentem ecclesiam de Dorne et de Bakel,
de qua lis est, et qui se Camere obligavit de fructibus restituendis
ubi succumberet   1 parvum flor.

Item 20ᵃ die mensis Marcii pro quodam nuncio qui ivit ad diversa loca
monitiones portando et pro pecunia habenda   1 scudat.

Item pro uno famulo misso ad arestandum fructus ecclesie de Ghistele,
de qua lis est inter obtinentem et impetrantem, et finaliter obtinens
prestitit cautionem et dedit fideiussorem sufficientem de fructibus restituendis in casu ubi succumberet   10 gross.

Item quia tota civitas et diocesis Leodien. quasi pervenit ad inobedientiam
propter durissimas guerras quas habuimus et adhuc habemus et propterea necessarium fuit facere quasi de omnibus beneficiis specialem
processum, qui non cum modico timore exequebatur, fuit necesse ad
vitandum maiores expensas recipere unum notarium qui singulos processus faceret et etiam litteras clausas ratione dicte collectionis, tam
in partibus Leodiensibus quam Traiectensibus quam etiam scribendo
dominis meis thesurariis, pro quo computo unum grossum in die,
scuto pro 16 gross. computato; et hoc tam pro expensis quam pro
vestibus, licet duplum merito deberet computari, et ascendit illud pro
duobus annis ad 45 scut. et in isto non computatur salarium dicti
notarii.   45 scudat.

Item pro expensis factis 12ᵃ die mensis Novembris per Iohannem notarium
ad eundum ad diversa loca ad inquirendum de diversis beneficiis rationes quare de eisdem nichil solvitur et stetit extra 5 diebus[1]   1 scud.

---

[1] Am Rande neben diesem Posten steht ein »b«, neben dem folgenden ein »a«;
diese Buchstaben geben die richtige Reihenfolge an.

Item pro expensis factis per dominum Iohannem de Louemoel eundo Traiectum et qui apportavit 328 scudat. et recessit a Leodien. anno 48⁰, 23ᵃ die mensis Augusti et stetit extra 14 diebus   5 scud.

Fol. 69.

Item[1] pro expensis factis per me Iohannem anno 47⁰ ultima die Novembris eundo apud Alken et ad inquirendum ibidem de dampnis illatis in fructibus custodie Hoyensis, qui spectant ad Cameram, et steti extra 3 diebus   2 scudat. 1 parvum flor.

Item pro expensis factis per dominum Iohannem de Lovemoel anno 47⁰ eundo apud Traiectum pro residuo pecunie apportando, et recessit Leodio 5ᵃ die Decembris et stetit extra 12 diebus: 5 scudat. de quibus oportuit quod ipse fecit curialitatem notariis.   5 scudat.

Item quia communiter recepi florenos parvi ponderis et scudatos ad aquilam que permutavi ad Regales, florenos et scudatos regis Francie propter utilitatem Camere   7 scudat.

Item pro papiro consumpto in officio collectionis   1 scudat.

Summa expensarum est   103 scudat. et 10 gross.

quatuor parvis florenis pro tribus scutis computatis, et etiam 16 gross. pro scudato computatis: ascendunt in moneta Leodiensi
                          218 libr. 19 sol. et 4 den.

Summa vero totalis recepte tam de residuo primi biennii in civitate et diocesi Leodien. quam de secundo biennio in civitatibus et diocesibus Colonien. et Leodien. fuit
          2713 libr. 11 sol. et 1 den. monete Leodiensis;

Regali pro 40 et scuto pro 44 sol. computatis.

Et sic, facta compensatione receptorum ad exposita, apparet me collectorem predictum dicte Camere teneri in
          2485 libr. 11 sol. 9 den. sepedicte monete Leodiensis.

Et in   481 scudat. 40 sol. et 11 den. monete Traiectensis cum 2 parvis flor.

ratione collectionis Traiectensis ut superius apparet.[2]

Fol. 68.

Computus[3] domini Iohannis de Casleto canonici Leodiensis, collectoris in provincia Coloniensi, redditus die 28ᵃ Februarii anno 48⁰.

Et primo computat recepisse de arreragiis fructuum beneficiorum Leodien. et Traiecten. civitatum et diocesum que vacaverunt infra tempus prime biennalis reservationis facte per dominum nostrum   602 libr. 15 den.

---

[1] Wie schon bemerkt, bildet Fol. 68 den zwischen die Blätter eingeschobenen Computus brevis; derselbe folgt am Schlusse der Rechnung.

[2] Hier schliefst die Handschrift, resp. der Fascikel ab. Es folgen noch zwei leere Blätter.

[3] Dieses Blatt und das folgende, ohne Foliierung, in länglich gefaltetem Quartformat enthalten den Computus brevis.

Item computat recepisse de fructibus beneficiorum que vacaverunt infra
secundam biennalem reservationem factam per eundem dominum nostrum in civitatibus et diocesibus Colonien. et Leodien.
2111 libr. 9 sol. 10 den.

Summa predictorum est 2713 libr. 11 sol. et 1 den.

Regali pro 40 et scuto pro 44 sol. computatis; ascendentium ad Regales 844 et ad scudatos 466, 7 sol. 1 den. dicte monete.

Item computat recepisse de fructibus beneficiorum que vacaverunt in civitate et diocesi Traiecten. per subcollectorem suum tam de arreragiis
primi biennii quam de secundo biennio 651 libr. 7 sol. 6 den.

Item computat recepisse per eundem subcollectorem
109 libr. 7 sol. 15 den., 16 den. ad scutum.

Summa predicta in civitate et diocesi Traiecten. est
760 libr. 15 sol. 5 den.

De quibus sunt 288 libr. 4 sol. 9 den., scuto computato pro 42 sol., valentes scudat. 137, 10 sol. 9 den. dicte monete.

Item 472 libr. 10 sol. 8 den., scudato computato pro 38 sol., valentes
scudat. 337, 14 sol. 8 den. dicte monete.

Fol. 68 v.

Summa totius collectionis est, reducendo in Regalibus et scudatis:

Regales . . . . . . 844.

Scudati . . . . 956 et 32 sol. 6 den. diverse monete.

Inde deliberavi et tradidi dominis meis thesaurariis 844 Regales.

Item . . . 749 scudatos, parvos florenos duos.

Expense.

Item pro expensis primo computat subcollectorem suum Traiectensem expendisse pro scripturis et nunciis missis
15 libr. 10 sol. 8 den. parve monete Traiectensis,
valentes ad scudatos, computato scudato ad 42 sol. 7 den. ad scutum
16 sol. 8 den.

Item computat expendisse in salario advocatorum et notarii, qui diutius
fecit multas scripturas et processus maxime propter malum statum
patrie et guerras que ibidem fuerunt et adhuc sunt, et pro nunciis
mittendis tam ad Romanam curiam quam alibi ad diversas partes
dicte provincie Coloniensis, videlicet pro ipsorum salario et expensis
ac cambio monetarum 227 libr. 19 sol. 4 den.
valentes ad scudatos, computato scudato ad 44 den.
103 den. ad scutum, 10 den. Tur. gross.

Summa universalis omnium assignatorum, solutorum et expensarum[1]
859 den. ad scudat.,
844 Regales auri,

---

[1] Die Zahlen sind von einer andern Hand, vielleicht durch einen Kammerkleriker,
geschrieben.

2 flor. auri,
16 sol. 8 den.,
10 den. Tur. grossorum.
Ap(probo).

Quibus deductis de summa predictorum receptorum restat quod debet
dictus dominus Iohannes   95 den. ad scutum cum dimidio.

Aus den Bänden der Serie »Introitus et exitus«.

Num. 216. Fol. 45.

1344, September 17. — Die 17ᵃ mensis Septembris assignavit Camere apostolice dominus Iohannes de Scaleto (*sic*), canonicus Leodiensis ac
collector sedis apostolice in provincia Coloniensi fructuum beneficiorum
ecclesiasticorum apud eandem sedem vacantium, per manus magistri
Iohannis de Wulenbrang rectoris ecclesie de Louenmuel

152 flor.
19 den. ad pavalhon.,
54 den. ad scutum,
150 den. Regales.

Num. 216. Fol. 45.

1345, März 16. — Die 16ᵃ Marcii dominus I(ohannes) de Casleto, canonicus
Leodiensis collector in provincia Coloniensi, de receptis per eum de
fructibus beneficiorum vacantium assignavit Camere apostolice per
manum Iacobi Malabalha   111 flor. parvi ponderis,
148 Regales boni,
60 Regales parvi ponderis,
62 den. ad scutum boni,
28 den. ad scutum parvi,
70 pavalhon. boni,
41 pavalhon. parvi.

Num. 216. Fol. 45.

1345, März 21. — Die 21ᵃ Marcii venerabilis vir dominus Iohannes de
Casleto, collector beneficiorum vacantium in Leodiensi et Traiectensi
diocesibus, de fructibus dictorum beneficiorum per eum receptis assignavit Camere apostolice   90 Regales auri,
de quibus sunt 59 parvi;
170 den. ad scutum,
de quibus sunt 80 parvi;
36 pavalhones,
13 dupplices de Francia,
1 flor. parvi ponderis,
2 Leones parvi ponderis,
1 Angelum,
1 den. Tur. Boemical.,
1 pacat.

Attende quia preter monetas aureas debebat dominus
Iohannes 72 libr. 2 den. obol. monete illius provincie
pro quibus solvit 33 den. ad scutum, 1 Tur. gross. Boemical. et 3 den. parve (*monete*) Avinionensis, qui scudati includuntur in summa predicta, singulis de 33 scudatis pro 44 sol. illius monete computatis.

Num. 250. Fol. 38 r.

Collector Coloniensis.

1348, Februar 27. — Anno Domini 1348 indictione prima, pontificatus
sanctissimi patris nostri Clementis pape VI anno septimo. — Die
27ª mensis Februarii dominus Iohannes de Casleto canonicus Leodiensis, collector fructuum beneficiorum ecclesiasticorum vacantium
ad Cameram apostolicam pertinentium in civitate, diocesi et provincia
Colonien. auctoritate apostolica deputatus, de pecuniis per eum receptis et recollectis in dicta collectoria sua ad dictam Cameram pertinentibus, prout in suis computis particulariter declarabit, manualiter
solvit et assignavit   844 Regales auri, quorum sunt 584 boni ponderis,
                        260 non pond.,
                        749 scut. quorum sunt 382 boni ponderis, 377 non
                        pond.,
                        2 flor. auri.

Num. 210. Fol. 59.

Collector Coloniensis.

1348, April 28. — Anno Domini 1348 indictione prima, pontificatus sanctissimi patris Clementis pape VI anno septimo.
Die 28ª mensis Aprilis recepti sunt a domino Iohanne de Casleto canonico Leodiensi, collectore fructuum beneficiorum ecclesiasticorum
vacantium ad Cameram apostolicam pertinentium in provincia Coloniensi auctoritate apostolica deputato, de pecuniis per eum receptis
et recollectis in dicta collectoria sua ad dictam Cameram pertinentibus,
solvente per manus domini Iohannis rectoris ecclesie de Louemel
Leodiensis diocesis capellani sui
                        95 scut. auri, quorum sunt 37 boni ponderis et antiqui
                        cugni, 31 novi cugni boni ponderis et 37 novi et antiqui
                        cugni non ponderis et 15 sol. monete Avinionensis.

Num. 261. Fol. 40.

Collector Coloniensis.

1350, April 8. — Anno Domini 1350 (*etc.*). — Die 8ª mensis Aprilis
recepti sunt a domino Iohanne de Casleto canonico Leodiensi, collectore fructuum beneficiorum ecclesiasticorum vacantium ad Cameram
apostolicam pertinentium in provincia Coloniensi auctoritate apostolica

delegato, de peccuniis per eum vel eius subcollectores in dicta collectoria sua receptis et recollectis ad prefatam Cameram pertinentibus manualiter assignante   1500 scut. auri novos, 700 antiquos (*sic*).

Num. 265. Fol. 23.

Collector Coloniensis.

1352, September 7. — Anno Domini millesimo trecentesimo quinquagesimo secundo, indictione quinta, pontificatus sanctissimi patris et domini nostri domini Clementis divina providentia pape VI anno undecimo.

Die 7ª mensis Septembris recepti fuerunt a domino Iohanne de Casleto, collectore fructuum beneficiorum ecclesiasticorum vacantium ad Cameram apostolicam pertinentium in provincia Coloniensi auctoritate apostolica deputato, pro quadam resta per ipsum Camere predicte debita, prout constat per librum rationum et compotorum suorum ultimo redditorum, in satisfactionem et deductionem dicte summe, solvente et assignante per manus domini Iohannis de Villebringhen alias de Fres, rectoris ecclesie de Leuemohel Leodiensis diocesis

         161 scut. novos de cugno regis Philippi pro 117 scut. antiquis cum 2 tertiis et quarta parte unius;

         133 scut. novos cum tertia parte unius.

Num. 272. Fol. 40.

Collector Coloniensis.

1354, April 16. — Anno Domini millesimo trecentesimo quinquagesimo quarto, indictione 7ª, pontificatus sanctissimi patris et domini nostri domini Innocentii divina providentia pape VI anno secundo.

Die 16ª mensis Aprilis recepti fuerunt a domino Iohanne de Casleto canonico Leodiensi, collectore fructuum beneficiorum ecclesiasticorum vacantium ad Cameram apostolicam pertinentium in provincia Coloniensi auctoritate apostolica deputato, de pecuniis per eum seu eius subcollectores in dicta collectoria sua receptis et recollectis ad eandem Cameram pertinentibus, solvente manualiter   1037 scut. antiqui,

         131 Regales,

         4 pavalhones,

         14 flor. de Cameraco,

         400 scut. Philippi.

Quorum scutorum antiquorum 984 boni ponderis, 22 minoris ponderis, 31 contrafacti boni ponderis; scutorum Philippi sunt 337 boni ponderis et 63 contrafacti boni ponderis.

Num. 277. Fol. 50.

Collector Coloniensis.

1355, Oktober 30. — Anno Domini 1355 indictione 8ª (*etc.*). — Die 30ª mensis Octobris. Cum dominus Iohannes de Casleto canonicus

Leodiensis, collector Camere in provincia Coloniensi, teneretur Camere de finali computo per eum facto cum Camera, prout in libris rationum suarum per eum redditarum latius continetur, de receptis per eum a die 8ª mensis Aprilis anno 51⁰ usque ad 22ªm diem dicti mensis anno 54⁰ in 537 scut. cum dimidio Philippi, 130 scut. Iohannis, 148 scut. cum dimidio Brebancie, 100 scut. antiquis[1], 298 flor., 21 libr. 5 sol. 6 den. parve monete Leodiensis, 53 sol. parve monete Brebantie, 21 sol. parve monete Traiectensis, idem collector in deductionem summe dicte reste per manus domini Iohannis de Fres, rectoris parrochialis ecclesie de Louemel Leodiensis diocesis, solvit

497 scut. ultimos Philippi,
130 scut. Iohannis ultimos,
298 flor. Pedemontis parvi pond.,
290 scut. antiquos,
42 sol. 5 den. monete Avinion.

Num. 277. Fol. 50.

1355, November 14. — Die 14ª mensis Novembris recepti fuerunt a domino Iohanne de Casleto, olim collectore provincie Colloniensis (*sic*), pro resta computorum suorum in qua Camere tenebatur, solvente per manus domini Iohannis de Fres dyocesis Leodiensis

10 scut. Philippi ultimi cugni.

---

[1] In der Handschrift: »antiquos«.

VIII.

Rechnung des Kollektors für die Diöcese Metz,
Johannes de Hoyo, Primicerius der Kathedrale in Metz,
abgelegt am 20. November 1361.

(Archiv. Vatic. Camer. Avinion. Collector. Nr. 9.)

—✳✳— -

IX.

Rechnung des Kollektors für die Erzdiöcese Köln, Florentius de Wevelinghoven, Subdekan der Kathedrale in Köln. 1360—1364.

(Archiv. Vatic. Avinion. Camer. Collector. Nr. 9.)

-- ·✴:✴· - -

Die folgende Rechnung bildet den II. Fascikel des oben (S. 299) beschriebenen Sammel-bandes. Derselbe umfafst die Blätter 60—71. Vor fol. 60 findet sich die ursprüngliche Pergamentdecke ohne Folienzahl; sie trägt die alte Archivnummer 842. Die Blätter sind, wie fast immer, in vier Teile gefaltet; die zwei mittleren Viertel enthalten den Text; rechts stehen die Summen, links sind am Rande die Namen der im Texte erwähnten Pfründen angegeben. Da die Wiederholung derselben im Druck zwecklos wäre, liefs ich sie weg, was um so eher geschehen konnte, als sich keine Varianten in der Schreibweise der Namen fanden.

Archiv. Vatic. Collectoriae Nr. 9.

Fol. 60.

Hec sunt recepta et collecta per me, Florentium de Weuelkouen, subdeca-num Coloniensem, apostolice sedis nuntium et collectorem per civi-tatem et diocesim Colonien. fructuum primi anni beneficiorum ratione conventionum, provisionum, confirmationum et permutationum Ca-mere apostolice competentium et debitorum usque in hunc diem sub anno Domini 1360, decima octava die mensis Aprilis pontificatus sanctissimi in Christo patris et domini nostri domini Innocentii pape VI anno 8⁰.

In primis recepi a domino Iohanne, rectore parrochialis ecclesie in Wissen-kirchin ratione nove provisionis sibi facte de dicta sua ecclesia pro mediis fructibus primi anni; et ostendit quitantiam sub sigillo domini scolastici ecclesie sancti Gereonis Coloniensis de 2 marcis argenti. ratione conventionis   19 flor.

Item recepi a Remaro de Nomenich, rectore parrochialis ecclesie in Bo-wilre ratione nove provisionis dicte ecclesie sibi facte, pro mediis fructibus primi anni   18 flor.

Item recepi ab Adolfo de Lang, rectore parrochialis ecclesie in Hügel-houen, ratione nove provisionis sibi facte de dicta ecclesia sua pro mediis fructibus primi anni; et ostendit quitantiam domini Cavalli-censis[1] episcopi sub eius sigillo de 12 flor. ponderis ratione con-ventionis   18 flor.

Summa istius pagine   54 flor.

---

[1] Philippus de Cabassole. S. oben S. 299.

Fol. 60 v.

Item recepi a Iohanne de Brakel, rectore parrochialis ecclesie in Ketwich, ratione nove provisionis sibi facte de dicta sua ecclesia, pro mediis fructibus primi anni eiusdem   36 flor.

Item de conventione de indebite perceptis eiusdem ecclesie   20 flor.

Item recepi a Iohanne de Sancto Martino, rectore parrochialis ecclesie in Nuenkirchen prope castrum Hilkerode, ratione nove provisionis dicte ecclesie sue sibi facte pro mediis fructibus primi anni   8 flor.

Item de conventione de indebite perceptis   15 flor.

Item recepi ab Adolpho de Monte, rectore parrochialis ecclesie in Scholere, ratione nove provisionis sibi facte de mediis fructibus primi anni   22 flor.

Item recepi a Godefrido de Molendorp, rectore parrochialis ecclesie in Witlerslig, ratione permutationis per ipsum facte pro mediis fructibus primi anni ad bonam (*sic*) computatis   8 flor.

Item recepi a Bernhardo de Haselbeke, rectore parrochialis ecclesie in Kürchen, ratione nove provisionis sibi facte pro mediis fructibus primi anni dicte sue ecclesie   6 flor.

Item recepi ab Adolpho de Oüskirchen, rectore perpetue vicarie ibidem, ratione permutationis facte per ipsum pro mediis fructibus primi anni dicte vicarie   20 flor.

Summa   .   135 flor.

Fol. 61.

Item recepi ab Adolpho dicto Olenbruch, rectore parrochialis ecclesie in Erlepe, ratione nove provisionis sibi facte pro mediis fructibus dicte ecclesie primi anni ad bonam computatis   6 flor.

Item recepi a Leone de Düren, canonico ecclesie Monasterii Eyflie, ratione nove provisionis sibi facte de canonicatu et prebenda sua ibidem pro mediis fructibus eorundem; et ostendit quitantiam sub sigillo domini scolastici sancti Gereonis Coloniensis de 20 flor. pro fructibus indebite perceptis   28 flor.

Item recepi a Iohanne de Bure, rectore parrochialis ecclesie in Bech, ratione nove provisionis sibi facte de dicta sua ecclesia pro mediis fructibus primi anni   8 flor.

Item recepi a Theoderico de Sesslich, rectore vicarie in ecclesia sanctorum Apostolorum Colonien. pro nova provisione sibi facta, de mediis fructibus dicte vicarie sue   10 flor.

Item de conventione de indebite perceptis   10 flor.

Item recepi ab Henrico dicto Hake, rectore parrochialis ecclesie in Kalle, ratione nove provisionis sibi facte de dicta sua ecclesia pro mediis fructibus primi anni ad bonam computatis   6 flor.

Item recepi a Theodorico de Leten, rectore parrochialis ecclesie in Vpla-
den, ratione permutationis facte per ipsum pro mediis fructibus dicte
sue ecclesie 11 flor.

Summa . 79 flor.

Fol. 61 r.

Item recepi a Waltero de Voishem, rectore parrochialis ecclesie in Stralen,
ratione nove provisionis sibi facte de dicta sua ecclesia pro fructibus
indebite perceptis 30 flor.

Item pro mediis fructibus eiusdem ecclesie sue de primo anno 20 flor.

Item recepi a Goswino dicto Spede, rectore parrochialis ecclesie in Hülse,
ratione provisionis de novo sibi facte pro mediis fructibus primi anni
dicte sue ecclesie 16 flor.

Item recepi a Wynando dicto Hase canonico in Rolinkusen ratione
nove provisionis sibi facte pro mediis fructibus primi anni dictorum
canonicatus et prebende suorum 18 flor.

Item recepi ab Heidenrico Pryntz, rectore parrochialis ecclesie in Bya,
ratione nove provisionis dicte ecclesie sibi facte pro mediis fructibus
primi anni eiusdem 16 flor.

Item recepi a Rutgero dicto Spring, rectore parrochialis ecclesie in Esselne,
ratione nove provisionis dicte ecclesie sue sibi facte pro mediis fructibus primi anni eiusdem 15 flor.

Item recepi a Petro de Reinbach, rectore parrochialis ecclesie in Werenboltzkirchin, ratione nove provisionis dicte ecclesie sibi facte pro
mediis fructibus eiusdem primi anni 8 flor.

Item de conventione pro fructibus indebite perceptis 10 flor

Summa . . . . . . 132 flor.

Fol. 62.

Item recepi a domino abbate monasterii sancti Cornelii, ordinis sancti
Benedicti, de confirmatione sua 200 flor.

Item recepi a Iohanne de Lumike, canonico Sanctarum XI milium
Virginum, ratione nove provisionis sibi facte de dictis canonicatu
et prebenda sua ibidem pro mediis fructibus primi anni 10 flor.

Item pro fructibus indebite perceptis eorundem 10 flor.

Item recepi a Hermanno de Vnna, rectore parrochialis ecclesie in Datlenvelt, ratione nove provisionis sibi facte de dicta sua ecclesia pro
mediis fructibus primi anni 25 flor.

Item de conventione pro fructibus indebite perceptis 16 flor.

Item recepi a Iohanne de Vorsthusen, canonico ecclesie Assendensis,
ratione nove provisionis sibi facte de canonicatu et prebenda sua
ibidem pro mediis fructibus primi anni, et de conventione eorundem
pro fructibus indebite perceptis 19 flor.

Item recepi a Iohanne de Ketwich, rectore parrochialis ecclesie in Ketwich, ratione nove provisionis sibi facte pro mediis fructibus primi anni   10 flor.

Item recepi a Henrico Bauro, rectore ecclesie parrochialis in Syntzich, ratione nove provisionis dicte ecclesie sibi facte pro mediis fructibus primi anni   25 flor.

Item pro conventione de indebite perceptis   20 flor.

Summa . . . .   335 flor.

Fol. 62 r.

Item recepi a Lamberto de Reys, canonico ecclesie sancti Kunberti Coloniensis, ratione nove provisionis sibi facte de canonicatu et prebenda sua ibidem pro mediis fructibus primi anni eorundem   20 flor.

Item recepi a Reymaro de Brôle, canonico beate Marie ad gradus Colonien., ratione permutationis facte per ipsum pro mediis fructibus ac de indebite perceptis   24 flor.

Item recepi a Gerhardo de Heildin, rectore parrochialis ecclesie in Heilden, ratione nove provisionis sibi facte pro mediis fructibus primi anni eiusdem ecclesie   15 flor.

Item recepi a Gobelino de Langeuache, rectore capelle in Brouwenrode, ratione permutationis facte per ipsum, pro mediis fructibus primi anni eiusdem ac de indebite perceptis   22 flor.

Item recepi ab Hermanno de Breydemar, rectore parrochialis ecclesie in Vrechen, ratione nove provisionis sibi facte pro mediis fructibus primi anni eiusdem   22 flor.

Item recepi a Marquardo de Susato, canonico Sancti Georgii Coloniensis, ratione nove provisionis sibi facte de canonicatu et prebenda sua ibidem pro mediis fructibus eorundem   20 flor.

Summa . . . .   123 flor.

Fol. 63.

Item recepi ab Ada de Aldenrode, nunc rectore parrochialis ecclesie in Vrechen, ratione permutationis facte per ipsum pro mediis fructibus eiusdem   35 flor.

Item recepi ab Adolpho de Meschedin, rectore parrochialis ecclesie in Dromele, ratione nove provisionis sibi facte de dicta ecclesia pro mediis fructibus primi anni, et de indebite perceptis   25 flor.

Item recepi a Roperto de Tilia, rectore parrochialis ecclesie in Prato, ratione nove provisionis sibi facte de dicta ecclesia pro mediis fructibus primi anni eiusdem ecclesie   8 flor.

Item recepi a rectore parrochialis ecclesie in Stubele, ratione cuiusdam provisionis olim facte Iohanni de Lubeke pro mediis fructibus eiusdem ecclesie   8 flor.

Item recepi ab Anania de Berka, rectore parrochialis ecclesie in Wamel,

ratione confirmationis dicte ecclesie sibi facte pro mediis fructibus
primi anni eiusdem 35 flor.

Summa . . . 111 flor.

Fol. 63 r.

Item recepi a domino decano ecclesie sancti Andree Coloniensis ratione permutationis dicti decanatus per ipsum facte pro mediis fructibus eiusdem 60 flor.

Item recepi ab eodem ratione provisionis sibi facte de prepositura, canonicatu et prebenda ecclesie sancti Kunberti Coloniensis pro
mediis fructibus primi anni eorundem 45 flor.

Item recepi ab eodem ratione provisionis canonicatus et prebende ecclesie
sancti Andree Coloniensis sibi facte pro mediis fructibus primi
anni eorundem 25 flor.

Item recepi a Conrado de Leginch, olim rectore parrochialis ecclesie in
Bertistorp, ratione nove provisionis dicte ecclesie sibi facte pro conventione fructuum indebite perceptorum eiusdem ecclesie ad bonam
computatorum 25 flor.

Item recepi a domino Thoma de Septemfontibus, preposito ecclesie beate
Marie ad gradus Colonien., ratione provisionis sibi facte de eadem
pro mediis fructibus primi anni eiusdem prepositure 100 flor.

Item recepi a Iohanne de Pafferode, rectore parrochialis ecclesie in Syberg,
ratione nove provisionis dicte ecclesie sibi facte pro mediis fructibus
primi anni eiusdem ecclesie 60 flor.

Et[1] ostendit quitantiam sub sigillo scolastici sancti Gereonis de 20 flor.
ratione conventionis super fructibus indebite perceptis.

Summa . . . . 315 flor.

Fol. 64.

Item recepi a Gerhardo Gyr, rectore parrochialis ecclesie in Nüenkirchen
in der Blünen, ratione nove provisionis dicte ecclesie sibi facte pro
mediis fructibus eiusdem ecclesie primi anni 22 flor.

Item recepi a Gerdungho, rectore parrochialis ecclesie in Goch, ratione
nove provisionis dicte ecclesie sibi facte pro mediis fructibus primi
anni eiusdem ecclesie _ 63 flor.

Item recepi a domino Iohanne dicto Pail, rectore parrochialis ecclesie
sancte Marie Tulpetensis, ratione nove provisionis sibi facte pro
mediis fructibus primi anni dicte ecclesie sue 58 flor.

Item recepi ab executoribus quondam domini Constantini de Cornu, prepositi beate Marie ad gradus, quos ipse in testamento suo Camere apostolice legavit 3 flor.

Item recepi a Theoderico de Astberg, rectore parrochialis ecclesie in Moerse,
ratione nove provisionis dicte ecclesie sibi facte pro mediis fructibus
primi anni eiusdem 36 flor.

Summa . . . . . . 182 flor.

[1] Am Rande: »Nota«.

Fol. 64 v.

Item recepi a Bertholdo de Swansbülle, canonico ecclesie Assendensis, ratione provisionis sibi facte de canonicatu et prebenda sua ibidem pro mediis fructibus primi anni eorundem   15 flor.

Item recepi a Henrico dicto Büsch, canonico Sancti Severini Coloniensis, ratione provisionis seu confirmationis sibi facte de canonicatu, prebenda ac ferculo ibidem pro mediis fructibus eorundem

36 flor.

Item recepi a rectore capelle in Bedenkusen ratione provisionis dicte capelle sibi facte pro mediis fructibus primi anni eiusdem   2 flor.

Item recepi a Margmanno, rectore parrochialis ecclesie in Hergardin, ratione permutationis per ipsum facte pro mediis fructibus primi anni dicte ecclesie   28 flor.

Item recepi a Ryquino Vpenorde, canonico ecclesie sanctorum Apostolorum Colonien., ratione provisionis sibi facte de canonicatu et prebenda sua ibidem pro mediis fructibus primi anni eorundem   18 flor.

Summa   .   .   .   . 99 flor.

Fol. 65.

Item recepi a Iohanne Aduocati, rectore parrochialis ecclesie in Comern, ratione nove provisionis dicte ecclesie sibi facte pro mediis fructibus primi anni eiusdem ecclesie   22 flor.

Item recepi ab Adolpho, rectore parrochialis ecclesie in Erkerode, ratione provisionis sibi facte de dicta ecclesia pro mediis fructibus primi anni eiusdem   25 flor.

Item recepi a domino Conrado de Leten, preposito Sancti Kunberti Coloniensis, ratione permutationis facte per ipsum pro mediis fructibus primi anni eiusdem prepositure   45 flor.

Item recepi a domino episcopo Colmensi, quos ipse sustulit Camere apostolice competentes, videlicet a domino Iohanne dicto Loils, decano Xantonensi, ratione provisionis dicti decanatus sui pro mediis fructibus primi anni   20 flor.

Item idem dominus Colmensis presentavit michi ex parte Marsilii, canonici ecclesie sancti Georgii Coloniensis, pro mediis fructibus canonicatus et prebende eiusdem   20 flor.

Item idem dominus Colmensis presentavit michi ex parte rectoris parrochialis (*ecclesie*) in Benrode, ratione permutationis facte per ipsum rectorem de dicta sua ecclesia pro mediis fructibus primi anni eiusdem ecclesie   30 flor.

Summa   .   .   .   .   . 162 flor.

Fol. 65 v.

Item recepi a Hermanno de Summo, scolastico ecclesie sancti Andree Coloniensis, ratione provisionis sibi facte pro mediis fructibus primi anni eiusdem scolastarie   7 flor.

Item recepi a Iohanne de Xantis, canonico Sancti Severini Coloniensis, ratione confirmationis sibi facte de canonicatu et prebenda suis
ibidem pro mediis fructibus primi anni   25 flor.
Item recepi a Iohanne de Xantis, olim decano ecclesie sancti Severini
Coloniensis, ratione confirmationis dicti sui decanatus sibi facte
pro mediis fructibus primi anni eiusdem   25 flor.
Item recepi a Iohanne de Populo, rectore parrochialis ecclesie in Cunixuelt, ratione nove provisionis sibi facte de dicta ecclesia pro mediis
fructibus primi anni eiusdem ecclesie   30 flor.
Item recepi a Theoderico de Pauone, thesaurario ecclesie sancti Andree Coloniensis, ratione |provisionis sibi facte pro mediis fructibus primi anni canonicatus, prebende et thesaurarie suorum[1] ibidem
                                                               60 flor.
Summa   . .   147 flor.
Fol. 66.

Item recepi ab Arnoldo dicto Buschman, rectore vicarie sancti Stephani
ecclesie Coloniensis, ratione confirmationis sibi facte de dicta vicaria pro mediis fructibus eiusdem   13 flor.
Item recepi a Gerhardo, rectore parrochialis ecclesie in Horne, ratione
provisionis olim facte Gobelino de Berka tunc eiusdem ecclesie rectori pro mediis fructibus eiusdem   14 flor.
Item recepi a Telmanno Danielis, rectore parrochialis ecclesie in Berghe
prope Vryshem, ratione provisionis sibi facte de dicta ecclesia sua
pro mediis fructibus primi anni eiusdem   26 flor.
Item recepi a Winando de Hengebach, rectore parrochialis ecclesie in
Berghe prope Nydeghin, ratione nove provisionis sibi facte de
dicta sua ecclesia pro mediis fructibus primi anni eiusdem ecclesie
                                                               27 flor.
Summa   . .   80 flor.
Fol. 66 v.

Item recepi a Winando de Berghem, rectore parrochialis ecclesie in Pinstorp, ratione confirmationis dicte ecclesie sibi facte pro mediis
fructibus primi anni eiusdem   12 flor.
Item recepi a domino Wilhelmo Schilling, decano ecclesie sancti Cassii
Bunnensis, ratione provisionis decanatus sui facte sibi pro mediis
fructibus primi anni eiusdem decanatus   40 flor.
Item recepi a Iohanne de Essendis alias de Fossa, canonico ecclesie beate
Marie ad gradus Colonien., ratione provisionis sibi facte de canonicatu et prebenda ibidem pro mediis fructibus primi anni eorundem
                                                               16 flor.
Summa . . . . .   68 flor.
Summa usque huc   2015 flor.

---

[1] In der Handschrift: »suis«.

Fol. 67.

Notandum quod hec sunt recepta et collecta per me Florencium de Weuel-kouen, subdecanum Coloniensem, apostolice sedis nuncium et collec-torem per civitatem et diocesim Colonien. fructuum primi anni beneficiorum ratione conventionum, provisionum, confirmationum et permutationum Camere apostolice competentium a 23ª die Septembris anno Domini 1361 usque in hanc diem, videlicet 27ᵃᵐ diem mensis Februarii anno Domini 64 pontificatus sanctissimi in Christo patris et domini nostri domini Urbani pape V anno secundo.

In primis recepi a rectore ecclesie parrochialis in R o i d i n g pro mediis fructibus primi anni dicte ecclesie sue ratione provisionis Camere apostolice competentibus   15 flor.

Item recepi a domino Iohanne de Griffone, decano ad g r a d u s C o l o n i e n. pro mediis fructibus canonicatus et prebende suorum, de quibus olim Iohanni dicto Ryman fuerat provisum die ut supra   10 flor.

Item recepi a Rutgero de Ramsberg, canonico S o s a t i e n s i, ratione pro-visionis canonicatus et prebende suorum quos olim Lodewicus Pape possidebat   28 flor.

Item recepi a Petro dicto Birkelin, canonico S a n c t o r u m A p o s t o l o r u m, pro mediis fructibus canonicatus et prebende suorum ratione permu-tationis (*Camere*) apostolice competentibus   25 flor.

Summa istius pagine   78 flor.

Fol. 67 v.

Item recepi a Godefrido de Brankenhouen, rectore parrochialis ecclesie in K o r e n t z i g, ratione provisionis pro mediis fructibus Camere apo-stolice competentibus   34 flor.

Item recepi a rectore altaris beate Marie V i l i c e n s i s ratione provisionis Camere apostolice competentes pro mediis fructibus   10 flor.

Item recepi ab Arnoldo de Leginch, canonico S a n c t o r u m A p o s t o l o r u m, ratione provisionis pro mediis fructibus Camere apostolice compe-tentibus   30 flor.

Item recepi a Petro de Limricke, rectore ecclesie parrochialis in P y r n e, pro mediis fructibus ratione nove provisionis (*Camere apostolice*) com-petentibus   62 flor.

Item recepi a Ludowico, rectore ecclesie parrochialis in L u b l a r, ratione permutationis pro mediis fructibus Camere apostolice competentibus 25 flor.

Summa . . .   161 flor.

Fol. 68.

Item recepi a Conrado dicto Benchenkamp, canonico S o s a t i e n s i, ratione nove provisionis de canonicatu et prebenda ibidem pro mediis (*fruc-tibus*) Camere apostolice competentibus   20 flor.

Item recepi a dicto Conrado, rectore ecclesie parrochialis in D y n k e r i n,

ratione provisionis pro mediis fructibus Camere apostolice competentibus   22 flor.
Item a Iohanne dicto Bynghe, thesaurario Bunnensi, ratione permutationis pro mediis fructibus Camere apostolice competentibus 20 flor.
Item recepi a Luberto de Dalen, canonico Sosatiensi, ratione provisionis
canonicatus et prebende suorum pro mediis fructibus Camere apostolice competentibus   21 flor.
Item recepi ab Henrico de Buna, canonico Sosatiensi, pro mediis fructibus minoris prebende ratione provisionis Camere apostolice competentibus   5 flor.
Summa . .   88 flor.

Fol. 68ᵛ.

Item recepi a domino Telmanno de Hagene, olim canonico ecclesie
sancti Andree Coloniensis, pro mediis fructibus canonicatus et
prebende ibidem ratione permutationis Camere apostolice competentibus   40 flor.
Item recepi a Iohanne de Ripperode, canonico Sanctorum Apostolorum, pro mediis fructibus canonicatus et prebende ibidem, quos
olim dictus Schilling optinebat, ratione provisionis Camere apostolice
competentibus   25 flor.
Item recepi a Gobelino de Kelse, olim canonico ecclesie sancti Georii
(*sic*), pro mediis fructibus prebende quam Godefridus de Monte obtinebat ratione provisionis Camere apostolice competentibus   12 flor.
Item recepi a Gerlaco de Leginch, olim rectore ecclesie parrochialis in
Herginhen, pro mediis fructibus ecclesie eiusdem ratione provisionis
Camere apostolice competentibus   12 flor.
Summa . .   .   89 flor.

Fol. 69.

Item recepi a rectore ecclesie parrochialis in Hürte pro mediis fructibus
Camere apostolice competentibus   8 flor.
Item recepi a Iohanne, rectore ecclesie parrochialis in Dernauwe, pro
mediis fructibus ratione provisionis Camere apostolice competentibus
                                                                 10 flor.
Item recepi de ecclesia in Holtzwilre ratione provisionis olim dicto
Ouelacker facte pro mediis fructibus Camere apostolice competentibus
                                                                 36 flor.
Item recepi a Marsilio de Clymen, rectore ecclesie parrochialis in Mil-
lingen, pro mediis fructibus ratione provisionis Camere apostolice
competentibus   12 flor.
Item recepi ab executoribus quondam Wilhelmi de Greueroide, canonici
Werdensis, pro mediis fructibus canonicatus et prebende sue ratione
confirmationis Camere apostolice competentibus   18 flor.
Summa   . .   . . . .   84 flor.

Fol. 69 r.

Item recepi a rectore ecclesie parrochialis in Wesben pro mediis fructibus dicte ecclesie ratione permutationis Camere apostolice competentibus   13 flor.

Item recepi a Iohanne, rectore ecclesie parrochialis in Geuppe, pro mediis fructibus ratione provisionis Camere apostolice competentibus   25 flor.

Item recepi a Iohanne de Tegeln, olim rectore ecclesie parrochialis in Byrten, pro mediis fructibus ratione nove provisionis ipsi Iohanni facte Camere apostolice competentibus   25 flor.

Item recepi a rectore ecclesie parrochialis in Eppindorp pro mediis fructibus ratione provisionis Camere apostolice competentibus   16 flor.

Summa . . . .   79 flor.

Fol. 70.

Item recepi a Iohanne de Tegeln, canonico Xantensi, pro mediis fructibus canonicatus et prebende sue ratione nove provisionis Camere apostolice competentibus   16 flor.

Item recepi a domino Gerhardo de Amerungen, preposito Sancti Severini Coloniensis, pro mediis fructibus dicte prepositure sue ratione provisionis Camere apostolice competentibus   124 flor.

Item recepi a Thoma de Dalen, olim rectore ecclesie parrochialis in Duren, pro mediis fructibus ipsius ecclesie ratione provisionis sibi facte Camere apostolice competentibus   62 flor.

Item recepi a Telmanno de Greueroide, canonico Werdensi, pro mediis fructibus canonicatus et prebende sue ratione provisionis Camere apostolice competentibus   30 flor.

Summa . . . . . .   232 flor.

Fol. 70 r.

Item recepi a Leone, rectore altaris sancti Dionisii in ecclesia sancti Gereonis Coloniensis, pro mediis fructibus ratione provisionis Camere apostolice competentibus   8 flor.

Item recepi a Iohanne dicto Haynpman, rectore ecclesie parrochialis in Hoyngen, pro mediis fructibus ipsius ecclesie ratione permutationis Camere apostolice competentibus   80 flor.

Item recepi a Wilhelmo de Ampla Ianua, canonico ecclesie sancti Andree Coloniensis, pro mediis fructibus canonicatus et prebende sue ratione permutationis per ipsum Wilhelmum facte Camere apostolice competentibus   35 flor.

Item recepi ab eodem Wilhelmo pro mediis fructibus canonicatus et prebende predictorum pro mediis fructibus ratione provisionis Wilhelmo de Zile olim facte Camere apostolice competentibus   35 flor.

Summa .   . . .   158 flor.

Fol. 71.

Item recepi a decano Sanctorum Apostolorum pro mediis fructibus decanatus sui ratione provisionis Camere apostolice competentibus

40 flor.

Summa universalis de predictis   1009 flor.

Item prima summa universalis   2015 flor.

Summa istarum duarum summarum   3024 flor.

Notandum quod ego Florencius de Weuelkouen, subdecanus Coloniensis, collector Camere apostolice in civitate et diocesi Colonien., de istis florenis per me, ut premittitur, levatis et receptis presentavi et persolvi personaliter meis sumptibus, laboribus et expensis ad Cameram apostolicam videlicet domino meo domino [episcopo Nemausensi][1] domini nostri pape [thesaurario][2] 2015 flor. prout habeo in quitantia mea super hiis habita (*et*) bene aparebit. Actum et persolutum Avinione [die secunda mensis Decembris] sub anno Domini millesimo trecentesimo sexagesimo primo.

Item ego Florencius predictus dedi et persolvi domino Sygero de Novo Lapide, decano ecclesie sancti Servatii Traiectensis [Leodiensis diocesis], in provincia Coloniensi Camere apostolice collectori, octingentos et quinquaginta florenos [de Alamannia] nomine Camere predicte recipienti, prout habeo et bene apparebit per quitanciam suam michi super premissis traditam. Actum et persolutum 7ª die mensis Februarii sub anno Domini millesimo trecentesimo sexagesimo quarto in domo domini Petri Begonis, apostolice sedis nuncii, quam infra emunitatem (*sic*) ecclesie sanctorum Apostolorum Colonien. inhabitat, presentibus venerabilibus viris dominis Petro predicto, Henrico de Suderlande, scolastico ecclesie sancti Gereonis Coloniensis, magistro Gerhardo Foeke decano Traiectensi et Iohanni (*sic*) de Castro, canonico Sancti Gereonis predicti, et aliis testibus quampluribus fidedignis ad premissa vocatis.

Fol. 71ᵛ.

Item dedi predicto domino Petro Begonis centum florenos [de Alamannia] nomine Camere apostolice antedicte a me recipienti, prout habeo in littera sua super hiis michi tradita (*et*) bene apparebit.

Item dedi domino Guidoni de Cruce, apostolice sedis nuncio ad regna Dacie et Swecie [misso], quinquaginta florenos [de Alamannia] dicenti[3] se non habere expensas sufficientes unde posset conplere negotia Camere apostolice sibi commissa, prout habeo et bene apparebit per

---

[1] Johannes de Blaudiaco (Blauzac), Kardinalbischof von S. Sabina 19. September 1361. — Die in diesem Teile eingeklammerten Worte stehen am Rande; was im Texte stand, ist wegradiert.

[2] »thesaurario« steht am Rande, an Stelle des durchstrichenen Wortes »camerario« im Texte.

[3] In der Handschrift: »dicens«.

litteram suam michi traditam. Actum Colonie 5ª die mensis Decembris sub anno Domini millesimo trecentesimo sexagesimo tercio.
Summa secunda   mille flor.
Et sic restant adhuc 9 flor. de ultima summa de quibus satisfaciam.

Insuper sciendum est, quod ego Florencius predictus a tempore quo dictum officium collectorie incepi, videlicet ab anno Domini 1360 et antea, exposui plus quam centum et quinquaginta florenos circa advocatos et procuratores necessarios [et cursores et nuncios mittendos ad Flandriam, ad Traiectum et alibi ubi necesse erat] ad dictum officium, quos non computavi nec defalcavi ob reverentiam sedis apostolice, ac etiam tenui unum clericum in domo mea bene per quattuor annos ob nullam aliam causam nisi ad extorquendum istas pecunias, quas cum non modica difficultate hactenus acquisivi, cum huiusmodi negotia amplius non fuerunt visa nec audita in partibus nostris: super quibus omnibus et singulis contemplationi domini nostri pape ac pie memorie et recordationi dominorum meorum de Camera me semper refero loco et tempore recordandum.

Item summa expositorum per me excepto clerico quem tenui et nutrivi circa quatuor annos pro officio isto   150 flor.[1]

Aus der Serie »Introitus et exitus« im Vatik. Archiv.

Num. 294. Fol. 27. Dasselbe Num. 297. Fol. 19.

1361, Dezember 2. — Anno, indictione et pontificatu quibus supra (1361) die secunda mensis Decembris recepti fuerunt a domino Florentio de Weuelinchouen, subdecano ecclesie Coloniensis ac collectore apostolico in civitate et diocesi Colonien. specialiter deputato, de pecuniis per eum receptis et levatis in dicta sua collectoria ad dominum nostrum papam et suam Cameram apostolicam pertinentibus, ipso collectore manualiter assignante   1715 flor.;
et per manus Lamberti Lambertesqui de societate Albertorum antiquorum de Florentia habitatoris Avinionensis solvente   300 flor.
Et sic sunt in summa   2015 flor. fort.

---

[1] Es folgen noch zwei leere Blätter in der Handschrift.

X.

Rechnung des Kollektors für die Diöcesen Köln,
Lüttich und Utrecht, Sigerus de Novolapide, Dekan von
S. Servatius in Maestricht. 1367—1371.

(Archiv. Vatic. Camer. Avinion. Collector. Nr. 5.)

Der Band 5 der Kollektorienserie (»Rationes collectoriae Alamanniae«) ist ein Sammelband, in welchem *vier verschiedene Handschriften* vereinigt sind. Er ist ebenfalls im vorigen Jahrhundert unter dem Archivar Garampi zusammengestellt und eingebunden worden. Auf der Einbanddecke stehen die Signaturen: 6—32 Br. Folgendes ist der Inhalt der vier Fascikel, von denen der letzte hier abgedruckt wird:

Fasc. I (fol. 12—88): Verzeichnis der in den Diöcesen des deutschen Reiches vom 29. Iuni 1356—1360 incl. verliehenen Benefizien mit Angabe der Annaten-Summe und Verzeichnis der davon bezahlten Gelder. Inhaltlich ist dasselbe, soweit ich sehen konnte, identisch mit dem ersten Teile des Bandes Nr. 4 der Kollektorien (»Rationes collectoriae Alamanniae«) fol. 11—77. Der erste Teil des Papierkodex fehlt, denn die gleichzeitige Foliierung beginnt auf dem ersten Blatte mit der Zahl 12. Vor demselben findet sich ein Pergamentblatt, die ursprüngliche Decke, mit der alten Archivnummer 177 und dem gleichzeitigen Titel: »Liber novus Alamannorum extractus de antiquo et quodam quaderno .... (folgen einige ganz verwischte Worte) redditus Camere apostolice«.

Fasc. II (fol. 90—112): Register der Suppliken um Übertragung kirchlicher Benefizien im deutschen Reiche aus dem Pontifikate Innocenz' VI., über deren Verleihung und die damit verknüpften Zahlungen der Kammernotar Arnaldus Johannis die Akten anfertigte. — Bl. 89 fehlt in der Handschrift. Mit 90 hört die alte Foliierung auf; sie wurde im vorigen Jahrhundert nach dem Einbinden des Registers fortgesetzt. Es scheint, daß die beiden ersten Fascikel bereits im 14. Jahrhundert beim Einstellen in das Archiv der Camera vereinigt worden waren. Das Register wurde in der Weise angelegt, daß ein Schreiber die einzelnen Suppliken nach den Rotuli kopierte, indem er zwischen je zwei derselben freien Raum ließs; in diesen trug der Notar A. Johannis die erfolgte Vereinbarung mit dem Benefiziaten über die Höhe der zu zahlenden Annatengelder ein und unterzeichnete. Häufig blieb auch der freie Raum leer.

Fasc. III (fol. 113—134): Rechnung des Klerikers Bertrandus de Massello, Verwalters der Einnahmen des Kardinals Raymundus de Canillac während der Jahre 1364 bis 1368. — Fol. 113 ist die ursprüngliche Pergamentdecke des Papierkodex. Man nahm dazu einen notariellen Akt vom 15. Januar 1362, betreffend ein Ehegelöbnis zwischen Bewohnern von Nuenkirchen, Diöcese Mainz. Das Format der Handschrift ist das in der Mitte der Länge nach gefalteter Oktavblätter; sie ist teilweise sehr stark zerfressen, und in dem folgenden Passus habe ich die zwischen Klammern stehenden Worte ergänzt. Fol. 114ᵛ·: »Copia quitantis. — Noverint universi quod nos Raymundus (misera)tione divina episcopus Penestrinensis, sancte Romane ecclesie cardinalis, (ten)ore presencium recognoscimus nos habuisse (et rec)episse a dilecto capellano et familiari (nostro) Bertrando de Massello licenciato in (iure su)b anno Domini 1364, quo primo (fuit miss)us per nos ad Alamannie partes, de (fructi)bus beneficiorum nostrorum que habemus in dictis partibus Alamannie, tam per ipsius domini Bertrandi manus quam per manum societatum Albertorum (anti)-quorum et novorum usque ad diem date pre(sent)ium, septem milia noningentos quadraginta florenos auri. Ipsum dominum Bertrandum et bona sua quitavimus et absolvimus per presentes. In quorum testimonium presentes litteras fieri fecimus et nostri sigilli appensione (muniri). Dat. Avinione die decima mensis Martii anno a nativitate Domini 1368«.

Fasc. IV (fol. 135—159): Rechnung des Kölner Kollektors Sigerus de Novolapide.
Dieser Bericht folgt hier in vollständigem Abdruck. Das Format ist das gewöhnliche Quart-
format wie bei den übrigen Registern. Die ursprüngliche Pergamentdecke des Papierkodex
ist erhalten und trägt die alte Archivnummer 911. Auf der Rückseite steht der folgende,
gleichzeitig geschriebene Titel: »Rationes reddite in Camera apostolica per Sigerum de
Novolapide, decanum ecclesie sancti Servacii Traiectensis Leodiensis dyocesis, collectorem Coloniensem, anno Domini millesimo trecentesimo septuagesimo primo mense
Marcii die . . . . . .« *(sic; das Tagesdatum fehlt). Die Einnahme betrifft die Benefizien-*
gelder von den unter Urban V an der Kurie vakanten Pfründen: nämlich die Annaten der
Pfründen, welche gleich neu besetzt wurden, und die Interkalarfrüchte derjenigen, welche
eine Zeitlang vakant waren. Dann werden auch die Pfründen verzeichnet, von denen die
Annaten noch zu zahlen sind, und schliefslich diejenigen, von denen wegen der vom Kollektor
angegebenen Gründe nichts erhoben wurde. In der Diöcese Köln war Constantinus de Bunna,
Kanonikus von S. Andreas in Köln, als Subkollektor thätig. Auch in Utrecht war ein
Untersammler beschäftigt, dessen Namen wir jedoch nicht erfahren. Die drei westfälischen
Diöcesen der Kölner Kirchenprovinz liefs der Kollektor unberücksichtigt »aus bestimmten
Gründen«, weil dort der Bischof Florentius von Münster als Kollektor angestellt war. —
Das Register ist von der Hand eines Schreibers, mit Ausnahme einiger Zusätze, Korrekturen
und Randnoten vom Revisor Petrus de Albiartz, welche im Drucke durch Klammern und
Kursivlettern als solche bezeichnet sind. Ein Revisor scheint Elias gewesen zu sein (s. S. 349);
ich konnte jedoch keinen Kammerkleriker dieses Namens in jener Zeit feststellen.

Archiv. Vatic. Collectoriae Nr. 5.

Fol. 136.

Rationes reddite in Camera apostolica per Sigerum de Novolapide, decanum ecclesie sancti Seruacii Traiactensis Leodiensis diocesis, collectorem Coloniensem, anno Domini millesimo trecentesimo septuagesimo
primo mensis [Martii die decimanona][1] de receptis et levatis per eum
nomine dicte Camere a mense [Martii] anni Domini millesimi tre-
centesimi sexagesimi septimi, quibus anno et mense reddidit rationes
in Camera predicta usque ad [19 am diem] mensis [Martii] anni [sep-
tuagesimi primi predicti].

Sequuntur igitur **recepta** per Sigerum decanum predictum, et primo de
quibusdam restanciis in civitate et dyocesi Leodien. videlicet:

De canonicatu et prebenda ecclesie beate Marie Aquensis, confirmatis
Christiano Rümmel per felicis recordationis dominum Innocentium
papam VI solvit anno 68° in die sancti Stephani [2]   8 flor.

De parrochiali ecclesia de Ozies, collata Conrado Suderman per dictum
dominum Innocentium, pro qua idem Conradus diu litigavit et noviter est possessionem pacificam assecutus, solvit   40 flor.

---

[1] Diese und die folgenden zwischen Klammern gedruckten Worte des Titels
wurden nach Vollendung des Registers, wohl in der Kurie selbst, in die vom ersten
Schreiber zu diesem Zwecke freigelassenen Zwischenräume eingefügt oder, wenn der
Schreiber vergessen hatte, einen Zwischenraum zu lassen, über die Zeile geschrieben.
[2] 26. Dezember 1367.

Fol. 136 v.

Sequuntur restantie de anno primo felicis recordationis domini Urbani pape V.

De altari sancti Anthonii in ecclesia sancti Dyonisii Leodiensis ex causa permutationis collato Iacobo dicto li Seignhor solvit anno sexagesimo nono die prima Augusti   8 flor.

De altari sancte Katherine in ecclesia de Hoeselt vacante quia Baldewinus Oneal prebendam Leodiensem est assecutus fuit provisum Renero Willermi de Stinne; solvit anno 67⁰ die 6ª Augusti   10 flor.

De canonicatu et prebenda ecclesie beate Marie Hoyensis confirmatis Iohanni de Sebres solvit anno sexagesimo nono die 13ª Septembris   . 10 flor.

De canonicatu et prebenda ecclesie beate Marie Aquensis, confirmatis Godefrido nato condam Gerardi de Pomerio militis, solvit anno 67⁰ die 8ª Octobris   12 flor.

Sequuntur restantie de anno secundo dicti domini Urbani.

De canonicatu ecclesie sancti Petri Leodiensis confirmato magistro Dyonisio Minninc, solvit anno 67⁰ die 17ª Decembris   21 flor.

Fol. 137.

De canonicatu et prebenda ecclesie Leodiensis dimissis per dominum Petrum de Luna legum doctorem collatis Egidio de Bermonbech familiari et scriptori apostolico solvit anno 70⁰   25 flor.

De abbatia seu prepositura seculari ecclesie beate Marie Eykensis, vacante per obitum domini cardinalis Petragoricensis[1] collata domino Egidio de Bermonbech predicto, solvit anno 70⁰ die prima Martii   75 flor.

De capella sancte Walburgis vacante per obitum domini cardinalis Petragoricensis, collata Petro Quilliberti, solvit anno 68⁰ die 18ª Aprilis per manus receptoris capituli Visetensis   20 flor.

De canonicatu et prebenda ecclesie beate Marie Aquensis vacantibus per obitum Gerardi de Viuario, confirmatis Nicholao de Lusscher, et eadem prebenda simili modo fuit sibi confirmata anno pontificatus dicti domini Urbani 2⁰, solvit anno 67⁰ die 11ª Novembris   9 flor.

De prioratu seu[2] prepositura de Mense vacante per obitum domini cardinalis Petragoricensis, collato Iohanni de Belloforti monacho sancti Remigii Remensis ordinis sancti Benedicti, solvit annis 69⁰ et 70⁰ in universo   240 flor.

Fol. 137 r.

De canonicatu et prebenda ecclesie Leodiensis vacantibus per obitum Ludovici de Colonster in partibus defuncti, confirmatis Iohanni Hannekim, solvit anno 67⁰ die 4ª Iunii   28 flor.

---

[1] Elie Talleyrand de Périgord, Kardinalpriester von S. Pietro in Vincoli, später Bischof von Albano, gest. 1364.
[2] In der Handschrift: »se«.

Sequuntur restantie de anno tertio dicti domini Urbani.

De canonicatu et prebenda ecclesie beate Marie Aquensis vacantibus per
obitum Yuelonis de Rodenberch, confirmatis Iohanni Aldegardis, solvit
anno 67º die 11ª Novembris　　　　　　　　　　　　　　9 flor.

De canonicatu et prebenda ecclesie sancti Petri Leodiensis vacantibus
per ingressum monasterii Cartusiensium apud Villamnouam Avinionensis dyocesis Nicholai Ricsardi de Maruilla, confirmatis Iohanni de
Liers, solvit anno sexagesimo nono die 17ª Iulii　　　　　8 flor.

De parrochiali ecclesia de Ohay, ex causa permutationis collata Iohanni
de Nauinia, solvit anno sexagesimo nono die 8ª Novembris　11 flor.

Fol. 138.

De altari sanctorum Iohannis Baptiste et Remigii in ecclesia Leodiensi,
ex causa permutationis collato Iohanni Francardi, solvit anno 68º die
15ª Iulii　　　　　　　　　　　　　　　　　　　　16 flor.

De canonicatu et prebenda ecclesie Monasterii supra Sambriam dimissis per Petrum Pirscal, assecutum prebendam sancte Crucis
Leodiensis, collatis Nicholao Henrici de Donge, solvit anno 68º
die 18ª Iulii　　　　　　　　　　　　　　　　　　9 flor.

De canonicatu et prebenda ecclesie beate Marie Aquensis confirmatis
Martino Alberti de Aquis, solvit anno 68º die 19ª Decembris　8 flor.

De canonicatu et prebenda ecclesie Leodiensis vacantibus per obitum
Iohannis Glottonis scriptoris penitentiarie, collatis Egidio Archiepiscopi solvit anno 68º die 15ª Aprilis　　　　　　　　　30 flor.

De canonicatu et prebenda ecclesie beate Marie Cennatensis vacantibus
per obitum Iohannis Glottonis, collatis Iohanni de Wang, solvit anno
67º die 3ª Septembris　　　　　　　　　　　16 cum dimid. flor.

De parrochiali ecclesia seu quarta capella de Munstergleyn ex causa
permutationis fuit provisum Philippo de Aquis, solvit
　　　　　　　　　　　　　　　　　　　　11 flor. cum dimid.

Et Henrico de Weuelcouen de plebanatu seu parrochiali ecclesia beate
Marie opidi Sancti Trudonis, solvit　　　　　　　　14 flor.

Nam proventus consistunt in cotidianis distributionibus.

Fol. 138ᵛ.

Sequuntur restantie de anno quarto dicti domini Urbani.

De canonicatu et prebenda ecclesie sancte Crucis Leodiensis confirmatis
Guillermo de Swalme solvit anno sexagesimo nono die 10ª Ianuarii
　　　　　　　　　　　　　　　　　　　　　　　12 flor.

De canonicatu et prebenda ecclesie Leodiensis, confirmatis Iohanni de
Sebres, solvit anno 67º die 12ª Decembris　　　　　　29 flor.

De altari sancti Eligii in ecclesia Leodiensi, vacante per obitum Guillermi
de Altaripa collato Bertrando Masnerii, solvit anno 67º die 8ª Februarii
　　　　　　　　　　　　　　　　　　　　　　　7 flor.

De prioratu sancte Crucis Hoyensis ordinis sancti Augustini, confirmato
fratri Petro Pinchar, solvit anno sexagesimo nono die 17ª Martii
10 flor.

De canonicatu et prebenda ecclesie beate Marie Traiectensis, vacantibus
per amotionem Winandi de Hengbach, collatis Guillermo Henrici de
Traiecto, solvit anno 68º die 18ª Decembris 16 flor.
Fol. 139.

De parrochiali ecclesia de Roliers, vacante per dimissionem Iacobi Oneal
assecuti canonicatum et prebendam ecclesie sancti Pauli Leodiensis,
collata Laurentio Forbitoris de Florines 26 cum dimid. flor.

De decanatu Louaniensi collato Godefrido de Dormale solvit anno 68º
in die sancti Michaelis [1] 40 flor.

De parrochiali ecclesia de Hackendouel, vacante per resignationem Conradi de Deyl, collata Alberto dicto Buke, solvit anno 67º die 7ª Februarii 100 flor.

De parrochiali ecclesia de Hanuto, vacante per resignationem Roberti le
Meire, collata Nicholao Mudde, solvit anno 68º die 3ª Februarii 8 flor.

De prioratu sancti Severini ordinis Cluniacensium confirmato Roberto
de Hamello solvit anno sexagesimo nono in vigilia sancti Mathei
ewangeliste [2] 73 flor.
Fol. 139 v.

Sequuntur recepta per Sigerum decanum et collectorem predictum de
beneficiis collatis et confirmatis per felicis recordationis
dominum Urbanum papam quintum pontificatus sui anno
quinto.

De canonicatu et prebenda ecclesie sancti Petri Leodiensis, vacantibus
per dimissionem magistri Dyonisii Minninc, collatis Iohanni de Wihangue, solvit anno 68º die 4ª Martii 12 flor.

Da canonicatu et prebenda ecclesie sancti Hadelini Visetensis, vacantibus
per obitum Gerardi dicti le Cornu in Romana curia defuncti, collatis
Iohanni dicto Boesman, solvit anno 68º die 4ª Ianuarii 8 flor.

De canonicatu et prebenda ecclesie sancti Iohannis Leodiensis, vacantibus per obitum Petri de Kemech in partibus defuncti, collatis
Iohanni nato Baldewini de Yma, solvit anno 68º die 17ª Aprilis
21 flor.

De canonicatu et prebenda ecclesie sancti Pauli Leodiensis dimissis
per Iohannem de Wihonge, collatis Rigaldo de Fohe, solvit anno 68º
die 12ª Iunii 21 flor.
Fol. 140.

De canonicatu et prebenda ecclesie de Nossonge dimissis per Iohannem
de Wihonge predictum, collatis Iacobo de Luna de Lunassis, solvit
anno sexagesimo nono die 10ª Ianuarii 10 flor.

---

[1] 29. September.   [2] 20. September.

De canonicatu et prebenda ecclesie sancti Bertholomei (sic) Leodiensis vacantibus per obitum Alexandri de Mennichusen in Romana
curia defuncti, collatis Wernero de Haselbeke, solvit anno sexagesimo
nono die 13ª Iulii   6 cum dimid. flor.

De canonicatu et prebenda ecclesia beate Marie Aquensis vacantibus per
obitum Reynaldi de Gore extra Romanam curiam defuncti, confirmatis
Euerardo de Tudekem, solvit anno sexagesimo nono die 22ª Augusti
                                                                10 flor.

De parrochiali ecclesia de Aghele vacante ex eo quod Christianus de
Bunde sine dispensatione tenuit eam per plures annos in presbiterum
non promotus, collata Godulpho de Oppendorp, solvit anno sexagesimo nono die 10ª Ianuarii   45 flor.

Fol. 140 v.

De canonicatu et prebenda Hugardensibus vacantibus per obitum Egidii
Waspardi scriptoris litterarum apostolicarum, collatis Petro de Claris
solvit anno sexagesimo nono die 15ª Aprilis   18 flor.

De canonicatu et prebenda ecclesie Leodiensis vacantibus per obitum
Hugonis Arnaldi collectoris apostolici, collatis Conrado de Deyl, solvit
anno 68º die 14ª Octobris   28 flor.

De canonicatu et prebenda ecclesie sancte Crucis Leodiensis dimissis
per Conradum de Deyl, collatis Iohanni Berwier, solvit anno sexagesimo nono die 10ª Ianuarii   11 flor.

Sequuntur de anno sexto.

De canonicatu et prebenda ecclesie sancti Pauli Leodiensis vacantibus
ex eo quod Conradus de Deyl canonicatum et prebendam Leodien.
est assecutus collatis Alberto Potter, solvit anno sexagesimo nono die
10ª Iunii   16 flor.

De parrochiali ecclesia sancti Christofori Leodiensis, confirmata
Alexandro de Eure, solvit anno sexagesimo nono die 10ª Septembris
                                                    30 flor. 8 gross.

De altari sanctorum Pauli et Mauricii in ecclesia sancti Pauli Leodiensis, vacante per obitum Rasquini Barcet in Romana curia defuncti, collato Iohanni Machor de Meffia, solvit anno sexagesimo nono
die 10ª Septembris   13 flor. 4 gross.

Fol. 141.

De parrochiali ecclesia beate Marie de Neten vacante per obitum Gregorii
Perse in Romana curia defuncti, collata Iacobo de Lembor, solvit
anno sexagesimo nono die 11ª Aprilis   15 flor.

De canonicatu et prebenda ecclesie sancti Dyonisii Leodiensis vacantibus per obitum Raynardi de Goere extra curiam defuncti, confirmatis Iacobo Arnaldi de Holonia, solvit anno sexagesimo nono die
25ª Februarii   19 flor.

De decanatu ecclesie sancti Petri Louaniensis vacante per obitum

Godefridi de Dormale in partibus defuncti, confirmato Petro de Calstris, solvit anno sexagesimo nono die ultima Octobris   40 flor.

De anno septimo pontificatus predicti domini Urbani.

De altari Imperiali nuncupato sito in ecclesia Leodiensi collato Ricsardo
Poylebant, solvit anno septuagesimo primo die 11ª Ianuarii   30 flor.

    Fol. 141 r.

De anno octavo dicti domini Urbani.

De parrochiali ecclesia de Comblen vacante per obitum Hermanni de
Aleur in Romana curia deffuncti, collata Godefrido de Thalamis, solvit
anno septuagesimo primo die 3ª Decembris   30 flor.

De canonicatu et prebenda ecclesie Leodiensis vacantibus per obitum
Iohannis de Quercu in partibus defuncti, confirmatis Sigero de Novolapide, solvit anno 70º die 3ª Decembris   25 flor.

De canonicatu et prebenda ecclesie sancti Seruacii Traiectensis vacantibus per obitum Iohannis de Haren in partibus defuncti, confirmatis Wilhelmo nato Iohannis Michaelis, solvit anno septuagesimo
primo in Ianuario   34 flor.

    Fol. 142.

Sequuntur recepta per Sigerum decanum et collectorem antedictum de
fructibus beneficiorum apud sedem apostolicam vacantium
tempore vacationis provenientibus in episcopatu Leodiensi.

De fructibus parrochialis ecclesie de Dinter provenientibus a die beate
Marie Magdalene[1] anni 66i, qua Iacobus de Cordulis rector eiusdem
in Romana curia decessit, usque ad 4to (*sic*) kal. Ianuarii, qua provisum fuit de dicta ecclesia Alberto Lose   40 cum dimid. flor.

De fructibus archidiaconatus Brabantie in ecclesia Leodiensi provenientibus a die 18ª Maii anni sexagesimi septimi, qua decessit bone
memorie dominus cardinalis Aquensis,[2] usque ad diem provisionis
facte domino cardinali de Agrifolio,[3] per manus domini Walteri de
Hemtines canonici Leodiensis: centum et viginti quinque scudatos
auri pro valore   166 flor. 4 gross.

Item a Godefrido filio naturali domini Gerardi de Pomerio militis pro
fructibus canonicatuum et prebendarum sancte Marie Aquensis et
Werdensis ecclesiarum, Leodiensis et Coloniensis dyocesum, perceptis per eum ante dispensationem super defectu natalium obtenta,
pro quibus in Camera convenerat   50 flor.

    Fol. 142 r.

De fructibus capellanie sancte Walburgis Leodiensis provenientibus a die
obitus bone memorie domini cardinalis Petragoricensis usque ad provisionem factam de eadem Petro Quilliberti   17 flor.

---

[1] 22. Juli.
[2] Pierre Itier, Bischof von Dax, Kardinalpriester tit. SS. Quattuor Coronatorum,
später Bischof von Albano.
[3] Guillaume d'Aigrefeuille, Kardinalpriester von S. Maria in Trastevere, später
Bischof von Albano.

De fructibus mense abbatis Sancti Trudonis provenientibus a die obitus domini Roberti abbatis ultimo defuncti usque ad diem provisionis facte domino Zacheo nunc abbati: centum et decem scudatos auri facientes 146 flor. 8 gross.

De fructibus prepositure Leodiensis provenientibus a die obitus domini cardinalis Carcassonensis[1] usque ad diem provisionis facte domino cardinali Parisiensi,[2] videlicet pro 7 diebus, solvit dominus Anthonius de Fys canonicus Leodiensis in diversis pagamentis 26 cum dimid. flor.

De fructibus prepositure de Wydoy, quam bone memorie dominus Elyas cardinalis Vticensis dum vixit obtinebat, restantibus tempore obitus sui apud debitores ipsius prepositure: 360 scudatos auri in valore 480 flor.

Item de quibusdam restantiis apud Wericum de Waeronz, campsorem Leodiensem, depositarum pecuniarum subsidii biennalis de tempore nunc reverendissimi patris domini cardinalis Iherosolimitani[3] tunc Cavallicensis episcopi, per manus domini Hermanni de Xantiis canonici Leodiensis: 67 scudatos auri pro valore 89 flor. 4 gross.

Fol. 143.

Summa summarum omnium receptorum in episcopatu Leodiensi tam de mediis fructibus beneficiorum per sedem apostolicam collatorum et confirmatorum quam etiam de fructibus beneficiorum apud sedem apostolicam vacantium tempore vacationis provenientibus 2420 flor. 4 gross.

Fol. 143 r.

Sequuntur recepta per Sigerum decanum et collectorem predictum in civitate et dyocesi Colonien. tam per ipsum decanum quam per manus domini Constantini de Bunna, canonici ecclesie sancti Andree Coloniensis, subcollectoris ibidem. — Et primo de anno Domini millesimo trecentesimo sexagesimo septimo.

De parrochiali ecclesia in Loen collata Hilbrando de Lippia, surrogato in iure competenti condam Petro de Wlpe, pro 7 marchis argenti cum dimidia, pro quibus in Camera ut dixit convenerat, solvit 50 flor.

De prebenda Werdensi confirmata Godefrido nato condam Gerardi de Pomerio militis 20 flor.

Anno sexagesimo octavo.

De canonicatu et prebenda ac prepositura ecclesie sanctorum Apostolorum Colonien. collatis Dyonisio Minnine licentiato in legibus 200 flor.

---

[1] Etienne Aubert, Bischof von Carcassone, Kardinaldiakon von S. Maria in Aquiro, dann Kardinalpriester von S. Lorenzo in Lucina.

[2] Etienne de Passy oder de Paris, Bischof von Paris, Kardinalpriester von Sanct Eusebius.

[3] Philippe de Cabasolle, Bischof von Cavaillon, Patriarch von Jerusalem, Kardinalpriester von SS. Petrus und Marcellinus, später Bischof von Sabina.

De scolastria ecclesie Bunnensis confirmata magistro Reynardo de Brůla

Fol. 144. 20 flor.

De parrochiali ecclesia sancti Albani Coloniensis collata Iohanni de Guliaco 20 flor. leves.

De canonicatu et prebenda ecclesie Kerpensis collatis Tilmanno Kůl de Legninch 20 flor. leves.

De canonicatu et prebenda ecclesie sancti Gereonis Coloniensis collatis Gerlaco de Legninch 25 flor.

De parrochiali ecclesia in Horten collata Iohanni dicto Roitstochk 10 flor.

De altari sancte Barbare in ecclesia Bunnensi collato Petro de Adenauwe 9 flor.

De canonicatu, prebenda et decanatu ecclesie sancti Andree Coloniensis collatis Bartholomeo de Ponte 56 flor.

De canonicatu et prebenda ecclesie Werdensis collatis Guillermo Freysgin 20 flor.

De parrochiali ecclesia sancti Georgii Zozaciensis collatis[1] 10 flor.

De decanatu ecclesie sancti Georgidii (*sic*) Coloniensis confirmato Bertramo de Puppendijc 12 flor.

Fol. 144ᵛ.

Anno sexagesimo nono.

De canonicatu et prebenda ecclesie Bunnensis confirmatis Alexandro de Meninchusen 15 flor.

De decanatu Coloniensi collato domino Symoni de Solms 250 flor.

De prepositura ecclesie Reysensis confirmata Godefrido dicto Wlonspec 50 flor.

De parrochiali ecclesia de Attendaren collata Rutgero de Oudendal 20 flor.

De parrochiali ecclesia in Holswilre collata Henrico Kebbe 36 flor.

De canonicatu et prebenda ecclesie Bunnensis collatis Godescalco dicto Houeman 14 flor.

De parrochiali ecclesia in Plattenbrecht collata Hermanno Voitsardi 10 flor.

De canonicatu et prebenda ecclesie Bunnensis collatis Petro de Droilhaghen 16 flor.

Fol. 145.

Item anno 70⁰ de mense Decembris Constantinus subcollector predictus assignavit Sigero decano et collectori predicto 80 flor. in suis computis plenius declarandos.

Item de prepositura ecclesie Hugardensis Leodiensis dyocesis annexa scolastrie ecclesie Coloniensis, collata reverendissimo patri domino cardinali de Sancto Martiali,[2] solvit dominus Theodericus Poleyn nomine

---

[1] Der Name des Pfarrers fehlt in der Handschrift.

[2] Hugo de S. Martial, Kardinaldiakon von S. Maria in Porticu.

dicti domini cardinalis 13ª Aprilis anno predicto: triginta tres muton.
duplices novos de Brabantia, valentes   55 flor.
Summa summarum receptorum in archiepiscopatu Coloniensi   1018 flor.

Fol. 145ᵛ.

Sequuntur recepta per Sigerum decanum et collectorem predictum a sub-
    collectore civitatis et dyocesis Traiecten. de collectis per ipsum sub-
    collectorem ibidem.

Et primo, anno 68⁰ de mense Maii   95 cum dimid. flor.
Item de anno 69⁰ de mense Februarii   83 flor.
Item de anno 70⁰ de mense Iunii   164 flor. 4 gross.
Summa receptorum in episcopatu Traiectensi   342 flor. 10 gross.
Que recepta idem subcollector in suis rationibus distinctius declarabit.

Summa summarum omnium receptorum in Colonien., Leodien. et
    Traiecten. civitatibus et dyocesibus   3781 flor. 2 gross.

Fol. 146.

In episcopatibus vero Monasteriensi, Osnaburgensi et Mindensi
    fuit reverendus pater dominus Florentius, episcopus Monasteriensis,
    collector deputatus sub bulla, et Sigerus decanus predictus a collec-
    tione seu collectoria in dictis tribus episcopatibus propter certas causas
    supportatus et absolutus.

Fol. 146ᵛ.

De quibus summis receptis et collectis ut premittitur fecit predictus de-
    canus **assignationes** infrascriptas post recessum felicis recordationis
    domini Urbani pape quinti de civitate Avinionensi versus urbem
    Romam.

Primo, anno 67⁰ die 9ª mensis Decembris assignavit dictus Sigerus decanus
    Talento socio societatis Albertorum antiquorum   360 scudatos antiquos.

Quos idem Talentus assignavit in Avinione reverendo patri domino epi-
    scopo Maglonensi[1] (*sic*) tunc thesaurario.

>   *Docuit de assignatione facta mercatori per copiam littere*
>   *domini Magalonensis.*[2]

Item anno 68⁰ die ultima mensis Mai Iacobo Geraldi de societate Fran-
    cissi de Gerisodorini   650 scudat.

>   *Docuit, sed adhuc tenetur assignare mercator 180 flor.*

Item anno 69⁰ die 20ª mensis Decembris Agnollo Burgugnonis de socie-
    tate dicti Francissi   800 scudat.

>   *Docuit per litteras domini G. de Prad(allo).*

Summa assignatorum per decanum collectorem predictum post re-
    cessum felicis recordationis domini Urbani predicti de civitate Avinio-
    nensi usque ad mensem Februarii anni 71ⁱ   1810 scudat. antiq.

---

[1] Gaucelin de Deaux, genannt de Pradelles.
[2] Am Rande und von anderer Hand.

Valent in florenis de Alamannia communiter ibi currentibus, computando
3 scudatos pro 4 florenis, prout valent ibidem secundum taxationem
campsorum   2413 flor. 4 gross.

Fol. 147.

Item tradidit dictus decanus de mandato reverendi patris domini camerarii
Christiano Rummel cubiculario suo, apportanti ipsi decano unam
bullam, de pecuniis Camere in certis Ytalie locis assignandis anno 68°
de mense Ianuarii   50 flor.

Item anno 70° de mense Decembris tradidit idem decanus domino Bernardo Marchesii, nuntio apostolico ad partes Alamannie destinato, pro
expensis sibi necessariis ad expeditionem negotiorum apostolicorum
                                                       .100 flor.

Confitetur.

Item pro **expensis** ipsius decani accedentis sepius Leodium, Coloniam et
ad alia loca, prout utilitas negociorum apostolicorum requirebat, et
pro nunciis missis ad monendum debitores Camere necnon pro cera,
percameno (*sic*) et papiro per quatuor annos, videlicet a mense Aprilis
anni 67i usque ad presentem diem   200 flor.

Item pro expensis victus et vestitus notarii cotidie scribentis in negotiis
apostolicis per dictos quattuor annos[1]   200 flor.

Fol. 147 c.

Item pro expensis Godefridi clerici ipsius decani, missi Romam cum confirmatione de negociis Camere ipsi decano commissis, prout dominus
camerarius sibi mandaverat, et cum littera cambii de 800 scudatis
                                                                     60 flor.

Item ex computatione dicti Sigeri decani facta, ut premittitur, in Camera
apostolica anno 67° de mense Aprilis debentur ex parte Camere
                                                                   310 flor.

Summa summarum omnium, tam de assignatis quam de expositis ac etiam
traditis de mandato domini camerarii ascendit ad   3363 flor. 4 gross.

Compensatione igitur facta de receptis ad signata (*sic*) et exposita per
Sigerum decanum et collectorem predictum tenetur ipse collector Camere apostolice   347 flor.[2] 10 gross.

[De[3] qua quidem summa 447 flor. 10 gross. fuerunt dicto collectori pro
expensis in eundo et redeundo ad curiam per ipsum factis 100 flor.
auri donati et remissi, et sic restabat debens Camere apostolice
                                                         347 flor. 10 gross.

---

[1] Hier folgt der nachstehende, durchstrichene und mit der Bemerkung »tolle« am
Rande versehene Posten: »Item pro salario campsorum per dictum tempus pro dictis
pecuniis eligendis et cambiendis 30 flor.«

[2] Die Zahl ist von anderer Hand verbessert; es war 447; s. folgende Zeile.

[3] Von hier ab schrieb dieselbe Hand, welche korrigierte und den in Anm. 1 angegebenen Posten durchstrich. Offenbar schrieb der Revisor Petrus de Albiartz, Kleriker
der Camera, diese Randbemerkungen und Korrekturen.

Quam quidem restam 347 flor. 10 gross. realiter solvit et assignavit integraliter Camere apostolice die 17ᵃ Marcii anno Domini 1371⁰.

Fuit conclusum per modum supradictum in predictis compotis per me Petrum de Albiartz visis et examinatis anno proxime dicto 19ᵃ die mensis Marcii suprascripti.]

Fol. 148.

Sequuntur beneficia collata seu confirmata per felicis recordationis dominum Urbanum papam quintum, de quibus restat solutio facienda de mediis fructibus.

De anno primo.[1]

Arnoldo de Hacuria de canonicatu et prebenda ecclesie beate Marie Cennatensis vacantibus per dimissionem Henrici de Bellomonte, assecuti aliud beneficium ad collationem episcopi Leodiensis de anno 70⁰.

De capellania perpetua capelle sancte Agnetis in Conino vacante per resignationem Nicholai de Hermondiuilla fuit provisum Egidio de Hermondiuilla.

Motu proprio fuit provisum Henrico cardinali Ostiensi de prepositura de Wydoy vacante per obitum cardinalis Maglanensis (*sic*).

[Supra[2] est solutum et computatum et hic est positum per errorem.]

Motu proprio fuit provisum domino cardinali Aquensi de canonicatu et prebenda ac archidiaconatu Brabantie in ecclesia Leodiensi vacantibus prout supra.[3]

De canonicatu, prebenda et prepositura ecclesie Visetensis ex causa permutationis collatis Iacobo dicto la Singnor.

Anno tertio.

De canonicatu et prebenda Leodien. vacantibus per obitum Reneri de Gore in partibus defuncti fuit provisum Philippo Walrami decretorum doctori.

Acceptatio et provisio facte Godscalco dicto Van der Netten de parrochiali ecclesia de Francimont sunt confirmate.

Fol. 148ᵛ.

Anno quarto.

De altari sancti Huberti sito in ecclesia parrochiali de Hamericourt ex causa permutationis collato Bernardo Henrici de Latromenges.

De canonicatu et prebenda ecclesie Niuellensis vacantibus quia Iohannes de Sebres canonicatum et prebendam Leodien. est assecutus fuit provisum Iohanni Rumel.

---

[1] Am Rande neben den meisten Posten ist ein Zeichen angebracht; bald ein Strich, bald zwei Striche, ein Kreuz oder auch ein Kreuz und ein Strich. Welchen Zweck dieselben haben, konnte ich nicht genau feststellen; mir scheint, es sind Zeichen, welche sich auf Eintreiben der Gelder in der Zukunft beziehen.

[2] Am Rande. S. oben S. 344.

[3] S. oben S. 343.

De canonicatu et prebenda ecclesie Hugardensis vacantibus quia Henricus de Olmen. canonicatum et prebendam Leodien. est assecutus fuit provisum Godefrido de Walstede.

Item de eisdem simili modo prout supra fuit provisum Iohanni Machour de Meflia.

De altari sancti Nicholai in ecclesia de Gentines confirmato Michaeli Menketial.

De altaribus sanctorum Nicholai et Gertrudis in ecclesia Monasterii supra Sambriam simul annexis fuit provisum Waltero de Ducello.

De archidiaconatu de Ardenna in ecclesia Leodiensi vacante per obitum Roberti de Tuitio in partibus defuncti fuit provisum Iohanni de Sebres.

De canonicatu et prebenda ecclesie Hoyensis vacantibus quia Iohannes de Sebres canonicatum et prebendam ecclesie Leodiensis est assecutus fuit provisum Iohanni Willekini clerico Par(isieni?).[1]

Fol. 149.

De eisdem canonicatu et prebenda vacantibus prout supra fuit provisum Iohanni de Niuella abbreviatori apostolico, et ipse obtinet hos canonicatum et prebendam et tenetur.

De perpetuo altari sancti Iohannis ewangeliste in Bockenbielgen vacante quia Iacobus de Holonia canonicatum et prebendam ecclesie sancti Pauli Leodiensis est assecutus fuit provisum Iohanni Multoris.[2]

De capellania sancti Iohannis Baptiste in Nouilia vacante quia Lambertus de Manusio ecclesiam de Anens est assecutus fuit provisum Henrico Henrici de Hemptines.

Anno quinto.

De decanatu ecclesie sancti Petri Leodiensis vacante per dimissionem magistri Dyonisii Minnine fuit provisum Iohanni (*de*) Wihangue.

Collatio et provisio auctoritate ordinaria facte Henrico dicto Scriuer de canonicatu et prebenda ecclesie sancte Marie Traiectensis fuerunt confirmate vel provisum de novo.

Inutilis fuit postmodum reperta ut r(espondit) collector michi Helie.[3]

De canonicatu et prebenda ecclesie Fossensis vacantibus quia Rigaldus filius Henrici de Fehe subrogatus extitit in iure competenti Iohanni de Wihangue in canonicatu et prebenda ecclesie sancti Pauli Leodiensis fuit provisum Bernardo Octonis de Aldenseel.

---

[1] Hier folgt der nachstehende Abschnitt, welcher durchstrichen wurde mit der Bemerkung am Rande: »vacat hic«: »De altari sancti Iohannis ewangeliste in Baekenbielgien vacante ex eo quod Iacobus de Holonia canonicatum et prebendam ecclesie sancti Dyonisii est assecutus fuit provisum Iohanni Multoris.«

[2] Vgl. den durchstrichenen Posten, Anmerkung 1.

[3] Von anderer Hand.

De canonicatu et prebenda ecclesie sancti Seruacii Traiectensis vacantibus per obitum Reneri de Goere extra curiam defuncti fuit provisum Martino Alberti de Aquisgrani (*sic*).

De canonicatu et prebenda ecclesie Leodiensis vacantibus per obitum Reginaldi de Berbensoen extra curiam defuncti fuit provisum Ricardo Barbe magistro in theologia.

Mandatur episcopo Leodiensi vel eius officiali ut moneant Iohannes (*sic*) de Sebres, quod infra 15 dies fiat per processus apostolicos procedi contra detentorem archidiaconatus de Ardenna ecclesie Leodiensis, in quo eidem Iohanni ius competit, alioquin ipsum Iohannem privent de canonicatu et prebenda ecclesie Hoyensis, quos per dicti archidiaconatus assecutionem dimittere est astrictus et Iohanni Willekini clerico Par(isiensi) provideant de eisdem.

> Supra anno quarto facta confirmatio est de archidiaconatu de Ardenna.

Motu proprio fuit provisum domino G., tituli sancti Stephani in Celiomonte presbitero cardinali,[1] de canonicatu et prebenda ecclesie Leodiensis et archidiaconatu Brabantie in eadem ecclesia vacantibus per obitum domini Petri cardinalis Albanensis.

Fol. 150.

Anno sexto.

De canonicatu et prebenda ecclesie beate Marie de Dyonanto vacantibus quia Henricus Aynresele canonicatum et prebendam ecclesie beate Marie ad Gradus Colonien. est assecutus fuit provisum Henrico de Charnour.

Collatio et provisio facte Lamberto Mekechial auctoritate ordinaria de canonicatu et prebenda de Mon(asterio) fuerunt confirmate vel provisum de novo.

Concessum est Martino Alberti de Aquisgrani, canonico ecclesie beate Marie Aquensis, ut gratia sibi facta de dictis canonicatu et prebenda, in qua asseruit fructus parrochialis ecclesie in Gleyne Coloniensis dyocesis, quam tenebat, ad valorem centum viginti florenorum se extendere, ad quem valorem, ut ab aliquibus asseritur, minime se extendunt, valeat etiam si plus non valeat ecclesia supra dicta, quam se obtulit dimissurum.

De canonicatu et prebenda ecclesie Hugardensis vacantibus per obitum Egidii Wasperdi scriptoris apostolici fuit provisum Wirico de Belloramo.

De canonicatu, prebenda et cantoria ecclesie sancti Bartholomei Leodiensis vacantibus per obitum Egidii Wasperdi scriptoris apostolici fuit provisum Nicholao Trophardi.

---

[1] Guillaume de Aigrefeuille.

De capella sancti Salvatoris iuxta Aquis vacante per amotionem Rembaldi de Vlodorp, decani ecclesie beate Marie Aquensis, fuit provisum Henrico Rant decretorum doctori.

Fol. 150ᵛ.

De canonicatu et prebenda ecclesie sancti Leonardi Lewensis vacantibus quia Albertus Porter canonicatum et prebendam ecclesie sancti Pauli est assecutus fuit provisum Nicholao Margareti.

Anno septimo.

Acceptatio et provisio facte vigore litterarum apostolicarum Roberto de Flandria de canonicatu et prebenda ecclesie Leodiensis vacantibus per obitum Ferrici de Barro extra Romanam curiam defuncti fuerunt confirmate seu provisum de novo.

De prepositura ecclesie sancte Gertrudis Niuellensis vacante per obitum dicti Ferrici fuit provisum Philippo Walrami.

Motu proprio fuit provisum domino Stephano cardinali Parisiensi de canonicatu et prebenda ac custodia ecclesie Leodiensis vacantibus per consecrationem G(erardi) electi Aquensis.

De parrochiali ecclesia de Hanuto vacante per resignationem Roberti le Meyre fuit provisum Arnoldo Prel.

Surrogatus fuit Theodoricus Snoet in iure competenti condam Iacobo Bufetial in et super canonicatu et prebenda ecclesie beate Marie Dyonensis, super quibus domini Theodericus et Iacobus predicti in curia litigarunt, et ibidem idem Iacobus lite pendente decessit.

Fol. 151.

De canonicatu et prebenda ecclesie beate Marie Traiectensis vacantibus per obitum Eustachii dicti Zul in partibus defuncti fuit provisum Iohanni Hoen.

De canonicatu et prebenda ecclesia Thorensis vacantibus per obitum Reneri de Gore extra curiam defuncti fuit provisum Gobelino Lutzelemborch.

De canonicatu et prebenda ecclesie sancte Gertrudis Niuellensis vacantibus per obitum Ferrici de Barro extra curiam defuncti fuit provisum Philippo [Walrami]¹ preposito dicte ecclesie.

Acceptatio et provisio facte vigore litterarum apostolicarum in forma communi de officio matricularie in ecclesia parrochiali de Alken Paulo de Hamalio fuerunt confirmate.

De canonicatu et prebenda ecclesie sancti Martini Leodiensis vacantibus per obitum Nichasii de Bellomonte extra curiam defuncti fuit provisum Iohanni Fichon de Bermonbech.

De canonicatu et prebenda ecclesie beate Marie de Dyonanto vacantibus per obitum Wilhelmi Haetse in curia defuncti fuit provisum Petro de Valle.

---

¹ Von anderer Hand über die Zeile geschrieben.

Motu proprio fuit provisum domino Stephano cardinali Parisiensi de canonicatu et prebenda ac prepositura ecclesie Leodiensis.

Fol. 151ʳ.

Anno octavo.

De altari sancti Iohannis ewangeliste in ecclesia Leodiensi vacante per obitum Godefridi de Wange in curia defuncti fuit provisum Iohanni de Sarto.

Electio auctoritate ordinaria facta et confirmata de fratre Symone de prioratu de Ongniez fuit confirmata vel provisum de novo.

De canonicatu et prebenda ecclesie Leodiensis ac archidiaconatu de Condrosio in eadem ecclesia vacantibus per obitum domini N(icolai) cardinalis Lemovicensis[1] fuit provisum Petro Begonis.

Motu proprio fuit provisum Iohanni de Arstellio de canonicatu et prebenda ecclesie sancti Martini Leodiensis, vacantibus per obitum Octonis de Theuis (?).

De parrochiali ecclesia de Lintre [inferiori][2] vacante per obitum domini N(icolai) cardinalis Lemovicensis fuit provisum Iohanni Reneri de Lewis.

De canonicatu et prebenda ecclesie sancti Petri Leodiensis vacantibus per obitum Iohannis de Liers extra curiam defuncti fuit provisum Nicholao Prepositi.

[Summa[3] beneficiorum R(egistri) 49.]

Fol. 152.

Sequuntur[4] beneficia per [felicis recordationis][5] dominum Urbanum papam quintum confirmata vel collata, de quibus .. decanus sancti Seruatii Traiectensis non percepit medios fructus ex causis infra scriptis.

Anno primo.

De prebenda Leodiensi vacante per consecrationem domini Angeli electi Cassinensis collata domino Reynaldo Parrotti.

> Iste dominus Raynaldus solvit in curia, ut constat per litteras domini Ebelonis.[6]

De canonicatu et prebenda et archidiaconatu de Famenna per obitum Roberti de Tuitio vacantibus, contra quem dominus Henricus de Tremonia legum doctor in curia litigabat super eisdem prebenda et archidiaconatu et subrogatus fuit in iure competenti dicto Roberto.

---

[1] Nicolas de Besse (de Bellefaye), Bischof von Limoges, Kardinaldiakon von S. Maria in Via lata.

[2] Der erste Schreiber hatte »superiori« geschrieben, was in »inferiori« korrigiert wurde.

[3] Von derselben Hand, welche die Korrekturen machte.

[4] Zwischen diesem Teil und dem vorhergehenden findet sich ein leeres Blatt.

[5] Der erste Schreiber hatte »dominum nostrum« geschrieben, was von einer andern Hand korrigiert wurde.

[6] Gemeint ist wohl Eblo de Mederio, Kleriker der Camera in jener Zeit.

Pretendit dominus Henricus se solvisse in curia sed non docuit per litteras.

De canonicatu et prebenda ecclesie sancti Dyonisii Leodiensis vacantibus per obitum Conradi de Budenoes infra dietam a curia defuncti, collatis Willermo de Eure, decano ecclesie sancti Martini Leodiensis, 10 kal. Ianuarii.

De canonicatu et prebenda ecclesie Ruttensis Leodiensis dyocesis vacantibus ut supra fuit provisum Henrico Petri de Hemetinis clerico dicte dyocesis.

> Iste due gratie erant inutiles, nam iste Conradus vivebat tempore date et postea diu.

De parrochiali ecclesia de Alken Leodiensis dyocesis vacante per obitum Gwillermi Hermanni de Leodio in Romana curia defuncti, collata Roberto Guittardi presbitero Claromontensis dyocesis pridie non. Februarii.

> Iste Robertus litigavit pluribus annis cum magistro Iohanne Textoris possessore eiusdem, et postea dimisit litem et non fuit assecutus ecclesiam.

Item Stephano Marcerii fuit provisum de quadam capellania in ecclesia sancti Petri Leodiensis vacante per obitum Theodorici de Xantis in Romana curia defuncti, 8 kal. Marcii.

> Iste Stephanus non fuit assecutus, nam ille condam Thedericus resignaverat in partibus dictam capellaniam antequam veniret ad curiam.

De capellania sancti Pauli in ecclesia Leodiensi vacante ut statim supra fuit provisum Goswino Hacke de Lapide Traiectensis dyocesis 6 kal. Marcii.

> Iste Goswinus non confectis litteris decessit in curia.

Gratia facta per dominum cardinalem Boloniensem[1] Stephano Marcerii Ebroicensis dyocesis de altari in ecclesia Leodiensi vacante per obitum Enghelrami Anglici in curia defuncti fuit confirmata 5 id. Aprilis.

> Iste Enghelramus non obtinuit aliquod altare in ecclesia Leodiensi nec scitur[2] de eo loqui in ea.

De[3] canonicatu et prebenda ecclesie beate Marie Senatensis vacantibus dum Baldewinus Oneal canonicatum et prebendam ecclesie Leodiensis erit assecutus, fuit provisum Petro de Hermale 2 id. Decembris.

> Iste Petrus infra tres menses postea obtinuit sibi provideri de canonicatu et prebenda ecclesie sancti Petri Leodiensis vacantibus per liberam resignationem Egidii de Bermonbech, scriptoris litterarum apostolicarum, et dimisit istos canonicatum et prebendam ecclesie Sennatensis.

---

[1] Guy de Boulogne, Sohn Roberts VII. von Boulogne und Auvergne.
[2] In der Handschrift: »situr«.
[3] Vor diesem Regest steht ein Zeichen (:—), welches sich auch vor dem sechsten vorhergehenden findet.

De quibus canonicatu et prebenda Sennaten. fuit provisum Iohanni Fichon clerico Leodiensi yd. Februarii.

> Iste Iohannes non recepta possessione obtinuit sibi provideri de prebenda sancti Dyonisii Leodiensis et dimisit istam prebendam Sennatensem, de qua fuit provisum Leonardo Villici anno 2⁰ pontificatus domini Urbani et solvit ut patet in computis.

Fol. 152ᵛ.

Item collatio facta per ordinarium Godefrido dicto Wlpes, clerico Leodiensis dyocesis, de officio wulgariter dicto Roede ecclesie sancti Seruacii Traiectensis dicte dyocesis, vacante per obitum Reneri dicti Boese in curia Romana defuncti, fuit confirmata vel provisum de novo 5 yd. Aprilis.

> Quia istud officium consuetum est assignari layco, non potuit ipse Godefridus habere litteras expeditas in cancellaria.

De canonicatu et prebenda ecclesie sancti Seruacii Traiectensis Leodiensis dyocesis dum vacabunt per contractum matrimonium vel per renuntiationem Iterii de Ruppe in Romana curia faciendam, fuit provisum Ottoni Rogeri presbitero Cameracensis dyocesis 16 kal. Maii.

> Iste Otto non fuit prosecutus gratiam nec comparuit cum litteris nec aliquis pro eo, sed Arnoldus de Tongris, capellanus domini cardinalis Lemovicensis, vigore gratie apostolice de canonicatu sub expectatione prebende ecclesie sancti Seruacii predicti obtinuit et obtinet istam prebendam.

Collatio et provisio facte auctoritate ordinaria Iohanni de Bruele presbitero de altari beate Marie in ecclesia de Verticke, quod quidem altare per 20 annos possedit et adhuc possidet, fuerunt confirmate 7 kal. Maii.

> Istud altare non valet in universo ultra 8 flor. et ideo nichil recepi pro mediis fructibus.

Collatio et provisio facte auctoritate ordinaria Iohanni de Zebres de canonicatu et prebenda ecclesie sancti Gorgonii Hugardensis quomodocunque vacarent sunt confirmate vel provisum de novo 7 kal. Maii.

> Ista gratia fuit inutilis; nam quidam Lambertus de Melun auctoritate apostolica canonicus sub expectatione prebende obtinuit et obtinet istam prebendam.

Presentatio facta per vicarium domini cardinalis Petragoricensis de Henrico de Blidelinchdorp ad parrochialem ecclesiam in Hamont, vacante ex eo quod quidam Goeswinus quandam ecclesiam in Hemert Traiectensis dyocesis cum dicta ecclesia in Hamont pacifice tenuit per multa tempora contra constitutionem *Execrabilis*, fuit confirmata 7 kal. Maii.

> Iste Henricus diu litigavat pro ista ecclesia, et tandem succubuit et habuit contra se sententiam diffinitivam in palatio apostolico.

Item Godefrido de Doeneren clerico de altari beate Marie in ecclesia sancti Adalberti Leodiensis vacante per obitum Goswini de Canali de Aquis in curia defuncti.

Item Henrico Hoesman de Toren de eodem altari per obitum dicti Goswini 7 kal. Maii.

> Istud altare modici est valoris, nec fuit aliquis istorum gratiam prosecutus.

Fol. 153.

Item Bernardo de Chormonsaco de canonicatu et prebenda ecclesie sancti Germanii Theuensis vacantibus per resignationem Gwillermi Iudei fuit provisum kal. Maii.

> Iste Bernardus non est prosecutus gratiam, et ipse Gwillermus adhuc obtinet hos canonicatus et prebendam.

Item Iohanni de Lotten de parrochiali ecclesia de Lotten vacante ex eo quod Godefridus de Palein ipsam tenuit ultra annum non promotus sine dispensatione et legitimo impedimento cessante 14 kal. Iunii.

> Iste Iohannes nunquam comparuit cum litteris nec prosecutus est gratiam, sed quidam Alardus ex provisione domini tunc Cavallicensis episcopi in partibus Alamannie apostolice sedis nuntii eam obtinuit et sibi solvit.

Item Waltero Duechello de parrochiali capellania de Camppplures (?) sita infra parrochiam de Bergis, vacante ex eo quod Renerus de Riuo aliud beneficium est pacifice assecutus 14 kal. Iunii.

> Non reperitur ista capella in dyocesi Leodiensi nec scitur loqui de isto Renero vel Waltero.

Iohanni de Oyen, nato condam Arnaldi dicti Clerke, de vicaria in ecclesia de Oyen vacante per resignationem Theoderici dicti Visschelle 14 kal. Iunii.

> Iste Iohannes composuit in Camera pro 6 cum dimidio florenis solvendis in Camera et ibi solvit.

Item[1] Lamberto de Gemblaco de altari sancti Mathei in ecclesia Gemblacensi vacante per resignationem Nicholai Mayoakal 14 kal. Iunii.

> Iste Lambertus non curavit prosequi, quia altare vix valet 12 flor. et ordinarius de illo providit.

Item Petro condam Iohannis de Xanctis de Novimagio clerico de altari sancte Katherine sito in ecclesia sancti Michaelis Lowaniensis vacante per assecutionem alterius beneficii per Arnoldum fratrem suum vigore litterarum domini Innocentii pape VI 14 kal. Iunii.

> Istud altare vix valet in anno 6 florenos et ideo nichil inde recepi.

Item Iohanni Reneri de Lewis de canonicatu et prebenda ac altari sancti Iacobi ad invicem annexis in ecclesia sancti Leonardi de Lewis, vacantibus per obitum ultimi canonici in Romana curia defuncti 14 kal. Iunii.

> Iste non potuit habere litteras, quia nullus canonicus tunc erat defunctus in curia.

---

[1] Dieser Posten wurde nachträglich von einer andern Hand geschrieben.

De[1] canonicatu sub expectatione prebende ac decanatu vacaturis dum Sygerus de Novolapide dignitatem in ecclesia Leodiensi fuerit assecutus fuit provisum Iohanni Saltolf.

Ipse Sigerus non fuit nec est assecutus dignitatem in ecclesia Leodiensi et sic gratia inutilis.

Acceptatio et provisio auctoritate apostolica facte per Iohannem Martini
condam Iohannis de Zebres de prebenda ecclesie Leodiensis vacante
per obitum Iohannis de Vianden extra Romanam curiam defuncti
fuerunt confirmate yd. Augusti.

Non fuit assecutus prebendam, sed alter sub expectatione prebende
eam obtinuit.

Fol. 153ᵛ·

Item acceptatio facta vigore litterarum apostolicarum per Sigerum de Novolapide de canonicatu et prebenda ecclesie Leodiensis vacantibus per
obitum Tielmanni, canonici dicte ecclesie Leodiensis extra curiam
defuncti, fuit confirmata yd. Augusti.

Ista gratia est inutilis, nam ipse Tilmannus tunc vixit et hodie vivit.

Item acceptatio facta per dictum dominum Sigerum de prebenda Leodiensi vacante per obitum Iohannis de Vienna predicti fuit confirmata.

Item de eadem prebenda simili modo vacante fuit provisum Iohanni de
Wambeke.

Iste due gratie sunt inutiles, et alter auctoritate apostolica expectans
eam obtinuit et hodie obtinet.

Motu proprio fuit provisum H(elie) cardinali Ostiensi[2] de prepositura de
Wydoy vacante per obitum domini cardinalis Maglonensis 15 kal.
Septembris.

Mandatum fuit per dominos . . camerarium et . . thesaurarium ut
ab eo nichil exigerem.

Motu proprio fuit provisum cardinali Aquensi de canonicatu et prebenda
ac archidiaconatu Brabantie in ecclesia Leodiensi vacantibus
ut supra.

Habuit dominus cardinalis dilationem ad plures annos infra quos
decessit; sic nichil inde percepi.

De canonicatu et prebenda ecclesie sancti Martini Leodiensis vacantibus cum Otto de Thenis dignitatem, personatum vel officium in
ecclesia Leodiensi obtinebit, fuit provisum Iohanni Fichon 10 kal. Septembris.

Ista gratia est inutilis, nam Otto decessit antequam erat dignitatem,
personatum vel officium in ecclesia Leodiensi assecutus.

---

[1] Von anderer Hand später zugefügt mit einem Verweisungszeichen.
[2] Helie de S. Yrieix, Kardinalbischof von Ostia.

Item Arnaldo Arnaldi de Embrica clerico de parrochiali ecclesia de Gers-beke vacante per non promotionem cuiusdam Godefridi de Syni.

Iste Arnaldus non est prosecutus gratiam, et ipse Godefridus pro-motus possidet istam ecclesiam.

Item Laurentio Forbitoris de Florinis de capellania beate Marie in ecclesia beati Gengulphi de Florinis vacante per resignationem Iacobi Wilhon.

Vix valet in anno 6 flor. et sic nichil recepi.

Item[1] Petro de Vesere de altari sanctorum Petri et Iudoci in parrochiali ecclesia de Halen vacaturo per assecutionem alicuius beneficii in forma pauperum faciendam per Iohannem de Molle.

Iste non fuit nec est assecutus beneficium vigore huius gratie.

Item Renero dicto Gadijn de canonicatu et prebenda Viseten. vacantibus per mortem Iohannis de Casleto subcollectoris apostolici.

Iste Renerus non comparuit cum litteris apostolicis et quidam alter eam obtinet auctoritate ordinaria nec valent grossi fructus ultra 10 flor. communibus annis.

Fol. 154.

Item Nicholao dicto Dosijn de canonicatu et prebenda ecclesie beate Marie Tongrensis vacaturis cum Anthonius de Fiis dignitatem, per-sonatum vel officium in ecclesia Leodiensi fuerit assecutus.

Iste Nicholaus ante habitam possessionem decessit, et providit do-minus noster papa de eisdem magistro Guillermo dicto Amicus Dei pontificatus sui anno tercio, 4 kal. Augusti, et solvit ut apparet in computis meis.

Item Petro de Ruppe de altari beate Marie de Orpio magno vacaturo per assecutionem canonicatus et prebende Leodien. per Baldewinum Oneal.

Istud altare vix valet 10 flor. in anno et ideo non curavit prosequi.

Item Nicholao nato Andree Barbitonsoris de matricularia in ecclesia de Buckebilgien vacante per assecutionem parrochialis ecclesie de Tongris factam per Franconem natum magistri Willermi de Sancto Iacobo.

Ista gratia est inutilis, nam ipse Franco non est assecutus dictam ecclesiam nec sperat assequi.

Item Cononi Godefridi de canonicatu et prebenda ecclesie sancti Adalberti Aquensis vacantibus per obitum Reneri de Fiis prope curiam defuncti.

Iste Cono non comparuit nec scitur loqui de eo in ipsa ecclesia, sed quidam Iohannes de Berghe ex collatione capituli eiusdem ecclesie ipsos obtinet.

Item Euerardo dicto Rex de canonicatu et prebenda ecclesie beate Marie Traiectensis Leodiensis dyocesis vacantibus per obitum Ottonis Scarlaken in Romana curia defuncti.

---

[1] Von anderer Hand später unten am Rande mit einem Verweisungszeichen (I) hinzugefügt.

Item surrogatus fuit dictus Euerardus in omni iure quod competebat dicto
Ottoni in curia defuncto in et super dictos canonicatum et prebendam,
super quibus idem Otto contra quendam alium litigaverat et tres sententias diffinitivas reportaverat in palatio apostolico.

    Iste Euerardus non est prosecutus gratiam, sed quidam Rembaldus
    auctoritate ordinaria obtinet istos canonicatum et prebendam.

Item Iohanni de Vffeyo de ecclesia parrochiali sancti Medardi de Vffeyo
vacante per obitum Henrici dicti le Palen in Romana curia defuncti.

    Ista gratia est inutilis, quia ipse Iohannes probare non potuit ipsum
    Henricum in curia decessisse et sic non potuit litteras expedire
    in cancellaria.

Item Wilbrando Want, clerico Osnaburgensis dyocesis, de prepositura ac
canonicatu et prebenda ecclesie sancte Crucis Leodiensis vacantibus ex eo quod nuper Anthonius de Fiis de canonicatu sub expectatione prebende, dignitatis vel officii ecclesie Leodiensis sibi obtinuit provideri.

    Iste non comparuit in ecclesia Leodiensi nec alter pro eo, et ob-
    tinet istam preposituram magister Iohannes de Hoyo.

    Fol. 154 v.

De[1] canonicatu et prebenda ecclesie sancti Bertholomei (*sic*) Leodiensis vacantibus per obitum Symonis de Atrio, subcollectoris apostolici, fuit provisum Petro Lessunet de Lussiis, clerico Cameracensis
dyocesis.

    Iste Petrus non potuit probare istum Symonem fuisse subcollec-
    torem et ideo gratia fuit sibi inutilis, et obtinet istam prebendam
    quidam Bullotus de Lymont canonicus sub expectatione et (*sic*)
    prebende.

Item de parrochiali ecclesia de Turinis vacatura dum Arnaldus de Pulhes
beneficium in forma pauperum fuerit assecutus fuit provisum Arnaldo
Banduynert.

    Iste non est assecutus beneficium.

Da canonicatu et prebenda ecclesie sancti Martini Leodiensis vacantibus cum Otto de Thenis canonicatum et prebendam ecclesie Leodiensis fuerit pacifice assecutus fuit provisum Iohanni de Reymont,
presbitero Leodiensis dyocesis.

    Iste Otto nondum assecutus prebendam Leodiensem decessit et sic
    gratia est inutilis.

Sequuntur de anno secundo domini Urbani.

De capellania ac altari sancti Eligii in ecclesia Leodiensi vacantibus per
obitum Gwillermi de Altaripa in curia defuncti fuit provisum Lamberto de Lexhi.

---

    [1] Durch ein Verweisungszeichen an diese Stelle verwiesen; der Posten steht nach
den drei folgenden.

Iste Lambertus non fecit fieri litteras, et dominus papa pontificatus sui anno quarto Bertrando Masnerii providit qui satisfecit, ut patet in computis.

De parrochiali ecclesia de Gredis vacante quia Leonardus dictus Lemeer canonicatum et prebendam ecclesie Cennatensis est assecutus fuit provisum Egidio Robaer.

Solvit in Camera 40 flor. de Pedemontium.

De canonicatu et prebenda ecclesie beate Marie Aquensis vacantibus quia Christianus Rummel est assecutus prebendam ecclesie Spirensis fuit provisum Iohanni Rummel fratri suo.

Iste Iohannes non curavit assequi prebendam Aquensem forte in favorem fratris, qui eam adhuc obtinet, et nichil inde percepi.

De[1] canonicatu et prebenda sancti Bartholomei Leodiensis vacaturis dum Iohannes de Spemont canonicatum et prebendam sancti Pauli Leodiensis fuerit assecutus fuit provisum Roberto de Villari.

Iste Iohannes non est assecutus prebendam sancti Pauli, et sic gratia Roberti est inutilis.

De capella sancte Walburgis prope muros Leodienses vacante per obitum cardinalis Petragoricensis fuit provisum Petro Quilberti.

[Solvit ut patet in ultimis computis.][2]

Gratia facta Reynaldo Parrotti de canonicatu et prebenda Leodien. et prepositura Tongrensi anno primo domini Urbani fuit sibi certo modo reformata.

Solvit in Camera apostolica, ut procurator eius docuit.

Fol. 155.

De canonicatu et prebenda ecclesie de Wassenberch vacantibus per obitum Petri de Domino in curia defuncti fuit provisum Gerardo Minneken.[3]

Iste Gerardus non potuit probare Petrum in curia decessisse, et sic est gratia sibi inutilis, sed quidam Petrus Lamberti auctoritate ordinaria est assecutus et fecit confirmari anno tercio domini Urbani et satisfecit ut patet in computis.

Surrogatus fuit Iohannes de Wihonge in iure competenti Nicholao Burcerii in canonicatu et prebenda ecclesie sancti Pauli Leodiensis, super quibus dictus Nicholaus contra Rigaldum de Fex in palatio apostolico diu litigavit et pro se contra Rigaldum duas diffinitivas sententias reportavit et prope curiam ad duas dietas recedens decessit.

---

[1] Dieser Posten wurde wieder von einem andern Schreiber an den unteren Rand der Seite nachgetragen und durch das gewöhnliche Zeichen an diese Stelle verwiesen.

[2] Von anderer Hand.

[3] Hier folgt der nachstehende Posten, welcher durchstrichen und mit »vacat« am Rande versehen wurde: »Collatio et provisio facte auctoritate apostolica Gerardo Wide de canonicatu et prebenda ecclesie Leodiensis vacantibus per obitum Reyneri de Goer extra curiam defuncti sunt confirmate et provisum de novo.«

Iste Iohannes postmodum obtinuit sibi provideri de canonicatu et prebenda ac decanatu ecclesie sancti Petri Leodiensis et dimisit ius ex huiusmodi surrogatione quesitum, in quo ei surrogatus extitit dictus Rigaldus anno quinto pontificatus domini nostri Urbani et solvit ut patet in computis.

De parrochiali ecclesia de Lare vacante per resignationem Walteri de Hemtines fuit provisum Eustacio de Landriis pridie kal. Septembris.

Solvit in Camera 60 flor. ut docuit per litteras domini Mauricii de Barda.

De canonicatu et prebenda Niuellen. vacantibus per privationem seu dimissionem Iohannis de Sancto Martino fuit provisum Iohanni Sortes.

Iste Sortes non potuit habere litteras expeditas in cancellaria et sic gratia sibi est inutilis.

Item Iacobo de Lunassis de canonicatu et prebenda ecclesie de Nassongne vacantibus cum Iohannes de Wihonge canonicatum et prebendam ecclesie sancti Pauli Leodiensis fuerit pacifice assecutus.

Iste Iohannes ut statim supra non fuit assecutus prebendam sancti Pauli; sic ista gratia est inutilis, sed idem Iacobus postea, scilicet anno 5⁰, obtinuit istam prebendam Nassangne per assecutionem canonicatus, prebende et decanatus sancti Petri Leodiensis et ibi solvit.

Presentatio et provisio facte per patronum Egidio de Ruppeforti ad canonicatum et prebendam ecclesie Aycuriensis vacantes per obitum Iohannis Punifer extra Romanam curiam defuncti fuerunt confirmate.

Iste Egidius pretendit de mandato suo istam confirmationem obtentam non fuisse nec se illam ratam habere nec litteras inde fieri fecisse.

De ecclesia parrochiali sancti Hilari Hoyensis vacante ex eo quod Petrus Ranulphi eam simpliciter resignavit fuit provisum Bertholomeo filio Bertholomei Comari 17 kal. Augusti.

Iste Petrus antequam perciperet fructus resignavit istam ecclesiam et anno primo domini Urbani est solutum ut patet in computis; et iste Bertholomeus postea eam resignavit in partibus.

De canonicatu et prebenda ecclesie de Nassongne vacantibus per obitum Gerardi Pullinbreche prope curiam defuncti fuit provisum Iohanni Scaleti.

Iste Iohannes litigavit cum Iacobo de Puppele, cui isti canonicatus et prebenda fuerunt confirmati, et obtinuit et solvit anno tercio domini Urbani ut patet in computis.

Fol. 155 r.

Sequuntur de anno tercio.

Surrogatus fuit Iohannes Textoris in iure competenti Roberto Guitardi super parrochiali ecclesia de Alken, pro qua idem Iohannes contra dictum Robertum in curia littigavit (*sic*), cui liti idem Robertus

tenetur renunciare dum archidiaconatum Ostreuanensem in ecclesia
Attrebatensi fuerit pacifice assecutus.

Iste Iohannes vigore gratie de ista ecclesia sibi facte per dominum
Innocentium fuit assecutus possessionem pacificam et satisfecit
tunc collectori; et postea fuit sibi mota lis per istum Robertum,
et ideo iste Iohannes, quia primo solverat, pretendit se non
teneri ratione istius provisionis.

Provisio facta vigore litterarum apostolicarum Philippo de Zebres de canonicatu et prebenda ecclesie sancte Marie Aquensis vacantibus per
obitum Reneri de Holonia alias Fiis, in loco de Mornaco recedendo
de curia defuncti, fuit confirmata.

Iste Philippus non fuit prosecutus istam gratiam, quia non potuit
probare istum Petrum in illo loco decessisse, et sic litteras habere nequivit de cancellaria, nec iste Renerus obtinuit prebendam
Aquensem.

De canonicatu et prebenda ecclesie sancti Dyonisii Leodiensis vacantibus per obitum Conrardi (sic) de Budenoys extra Romanam curiam
defuncti fuit provisum Egidio Salheit.

Iste Egidius iuravit se non impetrasse hanc gratiam nec ratam habere nec fecit fieri litteras, sed fuit istam prebendam assecutus
vigore gratie apostolice de canonicatu sub expectatione prebende.

De canonicatu et prebenda ecclesie sancti Dyonisii predicte per obitum
dicti Conrardi (sic) fuit provisum dicto Egidio, qui ad dictam prebendam expectabat si sibi ex ordine debeatur et dimittet parrochialem
ecclesiam de Vilhans Leodiensis dyocesis.

Respondetur ut supra.

Ex causa permutationis fuit provisum Arnaldo Prel de capella beate Marie
de Landen.

Solvit in Camera 9 florenos.

Collatio et provisio facte per episcopum Leodiensem Iohanni de Altauilla
de canonicatu et prebenda ecclesie Leodiensis vacantibus per obitum
Gerardi de Viuario, collectoris apostolici, fuerunt confirmate.

Iste Iohannes non potuit probare istum Gerardum fuisse collectorem nec litteras in cancellaria expedire.

Fol. 156.

Collatio[1] et provisio facte Gerardo Wide de canonicatu et prebenda ecclesie
Leodiensis vacantibus per obitum Reneri de Goer extra curiam defuncti fuerunt confirmate.

Gratia vigore cuius iste Gerardus obtinuit collationem et provisionem
pretensas erat sibi facta in forma communi, quam dominus papa

---

[1] Derselbe Schreiber, welcher immer die Zusätze machte, schrieb diesen Posten
nachträglich an den oberen Rand der Seite und wies ihm durch das gewöhnliche Zeichen
diese Stelle an.

declaravit ad prebendas cathedrales non debere extendi, et providit de istis magistro Philippo Walrami.

De altari in ecclesia de Dypenbeke vacaturo dum Hubinus de Flemalia beneficium ad collationem prepositi, decani et capituli ecclesie Leodiensis fuerit assecutus fuit provisum Nicholao Trophardi.

> Iste Hubinus non est assecutus beneficium.

Ex causa permutationis fuit provisum Christiano Rummel de canonicatu et prebenda ecclesie beate Marie Aquensis.

> Ista permutatio non habuit effectum, et remansit Christianus in possessione prebende quam postea auctoritate ordinaria permutavit.

De parrochiali ecclesia de Dintre vacante per obitum Iacobi de Cadolis in curia defuncti fuit provisum Gerardo de Scambroic de Sancto Trudone.

> Quia iste condam Iacobus erat familiaris domini cardinalis de Vrsinis, revocavit papa istam gratiam et ad instantiam ipsius cardinalis providit Alberto Boese, qui solvit in Camera anno quarto ipsius domini pape.

De altari sanctarum Katharine et Barbare in parrochiali ecclesia sancti Pholoani Leodiensis vacante dum Hugo Brosseti canonicatum et prebendam ecclesie beate Marie Namurcensis fuerit pacifice assecutus fuit provisum Nicholao dicto Aimel nato condam Andree Ankemon (?).

> Iste Nicholaus non curavit assequi istam gratiam propter tenuitatem fructuum et nichil valet ultra servicium rerum.

Sequuntur de anno quarto.

Et primo ex causa permutationis fuit provisum Iohanni de Louesonge de perpetua vicaria ecclesie sancti Petri de Bastonia Leodiensis dyocesis et Martino dicto Murselholtz de parrochiali ecclesia sancti Laurentii prope Aquis dicte dyocesis.

> Isti duo non curaverunt prosequi permutationem nec facere fieri litteras, et remanet quilibet in suo beneficio.

Item collatio auctoritate ordinaria facta Herberto Baldewini de Donc de capella de Louemoel vacante per obitum Iohannis de Casleto subcollectoris apostolici fuit confirmata.

> Ista capella fuit olim incorporata auctoritate ordinaria capitulo Visetensi et sic iste Herbertus non est assecutus gratiam.

De canonicatu et prebenda ecclesie beate Marie de Namurco vacantibus vel vacaturis per uxorationem Nicholai de Turna vel alias quovismodo fuit provisum Gerardo de Bronchorst, rectori ecclesie de Wadenhoy.

> Iste Nicholaus ante uxorationem et datam huius gratie permutaverat istam prebendam et sic gratia est inutilis.

Fol. 156 r.

De parrochiali ecclesia de Gheynke vacante ex eo quod G. de Vladorp ipsam per annum et ultra in presbiterum non promotus (*tenuit*) fuit provisum Huberto Corbeti de Warens.

Ista ecclesia tamquam vacans per hunc modum fuit collata Rembaldo de Vladorp per dominum Urbanum pontificatus sui anno 3⁰ et satisfecit ut patet in computis collectoris.

De canonicatu et prebenda ecclesie Hugardensis vacantibus per amotionem Bernardi de Eggher fuit provisum Thederico Pallein presbitero.

Non potuit assequi.

Item resignatio facta per Robertum de Villari de canonicatu et prebenda ecclesie beate Marie de Dyonanto in Romana curia in manibus domini cardinalis Boloniensis abbatis dicte ecclesie, et provisio per annum et ultra post dictam resignationem factam per dictum dominum cardinalem Gerardo Ribadelli de Virodio fuit confirmata vel provisum de novo.

Iste Gerardus non potuit probare resignationem et provisionem pretensas nec expedire litteras, et ideo Robertus adhuc obtinet istos canonicatum et prebendam; quare ista gratia est inutilis.

De prepositura de Alkem ordinis sancti Benedicti vacatura dum Zacheus electus monasterii Sancti Trudonis administrationem bonorum dicti monasterii erit pacifice assecutus, fuit provisum Iohanni de Trijt monacho.

Quia ista prepositura non fuit beneficium monachale distinctum sed pertinet ad mensam ipsius abbatis, erat et est ista gratia inutilis.

De canonicatu et prebenda ecclesie beate Marie de Dyonanto vacantibus per obitum Gerardi Rebadelli in curia defuncti fuit provisum Henrico Ayursele de Nussia.

Iste condam Gerardus non erat assecutus istam prebendam ex causa statim supra assignata, et sic gratia inutilis.

De canonicatu et prebenda Sancti Pauli Leodiensis vacantibus per obitum Reyneri de Goer reservatis fuit provisum Euerardo Zeghestaf.

Non potuit habere reservationem et sic gratia inutilis nec comparuit cum litteris.

Fol. 157.

De canonicatu et prebenda ecclesie sancti Martini Leodiensis vacantibus per obitum Reneri de Goer extra curiam defuncti fuit provisum Iohanni dicto Boylenwe de Monte.

Non potuit habere reservationem et sic gratia inutilis.

Acceptatio et provisio facte vigore litterarum apostolicarum Petro nato Ludouici Husoit de canonicatu et prebenda ecclesie beate Marie Aquensis fuerunt confirmate vel provisum de novo.

Alter, videlicet Euerardus de Tudekin in simili gratia precedens istum in data obtinet hanc prebendam, et sic isti est hec gratia inutilis.

De canonicatu et prebenda ecclesie sancti Foylani Fossensis vacantibus dum Eustacius de Lonchiis canonicatum et prebendam ecclesie Leodiensis fuerit pacifice assecutus fuit provisum Iohanni de Crepitorgio, clerico Belvacensis dyocesis quinto non. Octobris.

Iste Eustacius non fuit assecutus prebendam Leodiensem, sic gratia est inutilis isti Iohanni.

De parrochiali ecclesia de Dinter Leodiensis dyocesis vacante per obitum Iacobi de Cordelis in Romana curia defuncti fuit provisum Alberto Boese.

Solvit in curia.

Collatio et provisio facte auctoritate apostolica Theodorico Snoet, presbitero Leodiensis dyocesis, de canonicatu et prebenda ecclesie beate Marie Dyonensis sunt confirmate vel provisum de novo.

Iste Theodoricus cubicularius est domini cardinalis de Sancto Martiali et non percipit fructus litigans in curia.

Ex causa permutationis fuit provisum Arnaldo dicto Messurdael de altari beate Marie Virginis et sancti Lamberti martiris sito in ecclesia parrochiali sancti Huberti Leodiensis. .

Istud altare modici est valoris vel nullius ultra salarium servitorum.
Fol. 157ᵛ.

De canonicatu et prebenda ecclesie sancti Petri Leodiensis vacantibus per resignationem Nicholai Ricsardi de Maruilla ordine (*sic*) Cartusiensium professi fuit provisum Petro Bobe de Maruilla.

Supra anno 3⁰ provisum est Iohanni de Lierz per ingressum istius Ricsardi, et solvit ipse Iohannes ut patet in computis collectoris.

De capellania sancti Iohannis Babtiste in Villa de Nauilla vacante ex eo quod olim Lambertus de Manusio parrochialem ecclesiam de Auens vigore litterarum apostolicarum est pacifice assecutus fuit provisum Henrico nato Henrici de Hemptines.

[Non[1] solvit set tenetur.]

De canonicatu et prebenda ecclesie sancti Pauli Leodiensis vacantibus vel vacaturis si vel dum Iacobus Oneal canonicatum et prebendam ecclesie Leodiensis fuerit pacifice assecutus fuit provisum Ionathe de Wontheringhe.

Iste Iacobus non est assecutus prebendam Leodiensem et sic gratia est inutilis.

De canonicatu et prebenda ecclesie Niuellensis vacaturis dum Iacobus Oneal canonicatum et prebendam ecclesie Leodiensis fuerit pacifice assecutus fuit provisum Henrico de Linden.

---

[1] Von anderer Hand hinzugefügt. Der erste Schreiber hatte gesetzt: »solvit in curia«, was durchstrichen und durch diese Angabe ersetzt wurde.

Item Bertrammo Suderman, clerico Coloniensis dyocesis, de canonicatu et prebenda ecclesie sancti Pauli Leodiensis vacantibus prout supra.

Quia, ut premittitur, iste Iacobus non est prebendam Leodiensem assecutus, iste gratie sunt inutiles.

De archidiaconatu de Ardenna vacante per obitum Roberti de Tuicio extra curiam defuncti fuit provisum Iohanni de Sebres, et dimittet canonicatus et prebendas Niuellensis et Hoyensis ecclesiarum.

Iste Iohannes litigat in curia pro archidiaconatu, sed est in perceptione pretendens se habere dilationem a Camera.

Fol. 158.

De quibus canonicatu et prebenda Niuellen. fuit provisum Iohanni Willequini clerico Parisiensi.

Iste adhuc non est assecutus prebendam.

De canonicatu et prebenda Hoyen. similiter vacaturis fuit etiam provisum Iohanni Willequini predicto.

Nundum (*sic*) est assecutus.

De capellania seu altari sancte Katherine sito in ecclesia parrochiali sancti Martini de Auennis vacaturo si vel cum Iohannes de Ferteriis canonicatum et prebendam ecclesie sancti Seruacii Traiectensis Leodiensis dyocesis fuerit pacifice assecutus.

Quia istud altare est modici valoris non curavit facere fieri litteras, et provisum est de illo auctoritate ordinaria.

De parrochiali ecclesia de Rolierz vacante ex eo quod Iacobus Oneal canonicatum et prebendam ecclesie sancti Pauli Leodiensis est pacifice assecutus fuit provisum Iohanni de Yma.[1]

De ista ecclesia fuit sub priori data provisum Laurentio Forbitoris qui satisfecit, ut patet in computis collectoris.

De canonicatu et prebenda ecclesie Niuellensis vacaturis dum Eustacius de Lonchiis canonicatum et prebendam ecclesie Leodiensis fuerit pacifice assecutus fuit provisum Iohanni Dahins, nato Willermi de Graaz.

Iste Eustacius non est assecutus prebendam Leodiensem et sic gratia inutilis.

De canonicatu et prebenda ecclesie sancti Foylani Fossensis vacantibus dum Eustacius de Lonchiis canonicatum et prebendam ecclesie Leodiensis fuerit pacifice assecutus fuit provisum Iohanni de Crepitorgio, clerico Belvacensis dyocesis.

Iste Eustacius non est assecutus prebendam Leodiensem ut supra.

De canonicatu et prebenda ecclesie Leodiensis vacantibus per obitum Hugonis Arnaldi collatis Iohanni Franketi Ambianensis dyocesis.

---

[1] Hier folgen die nachstehenden Angaben, welche durchstrichen wurden: »Et de eadem ecclesia fuit provisum Laurentio Forbitoris de Florines. Ista gratia fuit inutilis ut prius«.

Iste Hugo tunc vixit et decessit postea, et fuit provisum Conrado de Drijl et solvit prout patet in computis collectoris anno 5.

Fol. 158 r.

De canonicatu et prebenda ecclesie Hugardensis vacantibus per amotionem Bernardi de Egher fuit provisum Theoderico Pollein.

Quia iste Bernardus non obtinuit tot beneficia sicut ipse Theodericus expresserat, gratia fuit subrepticia et non potuit assequi istas (*sic*) canonicatum et prebendam.

De parrochiali ecclesia de Carbasio vacante ex eo quod Nicholaus de Molendino canonicatum et prebendam ecclesie sancti Rumaldi Machlinensis Cameracensis dyocesis est pacifice assecutus fuit provisum Iohanni dicto Boesman.

Iste Nicholaus non est assecutus prebendam Machlinensem nec comparuit ibi cum litteris, et sic gratia inutilis.

Sequuntur beneficia de anno quinto domini Urbani de quibus collector non levavit.

De decanatu ecclesie sancti Petri Leodiensis vacante per dimissionem magistri Dyonisii Minninc fuit provisum Iohanni de Wilhongne.

Iste Iohannes fuit buttelerius domini Urbani et dicit se solvisse vel remissionem obtinuisse.

De canonicatu et prebenda ecclesie sancte Gertrudis Niuellensis vacaturis dum Philippus de Awangne canonicatum et prebendam ecclesie sancti Martini Leodiensis fuerit pacifice assecutus fuit provisum Symoni de Wibalhe.

Iste Philippus non est assecutus prebendam sancti Martini Leodiensis et sic gratia est inutilis.

Fol. 159.

Acceptatio, collatio et provisio facte vigore litterarum apostolicarum Petro nato Ludovici Husort de Hordige de canonicatu et prebenda ecclesie beate Marie Aquensis Leodiensis (*diocesis*) vacantibus per obitum Reneri de Gore extra curiam defuncti, etiam si fuerint reservati, fuerunt confirmate vel provisum de novo 3 non. Decembris.

Alter vocatus Euerardus de Thudichem precedens istum in data in simili forma obtinet istam prebendam et solvit ut patet in computis collectoris.

De parrochiali ecclesia de Sereyng vacante per obitum Petri de Komech subcollectoris apostolici extra curiam defuncti fuit provisum Iohanni Pictoris, presbitero Cameracensis dyocesis.

Iste Iohannes diu litigavit in curia, et quia Petrus non fuit subcollector, succubuit.

Collatio et provisio auctoritate ordinaria facte Henrico dicto Scriuer de canonicatu et prebenda ecclesie beate Marie Traiectensis quos possidet pacifice, etiam si fuerint reservati, fuerunt confirmate vel sibi provisum de novo.

Iste diu fuit et est in curia et audiantur rationes sue.

De canonicatu et prebenda ecclesie Leodiensis vacantibus per obitum Reginaldi de Berbenchon extra curiam Romanam defuncti tamquam reservatis fuit provisum Ricardo Barbe, magistro in theologia.

Fol. 159ᵛ.

Sequuntur de anno sexto.

De canonicatu et prebenda ecclesie sancti Pauli Leodiensis vacantibus dum Conradus de Deijl canonicatum et prebendam ecclesie Leodiensis fuerit pacifice assecutus fuit provisum Nicholao Trophardi.

De eadem prebenda fuit provisum Alberto Pocten qui eam obtinet et solvit ut patet in computis collectoris.

De capellania sanctorum Pauli et Mauricii in ecclesia sancti Pauli Leodiensis vacante per obitum Rasquini Barcet fuit provisum Iohanni de Sarto.

De ista capellania etiam fuit provisum Iohanni Matour, qui eam obtinet et solvit, ut patet in computis collectoris.

De canonicatu et prebenda ecclesie sancte Crucis Leodiensis vacaturis dum Bernardus de Berne canonicatum et prebendam, dignitatem vel officium in ecclesia sancti Severini Coloniensis fuerit pacifice assecutus fuit provisum Petro de Lesmonte.

Iste Bernardus non est assecutus prebendam vel dignitatem in ecclesia sancti Severini, et sic gratia est inutilis.

De capellania seu altari in ecclesia Leodiensi vacaturo dum Petrus Guioti canonicatum et prebendam ecclesie sancte Crucis Leodiensis fuerit pacifice assecutus fuit provisum Iacobo de Atrio.

Iste Petrus non est assecutus prebendam.

De capella sancti Salvatoris iuxta Aquis vacante per amotionem Remboldi de Vlodorp, decani ecclesie beate Marie Aquensis, fuit provisum Henrico Rant.

Iste nondum est assecutus possessionem et litigat in curia.

Collatio et provisio facte Euerardo Segestas de canonicatu et prebenda ecclesie sancti Pauli Leodiensis etc. (*sic*) fuerunt confirmate.

Iste Euerardus nunquam assecutus fuit ibidem prebendam.[1]

Aus den Bänden der Serie »Introitus et exitus« im Vatik. Archiv.
Num. 300. Fol. 39.

1363, Januar 26. — Eadem die cum dominus Sigerius de Novolapide, decanus ecclesie sancti Seruacii Traiectensis Leodiensis diocesis, in

---

[1] Der Fascikel scheint unvollständig zu sein; die letzte Angabe steht am Ende der letzten erhaltenen Seite ohne weitere Notiz.

certis partibus Alamanie collector apostolicus nuper in opido[1] . . . . .
Cameracensis diocesis, videlicet die 8ᵃ mensis Novembris proxime
preterita, de pecuniis per ipsum levatis et recollectis in dicta sua
collectoria ad Cameram apostolicam quocumque modo pertinentibus,
de quibus in suis computis sive rationibus per ipsum dominum collectorem eidem Camere reddendis particulariter declarabit, fecisset cambium cum Bernardo Iandoni, factore et procuratore Iohannis Columberii burgensis et Anthonii Brunecgii mercatorum Montispessulani
Magalonensis diocesis, de quinque milibus flor. auri, quorum sunt
4806 cugni melioris Alamannie et 194 cugni Flor(entie) sententie,
per ipsum Bernardum seu eius magistros predictos eidem Camere
solvendis et assignandis Camere predicte infra duos menses a dicta
die 8ᵃ mensis Novembris immediate sequentes, prout in instrumento
per dominum Iohannem de Riuen, clericum Cameracensis diocesis,
publicum imperiali auctoritate notarium, super hiis recepto plenius
continetur: hinc est quod predictus Anthonius Bruren (sic) in satisfactionem et solutionem predicte summe pro se et aliis supradictis
die qua supra manualiter solvit et assignavit   5168 flor. 5 sol.
Quorum flor. sunt 194 sententie, 4974 flor. fort. pro 4806 flor. fort. cugni
melioris Alamannie, computando pro maiori valentia et cambio 3 flor.
et medio pro centenario.

Num. 300. Fol. 39ʳ.

1363, November 4. — Die 4ᵃ mensis Novembris. Cum nuper dominus
Sigerus de Novolapide, decanus ecclesie sancti Seruatii Traiectensis
Leodiensis diocesis, in provincia Coloniensi apostolice sedis nuntius
et collector, de pecuniis per ipsum habitis et recollectis in dicta sua
collectoria ad Cameram apostolicam quocumque modo pertinentibus
die 9ᵃ mensis Augusti proxime preteriti fecerit cambium in opido de
Malines, Cameracensis diocesis, de quingentis florenis auri parvi ponderis cugni Alamannie cum Iohanne dicto Bonaguide, mercatore, socio
et factore mercatorum de societate Albertorum novorum de Florentia,
necnon et die 29ᵃ eiusdem mensis Augusti de dictis pecuniis per
ipsum collectorem in eadem collectoria levatis et recollectis ad dictam
Cameram etiam quocumque modo pertinentibus cum predicto Iohanne
Bonaguide in predicto opido de aliis 460 flor. auri predicti ponderis
et cugni Alamannie, de quibus quidem 500 et 460 flor. dictus collector in computis dicte Camere per eum reddendis particulariter declarabit, et per predictum Iohannem dicte Camere reddendis et solvendis, prout in quodam instrumento per Ludovicum Flamingi de
Machelia, clericum dicte Cameracensis (*diocesis*) apostolica et imperiali

---

[1] Der Name der Stadt fehlt, es findet sich ein leerer Platz in der Handschrift
nach »opido«.

auctoritatibus notarium publicum diebus supradictis super hiis recepto plenius continetur: hinc est quod predictus Iohannes, in solutionem et satisfactionem dictarum duarum summarum ad 960 flor. dicti cugni Alamannie ascendencium, per manus Cipriani de Albertis, magistri dicte societatis Albertorum novorum, solvi et assignari fecit dictos 960 flor. Alamannie, recipiendo pro quolibet flor. Alamannie 1 flor. fort. et 43 den., ascendunt ad   1016 flor. fort. Auraycen., 16 sol.

Num. 305. Fol. 32.

1364, Mai 8. — Die 8ª (Maii) recepti fuerunt in dicto mense a domino Sigero de Novolapide, decano ecclesie sancti Seruacii Traiectensis Leodiensis diocesis, in Colonia apostolice sedis nuncio et collectore, de pecuniis per eum receptis et recollectis in sua collectoria ad Cameram apostolicam quocumque modo pertinentibus, de quibus debet computare, solvente per manus Cipriani dicti de Albertis novis et sociis suis de Florencia pro 1040 flor. ad grayletum, quolibet floreno ponderis Camere pro 26 sol. et ad grayletum pro 24 sol. computatis

Num. 305. Fol. 54.   960 flor. Camere.

1364, August 2. — Die eadem (2ª Augusti). Cum dominus Sigerus de Novolapide, decanus ecclesie sancti Seruacii Traiectensis Leodiensis diocesis, in partibus Colonie apostolice sedis nuntius et collector, de pecuniis per eum receptis et recollectis in dicta sua collectoria ad Cameram apostolicam quomodocumque pertinentibus, de quibus in computis per eum reddendis dicte Camere particulariter declarabit, die 5ª mensis Maii proxime preteriti auctoritate et virtute quarundam litterarum apostolicarum supra infrascriptis confectarum in Traiecto fecisset cambium cum Laurencio Spinelli de Florencia, socio societatis Albertorum antiquorum de Florencia, de 406 scut. antiquis et 244 flor. fortes (*sic*) ad claves papales, necnon de predictis pecuniis per ipsum collectorem in dicta sua collectoria recollectis ad predictam Cameram simili modo spectantibus, de quibus etiam computare debet, simili modo fecisset cambium die 26ª Iunii proxime preteriti cum prefato Laurencio socio ipsius societatis, de 705 scut. antiquis per ipsam societatem Camere predicte solvendis et assignandis, prout in quibusdam litteris super huiusmodi cambiis missis lacius est expressum: hinc est quod Thomas Nicolai Lambertesqui de Florentia, curiam Romanam sequens, factor et procurator domini Nicolai de Albertis antiquis et eius societatis, in satisfactionem et solutionem dictarum summarum die ista 2ª presentis mensis Augusti manualiter solvit et assignavit dictas pecunias, *Fol. 54ʳ.*
quolibet scuto antiquo pro 32 sol. et 6 den. et quolibet flor. forti ad claves pro 24 et de Camera pro 25 sol. et 10 den. (*computatis*)
        1616 flor. Camere, 17 sol. 2 den.

Num. 311. Fol. 43.

Collectoria Alamannie.

1364, Dezember 5. — Anno a nativitate Domini millesimo trecentesimo sexagesimo quarto, indictione secunda, pontificatus sanctissimi patris et domini nostri domini Urbani, divina providencia pape quinti, anno tercio. Die quinta mensis Decembris. Cum dominus Sygerus de Novolapide, decanus ecclesie sancti Seruatii Traiectensis Leodiensis diocesis, in Colonia apostolice sedis nuncius et collector, de pecuniis per ipsum habitis et receptis in provincia Coloniensi ad Cameram apostolicam quomodocumque pertinentibus, de quibus in computis per eum dicte Camere reddendis particulariter declarabit, in Traiecto dicte diocesis cum sociis societatis Albertorum antiquorum de Florentia nuper fecisset cambium de 1124 flor. auri fortis ponderis Alamannie et de 454 scutis antiquis per socios dicte societatis dicte Camere solvendis et restituendis in certis terminis, prout in quodam instrumento super huiusmodi cambio, ut dicitur, confecto lacius continetur: hinc est quod Thomas Lambertesqui de Florentia Romanam curiam sequens, factor et procurator domini Nicolai Iacobi de Albertis et eius societatis predicte, in solutionem et satisfactionem dicte summe manualiter solvit et assignavit, videlicet pro dictis 1124 florenis fortis ponderis Alamannie, quolibet ipsorum pro 24 sol. et 10 den. et singulis florenis Camere pro 26 sol. computatis, scutis vero in sua specie remanentibus, acto quod si dictum instrumentum confectum super huiusmodi cambio ut predicitur repertum fuerit annulletur et cancelletur nulliusque (*sit*) roboris et firmitatis   1073 flor. Camere,

                                             454 scudata antiqua

                                             14 sol. 8 den.

Num. 311. Fol. 43ᵛ.

1365, Februar 11. — Supradictis anno, indictione et pontificatu die 11ª mensis Februarii. Cum die undecima mensis Decembris proxime preteriti dominus Sigerus de Novolapide, decanus ecclesie sancti Seruatii Traiectensis Leodiensis dyocesis, in provincia Coloniensi apostolice sedis nuntius et collector auctoritate apostolica specialiter deputatus, de pecuniis per ipsum habitis et recollectis in dicta provincia ad Cameram apostolicam qualitercumque spectantibus, de quibus in compotis et rationibus per ipsum dicte Camere reddendis particulariter declarabit, fecisset in Leodio cambium cum Thoma dicto Bonaguida, mercatore, socio et factore mercatorum de societate Albertorum novorum de Florentia, de 950 scutis antiquis boni auri et iusti ponderis tam cugni[1] regis Francie quam Alamanie, per socios dicte societatis

---

[1] In der Handschrift: »cregni«.

reddendis et restituendis vel eorum verum valorem Camere supradicte, prout in quodam instrumento per Ludovicum Flamingi de Machlinia, clericum Cameracensis dyocesis, apostolica et imperiali auctoritatibus publicum notarium super hiis recepto et confecto plenius continetur: hinc est quod Dupho Duchii, magister dicte societatis Albertorum novorum, in satisfactionem et solutionem dicte summe die ista 11ᵃ presentis mensis Februarii manualiter solvit et assignavit pro dictis 950 scut. quolibet pro 32 sol. 6 den. et singulis flor. pro (*26 sol. computatis*)   1187 flor. Camere,

13 sol. monete Avinion.

Num. 311. Fol. 44.

1365, Juli 1. — Anno, indictione et pontificatu quibus supra die prima mensis Iulii. Cum nuper die ultima mensis Aprilis[1] proxime preteriti dominus Sigerus de Novolapide, decanus ecclesie sancti Seruacii Traiectensis Leodiensis diocesis, in provincia Coloniensi apostolice sedis nuncio (*sic*) et collector de pecuniis per ipsum receptis et recollectis in dicta sua collectoria ad Cameram apostolicam pertinentibus quomodocunque, de quibus in compotis et rationibus per eum dicte Camere reddendis particulariter declarabit, fecisset cambium in opido de Malines Cameracensis diocesis cum Iohanne Bonaguidone, mercatore et socio ac factore societatis Albertorum novorum de Florentia de 700 flor. de Alamannia et 450 scudatis auri antiquis boni ponderis, per socios dicte societatis eidem Camere solvendis et restituendis, prout in quodam instrumento per Ludovicum Flamingi de Machlinia, clericum Cameracensis diocesis, publicum auctoritate apostolica et imperiali notarium, super hiis recepto plenius continetur: hinc est quod Dophus de Albertis novis nomine dicte societatis in solutionem et satisfactionem dicte summe die ista prima presentis mensis Iulii manualiter solvit et assignavit pro dictis summis, singulis florenis de Alamania pro 25 et quolibet scuto pro 32 sol. videlicet et flor. Camere pro 26 sol. computatis in   1235 flor. Camere, 15 so,.

Num. 327. Fol. 43ʳ.

1367, Oktober 19. — Die 19ᵃ mensis Octobris recepti fuerunt a domino Arnaldo Prel, canonico prebendato ecclesie sancti Andree Coloniensis, pro annata per eum debita ratione provisionis ei facte per dominum nostrum papam et pro medietate: 52 flor. ponderis de Pedimonte quam summam communi extimatione valet dicta prebenda, que non est taxata ad decimam, prout constat per litteras patentes quas super hoc scripsit dominus Sigerus de Novolapide, decanus ecclesie sancti Seruacii Traiectensis Leodiensis diocesis, in provincia Coloniensi collector apostolicus suo sigillo impendenti sigillatas, ut prima facie

---

[1] Vor »Aprilis« ist eine Rasur.

apparebat, et legitur in eisdem, ipso domino Arnaldo manualiter assignante, pro 26 flor. de Pedimonte quolibet pro 25 sol. et de cornu
pro 24 sol. computatis   27 flor. de (cornu),[1]
                                                           2 sol. monete Avinion.
Num. 322. Fol. 8.

Recepta mensis Marcii.

1368, März 17. — Die 17ª mensis Marcii recepti fuerunt a Talento Bucelli, mercatore, socio et factore societatis Albertorum antiquorum
de Florentia, nomine et vice domini Sigeri de Novolapide, decani
ecclesie sancti Gervasii (*sic*) Traiectensis Leodiensis diocesis, apostolice sedis nuncii et in Colonien., Traiecten. et Leodien. civitatibus
et diocesibus collectoris apostolici assignante, recepimus pro 360 scudatis veteribus boni auri et legitimi ponderis per eundem dominum
Sigerum collectorem collectis et receptis de fructibus prepositure
de Wydoc dicte Leodiensis diocesis, quam bone memorie dominus
Helias cardinalis Vticensis dum viveret obtinebat, pro tunc restantibus apud debitores prepositure eiusdem, quoscumque idem dominus
Sigerus anno a nativitate Domini 1367, indictione 5 et die 9ª mensis
Decembris pontificatus domini nostri pape Urbani V anno 6° predicto Talento Bucelli mercatori, socio et factori societatis Albertorum
predictorum tradidit et assignavit in Leodio, assignandos et resti-
tuendos per eum seu societatem predictam in Avinione domino Ma-
galonensi episcopo, domini nostri pape thesaurario, infra 2 menses
a supradicta die 9ª Decembris computandos, prout constat publico
instrumento facto et confecto Leodii dicta die 9ª Decembris per magistrum Ludovicum de Malhinia, clericum Cameracensis diocesis,
publicum apostolica et imperiali auctoritate notarium, assignante pro
eo manualiter Nicholao de Perussiis, factore et procuratore in Avinione
predicte societatis, quolibet scudato veteri pro 32 sol. et 6 den. et
quolibet flor. de Camera pro 26 sol. computatis, qui reassignati fuerunt
eidem Nicolao pro assignando Camere apostolice Rome vel alibi ubi
fuerit, ut habetur infra in capitulo de expensis   450 flor. Camere.

Num. 325. Fol. 28 v.

1368, September 28. — Anno, indictione et pontificatu predictis et die 28ª
mensis Septembris recepti fuerunt in Montefiascone, domino nostro
papa tunc ibidem cum sua curia residente, recepti fuerunt (*sic*) a domino Sigero de Novolapide, decano ecclesie sancti Seruacii Traiectensis Leodiensis diocesis, in provincia Coloniensi apostolice sedis
nuncio et collectore apostolica auctoritate specialiter deputato, de
pecuniis per ipsum habitis et receptis ac recollectis ad Cameram

---

[1] In der Handschrift ist ein Horn gezeichnet.

apostolicam spectantibus, de quibus in computis et rationibus per ipsum dicte Camere reddendis particulariter declarare tenetur, solvente per manus Hubertini de Strociis, mercatoris de Florentia, factoris societatis Francisci de Soderinis de Florentia   762 flor. cambii.

Num. 331. Fol. 18.

1369, März 4. — Die 4ª dicti mensis (Martii). Cum nuper videlicet 20ª Septembris proxime preteriti in opido de Malines Cameracensis diocesis dominus Sigerus de Novo Lapide, decanus ecclesie sancti Seruacii Traiectensis Leodiensis diocesis, in civitatibus et diocesibus Colonien., Traiecten. et Leodien. apostolice sedis nuncius et collector auctoritate apostolica specialiter deputatus, de pecuniis per ipsum levatis, habitis, receptis et recollectis in dicta sua collectoria ad Cameram *Fol. 18 v.* apostolicam quomodocunque spectantibus, de quibus in compotis et rationibus per eum predicte Camere reddendis particulariter declarare tenetur, fecisset cambium cum Agnollo Borgognonis, socio societatis Francisci Gerii Soderini de Florentia, de 800 scudatis auri boni auri et legitimi ponderis per ipsum Franciscum seu eius socios Camere predicte solvendis et restituendis ubicumque curia Romana (*sic*) esse contigerit suis periculis et expensis, prout in quodam publico instrumento per Ludovicum Flamingi de Machlinia Cameracensis diocesis, auctoritate apostolica et imperiali publicum notarium, die 20ª predicti mensis Septembris super hiis recepto et scripto plenius continetur: hinc est quod Hubertinus Andree, mercator Florentinus socius predicti Francisci Soderini et eius societatis, in satisfactionem et solutionem predictorum 800 scudatorum auri et pro ipsis extimatis et computatis secundum Iohannem Baruncelli campsorem Camere supradicte 100 scud. pro 123 flor. et 3 quartis unius floreni de Camera, die ista 4ª huius mensis Martii nomine prefati Francisci et eius societatis manualiter solvit et assignavit videlicet   990 flor. Camere.

Num. 336. Fol. 5.

1372, Januar 31. — Die eadem (31ª Januarii). Cum die 12ª mensis Novembris proxime preteriti dominus Sigerus de Novolapide, decanus ecclesie sancti Seruacii Traiectensis Leodiensis diocesis, in provincia Coloniensi apostolice sedis nuncius et collector auctoritate apostolica specialiter deputatus, de pecuniis per dominum Bernardum de Berne, in certis partibus Alamannie dicte sedis nuncium, ratione subsidii loco duarum procurationum dudum per eandem sedem in certis partibus Alamannie indicti habitis, receptis et recollectis ad Cameram apostolicam occasione dicte indictionis spectantibus, de quibus dictus dominus Bernardus in suis rationibus et compotis per eum dicte Camere reddendis particulariter declarare tenetur, in civitate Leodiensi fecisset

cambium cum Talento Andree Bucelli, mercatore et factore societatis
Albertorum antiquorum de Florentia tunc in dicta civitate Leodiensi
commorante, de tribus milibus viginti septem flor. auri cugnorum de
Colonia et Maguntia boni auri et fortis ponderis seu eorum verum
valorem per ipsum Talentum seu socios dictorum Albertorum reddendis et assignandis Camere predicte infra tres menses a predicta
die 12ª dicti mensis Novembris in antea computandos, prout in instrumento per magistrum Arnoldum Beytel, clericum Leodiensis diocesis
auctoritate apostolica publicum notarium, super hoc dicta die recepto
latius continetur: hinc est quod Thomas Monis, socius societatis dictorum Albertorum curiam Romanam sequens, in solutionem et satisfactionem predicte summe nomine suo et dicte sue societatis ac pro
prefato Talento et aliorum quorum interest de premissis die ista ultima
Ianuarii, singulis flor. de predictis pro 27 sol. obol. et quolibet franco
pro 30 sol. monete Avinionensis computatis, manualiter solvit et assignavit duo milia septingentos vigintiocto francos boni ponderis, quindecim sol. 1 den. obol.   2728 franc. boni ponderis et 15 sol. 1 den. obol.

Num. 336.   Fol. 56ᵛ.

1372, August 30. — Die eadem (ultima Augusti). Cum die 10ª Iulii
proxime preteriti in opido de Melinis Cameracensis diocesis dominus
Sigerus de Novo Lapide, decanus ecclesie sancti Seruacii Traiectensis
Leodiensis diocesis, in provincia Coloniensi apostolice sedis nuncius
et collector auctoritate apostolica specialiter deputatus, de pecuniis
per eum in dicta collectoria sua habitis et recollectis ad Cameram
apostolicam quomodocunque spectantibus, de quibus in compotis et
rationibus per ipsum dicte Camere reddendis particulariter declarare
tenetur, fecisset cambium cum Bertholo Iohannis Sonaglini, socio et
factore seu negociorum gestore mercatorum societatis Albertorum
antiquorum de Florentia ibidem presente et recipiente suo et dicte
societatis nominibus, videlicet de 1300 flor. de Vngaria et Boemia
boni auri et fortioris ponderis, per socios dicte societatis Camere predicte solvendis et assignandis iuxta conventiones habitas et initas
inter Cameram predictam et dictam societatem, prout de dicto cambio
in quodam instrumento per Arnaldum Beytel, clericum Leodiensis
diocesis auctoritate apostolica publicum notarium, recepto lacius continetur: hinc est quod Thomas Monis de Florentia, socius Nerocii
de Albertis antiquis et sociorum suorum pro medietate predictorum
1300 flor. die ista ultima huius mensis Augusti dicte Camere manualiter solvit pro dicto Nerocio et eius sociis, videlicet pro 650 flor.
de predictis in flor. Camere solvendis, singulis flor. de Vngaria et
Boemia, qui sunt eiusdem valoris, pro 27 sol. 6 den. et de Camera
pro 28 sol. computatis, ascendunt   638 flor. Camere 11 sol.

Fol. 57.

Die eadem recepti fuerunt simili modo et ex eadem causa pro alia medietate predictorum 1300 flor. de Vngaria et Boemia per manus Iacobi Vannis de Florentia, socii et factoris domini Nicholai Iacobi milite (*sic*) de Albertis antiquis de Florentia et eius societatis solventis

638 flor. Camere 11 sol.

Fol. 58.

1372, September 4. — Die eadem (4ª Septembris) recepti fuerunt a domino Nicholao Iacobi milite de Albertis antiquis de Florentia et sociis eius in deductionem pecuniarum per socios suos habitarum et receptarum et recipiendarum a certis collectoribus apostolicis partium Alamanie ad Cameram apostolicam quomodocunque spectantium, de quibus debent computare, solvente per manus Iacobi Vannis de Florentia, procuratoris et socii sui, iuxta conventiones cum Camera habitas

1000 flor. de Camera,
1500 franch. bon.

Die eadem recepti fuerunt a Nerocio Bernardi de Albertis antiquis predictis simili modo solvente per manus ipsius Nerocii

2000 flor. de Camera,
500 franch. bon.

Num. 339. Fol. (21).

1374, April 6. — Die eadem 6ª dicti mensis Aprilis recepti fuerunt a domino Sygerio de Novolapide, decano ecclesie sancti Seruacii Traiectensis Leodiensis diocesis, in certis partibus Alamannie apostolice sedis nuncio, qui de mense Februarii proxime preteriti fecit cambium de pecuniis per eum in dictis partibus habitis et receptis ad Cameram apostolicam quovismodo spectantibus, de quibus plenius computare debet, videlicet de 1300 flor. auri de Vngaria et Boemia necnon 126 scutis et octo grossis veteribus Alamannie, in civitate Leodiensi cum Bernardo Nicolai, factore dictorum Albertorum antiquorum de Florentia, per socios aut factores ipsorum Albertorum Camere prefate reddendis, prout in instrumento per Arnoldum Beytel notarium publicum super hoc recepto plenius est expressum, supradictis Philippo de Marsiliis et Iacobo Vannis pro dictis Albertis assignantibus Camere antedicte, singulis florenis de Vngaria et Boemia et de Camera ut supra et quolibet scuto veteri de Alamannia pro 35 sol. et quolibet dictorum grossorum pro 2 sol. et 9 den. monete Avinionensis computatis

1435 flor. Camere, 2 sol.

Num. 340. Fol. (63).

1374, Oktober 31. — Die eadem (ultima Octobris) habiti fuerunt pro receptis a predictis procuratoribus societatum predictarum (Iacobo Vannis procuratore domini Nicholai Iacobi militis et Philippo de Marsiliis procuratore Benedicti Nerocii de Albertis antiquis de Florentia et eorum societatum) ratione cambii facti in Leodio de mense Augusti

anno a nativitate Domini 1373 proxime preterito cum Bernardo
Nicholai, factore dictarum societatum, per dominos Guillermum Benlata et Sigerum de Novolapide in certis partibus Alamannie nuncio
(*sic*) de pecuniis per ipsos in illis partibus habitis et receptis ratione
partis decimarum per dominum nostrum papam super personis ecclesiasticis civitatis et dyocesis Leodien. ac mensa episcopali Leodiensi
indictarum, ad Cameram apostolicam ratione huiusmodi decimarum
indictarum pertinentes, prefatis procuratoribus dicte Camere satisfacientibus, videlicet   1650 franchi.

Num. 340. Fol. (63) r.

1374, *Oktober 31.* — Die eadem habiti fuerunt pro receptis a prefatis Iacobo et Philippo nomine predictarum societatum, quos recepit Bernardus Nicholai, factor et procurator ipsarum societatum in Leodio,
de mense Iulii proxime preteriti a domino Sigero de Novolapide, in
certis partibus Alamannie apostolice sedis nuncio, de pecuniis per
ipsum collectis in sua collectoria habitis et receptis ad Cameram apostolicam qualitercumque spectantibus, de quibus dicte Camere particulariter computare tenetur particulariter (*sic*), prefatis procuratoribus
nomine dictarum societatum et aliorum quorum interest seu interesse
posset, videlicet pro 600 flor. fortibus de Vngaria et Boemia qui sunt
eiusdem valoris solutis in florenis Camere, singulis flor. de Vngaria
et Boemia pro 27 sol. 6 den. et de Camera pro 28 sol. computatis,
dicte Camere, prout societates predicte tenebantur, satisfacientibus,
assendunt videlicet   589 flor. Camere, 8 sol.

Num. 342. Fol. 41—41 v.

Collectoria Alamannie et Lothoringie.

1375, *Juli 6.* — Die 6a mensis Iulii habiti fuerunt pro receptis a Petro
Bartholi, domini Nicholay Iacobi, et Philippo de Marsiliis, Benedicti
Nerocii societatum de Albertis antiquis de Florentia procuratoribus,
quos ratione cambii receperunt in Melinis Bartholus Iohannis et Bernardus Nicholay, factores dictarum societatum, in mensibus Februarii
et Aprilis proxime preteritis a domino Sighero de Novolapide, in
provincia Coloniensi apostolico collectore, de quibus idem collector
computabit, videlicet 1056 franchi, 448 scuti cum dimidio antiquos
(*sic*) et 500 flor. auri de Vngaria et Boemia, de quibus dicti Petrus
et Philippus Cameram predictam contentam fecerunt; valent, singulis
franchis pro 30 sol. et quolibet scuto antiquo pro 35 sol. et flor. de
Vngaria pro 27 sol. 6 den. et flor. Camere pro 28 sol. computatis,
valent (*sic*)   2183 flor. Camere, 3 sol., 6 den.

Im Parallelband Num. 343 steht am Rande von anderer Hand: »habuit
collector«.

Fol. 41ᵛ.

1375. Juli 26. -- Die 26ª mensis Iulii recepti fuerunt a domino Sigero de Novolapide, decano ecclesie sancti Seruacii Traiectensis Leodiensis diocesis, in provincia Coloniensi apostolico collectore, in quibus pro resta Camere apostolice tenebatur, prout in fine computorum suorum per ipsum dicte Camere isto mense Iulii redditorum, per dominum Heliam de Vodronio clericum Camere apostolice examinatorum, approbatorum et signatorum (ad[1] hec per dominum camerarium domini pape specialiter deputatum) continetur, ipso collectore manualiter assignante: 100 flor. Alamannie; valent singulis pro 27 sol. et de Camera ut supra computatis   96 flor. Camere, 12 sol.

---

[1] Zusatz im Parallelband Nr. 343.

XI.

Anweisungen der von verschiedenen Kollektoren in Deutschland erhobenen Gelder an die Camera. 1309—1377.

(Aus den Bänden der Serie »Introitus et exitus« im Vatik. Archiv.)

-米米-

In diesem Abschnitte teile ich die Aufzeichnungen über die an die Camera von Kollektoren abgelieferten Gelder mit, über deren Erhebung ich keine Spezialrechnungen im Vatikanischen Archiv aufgefunden habe. Es sind Auszüge aus der Serie »Introitus et exitus« des Kameralarchivs, welche jetzt im Vatikanischen Archiv aufbewahrt wird. In der Einleitung habe ich darauf hingewiesen, dafs die Anweisungen (»Assignationes«) von Geldern, welche die Kollektoren in verschiedener Form an die Centralstelle machten, von einem gewissen Zeitpunkte an unter der Rubrik »Collectoriae« in die Hauptregister eingetragen wurden. Deshalb wurden von mir alle erhaltenen Bände der »Introitus et exitus« aus dem 14. Jahrhundert durchgesehen und die diesbezüglichen Posten kopiert. Diejenigen Auszüge dieser Art, welche sich auf Kollektorien beziehen, von denen die Spezialrechnungen ganz oder zum Teil erhalten sind, fügte ich jedesmal am Schlusse der Rechnungen hinzu. Hier stelle ich nun in chronologischer Reihenfolge die Anweisungen der aus Deutschland eingelaufenen Gelder zusammen, über deren Erhebung keine Spezialrechnungen vorliegen. Ich gewähre unter ihnen auch den von verschiedenen deutschen Bischöfen eingezahlten Subsidien und ähnlichen Geldern einen Platz, weil diese Art Abgaben am besten hier eingereiht werden. Möglicherweise liegen noch in irgend einem deutschen Archive die Einzelrechnungen von einer oder der anderen dieser Kollektorien; mir ist jedoch hierüber nichts bekannt geworden. Zur besseren Übersicht habe ich sowohl die Namen der Kollektoren und der Personen, welche die Gelder einzahlten, als auch die Namen der Gegenden, aus welchen die Summen stammen, gesperrt drucken lassen.

Arch. Vatic. »Introitus et exitus Cam. apost.«

Num. 75. Fol. 2ᵛ.

1309, April 8. — Item recepi a domino magistro Bonaiuto de Casentin. capellano domini pape, collectore residui decimarum et censuum debitorum Romane ecclesie in Boemia, Moravia, Polonia et Ungaria regnis (*sic*) per sedem apostolicam deputato

2840 flor. auri et med.

pro parte Camere.

Num. 10. Fol. 4.

1309 oder 1310, August 12. — Item recepit (dominus Bertrandus episcopus Albiensis camerarius) die 12ᵃ Augusti a magistro Petro de Garlenx de arreragiis decimarum de partibus Alamanie

1200 flor. auri.

Item recepit ab eodem eadem die 4 marchas auri in

222 flor. auri.

Num. 10. Fol. 1.

1310, Januar 13. — Item recepit die 13ᵃ mensis Ianuarii de residuis decimarum collectarum olim per dominum Aleronem Brixinensem
58 flor. auri et 9 Tur. gross.

Num. 16. Fol. 95.

1317, November 5. — Die 5ᵃ mensis Novembris recepti sunt a domino
Gerardo episcopo Basiliensi de decima triennali olim concessa
per eum domino Clementi bone memorie pape V in consilio provinciali Bisuntino   500 flor. auri.

Num. 24. Fol. 16.

1318, August 26. — Die 26ᵃ mensis Augusti recepti sunt a domino Gerardo episcopo Basiliensi assignatorum per manus domini Ottonis
de Aventico archidiaconi Basiliensis procuratoris sui, de summa 1400
flor. in quibus occasione decime tricennalis olim in subsidium pro
subportandis oneribus felicis recordacionis domino Clementi pape V
in provinciali consilio Bisuntino concesse   1100 flor. auri.

1319, März 5. — Die 5ᵃ mensis Marcii anno a nativitate Domini 1319
recepti sunt ab eodem domino G. episcopo Basiliensi de dicto debito,
solvente per manum predicti archidiaconi Basiliensis   300 flor. auri.

Num. 41. Fol. 113.

1322, Februar 24. — Religiosus vir frater Falco de Cistarico ordinis
fratrum Predicatorum, ad recipiendum aliqua deposita facta Venecijs (*sic*)
nomine Romane ecclesie per dominum nostrum papam nuncius deputatus, de pecunia et argento dudum nomine quo supra depositis
penes fratres Predicatores Venecijs per venerabiles patres dominos . .
Brixinensem et Frisingensem episcopos et . . abbatem monasterii
sancti Lamberti ordinis sancti Benedicti, diocesis Salzeburgensis,
assignavit Camere per manum Pauli Bertaldi, mercatoris et socii societatis Scalorum de Florencia   1132 flor. auri et tres partes unius flor.

1322, März 8. — Item de eisdem depositis Venecijs factis per prelatos
predictos assignavit Camere die 8ᵃ mensis Marcii subsequentis per
manum Pachini Tomasii de Perucijs, mercatoris et socij societatis
Peruciorum de Florencia   1132 flor. auri et tres partes unius flor.
Et per manum Philippi Raynerij mercatoris et socij societatis Bardorum
de Florencia assignavit Camere   1132 flor. auri et tres partes unius flor.

Fol. 156ᵛ.

Expense pro cera et quibusdam extraordinariis.

November 5. — Frater Falco de Sestarico de ordine Predicatorum fuit
missus per dominum nostrum papam apud Venecias pro certis quantitatibus pecuniarum ibi depositis recuperandis et recipiendis per eum
Camere assignandis, et pro expensis sibi et socio suo cum familia
necessariis tradidimus tam pro eundo quam redeundo   40 flor. auri.

1330, November 21. — Anno a nativitate Domini 1330 die 21ª mensis
Novembris frater Walramus de Thonenburch, commendator domus
beate Marie Theotonicorum Coloniensis, de pecunia quam a Thederico de Polonia, qui se nominabat Iohannem de Polonia dum in-
travit dictum ordinem, receperat, quam pecuniam dominus Iohannes
episcopus Cracoviensis ad summam quadringentarum marcharum argenti receptarum per ipsum episcopum a magistro Petro de Alvernia,
sedis apostolice nuncio in regno et partibus Polonie, deposuerat penes
Thedericum predictum, assignavit Camere per manus fratris Iohannis
de Porta Martis dicti ordinis, magistri censuum dicte domus
435 flor. auri.

Num. 42. Fol. 57.

1330, November 22. — Die 22ª Novembris magister Henricus de Wistoc, rector ecclesie in Vorscoirvelde Lubicensis diocesis, assignavit Camere pro decima sex annorum sue ecclesie
6 flor. auri de Pedemonte, 4 den. Boemicales auri.

Num. 42. Fol. 56.

1332, April 1. — Anno predicto die prima mensis Aprilis dominus Gerardus, comes Holtzacie ac Stormarie diocesis Bremensis, qui
extraxerat de ecclesia Sleswicensi certam pecunie quantitatem de pecunia decime sexennalis collecta in civitate et diocesi Sleswicen. et
deposita in dicta ecclesia et se per procuratorem suum, videlicet dominum Thedericum de Xantis canonicum ecclesie sancti Gereonis
Coloniensis, ad solvendum domini pape Camere sexcentas marchas
argenti, singulis marchis pro 4 florenis computatis, obligaverat, prout
constat per instrumentum factum manu magistri Arnaldi Iandonis
notarii, assignavit Camere de dicta summa per dictum procuratorem
600 flor. auri de Pedemonte,
valentes 572 flor. auri de Florencia, 1 sol. 10 den. cur. secundum
dictum mercatorem, computatis 7 den. obol. pro minori valencia cuiuslibet floreni de Pedemonte.

Num. 263. Fol. 35.

Collector Coloniensis.

1352, Februar 6. — Anno Domini millesimo trecentesimo quinquagesimo
secundo, indictione quinta. Die 6ª mensis Februarii recepti fuerunt
a domino Iohanne Tiderico de Wntingle canonico Zwercinensi
(*sic*) pro fructibus unius annate dicte prebende pro annali Cameram
apostolicam contingente, que dicta prebenda non est ad decimam taxata, ipso manualiter solvente die qua supra
20 flor.

Num. 277. Fol. 71.

Collector Boemie.

1355, Dezember 4. — Anno Domini 1355 (*etc.*). Die 4ᵃ mensis Decembris recepti fuerunt a domino Iohanne Paduano, decano Vicegradensi, collectore in regno Boemie, de pecuniis per eum Camere recollectis tam de decimis quam de fructibus beneficiorum ad Cameram pertinentibus, solvente per manus Antonii Malabayla mercatoris Astensis
5000 flor. fort.

Num. 278. Fol. 73.

Collector Boemie.

1356, Januar 7. — Anno Domini 1356 (*etc.*). Die 7ᵃ Ianuarii anno, indictione et pontificatu predictis recepti fuerunt a domino Iohanne Paduano decano ecclesie Viscegradensis (*sic*), collectore fructuum beneficiorum ecclesiasticorum vacancium ad Cameram apostolicam pertinentium in regno Boemie auctoritate apostolica deputato, de pecuniis per eum receptis et recollectis in collectoria sua ad predictam Cameram pertinentibus, solvente per manus Guidonis Malabayla, mercatoris Estensis habitatoris Avinionensis   3307 flor. fort. 18 sol. 8 den.

Num. 278. Fol. 46.

Collector Coloniensis.[1]

1356, April 20. — Anno a nativitate Domini 1356 (*etc.*). Die 20ᵃ Aprilis recepti fuerunt a domino Hermanno de Xantis Leodien., preposito sancti Petri Leodiensis ac subcollectore in diocesi Leodiensi per reverendum patrem dominum Guillermum archiepiscopum Coloniensem, collectorem fructuum beneficiorum ecclesiasticorum vacancium ad Cameram apostolicam pertinentium in provincia Coloniensi auctoritate apostolica deputatum in dicta diocesi deputato, de pecuniis beneficiorum vacancium in dicta subcollectoria per eum receptis ad prefatam Cameram pertinentibus, solvente per manus domini Rotberti de Tuicio, thesaurarii ecclesie sancti Georgii Coloniensis   167 scut. Quorum scutorum sunt 67 antiqui boni ponderis, 13 antiqui contrafacti, 7 antiqui minoris ponderis et 85 antiqui de Bavaro.

Num. 278. Fol. 2.

1356, Juli 20. — Die 20ᵃ mensis Iulii recepti fuerunt a domino Iohanne Paduano, decano ecclesie Vicegradensis Pragensis diocesis collectore apostolico in regno Boemie, de pecuniis per eum receptis racione arreyragiorum census annui debiti Camere per prepositum et capitulum ecclesie Vicegradensis racione exempcionis restantibus deberi de

---

[1] Auf fol. 44 hatte der Schreiber angefangen, unter dem Titel: »Collector Leodiensis« diese Anweisung einzutragen. Er brach jedoch mitten im Satze ab und trug dieselbe Fol. 46 in obiger Form ein.

25 annis, ut continebatur in copia cuiusdam instrumenti exhibita per dominum Bertrandum episcopum Aptensem, solvente per manus dicti domini episcopi 566 flor.

Num. 278. Fol. 46 r.

1356, Dezember 22. — Die 22ª mensis Decembris, cum dominus Florentius de Welencouen (*sic*) subdecanus ecclesie Coloniensis teneretur Camere apostolice pro fructibus dicti subdiaconatus (*sic*) ad Cameram apostolicam pertinentibus pro annali solvendis in duobus terminis, prout in instrumento per dominum Iohannem Palaysini notarium ipsius Camere super hoc recepto plenius continetur, dictus dominus Florencius per manus Henrici de Wmle, rectoris ecclesie Heyenberg Coloniensis diocesis, pro primo termino solvi fecit
40 flor. sententie.

Num. 283. Fol. 6 r. — Dasselbe Num. 282. Fol. 49.

1357, Februar 24. — Die 24ª (Februarii) recepi a domino Baldoyno Greuasii (*sic*) archidiacono Metensi, subcollectore civitatis et diocesis Meten., de pecuniis per eum recollectis ad Cameram pertinentibus, solvente per manus domini Androyni abbatis Cluniacensis 100 flor.

Num. 286. Fol. 47.

Collector Coloniensis.

1358, Januar 29. Anno a nativitate Domini 1358 (*etc.*). Die 29ª mensis Ianuarii, cum dominus Florentius de Weunelconon (*sic*) subdecanus Coloniensis teneretur Camere apostolice pro fructibus dicti subdecanatus pro annali Cameram ipsam pertinentibus, iuxta compositionem factam per eum cum dicta Camera super eisdem, in 80 florenis auri, ut in instrumento per dominum Iohannem Palaysini notarium ipsius Camere plenius continetur, idem dominus decanus pro complemento dicte summe per manus magistri Iohannis Aurriti de Zelandia legum doctoris solvit 40 flor. Camere.

Num. 286. Fol. 73.

1358, Dezember 10. — Die 10ª Decembris, cum Raphael Damiani et Martinus Catayrani et Abertus de Plano mercatores Brugis commorantes habuissent et recepissent a Nicolao dicto Goedis de Aquis, solvente nomine Petri de Colonia burgensis de Praga et Iohannis de Colonia fratris dicti Petri, de pecuniis per ipsos fratres receptis a domino Iohanne dicto Paduano, decano Vicegradensi collectore in regno Boemie, ad Cameram pertinentibus: 1783 flor. auri, prout constat per instrumentum publicum manu et signo Bartholomei de Arcato notarii publici recepto et signato, prefati Raphael, Martinus et Albertus per manus Anthonii Malabayla, mercatoris Estensis curiam Romanam sequentis, assignare fecerunt dictos 1783 flor. fort.

Subsidium.

1360, Januar 11. — Anno a nativitate Domini 1360 (*etc.*). Die 11ª mensis Ianuarii anno, indictione et pontificatu predictis, cum Raphael Damiani civis et mercator Astensis habuisset potestatem a domino nostro papa per suas apostolicas litteras petendi et exigendi pecunias eidem domino nostro pape et eius apostolice Camere debitas per nonnullos de partibus Alamannie et pluribus aliis partibus et de receptis per eum quitandi et absolvendi, prout in eisdem litteris apostolicis latius continetur, habuerit et receperit per Iohannem Caceline, Adan Iungelin nomine dicti Iohannis dante et solvente, a domino Philippo episcopo Cavallicensi, ad petendum et exigendum subsidium procurationum in quinque provinciis Alamannie auctoritate apostolica commissario deputato, de pecuniis per dictum episcopum ibidem receptis ad dominum nostrum papam et dictam Cameram pertinentibus occasione premissorum: 3500 flor. auri de Pedemontis boni ponderis, prout in instrumento per Bartholomeum de Archato notarium publicum super hoc recepto latius continetur, predictus Raphael Damiani in solutionem et satisfactionem dicte summe, per manus Anthonii Malaybaylla civis Estensis curiam Romanam sequentis, solvi fecit dictos 3500 flor. de Pedimunto (*sic*) boni ponderis pro   3460 flor., 22 sol. 6 den.

1360, Februar 5. — Die 5ª mensis Februarii recepti fuerunt a domino Henrico episcopo Constanciensi in Alamannia, pro subsidio procurationum loco decimarum per dominum nostrum papam in civitate et diocesi Constancien. pro recuperatione et deffensione terrarum ecclesie Romane ac honeribus Camere apostolice supportandis imposito, solvente per manus Iacobi dicti Costi, canonici ecclesie sancti Stephani Constanciensis, clerici sui: 2600 flor., quorum sunt 2444 de Pedemontis boni ponderis et 256 de malo auro, qui omnes floreni fuerunt recepti pro   2562 flor. sententie.

1360, Februar 28. — Die 28ª Februarii, cum dominus Philippus episcopus Cavallicensis, ad petendum, exigendum et recipiendum subsidium procurationum loco decimarum pro recuperatione et deffensione terrarum ecclesie Romane et honeribus Camere apostolice supportandis per dominum nostrum papam in quinque provinciis Alamannie impositum auctoritate apostolica commissarius specialiter deputatus, de pecuniis receptis et recollectis in dictis partibus ratione dicti subsidii per dominos Hugonem Arnaldi et Armanum de Sanctis, canonicos ecclesie Leodiensis, et decanum ecclesie sancti Martini Leodiensis,

subcollectores per eundem dominum episcopum ibidem deputatos, per
Fol. 88 r.

dictos subcollectores in Leodio die tercia huius mensis fecerit assignari Laurentio Spinelli et Banco Daniciani (*sic*) de Florentia, sociis
et factoribus societatis Albertinorum antiquorum, habentibus per patentes apostolicas litteras a domino nostro papa potestatem recipiendi
(*et*) recolligendi pecunias eidem domino nostro pape per nonnullos
de dictis partibus quocumque modo debitas, et de receptis per eos
quitandi, ut in ipsis litteris plenius continetur: 5000 flor. auri de Pedemontis boni ponderis, per ipsum Laurentium et Bancum seu eius
socios Camere supradicte die 3ᵃ mensis proxime venturi (*solvendos*),
predicti Laurentius et Bancus in solutionem et satisfactionem dicte
summe per manus Petri Bruni de Florencia, habitatoris Avinionensis
seu dicte societatis de Albertis predictis, solvi fecerunt dicta 5000 flor.
auri Pedimontis boni ponderis pro   4930 flor., 13 sol. 4 den. sententie.

Num. 293. Fol. 42.

Collector Leodiensis.

1360, Mai 13. — Anno a nativitate Domini 1360 indictione 13ᵃ, pontificatus sanctissimi patris et domini nostri domini Innocentii divina providentia pape VI anno octavo. Die 13ᵃ Maii, cum reverendissimus in
Christo pater dominus Petrus tituli sancte Anastasie presbiter cardinalis olim, videlicet 25ᵃ die mensis Augusti anno Domini 1355, cum
Camera apostolica composuerit ratione fructuum certorum beneficiorum
suorum, videlicet prebende et archidiaconatus de Asbania in ecclesia
Leodiensi et thesaurarie ecclesie Baiocensis et prebende dicte ecclesie
quam ibidem obtinet Iohannes Gorse nepos suus, in 310 flor. auri:
videlicet pro archidiaconatu in 250 flor. et pro thesauraria et prebenda
in 60 flor. solvendis in certis terminis, ut in instrumento per dominum I. Palaysini notarium Camere apostolice super his recepto plenius continetur, prefatus dominus cardinalis in solutionem et satisfactionem dicte summe et pro ipsis terminis preteritis per manus
domini Iohannis Mercerii, scriptoris et abbreviatoris domini nostri
pape, solvi fecit dictos   310 flor.

Num. 293. Fol. 42.

1360, Juni 8. — Die 8ᵃ mensis Iunii recepti fuerunt a domino Iohanne
de Lampertenh, officiali Argentin. in provincia Maguntina ac collectore fructuum beneficiorum ecclesiasticorum vacantium ad Cameram
apostolicam pertinentium in civitate et diocesi Argentin. auctoritate
apostolica deputato, de pecuniis receptis et recollectis per eum in
collectoria sua ad Cameram predictam pertinentibus ipso manualiter
assignante, et promisit reddere computum et rationem a quibus ipse
recepit   580 flor. fort.

Num. 293. Fol. 88 v.

1360, Juni 17. — Die 17ª Iunii recepta fuerunt a reverendo patre domino
Philippo episcopo Cavallicensi, commissario ad petendum et
exigendum subsidium procurationum loco decimarum in quinque provinciis Alamannie auctoritate apostolica specialiter dudum deputato,
de pecuniis per ipsum dominum episcopum receptis et recollectis
occasione premissorum ad Cameram apostolicam pertinentibus, solvente et assignante per manus Anthonii Malabayla mercatoris Astensis
curiam Romanam sequentis et sociorum eius   4000 flor. fort.

Die eadem recepti fuerunt a domino Iohanne de Lucenbourch, ad
petendum et exigendum subsidium biennale procurationum loco decimarum in dictis civitate et diocesi Treveren. pro recuperatione et
deffensione terrarum ecclesie Romane ac honeribus Camere apostolice
supportandis per dominum nostrum papam impositum per dominum
Philippum Cavallicensem, tunc sedis apostolice nuntium ad petendum
et recipiendum dictum subsidium biennale per dictum dominum nostrum papam pro dictis necessitatibus in quinque provintiis Alamannie
impositum, specialiter deputato, de pecuniis per ipsum dominum Iohannem levatis et receptis ratione dicti subsidii civitatis et diocesis
Treveren. solvente per manus predicti Iohannis de Breos
                                                       1000 flor. fort.

Num. 293. Fol. 47 v.

1360, Juli 2. — Die 2ª mensis Iulii recepti fuerunt a domino Iohanne
de Lucenbourch canonico Metensi, collectore fructuum beneficiorum
ecclesiasticorum vacantium in civitate et diocesi Treveren. ad Cameram apostolicam pertinentium auctoritate apostolica specialiter deputato, de pecuniis per ipsum receptis et levatis in dicta sua collectoria ad dictam Cameram pertinentibus, solvente per manus Iohannis
de Breos clerici sui   300 flor.

Num. 293. Fol. 71.

Collector Boemie.

1360, Oktober 27. — Anno a nativitate Domini 1360 (*etc.*). Die 27ª mensis
Octobris recepti fuerunt a domino Guillermo de Lastav, decano
ecclesie Vicegradensis, collectore apostolico in provincia Pragensi
auctoritate apostolica specialiter deputato, de pecuniis per eum in
dicta sua collectoria receptis et recollectis ad Cameram pertinentibus
ipso manualiter solvente   300 flor. sententie.

Num. 295. Fol. 15.

1361, März 15. — Anno a nativitate Domini 1361 indictione 14ª, pontificatus sanctissimi patris et domini nostri domini Innocentii divina
providentia pape VI anno nono.

Die 15ª mensis Marcii anno, indictione et pontificatu predictis recepti fuerunt
a domino Iohanne de Lucenbourch, canonico ecclesie sancti Paulini extra muros Treverenses, succollectore per dominum archiepiscopum Treverensem sedis apostolice nuncium deputato in civitate
et diocesi Treveren., de pecuniis per ipsum receptis et recollectis
in dicta sua collectoria ad Cameram apostolicam pertinentibus, ipso
manualiter assignante   200 flor. sententie.

Num. 295. Fol. 96.

Die 15ª mensis Marcii recepti fuerunt a domino Iohanne de Lucenbourch, canonico ecclesie sancti Paulini extra muros Treverenses,
succollectore ad levandum et recipiendum subsidium biennale procurationum loco decimarum a prelatis et personis ecclesiasticis dictarum
civitatis et diocesis Treveren. commissario per dominum Philippum
episcopum Cavallicensem, tunc sedis apostolice nuncium specialiter deputatum, de pecuniis per ipsum succollectorem receptis ratione
dicti subsidii in dicta sua collectoria, ipso manualiter assignante
                                                        600 flor. fort.

Num. 295. Fol. 96ᵛ.

1361, Juni 18. — Die 18ª mensis Iunii recepti fuerunt a domino Theoderico archiepiscopo Magdaburgensi pro subsidio per eum domino nostro pape pro recuperatione et defensione terrarum ecclesie
et aliis expensis ac oneribus Camere apostolice incumbentibus supportandis (*promisso*) solvente per manus magistri Nicolai scolastici et
canonici Pragen.   1000 flor. fort.

Num. 295. Fol. 97.

1361, Juni 21. — Die 21ª dicti mensis Iunii recepti fuerunt a domino
Bartoldo episcopo Eystetensi et a domino Gaufrido decano
et Vlrico de Leonroto preposito Ilmustren. Frisingensis diocesis
collectoribus ad recipiendum subsidium procurationum loco decimarum
in quinque provinciis Alamannie per dominum nostrum papam dudum
impositum auctoritate apostolica deputatis, de pecuniis per ipsos receptis a clero episcopatus Eystetensis pro secundo anno dicte impositionis, solvente (*sic*) per manus domini Vlrici de Pontendorf militis
marescalli dicti episcopi Eystetensis   590 flor. fort.

Num. 297. Fol. 2.

1361, Oktober 8. — Die 8ª mensis Octobris anno, indictione et pontificatu predictis recepti fuerunt a domino Vlrrico de Leonrod preposito Ylmunstrensi Frisingensis diocesis, collectore apostolico in
episcopatu Eystetensi, de pecuniis beneficiorum ecclesiasticorum vacantium ad Cameram apostolicam pertinentium in dicto episcopatu,
ipso manualiter assignante   106 flor. fort.

Num. 297. Fol. 2 r.

1361, Oktober 11.   Anno a nativitate Domini 1361 (*etc.*). Die 11ª mensis
Octobris recepti fuerunt a domino Wykero de Frankafordia, scolastico ecclesie sancti Stephani Maguntin., collectore apostolico in
civitatibus et diocesibus Maguntin. et certis aliis sibi decretis, de pecuniis per eum receptis et recollectis in civitate et diocesi Maguntin.
ratione subsidii biennalis per dominum nostrum papam pro recuperatione et defensione terrarum ecclesie Romane loco decimarum in
dictis civitate et diocesi ultimo impositi, solvente per manus Guidonis
Malabayla, civis Astensis curiam Romanam sequentis, in presencia
Gerardi Vlnici (*sic*) de Frisinghen clerici dicti collectoris   1000 flor.

Num. 294. Fol. 25.

1361, Dezember 14. — Anno, indictione et pontificatu quibus supra, die
14ª mensis Decembris recepti fuerunt a domino fratre Lamberto,
abbate monasterii de Gemgembach (*sic*) ordinis sancti Benedicti Argentin. diocesis, collectore apostolico in quinque diocesibus Alamannie
superioris, videlicet Curiensi, Constantiensi, Basiliensi, Argentinensi et Augustensi, de pecuniis per ipsum receptis et recollectis in dicta sua collectoria ad Cameram apostolicam pertinentibus,
ipso manualiter assignante   1050 flor. sententie.

Num. 296. Fol. 35.

1362, März. — Item a collectoribus et collectoriis infrascriptis: .... Item
a domino Iohanne Pincerna canonico Magdeburgensi, in civitate
et dyocesi Herbipolen. collectore apostolico, de pecuniis ibidem per
eum receptis ad predictam Cameram pertinentibus   1200 flor.

Num. 296. Fol. 46 r.

1362, Mai.   De mense Maii 1362. — Sequitur recepta per dominum
Gaucelinum electum Nemausensem (*etc.*). — Item a certis collectoribus
et collectoriis infrascriptis videlicet: . . . . .
A domino Iacobo de Geroltzheim canonico Wormaciensi, in civitate
et diocesi Wormatien. collectore apostolico, de pecuniis per ipsum
in dicta sua collectoria receptis ad ipsam Cameram pertinentibus
                250 flor.
Item a domino Wlrico Froysterii scolastico ecclesie sancti Stephani
Mangutan. (*sic*), collectore apostolico in civitate et diocesi Maguntin.,
de pecuniis per ipsum receptis et collectis in dicta sua collectoria ad
Cameram apostolicam pertinentibus   100 flor.
Item a domino Iohanne de Lamperteim officiali Argentin., collectore
apostolico in civitate et diocesi Argentin., de pecuniis per eum receptis et recollectis in dicta sua collectoria ad ipsam Cameram pertinentibus   320 flor.

Num. 296. Fol. 52.

1362, Iuni. — Item a collectoribus et collectoriis infrascriptis videlicet: A domino Iacobo de Geroltzheim canonico Wormaciensi, collectore apostolico in civitate et dyocesi Wormacien., de pecuniis per eum receptis et recollectis in dicta sua collectoria ad Cameram apostolicam pertinentibus   150 flor.

Item a domino Hermanno de Xanctis canonico Leodiensi, in civitate et dyocesi Leodien. apostolico collectore, de pecuniis per ipsum in dicta sua collectoria simili modo receptis   400 flor.

Fol. 40.

1362, Dezember 22. — Anno a nativitate Domini millesimo trecentesimo sexagesimo secundo indictione 15, pontificatus sanctissimi patris et domini nostri domini Urbani divina providentia pape V anno primo.

Die 22ª mensis Decembris anno, indictione et pontificatu predictis recepti fuerunt a dominis Hermanno de VVulbergh et Bernardo de Sculenborch canonicis ecclesie Magdeburgensis, in provincia Magdeburgensi collectoribus apostolicis, de pecuniis per ipsos receptis et recollectis in dicta sua collectoria ad dominum nostrum papam et eius Cameram apostolicam quocumque modo pertinentibus, de quibus debent reddere rationem, solventibus per manus dicti domini Hermanni   250 flor.

Quorum florenorum sunt 61 de Vngaria fort., 185 ad aquilam de Alamannia et 4 parvi ponderis.

Num. 300. Fol. 39.

Collector Alamannie.

1363, Januar 26. — Anno a nativitate Domini 1363 indictione prima, pontificatus sanctissimi patris et domini nostri domini Urbani divina providentia pape quinti anno primo.

Die 26ª mensis Ianuarii anno, indictione et pontificatu predictis recepti fuerunt a domino Guillermo Horborch, collectore apostolico in provincia Bremensi, de pecuniis per ipsum levatis et recollectis in dicta sua collectoria ad dominum nostrum papam et eius Cameram apostolicam quocumque modo pertinentibus, de quibus in suis computis sive rationibus per eundem dominum Guillermum collectorem eidem Camere reddendis particulariter declarabit, ipso manualiter assignante   60 flor. fort.

Fol. 39.

1363, März 27. — Supradictis anno, indictione et pontificatu, die 27ª mensis Marcii, recepti fuerunt a domino Wlrico de Leonrod, preposito ecclesie Ilmunstrensis Frinsingensis (*sic*) diocesis, in civitate et diocesi Eisteten. apostolice sedis collectore, de pecuniis per ipsum habitis et recollectis in dicta sua collectoria ad Cameram apostolicam quocumque modo pertinentibus, de quibus in computis predicte Camere reddendis particulariter declarabit, ipso manualiter assignante

85 flor. fort. de Alamannia, 12 sol.

März 28. — Die 28ª dicti mensis recepti fuerunt a domino Guillermo Horborch, preposito ecclesie sancti Andree Verdensis, collectore apostolico in provincia Bremensi, de pecuniis per ipsum levatis et recollectis in dicta sua collectoria ad dominum nostrum papam et eius Cameram apostolicam quocumque modo pertinentibus, de quibus in suis compotis sive rationibus per eum dicte Camere reddendis particulariter declarabit, ipso manualiter assignante   600 flor. fort.

Fol. 39ʳ.

April 7. — Supradictis anno, indictione et pontificatu, die 7ª mensis Aprilis recepti fuerunt a Nicolao Hoet, preposito ecclesie Hildesemensis, pro fructibus canonicatuum et prebendarum ecclesiarum Verdensis, Lubicensis, Zwerinensis et Colbergensis Caminensis diocesis ac archidiaconatus de Beuessen in ecclesia Verdensi quos olim tenuit, ad Cameram apostolicam pertinentibus ratione vacationis et collationis eorundem ultra illa que dixit se solvisse domino Guillermo de Horborch, preposito ecclesie sancti Andree Verdensis, collectori apostolico in civitatibus et diocesibus supradictis, dicto Nicolao manualiter assignante   60 flor. fort. Alamannie.

Num. 305. Fol. 12.

1364, Januar 27. — Die eadem (27ª Ianuarii 1364) recepti fuerunt a domino fratre Lamperto nunc electo Brixinensi, olim abbate monasterii de Ginginbaco (*sic*) ordinis sancti Benedicti Argentinensis diocesis, ad exhigendum et levandum ac recipiendum subsidium per dominum nostrum papam Urbanum petitum in provincia Salzeburgensi necnon in certis aliis civitatibus et diocesibus commissario auctoritate apostolica specialiter deputato, de pecuniis per ipsum habitis et receptis a prelatis in dictis provinciis et civitatibus ac diocesibus ratione dicti subcidii, de quibus in computis per eum Camere reddendis particulariter declarabit, ipso manualiter assignante   2000 flor.

Fol. 29.

1364, April 30. — Die eadem (ultima Aprilis) recepti fuerunt a domino Gerardo de Veno, preposito Arnhemensi in ecclesia Traiectensi, in civitate et diocesi Traiecten. collectore auctoritate apostolica specialiter deputato, de pecuniis per ipsum ibidem receptis et recollectis ad Cameram apostolicam quocumque modo pertinentibus, de quibus in compotis et rationibus reddendis per eum dicte Camere particulariter expressabit, ipso assignante   300 Muton. auri de Brebantia.

Fol. 34.

1364, Mai 16. — Die eadem (16ª Maii) recepti fuerunt a domino Florentino episcopo Monasteriensi, ad recipiendum et exigendum bona

reservata sedi apostolice quondam domini Willelmi archiepiscopi
Coloniensis et per ipsum quondam archiepiscopum Camere apostolice ante eius obitum relicta commissario auctoritate apostolica
specialiter deputato, de pecuniis per eum habitis et receptis de dictis
bonis ad ipsam Cameram, ut predicitur, pertinentibus, de quibus in
computis per dictum dominum episcopum dicte Camere reddendis
particulariter et latius declarabit, ipso manualiter assignante, pro 4000
flor. fort. papalibus, singulis florenis ponderis Camere pro 25 sol.
10 den. et quolibet floreno forti papali pro 24 sol. computatis

3716 flor. Camere, 3 sol. 4 den.

Num. 305. Fol. 54ᶜ.

1364, August 6. — Die 6ᵃ mensis Augusti. Cum dominus Petrus Begonis, in partibus Coloniensibus ad recipiendum et recolligendum
pecunias ad dominum nostrum papam et eius Cameram apostolicam
pertinentes pro bonis mobilibus debitis et creditis quondam archiepiscopi Coloniensis ultimi defuncti, ante eius obitum sedi apostolice
specialiter reservatis, commissarius auctoritate apostolica specialiter deputatus, de pecuniis per ipsum habitis et receptis ratione predictorum
seu alias quovismodo ad Cameram predictam pertinentibus occasione
premissa, de quibus in compotis reddendis per eum dicte Camere
particulariter declarabit, die 20ᵃ mensis Maii proxime preteriti in Colonia fecisset cambium, auctoritate apostolica sibi commissa, cum Angelo Iohannis de Florentia, socio societatis Albertorum antiquorum
de Florentia in Brugis commoranti, de 4000 flor. fortibus papalibus
reddendis et assignandis prefate Camere a dicta die 20ᵃ dicti mensis
Maii ad duos menses continue inantea computandos, prout in quibusdam litteris per dictum Angelum sociis dicte societatis Avinione commorantibus super huiusmodi cambio missis lacius continetur:[1] hinc
est quod Thomas Nicolai Lambertesqui de Florencia, curiam Romanam
sequens ac factor et procurator domini Nicolai Iacobi de Albertis antiquis et eius societatis, in satisfactionem et solutionem dicte summe
die qua supra 6ᵃ presentis mensis Augusti manualiter solvit et assignavit pro dictis 4000 flor. fortibus papalibus, quolibet floreno forti
papali pro 24 sol. et de Camera pro 25 sol. et den. 10 computatis

Fol. 60ᵛ.   3716 flor. Camere, 3 sol. 4 den.

1364, September 5. — Die quinta mensis Septembris. Cum die 5ᵃ mensis
Iulii proxime preteriti dominus Iohannes Hildesemensis episcopus, in provinciis Maguntina, Magdeburgensi et Salzeburgensi in Alamannia auctoritate apostolica nuncius apostolicus et
collector auctoritate apostolica specialiter deputatus, de pecuniis per
eum receptis et collectis in dictis provinciis ad Cameram apostolicam

---

[1] In der Handschrift: »continere«.

quomodocumque pertinentibus, de quibus in compotis sive rationibus
dicte Camere reddendis particulariter declarare tenetur, in villa de
Brugis per Hugonem Spanner de Argentina eius nomine fecit fieri
cambium cum Laurencio Spinelli de Florentia, socio societatis Albertorum antiquorum de Florentia, de 8000 flor. de Alamannia fortioris
ponderis per socios dicte societatis dicte Camere solvendis et restituendis ista die 5ª mensis Augusti (*sic*), prout in quibusdam litteris
per ipsum Laurentium Spinelli sociis dicte societatis super huiusmodi
cambio missis lacius est expressum: hinc est quod Thomas Nicolai
Lambertesqui de Florencia, curiam Romanam sequens, factor et procurator domini Nicolai Iacobi militis de Albertis antiquis et eius societatis, in solutionem et satisfactionem dicte summe die qua supra
5ª dicti mensis Septembris pro dictis 8000 flor. auri de Alamania fortioris ponderis, singulis florenis Alamannie pro 24 sol. et 10 den. et
de Camera pro 26 sol. computatis, manualiter solvit et assignavit

7641 flor. Camere, 8 den.

Die eadem recepti fuerunt a predicto Thoma Nicolai solvente manualiter
pro simili cambio facto cum predicto Laurentio in Brugis per Til-
mannum Lamberg de Alamannia nomine predicti episcopi occasione
premissa die 22ª Iunii proxime preteriti, pro 1400 flor. similis ponderis de Alamannia, quolibet floreno de Camera et de Alamannia
computatis ut supra   1337 flor. Camere, 4 sol. 8 den.
   Fol. 61.

Die 5ª dicti mensis Septembris. Cum dominus Godefridus Warendorp,
decanus ecclesie Tarbatensis in provincia Rigensi dudum pro fructibus qui debebantur condam Iohanni Guilaberti, decano dicte ecclesie
in Romana curia defuncti, ante eius obitum sedi apostolice reservatis
ad eundem condam dominum Iohannem ratione decanatus et prebende
dicte ecclesie spectantibus, quos quidem fructus prefatus dominus Gotfridus nunc decanus prebendatus ipsius ecclesie a Camera apostolica
emit et de ipsis cum eadem composuit et finavit in 400 flor. auri
ponderis Camere per ipsum solvendis in certis terminis, prout in
instrumento per dominum Iohannem Palaysini notarium dicte Camere
super hiis recepto plenius continetur, prefatus quoque dominus Gotfridus in deductionem dicte summe et pro termino festi Pentecostes
proxime preteriti iuxta dilationem sibi per Cameram predictam con-
cessam manualiter die qua supra solvit et assignavit   150 flor. Camere.

De aliis vero 250 flor. restantibus ad solvendum de predicta maiori summa
fuit sibi per predictam Cameram usque ad festum beati Iohannis Baptiste proxime venturum prorogationis terminus assignatus.

   Num. 311. *Fol.* 43.

1364, Dezember 14. — Die 14ª eiusdem mensis Decembris. Cum nuper,
videlicet die 12ª mensis Octobris proxime preteriti, dominus Petrus

Begonis, cancellarius ecclesie Wratislaviensis in Colonia apostolice
sedis nuncius, de pecuniis per eum ibidem receptis et recollectis ad
Cameram apostolicam pertinentibus, de quibus in rationibus per eum
dicte Camere reddendis particulariter declarabit, fecisset cambium in
civitate Coloniensi cum Bancho Zenobio de Florentia, socio societatis
Albertorum novorum de Florentia, de 4000 flor. auri de Alamania per
ipsum Banchum sive per socios dicte societatis dicte Camere reddendis
et solvendis a dicta die 12ª mensis Octobris usque ad duos menses
in antea computandos, prout in quibusdam litteris apostolicis et instrumento per dominum Iohannem Palaysini notarium dicte Camere
super hiis concessis et receptis lacius continetur: hinc est quod Kyriacus Garnerii de Florentia, curiam Romanam sequens, factor Cypriani
et Dophi Ducii de Albertis novis et eorum societatis, in solutionem
et satisfactionem dicte summe pro dictis 4000 flor. fort. Alamanie,
singulis florenis de Alamania pro 25 et de Camera pro 26 sol. computatis (*solvit*)   3846 flor. Camere, 4 sol. monete Avinion.

1365, Januar 9. — Anno a nativitate Domini millesimo trecentesimo sexagesimo quinto, indictione tercia, pontificatus supradicti domini Urbani
pape quinti anno tercio, die 9ª mensis Ianuarii. Cum dominus Petrus
Begonis, cancellarius ecclesie Wratislaviensis, in partibus Coloniensibus apostolice sedis nuncius auctoritate apostolica specialiter deputatus, de pecuniis per ipsum habitis et receptis in dictis partibus ad
Cameram apostolicam qualitercumque pertinentibus, de quibus in computis per eum dicte Camere reddendis particulariter declarabit, die
11ª mensis Novembris proximo preteriti in partibus ipsis cum Angelo
Burgunhoni et Dominicum (*sic*) de Soderinis, mercatoribus Florentinis
in Brabantia commorantibus, sociis Stoldi de Altovitis et Francisci
quondam Geri de Soderinis, mercatorum de Florentia Romanam curiam sequentium, (*fecisset cambium*) de 4000 flor. boni ponderis Alamanie per ipsos seu eorum socios solvendis Camere predicte: hinc
est quod Franciscus Soderini et Ascoldus de Altovitis predicti (*sic*).

1365, Februar 6. — Supradictis anno, indictione et pontificatu, die 6ª
mensis Februarii. Cum nuper die 10ª mensis Octobris proxime preteriti dominus Petrus Begonis, cancellarius ecclesie Wratislaviensis,
in partibus Coloniensibus apostolice sedis nuncius, de pecuniis per
Fol. 43 r.
ipsum ibidem receptis et recollectis ad Cameram apostolicam qualitercumque pertinentibus, de quibus in compotis et rationibus per eum
dicte Camere reddendis particulariter (*declarabit*), in civitate Coloniensi
fecisset cambium cum Bartholomeo Iohannis de Florentia ibidem
commorante, factore societatis Albertorum antiquorum, de 4000 flor.
de Alamannia per ipsum Bartholomeum seu socios dicte societatis

dicte Camere reddendis et solvendis a dicta die 10ª mensis Octobris
ad duos menses continue in antea computandos, prout in quodam
publico instrumento per Michaelem Goberti, clericum Virdunensis
dyocesis, apostolica et imperiali auctoritate publicum notarium, et in
quibusdam bullis super huiusmodi receptis et confectis latius continetur: hinc est quod Thomas Nicolai Lambertesqui de Florentia, factor
et procurator domini Nicolai Iacobi et Benedicti Nerocii de Albertis
antiquis et eorum societatis curiam Romanam sequens, in solutionem
et satisfactionem dicte summe die ista 6ª mensis Februarii manualiter solvit et assignavit nomine et pro dicta societate pro dictis 4000
flor. de Alamannia, quolibet floreno de Alamannia pro 25 sol. et de
Camera pro 26 sol. computatis

                                    3846 flor. Camere, 4 sol. monete Avinion.

1365, März 1.   Supradictis anno, indictione et pontificatu, die prima
mensis Martii. Cum die 29ª mensis Novembris proxime preteriti dominus Iohannes episcopus Hildesemensis, in provincia Maguntina et certis aliis Alamannie partibus apostolice sedis nuntius
auctoritate apostolica specialiter deputatus, de pecuniis per eum in
collectoria sua receptis, habitis et recollectis ad Cameram apostolicam
pertinentibus quomodocunque, de quibus in compotis per eum dicte
Camere reddendis particulariter declarabit, in villa de Brugis fecisset
fieri cambium per Hugonem Spanner de Argentina de 4000 flor. auri
de Alamannia fortioris ponderis cum Laurentio Spinelli, cive et mercatore Florentino, socio et administratore ac negociorum gestore in villa
de Brugis in Flandria societatis domini Nicolai quondam Iacobi militis
et Benedicti Nerotii de Albertis antiquis de Florentia ad hoc auctoritate
apostolica potestatem habente, per socios dicte societatis dicte Camere
solvendis et assignandis infra duos menses a predicta 29ª die mensis
Novembris proxime preteriti in antea computandos, prout in quodam
instrumento per Bartholomeum de Arquato, filium quondam Petri, apostolica et imperiali auctoritate publicum notarium, dicta 29ª die super
hiis recepto plenius continetur: hinc est quod Thomas Nicolai Lambertesqui de Florentia, curiam Romanam sequens ac factor et procurator
predictorum domini Nicolai et Benedicti ac eorum societatis Albertorum antiquorum, in solutionem et satisfactionem dicte summe die
ista prima mensis presentis Marcii nomine ipsorum et eorum societatis manualiter solvit et assignavit pro dictis 4000 flor. de Alamannia
dicti ponderis, quolibet floreno de Alamannia pro 25 sol. et de Camera pro 26 sol computato (*sic*)

                                    3846 flor. Camere, 4 sol. monete Avinion.

1365, März 27. — Die 27ª mensis Martii. Cum die 14ª mensis Ianuarii
proxime preteriti in villa Coloniensi dominus Petrus Begonis,
cancellarius ecclesie Wratislaviensis, in partibus Coloniensibus

apostolice sedis nuncius et collector auctoritate apostolica specialiter
deputatus, de pecuniis per ipsum ibidem receptis et recollectis ad Cameram apostolicam qualitercunque spectantibus, de quibus in rationibus
Fol. 44.
et compotis reddendis per eum Camere destincte et particulariter declarabit, fecisset cambium cum Laurentio Fruosini, mercatore de Florentia, socio et procuratore domini Nicolai Iacobi militis et Benedicti
Nerocii de Albertis antiquis de Florentia et societatis eorundem, de
2000 flor. auri boni ponderis de Alamania per ipsos socios dicte
societatis prefate Camere solvendis et assignandis, prout in quodam
publico instrumento per Michaelem Goberti clericum Virdunensis dyocesis, publicum apostolica et imperiali auctoritate notarium, super hiis
recepto lacius continetur: hinc est quod Thomas Nicolai Lambertesqui
et Thomas Monis de Florentia, factores et procuratores predictorum
domini Nicolai Iacobi et Benedicti ac eorum societatis, in solutionem
et satisfactionem dicte summe die ista 27ª presentis mensis Martii
manualiter solverunt pro dictis 2000 flor. de Alamannia, quolibet
floreno Alamannie pro 25 sol. et de Camera pro 26 sol. computatis
1923 flor. Camere, 2 sol.

1365, September 18. — Predictis anno, indictione et pontificatu, die 18ª
mensis Septembris. Cum die 10ª mensis Iunii proxime preteriti dominus Iohannes olim Hildesemensis nunc Wormatiensis episcopus, in certis partibus Alamanie apostolice sedis nuncius, de pecuniis per ipsum habitis et receptis ac recollectis in sua collectoria
ad Cameram apostolicam quomodocunque spectantibus per Hugonem
Fol. 44ʳ.
dictum Spanner de Argentina in villa de Brugis fecisset fieri cambium
cum Perozo Corsini et Laurentio Froxini, civibus et mercatoribus
Florentinis, sociis et administratoribus domini Nicolai quondam Iacobi
militis et Benedicti Nerozii de Albertis antiquis de Florentia ad hoc
auctoritate apostolica speciale mandatum habentibus, de 1200 flor.
auri de Alamania fortioris ponderis, per socios dicte societatis solvendis et restituendis prefate Camere, prout in quodam publico instrumento per Bartholomeum de Arquato, filium quondam Petri, apostolica et imperiali auctoritate notarium publicum, super hiis die predicta
10ª dicti mensis Iunii proxime preteriti (*recepto*) latius continetur:
hinc est quod Thomas Monis de Florentia, factor et negotiorum
gestor predictorum domini Nicolay et Benedicti et eorum societatis
curiam Romanam sequens, in solutionem et satisfactionem dicte summe
et pro ipsis die ista 18ª presentis mensis Septembris manualiter solvit
et assignavit pro dictis 1200 flor. de Alamania fortioris ponderis,
quolibet floreno de Alamania pro 25 sol. 3 den. et de Camera pro
26 sol. computatis   1165 flor. Camere, 10 sol. monete Avinion.

Num. 318. Fol. 33.

1366, Februar 28. — Anno a nativitate Domini 1366, indictione 4ª, pontificatu quo supra, die ultima mensis Februarii. Cum die 29ª mensis Novembris proxime preteriti dominus Iohannes Hildesemensis nunc Vormacensis episcopus, in certis partibus Alamanie apostolice sedis nuncius et collector, de pecuniis per ipsum habitis et receptis in sua collectoria ad Cameram apostolicam qualitercumque pertinentibus, de quibus dicte Camere debet reddere rationem, in Brugis fecisset cambium cum Petro Perotzo nomine domini Nicolai Iacobi et Benedicti Nerocii de Albertis antiquis de Florentia in dicto loco de Brugis commorante, de 1300 flor. de Alamania fortioris ponderis per socios societatis domini Nicolay et Benedicti Nerotii predictorum solvendis et restituendis prefate Camere infra duos menses a dicta die 29ª dicti mensis Novembris proxime preteriti in antea continue computandos, prout in quodam instrumento per Bartholomeum de Arquato, filium quondam Petri, apostolica et imperiali auctoritate notarium, super hiis recepto plenius est expressum: hinc est quod Thomas Monis de Florentia, socius et factor dictorum Nicolay et Benedicti, in satisfactionem et solutionem dicte summe die ista ultima huius presentis Februarii manualiter solvit et assignavit, quolibet floreno de Alamania pro 25 sol. et de Camera pro 26 sol. computato   1250 flor. Camere.

Fol. 33ʳ.

1366, August 13. — Predictis anno, indictione et pontificatu, die 13ª mensis Augusti. Cum dominus Iohannes, nunc Vormaciensis olim Hildesemensis episcopus, in provincia Maguntina apostolice sedis nuncius et collector auctoritate apostolica specialiter deputatus, de pecuniis per ipsum habitis et receptis ad Cameram apostolicam qualitercumque pertinentibus, de quibus in computis per ipsum dicte Camere reddendis particulariter declarabit, nuper per Hugonem Spanner de Argentina subcollectorem suum in loco de Brugis fecisset fieri cambium die 14ª mensis Iulii proxime preteriti cum Perotzio Cursini de Florentia, factore societatis Albertorum antiquorum de Florentia Brugis commorante, de 550 flor. de Alamania per socios dicte societatis solvendis et reddendis dicte Camere infra duos menses a dicta die 14ª dicti mensis Iulii, prout in instrumento per prefatum magistrum Bartholomeum de Arqueto super hiis recepto plenius continetur: hinc est quod prefatus Lambertus Lambertesqui in solutionem et satisfactionem dicte summe die ista 13ª presentis mensis Augusti pro dicta societate et aliis quorum interest manualiter solvit et assignavit dictos   550 flor. de Alamannia.

1366, November 5. — Anno, indictione et pontificatu quibus supra, die 5ª mensis Novembris recepti fuerunt a domino Iohanne episcopo

Vormaciensi, in provincia Maguntina apostolice sedis nuncio et collectore auctoritate apostolica specialiter deputato, de pecuniis per eum habitis et receptis in dicta collectoria sua ad Cameram apostolicam quocumque modo pertinentibus, de quibus in computis et rationibus suis per eum dicte Camere reddendis particulariter declarabit, solvente per manus domini Iohannis Xauerii, decani Sancti Martini Wormaciensis subcollectoris sui, et Lamberti Lambertesqui, factoris societatis Albertorum antiquorum de Florentia   500 flor. Vngarie.

Num. 327. Fol. 35.

1367, Juni 28. — Die[1] 28ᵃ mensis Iunii recepti fuerunt a domino Gotfrido dicto Wyngherhut, scolastico et canonico ecclesie sancte Marie ad gradus Maguntin., quia monitus per dominum episcopum Wormaciensem, nuncium et collectorem apostolicum in illis partibus, ut solveret aliqua in quibus Camere apostolice tenebatur, ut idem dominus episcopus dicebat, licet idem dominus Gotfridus contradiceret, tamen nolens reddicionem, expensas et vexationes dicti collectoris, ut dicebat, hec facere voluit   55 flor. Camere.

Num. 327. Fol. 38ᵛ.

1367, Juli 31. — Die eadem (ultima mensis Iulii). Cum dudum anno Domini a nativitate 1365 et die 30ᵃ mensis Aprilis recepti fuerint per Villanum Iohannis de Florentia, procuratorem et procuratorio nomine societatis domini Nicholai Iacobi militis et Benedicti Nerotii de Albertis antiquis de Florencia sociorum in Veneciis a reverendo in Christo patre domino Ludovico, electo Capudistrie, assignante nomine et vice domini episcopi Spirensis,[2] in certis partibus Alamanie *Fol. 39.*
nuncii apostolici et collectoris, de pecuniis per ipsum collectorem qualitercumque in collectoria sibi decreta receptis et recollectis ad Cameram apostolicam quomodocumque pertinentibus, de quibus in suis computis dicte Camere apostolice reddendis particulariter declarabit, prout de huiusmodi assignacione et receptione constare dicitur per litteras clausas factoribus et procuratoribus dicte societatis commorantibus in civitate Avinionensi missas per dictos dominum Nicholaum et Benedictum: 1186 flor. auri boni et fini ponderis et cugni Alamanie, quos Camere apostolice infra certum terminum diu est elapsum in civitate Avinionensi, ubi Romana curia tunc degebat, tradere et assignare debuerunt: hinc est quod predicti dominus Nicholaus Iacobi miles et Benedictus Xerocii de Albertis antiquis socii die presenti ultima Iulii tradi et assignari fecerunt in solutionem et satisfactionem predictorum per Nicholaum de Perussiis, factorem et procuratorem dictorum sociorum et societatis in civitate Avinionensi commorantem, dictos
          1186 flor. de Alamania.

---

¹ Am Rande: »Post recessum domini G. G.«   ² Lambertus von Born.

1368, März 15. — Eisdem anno, indictione et pontificatu, die 15ª mensis Marcii. Cum die 15ª mensis Ianuarii proxime preteriti Iohannes Pagani, famulus Iohannis Marsini de Argentina, nomine et vice ipsius Iohannis Marsini de pecuniis per ipsum habitis et receptis a domino Iohanne episcopo Warmaciensi (*sic*), in certis partibus Alamanie apostolice sedis nuncio et collectore, per ipsum dominum episcopum levatis et recollectis ad Cameram qualitercunque spectantibus, de quibus in computis suis et rationibus dicte Camere reddendis particulariter computare tenetur, in loco de Brugis fecisset cambium cum Iacobo Bernardi de Albertis antiquis de Florentia, socio societatis dictorum Albertorum antiquorum nomine et vice dicte societatis recipiente, de 2500 flor. auri boni ponderis de Alamania, quorum quilibet, ut concorditer dixerunt, valebat minus dimidium grossum argenti de Flandria quam valet florenus de Vngaria vel Boemia auri recti ponderis, qui florenus valet 27 gross. de Flandria; item amplius simili modo de 500 flor. auri de Lothoringia, quorum quilibet valet minus, prout concorditer ibidem dixerunt, 4 gross. argenti de Flandria quam quilibet florenus de Vngaria vel Boemia, qui valet 27 gross. argenti de Flandria ut premittitur; quas quidem summas prefatus Iacobus Bernardi promisit facere solvi, tradi et assignari Camere apostolice predicte in Roma infra duos menses a predicta 15ª die dicti mensis Ianuarii immediate sequentes, prout in quodam instrumento publico recepto et grossato de premissis per magistrum Bartholomeum de Arquato notarium publicum lacius dicitur contineri : hinc est quod Thomas Monis, mercator de Florentia, factor et procurator domini Nicolai Iacobi militis et Benedicti Nerocii de Albertis antiquis predictis et societatis eorundem curiam Romanam sequens, in solutionem et satisfactionem dictorum 3000 flor. et pro predicto termino super hiis ipsis constituto, singulis florenis de Alamania pro 26 grossis cum dimidio de Flandria et quolibet de Vngaria et Boemia pro 27 grossis de Flandria et singulis florenis de Lothoringia pro 23 grossis de Flandria computatis, die ista 15ª dicti mensis Marcii manualiter solvit et assignavit

2879 flor. de Vngaria et Boemia eiusdem valoris,
16 sol. 9 den. monete Avinion.

1368, März 27. — Die eadem. Cum die ultima mensis Octobris de anno ab incarnatione Domini 1367, indictione 6, pontificatus domini nostri Vrbani pape V anno 5 [in[1] villa de Brugis Laurentius Fruosini, civis et mercator Florentinus, factor et negociorum gestor in dicta villa de

---

[1] In der Handschrift steht: »etc. ut supra usque nomine Camere«; ich setze den damit bezeichneten Passus zwischen Klammern.

Brugis societatis Albertorum antiquorum de Florentia, habens potestatem a domino nostro papa petendi et recipiendi] nomine Camere
apostolice a reverendo in Christo patre domino Iohanne Dei gratia
Tullensi electo, sedis apostolice nuncio, 8000 flor. auri boni ponderis vel eorum valorem summam de proventibus et iuribus ad dictam
Cameram apostolicam pertinentibus in partibus ubi est nuncius apostolicus deputatus collectis et colligendis in antea, prout constare dicitur littera sive bulla domini nostri pape super hoc eidem Laurencio
concessa, receperit Brugis a Guillermo Rechaufe et Richardo de la
Roqueta mercatoribus de Spindelle presentibus et tradentibus nomine
et vice ac pro prefato electo sive episcopo et nuncio apostolico de
pecuniis ad dictam Cameram apostolicam pertinentibus et per. ipsum
dominum nuntium in partibus ubi est nuntius collectis, habitis et receptis quomodocumque, de quibus in suis compotis reddendis Camere
apostolice particulariter declarabit, 700 flor. auri boni ponderis secundum pondus civitatis Metensis, quorum marcha auri Trecen. continet 70 flor. et quartam partem unius flor., qui sunt equalis valoris
auro florenorum Alamannie, quorum florenorum Alamannie dicta
marcha Trecen. continet 69 flor., quos 700 flor. promisit et convenit
dicte Camere apostolice infra terminum duorum mensium contentum

Fol. 9.

in dicta littera sive bulla post receptam pecuniam per se vel alios de
societate predicta nomine et vice dicti domini episcopi et nuntii assignare, prout constare dicitur instrumento anno et die predictis recepto
Brugis per magistrum Bartholomeum de Arcato notarium in eo contentum: hinc est quod presenti die 27ᵃ huius mensis Marcii idem
Laurentius in solutionem ac satisfactionem predicte summe solvi et
assignari fecit Avinione per manus Nicholay de Perussiis, factoris et
procuratoris dicte societatis manualiter assignantis, pro dictis 700 flor.,
quolibet dictorum florenorum pro 24 sol. 6 den. et 2 terciis et quolibet floreno de Camera pro 26 sol. computatis, qui eadem die pro
assignando Rome vel alias ubi erit et tenebitur curia apostolica eidem
Camere reassignati fuerunt   661 flor. Camere, 1 sol. 6 den.

Num. 345. Fol. (44ʳ).

1368, September 13. — Die 13ᵃ dicti mensis (Septembris) fuerunt recepti
ibidem (apud Anagniam) a domino Thoma electo Nimotiensi, in
partibus Alamannie apostolice sedis nuntio, de pecuniis ad Cameram
apostolicam pertinentibus per eum in dictis partibus receptis, prout
in suis compotis declarabit, solvente per manus domini Bonifacii de
Amannatis eius fratris, recipiente domino vicethesaurario
                                          4140 flor. Camere.

Fol. (45).

1368, September 17. — Die 17ª dicti mensis (Septembris) fuerunt recepti ibidem (apud Anagniam) a domino Thoma electo Nimotiensi, in partibus Alamannie sedis apostolice nuntio, de pecuniis ad Cameram apostolicam pertinentibus per eum in dictis partibus receptis, prout in suis compotis particulariter declarabit, solvente per manus domini Bonifacii de Amannatis eius fratris, recipiente dicto domino vicethe-saurario   6210 flor. Camere.

Num. 331. Fol. 32.

1369 (?), Mai 14. — Die eadem recepti fuerunt ab eodem domino (Pele-grino) archiepiscopo Salsaburgensi in deductionem maioris summe per ipsum dudum felicis recordationis domino Innocentio pape VI pro subsidio pro supportatione onerum Camere apostolice et Romane ecclesie gratiose concesso, per manus predictas solvente
                                                          70 flor. de Camera.

Fol. 32ᵛ.

1369 (?), Mai 14. — Die 14ª predicti mensis Maii recepti fuerunt a supra-dicto domino Peregrino, archiepiscopo Salsaburgensi, in de-ductionem et diminutionem maioris summe per eum Camere apostolice debite pro bonis mobilibus debitis et creditis ac spoliis quondam do-mini Ortholphi archiepiscopi defuncti Salsaburgensis, immediati pre-decessoris sui, ante eius obitum per sedem apostolicam specialiter reservatis, ad Cameram apostolicam ratione reservationis apostolice de premissis facte spectantibus, iuxta obligationem in et pro predictis factam cum domino Lamperto episcopo Spirensi, in certis par-tibus Alamannie apostolice sedis predicte nuncio et collectore, sol-vente per manus quibus supra   100 flor. de Camera.

Num. 336. Fol. 35ᵛ.

1371, April 14. — Item[1] recepti fuerunt a domino Petro preposito ecclesie Olomucensis, nomine domini Iohannis episcopi Olomucensis, de certis pecuniis per eum habitis ad Cameram apostolicam pertinen-tibus, de quibus ratio dicte Camere est reddenda, quos ab ipso pre-posito receperunt die ultima Maii anni predicti de mandato supradicti domini camerarii Iannius Angeli et Anglicus de Anglico (procuratores societatis Gardorum) supranominati: 3500 flor. de Boemia et Vngaria, valentes reducti ad florenos Camere iuxta avaluationem dicti Chri-stofori (Geri, campsoris Camere) ad rationem pro minori valentia cuiuslibet centenarii dictorum florenorum 2 flor. Camere, 2 sol. 4 den. monete supradicte Avinionensis, in summa
                                     3427 flor. Camere, 2 sol. 4 den. dicte monete.

_____

[1] Am Rande: »de diversis«.

Fol. 36.

Item a Iohanne Pagani, procuratore Hugonis Spaner et Nicholay dicti Ventris pro domino Iohanne episcopo nunc Augustensi et tunc Wormatiensi, in certis partibus Alamanie apostolice sedis nuntio et collectore specialiter deputato tradente, quos ab ipso Iohanne Pagani nomine quo supra receperat in villa de Brugis Tornacensis diocesis Vbaldus Fecci de Vbertinis de Florentia, factor et procurator dicte societatis Cardorum die 14ª Augusti dicti anni: 12500 flor. de Alamannia, valentes reducti ad florenos Camere, ut supra singulis florenis de Alamania pro 26 sol. 6 den. et florenis de Camera pro 28 sol. computatis   12016 flor. Camere, 10 sol. 4 den. dicte monete Avinion.

Num. 336. Fol. 4ᵛ.

1372, Januar 31. — Die eadem (31ª Ianuarii) recepti fuerunt a domino Pelegrino archiepiscopo Salzaburgensi, in deductionem et diminutionem eorum in quibus tenetur Camere apostolice pro bonis mobilibus debitis et creditis quondam Ortolphi archiepiscopi Salzeburgensis immediati predecessoris sui, et pro quibus dudum idem dominus Pelegrinus finaverat et composuerat cum domino Lamperto tunc Spirensi nunc vero Argentinensi episcopo, nomine Camere apostolice in certis partibus Alamanie apostolice sedis nuncio, solvente per manus Iohannis de Constancia procuratoris sui, ducenti flor. de Camera.   200 flor. Camere.

1372, Januar 31. — Die eadem (31ª Ianuarii) recepti fuerunt ab eodem domino Pelegrino archiepiscopo Salseburgensi, in extenuationem maioris summe per eum Camere apostolice debite ratione gratuiti subsidii dudum per quondam dominum Ortolphum archiepiscopum Salseburgensem supradictum seu per ipsum dominum Pelegrinum felicis recordationis domino Innocentio pape VI pro oneribus dicte Camere supportandis promissi, solvente per manus predicti procuratoris sui, ducenti flor. de Camera.   200 flor. Camere.

Fol. 11.

1372, Februar 27. — Die eadem (27ª Februarii) recepti fuerunt a domino Iohanne episcopo Gurcensi in Alamania et provincia Salsaburgensi pro subcidio olim promisso domino Innocentio pape VI in Alamania, quod subcidium erat tantum quantum ascendit tercia pars unius servicii communis, pro parte eum contingente et tota integra tercia parte sui communis servicii ecclesie sue Gurcensis, solvente per manus[1] Hortlinps, plebani in sancta Radegunda diocesis Gurcensis, trecenti quinquagintaquinque flor. de Camera.   355 flor.

---

[1] Nach »manus« findet sich ein leerer Platz; der Schreiber konnte wohl einen Namen nicht lesen.

Fol. 22 v.

1372, April 3.　　Die 3ᵃ Aprilis recepti fuerunt a domino Bernardo de Berne, canonico ecclesie sancte Crucis Leodiensis, in certis partibus Alamannie sedis apostolice nuncio et collectore, de pecuniis per ipsum undecumque et qualitercumque receptis, habitis et recollectis ad Cameram apostolicam quomodocumque pertinentibus, de quibus in compotis et rationibus per eum Camere apostolice reddendis particulariter declarabit, assignante et tradente per manus Mathei Carensoni socii de Lucha mercatoris curiam Romanam sequentis　　3000 flor. Camere.

Fol. 35.

1372, April 14. --- Item a domino Bernardo de Berne, canonico sancte Crucis Leodiensis, in certis partibus Alamanie apostolice sedis nuncio auctoritate apostolica deputato, quos ab eodem receperat die 9ᵃ Marcii proxime dicti anni Bernardus Laurencii de Marallo de Florentia, procurator dicte societatis Gardorum in villa de Melinis Tornacensis diocesis: 7500 flor. de Vngaria et Boemia eiusdem valoris, quorum quilibet computatus est minus valere quam florenus ponderis Camere 7 den. monete Avinionensis, quorum minor valentia ascendit 156 flor. Camere, 7 sol. dicte monete, quibus deductis seu defalcatis est valor dicte totalis maioris summe ipsorum florenorum Vngarie et Boemie 7343 flor. Camere, 21 sol. dicte monete.

Fol. 29 r.

1372, Mai 10. — Die eadem (10ᵃ Maii). Cum reverendus in Christo pater dominus Pilgrinus archiepiscopus Salsaburgensis, in civitate et diocesi Salsaburgen. per dominum Iohannem episcopum Augustensem, in certis partibus Alamannie apostolice sedis nuncium et collectorem auctoritate apostolica specialiter deputatus, composuisset cum ipso domino episcopo Augustensi collectore in certa pecunie summa super et pro pecuniis debitis a personis ecclesiasticis civitatis et diocesis predictarum domino pape et eius Camere apostolice ratione duarum procurationum olim per dominum Vrbanum papam V in dictis civitate et diocesi et nonnullis aliis partibus Alamannie impositarum, per prefatum dominum archiepiscopum percipiendis et levandis sub certis conditionibus et pactis inter ipsos dominos Augustensem et Sansaburgensem (*sic*) ut dicitur, expressatis: hinc est quod prefatus dominus Pilgrinus, in deductionem et extenuationem summe per eum sic ut premittitur debite pro premissis, 800 flor. de Alamannia, singulis pro 26 sol. et 10 den. et quolibet floreno ponderis Camere pro 28 sol. computatis, per manus magistri Iohannis de Constancia procuratoris sui solvi fecit (*in*)　　766 flor. Camere, 18 sol. 8 den.

Fol. 31 r.

1372, Mai 21. — Die 21ᵃ Maii. Cum nuper, videlicet die 21ᵃ mensis Februarii proxime preteriti, in villa de Burgis Tornacensis diocesis reverendus in Christo pater dominus Iohannes episcopus Augustensis collector et discretus vir dominus Guillermus de Lacu canonicus Ruthensis nuncius auctoritate apostolica in certis partibus Alamannie specialiter deputati, de pecuniis per ipsos in dictis partibus habitis, receptis et levatis undecumque ad Cameram apostolicam quovismodo pertinentibus, de quibus ipsi in suis computis reddendis dicte Camere plenius declarare tenentur, fecissent cambium cum Raynerio Dominici mercatore, socio et factore Albertorum antiquorum de Florentia ibidem commorante, de 10400 flor. auri boni et iusti ponderis Alamannie dictorum de Reno, eidem Raynerio per discretum virum Iohannem Pagani, factorem et procuratorem Iohannis Merzwin, civis et mercatoris Argentinensis traditis, numeratis et realiter assignatis nomine et vice dominorum episcopi Augustensis et Guillermi de Lacu predictorum, prout in instrumento per magistrum Bartholomeum de Arquato, auctoritate apostolica et imperiali notarium publicum, super hoc dicta die 21ª Februarii recepto plenius continetur, per socios aut factorem dictorum Albertorum antiquorum solvendis et assignandis seu eorum verum valorem, iuxta conventiones et pacta dudum facta et inhita inter gentes dicte Camere et Thomam Monis nomine societatis ipsorum Albertorum antiquorum, Camere sepedicte: hinc est quod prefatus Thomas Monis, socius dicte societatis curiam Romanam sequens, in solutionem et satisfactionem supradictorum 10400 flor., quolibet de huiusmodi florenis pro 26 sol. et 11 den. et quolibet floreno Camere pro 28 sol. et singulis franchis pro 30 sol. computatis, nomine sociorum et aliorum quorum interest die presenti manualiter solvit et assignavit Camere predicte pro premissis

5000 flor. Camere,
4664 franch., 13 sol. 4 den.

Num. 339. Fol. (1).

1374, Januar 7. — Die eadem (7ª Ianuarii) recepti fuerunt a domino[1] episcopo Lubicensi racione decime per dominum Heliam de Vodronio, clericum Camere apostolice, dum fuit in partibus Alamannie per dominum nostrum papam commissarius et nuncius specialiter deputatus auctoritate apostolica, in dictis partibus imposite, prefato domino episcopo pro se et clero suarum civitatis et diocesis Lubicen. pro dicta decima ibidem imposita solvente per manus Nerocii Bernardi et Philippi de Marsiliis de Albertis antiquis de Florentia, curiam Romanam sequentium, pro 300 flor. de Vngaria et Boemia eiusdem valoris, singulis pro 27 sol. 7 den. et quolibet floreno Camere pro 28 sol. computatis   295 flor. Camere, 15 sol.

---

[1] Nach diesem Worte folgt ein leerer Platz, in welchem der Name des Bischofs eingetragen werden sollte: es war Johann Tralowe (Tralau).

Fol. (2).

1374, Januar 13. — Die 13ª dicti mensis (Ianuarii). Cum nuper honorabilis vir dominus Henricus Rand, decanus ecclesie Bambergensis,
decretorum doctor, apostolice sedis nuncius ac decime in Alamannie
partibus pro necessitatibus ecclesie Romane imminentibus et honeribus
Camere apostolice supportandis per dominum nostrum papam personis ecclesiasticis partium predictarum imposite collector auctoritate
apostolica deputatus, pro Maguntina, Coloniensi et Treverensi
archiepiscopalibus mensis necnon eciam pro Maguntin., Colonien.,
Treveren., Wormacien., Spiren. et Argentin. civitatum et diocesum capitulis atque clero, personis Cisterciensium et sancti Iohannis
Ierosolimitani ordinum dumtaxat exceptis, in 30000 florenorum auri
de Alamannia Camere apostolice seu gentibus eiusdem per modum
subcidii loco huiusmodi decime eis, ut prefertur, per dominum papam
imposite solvendis per eosdem concordaverit et composuerit, prout
de huiusmodi compositione in certis litteris apostolicis specialis mentio
habetur, venerabilis vir dominus Theodericus, cantor ecclesie Maguntine, pro mensa archiepiscopali necnon pro capitulo et clero civitatis
et diocesis Maguntinensibus (*sic*) de predicta summa 30000 flor. auri
manualiter solvit nuper in presenti mense Ianuarii et assignavit Camere supradicte pro 10000 florenorum auri de Alamannia ad aquilam,
singulis pro 27 sol. et quolibet floreno de Camera pro 28 sol. computatis   9250 flor. de Alamannia ad aquilam in sua specie,
               723 flor. Camere, 6 sol.

Fol. (3 ʳ).

1374, Januar 26. — Die eadem (26ª mensis Ianuarii) recepti fuerunt a
domino Iohanne episcopo Tullensi in deductionem 300 flor. auri,
in quibus ipse seu procurator suus hodie composuit cum Camera
ratione decime per dominum Heliam de Vodro, clericum dicte
Camere, prefato domino episcopo auctoritate apostolica imposite, dicto
procuratore pro ipso domino episcopo et eius mensa episcopali assignante, videlicet   100 flor.
Quorum sunt 98 ponderis Camere et 2 valentes minus quam boni de
Camera 4 sol.

Fol. (3 ᵛ).

1374, Januar 26. — Die eadem (26ª Ianuarii) recepti fuerunt a supradicto domino Helia de Vodro, clerico Camere apostolice, dudum
in partibus Alamanie super pecuniis exigendis, levandis et recipiendis
nomine dicte Camere et pro ipsa commissario et nuncio auctoritate
apostolica deputato, de pecuniis per eundem dominum Heliam in dictis
partibus habitis ratione decime super personis ecclesiasticis illarum
partium dicta auctoritate indicte quam alias ex commissione sua levatis in dictis partibus ad predictam Cameram pertinentibus, de quibus

in suis computis reddendis eidem Camere plenius declarabit, ipso domino Helia manualiter assignante 1150 flor. Quorum sunt 570 de Vngaria et Boemia eiusdem valoris, 564 de Alamannia ad aquilam, 6 Camere, 1 sententie et 9 tam ducatus quam Ianuen. eiusdem valoris.

Fol. (9ᵛ).

1374, Februar 16. — Die 16ª dicti mensis (Februarii) recepti fuerunt a domino Henrico Dapiferi, canonico Constanciensi, in civitate et diocesi Constancien. succollectore deputato, de pecuniis per ipsum habitis et receptis in dictis civitate et diocesi ad Cameram apostolicam quomodocumque pertinentibus, de quibus dicte Camere ratio plenior est reddenda, ab una parte 100 flor. et ab alia parte pro fructibus duarum prebendarum sibi auctoritate apostolica collatarum, assignante per manus Alberti Pik, rectoris parrochialis ecclesie de Tegreno Constanciensis diocesis predicte, 100 flor.: in summa

200 flor. de Alamannia ad aquilam.

Fol. (13).

1374, März 2. — Die secunda mensis Marcii recepti fuerunt a domino Iohanne, decano ecclesie sancti Apollinaris Pragensis, in regno Boemie apostolico collectore, de pecuniis per ipsum habitis et receptis in dicto regno tam ratione decimarum ibidem auctoritate apostolica impositarum quam alias ad Cameram apostolicam quovismodo pertinentibus, de quibus in suis reddendis computis plenius declarabit, assignante per manus domini Lamperti episcopi Argentinensis

400 flor. Boemie et Vngarie eiusdem valoris.

Fol. (14).

1374, März 16. — Die 16ª dicti mensis (Marcii). Cum honorabilis vir dominus Henricus Rand, decanus ecclesie Bambergensis, decretorum doctor, apostolice sedis nuncius ac decime in Alamanie partibus pro necessitatibus ecclesie Romane imminentibus et honeribus Camere apostolice supportandis per dominum nostrum papam personis ecclesiasticis partium predictarum imposite collector auctoritate apostolica deputatus, pro Maguntina, Coloniensi et Treverensi archiepiscopalibus mensis necnon eciam pro Maguntin., Colonien., Treveren., Wormacien., Spiren. et Argentin. civitatum et diocesum capitulis atque clero, personis Cisterciensium et sancti Iohannis Ierosolimitani ordinum dumtaxat exceptis, in 30 000 flor. auri de Alamannia Camere apostolice seu gentibus eiusdem per modum subcidii loco huiusmodi decime eis, ut prefertur, per dominum papam imposite solvendis per eosdem concordaverit et composuerit, prout de huiusmodi compositione in certis litteris apostolicis specialis mentio habetur, venerabilis vir dominus Theodericus, cantor ecclesie Maguntine, in deductionem et diminutionem suprascripte summe pro Maguntina,

Coloniensi et Treverensi archiepiscopalibus mensis necnon etiam pro
Maguntin., Colonien., Treveren., Wormacien., Spiren. et Argentin.
civitatum et diocesum capitulis atque clero manualiter solvit et assignavit   5000 flor. de Alamannia ad aquilam.
Fol. (2v).

1374, April 6. — Die eadem (6ª Aprilis) recepti fuerunt a domino Henrico episcopo Raseburgensi, pro mensa sua episcopali et eius
clero sibi subiecto, ratione subcidii prefatis domino episcopo et clero
suo impositi auctoritate apostolica pro oneribus domini pape et eius
Camere apostolice supportandis, solvente per manus supradictorum
Iacobi Vannis et Philippi de Marsiliis (de Albertis antiquis) pro 400
flor. auri ponderis Coloniensis, quos Raynerius Dominici et Bartholomeus Iohannis Sonaglini, factores dictorum Albertorum, de mense
Decembris proxime preterito receperant, ut dicitur, a domino Thide-
Fol. (20r).
manno de Monteburgi magistro ville Brugensis et Volzekino Dannebergh nomine dictorum episcopi et cleri tradentibus, singulis de dictis
florenis pro 27 sol. et quolibet flor. Camere pro 28 sol. computatis
                                 385 flor. Camere, 20 sol.
Die eadem 6ª dicti mensis Aprilis recepti fuerunt simili modo ut proxime
supra a domino Frederico episcopo Zwerinensi, pro mensa sua
episcopali et eius clero sibi subiecto, ratione subcidii sibi auctoritate
apostolica ex causa supradicta imposti, solvente per manus supradictorum Iacobi Vannis et Philippi de Marsiliis pro 600 flor. auri
ponderis Coloniensis, traditis et assignatis de mense Decembris proxime preterito nomine dicti domini episcopi et eius cleri et pro ipsis
per dominum Thidemannum de Monteburgi magistrum ville Brugensis
et Volzekinum Dannebergh supradictos Raynerio Dominici et Bartholomeo Iohannis Sonaglini procuratoribus et factoribus Albertorum
antiquorum de Florentia, singulis florenis ut supra computatis
                                 578 flor. Camere, 16 sol.
Die eadem recepti fuerunt simili modo ut supra a domino Philippo episcopo Caminensi pro se et clero suarum civitatis et diocesis Caminen. ratione et ex causa subcidii per dominum Heliam de Vodronio auctoritate apostolica in dictis civitate et diocesi ac certis
aliis partibus Alamannie impositi pro honeribus Camere apostolice
supportandis, solvente per manus dictorum Iacobi Vannis et Philippi
de Marsiliis pro 1000 flor. auri de Reno, singulis ut proxime supra
computatis, quos supradicti Raynerius Dominici et Bartholomeus Iohannis de mense Ianuarii proxime preterito receperant a prefato
domino episcopo Caminensi et domino Iohanne de Demin, rectore
ecclesie beate Marie (*de*) Gripelbald dicte Caminensis diocesis
                                 964 flor. Camere, 8 sol.

Fol. (24 ͬ).

1374, April 22. -- Die eadem (22ᵃ Aprilis). Cum nuper dominus Henricus Rand, decanus ecclesie Bambergensis, apostolice sedis nuncius (*u. s. w., wie oben S. 407*), venerabilis vir dominus Theodericus, cantor ecclesie Maguntine, in deductionem dicte summe pro suprascriptis archiepiscopalibus mensis, personis atque clero civitatum et diocesum predictarum manualiter solvit et assignavit Camere supradicte

Fol. (24 ͬ). 7000 flor. de Alamannia ad aquilam.

1374, April 24. - Die 24ᵃ mensis predicti (Aprilis) recepti fuerunt a domino Henrico episcopo Metensi, in deductionem 1300 flor. auri ponderis Camere apostolice, in et pro quibus composuit magister Iohannes de Gudensberg ut procurator dicti domini episcopi et pro ipso cum Camera predicta ratione subcidii loco decime prefato domino episcopo impositi pro oneribus dicte Camere supportandis, dicto procuratore assignante manualiter pro prefato domino episcopo et nomine eiusdem 300 flor. Camere

Fol. (26).

1374, April 28. — Die eadem (penultima Aprilis) recepti fuerunt a domino Iohanne episcopo Tullensi in deductionem 400 flor. auri quos solvere debebat ratione subcidii sibi auctoritate apostolica impositi pro oneribus domini pape et eius Camere apostolice supportandis, assignante per manus Walteri de Ficocuria procuratoris in curia Romana 100 flor. Camere.

Fol. (35 ͬ).

1374, Juni 27. — Die eadem (27ᵃ Iunii) recepti fuerunt a domino Iohanne de Vitriaco, in civitatibus et diocesibus Meten., Tullen. et Virdunen. apostolice sedis nuncio, quos de pecuniis nomine dicte Camere undecumque recollectis tradiderat Parisius et fecerat cambium cum Angelo Iohannis supradicto (factore Albertorum antiquorum Parisius commorante), prout in instrumento per magistrum Petrum Boeti notarium publicum super hoc recepto de mense Marcii proxime preterito plenius dicitur contineri, reddendos dicte Camere per socios dictorum Albertorum, predictis Iacobo (Vannis) et Matheo (Vitte) assignantibus manualiter 1227 franchi.

Fol. (36).

1374, Juni 27. — Die eadem (27ᵃ Iunii) recepti fuerunt a domino Bernardo de Berne, in certis partibus Alamannie apostolice sedis nuncio, quos de pecuniis per eum nomine Camere apostolice receptis in dictis partibus tradiderat Raynerio Dominici et Bartholomeo Iohannis, factoribus supradictorum Albertorum antiquorum, de mense Novembris proxime transacto, reddendos per socios dictorum Albertorum Camere antedicte, supradictis Iacobo et Matheo assignantibus manualiter

2000 franchi.

Fol. (37 v).

1374, Juli 8. — Die 8a dicti mensis (Iulii) recepti fuerunt a domino Theoderico episcopo Metensi, in deductionem illius summe quam solvere debet Camere apostolice ratione subcidii sibi impositi pro oneribus dicte Camere supportandis, solvente per manus magistri Iohannis de Gudemberg procuratoris sui   300 flor. Camere.

Fol. (40).

1374, Juli 20. — Die 20a dicti mensis (Iulii) recepti fuerunt a domino Iohanne episcopo Tullensi, pro complemento 400 florenorum auri in quibus erat obligatus Camere apostolice ratione subcidii sibi auctoritate apostolica imposti pro oneribus dicte Camere supportandis, assignante per manus domini Humberti de Say, canonici Bisuntini capellani sui   200 flor. Camere.

Num. 340. Fol. (51).

1374, September 23. — Die 23a mensis predicti (Septembris) recepti fuerunt a domino Philippo episcopo Caminensi pro parte decime per dominum nostrum papam super personis ecclesiasticis et clero civitatis et diocesis Caminen. imposite, solvente per manus Iohannis de Demin, collectoris dicte decime, de pecuniis per ipsum habitis et receptis ratione dicte decime episcopum Caminensem et clerum suum contingentis   300 flor. de Vngaria.

Fol. (55).

1374, Oktober 5. — Die 5a dicti mensis (Octobris) recepti fuerunt a domino Geraldo episcopo Herbipolensi, in deductionem maioris summe et pro parte decime auctoritate apostolica super personis ecclesiasticis civitatis et dyocesis Herbipolen. imposite, ad Cameram apostolicam ratione huiusmodi impositionis dicte decime pertinentes, solvente per manus Iohannis Ouelspach laici procuratoris sui Herbipolensis dyocesis   2000 flor.

Quorum sunt 625 de Boemia et Vngaria, 1311 de Alamannia ad aquilam, 42 ducatus et Ianuen. eiusdem valoris, 11 de Florentia et sententie, de Camera 2 de malo auro valoris quilibet 24 sol., 8 de aquila, de argento 1.

Fol. (60 v).

1374, Oktober 27. — Die 27a dicti mensis Octobris, pro receptis habiti fuerunt a predictis Iacobo Vannis et Philippo de Marsiliis nominibus societatum predictarum (Albertorum antiquorum) in Avinione commorantibus, quos recepit in Melinis Bernardus Nicholai, procurator dictarum societatum, de mense Iulii proxime preterito a domino Bernardo de Berna, in certis partibus Alamannie apostolice sedis nuncio et collectore, de pecuniis per ipsum collectorem in sua collectoria habitis et receptis ad Cameram apostolicam qualitercumque spectantibus,

de quibus etc. (*sic*),[1] prout in quadam copia obligationis et recognitionis infrascriptorum plenius dicitur contineri, prenominatis procuratoribus predictarum societatum in Avinione commorantibus prefate Camere satisfacientibus 700 franch. bo(ni).
Fol. (75).

1374, Dezember 23. — Die 23ª dicti mensis (Decembris) recepti fuerunt a domino Henrico Dapiferi, succollectore in civitate et diocesi Constancien. in Alamannia, de pecuniis per ipsum habitis et receptis in dicta sua succollectoria ad Cameram apostolicam qualitercumque spectantibus, de quibus computare tenetur, pro ipso manualiter solvente Alberto Spec, rectore parrochialis ecclesie in Tegrenon Constantiensis diocesis 230 flor. de Alamannia.
Fol. (75).

1374, Dezember 23. — Die eadem (23ª Decembris) recepti fuerunt a domino Theodorico episcopo Metensi, pro decima per dominum papam super personis ecclesiasticis civitatis et diocesis Meten. certis ex causis imposita, magistro Iohanne de Gutensberg pro mensa ipsius domini episcopi solvente, cui dominus thesaurarius dedit de residuo usque ad primam diem quadragesime 400 flor. Camere.

Num. 342. Fol. (8 v).

De decima.

1375, Februar 17. — Die 17ª mensis Februarii recepti fuerunt a domino Henrico episcopo Constantiensi in Alamannia ex et pro certa compositione per eum facta pro se et clero suo super decima per dominum papam eidem domino episcopo et dicto suo clero imposita, in deductionem ipsius compositionis ratione dicte decime, per manus Georgii Tigrini, mercatoris de Luca curiam Romanam sequentis, quos receperat in deposito a Frederico magistro coquine et Henrico ipsius episcopi familiaribus nomine dicti episcopi et pro assignando Camere apostolice, cui ratione predicta debebantur: 1200 flor. Alamannie, qui reducti ad florenos dicte Camere valent, singulis florenis Alamannie pro 27 sol. et de Camera pro 28 sol. computatis, videlicet

Num. 343. Fol. 41. 1157 flor. Camere, 4 sol.

Collectoria Alamannie et Lothoringie.

1375, Februar 28. — Anno a nativitate Domini 1375, indictione 13, pontificatus sanctissimi in Christo patris et domini nostri Gregorii pape XI anno 5.

Die ultima mensis Februarii recepti fuerunt a domino Iohanne de Vertriaco, canonico Sancti Salvatoris Metensis, in civitatibus et diocesibus Meten., Tullen. et Virdunen. apostolice sedis nuntio et collectore, de pecuniis per ipsum in dictis civitatibus et diocesibus habitis et

---

[1] Nämlich über welche der Kollektor Rechnung abzulegen hat.

receptis ad Cameram apostolicam pertinentibus, de quibus computare
tenetur, ipso manualiter assignante: 900 franchi, valentes reducti ad
florenos Camere, singulis franchis pro 30 sol. et florenis Camere pro
28 sol. computatis   964 flor. Camere, 8 sol.

Num. 342 (ohne Foliierung).

De decimis.

1375, März 28. — Die eadem (28ª Martii) recepti fuerunt a domino
Thoma de Amanatis electo Nimociensi, dudum commissario deputato auctoritate apostolica ad exigendum et petendum et asportandum
certas pecuniarum quantitates in Vngaria, Boemia et Alamannia tam
ratione decimarum et subsidiorum ibidem per sedem apostolicam impositorum (*seu*) etiam gratiose oblatorum domino nostro pape et sue
Camere apostolice debitas, videlicet quos recepit a domino Iohanne,
decano sancti Appolinaris (*sic*) Pragensis, collectore Boemie, de mense
Februarii proxime preteriti in Praga, quos idem collector asseruit se
habuisse ex ordinatione domini . . episcopi Mayeriensis[1] apostolice
sedis nuncii a clero provincie Magdeburgensis ratione decime ultimo per dominum nostrum papam in Alamannia imposite, videlicet:
3800 flor., quorum sunt 3500 de Vngaria et Boemia, 300 de Alamannia seu Renenses, prefato domino electo manualiter assignante;
valent, singulis florenis de Vngaria et Boemia pro 27 sol. 6 den. et
de Alamannia pro 27 sol. et de Camera pro 28 sol. computatis,
ascendunt   3726 flor. Camere, 22 sol.

Die 28ª mensis Marcii recepti fuerunt a supradicto domino electo Nimociensi, ipso manualiter assignante, quos recepit a domino Gerardo
episcopo Herbipolensi de mense Februarii in Nuremberg Bambergensis diocesis ratione dicte decime ultimo per dominum papam
in Alamannia imposite, tam ipsum episcopum quam clerum sue diocesis contingentis: 2438 flor., quorum sunt 567 de Vnguaria (*sic*) et
Boemia, 1871 de Alamannia et Renenses, ultra ea que dixit se solvisse Camere apostolice; qui floreni valent, singulis reductis ad florenos Camere computando ut supra   2361 flor. Camere, 1 sol. 6 den.

Die eadem recepti fuerunt a supradicto domino electo Nimociensi, quos
de mense Martii presentis in Basilea recepit a domino Rudolpho,
custode Basiliensi, receptore decime et subcidiorum hactenus ut premittitur in partibus Basiliensibus impositorum, quos idem receptor
dixit se habuisse ratione predictorum a quampluribus clericis diocesis
Basiliensis, ipso domino electo manualiter assignante: 150 flor. de Alamannia et de Reno; valent reducti ad florenos de Camera valent (*sic*)
computando quemlibet pro 27 sol.   144 flor. Camere, 18 sol.

---

[1] Nikolaus O. Pr., Titularbischof von Mirum, Prov. Scythopolis. S. Rattinger
S. J. im Histor. Jahrbuch 1894, Heft I: Der »Liber provisionum praelatorum Urbani V«,
Nr. 77.

Subcidium.

Die 28ª dicti mensis Marcii recepti fuerunt a predicto domino electo Nimociensi, quos sibi tradidit de mense presente Martii in Herbipoli
prefatus dominus episcopus Herbipolensis, per ipsum dominum
electum Nimociensem domino nostro pape presentandi ex parte ipsius
domini episcopi Herbipolensis, ratione gratiosi et spontanei subcidii
per ipsum dominum episcopum domino nostro pape pro aliqua rele-
vatione honerum guerre Romane ecclesie partium Italie facti, dicens
et affirmans quod plura faceret si posset, set quod nunc non potest,
prefato domino electo manualiter assignante: 1000 flor., quorum sunt
600 de Vngaria et Boemia, 400 Alamannie et Renenses; valent reducti
ad florenos Camere, singulis de Vngaria et Boemia et Alamannia et
de Camera ut supra (*computatis*) 975 flor. Camere, 2 sol.

Am Rande: »Attende ad diem 10am mensis Novembris sequentem ad rem
dictum dominum electum tangentem.«

Num. 342 (ohne Foliierung).

De decimis.

1375, Iuli 22. — Die 22ª mensis Iulii recepti fuerunt a domino Henrico
episcopo Constantiensi ratione decimarum sibi pro mensa sua
episcopali et clero suarum civitatis et diocesis per sedem apostolicam
impositarum, in deductionem maioris summe, solvente per manus
Frederici magistri coquine sue: 1200 flor. de Alamannia; valent quolibet pro 27 sol. et floreno Camere pro 28 sol. computatis
1157 flor. Camere, 4 sol.

Num. 343. Fol. 42.

1375, Oktober 23. — Die 23ª mensis Octobris recepti fuerunt a domino
Thoma electo Nimociensi, in partibus Alamannie apostolice sedis
nuntio, quos auctoritate apostolica recepit a domino Henrico preposito Sancti Magni Ratisponensis subcollectore apostolico, de pecuniis
per ipsum in sua collectoria receptis: 450 flor. diversorum cugnorum
Vngarie et Boemie, ducatus et Iannuen.; valent singulis pro 27 sol.
8 den. et de Camera ut supra (*computatis*) 443 flor. Camere, 18 sol.

Die eadem recepti fuerunt ab eodem domino electo, quos auctoritate apostolica recepit a domino Vlrico Purtrani, decano Augustensi, subcollectore ibidem, de pecuniis per ipsum decanum nomine Camere
ibidem receptis: 100 flor. Vngarie et Boemie eiusdem valoris; valent
quolibet pro 27 sol. 6 den. et de Camera ut supra (*computatis*)
98 flor. Camere, 6 sol.

Num. 342 (ohne Foliierung).

Die 23ª mensis Octobris recepti fuerunt a domino Thoma electo Nimociensi, in partibus Alamannie apostolice sedis nuncio auctoritate
apostolica ad recipiendum et recolligendum pecunias domino nostro

pape et sue Camere quomodocumque debitas specialiter deputato, ipso manualiter assignante: et primo assignavit quos recepit a domino Iohanne decano sancti Appollinaris Pragensis, de pecuniis per eundem decanum levatis de decimis ultimo impositis in provincia Magdeburgensi ex ordinatione domini Mairiensis: 2800 flor. Vngarie et Boemie; valent, singulis pro 27 sol. 6 den. et de Camera pro 28 sol. computatis [1]   2750 flor. Camere.

Die eadem assignavit prefatus dominus electus, quos auctoritate predicta recepit ab eodem decano de pecuniis per eum receptis in collectoria sua: 500 flor. quorum sunt 400 de Alamannia et 100 de Vngaria; valent singulis de Alamannia pro 27 sol. et de Vngaria pro 27 sol. 6 den. et de Camera pro 28 sol. computatis [2]
483 flor. Camere, 26 sol.

Die eadem assignavit idem dominus electus, quos ab eodem collectore recepit, quos etiam ipse collector receperat a domino fratre Henrico abbate monasterii Silarensis, ordinis Premonstratensium, Pragensis diocesis, de quibus est sciendum an partim Camere et partim collegio debeantur: 200 flor. Vngarie et Boemie; valent singulis florenis de Vngaria pro 27 sol. 6 den. et de Camera pro 28 sol. computatis [3]
196 flor. Camere, 12 sol.

Die 23ª mensis Octobris (*assignavit*) supradictus dominus Thomas electus Nimociensis, quos recepit auctoritate apostolica a fratre Bartholomeo de Lansuta ordinis Predicatorum lectore Augustensi, quos ipse lector receperat de spoliis et bonis quondam domini Iohannis episcopi Lucensis apostolice sedi reservatis: 300 flor. diversorum cugnorum de Mediolano et aliorum cugnorum; valent, singulis pro 27 sol. 6 den. et de Camera pro 28 sol. computatis [4]   294 flor. Camere, 18 sol.

Die eadem assignavit dictus dominus electus de pecuniis per eum receptis et habitis auctoritate qua supra a domino Burcardo episcopo Augustensi pro parte decime mense sue episcopali et clero suo [5] per sedem apostolicam imposite: 500 flor. Vngarie et Boemie eiusdem valoris; valent, singulis pro 27 sol. 6 den. computatis [6]
491 flor. Camere, 2 sol.

Die eadem assignavit dictus dominus electus, quos auctoritate predicta receperat ab Vlrico Stromer, mercatore in Nurenberg Bambergensis diocesis, qui restabant sibi ex pecuniis habitis per eum ex commissione

---

[1] Am Rande: »de decimis«, nämlich die Rubrik, unter welcher der Posten einzutragen war.
[2] Am Rande: »in collectoria«.
[3] Am Rande stand zuerst: »in collectoria«; dieses wurde durchstrichen und dafür »de diversis« gesetzt.
[4] Wie Anm. 3.   [5] In der Handschrift: »cleri sui«.
[6] Am Rande: »de decimis«.

sibi facta per dominum Heliam de Vodrono clericum Camere apostolice, commissarium ad hoc auctoritate apostolica deputatum, quos
ab . . episcopo et clero Eysteten. idem mercator receperat ratione
decime ultimo per sedem apostolicam inibi imposite: 649 flor. Vngarie et Boemie; valent, singulis pro 27 sol. 6 den. computatis[1]

637 flor. Camere, 10 sol. 6 den.

Die 23ª mensis Octobris assignavit predictus dominus electus Nimociensis
de summa 1700 flor. per ipsum recepta et habita auctoritate apostolica
a domino Wingando Welder, decano Sancti Bartholomei Francfordensis
Maguntine diocesis, nomine et vice domini Geraldi episcopi Herbipolensis, de pecuniis decimarum inibi auctoritate apostolica ultimo
impositarum, eodem domino electo tradente, qui quidem dominus
electus de predictis 1700 flor. retinuit pro suis expensis 280 flor.
Vngarie; quibus deductis de predictis 1700 flor. realiter assignavit
1.420 flor., quorum sunt 720 Vngarie et 700 de Alamannia; valent,
singulis pro 27 sol. 6 den. computatis[1]   1382 flor. Camere, 4 sol.

Num. 343. Fol. 42.

1375, November 10. — Die 10ª mensis Novembris recepti fuerunt ab
eodem domino electo de 400 flor. de Alamannia, quos ut nuntius
apostolicus dudum receperat a domino Radulpho de Lewisten,
subcollectore Herbipolensi, de pecuniis per ipsum ibidem receptis ad
Cameram apostolicam pertinentibus, qui quidem dominus electus de
predictis 400 flor. retinuit pro suis expensis 325 flor. Alamannie,
21 sol. 1 den. monete Avinionensis; quibus deductis de predictis
400 flor. restabant per ipsum Camere assignandi, quos manualiter
solvit, 74 flor. de Alamannia, 5 sol. 11 den. dicte monete; valent,
singulis pro 27 sol. et de Camera pro 28 sol. computatis

71 flor. Camere, 18 sol. 11 den.

Num. 342 (ohne Foliierung).

1375, Dezember 22. — Die 22ª mensis Decembris recepti fuerunt a domino Theoderico episcopo Metensi pro et de pecuniis decimarum pro mensa sua episcopali per sedem apostolicam impositarum
eidem, pro complemento 1400 flor. ponderis Camere apostolice, in
et pro quibus magister Iohannes de Gutensberg, procurator suus,
nomine ipsius domini episcopi et pro ipso ratione premissorum cum
dicta Camera apostolica composuit, prout in instrumento per dominum
Iacobum de Solegiis notarium dicte Camere super hiis recepto latius
continetur, solvente per manus predicti magistri Iohannis procuratoris sui   400 flor. de Camera.

---

[1] Am Rande: »de decimis«.

Num. 347. Fol. 10ᵛ.

1377, November 11. — Die 11ª mensis Novembris recepti fuerunt a domino Henrico Vlrici, presbitero prebendario ecclesie beate Marie Magdalene Virdunensis, pro vacantia dicte prebende per dominum papam
sibi collate, iuxta relationem domini Nicholay de Gincuria, subcollectoris Virdunensis, per suas patentes litteras valorem dicte
prebende in uno anno continentes, videlicet: 4 franch. et 6 sol. monete Avinion., per manus domini Iohannis Perentis camerarii domini
cardinalis Mimatensis;[1] valent computando ut supra[2]

4 flor. Camere, 14 sol.[3]

---

[1] Guillaume de Chanac, Kardinalpriester von S. Vitale, früher Bischof von Mende.
[2] Nämlich: »francho pro 30 sol. et floreno Camere pro 28 sol.«.
[3] Derselbe Posten steht »Intr. et exitus«, Num. 348, fol. 13ᵛ.

Beilagen.

———*⁝*— ··

In dem Folgenden teile ich noch einige Stücke mit, welche zwar keine Rechnungen von Kollektoren enthalten, jedoch die Thätigkeit der Sammler beleuchten und deshalb an dieser Stelle passend veröffentlicht werden konnten. Von einzelnen derselben wurde in den Bemerkungen zu den Berichten der Kollektoren auf die Publikation im Anhang hingewiesen. Die Handschriften, aus welchen die Stücke genommen sind, werden bei jedem einzelnen angegeben.

1. Ausgaben für Boten an Kollektoren der apostolischen Camera in Deutschland und für Anfertigung der Verzeichnisse von Pfründen, welche an solche geschickt wurden.

Aus den Bänden der Serie »Introitus et exitus« im Vatik. Archiv.

Num. 33. Fol. 120.

1320, *August 11.* — Die 11ᵃ mensis Augusti dominus Hugo Bovis, canonicus Vulteranus, fuit missus per dominum nostrum papam ad partes Alamannie, videlicet ad provinciam Maguntinam, per dominum nostrum papam et commissum quod recipiat a magistro Gabriele archipresbytero de Sancto Angelo Ariminensis diocesis pecunias et res alias quas collegerat ipse Gabriel in regno Boemie, tam de fructibus quam de aliis spectantibus ad dominum nostrum et tradidimus dicto domino Hugoni pro expensis suis tam eundo quam redeundo

50 flor. auri.

Num. 41. Fol. 58.

1320, *Dezember 6.* — Die 6ᵃ mensis Decembris pro expensis factis per dominum Hugonem Bovis, canonicum Ulteranum, in quodam viagio quod fecerat in Alamanniam pro et de mandato domini nostri pape ad recipiendum et conducendum quedam bona dicti domini nostri pape, que magister Gabriel de Fabriano, archipresbyter de Sancto Archangelo diocesis Ariminensis, collector fructuum beneficiorum vacancium in partibus Boemie, Polonie et Moravie receperat ibi de dictis fructibus, qui in itinere infirmabatur, solvimus dicto domino Hugoni

33 flor. auri.

27*

Num. 286. Fol. 236.

1358, Mai 25. — Die 25ª Maii soluti fuerunt Thederico dicto Wmellic
et Amedeo de Arua, Ferrico Alberti et Iohanni Februarii clericis pro
scribendo et copiando plures minutas et extrahendo beneficia de
regestris a tempore domini Clementis et domini nostri collata in Alamannia, pro mittendo episcopo Cavallicensi et domino Henrico
de Trimonia ad relationem domini Arnaudi de Moleriis ad hoc deputati, ipsis manualiter recipientibus   15 flor.

Num. 302. Fol. 12. — Num. 300. Fol. 142ᵛ.

1363, Mai 4. — Eadem die 4ª mensis Maii soluti fuerunt Petro Rostangin
Ebredunensis diocesis, qui per Cameram apostolicam mittitur ad certos
collectores apostolicos in certis partibus Alamannie deputatos super
certis negociis ipsam Cameram tangentibus, pro suis expensis faciendis,
ipso manualiter recipiente   60 flor. fort.

Num. 300. Fol. 146. — Num. 302. Fol. 15ᵛ.

1363, Juni 22. — Eadem die (22ª mensis Iunii) soluti fuerunt domino
Petro Begonis, socio domini cardinalis Guillermi, qui per dominum
nostrum papam et eius Cameram mittitur ad partes Alamannie et
Vngarie super certis negotiis per ipsum dominum nostrum papam
sibi commissis ipsam Cameram tangentibus, ipso recipiente pro suis
expensis faciendis   400 flor. fort.

Num. 302. Fol. 21ᵛ. — Num. 300. Fol. 152.

1363, Oktober 5. — Eadem die 5ª predicti mensis Octobris soluti fuerunt
Mono de Sistario cursori sive nuncio, die 30ª mensis Decembris proxime preteriti misso ad certos cursores domini nostri pape, qui tunc
fuerant missi cum certis bullis et litteris Camere per Alamanniam ibidem expediendis, ipso Mono manualiter recipiente pro suis expensis
factis   8 flor. fort. auri.

Num. 302. Fol. 23ᵛ. — Num. 300. Fol. 153ᵛ.

1363, Oktober 31. — Die ultima dicti mensis Octobris soluti fuerunt Petro
Rostangin de Sancto Crispino, domicello Ebredunensis diocesis, misso
per Cameram apostolicam ad partes Alamanie pro negociis dicte Camere, ipso manualiter recipiente pro suis expensis faciendis
                    35 flor. fort.

Num. 300. Fol. 184.

1363, November 4. — Item pro 28 foliis beneficiorum collatorum in Alamannia in collectoria domini abbatis Gengembacensis nuper eidem
collectori missorum, pro quolibet folio 8 den.; valent   18 sol. 8 den.

2. Notarieller Akt über Ablieferung von Benefiziengeldern.

Arch. Vatic. Archivio di Castello, Armar. C, fasc. IV, Nr. 7.

Graf Heinrich von Werdenberg, Propst von S. Johann und Kanoniker der Kathedrale in Konstanz, Subkollektor von Konstanz, verpflichtet sich, die von ihm erhobenen Gelder reservierter Benefizien,nämlich 273 ½ Mark Silber Konstanzer Gewicht, den Kollektoren Petrus Durandi und Bernardus de Montevalrano, oder dem Prior und Lektor der Dominikaner in Basel auf seine Kosten und Gefahr auszuzahlen.

1318, Oktober 16.

In nomine Domini amen. Noverint universi quod in presencia mei publici notarii et testium subscriptorum vir nobilis ac venerabilis dominus Henricus comes de Werdenberg, prepositus ecclesie sancti Iohannis ac canonicus ecclesie cathedralis Constancien., promisit bona fide et sub obligato omnium bonorum suorum ecclesiasticorum et mundanorum ac eciam super sancta Dei evangelia a se corporaliter sponte tacta iuravit venerabilibus viris dominis Petro Durandi capellano domini pape, canonico Ebredunensi, et Bernardo de Montevalrano, rectori ecclesie beate Marie de Verdan. Tholosane diocesis, in regno Alamannie sedis apostolice nunciis ad colligendum et recipiendum fructus, redditus et proventus beneficiorum ecclesiasticorum que vacabant 6 idus Decembris pontificatus sanctissimi patris et domini nostri domini Iohannis divina providentia pape XXII anno primo, et que vacatura erant abinde usque triennium continue computandum, in provincia Maguntina et pluribus aliis auctoritate apostolica specialiter deputatis, se soluturum et integre ac perfecte satisfacturum eisdem dominis papalibus nunciis vel alteri ipsorum, sive priori et lectori conventus fratrum Predicatorum civitatis Basiliensis vel alteri ipsorum, si alter eorum absens vel impeditus esset, sive alteri procuratori, si quis ab eisdem dominis papalibus nunciis vel ab altero ipsorum deputatus esset, satisfacturum inquam suis propriis periculis, sumptibus et expensis in dicta civitate Basiliensi et in hospicio sive monasterio dictorum fratrum Predicatorum, videlicet ducentas septuaginta tres marchas cum dimidia argenti boni et puri ponderis Constanciensis, terminis et solutionibus infrascriptis, scilicet: in instanti festo beati Martini yemalis, centum quinquaginta marchas argenti boni et puri sive sexcentos florenos auri de Florencia boni ponderis atque legis pro precio dictarum 150 marcharum, et reliquas centumviginti tres marchas cum dimidia infra proxime subsequens festum Nativitatis Domini. Quas siquidem 273 march. cum dimidia dictus dominus Henricus, prepositus et canonicus Constancien. ut supra, receperat ut subcollector dictorum fructuum et reddituum beneficiorum ecclesiasticorum que vacaverant in civitate et diocesi Constancien. constitutus legitime a prefatis dominis Petro et Bernardo, eorundem fructuum collectoribus a domino papa, ut premittitur, ordinatis, prout idem dominus Henricus in publico instrumento confessus

fuerat predictis dominis papalibus nunciis dictam quantitatem marcharum
se recepisse de predictis fructibus in civitate et diocesi antedictis, renuncians
expresse idem dominus prepositus exceptioni dictarum marcharum argenti
non habitarum et non receptarum ex causa predicta, et omni alii iuri et
rationi, quibus contra predicta venire posset, et pro predictis marchis argenti
legitime persolvendis dictus dominus Henricus prepositus se sponte submisit sentenciis excommunicationis et interdicti infrascriptis latis per dictos
dominos Petrum et Bernardum, sedis apostolice cum cohertione atque
iurisdictione nuncios, se sponte subiciendo ipsorum nunciorum iurisdictioni
et eam in se prorogando idem dominus H.; quarum sentenciarum tenor
et substancia sunt isti: Et nos Petrus Durandi, domini pape capellanus
Ebredunensis canonicus et Bernardus de Montevalrano rector ecclesie beate
(*Marie*) de Verdan. Tholosane diocesis, sedis apostolice nuncii, ut premittitur, cum cohertione rogamus, requirimus ac monemus semel, secundo
et tercio pro canonica et perhemtoria monitione, quam trium dierum
spatium volumus continere, vos venerabilem virum dominum Henricum,
prepositum et canonicum antedictum, presentem et in vos sponte susci-
pientem, quatinus persolvatis et integre satisfaciatis de predicta marcharum
quantitate loco et temporibus antedictis, et omnia et singula supradicta
compleatis et firmiter observetis et in nullo contraveniatis; alioquin fine
dato monitis et lapsis quolibet predictorum terminorum sive temporum,
ex nunc ut ex tunc, ob causam predictam, presentibus publicis personis,
excommunicationis in personam vestram et interdicti in ecclesias vestras
et beneficia ecclesiastica sentencias in hiis scriptis promulgamus, et facta
plena satisfactione premissorum volumus et concedimus, quod vobis domino Henrico vel vestro procuratori presens instrumentum restituatur. Acta
fuerunt hec in civitate Constanciensi anno Domini 1318, 16ª die mensis
Octobris, presentibus testibus honorabilibus viris dominis Vlrico dicto
Phofferhart, Waltero appellato Decano in unquin (?) canonicis ecclesie
sancti Iohannis Constanciensis, et discretis viris magistro Stephano Pistoris
Mimatensis, publico auctoritate apostolica notario, Raymundo Boneti de
Rupe alta Nemausensis et Raimundo de Abbatia Caturcensis diocesum ad
premissa vocatis specialiter et rogatis.

Et[1] me Guillermo Rotlandi de Seruianis, Albiensis diocesis, publico
auctoritate apostolica notario, premissis omnibus una cum testibus predictis presens fui (*sic*) et de voluntate ac requisitione predictarum partium
presens instrumentum recepi, scripsi et in formam publicam redegi signoque
meo consueto signavi rogatus.[2]

---

[1] Links neben der Beglaubigung steht das Notariatszeichen: ein auf die Spitze ge-
stelltes Viereck.

[2] Auf der Rückseite steht ein Regest des Aktenstückes; darunter: »R. 24«.

3. **Brief des Kollektors der Diöcese Strafsburg, Johannes de Lampertheim, an den Kameralkleriker Eblo de Mederio.**

Archiv. Vatic. Collectoriae Nr. 8, letztes Blatt.

Der Kollektor teilt dem Kammerkleriker mit, er habe von Heinrich Kopf, Kanoniker von S. Peter in Strafsburg, 38 Goldgulden und 6 Turnosen als Annatengelder erhalten.   *(Ohne Jahr.)*

Honorande domine Eblo. Noveritis me Iohannem de Lampertheim, officialem Argentin. collectorem fructuum annalium domino pape per civitatem et dyocesem Argentin. debitorum, ab honorando domino Heinrico dicto Kopf, canonico prebendato ecclesie sancti Petri Argentin., ratione huiusmodi fructuum vice et nomine Camere apostolice recepisse triginta octo flor. et sex Thuronen., ipsumque de eisdem quittasse, prout in instrumento publico desuper confecto plenius continetur. Dat. feria quinta ante festum nativitatis beati Iohannis Baptiste.

Auf der Rückseite steht die Adresse: »Honorando domino domino Ebloni de Mederio clerico Camere apostolice in Romana curia d.«. *Darunter:* »Ex parte Henrici Kopf«. *Das Siegel ist erhalten; eine durch drei kleine Löcher gezogene Schnur verschlofs den Brief.*

4. **Anfragen betreffs verschiedener zweifelhafter Fälle in Erhebung von Annatengeldern und Entscheidungen derselben.**

Archiv. Vatic. Collectoriae Nr. 7. Ohne Foliierung am Anfang der Handschrift.

Dubia circa primos fructus.

I. Quid de illo qui pro beneficio litigat in Romana curia: numquid ad fructus medios scilicet pro annali tenetur ante beneficii adoptionem?

Si sit questio inter apostolicos,[1] et beneficium de quo litigatur tanquam vacans per ambos fuit infra eundem annum impetratum, quia in utroque casu quicumque obtineat Camera recipit annale, habeatur recursus ad beneficium et recipiatur annale. Si autem sit questio inter apostolicum et ordinarium, vel inter apostolicos quorum alter erat expectans et acceptavit, alter vero ipsum beneficium a sede apostolica ut vicarius impetravit, tunc, quia ordinario vel expectante obtinente Camera nichil reciperet, recipiantur a possessore beneficii ydonee cauciones de satisfaciendo Camere in casum, in quem obtineret beneficium apostolicus, qui ut vacans beneficium impetravit.

II. Quid de obligantibus se aliquando ultra debitum et aliquando citra debitum, ubi beneficium non est taxatum: numquid collectores de valore debent inquirere et medietatem ipsius recipere obligationibus predictis non obstantibus?

---

[1] D. h. wenn die beiden Streitenden vom apostolischen Stuhl die Pfründe erhalten haben.

Si beneficium sit taxatum, tunc taxa est recipienda, vel si non sit taxatum, tunc medietas fructuum. Sed si beneficiatus cum Camera in plus vel minus quam debetur se obligasset, tunc hoc non obstante reciperetur vera taxa vel medietas fructuum ut supra, si beneficium non sit taxatum.

Item alia est eciam responsio, quando minus promittit quam debeat, quia quando componit cum Camera expresse agitur, quod si appareret quod plus debetur seu in plus debetur obligari, quod ad hoc teneatur.

III. Quid de eo qui beneficium consequi non potest propter potenciam occupatorum: numquid tenetur ad fructus medios vel ab occupante sint exigendi?

Honus est reale; ideo si hic, qui non potest consequi, habeat clarum ius et auctoritate apostolica habeatur recursus ad beneficium aut in dubio, dumtamen nitatur auctoritate apostolica, cogatur possessor ad cavendum ydonee, ubi apparet petitorem auctoritate apostolica habere ius.

IV. Quid de eo, qui recepta supplicatione litteras non recipit eo quod vidit alium habere pinguius ius, aut quia putabat reservatum et non est, aut alia rationabili causa litteras recipere pretermittat: numquid ad fructus medios obligatur?

Si iuret quod non omittat facere bullas suas in fraudem Camere vel alicuius, et iuri sibi competenti renunciet in manibus collectoris, cui detur in hoc casu potestas recipiendi, audiatur, alias non.

V. Quid de eo, qui· habita supplicatione compellit possessorem ut secum componat pro certa summa pecunie aut alio commodo temporali, et sic litteras postponit recipere: numquid tenetur ad fructus?

Sic, quia eorum composicio non debet esse in fraudem Camere.

VI. Quid de eo, cuius procurator ad possessionem beneficii est admissus, ipse tamen propter absenciam nunquam recipit fructus, sed capitulum continue recipit fructus absentis: numquid capitulum pro eo solvere tenetur, maxime si ex racionabili causa est absens, puta propter infirmitatem aut aliam causam?

Camera debet primo recipere, et postea capitulum agat vel disputet cum proviso sicut voluerit.

VII. Quid de eo, qui est admissus ad possessionem pacificam beneficii, non tamen fructus ex consuetudine ecclesie potest recipere ante certos annos: numquid statim compelli debet ad solvendum, vel transitus annorum talium sit expectandus, vel capitulum, quod medio tempore recipit, compelli debeat ad solvendum?

Camera recipiat primo annuale suum et post alii petant iura sua.

VIII. Quid de obligatis in curia: numquid collectores in partibus possunt impetere super solutione fructuum mediorum, et si tales possint absolvere collectores et dispensare cum ipsis, si terminum solucionis neglexerint?

Habeant commissionem, quod possint eos compellere ad solvendum in partibus in terminis eis concessis, nisi certo loco, ut puta in curia, solvere promisissent, quia tunc alibi non debent cogi solvere, set bene poterunt cogi quod, nisi eisdem collectoribus velint in partibus solvere, quod portent ad curiam Romanam seu locum in quo se soluturos promiserunt, et detur eis potestas quod possint absolvere, dispensare et quittare etc. Item mittantur collectoribus obligaciones hic in Romana curia recepte.

IX. Item si est hic obligacio facienda, quid igitur est utile officium collectorum, presertim si collectores ab illis nichil debent exigere aut levare? Si vero debent collectores in partibus exigere ab obligatis in curia, ad quid igitur valet obligacio?

Soluta est pro parte proxime.

X. Item quid de beneficiis dominorum cardinalium: numquid domini tenentur ad fructus medios?

Sic.

XI. Item a quo tales fructus dominorum cardinalium debent exigi, presertim quia aliquando beneficia sunt a laicis arrendata nec potestas collectorum aut forma litterarum (*se*) extendit ad tales personas?

A tenentibus beneficia seu procuratoribus cardinalium.

XII. Item quid de mortuis, ubi beneficium forte est in tercia persona?

Si mortuus tenebatur solvere et extent eius bona, habeatur recursus ad bona eius, sed (*si*) non possit haberi recursus, tunc habeatur recursus ad beneficium.

XIII. Item quid de permutacione ante solucionem fructuum, et quid de permutante qui decessit, et beneficium ignoratur obligatum?

Si permutans tenebatur, habeatur recursus ad eum si vivat, alias ad eius bona; sed si non possit recuperari, habeatur recursus ad beneficium.

XIV. De dilationibus prelatis datis.

Hoc non pertinet ad collectores, nisi esset racione spoliorum vel fructuum qui vacantibus ecclesiis obvenissent.

5. Prozesse des Kollektors Petrus Durandi gegen den Prior Aimo de Ponte von S. Alban, und gegen Albertus, Kanoniker der Kathedrale und Offizial in Basel, welche beide der Ausübung seiner Aufträge Schwierigkeiten bereiteten. 1306.

Die Aktenstücke dieser Prozesse bilden den ersten Fascikel (Fol. 1 17) des Bandes »Rationes collectoriae Alemanniae Nr. 3« im Vatik. Archiv (s. oben S. 35). Die ursprüngliche Pergamentdecke ist erhalten; sie trägt Spuren einer ganz unlesbaren alten Aufschrift und die Zahlen 1306 (Datum) und 589 (alte Signatur). Die Akten selbst sind unvollständig, und die erhaltenen Blätter sind dazu am oberen und unteren Teile stark zerstört. So weit man es feststellen kann, sind dieselben teils ein Register von Kopieen der Aktenstücke (Fol.

1—10), teils einzelne Blätter, auf welchen Aufzeichnungen betreffend das Vorgehen in den
Verhandlungen und Entwürfe (Minuten) zu Aktenstücken verzeichnet sind (fol. 11—17).
Zunächst sah sich der Kollektor, welcher von Clemens V. den Auftrag erhalten hatte,
die Rückstände der von Gregor X., Martin IV. und Bonifaz VIII. auferlegten Zehnten für
das hl. Land in der Kirchenprovinz Besançon einzutreiben, zu scharfem Vorgehen gegen den
Prior von S. Alban in Basel, Aimo de Ponte, veranlaßt. Unter den Vorgängern des Priors
gab es solche, welche als Subkollektoren zur Erhebung der Zehnten thätig gewesen waren. So
befand sich Aimo im Besitze der Register und der Quittungen, welche über die geschehenen
Zahlungen Ausweis erteilten: allein weder der an den ganzen Klerus, noch der an ihn
speziell am 19. Juni 1306 gerichteten Aufforderung, die Quittungen und Register dem Kol-
lektor einzuhändigen, leistete der Prior Folge. Auch weigerte er sich, der Vorladung vor
den Kollektor, der ihn peremptorisch zur Verantwortung berief, zu gehorchen. So wurde über
ihn die Exkommunikation, über die Kirche von S. Alban das Interdikt durch den Kollektor
verhängt, und der Widerspenstige aufgefordert, am ersten Gerichtstage nach den Ernteferien
an der Kurie zu erscheinen, um sich zu verantworten.
*   Zur Ausführung dieser und ähnlicher Prozesse wandte sich Petrus Durandi an den*
Offizial von Basel, den Kanoniker Albertus. Allein dieser weigerte sich, die Akten durch
sein Siegel zu bekräftigen, und auch nur die päpstlichen Schreiben, welche die Vollmachten
des Kollektors enthielten, anzuhören. Er wollte nur thun, was ihm das Domkapitel von Basel
befehle. Der Kollektor lud auch ihn auf Mittwoch, 23. Juni, vor seinen Richterstuhl und
vor das päpstliche Konsistorium auf den ersten Sitzungstag nach den Ernteferien. Gegen
diese Citation legte der Offizial Appell an den Papst ein, welchen der Kollektor jedoch ver-
warf. Am 30. Juni stellte letzterer die Begleitschreiben (apostoli) für die Kurie aus. Am
2. Juli forderte der Kollektor nochmals den Offizial auf, seinen Widerstand aufzugeben. Letz-
terer versprach dies zu thun, falls die gegen ihn verhängten Zensuren aufgehoben würden.
Der Kollektor ging darauf ein; jedoch der Offizial weigerte sich aufs neue, eine Antwort
zu geben. Als er der peremptorischen Vorladung auf den 4. Juli nicht Folge leistete, wurde
er den im päpstlichen Schreiben verhängten Zensuren für verfallen erklärt. Die Minute der
Exkommunikation, ohne Formel und ohne Datum, ist vorhanden.
*   Ich lasse die Aktenstücke und Aufzeichnungen hier folgen. Die von mir gemachten*
Ergänzungen sind zwischen runde, die durch andere Aktenstücke gebotenen Ergänzungen
zwischen eckige Klammern gesetzt.

Arch. Vatic. Collectoriae Nr. 3.

A. Akten des Prozesses gegen Aimo de Ponte, Prior von
S. Alban.
Fol. 1.

1. Aufforderung des Kollektors Petrus Durandi, in Ausführung des ihm
gewordenen päpstlichen Auftrages, alles auf die Erhebung der von Gregor X.,
Martin IV. und Bonifaz VIII. auferlegten Zehnten Bezügliche ihm mitzuteilen.
1306, Basel.

(Omnibus personis ecclesiasticis, secu)laribus et (regularibus) Bisuntin. (civitatis) et diocesis ac (provincie) nuncius constitutus Petrus
Duranti, canonicus E(bredunensis, decimarum biennalis et trienna)lis resi-
(dui) omnium ecclesiarum dudum impositarum per felicis (recordationis)
patres et (dominos) nostros dominos Gregorium X, Martinum (IV et
Bonifacium) VIII (sum)mos pontifices ac legatorum ad Terre sancte subsidium rel(ictorum collector et) exacto(r ac) receptor rationum ab uni-

versis et singulis collectoribus et subc(ollectoribus et) heredib(us eorun)-
dem decimarum ipsarum salutem et apostolicis humiliter obedire man(datis).
Insinuatione presentium vobis fieri volumus manifestum, nos 7 kal. [Marcii]
proxime preteriti sanctissimi patris et domini nostri domini Clementis divina providen(tia pape V) litteras recepisse vera ipsius bulla (bul)latas non
concellatas, non abol(itas, non vitiatas) neque in aliqua sui parte suspectas,
tenorem huiusmodi ex integro continentes:

Clemens episcopus servus servorum Dei dilecto filio Petro Duranti
canonico Ebredunensi salutem et apostolicam benedictionem. Ad universalis ecclesie[1] regimen Domino disponente vocati tamquam pastor dominici
gregis, ad omnia que sollicitu (dine egere non) minima noscuntur, in quantum possibilitas nobis permittit, aciem intent(am) quasi de (alta specula)
extendimus et certo statum et commoditatem ecclesie Romane, que sua
(preeminentia omnium ceterarum mater esse) agnoscitur et magistra, sic in-
tendimus diligenter, quod ex ministerii nostri studio (auxilio miserati)onis
divine suffulto reddatur fortior ad incumbentia sibi onera, que (multa sibi)
occurrerunt et gravia supportanda. Sane pie memorie Gregorius papa X
predecessor noster, ad negotium Terre sancte zelo fervens ardenti et efficaci
studio (cordis) affectum aperiens, decimam omnium ecclesiasticorum reddituum et proventuum in predicte Terre subsidium duxit per certi temporis
spatium, sacro eius Lugdunensi approbante concilio, concedendum; et sub-

Fol. 1ᵣ.

sequenter felicis recordationis[2] | (Martinus papa IV predecessor noster pro
negotio terre Sicilie .... cuius defensione?) utique Romane ecclesie prelibate ac (sedis apostolice honor et utilitas procuraretur? .... pro)videns (?)
ipsi negotio auxilium impe(rante necessitate impendens?), non pro ipsius
(tantum terre sed pro utilitate potius Romane ecclesie, primo per tri)en-
nium (?) et deinde, cum prefata Romana ecclesia (multis ac variis in)
aliis locis et partibus impeteretur insultibus atque guerris, irrevocabilia (et
gravia) incubuissent ipsi ecclesie ac incumberent onera expensarum, ad
aliud (subsidium?) pro (oneribus et expensis) eiusdem ecclesie sublevandis
ac denuo ex causa (simili?) ad aliud (adhuc simile levamen procurandum,
per certum temporis spatium decimam in) Viennen., Bisuntin. et Tarantasien. ac nonnullis aliis civitatibus, provinciis et partibus duxit de fratrum
suorum consilio auctoritate apostolica imponere. (Ad has) autem decimas
colligendas in prefatis Viennen., Bisuntin. et Tarantasien. civitatibus et
locis atque provinciis tam per predictos predecessores nostros quam post
ipsorum Gregorii et Martini obitum diversis temporibus per apostolicam
sedem impositas certi sub districtis modis et locis per diversas apostolicas

---

[1] Die Kopie der Bulle verdanke ich Herrn Dr. Miltenberger. Ich habe den unvollständigen Text, so gut es anging, zu ergänzen versucht.
[2] Von hier ab fehlen etwa neun Zeilen ganz; den Wortlaut auch nur annähernd
zu ergänzen, war mir nicht möglich; offenbar war von den durch Martin IV., vielleicht
auch Bonifaz VIII. auferlegten Zehnten »pro oneribus ecclesie Romane« Rede.

litteras deputati sunt hactenus collectores. Verum quia ipsarum collectiones et solutiones decimarum in prenominatis Viennen., Bisuntin. et Tarantasien. civitatibus, diocesibus et provinciis in aliquibus earum videlicet in parte ac in nonnullis in totum dicuntur esse neglecte ac eciam recusate, nos attendentes in hiis obvenire pericula quamplurima animarum et intendentes earum saluti consulere, considerantes insuper innumerabilia et intolerabilia eiusdem matris ecclesie necessitates et onera, que pro utilitate publica et pro ipsius Terre sancte negotio, ad quod votis ferventibus aspiramus, nos et ipsam ecclesiam ac sedem apostolicam subire oportet, et cupientes propterea ut predictarum decimarum negotium processu provido dirigatur et felicem dante Domino consequatur effectum, de tue quoque fidelitatis et circumspectionis industria plenam in Domino fiduciam obtinentes, te in ministerio collectionis omnium predictarum decimarum in

Fol. 2.

predictis Viennen., Bisuntin. | (et Tarantasien. civitatibus et) provinciis omnibus ubimodo (collectoribus et subcollectoribus ad has partes, ut) predicitur, directis (substituimus, teque dictarum decimarum) collectorem iuxta tenorem (litterarum apostolicarum directarum predictis collectoribus et subcollectoribus) earundem decimarum (constituimus cum facultate ab iisdem recipiendi) rationem, absolventes a (predicto officio collectionis omnes huiusmodi collectores et subcollectores, insuper tue discre)cioni per apostolica scripta (districte precipiendo mandantes, quatinus) iuxta predictarum litterarum apostolicarum tenorem in negotio memorato procedas; nichilominus super ipso negotio et contingentibus illud specialiter, prout qualitas facti suaserit et tibi videbitur, ex officio nostro dilig(enter requiras), super quibus tibi auctoritate presentium plenam et liberam concedimus facultatem, collectores et subcollectores predictos qui vixerint et ipsorum quemlibet et quoslibet alios de quibus videris expedire, quod tibi quaslibet apostolicas litteras super collectionibus predictis (confec)tas omnesque scripturas per eos vel de mandato seu commissione ipsorum inde (receptas) vel quas ipsi vel eorum aliqui quomodolibet detinerent, exhibeant, et quod collectores et subcollectores iidem, viventes videlicet, defunctorum vero collectorum heredes seu successores, qui heredes vel successores ad hoc poterunt de iure compelli, quecunque ipsi collectores et subcollectores per se et alios receperunt de decimis supradictis et penes quos ac ubi, quando et qualiter et coram quibus et sub quibus securitatibus seu cautelis pecuniam ab eis in hac parte receptam deponere curaverunt, quecunque adhuc de ipsis decimis et in quibus restant locis seu partibus colligenda, quecumque etiam, quando et qualiter et ubi de ipsis decimis expenderunt in prosequendis hiis que contingebant eandem et si ab eis vel ab aliis quibus interdum super huiusmodi collectionum negotio vices suas vel in eo executionem aliquam commiserunt, extat adhuc aliquid de collectis forsitan assignandum ac super aliis omnibus negotium contingentibus memoratum, de quibus expedire

putaveris, reddant diligentem et plenariam rationem; ac insuper venerabiles fratres nostros Viennen., Bisuntin. et Tarantasien. archiepiscopos et
Fol. 2 ʳ.
eorum | (suffraganeos necnon et) dilectos filios electos, (abbates, priores,
prelatos et rectores aliasque personas) ecclesiasticas civitat(um, diocesum
et provinciarum predictarum cuiuscumque digni)tatis existant, quos (tibi
constiterit per inquisitionem quam super hoc) duxeris faciendam ex pro-
babilibus se(u verisimilibus coniecturis, pensatis eorum prov)entibus, minus
debito notabiliter (de dictis decimis) persolvisse necnon et eos ex (archiepiscopis et episcopis, abbatibus, prioribus, prelatis, rectoribus et aliis)
clericis et ecclesiasticis personis (prefatis quibus tibi ob causas quascumque)
premissas (excommunicati)onum sententias in nullo modo aut .scienter
non integre vel non (statu)tis super hoc terminis solventes decimas sive
fraudem adhibentes (in solu)tione ipsarum seu alias prestantes impedi-
mentum quominus ipse decime solverentur prolatas in dicto Lugdunensi
concilio vel per predecessores aut per collectores aut subcollectores predictos sive eorum aliquem constiterit incumbere, ut de proventibus suis
huiusmodi decimas cum integritate persolvant et de impedimento huiusmodi tibi nomine nostro et eiusdem ecclesie pro oneribus et necessitatibus
supradictis plenam et debitam satisfactionem impendant, necnon et quoscumque depositarios dictarum decimarum in deposito receptarum per eos,
predictos etiam collectores et subcollectores viventes et collectorum et
subcollectorum defunctorum heredes et successores et quoslibet alios de
pecunia dictarum decimarum alias quomodolibet detinentes, quod huiusmodi pecuniam per eos detentam, cessante difficultate qualibet, tibi exhibere procurent infra competentes terminos a te super hiis pro qualitate
facti iuxta tue discretionis arbitrium eis omnibus vel ipsorum cuilibet statuendis ex parte nostra efficaciter moneas et inducas, et nichilominus
illos ex personis iisdem, qui monitis tuis paruerunt in hac parte, ab ex-
communicationum sententiis, si quas propter predicta incurisse (*sic*) noscantur, auctoritate nostra iuxta ecclesie formam absolvas et dispenses cum
Fol. 3.
eis super irregularitate si quam predictis ligati sententiis | (divina officia
celebrando vel) immiscendo se illis forsitan contraxerunt (occasione impositionis?) prelibate de eo quod ut (premittitur non fecerunt quod erat
in hac re fac) iendum (?). Quod si tales infra (premissum tempus tuis
monitis parere forte contem)pserint, tu eos auctoritate predicta nominatim
(ecclesiastica censura percellas; et si ipsi) per unum mensem censuram
huiusmodi (sustinuerint) animis induratis, eos peremptorie citare procures,
(ut infra com)petentis termini spatium a te prefigendum eisdem post citationem tuam per se vel per procuratores ydoneos aut etiam personaliter
illi, de quibus personalem citationem merito videris emanandam, compa-
reant coram nobis, nostris super hoc mandatis et beneplacitis parituri ac

facturi et recepturi quod iustitia suadebit. Diem vero citationis et pre-
fixionis huiusmodi et quidquid inveneris et feceris ex predictis, nobis per
tuas litteras et nichilominus per scripturam autenticam harum seriem continentes studeas fideliter intimare. Ceterum ut officium tibi in hac parte
commissum utilius et efficacius valeas exercere, compellendi si opus fuerit
prelatos aliasque personas ecclesiasticas civitatum, diocesum et provinciarum
predictarum ad providendum tibi et nuntiis tuis ac illis quos ad huiusmodi
decimam colligendam duxeris deputandos vel quibus interdum aliquam
executionem commiseris in negotio memorato de securo conductu, cum
super hoc a te vel ab illis extiterint requisiti, ac exigendi in eisdem civitatibus, diocesibus et provinciis legata et obventiones quomodocumque
predicte Terre subsidio deputata et procedendi in omnibus predictis et
singulis et ea omnia et singula exequendi per te ac alios qualiter et quo-
Fol. 3 r.
tiens expedire putaveris et contradictores | quoslibet et rebelles censura
simili (compescendi plenam) et liberam tibi auctoritate presentium (concedimus facultatem; non obstantibus quod illis vel eorum) aliquibus fuerit
ab eadem sede indultum (quod non possint excommunicari) aut interdici
per litteras apostolicas non fac(ientes de indulto) huiusmodi mentionem
aut tempora sol(utionum decimarum predictarum elapsa esse) noscantur,
et constitutionibus, tam felicis recordationis Bonifatii pape VIII predecessoris nostri, qua cavetur quod, cum actor et reus diocesum fuerint diversarum, reus ultra unam dietam a finibus sue diocesis ad iudicium nullatenus evocaretur, quam quibuslibet aliis a predecessoribus nostris super hoc
editis. Insuper volumus et apostolica auctoritate decernimus, quod a data
presentium plena sit tibi attributa iurisdictio in omnibus et singulis supradictis, quodque idem robur idemque ius perpetrationis exnunc iurisdictio
tua obtineat, quod et quam si auctoritate presentium recepisses per citationem, mentionem vel alias legitime in singulis casibus procedere obtineret et quasi re non integre perpetrata tua iurisdictio censeatur. Dat.
Lugduni 7 kal. Marcii pontificatus nostri anno primo.[1]

Volentes igitur nos, prefatus Petrus Duranti canonicus Ebredunensis,
huiusmodi mandatum apostolicum nobis factum reverenter exequi ut te-
nemur, nec intendentes per hoc collectorum olim dictarum decimarum iam
factis processibus et latis sententiis in aliquo derogare, si nostris minime
refragantur, vos omnes et singulos auctoritate qua fungimur in hac parte
rogamus, requirimus et monemus, vobis nichilominus qua fungimur auctoritate mandantes, quatinus prefatas decimas omnium reddituum et proventuum ecclesiasticorum per diversa tempora a dictis condam summis
pontificibus impositas, prout in ipsorum litteris apostolicis continetur et
apud vos notione publica est difusum, infra unum mensem a data presencium continue computandum, cum iam longe retro ipsarum decimarum

---

[1] 23. Februar 1306.

omnium solutionum tempora sint elapsa, subcollectoribus per nos in singulis vestris civitatibus et diocesibus ad recipiendas et colligendas easdem
Fol. 4.
decimas deputatis seu deputandis, sublato difficultatis obstaculo, | (assignare et solvere curetis. Si vero apud aliquem) vestrum olim vel hodie ex causa depositi (vel alias sub quavis for)ma sive titulo fuerint, dicte decime (pecunie sint deposite et penes eum re)manserint qualitercumque, nisi per expressa(m personam fuerint levate, que ad hoc?) potestatem habebat, easdem pecunias nobis seu memora(tis subcollectoribus) infra prescripti temporis spacium restituere procuretis. Et nichilominus, si habetis in deposito, commanda seu custodia vel debetis per vos vel per aliam personam quolibet modo, vel scitis sive dici vel nominari ab aliqua persona audistis deberi seu esse in aliquibus locis vel penes aliquas personas peccunias seu res alias quascumque legatas, relictas vel donatas causa mortis vel inter vivos seu quolibet alio titulo sive modo ad subsidium Terre sancte, quod illa omnia assignetis et restituatis vel que de aliis scitis seu dici audistis, ubi vel penes quas personas sit aliquid de premissis, memoratis nostris subcollectoribus infra predicti temporis spacium ab huiusmodi nostrorum mandatorum audientia computandum, iusto impedimento cessante, notificare et exponere nullatenus omittatis; alioquin, sine dato monitis et lapso termino supradicto, in omnes et singulos cuiuscumque dignitatis, status vel conditionis existant, qui easdem decimas nullo modo vel non integre scienter aut non secundum verum valorem suorum fructuum perceptorum, et ipsarum decimarum iniustos detentores ac dictorum legatorum et donatorum ad subsidium Terre sancte non satisfacientes, et ut premittitur a tempore scientie non denunciantes, iusto impedimento cessante, infra predicti temporis spacium, etiam si subcollectores vel scriptores fuerint vel existant seu in predictis (*nullam*) maliciam commiserint sive fraudem, necnon et in omnes et singulos, qui scienter impedimentum prestiterunt directe vel indirecte, publice vel occulte, quominus dicte decime et legata huiusmodi persolvantur, restituantur ac eciam denuncientur perfecte, in hiis scriptis auctoritate prefata excommunicationis sententiam promulgamus, presertim cum multe persone ecclesiastice excommunicationis sententiis latis diversis temporibus per generales dudum ipsarum decimarum collectores in non solventes et non restituentes dictas decimas statutis super hoc terminis (sint innodate, et) postea se immiscendo divinis, ir(regularitatis) maculam c(ontraxerint), a quibus post animadversionem . . . . .[1]

Fol. 5ʳ.

2. *Attest des Notars Wilhelmus Gervasii, dafs Bernardus Ruffi, Bevollmächtigter des Kollektors Petrus Durandi, den Prior Aimo von S. Alban peremptorisch citierte, vor dem Kollektor am 21. Juni beim ersten Läuten zur Terz zu erscheinen.*   **1306, Juni 21, Basel.**

---

[1] Der Rest ist schwer zu ergänzen.

Anno Domini 1306, die Lune 21ᵃ mensis Iunii. Constitutus in presentia religiosi viri domini Aymonis, prioris monasterii sancti Albani prope civitate Basiliensi, Bernardus Ruffi notarius, de mandato venerabilis viri domini P. Duranti, canonici Ebredunensis et collectoris generalis decimarum dudum impositarum per felicis recordationis sanctissimos patres et dominos nostros dominos Gregorium X, Martinum IV et Bonifacium VIII summos pontifices, in Bisuntin. provincia et nonnullis aliis impositarum, auctoritate apostolica deputati, ut constabat per litteras suas infrascriptas, citavit peremptorie dictum dominum priorem, ut hodie in prima pulsatione tercie in domo Alexandri de Bergamo in Basila coram ipso comparere deberet personaliter, suam cognitionem et sententiam auditurus super contentis in littera infrascripta; que quidem littera per me infrascriptum notarium in eius presentia lecta fuit; de qua quidem citatione et littere lectione et exhibitione idem sibi peciit fieri publicum instrumentum. Actum in monasterio sancti Albani predicto, presentibus ad hoc specialiter adhibitis testibus Raynaudo de Bisuncio, Petro Clementis de Castro Radulpho Ebredun. diocesis et Aymone Rogerii de Gebenna.

Ego Guillermus Gervasii notarius etc.

Fol. 6.

3. Der Prior Aimo wird durch den Kollektor Petrus Durandi, weil er seiner am 19. Juni ausgestellten Citation keine Folge leistete, als contumax erklärt.   **1306, Juni 21, Basel.**

In nomine Domini amen. Anno (eiusdem) millesimo trecentesimo sexto, die 21ᵃ mensis Iu(nii), que (dies) et hora videlicet pulsacionis tercie per nos Petrum Duranti, canonicum Ebredunensem et collectorem generalem decimarum dudum impositarum (per felicis) recordationis sanctissimos patres et dominos nostros dominos Gregorium X, Martinum IV et Bonifacium VIII summos pontifices, in Bisuntin. provincia et nonnullis aliis impositarum auctoritate apostolica deputatum, fuerunt assignati personaliter ac peremptorie religioso viro domino Aymone (*sic*) de Ponte, priori monasterii sancti Albani prope civitatem Basiliensem, ut coram nobis in dicta civitate in hospicio Alexandri de Bergama (*sic*) albergerii quod publice inhabitamus compa(reret)[1] personaliter coram nobis super infrascriptis nostram cognitionem auditurus et iusticiam recepturus, prout de dicta citatione et causis ipsius citationis constat per litteras infrascriptas nostro sigillo munitas, ac etiam per iuramentum magistri Bernardi Ruffi nostri executoris, cuius nomen in ipsis litteris est inclusum, necnon et per publicum instrumentum factum manu Guillermi Gervasii publici notarii. Tenor vero dictarum litterarum citationis talis est:

P. Duranti, canonicus Ebredunensis, collector generalis decimarum dudum impositarum per felicis recordationis sanctissimos patres et dominos

---

[1] In der Handschrift: »conpererit«.

nostros dominos Gregorium X, Martinum IV et Bonifacium VIII summos pontifices in provincia Bisuntin. et nonnullis aliis auctoritate apostolica deputatus, dilecto suo Bernardo Ruffi, clerico et notario publico salutem et dilectionem sinceram. Mandamus tibi, quatinus cites ex parte nostra peremptorie religiosum virum Aymonem, priorem monasterii sancti Albani prope civitatem Basiliensem, ut die Lune proxima in pulsatione tercie in civitate Basiliensi et in hospicio quod inhabitamus, scilicet Alexandri de Bergamo albergerii, personaliter compareat coram nobis, auditurus cognitionem et sententiam nostram super eo, quod semel, secundo, tercio et pluries requisitus [per nos] ut registra, litteras, instrumenta et alias diversas [scripturas ac cetera tan]gencia [nego]cium [deci]marum dudum impositarum per dictos sanctissimos patres vel aliquos ex eis, [que habet·in] suo monasterio, de quorum pluribus in nostra presencia est confessus, nobis adhuc restituere non curavit; alioquin contra ipsum procedemus iusticia mediante. Hanc autem citationem peremptorie facimus, ut parcamus partium laboribus et expensis et adheo brevem, quia qualitas negocii hoc requirit. Dat. Basilie die Sabbati 19ª mensis Iunii anno Domini 1306.[1] Quibus die et hora dictus prior sancti Albani curavit (nec) per se nec per alium comparere, legittime expectatus de gratia speciali seu ad convincendam eius pertinaciam post horam per nos sibi assignatam; propter quod ipsum in hiis scriptis pronunciavimus contumacem et nichilominus tam pro ipsa contumacia quam aliis infrascriptis contra ipsum processimus et procedimus prout inferius continetur.

Fol. 6ᵛ.

4. Der Kollektor Petrus Durandi verhängt über den Prior Aimo die Exkommunikation und über Kirche und Kloster von St. Alban das Interdikt.
1306, Juni 21, Basel.

In nomine Domini amen. Anno eiusdem 1306 die Lune 21ª mensis Iunii. Cum nos Petrus Duranti canonicus Ebredunensis (*etc.*) semel, secundo, tercio et pluries monuerimus religiosum virum Aymonem de Ponte, priorem monasterii sancti Albani prope civitatem Basiliensem, ut nobis restitueret et assignaret registra, cartularia, instrumenta, litteras et alia diversa que habet penes se seu in potestate sua, et que olim relicta fuerunt in suo monasterio per predecessores suos subcollectores quondam decimarum ipsarum dudum impositarum per dictos condam summos pontifices seu aliquos ex eis, et que per alium seu alios dictarum decimarum olim collectores in dicto monasterio sancti Albani penes ipsius predecessores deposita fuerunt, de quorum premissorum p(luries idem) prior in nostra pre-
Fol. 7.
sentia est confessus, adhuc predicta nobis nulla | iusta ratione p(ream)bula

---

[1] Die Citation selbst befindet sich fol. 17 auf einem Papierzettel; hier fehlt der Name des Priors, für den weißer Raum blieb. Nach dieser habe ich den teilweise zerstörten Text der Kopie ergänzt. Auf der Rückseite sind noch Spuren des Siegels erhalten.

assignare et restituere penitus r(ecu)saverit, licet plures dies et horas
ad ipsa restituenda nobis duxerit assig(nare . . . .). Et ideo nos, considerantes quod parum prodesset sua humilitas humilibus si contemptus
contumacibus non obesset, attendentes insuper, quod propter carenciam
dictorum instrumentorum et litterarum domini nostri summi pontificis
negocium et officii nobis commissi executio plus debito retardatur, quin
etiam impeditur, prefatum priorem auctoritate qua fungimur in hac parte
ob causam predictam in hiis scriptis, publicis personis presentibus, ex-
communicamus et insuper propter suam multiplicem pertinaciam quiaque
in mora temporis dicta documenta et instrumenta restituendi periculum
extat, ecclesiam et totum monasterium sancti Albani supponimus ecclesiastico interdicto, in quibus nulla celebrentur divina officia, nisi que tempore
generalis interdicti permittunt sacri canones ministrari, ac insuper ipsum
citamus et peremptorie, ut prima die non feriata post instantes ferias
messium, in qua reddatur publice ius in palatio domini nostri summi
pontificis compareat personaliter, super decimis dudum impositis per bone
memorie dominum Bonifacium papam VIII in provincia Bisuntin. et nonnullis aliis impositis, quas legittime et sepius monitus sub incriminatione
late excommunicationis sententie contra iusticiam solvere recusavit, ac
eciam super eo, quod legittime iussus per litteras dicti domini nostri summi
pontificis sub virtute sancte obediencie per nos sibi presentatas, ut in tribus
florenis auri pro singulis diebus nobis provideret, quod omnimode facere
recusavit, legittime responsurus, et alias super predictis omnibus voluntati
et beneplacito domini nostri summi pontificis pariturus, ac facturus et
recepturus quod iusticia suadebit. Set nichilominus interim sententias excommunicationis et interdicti, quas propter causas premissas incurivit (*sic*)
contra ipsum et dictum suum monasterium sancti Albani volumus publicari. De quibus omnibus et singulis idem dominus collector sibi peciit

Fol. 7ᵛ.

fieri publicum instrumentum. | Acta, lecta et publicata fuerunt predicta
omnia et singula per dictum dominum (collecto)rem in civitate Basiliensi,
in domo Alexandri de Bargamo (*sic*) pro tribunali (seden)tem anno et
die quibus supra, presentibus ad hoc vocatis testibus specialiter et rogatis
venerabili viro domino[1] preposito Sancti Petri, Iohanne eius scolastico,
domino Guillermo curato de Frondeman, Bernardo Ruffi notario publico
et Raynaudo de Bisuncio clerico. Ego Guillermus Gervasii, publicus auctoritate imperiali notarius, publicationi predictorum omnium una cum dictis
testibus interfui et de mandato dicti domini collectoris predicta scripsi.

Fol. 11.

*5. Bemerkung über eine Mitteilung an den Prior von S. Alban. Auf
einem losen Blatt.*

---

[1] Nach »domino« folgt ein leerer Raum, in welchen der Name eingetragen werden sollte.

Die 21ª mensis Iunii fuit notificatum priori de Sancti Albani (*sic*), presentibus Raynaudo Michaelis Gonterii et Martino Niger de Lausano.

B. Akten des Prozesses des Kollektors Petrus Durandi gegen den Kanoniker Albertus, Offizial von Basel.

Fol. 8.

1. Citation des Offizials von Basel vor den Richterstuhl des Papstes wegen seiner Widersetzlichkeit gegen die amtlichen Handlungen des Kollektors.

1306, Juni 21, Basel.

In nomine Domini amen. Anno eiusdem millesimo trecentesimo sexto, die 2[1ª m]en[sis Iunii]. Constitutus[1] venerabilis vir dominus P. Duranti canonicus Ebredunensis, collec(tor) generalis decimarum dudum impositarum per felicis recordati(onis sanctis)simos patres et dominos nostros dominos Gregorium X, Martinum IV et Bonifacium VIII summos pontifices auctoritate apostolica deputatus, in hospicio quod inhabitat dominus Albertus, canonicus et officialis Basilien. in civitate Basiliensi, citavit peremptorie eundem dominum Albertum canonicum et officialem Basilien., ut die Mercurii proxima in tertiis compareret coram eo personaliter in domo quam idem dominus collector publice inhabitat in civitate Basiliensi, videlicet Alexandri de Bergamo albergatoris, super eo quod multotiens requisitus idem officialis per dictum collectorem ut permitteret coram ipso officiali legere litteras papales et processus per ipsum collectorem factos auctoritate ipsarum ac etiam in quattuor dictorum processuum sigillum sui officialatus apponeret in testimonium veritatis, ac insuper ipsius collectoris sententias exequeretur idem officialis et faceret per suos subditos executioni mandari, ac etiam super eo quod officium et iurisdictionem dicti domini collectoris ipse officialis multis modis nisus est impedire, legittime responsurus; de qua citatione dictus dominus collector petiit sibi fieri unum seu plura publica instrumenta. Actum Basilie in camera ipsius officialis presentibus ad hoc vocatis testibus specialiter et rogatis domino Guillermo curato de Fondreman, Bernardo Ruffi notario publico, Raynaudo de Bisuntio clerico et Alexandro de Bergamo albergatori (*sic*) in Basilia, et me Guillermo Gervasii, notario publico auctoritate imperiali, qui requisitus

Fol. 8v.

predicta scripsi. | (Quibus d)ie et hora superius assignatis idem officialis Basiliensis coram (dicto domi)no c(ollect)ore minime comparere curavit. De(mum dictus do)minus collector de gratia speciali continuavit eidem licet absenti dictam horam tercie usque in nocte in vesperis ad id quod supra.

Qua hora vesperarum idem officialis minime coram dicto domino collectore comparuit per se nec per alium.

---

[1] In der Handschrift: »Constitus«.

Et dictus dominus collector ad convincendam eius maliciam conti-
nuavit dicto officiali Basiliensi presentem diem usque cras per totam diem
ad comparendum coram se et alias pro omnibus aliis supradictis.

Quo crastino, quod fuit dies 24ª Iunii, dictus officialis licet per totam
diem usque in sero expectatus per se nec per alium comparuit coram domino collectore predicto, unde dictus dominus collector processit contra
dictum officialem prout inferius continetur.

Fol. 9.

Anno Domini millesimo trecentesimo sexto die Lune 21ª mensis
Iu(nii). Venerabilis vir dominus Petrus Duranti canonicus Ebredun(ensis,
collector) generalis decimarum dudum impositarum per felicis recorda-
(tionis sanctissi)mos patres et dominos nostros dominos Gregorium X,
Martinum [IV et] Bonifacium VIII summos pontifices in provincia Bisuntin.
et nonnullis aliis (locis) auctoritate apostolica deputatus, in presencia mei
notarii et testium infrascriptorum requisivit et monuit instanter et instan-
tissime dominum Albertum, canonicum et officialem Basilien. presentem
et audientem, quod ipse officialis permitteret coram se dictum dominum
collectorem legere litteras apostolicas officii per dominum papam eidem
collectori commissi et processus factos per eum ipsarum litterarum auctoritate contra rebelles et inobedientes mandatis summi pontificis et ipsius
domini collectoris, ac etiam in carta dictos processus continente sigillum
apponeret sui officialatus, ac insuper exequeretur dicti domini collectoris
sententias et per suos clericos et capellanos sue iuridictioni subiectos executioni faceret demandari. Qui officialis ut supra requisitus respondit, quod
non faceret aliquid de predictis, nisi illud quod sibi iniungeret capitulum
Basiliense, et quia dictum capitulum nichil de predictis facere vellet nec
etiam ipsi domino collectori audienciam dare, ut asserebat, idem dominus
collector citavit dictum dominum officialem et peremptorie, ut super predictis inobedienciis et quia alias officium dicti collectoris impedivit et man-
data apostolica neglexit, prima die qua redderetur publice ius post instantes
ferias messium in consistorio domini pape idem officialis personaliter compareret, mandatis[1] et beneplacitis domini pape obediturus et alias iusticiam

Fol. 9ᵛ.

recepturus. De qua citatione | (idem dominus colle)ctor petiit sibi fieri
publicum instrumentum. Actum [Basilie in] camera ipsius domini officialis,
presentibus domino Guillermo [curato de] Fonde[man], Bernardo Ruffi notario et Raynaudo [de Bisun]cio clerico ac pluribus aliis. Et me Guillermo
Gervasii notario etc.

Fol. 9ᵛ.

2. *Protest des Offizials gegen das Vorgehen des Kollektors.*

Subsequenter anno quo supra, scilicet die Martis 22ª mensis Iunii,
cum Iacobus de Rhinburgo, scriptor curie officialis Basiliensis, qui se di-

---

[1] In der Handschrift: »mandatatis«.

cebat procuratorem officialis predicti, a dictis citationibus factis per dominum collectorem predictum contra memoratum officialem ad sedem apostolicam appellasset, exprimens in sua appellatione causas, videlicet quod
idem dominus collector noluit sibi fidem facere litterarum papalium seu
sue iurisdictionis et quod ipsum excommunicaverat sine scriptis, quodque
idem officialis taliter erat infirmus quod coram domino papa non poterat
personaliter comparere, et peteret apostolos seu litteras dimissorias a dicto
domino collectore, idem dominus collector respondit dicto Iacobo, asse-
renti se procuratorem dicti officialis, quod ipsum in aliquo non gravarat
nec copiam sue iurisdictionis denegarat, ymo dictus officialis pluries requisitus papales litteras et iurisdictionem prefati domini collectoris videre,
audire et legere, expresse denegavit nec coram se eas passus fuit lege[re]
in presentia sui, denegavit etiam idem dominus collector prefatum officialem
sine scriptis excommunicasse, propter quod idem dominus collector predictam appellationem inanem et frivolam non admisit, concessit tamen
dicto officiali apostolos seu litteras dimissorias, quin verius refutatorias, in
quibus vult exprimere dictas causas et alias (insuff)icientes, quare dicte
appellationi non duxit quia non debuit deferendum . . . . Assignavit dicto
Iacobo nomine quo supra et per ipsum dicto officiali diem Mercurii
Fol. 10.
proximam in terciis ad revocandum gravamina si | qua sibi dictus collector
intulit, quod non credit, si de ip(sis . . vellet?) edocere, alioquin contra
ipsum dixit se velle procedere prout e(st dictum?) supra.

Fol. 13.

3. Der Offizial erhält die begehrten Begleitschreiben an die Kurie.
1360, Juni 30, Basel.

Die ultima mensis Iunii tradidit Bernardus nomine domini collectoris
apostolos clausos et etiam transcriptum presentis sedule sine sigillo officialis
Basiliensis B(asilie) in domo sua, de quibus idem officialis et Bernardus
petierunt fieri publicum instrumentum, presentibus domino Guillermo curato
et Raynaudo de Bisuncio et pluribus aliis testibus.

*4. Übergabe der Vollmachtschreiben des Kollektors an den Prokurator
des Domkapitels in Basel.* **1360, Juli 1, Basel.**

Die prima Iulii fuit traditum transcriptum litterarum papalium magistro Henrico, procuratori capituli Basiliensis, per dominum meum, presentibus domino Guillermo et Raynaudo et preposito Sancti Petri.

Fol. 12.

*5. Neuer Versuch des Kollektors, auf die Vermittelung mehrerer geist-
lichen Würdenträger hin, den Offizial zur Nachgiebigkeit zu bewegen.*

Postquam die 2ª Iulii idem dominus collector requisivit et monuit
dictum officialem ut supra monuerat, qui respondit quod non faceret nisi
dominus collector revocaret et tolleret primo sententias latas contra ipsum
officialem, et dictus dominus collector, ad preces et instantiam venerabilium

virorum dominorum prepositorum maioris, sancti Leonardi et sancti Petri
(*ecclesiarum*) ac domini Petri de Friburgo, canonici Basiliensis, sententias
per ipsum latas contra ipsum officialem tollit. Quibus peractis iterum
requisivit eundem officialem et monuit, ut predicta permitteret coram se
facere et alias faceret et fieri faceret ut supra fuerat requisitus hinc ad
vesperas. Qui officialis nullum dedit responsum. Actum Basilie anno et
die quo supra, presentibus dictis dominis prepositis, domino Guillermo
curato, Bernardo et Raynaudo et pluribus aliis.[1]

Fol. 14.

6. *Notiz über gewaltthätige Störungen bei Verlesung von Aktenstücken
in der Wohnung des Offizials.*

Magister Luprandus Wunpertus (?) vocavit et fecit exire magistrum
Iohannem scolasticum locumtenentem officialis. Et Christianus scriptor
curie me adveniente incontinenti exivit et Iohannes scriptor curie famulus
Leonardi et . . sigillifer curie et Galterus scriptor curie et magister Iohannes Tencelinus . . . . . (et) alii clerici; et cum fuerunt extra curiam,
fuerunt plures lapides ad gunchadas supra textum (*sic*) cur(ie iactati, ita
ut) legens litteras infra non audiretur nec intelligeretur.

Fol. 15.

7. *Der Kollektor verhängt die Exkommunikation über den Offizial
von Basel.* **1306, Juli 4, Basel.**

Anno Domini millesimo trecentesimo sexto die 4ᵃ mensis Iulii venerabilis vir dominus P. Duranti, canonicus Ebredunensis (*etc.*) precepit
Bernardo Ruffi, notario suo iurato, ut accederet ad officialem Basiliensem
et quod citaret ipsum peremptorie, ut in nocte in prima pulsatione vesperarum compareret per se vel per alium procuratorem ydoneum coram
ipso super eo, quod requisitus et monitus per ipsum dominum collectorem
noluit audire litteras apostolicas et processus auctoritate ipsarum per ipsum
dominum collectorem factos (*u. s. w., wie oben Nr. 1*). Qui Bernardus
accessit ad ipsum officialem et ipsum citavit, prout sibi iniunctum fuerat,
in presentia mei notarii et testium infrascriptorum ut in hoc sero in prima
pu(lsatione vesperarum) per se vel per alium legitimum responsalem super
predictis compareat coram ipso. Ac(tum Basilie in camera eius)dem officialis in mane, presentibus domino Guillermo curato de Fondreman . . . .

Et cum dictus officialis coram nobis dicto collectore non comparuerit
hora vesperarum sibi assignata per se nec per alium legitime qui iustam
causam proponeret, quare dictus officialis non teneretur facere ea que
supra per nos requisitus fuerat et monitus atque iussus, idcirco ipsum
pronunciamus contumacem et etiam pro dicta contumacia quam pro eo
quia nostris monitis et iussibus legitimis parere contempsit, eundem magistrum Albertum officialem Basiliensem licet absentem, cuius absentia Dei

---

[1] Das Folgende ist unvollständig, ebenso fol. 12ᵛ; es sind Originale oder Minuten
der oben registrierten Aktenstücke.

presentia suppletur, sedendo et in hiis scriptis, publicis personis presentibus, excommunicationis vinculo innodamus.

Lata, lecta et publicata fuerunt predicta per dictum dominum collectorem Basilie, presentibus domino Guillermo curato de Frondenem, Bernardo Ruffi notario, Petro Richardi de Fondreman clerico, Perato Clemente, Michaele Gonchii Eb(redunensis) diocesis et Martino Nigro de Lausana, et me Guillermo Ge(rvasii notario . . . . .).

Fol. 13r.

8. Sentenz der Exkommunikation.

Hic continetur transcriptum seu copia excommunicationis late sententie contra magistrum Albertum canonicum et officialem Basilien.

Nos P. Duranti, canonicus Ebredunensis, collector generalis decimarum dudum impositarum per felicis[1]   quia magister Albertus canonicus et officialis Basilien. per nos peremptorie requisitus et monitus nobis denegaverit, ut legeremus ac publicaremus coram ipso litteras apostolicas officii nobis in hac parte commissi ac processus rite habitos auctoritate ipsarum, et dictos processus sigillo sui officialatus sigillare ac expresse denegaverit publicare et exequi sententias meas et exequi facere per subditos suos ac insuper nostrum officium modo multiplici (in[2] magnum contemptum domini pape et nostri perturbaverit et nisus fuerit perturbare, prout de hiis et aliis constat per legitima documenta), idcirco dictum magistrum Albertum coram nobis super premissis legitime citatum licet absentem per contumaciam, cuius absencia Dei presencia suppleatur, sedendo et in hiis scriptis, solum Deum habentes pre oculis, ob causas predictas publicis personis et aliis presentibus excommunicationis vinculo innodamus.

---

[1] Hier folgt ein leer gelassener Raum.
[2] Von diesem Worte ab bis »legitima documenta« ist der zuerst geschriebene Text korrigiert. Der erste Text lautete: »nisus fuerit perturbare, prout omnia predicta et alia nobis constant per legitima documenta«.

Personen-Verzeichnis.

Abkürzungen: B. = Bischof; EB. = Erzbischof; D. = Diöcese, Ges. = Gesellschaft; Kan. = Kanoniker; Kard. = Kardinal; Kaufm. = Kaufmann; Kl. = Kleriker; mag. = magister; Pf. = Pfarrer; Pr. = Priester; Präb. = Präbendar; s. = siehe; Subkoll. = Subkollektor; Vik. = Vikar.

Die Namen der Kollektoren sind mit Majuskeln gedruckt.

Ein Sternchen vor einem Namen bedeutet, dafs derselbe auf der ersten angegebenen Seite mehr als einmal vorkommt; steht das Sternchen vor einer Seitenzahl, so bedeutet es dasselbe für den Namen, den die Zahl begleitet.

Die Zahlen geben die Seiten an.

Abbatia, s. Raymundus.

Abonis de Laude, s. Fredericus.

Adam de Aldenrode, Pf. in Frechen 326.

— de Anvilla, Kan. der Erlöserkirche in Metz 204.

— de Vitriaco, Präb. der Kathedrale in Verdun 231.

— de Vrchiis, Präb. in Domremy 172.

Hunkerlur, Propst von S. Paul in Lüttich 273.

*— Poleti, Kan. der Kathedrale in Metz 208.

Adan Jungelin 386.

Ademari, s. Guigo, Montilius.

Ademarius de Mota 223.

*ADEMARUS TARGA, Kollektor 85. 97. 99. 100. 104.

*Ademarus de Monteil, B. von Metz 301.

Adenauwe, s. Petrus.

Admetus de Villa, Pf. in Parroy 238.

Ado Libernais 224.

Adolfus de Lang, Pf. in Hückelhoven 323.

Adolphus, Pf. in Erkrath 328.

— de Meschedin, Pf. in Dromel 326.

— de Monte, Pf. in Schöller 324.

— Olenbrüch, Pf. in Erpel 324.

de Oüskirchen, Vik. in Euskirchen 324.

— de Waldeke, Säkularabt der Kirche in Amay 265.

Adulphus, s. Adolphus.

Advocati, s Johannes.

Aganeyo, s. Theodericus.

Agnes de Blanche, Stiftsdame von S. Maria im Kapitol in Köln 47.

Agni, s. Jacobus.

Agnollus Borgognonis, Kaufm. der Ges. Soderini in Florenz 346. 373. 395.

Aigrefeuille, s. Guillelmus.

Aimel, s. Nicolaus.

Ailine de Marvilla, s. Jacobus.

Aimo de Ponte, Prior von S. Alban bei Basel 425. *426. 431. *432. *433.

Aix, s. Johannes.

Alardus, Pf. in Lottum 355.

— de Tiaco, Offizial von Metz 144.

*— de Thiacuria, mag., Kustos der Kathedrale, Kan. der Erlöserkirche in Metz 198. *199. *200. 201. *203. 206.

Albanensis, Kard., s. Petrus Itier.

Albersdorf, s. Willicus.

Alberti antiqui, Kaufmannsgesellschaft in Florenz 334. 337. *369. *370. *372. *374. *375. 376. *387. *393. *394. 395. *396. *397. *398. *399. *400. 401. *405. *408. *409. 410.

Alberti, s. Ferricus, Guillelmus, Martinus, Nicolaus, Petrus.

— de Gorsia, s. Nicolaus.

— Marsaulz, s. Nicolaus.

Alberti novi, Kaufmannsgesellschaft in
   Florenz 368. *369. 370. *371. *395.
Albertini, s. Dominicus. Johannes.
*Albertinus Maimbour, Kan. der Ka-
   thedrale in Toul 225.
Albertis, s. Ciprianus.
Albertus, Kan. der Kathedrale und Offi-
   zial in Basel 425. 426. *435. 436. 438.
   *439.
— Boese, s. Lose.
— Buke, Pf. in Haekendover 341.
— de Enna, B. von Brixen 382.
— Lose, Pf. in Dynther 343. 362. 364.
— Mambar (?), Präb. der Kathedrale in
   Toul 213.
— de Metis, Archidiakon, Kan. der Ka-
   thedrale in Metz 201. 205.
— de Plano, Kaufm. in Bruges 385.
— de Perina, Präb. der Kathedrale in
   Verdun 230.
— Pik, Pf. in Tegernau 407.
   Pocten, Kan. von S. Leonardus in
   Léau, dann von S. Paul in Lüttich 342.
   351. 367.
— de Sapoigny, Pf. in Sayn, Kan. in
   Verdun 190. 194. *240.
— Spec, Pf. in Tegernau (s. Albertus
   Pic; beide sind wohl identisch) 411.
— de Tholen, Präb. der Kathedrale in
   Toul u. in Verdun 215. 225. 229. 231.
Albi, Bisch. von, s. Bertrandus Desbordes.
Albi, s. Egidius, Hugo.
Albiartz, s. Petrus.
Albiensis, Kard., s. Pictavin de Montes-
   quiou.
Albrandinus de Basquis, Kan. in Ni-
   velles 272.
Albricus, »Circator« der Kathedrale in
   Metz 37.
Albrieti, s. Jacobus.
Aldegardis, s. Johannes.
Aldenrode, s. Adam.
Aldenseel, s. Bernardus Octonis.
Aleko Brixinensis, Kollektor 382.
Aleur, s. Hermannus.
*Alexander de Bergamo, Gastwirt in
   Basel 432. 433. 434. *435.
— de Brumsor, Präb. von S. Andreas in
   Köln 49.
— de Eure, Pf. von S. Christophorus in
   Lüttich 342.
Alexander de Lorey 203.

Alexander de Mennichusen, Kan. von
   S. Bartholomeus in Lüttich, und Kan. in
   Bonn 342. 345.
Alibibus, s. Ginotus.
Alitzona Reginaldi lo Mercier, Beg-
   hine 169. 170. 227.
Alizona, s. Alitzona.
Alompno, s. Alumpno.
Altaripa, s. Guillelmus.
Altavilla, s. Johannes.
Alteravilla, s. Johannes.
Altomonte, s. Theobaldus.
Altovitis, s. Stoldus.
Alumpno, s. Johannes, Petrus.
Alvernia, s. Petrus.
Amadeus de Arva, Kl. 420.
Amanatis, s. Thomas, Bonifacius.
Amantia, s. Waltherus.
Amarino, S., s. Johannes.
Amatus de Geneva, B. von Toul 110.
   112. 119. 120.
Ambaldus de Ceccano, Kardinalbisch.
   von Frascati 129. 199.
   de Secano, Schatzmeister der Kathe-
   drale in Metz 197. *200.
Amberti, s. Guillelmus.
Ambianis, s. Firminus.
Ambrionii, s. Colinus.
Amelia, s. Franciscus.
Amelio, s. Aymericus.
Amelono, s. Johannes.
Amelungus de Varendorpe, Kan. in
   Osnabrück 262.
Americus Quadrigarii, Präb. der Ka-
   thedrale in Toul 213.
Amerungen, s. Gerhardus.
Amicus Dei, s. Guillelmus.
Ampla Janua, s. Guillelmus.
Ananias de Berka, Pf. in Wamel 326.
Ancelini, s. Johannes, Riccardus.
Anduinus Aubert, Neffe Innocenz' VI.,
   B. von Paris, Auxerre und Maguelonne,
   Kardinalpr. tit. ss. Johannis et Pauli,
   B. von Ostia 348. 356.
Andoynus de Aquilina, Präb. der Ka-
   thedrale in Toul 215.
Andreas Ankemon 362.
— de Ferieres, Advokat in Lüttich
   287.
— de Marganis, Präb. von S. Maria Ro-
   tunda in Metz 199.
— Ponsardi 240.

Andree, s. Hubertinus, Maurietus, Nicolaus, Talentus.

Andregotinis, s. Nicolaus.

Andrewini, s. Andrewinus.

Andrewinus Andrewini, Prab. von S. Laurentius in Dieulouard 216.

Androini, s. Androinus.

Androinus Androini, Pf. in Loisey 220.

Androynus, Abt von Cluny 385.

Angeli, s. Jannius.

Angelus s. Agnollus.

*— Johannis de Florentia, Kaufm. von der Ges. Alberti antiqui in Florenz 393. 409.

— Ursi (Orsini), Kan. der Kathedrale in Lüttich, später B. von Monte Cassino 271. 352.

Anglia, s. Petrus Tarrida.

Anglici, s. Enghelramus.

Anglico, s. Anglicus.

Anglicus de Anglico, Kaufm., Vertreter der Ges. der Gardi 402.

Ankemon, s. Andreas.

Anoncourt, s. Avoncourt.

Anselmus de Clermont, B. von Maurienne 185. *186. *187.

Answilre, s. Johannes.

Antheceti, s. Guillelmus.

*Anthonius Brunecgii, Kaufm. in Montpellier 368.

— de Bugella, Kan. der Kathedrale in Lüttich 277.

— de Fiis, Kan. von S. Maria in Tongern, Kan. der Kathedrale und Propst der H. Kreuzkirche in Lüttich 344. 357. 358.

— Pauli de Viterbio, mag., Präb. der Kathedrale in Metz 202. 205.

Antmos, s. Michael.

Antonius Malabayla, Kaufm. in Asti 384. 385. 386. 388.

Antrecinis, s. Nicolaus.

Anvilla, s. Adam.

Aplendino, s. Johannes.

Appnis (?), s. Christianus.

Apt, Bisch. von, s. Bertrandus de Messenier.

Aquensis, Bisch., s. Gerardus de Posilhac.

Aquilina, s. Andoynus.

Aquis, s. Goswinus de Canali, Martinus Alberti, Nicolaus, Philippus.

Aquisgrani, s. Aquis.

Arbenco, s. Franciscus, Gerardus.

Arboneo, s. Arbenco.

Arcato, s. Bartholomeus.

Arcenant, s. Johannes.

Archato, s. Arcato.

Archiepiscopi, s. Egidius.

Arcubus, s. Johannes Jenneti, Renauldus.

Ardenachen, s. Geraldus.

Areblayo, s. Petrus.

Arenceyo, s. Dominicus.

Armanius de Cyper 164.

Armaxus de Sanctis, Kan. der Kathedrale in Lüttich, Subkoll. 386.

Arnaldi, s. Arnaldus, Hugo, Jacobus.

Arnaldus, Kl. des Thedericus von Cleve, Präb. in Xanten 48.

— Procurator des Kard. Guy de Boulogne 190.

*— Arnaldi de Embrica, Kl. 357.

— Banduynert 358.

— Clerke 355.

— de Fayno, ernannter Prior von Liomont 217.

— Garnerii, Präb. der Kathedrale in Toul 216.

— Jandonis, Notar 383.

— Johannis, Notar der Kammer 262. *337.

— Johannis Staillat de Theavilla, Pf. in Hüffingen 205.

— Messurdael, Kaplan in S. Hubert. 364.

— Prel, Kan. in S. Andreas in Köln, Kaplan von S. Maria in Landen-en-Hesbaye 361. 371. 372.

— de Pulhes, Pf. in Tourinne 358.

— de Rivis, Generalprokurator der Cistercienser 256.

— de Saraponte, Archidiakon in Trier 195.

Arnaudus de Moleriis 420.

Arnoldus, Pf. in Mirfeld 280.

— Ayken, Pf. in Rysbergen, D. Utrecht 286.

*— Beytel, Notar 374. 375.

— Buschmann, Kaplan von S. Stephan in der Kathedrale in Köln 329.

— de Blankenhein, Propst von S. Servatius in Maestricht 281.

— de Erlau 288.

— de Hacuria, Kan. von S. Maria in Cincy 348.

Arnoldus Johannis de Xanctis de Novimagio, Rektor des S. Katherinenaltars in S. Michael in Löwen 355.
— de Leginch, Kan. der Apostelkirche in Köln 330.
— Prel, Pf. in Hannut 351.
— de Tongris, Kan. von S. Servatius in Maestricht 354.
Arstellio, s. Johannes.
Arnulphi, s. Johannes.
Arnulphus Scalaboti, Prab. der Kathedrale in Metz 204.
Aroffiis, s. Johannes.
Arquato, s. Arcato.
Arquato, s. Petrus.
Artandus de Fayno, Prior von Valpach 188.
Artmundus, Präb. der Kathedrale in Bremen 92.
*Artradus, Notar 70. 71.
Artunguus, Notar 30.
Arva, s. Amadeus.
Ascoldus, s. Stoldus.
Asperomonte, Graf von, Kan. der Kathedrale in Verdun 235.
Asperomonte, s. Colardus, Ferricus, Henricus, Johannes, Nicolaus.
Astberg, s. Theodericus.
Athenulphus de Supinu, Primicerius von Verdun 127.
Atrio, s. Jacobus, Poncius, Symon.
Aubert, s. Stephanus.
Auberti, s. Guillelmus.
Aubertus de Cazagatis 238.
Aubrici, s. Henricus.
Aubricus, Archidiakon von Metz 116.
Aucelini, s. Ancelini.
Auchereti, s. Henricus.
Augsburg, Bisch. von, s. Burcardus de Ellerbach, Johannes Schadland.
Avoncourt, s. Conradus.
Aurriti, s. Johannes.
Auvergne, s. Robert VII.
Aventico, s. Otto.
Avignon, Bisch. von, s. Johannes de Cojordan.
Awangne, s. Philippus.
Ayken, s. Arnoldus.
Aymerici, s. Johannes.
Aymericus, Carnifex 169.
— de Amelio, Kan. von S. Bartholomeus in Lüttich 270.

Aymericus de Roffihaco, ernannter Prior von Flammerécourt 223.
Aymo, s. Aimo.
— de Consolento 239.
— de Monteiustino, Präb. der Kathedrale in Toul 217.
— Rogerii de Gebenna 432.
Ays, s. Johannes.
Ayuresele, s. Henricus.
Ayursele, s. Ayuresele.
Ayz, s. Ays.

Baex, s. Henricus.
Bailhiaco, s. Balduinus.
Baillivi, s. Jacobus.
Baldessanus de Luciaco, Propst in Beaulieu 235.
Baldewini, s. Herbertus, Johannes.
Baldewinus Oneal, Präb. der Kathedrale in Lüttich, Kan. von S. Maria in Ciney 339. 353. 357.
— de Yma 341.
Baldoynus, s. Balduinus.
Baldressen, s. Guillelmus.
Balduinus de Bailhiaco, Kan. von S. Dionysius in Lüttich 266. 277.
— Gervasii, Archidiakon in Metz, Subkollektor 201. 385.
— de Luetzelburg, EB. von Trier 68. *70. *184. 185. 194. 195. *196. 202. 241. *242. 247.
Balestarii, s. Tilmannus.
*Bancus Daniciani, Kaufm. von der Ges. Alberti antiqui in Florenz 387.
Banchus Zenobius, Kaufm. von der Ges. Alberti novi in Florenz 395.
Banduynert, s. Arnaldus.
Banowe, s. Johannes.
Baonna, s. Philippus.
Baonvilla, s. Henricus.
Bar, Grafen von 132. 212.
Bar, s. Barro.
Baray, s. Helias.
Barbe, s. Poncius, Ricardus.
Barberga, s. Johannes.
Barbitonsoris, s. Nicolaus Andree.
Barda, s. Mauricius.
Bardi, Kaufmannsgesellschaft in Florenz 382.
Bardis, s. Raynaldus.
Bareet, s. Rasquinus.
Barionis, s. Durandus.

Bariseyo, s. Johannes.
Barrali, s. Johannes.
Barreit, s. Bertoldus, Fastrardus, Gerardus.
Barreria, s. Guillelmus.
Barriera, s. Barreria.
Barro, s. Egidius, Ferricus, Helias, Hugo, Hugueminus, Petrus, Varinus.
Barro ?, s. Vernerus.
Barroducis, s. Hugucius, Poncius.
Bart, s. Walterius Lebart.
Bartholi, s. Petrus.
Bartholomei, s. Bartholomeus, Warinus.
Bartholomeus, Präb. von S. Theobald bei Metz 37.
— de Arcato, Notar 385. 386. 396. 397. *398. 400. 401. 405.
*-- Bartholomei Comari, Pf. von S. Hilarius in Huy 360.
— Comari 360.
*— Johannis Sonaglini, Kaufm., Vertreter der Ges. Alberti antiqui in Florenz 395. 408. 409.
-- de Lansuta, Dominikaner, Lektor in Augsburg 414.
— de Ponte, Dekan von S. Andreas in Köln 345.
— de Vorne, Kan. in S. Gertrud in Nivelles 275.
Bartholus Johannis, Kaufm., Vertreter der Ges. Alberti antiqui in Florenz 376.
Bartoldus de Nürnberg, B. von Eichstätt 389.
Baruncelli, s. Johannes.
Basel, Bisch. von, s. Gerardus de Wippingen, Johannes de Munsingen.
Basilea, s. Panthaleon.
Basquis, s. Albrandinus.
Bastianus, s. Bastinus und Sebastianus.
*Bastinus de Sorleyo, ernannter Camerarius von S. Viktor in Verdun, Prior in Dommarie 219. *239.
Bastonia, s. Geraldus.
Batralhi, s. Franciscus.
Batisse, s. Petrus.
Bavanis, Pf. in Loisey 217.
Baucel, s. Henricus.
Baudeti, s. Guillelmus.
Baveyo, s. Radolphus.
Baur, s. Henricus.
Bausilio, S., s. Johannes.
Bayar, s. Helias.
Bays, s. Johannes.

Bauzemonte, s. Renaldus.
Beatrix, Gräfin von Luxemburg 60.
Bebelnboem, s. Petrus.
Begonis, s. Petrus.
Bellefaye, s. Nicolaus de Besse.
Bellegree, s. Johannes.
Bellemont, s. Jacobus.
Bellicognati, s. Stephanus.
Bellifilii, s. Guillelmus, Stephanus.
Bello, s. Petrus.
Bellocastro, s. Bertrandus.
Belloforti, s. Johannes.
Bellomonte, s. Henricus, Johannes, Nichasius, Renaudus.
Belloramo, s. Wiricus.
Benchenkamp, s. Conradus.
Bendeti, s. Guillelmus.
Benedictus XII., Papst 176. 267. 270. 271. 273. 285. 299. *300.
Benedictus Nerocii, Kaufm., Vertreter der Ges. Alberti antiqui in Florenz 375. 376. *396. *397. *398. *399. 400.
Benlata, s. Guillelmus.
Benwilr, s. R.
Berastus Tornamira, Präb. der Kathedrale in Toul und Archidiakon von Vezaigne 212.
Berbenchon, s. Reginaldus.
Berbensoen, s. Berbenchon.
*Berchetus Guinoche, Kl., Neffe des Koll. Gerardus de Arbenco 179. *180. 181.
Berchholz, s. Conradus.
Berengarii, s. Chabertus.
Berengarius, Kan. in Incourt 275.
*— Fedori, Präb. der Kathedrale in Toul 172. 174.
— Gregorii, Kan. der Kathedrale in Lüttich 277.
Bergamo, s. Alexander.
Berghe, s. Johannes.
Berghem, s. Winandus.
Bermeren, s. Johannes.
Bermonbech, s. Egidius, Johannes, Fichon.
Berna, s. Berne.
Berna, s. Henricus.
Bernardi, s. Jacobus, Nerocius.
Bernardus, Kan. der Kathedrale in Lüttich 268.
Neffe des EB. Petrus de Aichspalt von Mainz 72. 73.

Bernardus, Prokurator des Archidiakons von Saarburg 148.
— de Beuxe, Kan. der H. Kreuzkirche in Lüttich, Kollektor 367. *373. *404. 409. 410.
- du Bosquet, EB. von Neapel, Kardinalpr. tit. XII. Apostolorum 196.
de Carlario, Prior von Altkirch 188.
*— de Chormonsaco 355.
— de Eggher, Kan. in Hougaerde 363. 366.
— Garnerii, Kan. und Subthesaurar der Kathedrale in Toul 212. 222. 224.
— de Garno, Kard., früher Archidiakon von Vic, D. Metz 116. 124.
Henrici de Latromenges, Rektor des Hubertusaltars in Hamericourt 348.
— de Hulhoven, Kan. der Kathedrale in Lüttich 263. 264. 271. 274. 276.
*— Jandoni, Kaufm. 368.
— de Kensewilhe, Kan. in Weset 265. 271.
— Laurencii de Marallo, Kaufm., Vertreter der Ges. der Gardi in Florenz 404.
— Marchesii, Nuntius u. Kollektor 347.
— Melioris, Präb. der Kathedrale und Propst der Erlöserkirche in Metz 166. 198.
— de Montevalrako, Kollektor, 33. *35. 36. 43. 46. 50. 51. 52. *53. 59. *60. *65. *66. 71. 76. *77 *78. 79. *80. *81. *421. *422.
— Nicolai, Kaufm., Vertreter der Ges. Alberti antiqui in Florenz 375. *376. 410.
— Octonis de Aldenseel, Kan. in Fosses 349.
— Petri, Elemosynar des Papstes 180.
— de Rossillaco, Kan. von St. Gengoult in Toul, Pf. in Bouxières 214. 222. 228.
— Ruffi, Notar 431. *432. 433. 434. 435. 436. *437. *438. 439.
— de Sculenhorch, Kan. der Kathedrale in Magdeburg, Kollektor 391.
— Trandi, Kan. in Haccourt 275.
— de Viridario, Kan. in S. Bartholomeus in Lüttich 270.
Berne, s. Bernardus.
Bernerii, s. Johannes, Petrus.
Bernhardus de Haselbeke, Pf. in Kirchhörde 324.

Berka, s. Ananias, Gobelinus.
Berno, s. Radulphus.
Berporth, s. Johannes.
Berrardus, s. Bernardus de Rossillaco.
Bertaldi, s. Paulus.
Bertholdus Frikus, Kan. in Eichstätt 42.
*— Sunli, Kan. in Rheinfelden 22.
— de Swansbülle, Kan. in Essen 328.
Bertholomei, s. Bartholomei.
Bertholomeus, s. Bartholomeus.
Bertholus Johannis Sonaglini, Kaufmann, Vertreter der Ges. Alberti antiqui in Florenz 374.
Bertoldus, Kan. der Kathedrale in Metz 131.
— Barreit, Ritter 279.
Bertrammus Suderman, Kl. der D. Köln 365.
Bertramus Cremon, B. von Lübeck 405.
— de Puppendijc, Dekan von S. Georg in Köln 345.
Bertrandi, s. Forkegnonus, Fulco, Nicolaus.
Bertrandus de Bellocastro 224.
— de Bertrandis, EB. von Tarantaise 429.
*— de Channaco, Kammerkleriker 253.
— de Cosnac, B. von Cominges (Convenarum), später Kardinal 253.
— Desbordes, B. von Albi, päpstl. Camerarius, später Kardinal 381.
— Faxin, Präb. der Kathedrale in Metz 200.
— Garnerii, Subthesaurar der Kathedrale in Toul 227.
— de Gerungneyo 225.
— Lehongre, Bürger von Metz 171.
— Masnerii, Kaplan des S. Eligius-Altars in der Kathedrale in Lüttich 340. 359.
*— de Massello, Verwalter der Einnahmen und Kapl. des Kard. Raymundus de Canillac 337.
— de Messenier, B. von Apt 385.
*— von Montfavence, Kard. tit. S. Marci 264. 277.
— Piedechant, Kapl. der S. Bartholomaeus-Kapelle im Hause von Poncius de Atrio, Kan. der Kathedrale in Metz 201. 207. 208.
— Vacheti de Chavenceyo castro, Pf. in Rambervillier 237.
Bertroldi, s. Guillelmus.

Berwier, s. Johannes.
Besançon, Erzbisch. von, s. Hugo de Châlons, Hugo de Vienne, Vitalis.
Bessia, s. Nicolaus de Besse.
Betelha, s. Rigaldus.
Beye, s. Johannes.
Beyger, s. Henricus.
Beytel, s. Arnoldus.
Biencuria, s. Tierricus.
Bigot, s. Bughot.
Billeyo, s. Richardus.
Birkelin, s. Petrus.
Bistorf, s. Johannes.
Bistourf, s. Bistorf.
Bisuncio, s. Raynaudus.
Bivelierus, Propst der Erlöserkirche in Metz 204.
Blanche, s. Agnes.
Blankenhein, s. Arnoldus.
Blasius de Cassia, Kan. v. S. Dionysius in Lüttich 269.
Blaudiaco, s. Johannes.
Blauzac, s. Blaudiaco.
Blawestin, s. Johannes.
Blenodio, s. Johannes, Nicolaus.
Blidelinchdorp, s. Henricus.
Boaym, s. Johannes.
Bobe, s. Petrus.
Bohlehem, s. Petrus.
Bocen, s. Guillelmus.
Bocholt, s. Gerardus.
Boemundus de Saraponte, EB. von Trier, früher Archidiakon in Trier, Propst von St. Paulin bei Trier, Kan. der Kathedrale in Metz 164. 167. 192. 195. 204. 389.
Boese, s. Albertus, Renerus.
Boesman, s. Johannes.
Boeti, s. Petrus.
Boffredi, s. Petrus.
Bolaguerie, s. Galhardus.
Bonaguida, s. Thomas.
Bonaguide, s. Johannes.
Bonaguidone, s. Bonaguide.
Bonajutus de Casextino, Kaplan des Papstes, Kollektor 381.
Bondricuria, s. Gondricuria.
Boneti, s. Raymundus.
Bonifacii, s. Robertus.
*Bonifacius VIII., Papst 426. 427. 430. *432. 433. 434. 435. 436.
Bonifacius de Amannatis, 401. 402.

Bonis, s. Johannes.
Bonneti, s. Richardus.
Bonpaix, s. Miletus.
Bordis, s. Robertus Bonifacii.
Borgeis, s. Rainundus.
Borgognonis, s. Agnollus.
Borgonis, s. Raymundus.
Borro, s. Barro.
Bossaco, s. Johannes.
Bostorf, s. Johannes.
Boulogne, s. Guy, Robert VII.
Bourbon, Herzog von, s. Petrus I.
Bourton, s. Laurentius.
Boutons, s. Bourton.
Bovis, s. Hugo.
Boylenwe, s. Johannes.
Boyoncuria, s. Therricus.
Brabant, Herzog von, s. Johannes III.
Brakel, s. Johannes.
Brankenhoven, s. Godefridus.
Bratone, s. Guillelmus.
Braz, s. Johannes.
Brebechan, s. Petrus.
Brehel, mag., Advokat 150.
Bremis, s. Henricus.
Breos, s. Johannes.
Brezdemar, s. Hermannus.
Breyo, s. Petrus Willelmi.
Brixen, B. von, s. Albertus de Enna, Johannes Wulfing.
Brixinensis, s. Alero.
Brixinensis, electus, s. Lambertus de Born.
Broillio, s. Johannes.
Brokardus Warmanshagen, Präb. der Kathedrale in Lübeck 96.
Brôle, s. Reymarus.
Bromoldus, Vik. der Kathedrale in Lübeck 96.
Bronchorst, s. Gerardus.
Brosseti, s. Hugo.
Brubach, s. Johannes.
Bruele, s. Johannes.
Brueriis, s. Terricus.
Brûla, s. Reymardus.
Brumsor, s. Alexander.
Brunecgii, s. Anthonius.
Bruneleo, Pf. in Hattonville 211.
Bruneti, s. Theobaldus.
Bruni, s Petrus, Philippus.
Bruren, s. Brunecgii.
Bucelli, s. Talentus Andree.

Budenoes, s. Conradus.
Budenoys, s. Budenoes.
Bufetial, s. Jacobus.
Buffardi, s. Geraldus.
Bugella, s. Anthonius.
Bughot, s. Egidius.
Buke, s. Albertus.
Bullotus de Lymont, Kan. von S. Bartholomeus in Lüttich 358.
Bulowe, s. Johannes.
Buna, s. Henricus.
Bunde, s. Christianus.
Bunna, s. Constantinus, Johannes.
Burcardus de Ellerbach, B. von Augsburg 414.
Burcerii, s. Nicolaus.
*Burchardus, Kan. von S. Peter in Basel 5.
— Monachi, Kan. der Kathedrale in Basel 188.
Bure, s. Johannes.
Burgo, s. Thomas.
Burgugnonis, s. Borgognonis.
Burgunhoni, s. Borgognonis.
Büsch, s. Henricus.
Buschman, s. Arnoldus.
Busco, s. Walterus Henrici.
Buxeria, s. Guillelmus.
Buxeriis, s. Jacobus Symonis.
Bynghe, s. Johannes.

Cabassole, s. Philippus.
Cabilone, s. Petrus.
Cabra, s. Petrus.
Caceline, s. Johannes.
Cadolis, s. Jacobus.
Calario, s. Bernardus.
Calinaco, s. Johannes.
Calstris, s. Petrus.
Calvomonte, s. Colardus.
Cambacii, s. Firminus.
Camin, s. Rotherus.
Canali, s. Goswinus, Stephanus.
Canillac, s. Raymundus.
Canimate, s. Petrus.
Capocii, s. Nicolaus.
Capodistria, Bisch. von, s. Ludovicus Morosini.
Cardi, s. Gardi.
Cardinali, s. Guillelmus.
Carensoni, s. Matheus.
Casentino, s. Bonajutus.

Caslaer, s. Johannes.
Casleto, s. Johannes.
Cassia, s. Blasius.
Cassinensis, Bisch., s. Angelus Ursi.
Castel, s. Guillelmus.
Castro, s. Johannes.
Castronovo, s. Gaytonus, Petrus Moreti.
Castro Radulpho, s. Petrus.
Castro Raynaldi, s. Johannes.
Castrovillario, s. Johannes.
Catayrani, s. Martinus.
Cathallauno, s. Egidius.
Cauraldus de Cumenicres, Scholast, dann Kantor von S. Maria Magdalena in Verdun 232. 239.
Cavaillon, Bisch. von, s. Philippus de Cabassole.
Cavancho, s. Johannes.
Cavella, s. Martinus.
Cazagatis, s. Aubertus.
Cefalhis, s. P.
Celerarii, s. Joffridus.
Ceperano, s. Richardus.
Chabertus Berengarii, Präceptor in Pont-à-Mousson 209.
Châlon sur Saône, Bisch. von, s. Johannes de Mello, Petrus de Cabilone.
Chalueres, s. Chavaleres.
Champanoys, s. Johannes.
Champegnois, s. Champanoys.
Chanac, s. Channaco.
Chandanayo, s. Johannes.
Chanis, s. Ocinus.
Channaco, s. Bertrandus, Guillelmus, Maria, Poncius.
Charbon, s. Gerardus, Johannes.
Charnois, s. Guido.
Charnour, s. Henricus.
Charpenay, s. Hugo.
Chasserat, s. Galterus.
Chataneyo, s. Guillelmus.
Chavaleres, s. Johannes.
Chavayo, s. Hugo.
Chavenceyo Castro, s. Bertrandus Vacheti.
Chebanus Hennemanni, Präb. der Kathedrale und der Erlöserkirche in Metz 201. 203.
Chelhale, s. Henricus.
Chiri, s. Geraldus.
Choderons de Barroducis, s. Coletus.
Chormousaco, s. Bernardus.

Christianus, Schreiber des Offizials in Basel 438.
— Appnis (?), Kaplan des S. Katharinenaltars in St. Georg in Limburg 190.
— Je Bunde, Pf. in Achel 342.
— de Elst, Pf. in Dynther 279.
— Rummel, Kan. in S. Maria in Aachen 338. 347. 359. 362.
Christoforus Geri, Wechsler der Kammer 402.
Chuno de Hegendrof, Kan. in Rheinfelden 22.
Chur, B. von, s. Siegfridus de Geilnhausen.
*Ciprianus de Albertis, Kaufm. der Ges. Alberti novi in Florenz 369.
Cistarico, s. Falco.
Civitatensis, Bisch. (Es giebt mehrere Diöcesen dieses Namens.) 198.
Clarencio, s. Johannes.
Claris, s. Petrus.
Clemens V., Papst 36. 43. *44. 45. *58. 62. 72. 78. 79. 81. *382. 420. 426. *427.
Clemens VI., Papst, 161. *162. 163. 164. 167. *183. 187. 195. *203. 208. 233. 240. 243. 244. 245. 247. *248. 250. *251. *252. 253. *254. 255. *256. *261. 262. *293. 294.
Clemens, s. Peratus.
Clementis, s. Petrus.
Clerici, s. Radulphus.
Clerke, s. Arnaldus.
Cleuchin, s. Guillelmus.
Clevis, s. Reynerus, Thedericus.
Cleve, Graf von 60.
Clymen, s. Marsilius.
Coffet, s. Desiderius.
Colardi, s. Nicolaus.
Colardus, s. Cauraldus.
— de Asperomonte, Archidiakon von Rouvroy und Propst in Hattonchatel 230.
— de Calvomonte, Kan. der Kathedrale in Verdun 239.
— de Fago, Pf. in Dombale 216.
Coletus Choderons de Barroducis, Kl. 151.
Colini, s. Jacobus, Johannes, Symon.
Colinus, Geldwechsler 75.
— Ambrionii, Kapl. von S. Margaretha in der Kathedrale in Verdun 237.
*— de Senliers, Pf. in Percy-le-Petit 152. 153. *170.

Kirsch, Die päpstl. Kollektorien.

Colinus Wirieri de Pergiis, Pf. in Lyronville 172. *176.
Collealto, s. Ottomanus.
Collus, s. Richardus.
Colmensis, Bisch., s. Johannes Schadland.
Colobrio, s. Johannes.
Colobro, s. Colobrio.
Colonia, s. Johannes, Petrus.
Colonster, s. Ludovicus.
Columbario, s. Johannes.
Columberii, s. Columbario.
Columpna, s. Johannes, Marcellus, Petrus.
Comari, s. Bartholomeus Bartholomei.
Combis, s. Laurentius.
Cominges, Bisch. von, s. Bertrandus de Cosnac.
Comitis, s. Jacobus.
Commarceyo, s. Petrus.
Commerceyo, s. Commarceyo.
Condamina, s. Guillelmus.
Confinio, s. Petrus.
*Cono Godefridi 357.
Conradus, Pf. in Montzen 48.
*— de Avoncourt, Kan. der Kathedrale in Toul, Kantor der Kathedrale in Verdun 226. 235.
*— Benchenkamp, Kan. in Soest, Pf. in Dinker 330.
— de Berchholz, Pf. in Berchalz und Präb. in S. Amarin 17.
*— de Budenoes, Kan. von S. Dionysius in Lüttich 353. 361.
— de Drijl, Kan. der Kathedrale in Lüttich 341. *342. 366. 367.
— de Huereym, Kan. in Würzburg 41.
— de Leginch, Pf. in Berzdorf 327.
— de Leten, Propst von S. Kunibert in Köln 328.
— Nicholai 239.
— Sendlingen, B. von Freising 382.
*— Sudermann, Pf. in Oizy 338.
Conraldus, s. Conradus.
Conrardus, s. Conradus.
Consolento, s. Aymo.
Constancia, s. Johannes.
Constancii, s. Johannes.
Constantinus de Bunna, Kan. von S. Andreas in Köln, Subkoll. in Köln 338. 344. 345.
Constantinus de Cornu, Propst von S. Maria ad Gradus in Köln 327.

Convenarum s. Cominges.
Coopers, s. Coopert.
Coopert, s. Henricus.
Coperii, s. Johannes.
Corbeti, s. Hubertus.
Corbi, s. Richus.
Cordelis, s. Cadolis.
Cordulis, s. Cadolis.
Cornu, s. Constantinus, Gerardus.
Cornuti, s. Durandus.
Corsini, s. Perozus.
Cortanus, Präb. der Kathedrale in Metz 196.
Cortoys, s. Johannes.
Costi, s. Jacobus.
Cothardus Nicholai, Präb. der Kathedrale in Verdun 233.
Coupet, s. Johannes.
Coyfiaco, s. Petrus.
Craceno, s. Jacobus.
Crehave, s. Johannes.
Cremon, s. Bertramus, Gotfridus.
Crepitorgio, s. Johannes.
Cressiaco s. Johannes.
Crispino S., s. Petrus Rostangin.
Crissico, s. Cressiaco.
Croso, s. Johannes.
Cruce, s. Guido.
Cumenicres, s. Cauraldus.
Cumimeres (?) s. Cumenicres.
Curresia, s. Gerinus.
Cursini, s. Corsini.
Curtetello, s. Henricus.
Cuysiaca, s. Petrus.
Cuysiaco, s. Cuysiaca.
Cyper, s. Armanius.
Cyprianus, Kaufm. von der Ges. Alberti novi in Florenz 395.

Dahins, s. Johannes.
Dalen, s. Lubertus, Thomas.
Dalmacius Lamberti, Kan. der Kathedrale in Metz 198. 204.
— de Sancto Laurencio, Kan. in St. Paul Trois-Châteaux 143.
Dalmatius s. Dalmacius.
Dalphinus, Humbert II. 187.
Damperia, s. Thomas.
Damiani, s. Raphael.
Damvilla, s. Guillelmus Antheceti.
Daniciani, s. Bancus.
Daniel de Wichtrich, B. von Verden 166.

Danielis, s. Telmannus.
Dannebergh, s. Volzekinus.
Dapiferi, s. Henricus.
Daucarii, s. Ducarii.
David, Präb. der Kathedrale in Verdun 130.
Daynoit, s. Franciscus.
Deaux, s. Gaucelinus.
Decanus, s. Walterus.
Dei Custodia, s. Johannes.
Deijl, s. Drijl.
Delchencourt, s. Johannes de Sancto Michaele.
Deliis, s. Johannes Girardini.
Demin, s. Johannes.
Denvilla, s. Henricus.
Deodato, S., s. Ferricus, Geraldus.
Desiderius Coffet 225.
Dietricus, Kan. in Moutier-Grandval 28.
Doblestene, s. Johannes.
Doeneren, s. Godefridus.
Dominici, s. Johannes, Raynerius, Stephanus.
*Dominicus, Mag. 249.
— Albertini, Pf. in Dommartin-lez-Toul 226.
— de Arenceyo, Pf. in Sayn 194.
— Francisci, Kan. in Rémiremont 220. 225.
— de Gofreiguen, Pf. in Ars 216.
— Johannis Musardi de Villa, Pf. von St. Genovefa in Bochon 165.
— Olerici, Kan. der Kathedrale in Metz, Kapl. des Koll. Gerardus de Arbenco 256.
— Olrici de Minorivilla, Pf. von St. Eucaire in Metz 207,
— de Portu, Präb. der Kathedrale in Verdun 229.
— Rosa, Kl. 150.
— de Soderinis, Kaufm. von Florenz 395.
*— de Villeyo, Official in Verdun, Benefiziat von St. Amant 152. 153. 231.
Domino, s. Petrus.
Domo, s. Reynerius.
Domparia, s. Damperia.
Domperia, s. Damperia.
Donc, s. Herbertus Baldewini.
Donge, s. Nicolaus Henrici.
Donghin, s. Jacobus.
Dophus Ducii, Kaufm. von der Ges Alberti novi in Florenz 371. 395.

Dormale, s. Godefridus.

Dosijn, s. Nicolaus.

Dostins, s. Matheus.

Drijl, s. Conradus.

Dringhusen, s. Gobelinus.

*Droco de Infirmitate, Präb. der Kathedrale in Verdun 231.

— de Romiis, Pf. in Rambervillier 231. 232.

Droilhaghen, s. Petrus.

Dubranch, s. Johannes.

Ducarii, s. Johannes.

Duchii, s. Ducii.

Ducii, s. Dophus.

Duechellus, s. Walterus.

Dumfleus, s. Johannes.

Duna, s. Johannes.

Duno, s. Hugo, Renerius.

Dupho, s. Dophus.

Durandi, s. Petrus.

*Durandus Barionis, Kan. der Kathedrale in Metz 197. 199.

— Cornuti, Kan. der Kathedrale in Lüttich 279.

- Girardi, Kan. der Kathedrale in Lüttich 279.

Duranti, s. Durandi.

Duras, s. Guillelmus, Petrus.

Düren, s. Leo.

Dux, s. Hinricus.

Dyonisius Minninc, Dekan v. S. Peter in Lüttich, Propst der Apostelkirche in Köln 339. 341. 344. 349. 366.

Eberwin, s. Theudericus.

Eblo de Mederio, Kammerkleriker 262. 299. 318. *352. *423.

— de Venthadoro, Kan. und Elemosynar der Kathedrale in Metz 204.

*Ebrardus, Bote des Baseler Subkoll. 30.

Ebredunen., Erzbisch., s. Guillelmus de Mandagot.

Educnsis, Bisch., s. Guillelmus d'Auxonne.

Eggher, s. Bernardus.

Egher, s. Eggher.

Egidius, Kan. in Metz 82.

— Albi, Kaplan in Saint-Trond 275.

— Archiepiscopi, Kan. der Kathedrale in Lüttich 340.

— de Barro, Kan. der Kathedrale in Verdun 235.

*Egidius de Bermonbech, Kan. der Kathedrale und von S. Peter in Lüttich, Propst von S. Maria in Eygen, Skriptor der Kurie 339. 353.

*— Bughot, Kan. in S. Johannes in Lüttich 275.

— de Cathallauno, Camerarius des Klosters Beaulieu 234.

— Eix, Kantor von S. Maria Magdalena in Verdun 228. *238.

— de Hermondivilla, Kapl. von S. Agnes in Couvin 348.

— Robaer, Pf. in Graide 359.

*— de Rupveforti 360.

*— Salheit, Kan. von S. Dionysius in Lüttich 361.

— de Stelligen, Präb. der Kathedrale in Metz 199.

— de Wadrecheics, Propst von S. Maria in Dinant 268.

— Wasperdi, Kan. in Hougaerde, Kan. und Kantor von S. Bartholomeus in Lüttich, Skriptor der Kurie 342. *350.

*— de Werda, Kan. in Sittard und in S. Katharina bei Maestricht, Kan. von S. Servatius in Maestricht 278.

Eichstätt, Bisch. von, s. Bartoldus de Nuernberg, Rabno Schenk.

Eix, s. Egidius, Henricus, Johannes.

Elias (de Vodronio), s. Helias 338. 349.

— Talleyrand de Périgord, B. von Auxerre, dann Kardinalpr. tit. S. Petri ad vincula, später Kardinalbisch. von Albano 127. *339. 343. 354. 359.

Elieo (?), s. Rodulphus.

Elphio S., s. Thomas.

*Elricus Theobaldi, Kan. in St. Ursanne 163.

Elst, s. Christianus.

Elyas, Kard., s. Helias de S. Yrieix 344. 348.

Elye, s. Thomas.

Embrica, s. Arnaldus Arnaldi, Eurardus, Henricus.

Embrun, s. Ebredunen.

Engelbertus de Porlaer, Pf. in Gestel »supra Zomam« 280.

Engelbertus van der Mark (de Marca), B. von Lüttich 277. 281.

*Enghelramus Anglici 353.

Engolisma, s. Hugo.

Enziaparva, s. Johannes Odometi, Odometus.

29*

*Erardus de Samermonte. Kan. der Kathedrale in Toul 225.
Erlau, s. Arnoldus.
Ernestus, Dekan der Kathedrale in Köln 47.
Esperonis, s. Guillelmus.
Essayo, s. Hugo, Johannes.
Essendis, s. Johannes.
Esseyo, s. Essayo.
Estamo, s. Nicolaus.
Etheginstin, s. Nicolaus.
Etienne, s. Stephanus.
Euardus de Signo, Kan. in S. Andreas in Köln 39.
Euerardus Rex 357. *358.
— de Tudekem, Kan. von S. Maria in Aachen 342. 364. 366.
-- Zeghestaf 363. 367.
Euerdinghen, s. Ghiselbertus.
Euerstus de Oygerbach, Kapl. von St. Martin bei Andernach 193.
Eugendo, S., s. Petrus.
Euletus, s. Petrus.
Euradi, s. Henricus.
Eurardus de Embrica, Kan. von S. Maria in Namur 269.
Eure, s. Alexander, Guillelmus.
Eustachius Zul, Kan. von S. Maria in Maestricht 351.
Eustacius de Landriis, Pf. in Laer 360.
— de Lonchiis, Kan. in S. Foylanus in Fosses und in Nivelles 364. *365.
Eys, s. Eix.

Fabri, s. Guillelmus.
Fabriano, s. Gabriel.
Fago, s. Colardus.
Falce, s. Johannes de Sancto Laurentio.
*Falco de Cistarico, Dominikaner 382.
Fassaul, s. Jacobus.
Fastrardus Barreit, Kan. von S. Maria in Maestricht 279.
Faucherius, Kan. der Kathedrale in Verdun 134.
Faxin, s. Bertrandus.
Fayno, s. Arnaldus, Artaudus.
Februarii, s. Johannes.
Fecci, s. Ubaldus.
Fedori, s. Berengarius.
Fehe, s. Henricus, Rigaldus Henrici.
Felicianus, Kan. der Kathedrale in Metz 131.

Ferieres, s. Andreas.
Ferratensis, s. Ferrette.
Ferrette, Graf von, Präb. in S. Amarin 17.
Ferricus Alberti, Kl. 420.
— de Asperomonte, Präb. der Kathedrale in Verdun 230.
*— de Barro, Kan. der Kathedrale in Lüttich, Propst von S. Gertrud in Nivelles 351.
— de Pincerno 265.
— de Sancto Deodato, Kan. der Kathedrale in Metz, Dekan in St. Dié 201. 216. 220.
— Theobaldi, 207.
— de Turre 114.
— de Villeyo, Kapl. der Kathedrale in Toul 224.
Ferreti, s. Theobaldus.
Ferteriis, s. Johannes.
Fex, s. Rigaldus.
Fezole, s. Paulus.
Fichon, s. Johannes.
Ficocuria, s. Walterus.
Fiis, s. Anthonius, Renerus de Holonia.
Filii Dei, s Johannes.
Firminus de Ambianis, Präb. der Kathedrale in Toul 214.
— Cambacii, Kan. der Kathedrale in Lüttich 280.
Firmitate, s. Johannes.
Flamingi, s. Ludovicus.
Flandria, s. Robertus.
Flay, s. Guillelmus.
Flemalia, s. Hubinus.
Fleuter, s. Johannes.
Flevilla, s. Geraldus.
Flisco, s. Manuel.
Floren, s. Otto.
Florentia, s. Angelus, Laurencius Spinelli.
Florentinus, s. Florentius.
Florentius de Jutfaes, Propst und Archidiakon in Oldenzaal 287.
— DE WEVELINGHOVEN, Subdekan der Kathedrale in Köln, B. von Münster, dann von Utrecht, Kollektor 321. 323. 330. *333. *334. 338. 346. *385. 392.
Florenvilla, s. Johannes.
Florequinus, Kan. der Kathedrale in Köln 39.
Florines, s. Laurentius Forbitoris.
Florinis, s. Florines.

Flote, s. Johannes.
Foeke, s. Gerhardus.
Foet, s. Foeke, Gerardus.
Fohe. s. Fehe.
Folmarus, Kan. in S. Arnoul, D. Metz 126.
Fondreman, s. Petrus.
Fontefagino, s. Raymundus.
Fontenayo, s. Johannes.
Forbitoris, s. Laurentius.
Forkegnonus Bertrandi, Präb. von S. Maria Rotunda in Metz 198.
Fornerii, s. Petrus.
Foroiulien., Bisch. s. Guillelmus d'Aubussac.
Fossa, s. Johannes de Essendis.
Fortonus, Kan. in S. Maria Rotunda in Metz 128.
Framaudi, s. Philippus.
Frames, s. Lambertus.
Francardi, s. Johannes.
Francavilla, s. Franchavilla.
Franchavilla, s. Fredericus, Geraldus, Guillelmus, Nicolaus.
Francisci, s. Dominicus, Franciscus, Guillelmus, Petrus.
Franciscus, Mag. 240.
-- de Amelia, Präb. der Kathedrale in Toul, dann B. von Triest 173. 223.
-- de Arbenco, Subkoll. in Lyon 164. 179. *180. 243. *244. *245. 246.
— Batralhi, Geldwechsler in Avignon 78.
— Daynoit, Präb. in Nivelles 281.
— Francisci, Kan. der Kathedrale in Lüttich 274.
-- Gartini, Kapl. von S. Margaretha in der Kathedrale in Verdun 237. 238.
*-- Gerii de Soderinis, Kaufm. in Florenz 346. *373. 395.
— Johannis Lanne, Kapl. von S. Stephan in Hüssingen 205.
*— La Nue, Präb. der Kathedrale in Metz 202.
Laue, Präb. der Kathedrale in Metz 201.
— de Medicis, Kan. und Schatzmeister der Kathedrale in Lüttich 270.
— de Virduno, Notar in Trier 164.
*Franco Willermi de Sancto Jacobo, Inhaber der Matricularia in Buckebilgien (?) 357.
Francus de Reuele, Pf. in Gestel »supra Zonam« 280.

Frankafordia, s. Wykerus.
Franketi, s. Johannes.
Frascati, s. Tusculanus.
Fredericus, Küchenmeister des B. von Konstanz 411. 413.
— de Abonis de Laude, Pf. von Germiny 176.
— de Buelow, B. von Schwerin 408.
— de Franchavilla, Kan. von S. Maria Magdalena in Verdun 236.
— Maclar, Kan. der Kathedrale in Köln 39.
Fredori, s. Fedori.
Freising, Bisch. von, s. Conradus Sendlinger.
Fréjus, s. Foroiulien.
Fres, s. Johannes de Villebringhen.
Freycul, s. Johannes.
Freysgin, s. Guillelmus.
Friburgo, s. Petrus.
Friche, s. Henricus.
Fridericus de Leibnitz, EB. von Salzburg 81.
-- de Stalberg, Kan. in Würzburg 41.
Frigidavilla, s. Petrus.
Frigidi, s. Henricus.
Frigidodorso, s. Johannes.
Frikus, s. Bertholdus.
Fririonnus Johannis, Präb. in St. Dié 215.
Frisinghen, s. Gerardus.
Froxini, s. Fruosini.
Froysterii, s. Ulricus.
Fruosini, s. Laurentius.
*Fulco Bertrandi, Primicerius und Subkoll. in Metz 166. *185. *195. 196. *198. *200. *201. *202. *203. 207. 208.
Fys, s. Fiis.

G. de Petrilia, Kl. der Kammer 135.
— de Vladorp, Pf. in Ghenck 363.
*Gabriel de Fabriano, Archipresbiter S. Archangeli in Rimini, Kollektor 419.
Gadijn, s. Renerus.
Galhardus de Bolaguerie 226.
Galterus, Schreiber des Offizials in Basel 438.
Galterus Juntrutti (?), Kan. der Kathedrale in Verdun 236.
— Chasserat, Präb. der Kathedrale, Kapl. in S. Theobald in Metz 199. 200. 207.

Galterus Raineesseum, Pf. in »Vrigina in nemore« 193.
de Ravaco, Kan. der Kathedrale in Verdun 238.
Ganeppe, s. Guillelmus.
Gans, s. Johannes.
Gap, s. Vapincen.
Garampi, pästl. Archivar im 18. Jahrhundert 35. 85. 161. 261. 299. 337.
Gardi, Kaufmannsgesellschaft in Florenz 402. 403. 404.
Garlenx, s. Petrus.
Garnerii, s. Arnaldus, Bernardus, Bertrandus, Kyriacus.
Garnerus de Silva, Kan. der Kathedrale in Lüttich 281.
Garnos. Bernardus.
Gartini, s. Franciscus.
Gassa, zwei Kan. dieses Namens in Moutier-Grandval 28.
*Gaucelinus de Deaux, genannt de Pradelles, B. von Maguelonne, später B. von Nimes, Thesaurar des Papstes 346. 372. 390.
Gaufridus, Dekan in Illmünster, Kollektor 389.
- Meillier, ernannter Kan. der Kathedrale in Metz 208.
Gaytonus de Castronovo, familiaris des Offizials von Metz 142.
Gebenua, s. Aymo.
Gebennensis, s. Johannes.
Geleuingen, s. Johannes.
Gellis, s. Johannes.
Gemblaco, s. Lambertus.
Genesii, s. Stephanus.
Geñomero, s. Jaqueminus.
*Georgius de Moriacio, ernannter Kan. der Kathedrale in Metz 208.
— Tigrini, Kaufm. von Lucca 411.
*Georius, Kaufm. in Regensburg 45.
Geraldeti, s. Johannes.
Geraldetus Xendeti, Pf. in Senones 221.
Geraldi, s. Jacobus.
Geraldo, s. Geraldus.
Geraldus, s. Gerhardus.
— de Ardenachen, Pf. in Andernach 192.
*— de Bastonia, Kan. von St. Paulinus in Trier 192.
— Buffardi, Subthesaurar der Kathedrale in Toul 227.

Geraldus de Chiri, Präb. in St. Laurent in Dieulouard 216.
*— de Fleuilla, Prior von Rivel 216.
— de Geraldo, 226.
*— de Graus, Prior von Darnieulles 222.
— de Lamoillie, Dekan der Kathedrale in Toul 211. 212.
-- Medici, Kan. und Scholast von St. Dié 211. 223.
— de Monteiustino, ernannter Prior von Liomont 217.
— de Montenaken, Pf. in Andernach 192.
— de Nassayre, Propst von St. Maria in Erfurt 165.
— de Pittonio, Kan. der Kathedrale in Toul und Archidiakon von Ligny 222.
— Richardi de Franchavilla, Präb. der Kathedrale in Toul 211.
— de Sancto Deodato, Propst in St. Dié 214.
— de Sulleyo, Präb. in St. Dié 215.
— de Vrbeche, Präb. in St. Dié 211.
— Verreti, Dekan von S. Maximin in Bar-le-Duc 223.
— Wernerii, Präb. der Kathedrale in Toul 211.
— Xendeti, Präb. in St. Dié, Kan. der Kathedrale und von S. Maria Magdalena in Verdun 218. *222. 233. *236.
Gerardi, s. Godefridus.
Gerardus, Abt von St. Johannes in Laon 222.
— Graf von Holstein 383.
— Propst von S. Maria in Dinant 268.
— de Arbenco, Kollektor, Obedientiar von S. Justus in Lyon 159. *161. *162. 187. 250. *251. *252. *253. *254. *255. *256. *257.
— Barreit, Kan. in S. Maria in Maestricht 277. 280.
— de Benars, B. von Konstanz 61.
— de Bocholt, Vik. der Kathedrale in Lübeck 96.
— de Bronchorst, Pf. in Vaddenhock? 362.
— Charbon, Kan. in St. Ursanne 163.
— le Cornu, Kan. von S. Hadelinus in Weset 341.
*— Foet, Präb. in S. Peter und in S. Johannes in Utrecht 235.

Gerardus Henrici de Vernenbeurch, Präb. der Kathedrale in Köln 272.
— Lamberti, ernannter Prior in Roche, D. Toul 220.
Minneken, 359.
— de Ossen, Propst von S. Paul in Lüttich 273.
— de Pomerio, Ritter 339. 343. 344.
— de Posilhac, B. von Aix 351.
— Pullinbreche, Kan. in Nassogne 360.
*— Ribadelli de Virodio 363.
— de Scambroic de Sancto Trudone 362.
— Ulnici de Frisinghen, Kl. des Kollektors Wykerus de Frankafordia 390.
DE VEXO, Propst in Arnheim, Kollektor in Utrecht 392.
— DE VIVARIO, Kan. von S. Maria in Aachen und der Kathedrale in Lüttich, Kollektor 339. 361.
— Wide, Kan. der Kathedrale in Lüttich 359. 361.
*— de Wippingen, B. von Basel 382.
Gerdunghus, Pf. in Goch 327.
Gerhardus, Pf. in Horn 329.
— de Amerungen, Propst von S. Severin in Köln 332.
— Foeke, Dekan der Kathedrale in Utrecht (s. Foet) 333.
— Gyr, Pf. in Neukirchen bei Werden 327.
— de Heildin, Pf. in Hilden 326.
— de Schwarzburg, B. von Naumburg, dann von Würzburg 410. 412. *413. 415.
Geri, s. Christoforus.
Gerii, s. Franciscus.
Gerinus de Curresia, Neffe des Kollektors Johannes Ogerii 152. 156. 157.
Gerisodorini, s. Gerii de Soderinis.
Gerlaci, s. Johannes.
Gerlacus de Leginch, Pf. in Heringen, Kan. von S. Gereon in Köln 331. 345.
Gerleungen, s. Johannes.
Germani, s. Johannes.
Germano. S., s. Robertus.
Germanus Trilha, Kan. in Münster-Mayfeld 194.
Germeneyo, s. Henricus.
Germineyo, s. Germeneyo.
Geroltzheim, s. Jacobus.
Gerungneyo, s. Bertrandus.

Gervasii, s. Balduinus, Gronasii, Guillelmus, Joffridus, Johannes, Petrus.
Gerus de Soderinis, Kaufm. von Florenz, s. Franciscus Gerii.
Gheldern, Graf von 267.
Ghier, s. Petrus.
*Ghiselbertus de Euerdinghen, Präb. in Deventer 283. 287.
— Gruter, Präb. in Elst 286.
Gibaudus de Melloto, Kan. der Kathedrale in Metz 204.
Gilberti, s. Guilberti, Johannes.
Gimenich, s. Nicolaus.
Gincuria, s. Nicolaus.
Ginolhaco, s. Robertus.
Ginotus de Alibibus; Mönch des Antoniusordens, Präceptor in Pont-à-Mousson 209.
Giraldini, s. Johannes.
Giraldus, s. Geraldus.
Girardi, s. Durandus.
Girardini, s. Giraldini.
Girardus, Pf. in Liberavilla 176.
Girerdini, s. Giraldini.
Girerdus Malota, Präb. der Kathedrale in Metz 167.
Girrinus, s. Gerinus.
Glimenich, s. Nicolaus.
Glottonis, s. Johannes.
Gobelinus, Pf. in Merkhoff (?) 278.
— de Berka, Pf. in Horn 329.
— de Dringhusen, Präb. der Kathedrale in Utrecht 282. 286.
— de Kelse, Kan. in S. Georg in Köln 331.
— de Langevache, Kaplan in Budenrath 326.
— Lutzelemborch, Kan. in Thorn 351.
Goberti, s. Michael.
Gobertus, Dekan der Kathedrale in Metz 43.
Godefridi, s. Cono.
Godefridus, Pf. in Oostvoorne 285.
— Kl. des Koll. Sigerus de Novolapide 347.
— de Brankenhoven, Pf. in Körrenzig 330.
— de Doeneren 354.
— de Dormale, Dekan von S. Peter in Löwen 341. *343.
— Gerardi de Pomerio, Kan. von S. Maria in Aachen und in Werden 339. 343. 344.

Godefridus de Jandraco, Kan. von
S. Dionysius in Lüttich 264. 270.
- Maufredi, Pf. in Ramsdonck 280.
— de Molendorp, Pf. in Witterschlick
324.
— de Monte, Kan. von S. Georg in Köln
331.
— de Palein, Pf. in Lottum 355.
*— de Syni, Pf. in Kersbeck 357.
— de Rodenatker, Propst von St. Symeon in Trier 193.
— de Spaynhein, Archidiakon von
St. Agatha in Longuyon 192.
— de Thalamis, Pf. in Comblain au Pont
343.
— de Vianna, Kan. der Kathedrale in
Trier 192.
— de Walstede, Kan. in Hougaerde 349.
-- de Wange, Rektor des Altars des
h. Johannes Evangelist in der Kathedrale in Lüttich 252.
*— Warendorp, Dekan der Kathedrale
in Dorpat 394.
— de Wilhersyes, Kan. der Kathedrale
in Lüttich 272. 273. 274. 276.
— Wlonspec, Propst in Rees 345.
*— Wlpes, Kl., Inhaber eines Officium
in S. Servatius in Maestricht 354.
Godescalcus Houemann, Kan. in Bonn
345.
Godfridus de Nersdoin, Pf. in »Bren-
neron« 194.
Godscalcus van der Netten, Pf. in
Franchimont 348.
Godulpus de Oppendorp, Pf. in Achel
342.
Goedis, s. Nicolaus.
Goer, s. Goere.
Goere, s. Raynardus.
Goeswinus, Pf. in Houmart und in Ha-
mont 354.
— de Lole, Notar 283.
Goffredus, s. Boffredus.
Gofreiguen, s. Dominicus.
Gohenant, s. Johannes.
Gonchii, s. Michael.
Gondricuria, s. Johannes.
Gonlerii, s. Raynaudus.
Gore, s. Goere.
Gorse, s. Gorsia.
Gorsia, s. Johannes, Nicolaus, Nicolaus
Alberti Marsaulz, Nicolaus Johannes.

Gorzia, s. Gorsia.
Goswinus de Canali de Aquis, Rektor
des Marienaltars in S. Adalbert in Lüt-
tich 354. 355.
*— Hacke de Lapide 353. 354.
— Spede, Pf. in Hüls 325.
Gotfridus, Pf. von Roncourt 37.
— de Cremon, Vik. der Kathedrale in
Lübeck 96.
*— Wyngherhut, Scholast in S. Maria
ad Gradus in Mainz 399.
Gottfridus, Subkoll. in Mainz 70.
Gottfriedus de Hohenlohe, B. von
Würzburg 56.
Gouesta, s. Matheus.
Graaz, s. Guillelmus.
Granatz, s. Jacobus.
Grangia, s. Henricus, Ludovicus
Grangiis, s. Grangia.
Graus, s. Geraldus.
Gravasii, s. Jacobus.
Gregorii, s. Berengarius.
Gregorius X., Papst 79. 81. *426. *427.
*432. 433. 435. 436.
Gregorius XI., Papst 411.
— Perse, Pf. von S. Maria in Néthen 342.
— Potiti, Prior von Liomont 223.
Grenoi, s. Johannes.
Grevasii, s. Baldoynus.
— s. Gervasii.
Greueroide, s. Guillelmus, Telmannus.
Griffone, s. Johannes.
Griffonel, s. Jacobus, Philippus, Theo-
baldus.
Grifonelli, s. Griffonel.
Grimardus de Metis, Kustos der Er-
löserkirche in Metz 209.
Groenevelt, s. Philippus.
Gronasii, s. Gervasii.
Gruter, s. Ghiselbertus.
Grys, s. Richardus.
Gudemberg, s. Gudensberg.
Gudensberg, s Johannes.
Guichia, s. Johannes.
Guidardi, s. Johannes.
Guido de Boulogne, EB. von Lyon,
Kardinalpr. tit. S. Caeciliae, Kard.-B.
von Porto 166. 168. 171. *190. 198.
211. 227. 228. *263. 264. 273. *274.
276. 277. 279 280. *288. *353. *363.
— de Charnois, Kan. der Kathedrale in
Lüttich 266.

GUIDO DE CRUCE, Kollektor 333.
— Malabayla, Kaufm. von Asti, Bewohner von Avignon 384. 390.
— Stephani, Kursor des Papstes 180.
— de Viortio, Notar der Kammer 262.
Guigo Ademari, Präb. der Kathedrale in Metz 200.
Guigonis, s. Petrus.
Guilaberti, s. Johannes.
Guilberti, s. Guilaberti.
Guilhelmus, s. Guillelmus.
Guillelmi, s. Franco, Petrus, Renerus.
Guillelmus, Kan. in S. Gereon in Köln 48.
— Pf. in Chavigny 226.
    Pf. von Fondremand 434. 435. 436. *437. *438. 439.
* - d'Aigrefeuille, Kardinalpr. von S. Maria in Trastevere, später B. von Albano 343. *350.
— Alberti, Präb. der Kathedrale in Toul, Pf. in Dommerville 212. 226.
— de Altaripa, Rektor des S. Eligiusaltars in der Kathedrale in Lüttich 340. 358.
— Amberti, Pf. in Sandaucourt 220.
— Amicus Dei, Kan. von S. Maria in Tongres 357.
* — de Ampla Ianua, Kan. in S. Andreas in Köln 332.
— Antheceti de Damvilla, Kapl. des Marienaltars in S. Gengoult in Toul 175.
— Auberti de Harevilla, Benefiziat von S. Maria in Toul 214. 224.
* — d'Aubussac, B. von Fréjus, Thesaurar des Papstes 162.
    d'Auxonne, B. von Autun 181.
— de Baldressen, Kan. und Scholast in S. Maria in Huy 278.
* — Bandeti, Notar von Gerardus de Arbenco 184. *185. *244.
— de (la) Barriera, Kan. der Erlöserkirche in Metz 204. 209.
— Bellifilii, Präb. der Erlöserkirche in Metz 199. 209.
— Bexlata, Kollektor 376.
— Bertroldi, Kan. der Kathedrale in Verdun 236.
— de Bocen, Präb. der Apostelkirche in Köln 38.
    Bragose, B. von Vabres, Kardinaldiak. tit. S. Georgii in Velabro, Kardinalpr. tit. S. Laurentii in Lucina 420.

' Guillelmus de Bratone 243. 244.
* — de Buxeria 253.
— Cardinali, Kan. der Erlöserkirche in Utrecht 285.
    Castel, Kan. in Weset 273.
— de Chanac, Kardinalpr. von S. Vitale, früher B. von Mende 416.
— de Channaco, Mag. marescalliae der Kurie in Avignon 252. *253.
    de Chataneyo, Dekan von S. Gengoult in Toul 215.
    Cleuchin, Präb. der Kathedrale in Metz 199. 200.
— de Condamina 32.
— de Duras, Kan. von S. Maria in Tongres 274.
* — Esperonis, Notar des Kollektors Johannes Ogerii 154. 156.
— de Eure, Dekan von S. Martin in Lüttich 353.
— Fabri, ernannter Kan. der Kathedrale in Metz 208.
    de Flay 177.
— de Franchavilla, Kan. und Scholast von S. Maria Magdalena in Verdun 235.
— Francisci de Sancto Michaele, Pf. in Braban-sur-Meuse 237.
— Freysgin, Kan. in Werden 345.
— de Ganeppe, Kapl. in Bilreult (?) 265.
— de Gennep, EB. von Köln 384. *393.
— Gervasii, Notar 431. *432. 434. 435. 436. 439.
— de Graaz 365.
— de Greveroide, Kan. in Werden 331.
— Hactse, Kan. von S. Maria in Dinant 351.
— Helleyo, Prior von Zell 168. 196.
— Henrici de Traiecto, Kan. von S. Maria in Maestricht 341.
— Hermanni de Leodio, Pf. in Alken 353.
— Hornonen, Propst von S. Andreas in Verden, Kollektor in Bremen 391. *392.
    Johannis Michaelis, Kan. von S. Servatius in Maestricht 343.
* — Iudei, Kan. von S. Germanus in Leuven 355.
* — de Laev, Kollektor 405.
— Lanfredi, Bürger von Florenz 4. 32.
— de Lastav, Dekan von Wischehrad, Kollektor in Prag 388.
    de Macondio 239.

Guillelmus Magneti, Präb. in Liverdun
213.

— DE MANDAGOT, EB. von Embrun, Kollektor 4. *30. *31.

*.— de Marcono 245.

— de Marcoringis, Prior von Réchicourt
222.

— de Mauchey, Präb. der Kathedrale in
Metz 197.

— Maximeti, Kan. in Liverdun 219.

— de Menonvilla 124. 126.

— Mercerii, Kan. der Kathedrale in Verdun 234. 239. 240.

Meschini, Vicekämmerer des Papstes
51. 86.

— de Monte, Kan. der Kathedrale in
Verdun 229. 238.

— de Monte Ferrandi, Archidiakon von
Marsal, D. Metz 116.

— de Monteforti, Graf 63.

— de Neuyraco, Präb. der Kathedrale
in Metz 199.

— Nuert 223.

— de Odiomonte, Elemosynar des Klosters Beaulieu 231.

— de Panhus, Kan. in Thuin 278.

— Rechaufe, Kaufm. 401.

— Rotlandi de Servianis, Notar 422.

— Rufi, Kan. der Kathedrale in Lüttich 280.

— Sabaterii, Magister palafrenariae der
Kurie in Avignon 255.

— de Salis, Kan. der Erlöserkirche in
Metz 204.

— Schilling, Kan. der Apostelkirche in
Köln, Dekan von S. Cassius in Bonn
329, 331.

— de Stagno 236.

— de Stochem, Kan. der Kathedrale in
Lüttich, Kaplan des Papstes 266. 267.

— de Sure, EB. von Lyon 155. *156.

— de Swalme, Kan. von Hl. Kreuz in
Lüttich 340.

*— Tripperii, Kan. in Rémiremont 212.
220.

— de Vitulo, Kan. der Erlöserkirche in
Metz 209.

— de Wade, Pf. in Hedel 287.

— Wiardi de Vitulo, Präb. der Erlöserkirche in Metz, Präb. von S. Eucaire
in Liverdun 197. 212.

— de Zile, Kan. von S. Andreas in Köln
332.

Guillermus, s. Guillelmus.
Guinoche, s. Berchetus.
Guioti, s. Petrus.
Guitardi, s. Guittardi.
Guittardi, s. Robertus.
Guliaco, s. Johannes.
Gulse, s. Mathias.
Gundolsheim, Herr von 5. 12.
Gundolzehein, s. Johannes.
Gurk, Bisch. von, s. Henricus de Heltenberg, Johannes de Toeckheim.
Gutensberg, s. Gudensberg.
Guy, s. Guido.
Gwillermus, s. Guillelmus.
Gyr, s. Gerhardus.

Hacke, s. Goswinus.
Hactse, s. Guillelmus.
Hacuria, s. Arnoldus.
Hagene, s. Telmannus.
Hagia, s. Jacobus.
Hake, s. Henricus.
Hamalio, s. Paulus.
Hamello, s. Robertus.
Hamersteyni, s. Theodericus.
Hannekim, s. Johannes.
Hantonicastro, s. Santtrinus (?).
Haren, s. Johannes.
Harevilla, s. Guillelmus.
*Hartungus Münch, Kan. in Moutier-
Grandval 29.
Hase, s. Wynandus.
Haselbeke, s. Bernhardus, Wernerus.
Haye, s. Petrus.
Haymonismonte, s. Richardus.
Haynpmann, s. Johannes.
Hegendrof, s. Chuno.
Heidenricus Pryntz, Pf. in Bigge 325.
Heildin, s. Gerhardus.
Heinricus de Grangiis 20.
Helfendesteyn, s. Henricus.
Helias (de Vodronio? s. unten) 349.
— Propst in Münstermayfeld 192.
— Baray, 236. 237.
— Barro, ernannter Kan. der Kathedrale
in Metz 203. 204.
*— Bayar, Präb. der Kathedrale in Metz
203.
— de Limono, Kan. der Kathedrale in
Verdun 237.
— de Luno (?), Camerarius der Kathedrale in Verdun 236.

HELIAS DE VODROXIO, Kl. der Camera,
Nuntius und Kollektor 377. 405. *406.
407. 408. 415.
— de St. Iricix, B. von Uzès, Kardinal-
priester von S. Stefano in Celiomonte.
Kard.-B. von Ostia 344. 356. 372.
— de Wandeonio. Kan. der Kathedrale
in Trier 193.
Helizonis, s. Nicolaus.
Helleyo, s. Guillelmus.
Helyas de Liberanno, Präb. der Kathe-
drale in Verdun 229.
Hemetinis, s. Henricus Petri.
Hemptines, s. Henricus Henrici.
Hemtines, s. Walterus.
Hengebach, s. Winandus.
Hennemanni, s. Chebanus, Stobancus.
Henrici, s. Bernardus, Gerardus, Guillel-
mus, Henricus, Johannes, Nicolaus, Ri-
galdus, Walterus.
Henricus, Diener des B. Heinrich von
Konstanz 411.
— Propst in Aachen 269.
— Präb. in S. Amarin 16.
— Pf. in Aulen 192.
— Prokurator des Kapitels von Basel 437.
*— (de Werdenberg? s. unten), electus
Constantiensis 78.
— Präb. in Hegenheim 14.
— Patriarch von Konstantinopel 266.
HENRICUS, Propst von S. Magnus in Re-
gensburg. Subkoll. 413.
— Prokurator des Pfs. in Maxstadt 150.
— Propst in Münstermayfeld 193.
HENRICUS, Propst von S. Peter in Basel.
Subkoll. 1. 3. 4.
— Abt von Silau 414.
— d'Apremont, B. von Verdun 65. 118.
125.
— de Asperomonte, Kan. der Kathe-
drale in Trier 192.
— Aubrici de Baonvilla, Inhaber der
Matricularia der Kathedrale in Toul 224.
— Auchereti de Denvilla, Untersakri-
stan der Kathedrale in Toul 223.
— Ayuresele de Nussia, Kan. von S.
Maria ad Gradus in Köln 350. 363.
— de Baex, Benefiziat in der D. Lüttich
169.
Baucel, Präb. von S. Theobald bei
Metz 197.
— Baur, Pf. in Sinzig 326.

Henricus de Bellomonte, Kan. von
S. Maria in Ciney 348.
— de Berna, Bote des Subkoll. von Basel
31.
— Beyger de Robardia, Kan. und Kantor von S. Castor in Koblenz 194.
*— de Blidelinchdorp 354.
- de Bocholte. B. von Lübeck 91. 96.
*— de Brandis, B. von Konstanz 386.
*411. 413.
— de Buna, Kan. in Soest 331.
— Büsch, Kan. von S. Severin in Köln
328.
— de Charnour, Kan. von S. Maria in
Dinant 350.
- Chelhale, Kan. in Rheinfelden 23.
— Coopert, Kan. der Hl. Kreuzkirche in
Lüttich 267. 275.
*— de Curtello 30. 31.
— DAPIFERI, Kan. der Kathedrale in Konstanz, Subkoll. 407. 411.
de Embrica, Präb. in Deventer 283.
286.
— Euradi, Pf. in Schleidweiler 192.
*— de Eys, Pf. von Verviers 273.
— de Fehe 349.
— de Friche, Kan. in Rheinfelden 23.
— Frigidi de Stueber (?) 205.
- de Germineyo, Dekan der Kathedrale
in Toul 204. 211.
— de Grangia, Propst von S. Arnould
bei Metz 196.
— Hake, Pf. in Kall 324.
— de Helfenberg, B. von Gurk 44.
— de Helfendesteyn, Pf. in Münstermayfeld 164.
— Henrici de Hemptines, Kapl. von
S. Johannes Baptist in Noville 349.
364.
— Hertsplit, Präb. in S. Salvator in
Utrecht 282. 283. 286.
— Hoesman de Toren 355.
— de Homborc, Präb. der Kathedrale in
Metz 167.
— de Hotences, Prior von Santen, D.
Trier 192.
— Humare, Kan. in Carden 193.
— Humari, Rektor des S. Nikolausaltars
in der Kirche von Mont-Saint-André
277.
— de Humbourch, Präb. der Kathedrale
in Metz 201.

Henricus Kehbe, Pf. in Holzweiler 345.
− Knoderer, EB. von Mainz 81.
* Kopf, Kan. in S. Peter in Strasburg 423.
− de Leyo, Vik. des Apostelaltars in S. Castor in Koblenz 165.
− de Linden 364.
− de Olmen, Kan. der Kathedrale in Lüttich 349.
* le Palen, Pf. von S. Medard in Ouffet 358.
− Petri de Hemetinis, Kl. von Lüttich 353.
− Phano, Kan. in Moutier-Grandval 28.
− de Philomena, Kan. von S. Paulinus bei Trier 192.
 de Poitiers, B. von Gap 198.
− Rand, decretorum doctor, Dekan der Kathedrale in Bamberg, Kollektor 351, 367. 406. 407. 409.
− de Ratohdorf, Pf. in Réchésy 163.
− Rennenberch, Pf. in Burgbrohl 191.
− de Rochzdorf, Propst von S. Martin in Colmar 163.
− de Roseriis, Kl. 173. 224.
− de Salmis, Kan. der Kathedrale in Köln 39.
− de Sarraponte, Kan. der Kathedrale in Verdun 229.
− Scriuer, Kan. von S. Maria in Maestricht 349. 366.
− de Spanehaym, Kan. in Aachen 270.
− de Stalberg, Kan. und Archidiakon in Würzburg 41.
− de Staynec, Kan. in Konstanz 42.
− de Suderlande, Scholast von S.Gereon in Köln 333.
− Theobaldi 207.
 Thome, Präb. der Kathedrale in Verdun 229.
− de Tremonia, Kan. und Archidiakon de Famenna, Kollektor 352. 353. 420.
− Ulrici, Präb. in S. Maria Magdalena in Verdun 416.
 de Valerke, Kan. in Essen 47.
− Vetenleen, Pf. in Leksmond 287.
− Virneburg, EB. von Köln 60. *70.
− Welle de Confluencia, Vik. des Apostelaltars in S. Castor in Koblenz 165.
* − de Werdenberg, Graf, Propst von S. Johann und Kan. der Kathedrale in

Konstanz. Subkollektor von Konstanz 51. 421. *422.
Henricus de Wevelcoven, Pf. von S. Maria in Saint-Trond 340.
−− de Wistoc, Pf. in Vorscoirvelde 383.
* − de Wittorp, B. von Ratzeburg 408.
− de Wmle, Pf. in Hachenberg 385.
Herbenlher, s. Johannes.
Herbentzon, s. Nicolaus.
Herbertus Baldewini de Donc 362.
Herbipolen., Bisch., s. Gerhardus de Schwarzburg, Gottfridus de Hohenlohe.
Herbordus, Kan. de Kathedrale in Dorpat 87.
Hermale, s. Petrus.
Hermanni, s. Guillelmus.
Hermannus de Aleur, Pf. in Comblainau-Pont 343.
− de Breydemar, Pf. in Frechen 326.
 - Johannis de Gorzia 206.
 de Leucuria, Präb. in St.-Dié 211.
− de Liberveltz, Ritter 57. 58.
−− de Linoncuria, Präb. der Kathedrale in Verdun 229.
 de Summo, Scholast von S. Andreas in Köln 328.
− de Tuicio, Kan. in Münstermayfeld 194.
 de Unna, Pf. in Dattenfeld 325.
 - Voitsardi, Pf. in Plettenberg 345.
 - Waltemanni, Präb. in Wolsfeld (wohl identisch mit dem nachfolgenden) 190.
− Waltman, Kan. in Wetzlar 165.
*− de Wulbergh, Kan. der Kathedrale in Magdeburg, Kollektor 391.
− de Xantis, Kan. der Kathrale in Lüttich, Propst von S. Peter in Lüttich, Subkoll. in der D. Lüttich 344. 384. 391.
Hermondivilla, s. Egidius, Nicolaus.
Hertingi, s. Johannes.
Hertsplit, s. Henricus.
Hezewiit, s. Nicolaus.
Hilarini, s. Johannes.
Hilbrandus de Lippia, Pf. in Lohn 344.
Hildesheim, Bischof von, s. Johannes Schadland.
Hinricus de Bremis, Präb. in Bücken 93.
− Dux (?), Scholast in Hamburg und Propst von Rameslo 91.
− Parvi, Vik. der Kathedrale in Schwerin 95.
Hoen, s. Johannes.

Hoesman, s. Henricus.

Hoet, s. Nicolaus.

Holonia, s. Jacobus Arnaldi, Renerus.

Holtzacia, s. Gerardus.

Hombore, s. Henricus.

Horborch, s. Guillelmus.

Hornbach, s. Petrus.

Hordige, s. Ludovicus Husort, Petrus Husort.

Hortlinps, Pf. von S. Radegunda, D. Gurk 403.

Hotences, s. Henricus.

Houeman, s. Godescalcus.

Hoxem, s. Johannes.

Hoyo, s. Johannes.

Huardus de Peligneyo, Kantor der Kathedrale in Toul 215. 219.

*— de Valiscolore, Benefiziat in Rambervillers 212.

*Hubertinus Andree de Strociis, Kaufm. der Ges. Soderini in Florenz 373.

— Corbeti de Warens 363.

Hubinus de Flemalia, Kapl. der Kirche in Diepenbeck 362.

Huereym, s. Conradus.

Hugo, Pf. in Marville 190.

— Albi, Präb. von S. Maria Magdalena in Verdun 231.

— Arnaldi, Kan. der Kathedrale in Lüttich, Subkoll. 342. 365. 366. 386.

— de Barro, Kan. der Kathedrale in Verdun 228. 239.

*— Bovis, Kan. der Kathedrale in Volterra 419.

— Brosseti, Kan. in S. Maria in Namur 362.

— de Châlons, EB. von Besançon 429.

— de Charpenay, Diener des Kollektors Gerardus de Arbenco 178.

— de Chavayo 224.

— de Duno, Kan. der Kathedrale in Verdun 229. *230.

— de Engolisma, Dekan von S. Symeon in Trier 194.

*— de Essayo, Kan. und Subthesaurar der Kathedrale in Toul 175. *210.

— de Monteiustino, Präb. und Schatzmeister der Kathedrale in Metz 129.

*— de Rocha, Prior von Miserach 188.

— Roger, Kard., früher Inhaber mehrerer Benefizien, dann B. von Tulle 172. 173. 174. 209. 270.

*Hugo de S. Martial, Kardinaldiakon von S. Maria in Porticu 345.

— de Somma Vela, Präb. der Kathedrale in Toul 173.

— Spannen, Subkoll. 394. 396. 397. 398. 403.

*— Strubbe, Notar 283.

— Ustinc, Subkoll. für die D. Utrecht 261. 281. 283. 284. 287.

— de Vienne, EB. von Besançon 155.

— de Wonneberg, Propst in Ölberg 187.

Hugominus de Barro, Kan. der Kathedrale in Verdun 125.

Hugonis, s. Johannes.

*Hugucius de Barroducis, Propst in Brabant 219.

Huguelinus, Kan. der Kathedrale in Lüttich, Kustos in Huy 168.

Huguemini, s. Johannes.

Hugueminus, s. Hugo de Barro.

Huguo de Raperch, Kan. in Moutier-Grandval 29.

*Hugutio de Marsiano, Kan. in Lüttich und Kustos in Huy 279.

Hulgnerus, Kan. in S. Maria ad Gradus in Köln 47.

Hulhoven, s. Bernardus.

Humare, s. Henricus.

Humari, s. Henricus.

Humbertus Pageti, Pf. von S. Benignus in Vitel 211.

— de Say, Kan. der Kathedrale in Besançon 410.

Humbore, s. Symon.

Humbourch, s. Henricus.

Hunkerlur, s. Adam.

Hupe, s. Johannes.

Husoit, s. Ludovicus, Petrus Ludovici.

Husort, s. Husoit.

Hygenayo, s. Johannes.

Jaber, s. Ponsardus.

Jaceconius, Bewohner von Metz 143.

Jacobi, s. Johannes, Nicolaus.

Jacobo S., s. Franco Willermi.

Jacobus, Notar 283.

— Pf. von S. Hilaire in Verdun 168. 169. *170.

*— Pf. in Manillo 152.

— Agni, Kan. der Kathedrale in Verdun 229. 237.

— Ailine de Marvilla, Pf. in Marville 190.

Jacobus Albrieti, Pf. in Verviers 273.
— Arnaldi de Holonia, Kan. von S. Dionysius und von S. Paul in Lüttich 342. *349.
— de Atrio 367.
— Baillivi, Pf. in Hattonville 211.
— de Bellemont, Präb. von S. Nikolaus in Brixey-sur-Meuse 216.
*— Bernardi, Kaufm. von der Ges. Alberti antiqui in Florenz 400.
*— Bufetial, Kan. von S. Maria in Dinant 351.
— de Cadolis, Pf. in Dynter 343. 362. 364.
*— Colini, Pf. in Domremy 217.
— Comitis, Kan. der Kathedrale in Verdun 236.
— Costi, Kan. in S. Stephan in Konstanz 386.
— Donghin, Kan. der Kathedrale in Metz 205.
— Fassaul, Prior von S. Arnould 206.
— Geraldi, Kaufm. der Ges. Geri Sodorini in Florenz 346.
— DE GEROLTZHEIM, Kan. der Kathedrale in Worms, Kollektor 390. 391.
*— le Granatz, Pf. in Amélécourt 206.
— Gravasii, Präb. der Kathedrale in Metz 199.
— Griffonelli, Kan. der Kathedrale in Metz 167. 196.
— de Hagia, Pf. in Mambres 190.
— Jenneti, Präb. von S. Theobald bei Metz 197.
— de Lembor, Pf. von S. Maria in Néthen 342.
— Lucas, Kl. des Kollektors Johannes de Casleto 288.
— de Luna de Lunassis, Kan. in Nassogne 341. *360.
— Malabalha 292.
— Oneal, Kan. von S. Paul in Lüttich 341. *364. 365.
— Petri de Craceno (?), Pf. in Ars 216.
— de Pontemoncionis, Prior von Lay 207. 221. 222.
— de Puppele, Kan. in Nassogne 360.
*— de Ravono, Dekan und Präb. in St.-Dié 221.
— Raynerii, Pf. in Braban-sur-Meuse 237.
— de Rhinburgo, Schreiber des Offizials von Basel 436. *437.

JACOBUS DE ROTA, Kollektor 83. *85. *86. 95. 97. 98. 99. 101. *102. *103. 104. 105.
— li Seignhor, Rektor des Antoniusaltars in S. Dionysius in Lüttich, Propst in Weset 339. 348.
— de Solegiis, Notar der Kammer 415.
— Symonis de Buxeriis, Kan von S. Leodegar in Marsal 168. 196. 205.
*— Vannis, Kaufm. von der Ges. Alberti antiqui in Florenz 375. 376. *408. *409. 410.
— Wilhon, Kapl. von S. Maria in S. Gaugulphe in Florennes 357.
Jacolet, s. Johannes.
Jandelacourt, s. Ludovicus.
Jandonis, s. Arnaldus.
Jandoni, s. Bernardus.
Jandraco, s. Godefridus.
Janeyo, s. Petrus.
Janney, s. Janeyo.
Jannius Angeli, Vertreter der Kaufmannsgesellschaft der Gardi 402.
Jaqueleti, s. Johannes.
Jaquelini, s. Johannes.
Jaquelinus, Kan. in Carden 193.
Jaquelonis, s. Johannes.
Jaquemini, s. Thomas.
Jaqueminus de Sancto Genomero 171.
Jaquetus de Tornay, Kursor des Papstes. 182.
Jaquini, s. Stephanus.
Jayre, s. Johannes.
Jenneti, s. Jacobus.
Jermini, s. Ocinus.
Jeuneti, s. Johannes.
Infantis, s. Robertus.
Infirmitate, s. Droco.
Innocentius VI., Papst 187. 188. 194. *204. 209. *218. 222. 223. 227. 233. 236. 240. 248. 252. 253. 262. 294. 299. 323. 337. *338. 355. 361. 387. 388. 402. *403.
Insula, s. Romanus.
Jocelinus, Kan. der Kathedrale in Verdun 129.
Joffredi, s. Johannes.
Joffridi, s. Joffredi.
Joffredus, s. Joffridus.
*— Gronasii, Kan. der Kathedrale in Metz 168. *205.
Joffridus Celerarii, Benefiziat in Velaines (?), D. Toul 215.

Joffridus de Rodemaca, Pf. in Wasserbillig 191.

— de Spinallo, Präb. in St.-Dié, Kan.
der Kathedrale und von S. Maria Magdalena in Verdun 218. 222. 230. 236.

— Viruti 222.

Johanne S., s. Johannes, Thomas.

Johannes, Bote des Koll. P. Duranti 74.

— Notar 289.

— Notar der Kurie des B. von Toul 53.

— sigillifer des B. von Toul 58.

— XXII., Papst 35. 36. *85. 109. 110. 111.
*119. 122. 124. 125. 127. 130. 131. 133.
140. 156. *157. 189. 204. 264. 269. 421.

— Kantor in S. Amarin 16.
Schreiber des Offizials in Basel 438.

— III., Herzog von Brabant 281.

— Pf. in Dernau 331.

— Pf. in Gennep 332.

— Praeb. in Hegenheim 14.

— Dekan in Lautenbach 12.

— episcopus Lucensis (?) 414.

— Kaplan von S. Johannes Baptista in Dinant, 273.

— Kapl. in Masmünster 17.

— Kantor der Kathedrale in Metz 168. 205.

*— Archipr., Kan. der Kathedrale in Metz
206.

— Vikar von S. Peter (wo?) 69.

— Scholast von S. Peter in Basel 434. 438.

Johannes, Dekan in S. Apollinaris in Prag,
Kollektor 407. 412. 414.

— Notar des B. von Strafsburg 40.

— Kan. von. S. Symeon in Trier 190.

— Pf. in Weifskirchen 323.

— Advocati, Pf. in Camen 328.

*— de Aix, Pf. in Amech und in S. Bri-
cius, D. Trier 191.

— Albertini, Präb. von S. Gengoult in
Toul 212.

— Aldegardis, Kan. von S. Maria in
Aachen 340.

— de Altavilla 361.

— de Alteravilla, Dekan von S. Eucaire
in Liverdun 215.

*— de Alumpno, Kan. in S. Gengoult,
Benefiziat in S. Maria in Toul, Subkoll.
151. 171. *172. *173. 175. 213. *214.
218. 225. *241. 245. 247.

— Ancelini, Präb. der Erlöserkirche in
Metz 203.

— de Answilre, Pf. von Merzkirchen 191.

Johannes de Aplendino, Pf. in Bainville (?) 220.

— de Arcenant, Kl. des Subkoll. von
Beaune 180.

— de Arkel, B. von Lüttich 350.

— Arnulphi de Bays, Kan. von S. Maria
ad Moniales in Metz 205.

— Arnulphi, Benefiziat in Allianville 213.

— de Aroffiis alias de Calinaco, Pf.
in Neufchâteau-sur-Meuse 212.

— de Arstellio, Kan. von S. Martin in
Lüttich 352.

— d'Arzillières, B. von Toul 43. 53. 58.

— de Asperomonte, Pf. in Geblingen,
D. Metz 133.

— Aurriti de Zelandia, legum doctor
385.

*— Aymerici, Hafenvorsteher 246.

— de Ays alias Joffridi, Präb. der
Kathedrale in Metz 201. 208.

— Baldewini de Yma, Kan. von S. Johannes in Lüttich 341. 365.

— de Banowe, Pf. in Fexhe 267.

— de Barberga, Kan. in Moutier-Grandval 28.

— de Bariseyo, Präb. der Kathedrale in
Toul 130.

*— Barrali, Vorsteher der Hafen in Frank-
reich 180.

— Baruncelli, Wechsler der Camera 373.

— Bellegree, Pf. in Jarny 206.

— de Belloforti, Benediktiner von S. Remigius in Reims und Prior in Meer-
sen (?) 339.

— de Bellomonte, Präb. der Kathedrale
in Verdun 232.

— de Berghe, Kan. von S. Adalbert in
Aachen 357.

— de Bermeren, Kan. der Kathedrale
in Lüttich 352.

*— Bernerii 154. *155.

— de Berporth, Pf. in Brenneron 194.

*— de Bertrandis, EB. von Tarantaise
186. *187.

— Berwier, Kan. von Hl. Kreuz in Lüttich 342.

— de Beye, Kan. in Münstermayfeld 194.

— de Bistorf, Präb. der Kathedrale in
Metz 201. 207.

*— de Blaudiaco (Blauzac), Kardinal-
bisch. von Sabina 333.

— de Blawestin, Propst in Oelenberg 188.

Johannes de Blenodio, Prior von S. Jacques, D. Toul 226.

*Johann der Blinde, König von Böhmen 60. 63. 73. 74.

Johannes Boaym, Propst von S. Maria in Erfurt 165.

— Boesman, Kan. von S. Hadelinus in Weset 341. 366.

*— Bonaguide, Kaufm., Vertreter der Ges. Alberti novi in Florenz 368. 369. 371.

— de Bonis, Prior von Schel 168.

— de Bossaco, Kan. in S. Dyonisius in Lüttich 279.

— de Bostorf, Pf. in S. Bricius 190.

— Boylenwe de Monte 363.

— de Brakel, Pf. in Kettwig 324.

— de Braz, Präb. in S. Amarin 17.

*— de Breos, Kl. des Kollektors Johannes de Lucenbourch 388.

— de Broillio, Pf. in Loisey 220.

— Brubach, Kapl. der Marienkirche in Trier 194.

— de Bruele, Rektor des Marienaltars in Vertryck 354.

— de Bulowe, Präb. der Kathedrale in Schwerin 95.

— de Bunna, Kaplan des Papstes, Kan. in Hougarde 266.

— de Bure, Pf. in Beeck 324.

— Bynghe, Schatzmeister in Bonn 331.

— Caceline 386.

*— de Calinaco, ernannter Kan. der Kathedrale in Metz 208.

— de Caslaer, Kan. in Nivelles 276.

— de Casleto, Kan. in Lüttich, Kollektor 259. 261. 262. 272. *283. 284. 287. *290. *292. *293. *294. 295. 357. 362.

— de Castro, Kan. in S. Gereon in Köln 333.

— de Castro Raynaldi, Pf. in Wilherzie 276.

— de Cavancho, Kan. der Kathedrale in Verdun 236.

— lo Champanoys 169. 170. 228.

— de Chaudanayo, Prior von S. Benignus, D. Toul 211.

— Charbon, Pf. in Altorf 163.

— de Clarencio, Inhaber des officium portariae der Kathedrale in Verdun 234.

— de Cojordan, B. von Avignon 154.

— Colini, Präb. einer Kirche bei Metz 37.

*Johannes de Colobrio, Propst der Kathedrale in Trier, Pf. in Cobern und in Kersch 191. 239.

— de Colonia 385.

— de Columbario 230.

— Columberii, Kaufm. in Montpellier 368.

— de Columpna, Kard. 238.

— de Constancia, Prokurator des B. von Straßburg 403. 404.

— Constancii, Präb. von S. Gengoult in Toul 214.

— Corknii, Subkoll. in Genf 245.

— Cortoys, Kan. in S. Johannes in Lüttich 271.

— Coupet, Präb. der Kathedrale in Metz 200.

— Crehaue, Vik. des Altars der zehntausend Märtyrer in S. Florin in Koblenz 165.

— de Crepitorgio, Kl. der D. Beauvais 364. 365.

— de Cressiaco, Kan. in Thuin und in S. Dionysius in Lüttich 278. 279. 288.

— de Croso, Kaplan von S. Johannes Baptista in Dinant 273.

— Dahins, Sohn von Guillelmus de Graaz 365.

— de Demin, Pf. von S. Maria in Greifswald (?), Subkoll. 408. 410.

— de Dei Custodia, Archidiakon in Verdun, Subkoll. in Verdun 153. *168. *170.

— de Doblestene, Kan. in S. Servatius in Maestricht 278.

— Dominici de Amelono, Pf. in Mandres 212.

— Dubranch, Pf. in Bussy-la-Côte 226.

— Ducarii alias de Castrovillario, Pf. in Senones 221. 224.

— Dumfleus, Kan. der Kathedrale in Metz 197.

— de Duna, Pf. in Wasserbillig 191.

*— de Eix, Pf. in Stenay (?) 234.

— de Essendis alias de Fossa, Kan. von S. Maria ad Gradus in Köln 329.

— de Esseyo, Präb. der Kathedrale in Toul 210.

— de Falce alias de Sancto Laurencio, Kan. und Scholast von S. Maria Magdalena und Präb. der Kathedrale in Verdun 231. *232. 235. *239.

Johannes Februarii, Kl. 420.
— de Ferteriis, Kan. in S. Servatius in Maestricht 365.
Fichon de Bermonbech, Kan. von S. Martin und von S. Dionysius in Lüttich 351. *354. 356.
— Filii Dei, Benefiziat von S. Sulpicius in Metz 199.
— de Firmitate, Kämmerer und Kan. von Verdun 129. *236.
— Fleuter, Vik. in Wolmünster 124.
— de Florenvilla 193.
— Flote 246.
— de Fontenayo 238.
— Francardi, Rektor des Altars der hh. Johannes Baptista und Remigius in der Kathedrale in Lüttich 340.
— Franketi 365.
— de Freycul, Präb. von S. Arnould in Metz 150.
*— de Frigidodorso, Pf. in Avocourt 240.
— Gans, Präb. der Kathedrale in Schwerin 95.
— Gebennensis, Pf. von Hauteville, D. Langres 142.
— de Gelevingen, Scholast der Kathedrale in Trier 165. 166.
— Geraldeti, Präb. der Kathedrale in Toul 214.
— Gerlaci, Pf. in Osperen 192.
— de Gerleungen, identisch mit Johannes de Gelevingen.
— Germani, Präb. der Kathedrale in Metz 198.
— Gervasii, Pr. 143.
— Giraldini de Deliis, Kan. der Kathedrale in Verdun 230. 231. 232. 233. 236. 237.
*— Glottonis, Kan. der Kathedrale in Lüttich und von S. Maria in Ciney, Skriptor der Pönitentiarie 340.
*— de Gonenant, Subkoll. in Besançon 162. *163. *241.
*— de Gondricuria, Kan. in S. Gengoult in Toul, Kapl. von S. Maria Magdalena 214. *225.
— Gorse, Neffe des Kard. Petrus de Selvete Monturae, Präb. der Kathedrale in Bayeux 387.
— de Gorsia, Kan. der Kathedrale in Toul 175. 210.

Johannes de Grenoi, Vik. des Hl. Geist-Hospitals in Münstermayfeld 165.
— de Griffone, Dekan von S. Maria ad Gradus in Köln 330.
— Grodonis, B. von Krakau 383.
— de Gudensberg, Prokurator des B. von Metz 409. 410. 411. *415.
— de Guichia, Prior von Relanges 219.
— Guidardi, Präb. in Nivelles 281.
*— Guilaberti, Dekan der Kathedrale in Dorpat 394.
— Guilberti, Kan. der Kathedrale in Verdun 230. 232. 238.
— de Guliaco, Pf. von S. Alban in Köln 345.
— de Gundolzehein, Präb. in S. Amarin 17.
— Hannekim, Kan. der Kathedrale in Lüttich 339.
— de Haren, Kan. von S. Servatius in Maestricht 343.
— Haynpman, Pf. in Höngen 332.
— Henrici de Gondricuria, Prior von Neufchâteau-sur-Meuse 217, 221.
— de Herbenlher, Präb. der Kathedrale in Metz 166.
— Hertingi de Leye, Vikar des S. Katherinenaltars in Limburg 164.
— Hilarini, Präb. in Limburg 189.
— Hoen, Kan. von S. Maria in Maestricht 351.
— de Hoxem, Scholast der Kathedrale in Lüttich 287.
— de Hoyo, Primicerius der Kathedrale in Metz u. s. w., später B. von Toul, Kollektor in Metz *203. 204. 205. 207. 223. 297. 299. 300. 318. *319. 358. *401. *406. 409. 410.
— de Hoyo, Kl. des Kollektors Johannes de Casleto 289.
— Hugonis 225.
— Hugonis de Spinallo, Präb. in St.-Dié 211.
*— Huguemini, Präb. der Kathedrale in Toul, Benefiziat in Liffol-le-Grand 216.
— Hupe, Notar 261.
— Jacobi, ernannter Kan. der Kathedrale in Metz 208.
— Jacolet, Kan. in Münstermayfeld 193.
— Jaqueleti, Kapl. der Marienkirche in Trier 194.

Johannes Jaquelini, Dekan von S. Symeon in Trier (wohl identisch mit dem vorhergehenden) 194.

*— Jaquelonis, Dekan der Kathedrale, Kan. von S. Paulinus in Trier (wohl identisch mit den beiden vorhergehenden) 194.

— de Jayre 270.

*— Jeuneti de Arcubus, Pf. in Lironville 176.

— Joffredi Viruti, Kan. von S. Gengoult in Toul 222.

— Johannis, Kan. in Münstermayfeld 193.

— Johannis, Präb. in St.-Dié 215.

— Johannis de Verzelesia, Benefiziat in Remiremont 215.

— Johannis de Vitriaco, Präb. von S. Maria Rotunda in Metz 199.

— de Irlich, Pf. in Andernach 193.

— de Jusseyo, Notar des Koll. Gerardus de Arbenco 185. *247. 248. 249.

— Karoli, Kapl. von S. Stephan in der Kathedrale in Verdun 236.

— de Ketwich, Pf. in Kettwig 326.

— de Krusmekult, Vik. der Kathedrale in Lübeck 96.

— Laleman, Pf. von St. Pierre le Chairé, D. Verdun 237.

— de Lamperthein, Offizial von Strafsburg, Kollektor der Diöcese Strafsburg 262. 387. 390. *423.

— Lanne 205.

— de Larchon, Kan. von S. Georg in Limburg 189.

— Laurentii, Pf. von Coron 142.

— Laurentii 207.

— de Leyge, Kan. in Münstermayfeld 194.

— Libeguins, Kan. von S. Nicolaus in Brixey-sur-Meuse 222.

— de Liers, Kan. von S. Peter in Lüttich 340. 352. 364.

— de Linavilla 210.

— de Linconla, Kan. von St.-Dié 175.

— de Lissiaco, Subkoll. von Autun 246.

— Loils, Dekan in Xanten 328.

*— de Lotten 355.

— de Lovemoel (Lovenioel) 288. 290.

— de Lovesonge, Pf. von S. Laurentius bei Aachen 362.

— de Lubeke, Pf. in Stommeln 326.

*— de Lucenhouuen, Kan. von S. Paulinus in Trier und der Kathedrale in Metz, Kollektor in Trier 388. *389.

Johannes Ludovici de Hygenayo 205.

— de Lumike, Kan. der Kirche der 11 000 Jungfrauen in Köln 325.

— de Machandio, ernannter Kan. und Präb. der Kathedrale in Verdun 171. 228. 233.

— de Machlina, Kan. in S. Paul in Lüttich 269.

— Machour de Meffia, Kan. in Hugaerde, Rektor der Kapelle der hh. Paulus und Mauricius in S. Paul in Lüttich 342. 349. 367.

— le Maile, ernannter Kan. der Kathedrale in Toul, Präb. von S. Maria Rotunda in Metz 198. 211.

— de Malomonte, Notar der Kammer 262.

— le Marchatel, Bürger in Parois 238.

*— de Marsal, Pf. in Onville (identisch mit dem folgenden) 208.

— Marsalis, Kapl. von S. Katharina im Bischofspalast in Toul 226.

— Marsini, Kaufm. in Strafsburg 400.

— Martini, Kan. in S. Maria in Cincy 266.

— Martini 356.

— Martini, Bürger von Verdun 240. 244. *249.

— Masculi, Kan. der Kathedrale in Verdun 235.

— Maurelli, Propst der Hl. Kreuzkirche in Lüttich, Kan. von S. Nicolaus in Brixey-sur-Meuse 213. 222. 264. 265. 271.

— de Melleto, Präb. der Kathedrale in Toul, Archidiakon in Ligny 211.

— de Mello, B. von Châlon-s.-S. 222.

— Mercerii, Skriptor des Papstes 387.

— Merzwin, Kaufm., Bürger von Strafsburg 405.

— de Mediavilla, Pf. in Bovée 218.

— Milonis, Benefiziat in Vellouena, D. Toul 219.

— de Molendino, Benefiziat in Basvilhacum, D. Toul 225.

— de Molle, Vikar des Altars der hh. Petrus und Judocus in Haelen 357.

— de Monasterio 239.

— de Monchay, Präb. der Kathedrale in Metz 198.

Johannes Monsteruel alias de Chaualeres, Prior von Chatenay 217. 221. 225.
— de Monteclaro, Kan. der Kathedrale in Metz 199. 206.
— de Monteiustino, Benefiziat von S. Amantius in Toul 214.
— de Montemadeyo 128.
— de Montestellarum, Kan. von SS. Severus und Martinus in Münstermayfeld 193.
— de Mosteruel, Prior von Dulleyum 222.
*— Multoris, Rektor des Altars von S. Johannes Evangelist in Bockenbielgen 349.
— de Munsingen, B. von Basel *184. *162. 163. 242. *243.
— Muzoberg, Kan. in Wetzlar 165.
— de Nanceyo, Benefiziat in Remiremont, Dekan von S. Gengoult in Toul, Präb. in St.-Dié 215.
— Navenii, Dekan in S. Martinus in Worms, Subkoll. 399.
— de Navinia, Pf. in Obey 340.
— de Neumarkt, B. von Olmütz 402.
— de Newilleyo, Kanzler der Kathedrale in Verdun (s. Joh. Valteri) 230.
— de Nivella, Kan. in Huy, Abbreviator der Kurie 349.
*— de Novomolendino, Pf. in Florémont 218. 222.
— de Nucerio, Kan. der Hl. Kreuzkirche in Lüttich 266. 267.
— de Nughen, Vik. der Kathedrale in Dorpat 88.
— de Nyenaer, Präb. in S. Maria in Utrecht 282. 283. 286.
— Odometi de Enziaparva 240.
··· Ogerii, Dekan von Beaune, Kollektor 145. *147. *150. 151. *156. *157. *162. 163. 166. *167. *170. *177. 178. 248. 250.
— de Oldembroc, Präb. der Kathedrale in Bremen 93.
·— de Oratorio, Kan. einer Kirche in Utrecht 285.
— Ouelspach, Prokurator des B. von Würzburg 410.
*— de Oyen, Sohn des Arnaldus Clerke, Vik. in Huy 355.
*— Padvanus, Dekan in Wischehrad, Kollektor in Böhmen 384. 385.

Johannes de Pafferode, Pf. in Siegburg 327.
— Pagani, Prokurator des Johannes Marsini, Kaufm. in Strafsburg 400. *403. 405.
— Pail, Pf. in S. Maria in Zülpich 327.
— Palaysini, Notar der Camera 203. *385. 387. 394. 395.
*— de Patz, Kan. der Kathedrale in Metz 208.
— Perentis, Kämmerer des Kard. Guillaume de Chanac 416.
— Phorio (?) de Brisacco, Pf. in Sovoen 188.
— Pictoris, Pr. der D. Cambrai 366.
— Piedechant, Präb. der Kathedrale in Metz, Kaplan der Hauskapelle von Poncius de Atrio 201. 208.
— de Pierrecourt, Kan. der Kathedrale in Metz 208.
— Pixcenxa, Kan. der Kathedrale in Magdeburg, Kollektor in Würzburg 390.
— de Pistorio, Kan. in Hougaerde, Präb. in S. Johannes in Utrecht 266. 278. 282. 285. 286. 287.
— Platuois, Kan. von S. Servatius in Maestricht 271.
— Poinsardi, Pf. in Brabant-sur-Meuse 237.
— de Pologniaco, Präb. der Kathedrale in Verdun 231.
— de Polonia, identisch mit Thedericus de Polonia 383.
— Poncii de Raigecourt, Pf. von S. Genovefa in Bachem 165.
— de Populo, Pf. in Köningsfeld 329.
— Portal, Präb. der Kathedrale in Toul 211.
— de Porta Martis, Mitglied des deutschen Ordens, magister censuum in Köln 383.
— de Portu, Inhaber der Matricularia der Kathedrale in Toul 224.
— Poulain, Präb. von S. Maria Magdalena in Verdun 228.
— de Prella, Pf. in Mamer 190.
— Punifer, Kan. in Haccourt 360.
— de Puteo, Benefiziat in S. Martin in Russen 275.
— de Quercu, Kan. der Kathedrale in Lüttich 343.
— Ragecourt, Präb. der Kathedrale in Metz 199.

Johannes Rancho, Kl. 75.
— Renaudi alias de Pierrecourt, Präb. der Kathedrale in Metz 201.
Reneri de Lewis, Pf. in Lintre 352. 355.
— de Reno, Pf. in Nieder-Rheindorf 272.
— Reuelli, Mag., Kl. 150.
— de Reulevilla, Dekan von S. Nicolaus in Brixcy-sur-Meuse 216.
— de Reymont, Pr. der D. Lüttich 358.
— Richardi, Kan. in Fosses, D. Lüttich 276.
— Richerii, Präb. der Kathedralen in Verdun und in Toul 215. 234. 239. 240.
— de Ripe, Pf. von Sprimont 267. 272.
— de Ripperode, Kan. der Apostelkirche in Köln 331.
— de Riven, Notar 368.
— de Rivenato, Pf. in Wiedergeissen 195.
— Rogerii, Scholast von S. Bartholomeus in Lüttich, Präb. der Kathedrale in Utrecht 264. 286.
*— de Rogoncort, Kustos in Metz, Propst von S. Maria Rotunda, Präb. der Kirchen Mécleuves und Ogy 37.
— Roitstochk, Pf. in Hürth 345.
*— de Roseriis, Kan. der Kathedrale in Toul 175. 210.
— Rosselleti, ernannter Kan. der Kathedrale in Toul 211.
*— Rosseti, Kan. in Châlon-s.-S., Kl. des Koll. Gerardus de Arbenco 248. *251. *252. *256. *257.
— Ruffart, Prior von S. Alban 188.
— de Rulen 193.
*— de Rumillie, Mag. 151.
— Rummel, Kan. in Nivelles 348. 359.
— Ruremunde, Propst von S. Maria in Palzel 165. 189.
— Ryman, Kan. in S. Maria ad Gradus in Köln 330.
*— Sabelini, Kustos der Kathedrale in Metz 198.
de Salewerne, Scholast der Kathedrale in Trier 165.
— Saltolf 356.
*— de Sana, Archidiakon von Vic, Pf. in Corny 198.
— de Sancto Amarino, Präb. in S. Amarin 16.
*— de Sancto Bausilio, Tuchhändler in Avignon 255.

' Johannes de Sancto Johanne, Kan. von S. Paulinus bei Trier 194.
— de Sancto Laurencio, Kan. der Kathedrale in Trier 192. 232. 239.
— de Sancto Martino, Pf. in Neukirchen bei Hilkerode 323.
— de Sancto Martino, Kan. in Nivelles 360.
— de Sancto Martino, Präb. der Kathedrale in Metz 197.
— de Sancto Maximo, Kan. der Kathedrale in Metz 201. 209.
— de Sancto Michaele alias Delchencourt, Präb. der Kathedrale in Verdun 231.
— de Sandriis, Präb. der Kathedrale in Verdun 232.
— DE SARTIIS, Notar, Subkoll. 67.
— de Sarto, Rektor des Altars des h. Johannes Evangelist in der Kathedrale in Lüttich 352. 367.
— de Scala, Pf. in Rambervillier 232.
— Scaleti 360.
— SCHADLAND, O. S. D., B. von Kulm, Hildesheim, Worms, Augsburg, dann Patriarch von Konstantinopel, Kollektor 328. 393. 396. 397. *398. 399. 400. 403. 404. 405.
— Schette, Kan. von S. Maria in Tongres 274.
— de Sebres, Kan. von S. Maria in Huy und der Kathedrale in Lüttich, Archidiakon de Ardenna 339. 340. 348. *349. 350. 365.
— de Seraponte, Präb. der Kathedrale in Toul 209. 214.
— de Silvaveticis, Präb. der Kathedrale in Verdun 230.
— Sobellini, Kantor der Kathedrale in Metz (s. Joh. Sabelini) 199.
*— de Sona, Präb. der Kathedrale in Metz 147.
— Sorn, Kustos in S. Peter Jun. in Strassburg 40.
*— Sortes 360.
— de Spemont, Kan. in S. Bartholomeus in Lüttich 359.
— de Stalberg, Kan. in S. Gereon in Köln 39.
— de Stornenbergh, Pf. von Sanct-Vith 280.

*Johannes de Tegeln, Pf. in Birten, Kan. in Xanten 332.
— Tencelinus, Mag. 438.
— de Tercialeuca, Präb. der Kathedrale in Toul 212.
— Textoris, Pf. in Alken 353. *360. *361.
— de Thalon, Untersakristan der Kathedrale in Toul 223.
— Theobaldi, Kapl. in St.-Dié 176.
— Tidericus de Wntingle, Kan. der Kathedrale in Schwerin 383.
— de Toeckheim, B. von Gurk 403.
*— de Tornamira, Schatzmeister der Kathedrale in Metz 200.
— de Traiecto, Pf. in Mirfeld, D. Lüttich 280.
*— Trauille 209.
— de Treveris, Pf. in Liersberg 191.
— de Trijt, Benediktiner 363.
— de Turre, Pf. von St. Eucaire in Metz 148.
*— de Uffeyo 358.
— de Valercut, Pf. in Woippy 203. *207.
— Valteri de Nevilleyo, Präb. der Kathedrale in Verdun 230.
— de Veneta alias de Gellis, Kan. von S. Maria in Mataincourt 176.
— de Verteriaco, Mag. 150. 202.
— de Vertriaco, Bürger von Metz 143. 144.
— DE VERTRIACO, Kan. in S. Salvator in Metz, Kollektor 409. 411.
— de Verulis, Beamter der Camera 72.
*— de Vianden, Präb. der Kathedrale in Lüttich 356.
— de Vigenous, ernannter Kan. der Kathedrale in Metz 208.
— de Villariis 185. *244. 246. *247. *248.
— de Villebringhen alias de Fres, Pf. in Lovenjoul 292. 293. 294. 295.
*— de Visulo 224.
— de Vivacurte, Präb. der Kathedrale in Verdun 232.
— Viventii, Pf. von S. Martinus in Ans 280.
— de Vondricuria, Pf. in Sandaucourt 220.
— de Vorsthusen, Kan. in Essen 325.
— de Walkenburgh, Ritter 278.
— de Wambeke 356.
— de Wang, Kan. von S. Maria in Ciney 340.

Johannes Welchwini, Kan. in St. Theobald bei Metz 204. 209.
*— de Wihonge, Kan. und Dekan von S. Peter und Kan. von S. Paul in Lüttich, Kan. in Nassogne 341. *349. 359. *360. 366.
— Willekini, Kan. in Huy 349. *350. 365.
— Wulfing, B. von Brixen 62.
*— de Xantis, Dekan von S. Severin in Köln 329.
— de Zebres 354. 356.
Johannes Reginaldi lo Mercier, Beghine *169. 170. 272.
Johannis, s. Angelus, Arnaldus, Bartholomeus, Bartholus, Bertholus, Franciscus, Fririonnus, Guillelmus, Hermannus, Johannes, Nicolaus, Petrus, Radulphus, Villanus.
Johannis Musardi, s. Dominicus.
Jonathas de Wontheringhe 364.
Jolonheyo, s. Nicolaus.
Jordanus de Columpna, B. von Luni 174. 209.
— Offit., Scholast von S. Castor 193.
Irlich, s. Iohannes.
Isnardus Porchalha 257.
Iterius de Ruppe, Kan. von S. Servatius in Maestricht 354.
Itier, s. Petrus.
Judei, s. Guillelmus.
Judocus, Pf. von Sanct.-Vith 278.
Jungelin, s. Adan.
Juntrutti (?), s. Galterus.
Jusseyo, s. Johannes.
Jutfaes, s. Florentius.

Kammin, Bisch. von, s. Philippus de Reberg.
Karoli, s. Johannes.
Karolus de Pictavia, Kan. und Scholast der Kathedrale in Toul, Primicerius der Kathedrale in Metz 173. 204. 206. *223.
Kebbe, s. Henricus.
Kelse, s. Gobelinus.
Kemech, s. Petrus.
Kensewilhe, s. Bernardus.
Ketwich, s. Johannes.
Köln, Erzbisch. von, s. Guillelmus de Gennep, Henricus Virneburg.
Komech, s. Kemech.
Konstantinopel, Patriarch von, s. Henricus, Johannes Schadland.

Konstanz, Bisch. von, s. Gerardus de Benars, Henricus de Brandis.
Kopf, s. Henricus.
Krakau, Bischof von, s. Johannes Grodonis.
Krusmekult, s. Johannes.
Kûl, s. Tilmannus.
Kulm, s. Colmensis.
Kyriacus Garnerii, Kaufm. von der Ges. Alberti novi in Florenz 395.

Lacu, s. Guillelmus.
Laleman, s. Johannes.
Lamaillie, s. Lamoillie.
Lamberg, s. Tilmannus.
Lambertesqui, s. Lambertus, Thomas Nicolai.
Lamberti, s. Dalmacius, Gerardus, Petrus.
Lambertus de Born, Abt von Gengenbach, später electus Brixinensis, B. von Speyer, B. von Strafsburg, Kollektor 390. 392. *399. 402. 403. 407.
— de Frames, Pf. in Woippy 203.
*— de Gemblaco 355.
— Lambertesqui, Kaufm. von der Ges. Alberti antiqui in Florenz 334. 398. 399.
— de Lexhi 358. 359.
— de Linsemeal, Kan. von S. Dionysius in Lüttich 266.
— de Manusio, Rektor der Kirche in Anens 349. 364.
— Mekechial, Kan. in Münster 350.
— de Melun, Kan. von S. Gorgonius in Hougaerde 354.
— de Novocastro 225.
— de Reys, Kan. in S. Kunibert in Köln, Pf. in Nieder-Rheindorf 272. 325.
— de Summavera, Pf. in Dommartinlez-Toul 213.
Lamoillie, s. Geraldus.
Lamperteim, s. Lampertheim.
Lampertenh, s. Lampertheim.
Lampertheim, s. Johannes.
Landriis, s. Eustacius.
Lanfredi, s. Guillelmus.
Lang, s. Adolfus.
Langevache, s. Gobelinus.
Lanne, s. Franciscus, Johannes.
Lanoncuria, s. Linoncuria.
Lansperc, Kan. in Lautenbach 12.
Lansuta, s. Bartholomeus.

La Nue, s. Franciscus.
Lapide, s. Goswinus Hacke.
Larchon, s. Johannes.
Lastav, s. Guillelmus.
Latonisa, s. Petrus.
Latromenges, s. Bernardus Henrici.
Laue, s. Franciscus.
Lauelli, s. Louelli.
Laurencio S., s. Dalmacius, Johannes, Johannes de Falce.
Laurencius, s. Laurentius.
Laurentii, s. Bernardus, Johannes.
Laurentius, Pf. in Richemunt 52. 78.
— Bourton, Kan. von St.-Dié 175.
— Boutons 210.
— de Combis, Präb. der Kathedrale in Verdun 232.
— Forbitoris de Florinis, Kapl. von S. Maria in S. Gengolphe in Florennes, Pf. in Roly 341. 357. *365.
*— Fruosini, Kaufm. von der Ges. Alberti antiqui in Florenz 397. 400. *401.
*— Spinelli de Florentia, Kaufm. der Ges. Alberti antiqui in Florenz 369. *387. *394. 396.
Lausano, s. Martinus Niger.
Lebart, s. Walterius.
Lederdamme, s. Theodoricus.
Leginch, s. Arnoldus, Conradus, Gerlacus.
Legninch, s. Leginch.
— s. Tilmannus Kûl.
Lehongre, s. Bertrandus.
Lembor, s. Jacobus.
Lemeer, s. Leonardus.
Leo, Rektor des Altars des hl. Dionysius in S. Gereon in Köln 332.
— de Düren, Kan. in Münstereifel 324.
— de Rece, Kan. in Rees 49.
Leodegarius Maioris de Savigniaco 240.
Leodien., Bisch., s. Enghelbertus de Marca, Johannes de Arkel.
Leodio, s. Guillelmus Hermanni.
Leonardus 438.
— Lemeer, Kan. der Stiftskirche in Ciney 359.
— Villici, Kan. von S. Maria in Ciney 354.
Leonrod, s. Leonroto.
Leonroto, s. Ulricus.
Lesmonte, s. Petrus.

Lespicier, s. Radulphus.
Lessunet, s. Petrus.
Leten, s. Couradus, Theodoricus.
Leucuria, s. Hermannus.
Lewis, s. Johannes Reneri.
Lewisten, s. Radulphus.
Lexhi, s. Lambertus.
Leye, s. Johannes Hertingi.
Leyge, s. Johannes.
Leyo, s. Henricus.
Liberanno, s. Helyas.
Libeguins, s. Johannes.
Libernais, s. Ado.
Liberveltz, s. Hermannus.
Liers, s. Johannes.
Lierz, s. Liers.
Limassol, s. Nimociensis.
Limono, s. Helias.
Limricke, s. Petrus.
Linavilla, s. Johannes.
Linconla, s. Johannes.
Linden, s. Henricus.
Linepe, s. Yrmengard.
Linoncuria, s. Hermannus, Nicolaus.
Linsemeal, s. Lamberto.
Lippia, s. Hilbrandus.
Lissiaco, s. Johannes.
Lobio, s. Valtelinus.
Lodewicus Pape, Kan. in Soest 330.
Loils, s. Johannes.
Lole, s. Goeswinus.
Lonchiis, s. Eustacius.
Longeti, s. Petrus.
Loquemont, s. Simon.
Lorey, s. Alexander.
Lose, s. Albertus.
Losse, s. Radulphus.
Lotten, s. Johannes.
Louelli, s. Petrus Johannis.
Lovemoel, s. Johannes.
Lovenioel, s. Lovemoel.
Lovesonge, s. Johannes.
Lubeke, s. Johannes.
Lubertus de Dalen, Kan. in Soest 331.
Lucas, s. Jacobus.
Lucemborc, s. Lucemburg.
Lucembour, s. Lucemburg.
Lucenbourch, s. Johannes.
Lucembourg, s. Nicolaus.
Lucemburch, s. Martinus, Theobaldus.
Lucemburg, s. Philippus.

Lucensis, Bisch., s. Johannes.
Luciaco, s. Baldessanus.
Ludolphus de Winkelhusen, Präb. der Kathedrale von Utrecht 278. 282. 287.
Ludovici, s. Johannes, Petrus.
Ludovicus, Notar 283.
— de Colonster, Kan. der Kathedrale in Lüttich 339.
— de Grangia, Dekan der Kathedrale in Metz 199. 200.
— Flamingi de Machelia, Notar 368. *371. 372. 373.
— Husoit de Hordige 366.
— de Jandelacourt, Prior von Stenay 191.
— Morosini, B. von Capodistria 399.
— de Pictavia, B. von Metz 115.
— Sixtus, Kantor von S. Donatian in Bruges 266.
— Volframi, Kl. von Würzburg 69.
Ludowici, s. Syfredus.
Ludowicus, Pf. in Lublar 330.
— de Lutzelinburch, Kan. von S. Symeon, Kapl. von S. Michael in Luxemburg und Pf. in Frisingen 165.
Ludwig, Landgraf von Hessen 262.
Ludwig der Bayer 85. 139. 140. 189.
Lübeck, Bisch. von, s. Bertramus Cremon, Henricus de Bocholte.
Lüttich, s. Leodien.
Lugdunen., Erzbisch., s. Guillelmus de Sure.
Lumike, s. Johannes.
Luna, s. Jacobus, Petrus.
Lunassis, s. Jacobus de Luna.
Lunendorf, s. Ulricus.
Luni, B. von, s. Jordanus de Columpna.
Luno (?), s. Helias.
Luprandus Wunpertus, Mag. 438.
Lusscher, s. Nicholaus.
Lussiis, s. Petrus Lessunet.
Lutoldus, Kan. in Moutier-Grandval 28.
Lutoldus de Rötellein, Propst der Kathedrale in Basel, Kollektor 4.
Lutzelemborch, s. Gobelinus.
Lutzelinburch, s. Ludowicus.
Lutzembour, s. Lucembourg.
Luxemburg, s. Lucemb., Lutzelinb.
Lymont, s. Bullotus.
Lyon, s. Lugdunen.
Lyon s. Petrus Guyon.

Machandio, s. Johannes.
Machelia, s. Ludovicus Flamingi.
Machlina, s. Johannes.
Machlinia, s. Machelia.
Machor, s. Machour.
Machour, s. Johannes.
Maclar, s. Fredericus.
Macondio, s. Guillelmus.
Magdeburg, Erzbisch. von, s. Theodericus Kagelwit.
Maglanensis, s. Maglonensis.
Maglonensis, Kard., s. Anduinus Aubert.
Maglonen., Bisch., s. Gaucelinus de Deaux.
Magneti, s. Guillelmus.
Maguntinen., Erzbisch., s. Henricus Knoderer, Petrus de Aichspalt.
Maile, s. Johannes, Stephanus.
Mailiart, s. Moliart.
Maimbour, s. Albertinus.
Mainz, s. Maguntinen.
Maioris, s. Leodegarius.
Malabalha, s. Jacobus.
Malabayla, s. Antonius, Guido.
Malaybaylla, s. Malabayla.
Malabranche, s. Odo.
Malda, s. Nicolaus.
Mali Regis, s. Reginaldus.
Malomonte, s. Johannes.
Malorepassu, s. Robertus.
Malota, s. Girerdus.
Mambar (?), s. Albertus.
Manfredi, s. Godefridus.
Mansupini, s. Philippus.
Manuel de Flisco, B. von Vercelli 264. 269.
Manusio, s. Lambertus.
Marallo, s. Bernardus Laurencii.
Marasse, s. Pontius.
Marbache, s. Widericus.
Marca, s. Enghelbertus.
Marcellus de Columpna, Präb. der Kathedrale in Verdun 230. 232.
Marcerii, s. Stephanus.
Marchatel, s. Johannes.
Marchesii, s. Bernardus.
Marcono, s. Guillelmus.
Marcoringis, s. Guillelmus.
Marescalcus, s. Wernerus Marschalk.
Maressa, s. Poncigno.
Marganis, s. Andreas.
Margareti, s. Nicolaus.
Margariti, s. Petrus.

Margmannus, Pf. in Hergarten 328.
Maria de Channaco, Gemahlin von Poncius de Channaco, Tochter von Guillelmus de Channaco 253.
Marquardus, B. von Ratzeburg 95.
— de Susato, Kan. in S. Georg in Köln 326.
Marsal, s. Johannes, Nicolaus.
Marsalis, s. Johannes Marsal.
Marsaul, s. Marsaulz.
Marsaulz, s. Nicolaus Alberti.
Marschalk, s. Wernerus.
Marsiano, s. Hugutio.
Marsiliis, s. Philippus.
Marsilius, Kan. von S. Georg in Köln 328.
— de Clymen, Pf. in Millingen 331.
Marsini, s. Johannes.
Martey, s. Rotgerius.
Martial S., s. Hugo.
*Martin IV., Papst 426. *427. *432. 433. 435. 436.
Martini, s. Johannes, Theobaldus.
Martino S., s. Johannes.
Martinus Alberti de Aquis, Kan. von S. Servatius in Maestricht und von S. Maria in Aachen 340. *350.
— Catayrani, Kaufm. in Bruges 385.
— de Cavella, Präb. in Liverdun 213.
— de Lucemburch 191.
— Murselholtz, Vik. in S. Peter in Bastogne 362.
— Niger de Lausano 435. 439.
— de Yporegia, Kan. in Lüttich, Propst in S. Maria in Huy 273. *274.
Marvilla, s. Jacobus Ailine, Nicolaus Ricsardi, Petrus Bobe.
Masculi, s. Johannes.
Masnerii, s. Bertrandus.
Massello, s. Bertrandus.
Mateurus de Serueres, Prior von Gondrecourt 221.
Matheus Carensoni, Kaufm. von Lucca 404.
— Dostins alias de Sanctis, Präb. der Kathedrale in Verdun 233.
— Gouesta, ernannter Kan. der Kathedrale in Metz 203. 204.
— de Pontemontionis, Kan. von S. Maria Magdalena in Verdun 236.
— de Sanctis, Kan. der Kathedrale in Verdun 236.

Matheus de Varey de Pontemontionis, Präb. der Kathedrale in Verdun (wohl identisch mit dem zweiten vorhergehenden) 232.

*— Vitte, Kaufm. der Ges. Alberti antiqui in Florenz 409.

Mathias de Gulse, Vik. des Altars der zehntausend Martyrer in S. Florian in Koblenz 165.

— Wedeghar, Kan. in Magdeburg 262.

MATFREDUS DE MONTILIIIS, Kollektor *85. 97. 99. 100. *104.

Matour, s. Machour.

Mauchay, s. Guillelmus.

Maurelli, s. Johannes.

Mauricius de Barda, Kammerkleriker 360.

Maurienne, Bisch. von, s. Anselmus de Clermont.

Maurietus Andree 224.

Maximeti, s. Guillelmus.

Maximo S., s. Johannes.

Mayeriensis, Bisch., s. Nicolaus.

Mayoakal, s. Nicolaus.

Mazoerii, s. Petrus.

Mederio, s. Eblo.

Mediavilla, s. Johannes.

Medici, s. Geraldus.

Medicis, s. Franciscus.

Meffia, s. Johannes Machour, Nicolaus.

Meillier, s. Gaufridus.

Meire, s. Robertus.

Meissen, Bisch. von, s. Witigo de Kolditz.

Mekechial, s. Lambertus.

Melauri, s. Walterus.

Melda, s. Nicolaus.

Melioris, s. Bernardus.

Melleto, s. Johannes.

Melloto, s. Gibaudus.

Melun, s. Lambertus.

Meninchusen, s. Mennichusen.

Menketial, s. Michael.

Mennichusen, s. Alexander.

Menonvilla, s. Guillelmus.

Mercerii, s. Guillelmus, Johannes, Reginaldus.

— s. Mercier.

Mercier, s. Alitzona, Johanneta Reginaldi.

Merecerii, s. Mercier.

Merinetus Mistralis, Bewohner von Lyon 178.

Merre, s. Nicolaus.

Merzwin, s. Johannes.

Meschedin, s. Adolphus.

Meschini, s. Guillelmus.

Messurdael, s. Arnaldus.

Meten., Bisch., s. Ademarus de Monteil, Theodericus Bayer de Boppard.

Metis, s. Albertus, Grimardus, Symon.

Metri, s. Poncius.

Metz, s. Meten.

Meyre, s. Meire.

Michael, Kan. der Kathedrale in Metz 127.

— de Antmos, Kan. in S. Maria in Namur 269.

— Goberti, Notar 396. 397.

— Gonchii 439.

— Menketial, Rektor des S. Nicolausaltars in Gentinnes 349.

— Moliart, Kan. und Archidiakon in Utrecht, Propst in Emmerich 283. 284. 285. *286.

Michaele S., s. Guillelmus Francisci, Johannes, Petrus, Poncius, Prerussonus.

Michaelis, s. Guillelmus Johannis, Raynaudus, Symon.

Michalis, s. Michaelis, Symon.

Michandio, s. Machandio.

Migorinart, s. Theobaldus.

Miletus Bonpaix, Präb. und Scholast von S. Maria Magdalena in Verdun 231.

Militis, s. Stephanus.

Millereyo, s. Richardus, Symon.

Milonis, s. Johannes.

Minen, s. Petrus.

Minneken, s. Gerardus.

Minninc, s. Dyonisius.

Minorivilla, s. Dominicus Olrici.

Mirum, s. Mayeriensis.

Mistralis, s. Merinetus.

Modde, s. Reynerus.

Moesperg, s. Theobaldus.

Moezerii, s. Petrus.

Moiliart, s. Moliart.

Molendino, s. Johannes, Nicolaus.

Molendorp, s. Godefridus.

Moleriis, s. Arnaudus.

Moliart, s. Michael.

Molle, s. Johannes.

Monachi, s. Burchardus, Hartungus Münch.

Monasterio, s. Johannes.

Monchay, s. Johannes.

Monda, s. Ulricus.

Monis, s. Thomas.

Monsteruel, s. Johannes.
Monte, s. Adolphus, Godefridus, Guillel-
mus, Johannes Boylenwe.
Monteburgi, s. Thidemannus.
Monte Casino, Bisch. von, s. Stephanus
Cambaruti.
Monteclaro, s. Johannes, Nicolaus, Theo-
baldus.
Montefagino, s. Fontefagino.
Montefaventio, s. Betrandus de Mont-
favence.
Monte Ferrandi, s. Guillelmus.
Monteferrando, s. Symon.
Monteforti, s. Guillelmus.
Monteiustino, s. Aymo, Geraldus, Hugo,
Johannes.
Montemadeyo, s. Johannes.
Montenaken, s. Geraldus.
Monte Sancti Leodegarii, s. Robertus.
Montestellarum, s. Johannes, Roricus.
Montevalrano, s. Bernardus.
Montfavence, s. Bertrandus.
Montigneyo, s. Rodulphus.
Montilhiis, s. Matfredus.
Montilius Ademari 143.
Montisgaudii, s. Richardus.
*Monus de Sistario, Bote 420.
Morelli, s. Maurelli.
Moreti, s. Petrus Guigonis.
Moriacio, s. Georgius.
Morineti, s. Nicolaus.
Mosteruel, s. Johannes.
Mota, s. Ademarius.
Mudde, s. Nicolaus.
Münch, s. Hartungus.
Münster, Bisch. von, s. Florentius de We-
velinghoven.
Mule, s. Theodericus.
Multores, s. Multoris.
Multoris, s. Johannes.
Murselholtz, s. Martinus.
Musardi, s. Dominicus Johannis.
Muzoberg, s. Johannes.

Nabore S., s. Nicolaus.
Nanceyo, s. Johannes.
Nassau, Graf von 165.
Nassayre, s. Geraldus.
Naverii, s. Johannes.
Navinia, s. Johannes.
Neapolitanus, Kard., s. Bernardus du
Bosquet.

Nemausen., Bisch., s. Gaucelinus de
Deaux.
Neminum, s. Nicolaus.
Nerocii, s. Benedictus.
Nerocius Bernardi, Kaufm. der Ges.
Alberti antiqui in Florenz 374. 375.
405.
Nerotii, s. Nerocii.
Nerozii, s. Nerocii.
Nersdoin, s. Godfridus.
Netten, van der, s. Godscalcus.
Nevilleyo, s. Johannes Valteri.
Neuyraco, s. Guillelmus.
Newilleyo, s. Johannes.
Nichasius de Bellomonte, Kan. von
S. Martin in Lüttich 351.
Nicholai, s. Nicolai.
Nicholay, s. Nicolai.
Nicolai, s. Bernardus, Conradus, Cothar-
dus, Thomas.
Nicolas, s. Nicolaus.
Nicolaus, Prior von Dammarie-Eulmont
153.
*Nicolaus, O. Pr., Titularbischof von
Mirum, Prov. Scythopolis, General-
kollektor 412. 414.
— Kan. und Scholast der Kathedrale in
Prag 389.
*— B. von Viterbo 203. 204. 207. 208.
— Aimel, Sohn von Andreas Ankemon
362.
— Alberti Marsaulz de Gorsia, Kan.
der Kathedrale in Toul und von S. Leo-
nard in Marsal 168. 175. 205. 210.
*— de Andregotinis 237.
*— de Antrecinis 239.
— de Asperomonte, Präb. der Kathedrale in Verdun 229.
— Andree Barbitonsoris 357.
— Bertrandi, Kapl. in der Kathedrale
in Metz 203.
*— de Besse (de Bellefaye), B. von
Limoges, Kardinaldiakon von S. Maria
in Via lata 264. 265. 269. *352. 354.
— de Blenodio, Pf. in Villefranche 175.
— Burcerii, Kan. in S. Paul in Lüttich
359.
— Capocci, Kardinalbisch. von Frascati
197.
— Capoci, B. von Urgel 230.
— Capocii, Kan. der Kathedrale in Lüttich 271.

Nicolaus Colardi, Kan. in Sainte-Gertrude, D. Lüttich 276.

*— Dosijn 357.

— de Estamo, ernannter Camerarius von S. Viktor in Verdun 239.

— de Etheginstin, Pf. in Mennig 165.

— de Franchavilla, Scholast der Kathedrale in Metz, Präb. der Kathedrale in Verdun, Archidiakon von Rouvroy und Propst in Hattonchâtel 201. 205. 209. 230.

— de Gimenich, Kan. der Kathedrale in Trier 192.

— de Gixcuria, Subkoll. in Verdun 416.

— de Glimenich, Pf. in Düdelingen 191.

— Goedis de Aquis 385.

— Helizonis 227.

— Henrici de Donge, Kan. in Moustier-sur-Sambre 340.

— Herbentzon 169. 170.

— de Hermondivilla, Kapl. von S. Agnes in Couvin 348.

— de Hezewiit, Präb. der Kathedrale in Utrecht 284.

*— Hoet, Propst der Kathedrale in Hildesheim 392.

— Jacobi, Kaufm. der Ges. Alberti antiqui in Florenz 369. 370. *375. 376. 393. 394. *396. *397. *398. *399. 400.

— Johannis, Kan. in Moustier-sur-Sambre, 276.

— Johannis de Gorsia, Kan. der Kathedrale in Toul 175.

— de Jolonheyo, Mönch von Cluny, Prior von Dommarie 126.

— de Linoncuria, Kan. der Kathedrale in Verdun, Pf. in Tilly 229. 238. 239.

— de Lucembourg, Kan. der Kathedrale in Verdun, Kan. in S. Castor in Koblenz, Präb. der Kathedrale in Toul, Kan. der Kathedrale in Lüttich 171. 191. 215. 233. 271.

— de Lusscher, Kan. von S. Maria in Aachen 339.

— de Malda, Präb. der Kathedrale in Toul 213. 215.

— Margareti, Kan. von S. Leonard in Louvain 351.

*— Marsal, Kapl. von S. Katherina im Bischofspalast in Toul 208. 226.

— Mayoakal, Rektor des S. Matheusaltars in Gembloux 355.

Nicolaus de Meffia, Kan. der Kathedrale in Lüttich 274.

— de Melda, Präb. der Kathedrale in Verdun 231.

*— Merre, Präb. in S. Maria in Utrecht 285.

— de Molendino, Pf. in Corbais 366.

— de Monteclaro, Kl. 171.

— Morineti 206.

— Mudde, Pf. in Hannut 341.

— Neminum, Pf. in Hanweiler 197.

*— de Perussiis, Kaufm., Vertreter der Ges. Alberti antiqui in Florenz 372. 399. 401.

— Prepositi, Kan. von S. Peter in Lüttich 352.

— de Prineyo, Prior von Amel 227.

— de Rennendorf, Kan. in Moutier-Grandval 28.

— Ricsardi de Marvilla, Kan. in S. Peter in Lüttich, später Karthäuser 340. 364.

*— Rossellini, Notar des Kollektors Gerardus de Arbenco 186. 245. *246. *248.

— de Sancto Nabore, Kan. in Homburg 128.

— de Sceeano, Präb. der Kathedrale in Metz 150.

*— de Senoncuria, Kan. von St.-Dié 225.

— de Serraponte, ernannter Kanoniker der Erlöserkirche in Metz 209.

— de Sessia, Kan. in S. Johannes in Lüttich 275.

— de Soillees, s. Colinus de Senliers.

— de Spinallo, Kan. und Scholast der Kathedrale und Kan. von S. Maria Magdalena in Verdun 171.

-- de Stachowitz, B. von Regensburg 44. 59. 78.

— de Ston 234.

— Surelli 238.

*— de Thiacuria, Benefiziat von S. Sulpicius, Archipr. und Präb. der Kathedrale in Metz 199. 200. 225.

— Trophardi, Kan. und Kantor von S. Bartholomeus in Lüttich 350. 362. *367.

— de Turna, Kan. in S. Maria in Namur 362.

— de Ultricuria, Dekan der Kathedrale in Metz 199.

Nicolaus de Valle, Pf. in Oud-Gastel 280.
— Ventris 403.
— de Villeta, Präb. der Kathedralen in Toul und in Verdun 213. 230.
*— Nellelluen, Kan. von S. Leodegar in Marsal 168. 205.
Nicholay de Redelinga, s. Walterus.
Nigella, s. Petrus.
Niger, s. Martinus.
Nimes, s. Nemausen.
Nimocien., B., s. Thomas de Amanatis.
Nivella, s. Johannes.
Nomenich, s. Remarus.
Novimagio, s. Arnoldus und Petrus Johannis de Xanctis.
Novocastro, s. Lambertus.
Novolapide, s. Sigerus.
Novomolendino, s. Johannes.
Nuce, s. Stephanus.
Nucerio, s. Johannes.
Nuert, s. Guillelmus.
Nughen, s. Johannes.
Nussia, s. Henricus Ayuresele, Tilmannus.
Nycholaus, s. Nicolaus.
Nycolinus, Notar des Offizials von Toul 67.
Nyenaer, s. Johannes.

Ocinus Jermini de Chanis (?), Kapl. der Kathedrale in Toul 224.
Octo, s. Otto.
Octonis, s. Bernardus.
Odiomonte, s. Guillelmus.
Odo Malabranche, Pf. von S. Martinus in Ans 280.
Odometi, s. Johannes.
Odometus de Enziaparva 240.
Offit, s. Jordanus.
Ogerii, s. Johannes.
Oldembroc, s. Johannes.
Olenbrûch, s. Adolphus.
Olerici, s. Dominicus.
Olmen, s. Henricus.
Olmütz, Bisch. von, s. Johannes de Neumarkt.
Olrici, s. Dominicus.
Ortholphus de Weisseneck, EB. von Salzburg 402. *403.
Oncal, s. Baldewinus, Jacobus.
Oppendorp, s. Godulphus.
Oratorio, s. Johannes.
Orioli, s, Robertus.

Oritzentacia, s. Warinus.
Orsini, s. Angelus Ursi.
Ortalphus, Präb. in S. Amarin 16.
Orthulus Walfram, Vik. in Neumünster 262.
Ortiquus, Pf. in Serécourt 222.
Ossen, s. Gerardus.
Otto, Sohn des Landgrafen Ludwig von Hessen, Kan. in Magdeburg 262.
— de Aventico, Archidiakon von Basel 382.
— Floren, Präb. in S. Wilhead in Bremen 93.
— Pragarii, Dominikaner in Regensburg 58.
*— Rogeri, Pr. der D. Cambrai 354.
— Scarlaken, Kan. von S. Maria in Maestricht 357. *358.
— de Thenis (Theuis), Kan. von S. Martin in Lüttich 352. *356. *358.
Ottomanus de Collcalto, Propst der Hl. Kreuzkirche in Lüttich 264. 271.
Ottwinus de Selgenstat, Kan. von Hl. Kreuz, D. Basel 188.
Oudendal, s. Rutgerus.
Ouelacker, Pf. in Holzweiler 331.
Ouelspach, s. Johannes.
Oûskirchen, s. Adolphus.
Oyen, s. Johannes.
Oygerbach, s. Euerstus.
Oyo, s. Hoyo.

P. de Cefalhis, Kl. der Kammer 135.
Pachinus Tomasii de Perucijs, Kaufmann der Ges. der Perucii in Florenz 382.
Paduanus, s. Johannes.
Pafferode, s. Johannes.
Pagani, s. Johannes.
Pageti, s. Humbertus.
Pail, s. Johannes.
Palasini, s. Palaysini.
Palatra, s. Thomas.
Palaysini, s. Johannes.
Palein, s. Godefridus.
Palen, s. Henricus.
Palermo, Erzbisch. von, s. Theobaldus.
Pallein, s. Thedericus.
Panhus, s. Guillelmus.
Panthaleon de Basilea, Pf. in Sovoen 188.
Pape, s. Lodewicus.

Paris, s. Stephanus de Passy.
Parrotti, s. Reynaldus.
Parvi, s. Hinricus.
Passy, s. Stephanus.
Pastor, Kard. tit. SS. Marcellini et Petri 193.
Patz, s. Johannes.
Pauli, s. Anthonius.
Paulus, Bote des Subkoll. von Basel 31.
— Bertaldi, Kaufm. der Ges. della Scala in Florenz 382.
— Fezole 237.
— de Hamalio, Inhaber des officium matricolariae in der Pfarrkirche zu Alken 351.
— de Urbe, Präb. der Kathedrale in Toul und Archidiakon von Vezaigne 212.
Pavone, s. Theodericus.
Peligneyo, s. Huardus.
Pellicerii, s. Petrus.
Peratus Clemens 439.
Peregrinus, de Puchheim, EB. von Salzburg.
Perentis, s. Johannes.
Peretus, s. Petrus de Suessione.
Pergiis, s. Colinus Wirieri.
Perier, s. Petrus.
Périgord, s. Elias Talleyrand.
Perina, s. Albertus.
Perior, s. Perier.
Perotzius Corsini, Kaufm. der Ges. Alberti antiqui in Florenz 397. 398.
Perotzus, s. Petrus.
Perozus, s. Perotzius.
Perrinus de Vallibus, domicellus 257.
Perse, s. Gregorius.
Perucii, Kaufmannsges. in Florenz 382.
Perucijs, s. Pachinus.
Perusiis, s. Perussiis.
Perussiis, s. Nicolaus.
Petragoricensis, Kard., s. Elias Talleyrand de Périgord 127. 359.
Petri, s. Bernardus, Henricus, Jacobus.
Petrilia, s. G.
Petrus, Notar, Subkoll. in Metz 71. 75. 77.
— Propst der Kathedrale in Olmütz 402.
— Pf. in Parois 238.
— de Aichspalt, EB. von Mainz 64. 66. 70. 71. *72. 75. *76.
— de Adenauwe, Rektor des S. Barbara-Altars in Bonn 345.

Petrus Alberti, Pf. in Hanweiler 197.
— Alberti, Dekan in St.-Dié 214.
— de Albiartz, Kammerkleriker 338. 347. 348.
— de Alumpno, Präb. der Kathedrale in Toul 216.
— de Alvernia, Kollektor 382.
— de Arquato 396. 397. 398.
— de Barro 125.
*— Bartholi, Kaufm., Vertreter der Ges. Alberti antiqui in Florenz 376.
— Batisse, Kan. der Kathedrale in Lüttich 272. 274. 288.
— de Bebelnboem, Kan. in Basel, Colmar, S. Amarin und Saeckingen 163.
*— Begonis, Kan. der Kathedrale in Lüttich, Archidiakon in Condroz, Kanzler der Kathedrale in Breslau, Kollektor in Köln 333. 352. 393. 394. *395. 396. 420.
*— de Bello 240.
— Bernerii 238.
— Birkelin, Kan. der Apostelkirche in Köln 330.
— Bobe de Marvilla 364.
— Boblehem, Propst von S. Martin in Colmar 163.
— Boeti, Notar 409.
*— Boffredi, Pf. in Goherrey 224.
— Brebechan, Kan. der Kathedrale in in Lüttich 280.
— Bruni, Kaufm. der Ges. Alberti antiqui in Florenz 387.
* — de Cabilone, B. von Châlon-sur-Saône 182. 183. 186.
— Cabra 243. 244.
— de Calstris, Dekan von S. Peter in Louvain 343.
— Canimate, Kan. der Hl. Kreuzkirche in Lüttich 267.
— de Claris, Kan. in Hougaerde 342.
— Clementis de Castro Radulpho 432.
— de Colonia, Bürger von Prag 385.
— de Columpna, Kan. der Kathedrale in Lüttich 271.
— de Commarceyo, Kan. der Kathedrale in Verdun 229. 234.
— de Confinio, Kan. der Kathedrale in Verdun 235.
— de Coyfiaco, Kan. in Lyon 250.
— de Cuysiaca, Notar in Lyon 178. 179. 246.

Petrus de Domino, Kan. in Wassenberg 359.
— de Droilhaghen, Kan. in Bonn 345.
*— Durandi, Kollektor, Kaplan des Papstes und Kan. der Kathedrale in Embrun 30. 33. *35. 36. 43. 44. 45. 52. 59. *60. 62. 64. 65. *66. 77. *78. *79. *80. *81. 123. *421. *422. 425. *426. 427. 430. 431. *432. *433. *435. 436. 438. 439.
— de Duras, Kaplan in S. Paul in Lüttich 280.
— Euletus, Pf. von Oron 37.
— Francisci, Kan. in S. Theobald bei Metz 204. 209.
— Fornerii 231.
— de Friburgo, Kan. der Kathedrale in Basel 438.
— de Frigidavilla, Magister der Panhota in Avignon 255. *256.
— de Garlenx, Mag., Kollektor 381.
— Gervasii, Notar 57. *58. *62. *63. *64. 66. 68. *75.
— Ghier, Präb. in Bommel 287.
— Guiohis oder Moreti de Castronovo, Archidiakon von Vic, D. Metz, Kollektor 36. 107. *109. *111. 112. 115. 118. *122. 124. 125. 126. *127. 128. 129. *130. *131. 132. *134. 135. 137. *140. *141. *142. *143. 144. 147. *148. 149. *150. *151. 152. *167. 206.
— Guioti, Kaplan in der Kathedrale in Lüttich 367.
— Guyon de Lyon, Einnehmer in Sens 186. 187.
— Haye, Kapl. in S. Maria in Utrecht 285.
*— de Hermale, Kan. von S. Peter in Lüttich 353.
— de Hornbach, Kan. von SS. Severus und Martinus in Münstermayfeld 193.
— de Janeyo, ernannter Camerarius des Klosters S. Viktor in Verdun 226. 234.
— Johannis Louelli, Pf. in Therviis (?) und Florémont 218. 222.
-- Johannis de Xanctis de Noviniagio, Vik. des S. Katherinenaltars in S. Michael in Louvain 355.
*— Itier, Bisch. von Dax, dann Kardinalpr. tit. SS. Quattuor Coronatorum, später B. von Albano 343. *348. 350. *356.
— de Kemech, Kan. von S. Johannes in Lüttich, Pf. in Seraing-le-Château-sur-Meuse, Subkollektor 341. 366.

Petrus Lamberti, Kan. in Wassenberg 359.
— Latonisa 230.
— de Lesmonte 367.
*— Lessunet de Lussiis, Kl. 358.
— de Limricke, Pf. in Pier 330.
— Longeti, Präb. der Kathedrale in Metz 199.
— Sohn von Ludovicus Husort de Hordige, Kan. in S. Maria in Aachen 363. 366.
— de Luna, Kan. der Kathedrale in Lüttich 339.
*— Margariti 206.
— Mazoerii, Kan. der Kathedrale in Metz 204.
— Minen, Präb. in S. Ursitz 19.
— Moezerii, Präb. der Kathedrale in Metz (s. P. Mazoerii) 199.
— de Nigella, Kustos in Huy 279.
— Pellicerii 235.
*— Perier, Kan. der Kathedrale in Verdun 171. 228. *238.
— Perotzus, Kaufm. der Ges. Alberti antiqui in Florenz 398.
— Pinchar, Augustiner-Prior der Hl. Kreuz-Kirche in Huy 341.
— Pirscal, Präb. der Hl. Kreuz-Kirche in Lüttich 340.
— Quilberti, Rektor der Kapelle S. Walburgis bei Lüttich 339. 343. 359.
*— Ranulphi, Pf. von S. Hilarius in Huy 360.
— de Reinbach, Pf. in Wermelskirchen 325.
— Renaudi de Ramaricuria, Pf. in Serécourt 222.
— Richardi de Fondreman, Kl. 439.
*— Rostangin de Sancto Crispino 420.
— de Ruppe 357.
— de Ruremunde, Pf. in Echternach 166. 189.
— de Sancto Eugendo, Einnehmer in Tarantaise 186.
— de Sancto Michaele, Kan. der Kathedrale in Toul, Archidiakon in Vittel 173. 213.
— de Seria, Kan. der Erlöserkirche in Metz 204.
— de Suessione, Präb. der Kathedrale in Metz 198. 205.

*Petrus Tarrida alias Anglia, Kan. der Kathedrale in Verdun 229.
— Vagneti de Spinallo, Pf. in Docelles 221.
— de Valle, Kan. von S. Maria in Dinant 351.
— de Valle Masonis, Propst in Oelberg 187.
— de Venderiis, Kan. der Kathedrale in Metz 201.
*— Verneti, Kursor des Papstes 180.
— de Vesere 357.
— de Via, Kan. der Kathedrale in Lüttich 281.
— de Vincellis, Kan. der Kathedrale in Verdun 236.
— de Vineriis (Viveriis), Kan. in Viviers 110. *111. *138.
— de Vissaco, Kan. der Kathedrale in Metz 204.
*— Unilhal 234.
— de Vonderiis, Dekan in St.-Dié, Kapl. von S. Preietus in Malroy und von S. Michael in Moyenmoutier 216. 220. *221.
— Willelmi de Breyo, Kapl. von S. Laurentius in S. Gengoult in Toul 227.
— de Wlpe, Pf. in Lohn 344.
Phano, s. Henricus.
Philippus de Aquis, Pf. in Munstergeleen 340.
— de Awangne, Kan. in S. Gertrud in Nivelles 366.
— de Baonna, Propst in St.-Dié 214.
— Bruni, Dekan der Hl. Kreuz-Kirche in Lüttich 287.
— de Cabassole, B. von Cavaillon, dann Patriarch von Jerusalem, Kardinalpr. tit. SS. Petri et Marcellini, Kardinalbisch. von Sabina, Generalkollektor in Deutschland 299. *300. 318. *323. 344. 355. 386. *388. 389. 420.
*— Framaudi, Notar 30.
*— Griffonel, Präb. der Kathedrale in Metz, Kapl. in S. Theobald bei Metz 200. *207.
— de Groenevelt, Propst von Elst 287.
— de Lucemborg, Kan. der Kathedrale in Metz 37. 128. *168.
— Mansupini 31.
*— de Marsiliis, Kaufm., Vertreter der Ges. Alberti antiqui in Florenz 375. *376. 405. *408. 410.

Philippus Raynerii, Kaufm. der Ges. der Bardi in Florenz 382.
*— de Reberg, B. von Kammin 408. *410.
— de Syrocuria, Thesaurar der Kathedrale in Toul 175. 210.
— de Vitriaco, Präb. der Kathedrale in Verdun 231.
— Walrami, Kan. der Kathedrale in Lüttich, Propst von S. Gertrud in Nivelles 348. *351. 362.
*— de Zebres 361.
Philomena, s. Henricus.
Phofferhart, s. Ulricus.
Phorio (?) de Brisacco, s. Johannes.
Pictavensis, Kard., s. Pictavin de Montesquiou.
Pictavia, s. Karolus, Ludovicus.
*Pictavin de Montesquiou, B. von Albi, Kardinalpr. tit. XII Apostolorum 220. 226.
Pictoris, s. Johannes.
Piedechant, s. Bertrandus, Johannes.
Piedechat, s. Piedechant.
Pierrecourt, s. Johannes.
Pik, s. Albertus.
Pinchar, s. Petrus.
Pincerna, s. Johannes.
Pincerno, s. Ferricus.
Pirscal, s. Petrus.
Pistorio, s. Johannes.
Pistoris, s. Stephanus.
Pittonio, s. Geraldus.
Plano, s. Albertus.
Platuois, s. Johannes.
Pocten, s. Albertus.
Poinsardi, s. Johannes.
Poitiers, s. Henricus.
Poleti, s. Adam.
Poleyn, s. Theodericus.
Poligneyo, s. Peligneyo.
Pollein, s. Pallein.
Pologniaco, s. Johannes.
Polonia, s. Johannes, Thedericus.
Pomerio, s. Gerardus, Godefridus Gerardi.
Poncigno Maressa 169. 170.
Poncii de Raigecourt, s. Johannes.
Poncius de Atrio, Ritter, Bürger von Metz 208.
— Barbe, Kan. der Kathedrale in Metz 201. 208.
— de Barroducis 239.
*— de Channaco 253.

Poncius de Metri, Präb. der Kathedrale in Metz 201.
*- de Sancto Michaele, Pf. in Tilly 235.
-- Symoneti, Pf. in Jeandelize 232.
--- de Tornamira, Präb. der Kathedrale in Metz 200.
Ponsardi, s. Andreas.
Ponsardus Jaber, Kapl. der Kapelle St. Katherina im Hause von Johannes de Florenuilla 193.
Ponte, s. Aimo, Bartholomeus.
Pontemoncionis, s. Pontemontionis.
Pontemontionis, s. Jacobus, Matheus, Matheus de Varey.
Pontendorf, s. Ulricus.
Pontius Marasse 227.
Populo, s. Johannes.
Porlaer, s. Engelbertus.
Porchalha, s. Isnardus.
Porchalhe, s. Porchalha.
Porta Martis, s. Johannes.
Portal, s. Johannes.
Porter, s. Pocten.
Portu, s. Dominicus, Johannes.
Potiti, s. Gregorius.
Potter, s. Pocten.
Poulain, s. Johannes.
Poylebant, s. Ricsardus.
Pradallo, s. Pradelles.
Pradelles, s. Gaucelin de Deaux.
Pragarii, s. Otto.
Prel, s. Arnaldus.
Prella, s. Johannes.
Prepositi, s. Nicolaus.
Prerussonus de Sancto Michaele, Präb. der Kathedrale in Toul 126.
Prineyo, s. Nicolaus.
Priosi, s. Stephanus.
Pryntz, s. Heidenricus.
Pulhes, s. Arnaldus.
Pullinbreche, s. Gerardus.
Punifer, s. Johannes.
Puppele, s. Jacobus.
Puppendijc, s. Bertramus.'
Purtrani, s. Ulricus.
Puteo, s. Johannes.

Quadrigarii, s. Americus.
Quercu, s. Johannes.
Quilberti, s. Petrus.
Quilliberti, s. Quilberti.

*R. de Benwilr, Kapl. von S. Peter in Basel 5.
Rabno Schenk von Wildburgstetten, B. von Eichstätt 415.
Radolphus de Baveyo, Präb. der Kathedrale in Verdun 232.
Radulphus, Schreiber 70. 71.
— Kl. und Kämmerer in Würzburg 56.
*— DE BRUNO, Subkoll. in Basel 162. 163.
— Clerici, Kan. der Kathedrale in Basel 188.
— Johannis de Rulen, Kan. von S. Florin in Koblenz 193.
— Lespicier, Kan. in Liverdun 219.
— DE LEWISTEN, Subkoll. in Würzburg 415.
— Losse, Kan. der Kathedrale in Trier, Kantor in Carden 191. *192.
— Silvani 209.
— de Turribus, Kan. der Kathedrale in Toul 222.
Ragecourt, s. Johannes.
Raimundus de Abbatia 422.
— Borgeis, Mönch von Casa Dei 217.
Raincesseum, s. Galterus.
Ramaricuria, s. Petrus Renaudi.
Ramsberg, s. Rutgerus.
Rancho, s. Johannes.
Rand, s. Henricus.
Randenrode, Herr von 268.
Rant, s. Rand.
Ranulphi, s. Petrus.
Raperch, s. Huguo.
Raphael Damiani, Kaufm. in Bruges 385. *386.
Rasquinus Bareet, Rektor der Kapelle der hh. Paulus und Mauricius in S. Paul in Lüttich 342. 367.
Ratisponen., B., s. Nicolaus de Stachowitz.
Ratohdorf, s. Henricus.
Ratzeburg, Bisch. von, s. Henricus de Wittorp, Marquardus.
Ravono, s. Jacobus.
Rayaco, s. Galterus.
Raymundus, Pf. in Gensungen und Sulze, Präb. der Hl. Kreuz-Kirche, D. Basel 26.
— Boneti de Rupe alta 422.
— Borgonis (?), Prior von Liomons 217.
— de Canillac, Kardinalpr. tit. S. Crucis in Jerusalem, dann Kard.-B. von Palestrina 194. 327.

Raymundus de Fontefagino, Kollektor 85.
— de Valle aurea, Kanoniker von Langres, Kollektor 36. 109. 119. 122. 133. 135. 138. *139. 140. *141. 142. 143.
— de Wesemburg, Kan. der Kathedrale in Trier 191.
Raynaldus de Ursinis, Kardinaldiakon tit. S. Adriani 362.
— de Bardis, Kaufm. 81.
— de Vestenburgh, Präb. der Kathedrale in Köln 272.
*Raynardus de Goere, Kan. der Kathedrale und von S. Dionysius in Lüttich, Kan. von S. Servatius in Maestricht, der Kirche in Thorn und von S. Maria in Aachen 342. 348. 350. 351. 359. 361. *363. 366.
Raynaudus de Bisuncio, Kl. 432. 434. 435. 436. *437. 438.
— Michaelis Gonterii 435.
Raynerii, s. Jacobus, Philippus.
*Raynerius Dominici, Kaufm., Vertreter der Ges. Alberti antiqui in Florenz 405. *408. 409.
Rece, s. Leo.
Rechaufe, s. Guillelmus.
Redelinga, s. Walterus Nicholay.
Regensburg, s. Ratisponen.
Reginaldi, s. Alitzona, Johanneta.
Reginaldus, s. Renauldus.
— Thesaurar der Camera 302.
— de Berbenchon, Kan. der Kathedrale in Lüttich 350. 367.
— Mali Regis, Präb. von Remiremont 212.
— Mercerii von Verdun 169. 227.
*— Symonis 225.
Reinbach, s. Petrus.
Remarus de Nomenich, Pf. in Brauweiler 323.
Rembaldus, Kan. von S. Maria in Maestricht 358.
— de Vladorp, Dekan von S. Maria in Aachen, Pf. in Gheynke 351. 363. 367.
Renaldus de Bauzemonte 225.
Renaudi, s. Johannes, Petrus.
†Renaudus de Bellomonte, Abt von Favrières, Prior von Relanges 219.
*Renauldus de Arcubus, Kapl. von S. Paul in der Kathedrale in Metz 207.
Renemberg, s. Syfridus.

Reneri, s. Johannes.
Renerius de Duno, Präb. der Kathedrale in Verdun 229.
Renerus, s. Raynardus.
— Boese, Inhaber eines officium in S. Servatius in Maestricht 354.
*— Gadijn 357.
— de Holonia alias Fiis, Kan. von S. Maria und von S. Adalbert in Aachen 357. *361.
*— de Rivo 355.
— Guillelmi de Stinne, Rektor des S. Katharinenaltars in Hoesselt 339.
Rennenberch, s. Henricus.
Rennendorf, s. Nicolaus.
Reno, s. Johannes.
Reuele, s. Francus.
Reuelli, s. Johannes.
Reulevilla, s. Johannes.
Reuremonde, s. Ruremunde.
Rex, s. Euerardus.
Reymarus de Brôle, Kan. in S. Maria ad Gradus in Köln 326.
Reymont, s. Johannes.
Reynaldus, s. Raynardus.
*— Parrotti, Kan. der Kathedrale in Lüttich und Propst in Tongern 352. 359.
Reynardus de Brûla, Scholast in Bonn 345.
Reynerius de Domo, Kan. der Kathedrale in Verdun 238.
Reynerus, s. Raynardus.
— de Clevis, Propst in S. Gereon in Köln 48.
— Modde, Notar 283.
Reys, s. Lambertus.
Rhinburgo, s. Jacobus.
Ribadelli, s. Gerardus.
Ricardus, Kellermeister der Abtei in Werden 47.
— Barbe, Mag. in theol., Kan. der Kathedrale in Lüttich 350. 367.
Richardi, s. Geraldus, Johannes, Petrus.
Richardus, Bote des Koll. P. Duranti 67.
*— Ancelini, Pf. in Dommenheim, Pf. in Estain, Pf. in Avioth, Präb. der Erlöserkirche in Metz und von S. Eucaire in Liverdun 190. *191. 197. 212. *234.
de Billeyo, Kan. von S. Maria Magdalena in Verdun 236.
— Bonneti 206.

31

Richardus Collus de Ceperano, Präb. der Kathedrale in Metz 198.
-- le Grys, Präb. der Kathedrale in Verdun 232.
— de Haymonismonte, Präb. der Kathedrale in Verdun 230.
*— de Millereyo, Präb. von S. Maria Magdalena in Verdun 228.
— Montisgaudii, Abt in La Baume les Nonnains, D. Besançon 188.
— de la Roqueta, Kaufm. 401.
Richerii, s. Johannes.
Richus Corbi Mercerili (?) 78.
Ricsardi, s. Nicolaus.
Ricsardus Poylebant, Rektor des Kaiserlichen Altars in der Kathedrale in Lüttich 343.
Rigaldus Betelha, Kl. der D. Cahors 262.
*— de Fex 359. 360.
- Henrici de Fehe, Kan. von S. Paul in Lüttich 341. 349.
Ripe, s. Johannes.
Ripperode, s. Johannes.
Riquinus, Schatzmeister der Abtei in Werden 47.
Riven, s. Johannes.
Rivenato, s. Johannes.
Rivis, s. Arnaldus.
Rivo, s. Renerus.
Robaer, s. Egidius.
Robardia (Boppard), s. Henricus Beyger.
Robert VII., Graf von Boulogne und Auvergne 263. 353.
Robertus, Abt von Saint-Trond 344.
*— Bonifacii de Bordis, Präb. der Kathedrale in Verdun 229.
— de Flandria, Kan. der Kathedrale in Lüttich 351.
— de Ginolhaco, Kan. der Kathedrale in Verdun 229.
*— Guittardi, Pr. der D. Clermont 353. 360. 361.
— de Hamello, Cluniacenser, Prior von S. Severin 341.
— Infantis, Kan. in Nivelles 272.
— de Malorepassu, Prior von S. Marie des Champs bei Metz 202.
— le Meire, Pf. in Hannut 341. *351.
— de Monte Sancti Leodegarii, Prior von S. Remigius, D. Toul 210. 211.
Orioli, Camerarius des Klosters Beaulieu 234.

Robertus de Sancto Germano, Subkoll. in Genf 246.
— de Seraponte, Propst von S. Paulinus bei Trier 195.
— de Tuicio, Kapl. von S. Martin bei Andernach, Kan. in Fosses, Archidiakon von Ardenna, Thesaurar von S. Georg in Köln 193. 276. 349. *352. 365. 384.
— de Villari, Kan. in S. Maria in Dinant 359. 363.
Rocha, s. Hugo.
Rochzdorf, s. Henricus.
Rodemaca, s. Joffridus.
Rodenatker, s. Godefridus, Rodemaca.
Rodenberch, s. Yvelo.
Rodulphus, s. Radulphus.
— de Elieo (?), Pf. in Rambluzin 237.
— de Montigneyo, Präb. der Kathedrale in Toul 217.
— Vicedomini, Propst von S. Amarius 188.
Roffihaco, s. Aymericus.
Roger, s. Hugo.
Rogeri, s. Otto.
Rogerii, s. Aymo, Johannes.
Rogoncort, s. Johannes.
Roitstochk, s. Johannes.
Rollandi, s. Symon.
*Romanus de Insula 206.
Romiis, s. Droco.
Ropertus de Tilia, Pf. in Wissen 326.
Ropilhaco, s. Rossillaco.
Roqueta, s. Richardus.
Ronreus, Dekan von S. Georg in Köln, Subkoll. 49.
— de Montestellarum, Kan. in Speyer, in Weilburg und von S. Symeon 164.
Rosa, s. Dominicus.
Roseriis, s. Henricus, Johannes.
Rosquinus, Kan. in S. Maria ad Gradus in Köln 47.
Rosselleti, s. Johannes.
Rossellini, s. Nicolaus.
Rosseti, s. Johannes.
Rossillaco, s. Bernardus.
Rossilhaco, s. Rossillaco.
Rostangin, s. Petrus.
Rota, s. Jacobus.
Rotbertus, s. Robertus de Tuicio.
Rötellein, s. Lutoldus.
Rotgerius de Martey, Präb. der Kathedrale in Verdun 125.

Rotherus de Camin, Präb. der Kathedrale in Lübeck 96.
Rotlandi, s. Guillelmus.
Rouriis, s. Romiis.
Royaco, s. Valterus.
Roys, s. Reys.
Rudolphus, Kustos der Kathedrale in Basel, Subkollektor 412.
Ruffart, s. Johannes.
Ruffi, s. Bernardus.
Rufi, s. Guillelmus.
Rulen, s. Johannes, Radulphus.
Rumel, s. Rummel.
Rumillie, s. Johannes.
Rummel, s. Christianus, Johannes.
Rümnel, s. Rummel.
Rupe, s. Johannes de Ripe.
Rupe alta, s. Raymundus Boneti.
Ruppe, s. Iterius, Petrus.
Ruppeforti, s. Egidius.
Ruremunde, s. Johannes, Petrus.
Rutgerus de Oudendal, Pf. in Attendorn 345.
— de Ramsberg, Kan. in Soest 330.
— Spring, Pf. in Eslohe 325.
Ryman, s. Johannes.
Ryquinus Upenorde, Kan. der Apostelkirche in Köln 328.

Saarbrücken, Graf von 69. 132.
— s. Saraponte, Serraponte.
Sabaterii, s. Guillelmus.
Sabelini, s. Johannes.
Salewerne, s. Johannes.
Salheit, s. Egidius.
Salis, s. Guillelmus.
Salmis, s. Henricus.
Saltolf, s. Johannes.
Salzburg, Erzbisch. von, s. Fridericus de Leibnitz, Ortholphus de Weisseneck, Peregrinus de Puchheim.
Samermonte, s. Erardus.
Sana, s. Johannes.
Sancius, s. Santtrinus (?).
Sanctis, s. Armanus, Matheus Dostins.
Sancto Martiali, Kard. 364; s. Hugo.
Sandriis, s. Johannes.
*Santtrinus (?) de Hantonicastro, Pf. in Thil 235.
Sapangina, s. Sapoigny.
Sapegina, s. Sapoigny.
Sapoigny, s. Albertus.

Saponia, s. Sapoigny.
Saraponte, s. Arnaldus, Boemundus.
Sareponte, s. Saraponte.
Sarleyo, s. Sorleyo.
Sarraponte, s. Henricus.
Sartiis, s. Johannes.
Sarto, s. Johannes.
Savigniaco, s. Leodegarius Majoris.
Savoyen, Graf von 186.
Say, s. Humbertus.
Scala, Kaufmannsgesellschaft in Florenz 382.
— s. Johannes.
Scalaboti, s. Arnulphus.
Scaleti, s. Johannes.
Scaleto, s. Casleto.
Scambroic, s. Gerardus.
Scarlaken, s. Otto.
Scecano, s. Nicolaus.
Schette, s. Johannes.
Schilling, s. Guillelmus.
Schwerin, Bisch. von, s. Fredericus de Buelow.
Scriuer, s. Henricus.
Sculenborch, s. Bernardus.
Sebastianus de Sorbeya, Präb. der Kath. in Verdun 230; (s. Bastinus).
Sebertus Snabel, Kan. von S. Castor in Koblenz 195.
Sebres, s. Johannes.
Secano, s. Ambaldus.
Segestas, s. Zeghestaf.
Seignhor, s. Jacobus.
Selgenstat, s. Ottwinus.
Senliers, s. Colinus.
Senoncuria, s. Nicolaus.
Septemfontibus, s. Thomas.
Seraponte, s. Johannes, Robertus.
Seria, s. Petrus.
Serraponte, s. Nicolaus.
— s. Seraponte.
Serreriis, s. Symon.
Serueres, s. Mateurus.
Servianis, s. Guillelmus Rotlandi.
Sessia, s. Nicolaus.
Sesslich, s. Theodericus.
Sestarico, s. Cistarico.
Sigerius, s. Sigerus.
Sigerus de Novolapide, Dekan der Kathedrale in Lüttich, Dekan von S. Servatius in Maestricht, Kollektor in Köln 333. 335. *338. 341. *343. 344. 345.

*346. *347. *356. *367. *368. *369. *370.
*371. *372. *373. 374. 375. *376. 377.
Sigfriedus de Geilnhausen, B. von
　　Chur 81.
Signo, s. Eurardus.
Silva, s. Garnerus.
Silvani, s. Radulphus.
Silvaveticis, s. Johannes.
Simon, Vik. der Pfarrkirche Uns. L. Frau
　　in Lübeck 96.
*— de Loquemont, Pf. in Percy-le-Petit
　　152.
Singnor, s. Seignhor.
Sirocuria, s. Syrocuria.
Sistario, s. Monus.
Sixtus, s. Ludovicus.
Snabel, s. Sebertus.
Snederus Uterloe, Präb. der Kathedrale
　　in Utrecht 284.
Snoet, s. Theodoricus.
Sobellini, s. Johannes.
Soderini, Kaufmannsgesellschaft in Flo-
　　renz 373.
— s. Soderinis.
Soderinis, s. Dominicus, Franciscus Gerii,
　　Gerus.
Soillees, s. Nicolaus, Senliers.
Solegiis, s. Jacobus.
Solms, s. Symon.
Somma Vela, s. Hugo.
Sona, s. Johannes.
Sonaglini, s. Bartholomeus, Bartholus,
　　Bertholus Johannis.
Sonlers, s. Senliers.
Sorbeya, s. Sebastianus.
Sorleyo, s. Bastinus.
Sorn, s. Johannes.
Sortes, s. Johannes.
Spanehaym, s. Henricus.
Spanner, s. Hugo.
Spaynheyn, s. Godefridus.
Spec, s. Albertus.
Spede, s. Goswinus.
Spemont, s. Johannes.
Spinallo, s. Joffridus, Johannes Hugonis,
　　Nicolaus, Petrus Vagneti.
Spinelli, s. Laurentius.
Spirotus, Kan. der Kathedrale in Lüttich
　　279.
Spring, s. Rutgerus.
Stachowitz, s. Nicolaus.
Stadis, s. Vernerus.

Stagno, s. Guillelmus, Symon.
Staillat, s. Arnaldus Johannis.
Stalberg, s. Fridericus, Henricus, Jo-
　　hannes.
Staynec, s. Henricus.
Stelligen, s. Egidius.
Stephani, s. Guido.
Stephanus Bellicognati, Kan. in
　　S. Maria in Hougaerde 270.
　- Bellifilii, Präb. der Erlöserkirche in
　　Metz, Pf. in Dom-Remy, dann Pf. in
　　Ferrières 197. 199. 213. 217.
*— Cambaruti, B. von Monte Casino,
　　Thesaurar der Camera 162.
*— de Canali, Subkoll. 248.
— Dominici, Pf. in Ochey 220.
— Genesii, Offizial von Langres 143.
-- Jaquini, Pf. in Dugny 229.
— Maile, Präb. von S. Theobald bei Metz
　　und von S. Maria Rotunda in Metz 197.
　　198.
*— Marcerii 353.
— Militis, Präb. von S. Theobald bei
　　Metz, Kan. und Kantor der Kathedrale
　　in Verdun, ernannter Pf. in Dugny 197.
　　229. 235. 237. 239.
— de Nuce, Kan. der Kathedrale in Ver-
　　dun 229. 235.
　- de Passy (de Paris), B. von Paris,
　　dann Kardinalpr. tit. S. Eusebii 351. 352.
— Pistoris, Notar 44, 63. 422.
— Priosi, Pf. in Dommartin-lez-Toul 213.
*— de Vart 237.
— Vitalis, Kursor der päpstl. Kurie 254.
　　255.
Stinne, s. Renerus Guillelmi.
*Stobancus Hennemanni 206.
Stochem, s. Guillelmus.
*Stoldus de Altovitis, Kaufm. von
　　Florenz 395.
Ston, s. Nicolaus.
Stormaria, s. Gerardus, Gr. v. Holstein.
Stornenbergh, s. Johannes.
Strafsburg, Bisch. von, s. Lambertus de
　　Born.
Strociis, s. Hubertinus Andree.
Stromer, s. Ulricus.
Strubbe, s. Hugo.
Stueber, s. Henricus Frigidi.
Suderlande, s. Henricus.
Suderman, s. Bertrammus, Conradus.
Suessione, s. Peretus, Petrus.

Sulleyo, s. Geraldus.
Summavera, s. Lambertus.
Summo, s. Hermannus.
Sunli, s. Bertholdus.
Supinu, s. Athenulphus.
Surelli, s. Nicolaus.
Susato, s. Marquardus.
Swalme, s. Guillelmus.
Swansbülle, s. Bertholdus.
Syfredus Ludowici, Vik. des Hl. Geist-Hospitals in Münstermayfeld 165.
Syfridus de Renemberg, Präb. der Kirche in Kirchherten 47.
Sygerus, s. Sigerus.
Symon, Prior von Oignies 352.
— Pf. in Raville 216.
de Atrio, Pf. in Bavilliers 220.
de Atrio, Kan. von S. Johannes und von S. Bartholomaeus in Lüttich 225. 226. *358.
— Colini, Pf. in Braban-sur-Meuse 237.
— de Humbore, Präb. der Erlöserkirche in Metz 133.
— de Metis, Pf. in Creis 54. 64. 66. 67. 68. *69. *76.
— Michaelis, Pf. in Dommenheim 197.
— Michalis, Pf. in Estain 234.
— de Milereyo, Pf. in Loisey 217.
— de Monteferrando, Prior von Altkirch 188.
— Rollandi, Propst der Kathedrale in Verdun 229. 233.
— de Serreriis, Prior von Chambroncourt 211.
— de Solms, Dekan der Kathedrale in Köln 345.
— de Stagno 169. 170. 228.
— de Usia, Präb. der Kathedrale in Toul, Pf. in Mandres 211. 212.
— Wernerii, Präb. der Kathedrale in Toul 215.
— de Wibalhe 366.
Symoneti, s. Poncius.
Symoni, s. Symonis.
Symonis, s. Jacobus, Reginaldus.
Symonnius Rolandi, s. Symon Rollandi.
— s. Symon.
Synceio, s. Thomas.
Syni, s. Godefridus.
Syrocuria, s. Philippus.

*Talentus Andree Bucelli, Kaufm., Vertreter der Ges. Alberti antiqui in Florenz 346. 372. *374.
Talleyrand, s. Elias.
Tarantaise, Erzbisch. s. Bertrandus de Bertrandis, Johannes de Bertrandis.
Targa, s. Ademarus.
Tarrida, s. Petrus.
Tegeln, s. Johannes.
Telmannus Danielis, Pf. in Berg-Friesheim 329.
— de Greveroide, Kan. in Werden 332.
— de Hagene, Kan. in S. Andreas in Köln 331.
Tencelinus, s. Johannes.
Tercialeuca, s. Johannes.
Tergentinus, B., s. Franciscus de Amelia.
*Terricus de Brueriis, Präb. in St.-Dié, Benefiziat in Rambervillers 212. 218.
— de Vienairia, Pf. in Champ-le-Duc und Bruyères 219.
Textoris, s. Johannes.
Thalamis, s. Godefridus.
Thalon, s. Johannes.
Theavilla, s. Arnaldus Johannis.
Thedericus, s. Theodericus, Theodoricus.
— de Clevis 48.
— Pallein, Pr. 363. 366.
*— de Polonia, Mitglied des deutschen Ordens 383.
— Wmellic, Kl. 420.
— de Xantis, Kan. in S. Gereon in Köln 383.
Thenis, s. Otto.
Theobaldi, s. Elricus, Ferricus, Henricus, Johannes.
Theobaldus, EB. von Palermo 150. 166.
— de Altomonte, Präb. der Kathedrale in Verdun 168.
*— Bruneti, Notar des Gerardus de Arbenco 167. *168. *169. 174. 181. *182. 183. *184. *185.
— Ferreti, Scholast der Kathedrale in Metz 209.
— Griffonel, ernannter Kan. der Kathedrale in Metz 167. 196.
'— Martini de Lucemburch, Kan. von S. Castor in Koblenz 191.
'— Migorinart, Benefiziat der Kathedrale in Metz 200.
*— de Moesperg, Prior von Miserath 188.

Theobaldus de Monteclaro, Prior von Vandelainville 215.

Theodericus, Kantor der Kathedrale in Mainz 406. 407. 409.

Theodericus, Prior von S. Andreas in Orvieto, Kollektor 51. 57.

— de Aganeyo, Präb. von S. Thomas in Strafsburg 40.

— de Astberg, Pf. in Mörs 327.

— Bayer de Boppard, B. von Metz 409. 410. *411. *415.

— de Hamersteym, Kan. der Kathedrale in Trier 193.

— Kagelwit, EB. von Magdeburg 389.

— Mule, Kantor von Carden 192.

— de Pavone, Schatzmeister von S. Andreas in Köln 329.

— Poleyn 345.

— de Sesslich, Vik. in der Apostelkirche in Köln 324.

— Visschelle, Vik. in Huy 355.

Theodorich, s. Theodericus.

Theodoricus de Leten, Pf. in Opladen 325.

— de Lederdamme, Präb. in S. Maria in Utrecht 285.

*— Snoet, Kan. in S. Maria in Dinant 351. 364.

*— de Xantis, Kapl. in S. Peter und des S. Paulsaltars in der Kathedrale in Lüttich 353.

Therricus de Boyoncuria, Kan. der Kathedrale in Toul 175.

Theudericus Eberwin, Kan. in Oehringen, D. Würzburg 262.

Theuis (?), s. Thenis.

Thiacuria, s. Alardus, Nicolaus.

*Thidemannus de Monteburgi, Magister der Stadt Bruges 408.

Thiersten, Präb. in Frick 26.

Tholen, s. Albertus.

*Thomas de Amanatis, Titularbischof von Limassol, Kollektor 401. 402. 412. *413. 414.

— Bonaguida, Kaufm., Vertreter der Ges. Alberti novi in Florenz 370.

— de Bourlemont, B. von Toul 126. 242.

— de Burgo, Kan. der Kathedrale in Verdun 228. 239.

— de Dalen, Pf. in Düren 332.

*Thomas de Damperia, Subthesaurar und Präb. der Kathedrale in Toul, ernannter Kan. der Kathedrale in Metz, Benefiziat in Aillianville 168. 175. 205. 210. 213. 224.

— Elye, Kan. von S. Florin in Koblenz 193.

— Jaquemini, Präb. von S. Nicolaus in Brixey-sur-Meuse 213.

— Monis, Kaufm. der Ges. Alberti antiqui in Florenz 374. *397. 398. 400. *405.

— Nicolai Lambertesqui, Kaufm.,Vertreter der Ges. Alberti antiqui in Florenz 369. 370. 393. *394. *396. 397.

— de Palatra, Notar 186.

— de Sancto Elphio, Prior von S. Georg bei Toul 221.

— de Sancto Johanne, Dekan der Kathedrale in Trier 194.

— de Septemfontibus, Propst von S. Maria ad Gradus in Köln 327.

— de Synceio, Präb. der Kathedrale in Metz 201.

— Trikestar, Kan. der Kathedrale in Metz 150.

Thome, s. Henricus.

Thonenburch, s. Walramus.

Thudichem, s. Tudekem.

Thyacuria, s. Thiacuria.

Tiaco, s. Alardus.

Tidericus, s. Johannes.

*Tielmannus, Kan. der Kathedrale in Lüttich 356.

Tierrici, s. Viriomius.

Tierricus, Pf. in Deneuvre 224.

— Pf. in Ochey 220.

— de Biencuria, Präb. der Kathedrale in Toul 210.

— s. Terricus.

Tigrini, s. Georgius.

Tilia, s. Ropertus.

Tilmannus Balestarii, Pf. von S. Vith 278. 280.

— Kül de Legninch, Kan. in Kerpen 345.

— Lamberg 394.

— de Nussia, Prokurator an der Kurie 262.

Tolan, s. Tholen.

Tomasii, s. Pachinus.

Tongris, s. Arnoldus.

Toren, s. Henricus Hoesman.
Tornamira, s. Berastus, Johannes, Poncius.
Tornay, s. Jaquetus.
Toulon, s. Tholen.
Traiecto, s. Guillelmus, Johannes.
Trandi, s. Bernardus.
Trauille, s. Johannes.
Tremonia, s. Henricus.
Treveren., Erzbisch., s. Balduinus de Luetzelburg, Boemundus de Saraponte.
Treveris, s. Johannes.
Trier, s. Treveren.
Triest, s. Tergentinus.
Trijt, s. Johannes.
Trikestar, s. Thomas.
Trilha, s. Germanus.
Trimonia, s. Tremonia.
Tripperii, s. Guillelmus.
Trophardi, s. Nicolaus.
Trudone S., s. Gerardus de Scambroie.
Trulleyo, s. Widericus.
Tudekem, s. Euerardus.
Tudekin, s. Tudekem.
Tuicio, s. Hermannus, Robertus.
Tuitio, s. Tuicio.
Tulle, Bisch. von, s. Hugo Roger.
Tullen., Bisch., s. Amatus de Geneva, Johannes d'Arzillières, Johannes de Hoyo, Thomas de Bourlemont.
Turna, s. Nicolaus.
Turre, s. Ferricus, Johannes.
Turribus, s. Radulphus.
Tusculanus, Kard.-B., s. Ambaldus de Ceccano, Nicolaus Capocei.
Tuycio, s. Tuicio.

Ubaldus Fecci de Ubertinis, Kaufm., Vertreter der Ges. der Cardi 403.
Ubertinis, s. Ubaldus.
Uffeyo, s. Johannes.
Ulnici, s. Gerardus.
Ulrici, s. Henricus.
Ulricus Froisteril, Scholast von S. Stephan in Mainz, Kollektor 390.
*— de Leonroto, Propst in Illmünster, Subkoll. 389. 391.
*— de Lunendorf, Rektor des Marienaltars in S. Peter in Basel 5.
— de Monda, Kaplan des B. von Strafsburg 40.
— Phofferhart, Kan. in S. Johannes in Konstanz 422.

Ulricus de Pontendorf, Ritter, Marschall des B. von Eichstätt 389.
— Puirtrani, Dekan der Kathedrale in Augsburg, Subkoll. 413.
— Stromer, Kaufm. in Nürnberg 414.
Ultricuria, s. Nicolaus.
Ungot, s. Wernherus Wrnheri.
Unilhal, s. Petrus.
Unna, s. Hermannus.
Upenorde, s. Ryquinus.
Urbanus V., Papst 299. 319. 330. 338.
*339. *340. 341. *343. *346. 348. 352.
354. 357. 358. *359. *360. 363. *366.
370. 372. 391. 392. 395. 400. 404.
Urbe, s. Paulus.
Urbeche, s. Geraldus.
Urchiis, s. Adam.
Urgel, Bisch. von, s. Nicolaus Capoci.
Ursi, s. Angelus.
Ursinis, Kard., s. Raynaldus de Ursinis.
Usia, s. Symon.
Ustinc, s. Hugo.
Uterloe, s. Snederus.
Uticensis, Kard., s. Helias de St. Irieix.

Vacheti, s. Bertrandus.
Vagneti, s. Petrus.
Valerau, s. Valercut.
Valercut, s. Johannes.
Valerke, s. Henricus.
Valle, s. Nicolaus, Petrus.
Valleaurea, s. Raymundus.
Valle Masonis, s. Petrus.
Vallibus, s. Perrinus.
Valliscolore, s. Huardus.
Valtelinus de Lobio, Kan. in S. Severin in Köln 47.
Valteri, s. Johannes.
Valterus de Royaco, Präb. der Kathedrale in Verdun 230.
Vanderiis, s. Vonderiis.
Vannis, s. Jacobus.
Vapinceu., Bisch., s. Henricus de Poitiers.
Varendorpe, s. Amelungus.
Varez, s. Matheus.
Varinus, Kan. der Kathedrale in Verdun 134.
-- de Barro, Präb. der Kathedrale in Verdun 229.
Vart, s. Stephanus.
Vaucheromii, s. Vernerus.
Velhten, s. Walterus.

Venderiis, s. Petrus.
Veneta, s. Johannes.
Veno, s. Gerardus.
Venthadoro, s. Eblo.
Ventris, s. Nicolaus.
Verden, Bisch., s. Daniel de Wichtrich.
Verdenberg, s. Henricus.
Verdunen., Bisch., s. Henricus d'Apremont.
Vernenbeurch, s. Gerardus Henrici.
Vernerus de Barro (?), Pf. in Chavigny 226.
— de Stadis, Vik. der Kathedrale in Hamburg 92.
— Vaucheromii de Vichiis, Pf. in Roville-aux-Chênes 216.
Verneti, s. Petrus.
Verreti, s. Geraldus.
Verteriaco, s. Johannes.
Vertriaco, s. Johannes.
Verulis, s. Johannes.
Verzelesia, s. Johannes Johannis.
Vesere, s. Petrus.
Vestenburgh, s. Raynaldus.
Vetenleen, s. Henricus.
Via, s. Petrus.
Vianden, s. Johannes.
Vianna, s. Godefridus.
Vicedomini, s. Rodulphus.
Vichiis, s. Vernerus Vaucheromii.
Vienairia, s. Terricus.
Vienna, s. Vianden.
Vigenous, s. Johannes.
Vigot, s. Wernherus.
Villa, s. Admetus, Dominicus Johannis Musardi.
Villanus Johannis, Prokurator der Handelsgesellschaft der Alberti antiqui von Florenz 399.
Villari, s. Robertus.
Villariis, s. Johannes.
Villebringhen, s. Johannes.
Villeta, s. Nicolaus.
Villeyo, s. Dominicus, Ferricus.
Villici, s. Leonardus.
Vincellis, s. Petrus.
Vineriis, s. Petrus.
Viortio, s. Guido.
Virduno, s. Franciscus.
Viridario, s. Bernardus.
Viriomius Tierrici, Pf. in Rambluzin 231.

Virodio, s. Gerardus Ribadelli.
Viruti, s. Joffridus, Johannes Joffredi.
Vissaco, s. Petrus.
Visschelle, s. Theodericus.
Visulo, s. Johannes.
Vitalis II, Erzb. von Besançon *140.
— s. Stephanus.
Viterbio, s. Anthonius Pauli.
Viterbo, Bisch., s. Nicolaus.
Vitriaco, s. Adam, Johannes, Philippus.
— s. Verteriaco, Vertriaco.
Vitte, s. Matheus.
Vitulo, s. Guillelmus, Guill. Wiardi.
Vivacurte, s. Johannes.
Vivario, s. Gerardus.
Viventii, s. Johannes.
Vivianus, Kan. der Kathedrale in Toul 128.
Vladorp, s. G., Rembaldus.
Vlodorp, s. Vladorp.
Vodro, s. Vodronio.
Vodronio, s. Helias.
Vodrono, s. Vodronio.
Voishem, s. Walterus.
Voitsardi, s. Hermannus.
Volframi, s. Ludovicus.
*Volzekinus Dannebergh 408.
Vonderiis, s. Petrus.
Vondricuria, s. Johannes.
Vorne, s. Bartholomeus.
Vorsthusen, s. Johannes.

Wade, s. Guillelmus.
Wadrecheies, s. Egidius.
Waeronz, s. Wericus.
Waldeke, s. Adolphus.
Walfram, s. Orthulus.
Walkenburgh, s. Johannes.
Walrami, s. Philippus.
Walramus de Thonenburch, Komtur des deutschen Ordens in Köln 383.
Walstede, s. Godefridus.
Waltemanni, s. Hermannus.
Walterius Lebart, Kan. in Weset 265. 271. 274.
Walterus Decanus, Kan. in S. Johannes in Konstanz 422.
— de Ducello, Rektor des Altars der hh. Nicolaus und Gertrud in Moustier-sur-Sambre 349.
*— Ducchellus 355.
— de Ficocuria, Prokurator an der Kurie 409.

Walterus de Hemtines, Pf. in Laer, Kan. der Kathedrale in Lüttich 343. 360.
— Henrici de Busco, Kan. in S. Gertrud in Nivelles 275.
— de Melauri, Rektor des S. Nicolausaltars in der Kirche von Mont-Saint-André 277.
— Nicholay de Redelinga, Pf. in Mendig (?) 165.
— de Velhten, Kan. in Rheinfelden 22.
— de Voishem, Pf. in Straelen 325.
Waltherus de Amantia, Pf. von S. Elophe in Toul 223.
Waltman, s. Hermannus.
Wambeke, s. Johannes.
Wandeonio, s. Helias.
Wang, s. Johannes.
Wange, s. Godefridus.
Want, s. Wilbrandus.
Warendorp, s. Godefridus.
Warens, s. Hubertus Corbeti.
Warinus Bartholomei, Pf. in Florémont 218. 219.
— de Oritzentacia, Kapl. in St.-Dié 176.
Warmanshagen, s. Brokardus.
Waspardi, s. Wasperdi.
Wasperdi, s. Egidius.
Wedeghar, s. Mathias.
*Wedericus, Archidiakon in Vittel, Präb. der Kathedrale in Toul 213.
Welchewini, s. Welchwini.
Welchwini, s. Johannes.
Welencouen, s. Wevelinghoven.
Welder, s. Wingandus.
Welle de Confluencia, s. Henricus.
Werda, s. Egidius.
Werdenberg, s. Henricus.
Wericus de Waeronz, Kaufm. in Lüttich 344.
Wernerii, s. Geraldus, Symon.
*Wernerus Marschalk, Kan. in Moutier-Grandval 28.
— de Haselbeke, Kan. von S. Bartholomeus in Lüttich 342.
Wernherus Wrnheri Ungot, Pf. in Maasmünster 163. 188.
— Vigot (?), s. Ungot.
Wesemburg, s. Raymundus.
Wevelcoven, s. Henricus.
Weuelinchouen, s. Wevelinghoven.
Wevelinghoven, s. Florentius.

Weuelkouen, s. Wevelinghoven.
Weuuelconon, s. Wevelinghoven.
Wiardi, s. Guillelmus.
Wibalhe, s. Symon.
Wide, s. Gerardus.
Widericus de Marbache, Kapl. des Marienaltars in S. Gengoult in Toul 175.
— de Trulleyo, Präb. von S. Gengoult in Toul 212.
Wigelonis, s. Wortuwinus.
Wihangue, s. Wihonge.
Wihonge, s. Johannes.
Wilbrandus Want, Kl. 358.
Wilhelmus, s. Guillelmus.
Wilhersyes, s. Godefridus.
Wilhon, s. Jacobus.
Wilhongne, s. Wihonge.
Willekini, s. Johannes.
Willequini, s. Willekini.
Willelmi, s. Guillelmi, Petrus.
Willelmus, s. Guillelmus.
Willermi, s. Franco, Guillelmi.
Willermus, s. Guillelmus.
Willicus de Alberstorf 124.
Winandus de Berghem, Pf. in Pinsdorf 329.
— de Hengebach, Pf. in Berg bei Nideggen, Kan. von S. Maria in Maestricht 329. 341.
Wingandus Welder, Dekan in S. Bartholomeus in Frankfurt 415.
Winkelhusen, s. Ludolphus.
Wiricus de Belloramo, Kan. in Hougaerde 350.
Wirieri, s. Colinus.
Wistoc, s. Henricus.
Witigo de Kolditz, B. von Meissen 59. 63.
Wlonspec, s. Godefridus.
Wlpe, s. Petrus.
Wlpes, s. Godefridus.
Wlricus, s. Ulricus.
Wmellic, s. Thedericus.
Wmle, s. Henricus.
Wntingle, s. Johannes Tidericus.
Wonneberg, s. Hugo.
Wontheringhe, s. Jonathas.
Worms, Bisch. von, s. Johannes Schadland.
Wortuwinus Wigelonis, Kan. von Hl. Kreuz, D. Basel 188.
Wrnheri Ungot, s. Wernherus.

Würzburg, s. Herbipolen.
Wulbergh, s. Hermannus.
Wulenbrang, s. Villebringhen.
Wunpertus, s. Luprandus.
WYKERUS DE FRANKAFORDIA, Scholast
   von S. Stephan in Mainz, Kollektor 390.
Wynandus Hase, Kan. in Recklinghausen
   325.
Wyngherhut, s. Gotfridus.

Xanctis, s. Arnoldus Johannis, Petrus
   Johannis.
— s. Xantis.
Xantis, s. Hermannus, Johannes, The-
   dericus, Theodoricus.
Xantiis, s. Xantis.
Xellekien, s. Xellelluen.
Xellelluen, s. Nicolaus.
Xendeti, s. Geraldetus, Geraldus.

Yma, s. Baldewinus, Johannes Baldewini.
Yporegia, s. Martinus.
Yrieix, S., s. Helias de St. Irieix.
Yrmengard de Linepe, Stiftsdame in
   S. Caecilia in Köln 48.
Ysnardus Porchalhe, Kaufm. 256;
   (identisch mit Isnardus Porchalha).
Yvelo de Rodenberch, Kan. von S. Maria
   in Aachen 340.

Zabern, Graf von 133.
Zacheus, Benediktiner, Abt von Saint-
   Trond 344. 363.
Zebres, s. Johannes, Philippus.
Zeghestaf, s. Euerardus.
Zelandia, s. Johannes Aurriti.
Zenobius, s. Banchus.
Zile, s. Guillelmus.
Zul, s. Eustachius.

Orts-Verzeichnis.

Abkürzungen: A. = Amt; Arr. = Arrondissement; bad. = badisch; bayr. = bayrisch; belg. = belgisch; Bez. = Bezirk; Bez.-A. = Bezirks-Amt; böhm. = böhmisch; D. = Diöcese; Dép. = Département; elsäss. = elsässisch; franz. = französisch; ital. = italienisch; Kant. = Kanton; Kr. = Kreis; Landsch. = Landschaft; Lddr. = Landdrostei; lothr. = lothringisch; luxemb. = luxemburgisch; niederländ. = niederländisch; preuss. = preussisch; Prov. = Provinz; Rgbz. = Regierungsbezirk; russ. = russisch; schweiz. = schweizerisch; St. = Stadt, Sankt oder Saint.

Ein Sternchen vor einer Zahl bedeutet, dafs der Name auf der Seite, welche die Zahl angiebt, mehrere Male vorkommt. Ein Fragezeichen bei einem modernen Ortsnamen giebt an, dafs die Identifizierung der betreffenden Ortschaft unsicher ist.

Aachen (preuss. Rheinprov., Rgbz.-St.), Aquae 351. 362. 367. 385. — Aquensis 48. 266. 268. *269. 270. 271. 275. 338. *339. *340. 342. 343. 350. 351. 357. *359. *361. 362. 363. 366. 367. — Kirchen, s. St. Adalbert, Erlöserkirche, St. Judocus, St. Laurentius, Sta. Maria. St. Michael.

Aargau (schweiz. Kanton) 22. 25.

Abaucourt (franz. Dép. Meurthe-et-Moselle, Kant. Nomeny), Aboncourt 306.

Abaucourt, s. Endorf.

Abbatisuilla, s. Abbéville.

Abbéville (franz. Dép. Meurthe-et-Moselle, Kant. Conflans), Abbatisuilla 313.

Abechshein, s. Habsheim.

Aboncourt (franz. Dép. Meurthe-et-Moselle, Kant. Colombey), Auboncort 130.

Aboncourt, s. Abaucourt.

Aceyum, s. Essey.

Achel (belg. Prov. Limbourg, Kant.-Hauptort), Aghele 342.

Achim (preuss. Amt-St., Lddr. Stade, Kr. Verden) 92.

St. Adalbert, Kirche in Aachen 357. — Kirche in Lüttich 354.

St. Adelbert, Kirche in der alten D. Pomesanien 89.

Adenzel, s. Oldenzaal.

Adenzelensis, s. Oldenzaal.

Ader, s. Odern.

Sta. Adhuldis, s. Sainte-Hould.

Admont (steiermärk. Bez. Liezen), Amontensis, Abtei 44. 62.

Sta. Afra, Kapelle in Hirzbach. — Capella sancte Afre 19.

Agenbach, s. Hagenbach.

St. Agericus, s. St.-Airy.

Aghele, s. Achel.

Sta. Agnes, Kapelle in Couvin 348.

Aillianville (franz. Dép. Haute-Marne, Kant. Saint-Blin), Aleuuilla 213.

Airees, s. Arraye.

St.-Airy, ehemalige Benediktiner-Abtei bei Verdun, St. Agericus *118.

Alba, s. Alben.

Alba ecclesia, s. Weifskirchen.

St. Alban, Kirche und Kloster in Basel *5. 188. 425. *426. 431. *432. *433. *434. 435. — Pfarrkirche in Köln 345.

Albe, s. Saaralben.

Alben (lothr. Kant. Pange), Alba, Priorat 303.

Alberschweiler (lothr. Kant. Lörchingen), Ebleswilre 314. — Elborswilre 149.

Albertstadensis, s. Halberstadt.

Albi (franz. Dép. Tarn), Diöcese, Albiensis 422.

Aldenzel, s. Oldenzaal.

Aldenzelensis, Archidiakonat der alten D. Utrecht *284 (s. Oldenzaal).

Aldeselen, s. Oldenzaal.

Aldinga, s. Alstingen.

Aldorf, s. Altorf.

Alémont (lothr Kant. Verny), Allemont *306.

Aleuuilla, s. Aillianville.

Algringen (lothr. Kant. Diedenhofen), Eukerangez 310.

Alkem, s. Alken.

Alken (belg. Prov. Limbourg, Kant. Loozi 288. 290. 351. 353. 360. — Alkem, Propstei 363.

Allemont, s. Alémont.

Allerheiligen-Altar in der Kirche in Colmar 7.

— in der Kirche Sta. Maria in Dinant 274.

Allschweiler (schweiz. Kant. Basel-Land, Bez. Arlesheim), Almswilr 5. — Almesuuilr 5.

Almesuuilr, s. Allschweiler.

Alminga, s. Insmingen.

Almswilr, s. Allschweiler.

Alne, s. Avel.

Alreshein, s. Arlesheim.

Alrie, s. Avel.

Alschweiler (zerstörte Ortschaft, s. Schöpflin, Alsatia illustrata, B. II, S. 454), Alsuuilr 11.

— s. Hl. Kreuz.

Alstat, s. Altstadt.

Alstingen (lothr. Kant. Forbach), Aldinga 133.

Alsuuilr (zerstörte Ortschaft, lag im elsäss. Kant. Sulz; es werden zwei Ortschaften dieses Namens im Dekanat citra Ottensbühel angeführt) 13.

— s. Alschweiler.

Altacakla, s. Altkirch.

Alta Silva, s. Haute-Seille.

Altavilla, s. Hauteville.

Altbettingen (?) (preuss. Rgbz. Trier, Kr. Bittburg), Vecebetingon (= Vetus Bettingen?) 166.

Altenach (elsäss. Kant. Dammerkirch) 17.

Altengamme (Landsch. Vierlanden, zu Hamburg gehörig), Antiqua Gamma 95.

Altenkrempe (Holstein, Gut Hasselburg), Antiqua Crempa 96.

Altereyum, s. Autrey.

Alterupe, s. Altrip.

Altheim (bayrisch. Pfalz, Bez.-A. Zweibrücken) 315.

Altkirch (elsäss. Kant.-St.) 15. 19. 20. — Altkilch, Kloster *15. — Altacakla 188.

Altkilch, s. Altkirch.

Altmünsterol (elsäss. Kant. Dammerkirch), Mustrol inferior 18. — Mustrol superior 18.

Altolzhein (unbek. im Ober-Elsass, wenn nicht identisch mit Andolsheim, und aus Versehen im Dekanat citra Rhenum wiederholt; es fehlt nämlich in den »Monuments de l'ancien évêché de Bâle«, V, S. 17 ff.) 10.

Altorf, franz. Bassecourt (schweiz. Kant. Bern, Bez. Delémont) 27. — Aldorf 163.

Altorf (S. 316), s. Saaraltdorf.

Altrip (lothr. Kant. Grofständchen), Alterupe 149. — Altterpen 312.

Altstadt (bayr. Bez. Pegnitz), Alstat 42.

Altterpen, s. Altrip.

Altweiler (lothr. Kant. St.-Avold), Atteuille 311.

Amance (franz. Dép. Meurthe-et-Moselle, Kant. Nancy), Amancia 224.

Amancia, s. Amance.

St. Amancius, Pfarrkirche in Metz 304.

— Kirche in Toul 214.

— Kirche in Verdun 129. 231. — St. Amantus 152. — St. Amanus 127.

Amanges, s. Insmingen.

Amaniensis, s. Amay.

St. Amantus, s. St. Amancius.

Amanty (franz. Dép. Meuse, Kant. Gondrecourt), Amontum, Priorat 113.

St. Amanus, s. St. Amancius.

Amanweiler (lothr. Kant. Metz), Amennuilla 307.

St. Amarin (elsäss. Kant.-St), St. Amarinus *16. 163. — St. Amarius 188. — Vallis sancti Amariani 10.

St. Amarinus, s. St. Amarin.

St. Amarius, s. St. Amarin.

Amay (belg. Prov. Lüttich, Kant. Huy), Amaniensis 265. 267.
Ambianensis, s. Amiens.
Amech, s. Avioth.
Amel (franz. Dép. Meuse, Kant. Spincourt), Amella, Priorat 118. 168. 169. *170. 171. 227. 228.
Amella, s. Amel.
Amelécourt (lothr. Kant. Château-Salins), Ameleicourt 308. Amolecuria 206.
Ameleicourt, s. Amelécourt.
Amenoncourt (franz. Dép. Meurthe-et-Moselle, Kant. Blamont) 309
Amennuilla, s. Amanweiler.
St. Ameramus, Abtei in Regensburg 43.
Amerazuuilr, s. Ammerzweiler.
Amiens (Franz. Dép. Somme, Diöcese, Ambianensis *266. 365.
— Kathedrale 266. 277.
Ammerschweier (elsäss. Kant. Kaysersberg), Ammersuuilr 6.
Ammersuuilr, s. Ammerschweier.
Ammerzweiler (elsäss. Kant. Dammerkirch), Amerazuuilr 16.
Amolecuria, s. Amelécourt.
Amontensis, s. Admont.
Amontus, s. Amanty.
Amoth, s. Avioth.
Amps, s. Ham unter Varsberg.
Anagni (ital. Prov. Rom), Anagnia 401. 402.
Anagnia, s. Anagni.
Anceyum, s. Ancy a. d. Mosel.
Anchenden, s. Ensch.
Ancy a. d. Mosel (lothr. Kant. Gorze), Anceyum 305.
Andelaucour, s. Anglecourts.
Andernacensis, s. Andernach.
Andernecensis, s. Andernach.
Andernach (preuss. Rgbz. Koblenz, Kr. Mayen), Andernacensis 193. — Andernacum 38. 50. — Andernecensis 193. — Ardenachen 192.
— s. St. Martinus.
Andernacum, s. Andernach.
Andolsheim (elsäss. Kant.-Hauptort), Ansolzhein 9.
St.-André (franz. Dép. Meuse, Kant. Souilly), St. Andreas 134.
St. Andreas, Kirche in Basel 5.
— Kirche in Köln 39. 49. *327. 328. 329. 331. 332. 338. 344. 345. 371.

St. Andreas, Priorat in Orvieto 57.
— Altar der Erlöserkirche in Utrecht 286.
— Kirche in Verden *392.
— Kirche in Strafsburg 40.
— s. St.-André.
Anens, s. Awans.
Angeot, deutsch Ingelsod (franz. Arr. Belfort), Ingelsat 17.
Anglecourts, les, Priorat der alten D. Verdun, Andelaucour 169.
Angweiler (lothr. Kant. Finstingen), Auwilre 313.
St. Annualis, s. St. Arnualis.
Anonia, s. Hennegau.
Ans (belg. Prov. und Kant. Lüttich) 280.
— s. St. Martinus.
Anseldinguen, s. Azondange.
Ansolshein, s. Andolsheim.
St. Anthonius, Ordenshaus in Frankfurt a. M. 72.
— Altar der Kirche St. Dionysius in Lüttich 339.
— Ordenshaus in Memmingen 42.
Antiqua Crempa, s. Altenkrempe.
Antiqua Gamma, s. Altengamme.
Antonicastrum, s. Hattonchâtel.
St. Antonius, Altar der Kirche in Colmar 8.
Aosta (ital. Prov. Piemont), Diöcese, Augustensis 155. 178. 243.
St. Aper, chemalige Abtei in Toul 112.
— s. St. Epvre.
St. Apollinaris, Kirche in Prag 407. 412. 414.
Apostelkirche in Köln 38. 267. 324. 328. *330. 331. *333. 344.
SS. Apostoli, Altar in St. Castor in Koblenz 165.
Appenuuilr, s. Appenweier.
Appenweier (elsäss. Kant. Neubreisach), Appenuuilr 10.
Apremont (franz. Dép. Meuse, Kant. St.-Mihiel), Aspermons, Priorat 118.
Aquae, s. Aachen.
Aquensis, s. Aachen.
Arcancey, s. Argancy.
St. Archangelus, Kirche in der D. Rimini 419.
Arches (franz. Dép. Vosges, Kant. Épinal) 123. — Arcus 216.
Arcus supra Mosellam, s. Ars a. d. Mosel.

Ardenachen, s. Andernach.

Ardenna, Archidiakonat der alten D. Lüttich 349. 350. 365.

Aree, s. Arraye.

Arevilla, s. Hérival.

Arey, s. Avril.

Argancy (lothr. Kant. Vigy), Arcancey 305.

Argentina, s. Strafsburg.

Argentin., s. Strafsburg.

Argentinensis, s. Strafsburg.

Argentinis, s. Strafsburg.

Argentolium, Priorat *168.

Argona, Archidiakonat der alten D. Verdun 153. 235.

Argonne (Landschaft des heutigen Dép. Meuse), Argonia 234.

Argonia, s. Argonne.

Ariminensis, s. Rimini.

Arisdorf (schweiz. Kant. Basel-Land. Bez. Liestal), Arnstorf 24.

Arlesheim (schweiz. Kant. Basel-Land, Bez. Arlesheim), Arleshein 20. — Alreshein 21.

Arleshein, s. Arlesheim.

Armansuuilr, s. Hartmannsweiler.

Armevilla, s. Harmonville.

Armeville, s. Harmonville.

Arnauilla, s. Arnaville.

Arnaville (franz. Dép. Meurthe-et-Moselle, Kant. Thiaucourt), Arnauilla 307.

Arnheim (Hptst. der niederländ. Prov. Gelderland), Arnhemensis 392.

Arnhemensis, s. Arnheim.

Arnstorf, s. Arisdorf.

St. Arnualis, Stiftskirche bei Metz 116. 117. 124. 126. 196. 302.

— Archipresbyterat der alten D. Metz 150. 317. — St. Annualis 150.

St. Arnulphus, ehemalige Abtei der D. Metz 116. 150. 206. 301. 302.

Arras (franz. Dép. Pas-de-Calais), Diôcese, Attrebatensis 361.

Arraye (franz. Dép. Meurthe-et-Moselle, Kant. Nomeny), Airees 149. — Aree 308.

Arreyvilla, s. Hérival.

Arry (lothr. Kant. Gorze), Aurey 306.

Ars a. d. Mosel (lothr. Kant. Gorze), Arcus supra Mosellam 305.

Arsweiler (lothr. Kant. Kattenhofen), Eucheuilleir 310.

Asbania, Archidiakonat der alten D. Lüttich 387.

Asia, s. Hessen.

Aspach inferior, s. Nieder-Aspach.

Aspach superior, s. Ober-Aspach.

Aspermons, s. Apremont.

Assendensis, s. Essen.

Assindensis, s. Essen.

Astensis, s. Asti.

Asti (ital. Prov. Alessandria), Astensis 384. 386. 388. 390. — Estensis 384. 385. 386.

Athienville (franz. Dép. Meurthe-et-Moselle, Kant. Arracourt), Attienuille 309.

Atmersuuilr, s. Attenschweiler.

Attendaren, s. Attendorn.

Attendorn (westfäl. Kr. Olpe, Rgbz. Arnsberg), Attendaren 345.

Attenschweiler (elsäss. Kant. Hüningen), Atmersuuilr 22.

Atteuille, s. Altweiler.

Attienuille, s. Athienville.

Atton (franz. Dép. Meurthe-et-Moselle, Kant. Pont-à-Mousson), Eston 306.

Attrebatensis, s. Arras.

Auboncourt, s. Aboncourt.

Auch (franz. Dép. Gers), Diôcese 109.

Auennae, s. Avennes.

Auens, s. Awans.

Augea maior, s. Reichenau.

Augia maior, s. Reichenau.

Augny (lothr. Kant. Metz), Awigney 305.

Augsburg (bayr. Bez.-St.), Augusta *42. 62. 63. 73. — Augustensis 414.

— Diôcese 42. 390.

— Kathedrale 413.

Augst (schweiz. Kantone Basel-Land, Bez. Liestal und Aargau, Bez. Rheinfelden), Vrgesti 23.

Augustensis, s. Aosta, Augsburg.

Augustinerkloster in Verdun 64.

Aulier (in der alten Erzdiôc. Trier), Auliers 192.

Auliers, s. Aulier.

Aultrepiere, s. Autrepierre.

Auocourt, s. Avocourt.

Aureuilla, s. Ebersweiler.

Aurey, s. Arry.

Autemont, s. Haumont.

Autrepierre (franz. Dép. Meurthe-et-Moselle, Kant. Blamont), Aultrepiere 309.

Autrey (franz. Dép. Voges, Kant. Ramber-
villers), Altereyum, Abtei 113.
Autun (franz. Dép. Saône-et-Loire), Edua,
Educ, Eduensis *179. *180. 181. 182.
247. 248.
— Diöcese *156. 157. 178. *180. 181. 243.
246. 248.
Auwilre, s. Angweiler.
Avel (Dek. Stavelot, belg. Prov. Lüttich),
Alne 277. — Alrie 288.
Avennes (belg. Prov. Lüttich, Kant.-
Hauptort), Auennae 365.
— s. Sta. Katherina, St. Martinus.
Avignon (franz. Dép. Vaucluse), Avinio,
Avinion., Avinionensis 36. 53. 78.
111. 112. *122. 138. 152. 162. 242. 250.
253. 255. 334. 337. *346. 372. 384. 387.
393. *399. 401. 410. 411.
— Diöcese 340.
Avinio, s. Avignon.
Avinion., s. Avignon.
Avinionensis, s. Avignon.
Avioth (franz. Dép. Meuse, Kant. Mont-
médy), Amech 191. — Amoth 190.
Avocourt (franz. Dép. Meuse, Kant. Va-
rennes), Auocourt *240.
St. Avold (lothr. Kant.-St.), St. Nabor
310. — St. Nabor, Abtei 303. — St.
Nabors, Abtei 117. — St. Narbor 205.
Avril (franz. Dép. Meurthe-et-Moselle, Kant.
Briey), Arey 307.
Awans (?) (belg. Prov. Lüttich), Anens
349. — Auens 364.
Awigney, s. Augny.
Axacia, s. Elsaß.
Aycuriensis, s. Incourt.
Azoudange (lothr. Kant. Rixingen), An-
seldinguen 313.

Bachem (?) (preuss. Rgbz. Trier, Kr.
Merzig), Bochon 165.
— s. Sta. Genouefa.
Bacourt (lothr. Kant. Delme), Baucourt
308.
Badaburgensis, s. Paderborn.
Badopera, Priorat der alten D. Toul 115.
Baekenbielgien, s. Bilsen.
Baencort, s. Boncourt.
Baerschweil (schweiz. Kant. Solothurn,
Bez. Dorneck-Thierstein), Berinsuuilr
22.
Bainga, s. Bingen.

Bainguen (S. 311), s. Bégny.
Bainguen (S. 312), s. Beningen.
Bainville - aux - Miroirs (franz. Dép.
Meurthe-et-Moselle, Kant. Haroué),
Bemvilla, Priorat 114.
Baionuilla, s. Bayonville.
Baiocensis, s. Bayeux.
Bakel (belg. Prov. Limbourg, Kant. Herck-
la-Ville) 279, 289.
Balau (Dorf in Pomesanien), Balon
89.
Baldersheim (elsäss. Kant. Habsheim),
Baltershein 12.
Balgau (elsäss. Kant. Neubreisach), Bal-
gouue 10.
Balgouue, s. Balgau.
Ballersdorf (elsäss. Kanton Altkirch),
Baltestorf 15. — Batestorf 15.
Balon, s. Balau.
Balmensis, s. Baume-les-Moines.
Balschweiler (elsäss. Kant. Dammer-
kirch), Balsuuilr inferior 18. —
Balsuuilr superior 18.
Balsthal (schweiz. Kant. Solothurn, Bez.
Balsthal, Balzstal 25.
Balsuuilr inferior, s. Balschweiler.
Balsuuilr superior, s. Balschweiler.
Baltershein, s. Baldersheim.
Baltestorf, s. Ballersdorf.
Balvacensis, s. Beauvais.
Balzstal, s. Balsthal.
Bamberg (bayr. Bez.-St.), Bambergen-
sis, Bamburgensis *62. 71.
— Diöcese 42. *56. 70. 73. 412. 414.
— Kathedrale 51. *62. 78. 406. 407. 409.
Bambergensis, s. Bamberg.
Bamburgensis, s. Bamberg.
Banbenderstorf, s. Baumbiedersdorf.
Bannestorf, s. Bensdorf.
Baunwyl (schweiz. Kant. Bern, Bez. Aar-
wangen), Banuilr 25.
Banuilr, s. Baunwyl.
Banzenheim (elsäss. Kant. Habsheim),
Banzenhein 10.
Bar-le-Duc (franz. Dép. Meuse, Haupt-
stadt), Barrum 114. (Priorat) 212.
219. — Barrum-ducis 112. 130. 132.
223.
— s. St. Maximinus, St. Petrus.
Barandorf, s. Baronweiler.
Sta. Barbara, Altar der Stiftskirche in
Bonn 345.

Bargavilla, s. Vergaville.

Baritz, s. Barth.

Baronweiler (lothr. Kant. Grofstänchen),
Barandorf 312.

Barrum, s. Bar-le-Duc.

Barrum (wahrscheinlich eine der beiden
Städte dieses Namens im franz. Dép.
Aube) 177.

Barrum-ducis, s. Bar-le-Duc.

Barth (preuss. Prov. Pommern, Rgbz.
Stralsund, Kr. Franzburg), Baritz 95.

Bartenheim (elsäss. Kant. Mülhausen),
Bartenhein 14.

Bartenhein, s. Bartenheim.

St. Bartholomeus, Kirche in Frankfurt
415.

— Kirche in Lüttich 264. 268. 270. 342.
350. 358. 359.

— Kapelle im Hause von Poncius de Atrio
in Metz 208.

Barweiler (preuss. Rgbz. Koblenz, Kr.
Adenau), Bowilre 323.

Basel (schweiz. Kant.-Hauptst.), Basila,
Basilea, Basilia, Basiliensis 1. 3.
*4. 28. 29. 30. *31. *32. 35. 64. 140.
243. 412. *421. *426. 431. 432. *433.
434. *435. *436. *437. *438. 439.

— Diöcese 1—29. 154. 155. 159. 161.
162—163. 178. 181. 183. 187—189.
240. *241. 243. 249. 390. 412.

— Kapelle, »capella in curia prepositi Mo-
guntinie (?) 6.

— Kathedrale *45. *163. 188. 412. 425.
426. *435. *436. 437. 438. *439.

— Kirchen, s. St. Alban, St. Andreas, St. Bran-
danus, Büfserkloster, Sta. Catharina,
Catharina in Cespite, Dominikanerkloster,
St. Erasmus, St. Jodocus, Sta. Katerina,
St. Leonardus, Sta. Maria, St. Martinus,
St. Michael, Moguntini, St. Nicolaus,
St. Peter, St. Thomas, St. Ulricus.

Basel-Land (schweiz. Kanton) 20. 22. 25.

Bassala, s. St. Johann von Bassel.

Bassela, s. St. Johann von Bassel.

Bastnach (belg. Prov. Luxemburg), Bastonia 362. — Bastunha 60.

— s. St. Petrus.

Bastonia, s. Bastnach.

Bastunha, s. Bastnach.

Basuilhacum, s. Bavilliers.

Batenhein, s. Battenheim.

Batestorf, s. Ballersdorf.

Battenheim (elsäss. Kant. Habsheim),
Batenhein 13.

Baucourt, s. Bacourt.

Baudricourt (franz. Dép. Vosges, Kant.
Mirecourt), Brandicuria 152.

Baumbiedersdorf (lothr. Kant. Falkenberg), Banbenderstorf 310.

Baume-les-Moines (franz. Dép. Jura),
Balmensis, Abtei 188.

Baumgart (preuss. Rgbz. Marienwerder,
. Kr. Stuhm), Pomerium 90.

Bavilliers (franz. Arr. Belfort), Basuilhacum 220. 225. 226.

Bayern, Bavaria 76. — Bayr. Pfalz
315.

Bayeux (franz. Dép. Calvados), Baiocensis 387.

Bayonville (franz. Dép. Meurthe-et-Moselle, Kant. Thiancourt), Baionuilla 308.

Bazoncourt (lothr. Kant. Pange) 311.

Beaulieu-en-Argonne (franz. Dép.
Meuse, Kant. Triaucourt), Bellus locus,
Benediktiner-Abtei 118. 231. 234. 235.

Beaumont (franz. Dép. Meuse, Kant.
Charny), Blemont 171.

Beaune (franz. Dép. Côte-d'Or, Arr.-St.),
Belna *180. *251. 252. 254. 256. *257.
177. *178. 180. 246. 248. 250.

Beaupré-sur-Meurthe. Abtei der alten
D. Toul, Bellum Pratum 114.

Beauvais (franz. Dép. Oise), Diöcese,
Balvacensis, Belvacensis 176. 364.

Bebelnheim (elsäss. Kant. Kaysersberg)
6. — Bebelnhein 8.

— s. St. Sebastian.

Bebelnhein, s. Bebelnheim.

Bebing (lothr. Kant. Saarburg), Budinguen 314.

Bech, s. Beeck.

Beden, s. Bitsch.

Bedenburen, s. Bettweiler.

Bedenkusen, s. Benninghausen.

Bederstorf, s. Biedesdorf.

Beeck (preuss. Rgbz. Aachen, Kr. Erkelenz), Bech 324.

Beerwalde (zwei Ortschaften dieses Namens in der alten D. Samland, Rgbz.
Königsberg), Berenwalde 88.

Beghinenkloster bei Maestricht,
(niederländ. Prov. Limburg), Nova
Curia Beghinarum 278. 289.

Bégny (zerstört; lag in der Nähe von Gehnkirchen, lothr. Kant. Bolchen), Bainguen 311. — Bringa 149.

Behanne, s. Behonne.

Behonne (franz. Dép. Meuse, Kant. Vavincourt), Behanne 126.

Beinweil (schweiz. Kant. Solothurn, Bez. Dorneck-Thierstein), Abtei 22. — Benuuir 21. — Benuuilr 22.

Beirs, s. Bey.

Belchamp, Abtei der alten D. Toul, Bellus Campus 113.

Belfort (franz. Arr.-St.) 15. 19.

Bellalaige, s. Bellelay.

Bellelay (schweiz. Kant. Bern, Bez. Moutiers), Abtei 29. — Bellalaige 29.

Belley (franz. Dép. Ain), Diöcese, Bellicensis *140. 141. 178. 243.

Bellicadrum, s. Montbéliard.

Bellicardum, s. Montbéliard.

Bellicensis, s. Belley.

Bellum Pratum, s. Beaupré-sur-Meurthe.

Bellus Campus, s. Belchamp.

Bellus Locus, s. Beaulieu.

Bellus Ramus, s. Belrain.

Belna, s. Beaune.

Belnensis, s. Beaune.

Belrain (franz. Dép. Meuse, Kant. Pierrefitte), Bellus Ramus 112.

Belvacensis, s. Beauvais.

Bemvilla, s. Bainville-aux-Miroirs.

Bendeuuil, s. Benwyl.

Bendorf (elsäss. Kant. Pfirt), Bennendorf 19.

Bendostorf, s. Bensdorf.

Benedicta Vallis, s. Benoite-Vaux.

St. Benedictus, s. St. Benoît-en-Voivre.

Beney (franz. Dép. Meuse, Kant. Vigneulles), Berney 308.

St. Benignus, Pfarrkirche in Metz 304. — Kirche in Vittel 211. — Priorat 210.

Beningen (Gem. Harprich, lothr. Kant. Grofstänchen), Bainguen 312.

Benken (schweiz. Kant. Basel-Land, Bez. Arlesheim), Benkon 20.

Benkon, s. Benken.

Bennendorf, s. Bendorf.

Benninghausen (preuss. Rgbz. Arnsberg, Kr. Lippstadt), Bedenkusen 328.

Bennweier (elsäss. Kant. Kaysersberg), Benuuilr 8.

St. Benoit-en-Voivre (franz. Dép. Meuse, Kirsch, Die päpstl Kollektorien.

Kant. Vigneulles), St. Benedictus, Abtei 303.

Benoite-Vaux, Abtei in der alten D. Toul (lag im heutigen Dép. Haute-Marne), Benedicta Vallis 115.

Benrath (preuss. Rgbz. und Kr. Düsseldorf), Benrode 328.

Benrode, s. Benrath.

Bensdorf (lothr. Kant. Albesdorf), Bannestorf 312. — Bendostorf 123.

Benuuilr (S. 8), s. Bennweier.

Benuuilr (S. 22), s. Beinweil.

Benuuir, s. Beinweil.

Benwyl (schweiz. Kant. Basel-Land, Bez. Waldenburg), Bendeuuil 23.

Bepinguen, s. Pewingen.

Berchalz, s. Bergholz.

Berchholz, s. Bergholz.

Berenwalde, s. Beerwalde.

Berenzweiler (elsäss. Kant. Altkirch), Berolzuuilr 15.

Berg (lothr. Kant. Kattenhofen), Bergue 310.

— (elsäss. Kant. Drulingen), Bergue 316.

— (preuss. Rgbz. Aachen, Kr. Düren), Berghe prope Nydeghin 329.

— bei Friesheim (preuss. Rgbz. Köln, Kr. Euskirchen), Berghe prope Vryshem 329.

Berg-lez-Tongres (belg. Prov. Limbourg, Kant. Tongres), Bergae 355.

Bergae, s. Berg-lez-Tongres.

Berghe prope Nydeghin, s. Berg.

— prope Vryshem, s. Berg bei Friesheim.

Bergheim (elsäss. Kant. Rappoltsweiler), Bergkein 8.

Bergholz (elsäss. Kant. Gebweiler), Berkolz 11. — Berchalz 17. — Berchholz 17. — Inberchalz 17.

Bergilers (?) (belg. Prov. Lüttich), Bugolen 268.

Bergkein, s. Bergheim.

Bergue (S. 315), s. Kirchberg am Wald.

— (S. 316), s. Berg (Drulingen).

— (S. 310), s. Berg (Kattenhofen).

Berinsuuilr, s. Baerschweil.

Berke, s. Berkum.

Berkolz, s. Bergholz.

Berkum (preuss. Rgbz. Köln, Kr. Bonn), Berke 49.

Berlize (lothr. Kant. Pange), Burlixe 149. — Burlize 311.

32

Bern (schweiz. Kanton) 19. 24. — Jura-
    gebiet 19. 20. 27.
Bernécourt (franz. Dép. Meurthe-et-Mo-
    selle, Kant. Domèvre), Brevoncort
    128.
Berneuuilr, s. Bernweiler.
Berney, s. Beney.
Bernweiler (elsäss. Kant. Sennheim),
    Berneuuilr 18.
St. Bernhard, Grofser, Kloster daselbst,
    Mons Jovis 155.
Berolzuuilr, s. Berenzweiler.
Berrweiler (elsäss. Kant. Sulz), Bore-
    uuilr 13.
Bertistorp, s. Berzdorf.
Bertrangez, s. Bertringen.
Bertringen (lothr. Kant. Metzerwiese),
    Bertrangez 310.
Berweiler (lothr. Kant. Busendorf), Ber-
    wilre 310.
Berwilre (S. 310), s. Berweiler.
 — (S. 315), s. Brauweiler.
Berzdorf (preuss. Rgbz. und Kr. Köln),
    Bertistorp 327.
Besançon (franz. Dép. Doubs), Bison-
    tinum, Bisuncium, Bisuntin., Bi-
    suntina, Bisuntinensis, Bisunti-
    num 138. 179. *180. 181. 243. 249.
    *382. *427. 434. 436.
 — Kirchenprovinz und Diöcese 4. 109. 111.
    119. 136. 139. *140. *141. 142. *143.
    155. *156. *157. 161. *162. *163. 175.
    176. 178. 179. 180. 183. 186. 187. 188.
    189. 210. 219. *241. *243. 244. 245.
    *247. 250. *251. *252. 254. 255. 256.
    *257. 319. 426. *428. 429. *432. 433.
    434. 436.
 — Kathedrale 175. 210. 410.
Besengia magna, s. Bezange-la-Grande.
 — parva, s. Bessingen, Klein-.
Besperon, s. Buschborn.
Bessingen, Klein- (lothr. Kant. Vic),
    Besengia parva 309.
Betendorf, s. Bettendorf.
Betbur s. Bettborn.
Betkensbach (im Archipresb. Neumünster
    der alten D. Metz) 318.
Bettainvillers (franz. Dép. Meurthe-et-
    Moselle, Kant. Audun-le-Roman), Bet-
    vilre 124.
Bettborn (lothr. Kant. Finstingen), Bet-
    bur 316.

Bettelenuilla, s. Bettsdorf.
Bettelinguen, s. Pettlingen.
Bettendorf (elsäss. Kant. Hirsingen) 29. —
    Betendorf 18.
Bettingen (lothr. Kant. Bolchen), Bet-
    tinguen 314.
Bettinguen, s. Bettingen.
Bettsdorf, franz. Bettelainville (lothr.
    Kant. Metzerwiese), Bettelenuilla 314.
Bettweiler (lothr. Kant. Rohrbach),
    Bedenburen 315.
Betvilre, s. Bettainvillers.
Beuelier, s. Bévilard.
Beuessen, Archidiakonat der alten D.
    Verden 392.
Beurey (franz. Dép. Meuse, Kant. Revigny),
    Bureyum 225.
Bévilard oder Bervilar (schweiz. Kant.
    Bern, Bez. Moutier), Beuelier 27.
Bey (franz. Dép. Meurthe-et-Moselle, Kant.
    Nomeny), Beirs 308.
Bezange-la-Grande (franz. Dép.
    Meurthe-et-Moselle, Kant. Arracourt),
    Besengia magna 309.
Bibera, s. Biberkirch.
Biberach (württemberg. Donaukr.), Bi-
    bracum 42.
Biberkirch (lothr. Kant. Saarburg), Bi-
    bera 315.
Bibracum, s. Biberach.
Bidelinga, s. Bidlingen.
Bidlingen (lothr. Kant. Metzerwiese),
    Bidelinga 124.
Biedesdorf (lothr. Kant. Dieuze), Be-
    derstorf 313.
Bierbach (?), (bayr. Pfalz, Bez.-A. Zwei-
    brücken), Fourbach 318.
Biesheim (elsäss. Kant. Neubreisach),
    Busenshein 10.
Biestingen, franz. Boécourt (schweiz.
    Kant. Bern, Bez. Delémont), Böstin-
    gen 28.
Bigge (preuss. Rgbz. Arnsberg, Kr. Bri-
    lon), Bya 325.
Bille prope Magones, s. Billy-sous-
    Mangiennes.
Billeyum prope Magena, s. Billy-sous-
    Mangiennes.
Billinguen, s. Böllingen.
Billy-sous-Mangiennes (franz. Dép.
    Meuse, Kant. Spincourt), Bille prope
    Magones 170. — Billeyum prope

Magena 228. — Villa prope Ma-
genes 169.
Bilreuelt, s. Binderveld.
Bilreult, s. Binderveld.
Bilsdorf (Rheinprov., Kr. Saarlouis). Bils-
terf 128.
Bilsen (belg. Prov. Limburg), Baeken-
bilgien 349. — Bockebilgien 349. —
Buckebilgien 357.
Bilsterf, s. Bilsdorf.
Bilzheim (elsäss. Kant. Ensisheim), Pi-
lolzhein 11.
Binderveld (belg. Prov. Limburg, Arr.
Hasselt), Bilreuelt 271. — Bilreult
265.
Bingen, franz. Bionville (lothr. Kant.
Bolchen), Bainga 310.
Bioncort, s. Bioncourt.
Bioncourt (lothr. Kant. Château-Salins),
Bioncort 149. — Byoncourt 308.
Bipo inferior, s. Nieder-Bipp.
— superior, s. Ober-Bipp.
Birgelon, s. Birglau.
Birglau (preuss. Rgbz. Marienwerder, Kr.
Thorn), Birgelon 90.
Birkenspach, s. Burbach (?).
Birmesensein, s. Pirmasens.
Birten (preuss. Rgbz. Düsseldorf, Kr.
Mörs), Byrten 332.
Bischdorf (lothr. Kant. Grofstänchen),
Bistorf 149. — Bystorf 312.
Bischweier (elsäss. Kant. Andolsheim),
Bliesuuilr 10.
Bisel (elsäss. Kant. Hirsingen), Bizol 20.
Bishofzuuilr, s. Bitschweiler.
Bisontinum, s. Besançon.
Bisping (lothr. Kant. Finstingen), Bispin-
guen 313.
Bispinguen, s. Bisping.
Bissinga, s. Bizingen.
Bistorf, s. Bischdorf.
Bisuncium, s. Besançon.
Bisuntin., s. Besançon.
Bisuntina, s. Besançon.
Bisuntinensis, s. Besançon.
Bisuntinum, s. Besançon.
Bitsch (lothr. Kant.-Hauptort), Beden
315.
Bitschweiler (elsäss. Kant. Thann),
Bishofzuuilr 7.
Bituricensis, s. Bourges.
Bizinga, s. Bizingen.

Bizingen, franz. Bannay (lothr. Kant.
Bolchen), Bissinga 130. — Bizinga
124. — Boueney 149.
Bizol, s. Bisel.
Bladolzhein, s. Blodelsheim.
St. Blasius oder Luleskirch (elsäss.
Kant. Pfirt), Luleskilch 20.
St. Blasius, Altar der Kirche Sta. Maria
in Maestricht 274.
Blauen (schweiz. Kant. Bern, Bez. Laufen),
Blauuen 22.
Blauuen, s. Blauen.
Blazein, s. Blotzheim.
Blazen, s. Blotzheim.
Blémérey (franz. Dép. Meurthe-et-Mo-
selle, Kant. Blamont), Blumereyum
133.
Blemont, s. Beaumont.
Blickweiler (bayr. Pfalz, Bez.-A. Zwei-
brücken), Blitwilre 317.
Blidolzhein (unbek. im Oberelsafs) 10.
Bliesuuilr, s. Bischweier.
Bliterstorph, s. Grofsblittersdorf.
Blitwilre, s. Blickweiler.
Blodelsheim (elsäss. Kant. Ensisheim),
Bladolzhein 10.
Blotzheim (elsäss. Kant. Hüningen), Bla-
zein 15. — Blazen, Frauenkloster 14.
Blumereyum, s. Blémérey.
Bobendorf, s. Bubendorf.
Bocholt, s. Buchholz.
Bochon, s. Bachem (?).
Bockenbielgen, s. Bilsen.
Bochorn, s. Bockhorn.
Bockhorn (Oldenburg, A. Varel), Boc-
horn 92.
Bocowe, s. Bukow, Alt- und Neu-.
Böhmen, Boemia 300. 381. *384. 385.
388. *412. 419.
Böllingen (lothr. Kant. Château-Salins),
Billinguen 311.
Böstingen, s. Biestingen (Boécourt).
Boetzberg (schweiz. Kant. Aargau, Bez.
Brugg), Bözeberg 25.
Bokenem, s. Saar-Union.
Bolchen, franz. Boulay (lothr. Kant.) 310.
Bolencort, s. Boulaincourt.
Bolingney, s. Bouligny.
Bollonuille, s. Bouillonville.
Bollweiler (elsäss. Kant. Sulz), Bol-
uuilr 13.
Boluuilr, s. Bollweiler.

Bomel, s. Bommel.
Bomelensis, s. Bommel.
Bommel (niederländ. Prov. Gelderland), Bomel 283. — Bomelensis 287.
Boncourt (franz. Dép. Meurthe-et-Moselle. Kant. Conflans), Baencort 131.
Bonfay, Abtei der alten D. Toul, Bonum Fagetum 113.
Bonigondia s. Burgund.
Bonn (preuss. Rheinprov., Rgbz. Köln, Kreis-St.), Bunnensis 329. 331. *345. — s. Sta. Barbara, St. Cassius.
Bonum Fagetum, s. Bonfay.
Bordeaux (franz. Dép. Gironde, Hauptstadt), Burdegalis 255.
Bore, s. Rohr.
Boreuuilr, s. Berrweiler.
Bormons, s. Bourmont.
Born (niederländ. Prov. Limburg), Borne 278.
Borne, s. Born.
Borronre, s. Boureuilles (?).
Bosanges, s. Bussingen.
Bosonisvilla, s. Busendorf.
Botuuilr, s. Bütweiler.
Bouckenheim, s. Buchenheim.
Bouckenheim, s. Saar-Union.
Boueney, s. Bizingen (?).
Boueyum, s. Bovée.
Bouigne, s. Bouvigny.
Bouigneyum, s. Bouvigny.
Bouillonville (franz. Dép. Meurthe-et-Moselle, Kant. Thiaucourt), Bollonuille 308.
Boulaincourt (franz. Dép. Vosges, Kant. Mirecourt), Bolencort, Priorat 113.
Bouligny (franz. Dép. Meuse, Kant. Spincourt), Bolingney 118.
Boureuilles (?) (franz. Dép. Meuse, Kant. Varennes), Borronre 131.
Bourg-Sainte-Marie (franz. Départ. Haute-Marne, Kant. Bourmont), Burgus Ste. Marie, Priorat 113.
Bourges (franz. Dép. Cher, Arr.-St.), Diöcese, Bituricensis 77.
Bourmont (franz. Dép. Haute-Marne, Kant.-St.), Bormons 112. — Bromont 113.
Bouvigny (franz. Dép. Meuse, Kant. Spincourt), Bouigne 170. — Bouigneyum 169.
Bouxières-aux-Dames (franz. Dép.

Meurthe-et-Moselle, Kant. Nancy), Buxeriae, Kloster 113.
Bouxières-sous-Froidmont (franz. Dép. Meurthe-et-Moselle, Kant. Pont-à-Mousson), Buxeriae 149. 305.
Bovée (franz. Dép. Meuse, Kant. Void), Boveya *53. — Boueyum 218.
Boveya, s. Bovée.
Bowilre, s. Barweiler.
Bözeberg, s. Boetzberg.
Brabancium, s. Brabant-le-Roi.
Brabant (Herzogtum), Brabantia 395.
Brabant, s. Brabant-sur-Meuse.
Brabant-le-Roi (franz. Dép. Meuse, Kant. Revigny), Brabancium 219.
Brabant-sur-Meuse (franz. Dép. Meuse, Kant. Montfaucon), Brabant 237.
Brabantia, Archidiakonat der alten D. Lüttich 343. 348. 350. 356.
Brainville (franz. Dép. Meurthe-et-Moselle, Kant. Conflans), Bramivilla 127.
Bramivilla, s. Brainville.
St. Brandanus, Kirche in Basel 5.
Brandicuria, s. Baudricourt.
Brantigney, s, Brantigny.
Brantigny (franz. Dép. Vosges, Kant. Charmes), Brantigney 132.
Bratelle, s. Prattelen.
Braunsrath (preuss. Rgbz. Aachen, Kr. Heinsberg), Brouwenrode 326.
Brauweiler (lothr. Kant. Pfalzburg), Berwilre 315.
— (preuss. Rgbz. u. Kr. Köln), Browilre, Abtei 48.
Bream, s. Tilh und Thil.
Bréhain (lothr. Kant. Delme), Breheim 311.
Breheim, s. Bréhain.
Brema, s. Bremen.
Bremen (freie deutsche Hansestadt), Brema, Bremensis 91. 93.
— Kirchenprovinz und Diöcese 83. 85. *86. 91—97. 98. *99. 103. 261. 383. 391. 392.
— Kathedrale *92. 93.
— Kirchen, s. St. Martinus, St. Wilheadus.
Bremensis, s. Bremen.
Brenneron (lag in der alten Erzdiöcese Trier) 194.
Breslau (Hauptst. der preuss. Prov. Schlesien), Wratislaviensis, Kathedrale *395. 396.

Bresse (La) (franz. Dép. Vosges, Kant. Saulxures), Brissons 123.
Breuil (Le) (Vorstadt von Commercy, franz. Dép. Meuse, Kant.-St.), Brolium, Priorat 114.
Breulinguen, s. Brülingen.
Brevoncort, s. Bernécourt.
Brezuuilr, s. Brezwyl.
Brezwyl (schweiz. Kant. Basel-Land, Bez. Waldenburg), Brezuuilr 24.
Saint-Brice (Pfarrkirche der alten D. Trier), St. Bricius 190. 191.
Briceyum, s. Brixey-aux-Chanoines.
St. Bricius, s. Saint-Brice.
Briesen (?) (preuss. Rgbz. Marienwerder, Kr. Kulm), Brosna 90.
Briey (franz. Dép. Meurthe-et-Moselle, Arr.-St.) 307.
— (Arr. des franz. Dép. Meurthe-et-Moselle) 307. 313.
Bringa, s. Bégny (?).
Brissons, s. Bresse (La).
Brixen (Österreich, Tirol, Bez.-St.), Diöcese, Brixinensis 44. 59.
Brixinensis, s. Brixen.
Brixey-aux-Chanoines (franz. Dép. Meuse, Kant. Vaucouleurs), Briceyum 114. — Brixeyum 123. 132. *216. 222. — Brizeium 213.
— s. St. Nicholaus.
Brixeyum, s. Brixey-aux-Chanoines.
Brizeium, s. Brixey-aux-Chanoines.
Brolium, s. Breuil (Le).
Bromont, s. Bourmont.
Bropach, s. Brubach.
Brosna, s. Briesen (?).
Brouuilr, s. Novillard (?).
Brouwenrode, s. Braunsrath.
Browilre, s. Brauweiler.
Brubach (elsäss. Kant. Landser), Bropach 14.
Bruchbriuole, s. Burgbrohl.
Brucken, s. Saarbrücken.
Brülingen (lothr. Kant. Grofstänchen), Breulinguen 312.
Brueriae, s. Bruyères.
Brugensis, s. Bruges.
Bruges (belg. Prov. Westflandern, Hauptstadt), Brugensis 266. *408. — Brugis 385. 393. *394. *396. 397. *398. *400. *401. 403. — Burgis 404.
— s. St. Donatien.

Brugis, s. Bruges.
Brulloncourt, s. Burlioncourt.
Brunstat, s. Brunstatt.
Brunstatt (elsäss. Kant. Mülhausen-Süd), Brunstat 14.
Bruyères (franz. Dép. Vosges, Kant.-St.), Brueriae 128. 219.
Bubendorf (schweiz. Kant. Basel-Land, Bez. Liestal), Bobendorf 24.
Bublestorf, s. Buschdorf.
Buceyum, s. Bussy-la-Côte.
Buchenbach (lag im Archipresb. Hornbach der alten D. Metz) 315.
Buchenheim, Archipresbyterat der alten D. Metz 316. — Bouckenheim *316.
Buchholz (mehrere Ortschaften dieses Namens in Mecklenburg-Schwerin), Bochholt 94.
Buchsberg (lag im alten Dekanat Sisgau der alten D. Basel) 23.
Buchsgau, Dekanat der alten D. Basel 24. 25. — Buchsgouue 24.
Buchsgouue, s. Buchsgau.
Buchsiten (schweiz. Kant. Solothurn, Bez. Balsthal), Buchsiton 25.
Buchsiton, s. Buchsiten.
Buchsuuilr, s. Buchsweiler.
Buchsweiler (elsäss. Kant. Pfirt), Buchsuuilr 21.
Buchurt, s. Buckten (?).
Buckebilgien, s. Bilsen.
— s. St. Johannes ewangelista.
Buckten (?) (schweiz. Kant. Basel-Land, Bez. Sissach), Buchurt 23.
Budena, s. Bütten.
Budinguen, s. Bebing.
Bücken (preuss. Prov. Hannover, Lddr. Hoya), Buxensis *93.
Bühl (elsäss. Kant. Gebweiler), Buhele 11.
Bürkis, franz. Bourignon (schweiz. Kant. Bern, Bez. Delémont), Burmi 27.
Büsserach (schweiz. Kant. Solothurn, Bez. Dorneck-Thierstein), Russerach 21. — Buserach 22. — Büserach (ob identisch mit Buserach?) 23.
Büfserkloster in Basel, Claustrum Penitentium 6.
Bütten (elsäss. Kant. Saar-Union), Budena 316.
Bütweiler (elsäss. Kant. Dammerkirch), Botuuilr 18.

Bützow (?) (Mecklenburg-Schwerin, Amt-St.), Buxwen 94.
Bugolen, s. Bergilers (?).
— s. Sta. Maria.
Buhele. s. Bühl.
Bukow, Alt- und Neu- (Mecklenburg-Schwerin, Kr. Mecklenburg), Bocowe 94.
Bunnensis, s. Bonn.
Burbach (?) (elsäss. Kant. Drulingen), Birkenspach 316.
Burdegalis, s. Bordeaux.
Buren (schweiz. Kant. Solothurn, Bez. Dorneck-Thierstein), Burren 23.
Bureyum, s. Burey.
Burgbrohl (preuss. Rgbz. Koblenz, Kr. Mayen), Bruchbriuole 191.
Burgis, s. Bruges.
Burgund (Grafschaft), Bonigondia 245. — Burgondia 179. — Burgundia 114. *254. *255. *256. 257.
Burgus Ste. Marie, s. Bourg-Sainte-Marie.
Buris oder Hl. Kreuz, ehemalige Abtei der D. Metz, Sancta Crux 116. 302.
Burlioncourt (lothr. Kant. Château-Salins), Brulloncourt 312.
Burlixe, s. Berlize.
Burlize, s. Berlize.
Burmi, s. Bürkis.
Burnehobeten, s. Burnhaupt, Ober- und Nieder-.
Burnenkilch, s. Burnkirch.
Burnhaupt, Ober- und Nieder- (elsäss. Kant. Sennheim), Burnehobeten 19.
Burnkirch (bei Illfurth, elsäss. Kant. Altkirch), Burnenkilch 18.
Burren, s. Buren.
Buschbach (lothr. Kant. Forbach), Buspach 317.
Buschborn (lothr. Kant. Bolchen), Besperon 311.
Buschdorf (lothr. Kant. Grosstänchen), Bublestorf 311.
Buschweiler (elsäss. Kant. Hüningen), Busuuilr 21.
Busendorf (lothr. Kant.-Hauptort), Bosonisvilla, Abtei 117. 303.
Busenshein, s. Biesheim.
Buserach, s. Büsserach.
Bûscrach, s. Büsserach.

Buspach, s. Buschbach.
Busseriae, s. Buxières.
Bussingen (lothr. Kant. Diedenhofen), Bosanges 149.
Bussy-la-Côte (franz. Dép. Meuse, Kant. Revigny), Buceyum 226.
Busuuilr, s. Buschweiler.
Bütenhein (lag zwischen Biesheim und Künheim im elsäss. Kr. Colmar) 9.
Buus (schweiz. Kant. Basel-Land, Bez. Sissach), Buz 25.
Buxensis, s. Bücken.
Buxeriae (S. 149. 305), s. Bouxières-sous-Froidmont.
— (S. 113), s. Bouxières-aux-Dames.
— (S. 127. 228), s. Buxières.
Buxières (franz. Dép. Meuse, Kant. Vigneulles), Busseriae 308. — Buxeriae 127. 228.
Buxwen, s. Bützow.
Buz, s. Buus.
Bya, s. Bigge.
Byoncourt, s. Bioncourt.
Byrten, s. Birten.
Bystorf, s. Bischdorf.

Cabilona, s. Châlon-sur-Saône.
Cabilonensis, s. Châlon-sur-Saône.
Cabilonum, s. Châlon-sur-Saône.
Cadenberghe, s. Cadenberge.
Cadenberge (preuss. Lddr. Stade, Kr. u. A. Neuhaus), Cadenberghe 93.
Sta. Caecilia, Kirche in Köln 39. 48.
Cahors (franz. Dép. Lot), Diöcese, Caturcensis 85. 103. 253. 262. 422.
Calamis, s. Kalmis.
Calcia, s. La Chaussée.
Calladia, s. Lachalade.
Cambrai (franz. Dép. Nord), Diöcese, Cameracensis 354. 358. *366. *368. *371. 372. *373. 374.
Camen (preuss. Rgbz. Arnsberg, Kr. Hamm), Comern 328.
Cameracensis, s. Cambrai.
Cameracuria, s. Chambroncourt.
Camin, s. Kammin.
Caminensis, s. Kammin.
Campensis, s. Kempen.
Campi, s. Champ-le-Duc.
Campplures (?), s. Champles.
Camputre, s. Kemplich.
Cantheuenne, s. Kanfen.

Capella, s. Chapelle-sous-Rougemont.
Capellis, s. Kappel.
Capesten, s. Kambi (?).
Carbasium, s. Corbais.
Carden (preuss. Rgbz. Koblenz, Kr. Kochem), Cardonensis 192. 193.
Cardonensis, s. Carden.
Carielt, s. Court.
Carspach (elsäss. Kant. Altkirch), Karolzbach 16.
Casadei, verschiedene Klöster dieses Namens in Frankreich 217.
St. Cassius, Kirche in Bonn 329.
Castelletto (verschiedene Ortschaften in Norditalien), Castelletum 217.
Castelletum, s. Castelletto.
Castellio, s. Châtillon l'Abbaye.
Castinetum, s. Châtenois.
St. Castor, Kirche in Koblenz 165. 191. 192. 193. 194. 195.
Sta. Catharina, Kapelle im Hause des Propstes von Basel 5.
Sta. Catharina in Cespite, Kapelle in Basel 5.
Caturcensis, s. Cahors.
Sta. Cecilia, s. Sta. Caecilia.
Ceiningen, s. Zeiningen.
Celensteda, s. Sillenstede.
Cella, Priorat der alten D. Metz 117. 196. *303. — Sella 168.
Cella sancti Petri, s. Lautenbach-Zell.
Celle, s. Zell.
Cellenberg, s. Zellenberg.
Celmerstorpe (in der alten D. Ratzeburg) 95. — Kolmestoppe 95.
Cennacensis, s. Ciney.
Cennatensis, s. Ciney.
Centeleuges, s. Tentelingen.
Cercueil (?) (franz. Dép. Meurthe-et-Moselle, Kant. St.-Nicolas), Sartilluez 123.
Certenze (in der alten D. Bremen) 93.
Cestingen, s. Zässingen.
Chairancort, s. Circourt (?).
Chaire, s. Charrey.
Chairey, s. Charrey.
Chairley, s. Charly.
Chalamont, Priorat der alten D. Toul 114.
Chalière (Kapelle im schweiz. Kant. Bern, Bez. Moutier), Scoliers 27.
Châlon-sur-Saône (franz. Dép. Saône-

et-Loire), Cabilona, Cabilonensis, Cabilonum *182. 186. *244. 245. *247. *248. 249. 253.
Châlon-sur-Saône, Diöcese 154. 177. 178. 180. 181. *182. 243.
— Kathedrale 256. 257.
Chambley (franz. Dép. Meurthe-et-Moselle, Kant.-Hauptort) 308.
Chambrey (lothr. Kant. Château-Salins) 308.
Chambroncourt (franz. Dép. Haute-Marne, Kant. Saint-Blin), Cameracuria 211.
Chamenat, s. Cheminot.
Chaminetum, s. Cheminot.
Chamoyse, s. Chaumousey.
Champ-le-Duc (franz. Dép. Vosges, Kant. Bruyères), Campi 219.
Champelz, s. Champey.
Champey (franz. Dép. Meurthe-et-Moselle, Kant. Pont-à-Mousson), Champelz 306.
Champigniacum, s. Sampigny.
Champles (Kapelle bei Bierges, Dekanat Gembloux, belg. Prov. Namur), Camplures (?) 355.
Chantey, s. Kurzel.
Chapelle sous Noville-sur-Mehaigne (belg. Prov. Brabant, Kant. Perwez), St. Johannes Baptista in Nouilia, Kapelle 349. — Nouilia 349. 364.
Chapelle-sous-Rougemont (franz. Arr. Belfort), Capella 19.
Charly (lothr. Kant. Vigy), Chairley 305.
Charmes (franz. Dép. Vosges, Kant.-Hauptort), Theruiae (?) 218. 222. — Teruum 219.
Charrey (franz. Dép. Meurthe-et-Moselle, Kant. Thiaucourt), Chaire 126. — Chairey 308.
Chassey, s. Pont-à-Chaussy.
Châtel-St.-Germain (lothr. Kant. Gorze), St. Germanus, Priorat 117.
Châtenois (franz. Dép. Vosges, Kant.-St.), Castinetum 112. 217. 221. 225.
Châtillon l'Abbaye (franz. Dép. Meuse, Kant. Spincourt), Castellio, Abtei 118.
Chattancourt (franz. Dép. Meuse, Kant. Charny), Chaucecort 118.
Chaucecort, s. Chattancourt.
Chauegne, s. Chavigny.
Chauenceyum, s. Chauvency.

Chaumousey (franz. Dép. Vosges, Kant. Épinal), Chamoyse, Abtei 113.

Chauvency-le-Château und -Saint-Hubert (franz. Dép. Meuse, Kant. Montmédy), Chauenceyum 164.

Chavigny (franz. Dép. Meurthe-et-Moselle, Kant. Nancy), Chauegne 226.

Chazelles (franz. Dép. Meurthe-et-Moselle, Kant. Blâmont) 309.

Cheminacum, s. Cheminot.

Cheminot (lothr. Kant. Verny), Chamenat 149. — Chaminetum 305. — Cheminacum 207.

Saint-Chier (in der alten D. Lyon?) 246.

Chimonville, s. Thimonville.

Christburg (zwei Ortschaften dieses Namens in der alten D. Pomesanien, Prov. Westpreuss.), Kirsebroc 89.

St. Christoforus, Pfarrkirche in Lüttich 342.

Chur (Hauptst. des schweiz. Kant. Graubünden), Curiensis 61. 63. 73.

— Diöcese 390.

— Kathedrale 58.

Cimberbach, s. Zimmerbach.

Ciney (belg. Prov. Namur, Kant.-St.), Cennacensis 266. — Cennatensis 340. 348. 359. — Cyney 273. — Senatensis 353. — Sennatensis 353. *354.

— s. Sta. Maria.

Circourt (?) (zwei Ortschaften dieses Namens im heutigen franz. Dép. Vosges), Chairancort 128.

Ciridorf, s. Zirndorf.

Citra colles Ottonis, s. Ottensbühel, diesseits des.

Citra fluvium Reni, s. Rheins, diesseits des.

Citra Otensbûl, s. Ottensbühel, diesseits des.

Citra Rhenum, s. Rheins, diesseits des.

Ciuennen, s. Zyfen.

Clairlieu, ehemalige Abtei in der alten D. Toul, Clarus Locus 114.

Clarey, s. Clérey.

Claromontensis, s. Clermont-Ferrand.

Clarus Locus, s. Clairlieu.

Claustrum Penitentium, s. Büſserkloster in Basel.

St. Clemens, ehemalige Abtei der D. Metz 116. 302.

Clemercy, s. Clémery.

Clémery (franz. Dép. Meurthe-et-Moselle. Kant. Nomeny), Clemerey 306.

Clérey (franz. Dép. Meurthe-et-Moselle, Kant. Vézelise), Clarey 132.

Clermont-Ferrand (franz. Dép. Puy-de-Dôme), Claromontensis, Diöcese 353.

Cluniacensis, s. Cluny.

Cluny (franz. Dép. Saône-et-Loire, Kant.-Hauptort), Cluniacensis, Abtei 385.

Cobedin (in der alten D. Schwerin) 94.

Cobern (?) (preuss. Rgbz. u. Kr. Koblenz), Colobrium 191.

Codemburez, s. Gutenbrunnen (?).

Coinuille (Gem. Auboué, franz. Dép. Meurthe-et-Moselle, Kant. Briey) 313.

Colbergensis, s. Kolberg.

Colles Ottonis, s. Ottensbühel.

Colmar (elsäss. Kreis-St.) 6. 9. — Columbaria 7. 8. — Columbariensis 7. *8. *163.

— s. Allerheiligenaltar, St. Antoniusaltar, St. Johannes Baptista, St. Laurentius, St. Leonardus, St. Martinus, St. Nicholaus, Templer.

Colmensis, s. Kulm.

Colobrium, s. Cobern (?).

Colombey (lothr. Kant. Pange), Columbarium 305. — Columbeyum 133.

Colonia, s. Köln.

Coloniensis, s. Köln.

Columbaria, s. Colmar.

Columbariensis, s. Colmar.

Columbarium, s. Colombey.

Columbeyum, s. Colombey.

Comblain-au-Pont (belg. Prov. Lüttich, Kant. Nandrin), Comblen 343.

Comblen, s. Comblain-au-Pont.

Comern, s. Camen.

Commarceyum, s. Commercy.

Commercy (franz. Dép. Meuse, Arr.-St.), Commarceyum 115. 132.

Condey, s. Custines.

Condey supra Nydam, s. Contchen.

Condeyum supra Nidam, s. Contchen.

Condrosium, Archidiakonat der alten D. Lüttich 264. 352.

Confluencia, s. Koblenz.

Confluentia, s. Koblenz.

Coninum, s. Couvin.

Constancia, s. Konstanz.

Constanciensis, s. Konstanz.
Constantia, s. Konstanz.
Constantiensis, s. Konstanz.
Contchen (lothr. Kant. Bolchen), Con-
dev supra Nydam 311. — Con-
devum supra Nidam 133.
Conthil (lothr. Kant. Château-Salins),
Contil 312.
Contil, s. Conthil.
Contwich, s. Contwig.
Contwig (bayr. Pfalz, B.-A. Zweibrücken),
Contwich 315.
Corbais (belg. Prov. Brabant, Kant. Lou-
vain), Carbasium 365.
Cornelimünster (preuss. Rgbz. u. Ldkr.
Aachen), St. Cornelius, Abtei 325.
St. Cornelius, s. Cornelimünster.
Corny (lothr. Kant. Gorze), Cronay
198. — Croney 306.
Coron (Pfarrei der alten D. Langres) 142.
St. Cosman oder Engelmannsweiler
(elsäss. Kant. Dammerkirch), Engel-
marsuuilr 18.
Courcelles (lothr. Kant. Pange) 305.
Courfaivre (schweiz. Kant. Bern, Bez.
Delémont), Goruaure 27.
Court (schweiz. Kant. Bern, Bez. Mou-
tiers), Carielt 28.
Courtetelle (schweiz. Kant. Bern, Bez.
Delémont), Curtetele 27.
Couvin (belg. Prov. Namur), Coninum
348.
— s. Sta. Agnes.
Craincourt (lothr. Kant. Delme), Crien-
court 308.
Creis, s. Creuë.
Cremon, s. Kremon.
Creuë (franz. Dép. Meuse, Kant. Vigneulles),
Creis 69.
Criencourt, s. Craincourt.
Croismare (franz. Dép. Meurthe-et-
Moselle, Kant. Lunéville), Hadonuilla-
ris 123. 211.
Cronay, s. Corny.
Croney, s. Corny.
Crotaul, s. Großthal.
Crucowe, s. Kruckow.
Crusallum, s. Großthal.
Sta. Crux, s. Buris.
— s. Hl. Kreuz.
St. Cucufatus, Kloster in der alten D.
Valence 224.

St. Cunibertus, Kirche in Köln 47.
Cunixuelt, s. Königsfeld.
Curiensis, s. Chur.
Curoniensis, s. Kurland.
Curtetele, s. Courtetelle.
Custines (franz. Dép. Meurthe-et-Moselle,
Kant. Nancy), Condey 306.
Cutingua, s. Kuttingen.
Cutinguen, s. Kuttingen.
Cuurey, s. Cuvry.
Cuvry (lothr. Kant. Verny), Cuurey
304.
Cyney, s. Ciney.

Dacia, s. Dänemark.
Dänemark, Dacia 300. 333.
Dagembach, s. Hagenbach.
Dalubrium, s. Deneuvre.
Dambly, s. Damloup.
Damelevières (franz. Dép. Meurthe-et-
Moselle, Kant. Bayon), Dompna Li-
baria 128.
Damloup (franz. Dép. Meuse, Kant. Étain),
Dambly 127.
Dammarie (franz. Dép. Meuse, Kant.
Montiers-sur-Saulx), Dekanat der alten
D. Toul, Priorat, Domina Maria 68. —
Dompna Maria 112. 115. 126. 151.
153. 171. 219.
Dammerkirch (elsäss. Kant. Dammer-
kirch), Domarkilch 15.
Damvillers (franz. Dép. Meuse, Kant.-
Hauptort) 118.
Danubria, s. Deneuvre.
Danubrium, s. Deneuvre.
Datlenvelt, s. Dattenfeld.
Dattenfeld (preuss. Rgbz. Köln, Kr.
Waldbröl), Datlenvelt 325.
Dauantria, s. Deventer.
Davantriensis, s. Deventer.
Dehargarde, s. Hargarten.
Dehlingen (elsäss. Kant. Saar-Union),
Delinguen 316.
Dei Custodia, s. Diculouard.
Dei memoria, s. Dieu-s'en-Souvienne.
Deinheim (zerstörte Ortschaft, lag in der
Nähe von Colmar. S. Schöpflin, B. II,
S. 455), Tehenhein 9.
Dei Villaris, s. Deyvillers.
Delémont, deutsch Delsberg (schweiz.
Kant. Bern, Bez.-St.), Thelsperch 27.
Delinguen, s. Dehlingen und Dolvingen.

Delme (lothr. Kant.-St.) 308. — Demes
116. — Demis *308.
— Archipresbyterat der D. Metz *308.
Delut (franz. Dép. Meuse, Kant. Dam-
villers), Lux 153.
Demange-aux-Eaux (franz. Dép. Meuse,
Kant. Gondrecourt), Demenges 132.
Demenges, s. Demange-aux-Eaux.
Demes, s. Delme.
Demis, s. Delme.
Dendendorf, s. Diesdorf (?).
Deneuvre (franz. Dép. Meurthe-et-Mo-
selle, Kant. Baccarat), Archidiak. Da-
lubrium 112. — Danubria 224. —
Danubrium Priorat 113.
Denieuf, s. Donjeux.
Dentingen (lothr. Kant. Bolchen), Dru-
tanges 311.
St. Deodatus, Kirche in St.-Dié 57. 67.
115. 176. 210. *211. 212. *214. *215.
216. 218. 220. 221. 223. 225. — St. Deo-
dotus 175.
— s. Saint-Dié.
St. Deodotus, s. St. Deodatus.
Dernau (preuss. Rgbz. Koblens, Kr. Ahr-
weiler), Dernauwe 331.
Dernauwe, s. Dernau.
St. Desiderius, Kirche in der alten D.
Verdun 125.
Destre, s. Étraye.
Destrey, s. Destrich.
Destrich (lothr. Kant. Grofstänchen),
Destrey 312. — Destroy 123.
Destroy, s. Destrich.
Deurne (niederländ. Prov. Nord-Brabant),
Dorne 289.
Deutschendorf (preuss. Rgbz. Königs-
berg, Kr. Preuss.-Holland), Villa Theu-
tonica 88.
Deutschorden, Haus in Basel 4, in Geb-
weiler 11, in Köln 383, in Marburg 194,
in Mülhausen 14.
Deutz (preuss. Rgbz. u. Kr. Köln), Tu-
wicium, Abtei 48.
Deventer (niederländ. Prov. Overijssel),
Dauantria 61. — Davantriensis
*283. 285. 286. 287.
Deyvillers (franz. Dép. Vosges, Kant.
Épinal), Dei Villaris 132.
Didenheim (elsäss. Kant. Mülhausen-Süd),
Tudenhein 19.

Die (franz. Dép. Drôme), Diöcese, Dien-
sis, Dyen. 142. 178. 243.
Saint-Dié (franz. Dép. Vosges. Arr.-St.),
St. Deodatus 175. 176. 210. 211. 214.
218. 220. 221. 222. 223. 225.
— s. Sta. Maria, Sta. Maria Magdalena.
Diedenhofen (lothr. Kreis-St.) *310. —
Theonisuilla *310. — Tionisvilla
116. 123. — Tiouilla 60.
— Archipresbyterat der D. Metz *310.
Diederdorf, franz. Thicourt (lothr.
Kant. Falkenberg), Tcheicourt 312.
Diegten (schweiz. Kant. Basel-Land, Bez.
Waldenburg), Dietkon 23.
Diemeringen (elsäss. Kant. Drulingen),
Dymeringa 316.
Diensis, s. Die.
Diepac, s. Tieffenbach.
Diepach, s. Tieffenbach.
Diepenbeck (belg. Prov. Limbourg, Kant.
Hasselt), Dypenbeke 362.
Diesberg, s. Liesberg.
Diesdorf (?) (lothr. Kant. Metzerwiese),
Dendendorf 148.
Diest (belg. Prov. Brabant, Kant.-St.),
Dystensis 274.
— s. SS. Philippus und Jacobus, St. Sul-
picius.
Dietkon, s. Diegten.
Dietuuilr, s. Dietweiler.
Dietweiler, franz. Develier (schweiz.
Kant. Bern, Bez. Delémont), Tituuilr
27.
— (elsäss. Kant. Mülhausen), Dietuuilr 15.
Dieu-s'en-Souvienne (Gem. Louppy-le-
Château, franz. Dép. Meuse, Kant. Vau-
becourt), Dei memoria, Priorat 114.
Dieulouard (franz. Dép. Meurthe-et-
Moselle, Kant. Pont-à-Mousson), Dei
Custodia *112. 216.
— s. St. Laurentius.
Dieuze (lothr. Kant.-St.) 313. — Doze
313.
Dinant (belg. Prov. Namur, Kant.-Haupt-
ort), Dionantium *363. — Dyonantis
350. 351. — Dyonantum 273. 289. —
Dyonensis *268. 274. 275. 351. 364.
— s. Allerheiligenaltar, St. Johannes Bap-
tista, Sta. Maria, St. Thomas.
Dingsheim (zerstörte Ortschaft, S. Schö-
pflin, Alsatia illustrata, B. II, S. 455),
Tungenshein 10.

Dinker (preuss. Rgbz. Arnsberg, Kr. Soest), Dynkerin 330.
Dinter, s. Dynther.
Dintre, s. Dynther.
Dionantum, s. Dinant.
St. Dionysius, Kirche in Lüttich *266. 269. 270. 279. 339. 342. 349. 353. 354. *361.
Docellae, s. Docelles.
Docelles (franz. Dép. Vosges, Kant. Bruyères), Docellae 221.
Dolvingen (lothr. Kant. Finstingen), Delinguen 316.
Domarkilch, s. Dammerkirch.
Dombasle (zwei Ortschaften in der alten D. Toul, heutiges Dép.Vosges), Dompnusbasolus 216.
Domeiure, s. Domjevin.
Domenehem, s. Dommenheim.
Domenow, s. Domnau.
Domereuilla, s. Dommerville.
Domeus, s. Donjeux.
Domèvre (franz. Dép. Meurthe-et-Moselle, Kant. Blâmont), Dompnus Aper 125.
Domfessel (elsäss. Kant. Saar-Union), Doneuassele 316.
Domjevin (franz. Dép. Meurthe-et-Moselle, Kant. Blâmont), Domeiure *309. — Domuer (?) 124.
Domina Maria, s. Dammarie.
Domina Nostra, s. Lieb-Frauen.
Dominikanerkloster in Basel 421; in Metz 54. 55; in Regensburg 58. 59; in Toul 56.
Dommartin (verschiedene Ortschaften dieses Namens in der alten D. Toul), Dompnus Martinus 213. 226.
— s. St. Petrus.
— aux-Bois (franz. Dép. Vosges, Kant. Épinal), Dompnus Martinus ad Fratinas 130.
— lès-Toul (franz. Dép. Meurthe-et-Moselle, Kant. Toul), Dompnus Martinus ante Tullum 123.
Dommenheim (lothr. Kant. Dieuze), Domenehem 131. — Dompncheim 313.
Dommerville (franz. Dép. Eure-et-Loir, Kant. Janville), Domereuilla 226.
Domnau (preuss. Rgbz. Königsberg, Kr. Friedland), Domenow 89.
Dompaire (franz. Dép. Vosges, Kant.-St.) 132.

Dompierre-aux-Bois (franz. Dép. Meuse, Kant. Vigneulles), Dompiruspetrus *230.
Dompna Libaria, s. Damelevières.
Dompna Maria, s. Dammarie.
Dompncheim, s. Dommenheim.
Dompnus Aper, s. Domèvre.
— Basolus, s. Dombasle.
— Martinus, s. Dommartin.
Dompnus Martinus ad Fratinas, s. Dommartin-aux-Bois.
— Martinus ante Tullum, s. Dommartin-lès-Toul.
— Petrus, s. Dompierre-aux-Bois.
— Remigius, s. Domremy.
— Victor, Kirche der alten D. Metz 124. 131.
Domremy (verschiedene Ortschaften dieses Namens in der alten D. Toul), Dompnus Remigius 130. *172. 213. 217.
Domuer (?), s. Domjevin (?).
St. Donatian, Kirche in Bruges 266.
Doncort, s. Doncourt.
Doncourt (franz. Dép. Haute-Marne, Kant. Bourmont), Doncort 132.
Doneuassele, s. Domfessel.
Donjeux (lothr. Kant. Delme), Denieuf 308. — Domeus 197.
Donis, Priorat der alten D. Toul 113.
Donnelay (lothr. Kant. Vic), Donnerey 309.
Donnerey, s. Donnelay.
Dornach (elsäss. Kant. Mülhausen-Süd), Durniche 17.
Dornach, s. Dorneck.
Dorne, s. Deurne.
Dorneck (schweiz. Kant. Solothurn, Bez. Dorneck-Thierstein), Dornach 21.
Dorpat (russ. Prov. Livland, Kreis-St.), Diöcese, Tarbatensis, Tharbatensis, Trarbatensis 87—88. 103.
— Kathedrale *87. *88. 394.
— Kirche, s. Lieb-Frauen.
Dorsweiler (lothr. Kant. Albesdorf), Toruilleir 312.
Dounoux (?) (franz. Dép. Vosges, Kant. Xertigny), Duinum 123.
Doze, s. Dieuze.
Drechingen (lothr. Kant. Bolchen), Droseneyum 127. — Druwney 314.
Dromel (im Dek. Zyfflich, Kr. Cleve, der alten Erzd. Köln), Dromele 326.

Dromele, s. Dromel.
Droseneyum, s. Drechingen.
Druldinguen, s. Drulingen.
Drulingen (elsäss. Kant.-Hauptort), Druldinguen 316.
Druwney, s. Drechingen.
Drutanges, s. Dentingen.
Dudelirghen, s. Düdelingen.
Düdewilre, s. Dudweiler.
Dudweiler (preuss. Rheinprov., Kr. Saarbrücken), Düdewilre 317.
Düdelingen (luxemburg. Kant. Esch a. d. Alzette), Dudelirghen 191.
Dünwald (preuss. Rgbz. Köln, Kr. Mülheim), Dunewalt. Priorat 48.
Düren (preuss. Rheinprov., Rgbz. Aachen. Kreis-St.), Duren 332.
Dürlinsdorf (elsäss. Kant. Pfirt), Turlistorf *20.
Dürmenach (elsäss. Kant. Pfirt), Tirmenach 21.
Dugneyum, s. Dugny.
Dugny (franz. Dép. Meuse, Kant. Verdun), Dugneyum 229. 237.
Duinum, s. Dounoux (?).
Dulleyum, s. Thuilley-aux-Groseilles (?).
Dunewalt, s. Dünwald.
Duren, s. Düren.
Durniche, s. Dornach
Duren Lagelnhein, s. Logelnheim.
Durstel (?) (elsäss. Kant. Drulingen), Stürdelden 316.
Dyen., s. Die.
Dymeringa, s. Diemeringen.
Dynkerin, s. Dinker.
Dynter, s. Dynther.
Dynther (niederländische Prov. NordBrabant, Arr. Bois-le-Duc), Dinter 343. 364. — Dintre 362. — Dynter 279.
Dyonantis, s. Dinant.
Dyonantum, s. Dinant.
Dyonensis, s. Dinant.
St. Dyonisius, s. St. Dionysius.
Dypenbeke, s. Diepenbeck.
Dystensis, s. Diest.

Ebersweiler (lothr. Kant. Busendorf), Aureuilla 314.
Ebersweiler, Klein- (lothr. Kant. St.-Avold), Exwilre 311.
Ebleswilre, s. Alberschweiler.
Ebredunensis, s. Embrun.

Ebresanges, s. Vahl-Ebersing.
Ebroicensis, s. Évreux.
Echternach (luxemburg. Bez. Grevenmachern), Epternachum 166. — Esternacum 189.
Echtz (preuss. Rgbz. Aachen, Kr. Duren), Exze 48.
Ecthon, s. Eiken.
Edua, s. Autun.
Edue, s. Autun.
Eduensis, s. Autun.
Egensheim, s. Egisheim.
Egenshein, s. Egisheim.
Egenshein superior, s. Ober-Enzen.
Egerchingen, s. Egerkingen.
Egerkingen (schweiz. Kant. Solothurn, Bez. Balsthal), Egerchingen 24.
Egernhein, s. Egisheim.
Egeshein medium, s. Egisheim.
Egisheim (elsäss. Kant. Winzenheim) 9. — Egernhein 7. — Egensheim 9. — Egenshein 9. — Egeshein medium 29.
Eglingen (elsäss. Kant. Altkirch) 16.
Eichstätt (bayr. Bez.-A.-St., Mittelfranken), Eystetensis, Extadensis *62. *63. 71.
— Diöcese 42. 389. 391. 415.
— Kathedrale *42.
Eiken (schweiz. Kant. Aargau, Bez. Laufenburg), Ecthon 22. — Eitkon 23. 27.
Einersdorf, s. Heinersdorf.
Einvaux (?) (franz. Dép. Meurthe-et-Moselle, Kant. Bayon), Ermeau (?) 213.
Eischweiler (bayr. Pfalz, B.-A. Pirmasens), Erneswilre 315.
Eitkon, s. Eiken.
St. Ekphius, s. Saint-Élophe.
Elborswilre, s. Alberschweiler.
Elfingen (schweiz. Kant. Aargau, Bez. Brugg), Eoluingen 26.
St. Eligius, Kapelle der Kathedrale in Lüttich 358.
Ellenuuilr, s. Ellenweiler.
Ellenweiler (zerstörtes Dorf, lag in der Nähe von Rappoltsweiler. S. Schöpflin, Alsatia illustrata, B. II, S. 455), Ellenuuilr 6.
Saint-Élophe (franz. Dép. Vosges, Kant. Coussey), St. Ekphius 223.
Elsafs 19. 20. — Axacia *61.

Elsgau, Dekanat der D. Basel 19—20. — Elsgouue 19.

Elsgouue, s. Elsgau.

Elsingen (lothr. Kant. Metzerwiese), Elzinguen 314.

Elst (niederländ. Prov. Gelderland), Elstensis 286. 287.

Elstensis, s. Elst.

Elsuuilr, s. Erschweil.

Elzinguen, s. Elsingen.

Embermeney, s. Emberménil.

Emberménil (franz. Dép. Meurthe-et-Moselle, Kant. Blâmont), Embermeney 309.

Embricensis, s. Emmerich.

Embrun (franz. Dép. Hautes-Alpes), Diöcese, Ebredunensis 52. 66. 78. *420. 421. 422. 426. 427. 430. *432. 433. 435. 436. 438. *439.

— Kathedrale 52. 66. 78. 421. 422. 426. 427. 430. *432. 433. 435. 436. 438. 439.

Emersweiler (preuss. Rheinprov., Kr. Saarbrücken), Emmexwilre 317.

Emmerich (preuss. Rheinprov., Rgbz. Düsseldorf, Kr. Rees), Embricensis *283. 286.

Emmexwilre, s. Emersweiler.

Endorf, franz. Aboncourt (lothr. Kant. Metzerwiese), Abaucourt 314.

Enerey, s. Ennery.

Engelmannsweiler, s. St. Cosman.

Engelmarsuuilr, s. St. Cosman.

England, Anglia 300.

Enguelinguen, s. Inglingen.

Ennerey (lothr. Kant. Vigy), Enerey 307.

Ensch (preuss. Rgbz. u. Kr. Trier), Anchenden 191.

Ensichem, s. Ensisheim.

Ensisheim (elsäss. Kant.-St.), Ensichem 61. — Ensishein 13.

Ensishein, s. Ensisheim.

Ensminga, s. Insmingen.

Eoluingen, s. Elfingen.

Epauvillers (schweiz. Kant. Bern, Bez. Freibergen), Viler 20.

Épinal (franz. Dép. Vosges, Hauptst.), Spinellensis, Abtei 113. — Spinellum 112. — Spindelle 401.

Eppindorp, s. Heppendorf.

Epternachum, s. Echternach.

Eptingen (schweiz. Kant. Basel-Land, Bez. Waldenburg) 23.

St. Epvre (lothr. Kant. Delme), St. Aper 123.

St. Erasmus, Kapelle in Basel 6.

Erbehein, s. Erbsheim.

Erbsheim (zerstörte Ortschaft, lag in der Nähe von Aspach; s. Schöpflin, Alsatia illustrata, B. II, S. 455), Erbehein 19.

Erfordensis, s. Erfurt.

Erfordia, s. Erfurt.

Erfurt (preuss. Rgbz.-St.), Erfordia 71. — Erfordensis 81. 165.

— s. Sta. Maria.

Erkerode, s. Erkrath.

Erkrath (preuss. Kr. u. Rgbz. Düsseldorf), Erkerode 328.

Erlepe, s. Erp.

Ermeau (?), s. Einvaux (?).

Ermeland (Landsch. in Ostpreussen), Diöcese, Warmiensis 88. 89. 98. 100. 102. 103. 104.

— Kathedrale 88.

Erneswilre, s. Eischweiler.

Ernlisbach, s. Ober-Erlisbach.

Erp (preuss. Rgbz. Köln, Kr. Euskirchen), Erlepe 324.

Erschweil (schweiz. Kant. Solothurn, Bez. Dorneck-Thierstein), Elsuuilr *21. — Hergesinde 22. — Hergesuuilr 22.

Esch, s. Metzeresch.

Eschenzweiler (elsäss. Kant. Mülhausen), Escolzuuilr 15.

Escheringen (lothr. Kant. Kattenhofen), Euxeranges 310.

Eschon, s. Oeschgen.

Escolzuuilr, s. Eschenzweiler.

Esconay, s. Usselskirch (?) und Ueckingen (?).

Escurey, Abtei in der alten D. Toul, Escureyum 114.

Escureyum, s. Escurey.

Eslohe (preuss. Rgbz. Arnsberg, Kr. Meschede), Esselne 325.

Espengez, s. Pange.

Esse, s. Hessen.

Esselne, s. Eslohe.

Esseloncourt, s. Essesdorf.

Essen (preuss. Rgbz. Düsseldorf, Kreis-St.), Abtei, Assendensis 325. 328. — Assindensis 47. 51.

Essesdorf, franz. Assenoncourt (lothr.
Kant. Rixingen), Esseloncourt 313.
Essey (mehrere Ortschaften dieses Namens
in der alten D. Toul, heut. franz. Dép.
Meurthe-et-Moselle), Aceyum 152.
Estanche, Benediktinerabtei bei Saint-
Mihiel, Stagnum 118.
Estensis, s. Asti.
Esternacum, s. Echternach (?) oder die
andere Kirche dieses Namens in der D.
Trier.
Estival, Abtei der alten D. Toul, Sti-
vagiensis 113.
Eston, s. Atton.
Etain (?) (franz. Dép. Meuse, Kant.-Haupt-
ort), Streas 234.
Étanche (L') (franz. Dép. Vosges, Kant.
Neufchâteau), Stagnum, Abtei 114.
Saint-Étienne (?) (franz. Dép. Vosges,
Kant. Remiremont), St. Stephani
mons, Priorat 113.
Étraye (franz. Dép. Meuse, Kant. Dam-
villers), Destre 171.
Étueffont, Haut-et-Bas-, deutsch
Staufen, Ober- und Nieder-
(franz. Arr. Belfort), Stoufen 19.
St. Eucarius, Pfarrkirche in Metz *148.
207. 304. — St. Eukarius 207. 304.
— Kirche in Liverdun, St. Eukarius 212.
215.
Eucheuilleir, s. Arsweiler.
St. Eukarius, s. St. Eucarius.
Eukerangez, s. Ueckingen (?) und Al-
gringen (?).
Eurecourt, s. Homécourt (?).
Euskirchen (preuss. Rgbz. Köln, Kreis-
St.), Oûskirchen 324.
Euxeranges, s. Escheringen.
St. Euzebius, Pfarrkirche in Metz 304.
Evaux (Gem. St.-Joire, franz. Dép. Meuse,
Kant. Gondrecourt), Valles en Ornoys
114.
Évreux (franz. Dép. Eure), Diöcese,
Ebroicensis 353.
Extadensis, s. Eichstätt.
Exwilre, s. Ebersweiler, Klein-.
Exze, s. Echtz.
Eykensis, s. Maaseyk.
Eystetensis, s. Eichstätt.

Failley, s. Failly.
Failly (lothr. Kant. Vigy), Failley 305.

Fainatre, s. Fameck.
Faix, s. Fays.
Falkenberg (lothr. Kant.-St.), Fauke-
mont 312.
Falloncourt, s. Gelucourt (?).
Fameck (lothr. Kant. Diedenhofen), Fai-
natre 307.
Famenna, Archidiakonat der D. Lüttich
352.
Famoncort, s. Fannoncourt (?).
Fannbretinatten, vielleicht Rammers-
matt (?).
Fannoncourt (?) (zerstörte Ortschaft,
jetzt Mühle der Gem. Donimarie-Eul-
mont, franz. Dép. Meurthe-et-Moselle),
Kant. Vézélise), Famoncort 130.
Farschweiler (lothr. Kant. Forbach),
Warsvilre 127. — Warswilre 317.
Fauerneyum, s. Faverney.
Faukemont, s. Falkenberg.
Faulx (franz. Dép. Meurthe-et-Moselle,
Kant. Nomeny), Faulz 308.
Faulz, s. Faulx.
Faverney (franz. Dép. Haute-Saône),
Fauerneyum, Abtei *219.
Fay, s. Fey.
Fays (franz. Dép. Vosges, Kant. Bruyères),
Faix 132.
Febrecort, s. Frebécourt.
Feilestorf, s. Filsdorf.
Feldbach (elsäss. Kant. Hirsingen), Vel-
pach 20. — Weltpach 19.
Feldkirch (zerstörte Ortschaft, lag in der
Nähe von Egisheim; darnach ist die
Bemerkung in Anm. 4, S. 9 zu berich-
tigen), Veltkilch *9.
— (elsäss. Kant. Sulz), Veltkilch 12.
Fellin (russ. Prov. Livland), Uelin 88.
Fentsch (lothr. Kant.-St.), Fontoy 310. —
Ventos 133. 149.
Ferreriae, s. Ferrières.
Ferrières (franz. Dép. Loiret, Kant-
Hauptort), Ferreriae 217.
St. Ferrutius, Pfarrkirche in Metz 304.
Fessenheim (elsäss. Kant. Ensisheim),
Vessenheim 10.
Fexhe (zwei Ortschaften dieses Namens
in der ehemaligen D. Lüttich) 267.
271.
Fey (lothr. Kant. Verny), Fay 149.
Filsdorf (lothr. Kant. Busendorf), Feiles-
torf 314.

Fischau (preuss. Rgbz. Danzig, Kr. Marienburg), Wisconia 90.
Fislis (elsäss. Kant. Pfirt), Viselis 21.
Fista, s. Foug (?).
Flabaix, s. Flabas.
Flabas (franz. Dép. Meuse, Kant. Damvillers), Flabaix, Priorat 118.
Flabémont, Kloster in der alten D. Toul, Flabonis Mons 113.
Flabonis Mons, s. Flabémont.
Flachselanden, s. Flachslanden.
Flachslanden (elsäss. Kant. Mülhausen-Süd), Flachselanden 15.
Flamerecuria, Priorat der alten D. Toul 223. — Flamerencort 114.
Flamerencort, s. Flamerecuria.
Flandern, Flandria 334.
Flauigneyum, s. Flavigny.
Flavigny (franz. Dép. Meurthe-et-Moselle, Kant. Saint-Nicolas), Flauigneyum 220. 226. — Flavinheyum, Priorat 114.
Flavinheyum, s. Flavigny.
Flerey, s. Fleury.
Fletringen (lothr. Kant. Falkenberg), Flutteranges 311.
Fleury (lothr. Kant. Verny), Flerey 305.
Fleury-sur-Aire (franz. Dép. Meuse, Kant. Triaucourt), Flurey 125.
Flirey (franz. Dép. Meurthe-et-Moselle, Kant. Thiaucourt), Flireyum 123.
Flireyum, s. Flirey.
Flocort, s. Flocourt.
Flocourt (lothr. Kant. Pange) 312. — Flocort 149.
Flörchingen (lothr. Kant. Diedenhofen), Florehanges 310.
Florehanges, s. Flörchingen.
Florémont (franz. Dép. Vosges, Kant. Charmes) 219. 222.
Florencia, s. Florenz.
Florennes (belg. Prov. Namur, Kant.-Hauptort), Florinis 357.
— s. St. Gengulphus, Sta. Maria.
Florentia, s. Florenz.
Florentinis, s. Florenz.
Florenz, Florencia *369. *382. 387. 393. 394. 399. — Florentia 334. 368. *370. 371. 372. *373. *374. *375. 376. 387. *393. *394. *395. *396. *397. *398. *399. *400. 401. 403. 404. *405. 408. — Florentinis 395. 397. 400.

Florinis, s. Florennes.
St. Florinus, Kirche in Koblenz 165. 193.
Flurey, s. Fleury-sur-Aire.
Flutteranges, s. Fletringen.
Folklingen (lothr. Kant. Forbach), Folkelinguen 317.
Folkelinguen, s. Folklingen.
Folkeranges, s. Foulcrey.
Fondeman, s. Fondremand.
Fondremam, s. Fondremand.
Fondreman, s. Fondremand.
Fondremand (franz. Dép. Haute-Saône, Kant. Rioz), Fondeman 436. — Fondremam 439. — Fondreman 435. 438. — Frondema'n 434 — Frondenem 439.
Fontaine (?) (franz. Arr. Belfort), Rüdolsbrunnen 18.
Fontoy, s. Fentsch.
Forbach (lothr. Kreis-St.) 311. 317. ob Fromespach (?) 317.
Forkeringa, s. Foulcrey.
Fornerii, s. Notre-Dame de Fourvière.
Foruille, s. Froville.
Fossensis, s. Fosses.
Fosses (belg. Prov. Namur, Kant.-Hauptort), Fossensis *276. 349. 364. 365.
— s. St. Foylanus.
Fossieux (lothr. Kant. Château-Salins), Fossues 132. — Foussieulx 308.
Fossues, s. Fossieux.
Foug (?) (franz. Dép. Meurthe-et-Moselle, Kant. Toul), Fista 114.
Foulcrey (lothr. Kant. Rixingen), Folkeranges 315. — Forkeringa 131.
Fourbach, s. Bierbach (?).
Foussieulz, s. Fossieux.
St. Foylanus, Kirche in Fosses 364. 365.
Frahemforth, s. Frankfurt am Main.
Frahenfurth, s. Frankfurt am Main.
Fraines, s. Fresnes-en-Saulnois.
Francfordensis, s. Frankfurt am Main.
Franchimont (belg. Prov. Namur, Kant. Florennes), Francimont 348.
Francimont, s. Franchimont.
Franghen, s. Franken.
Franken (elsäss. Kant. Altkirch) 15. — Franghen *17.
Frankfurt am Main (preuss. Prov. Hessen-Nassau, Kreis-St.), Frahemforth 72. — Frahenfurth 73. — Francfordensis 415.

Frankfurt am Main, s. St. Anthonius, St. Bartholomeus.
Frankreich, Francia *172. 173. 180. 216. 217. 242.
Fraquelfing (lothr. Kant. Lörchingen), Frichelinga 315. — Friquelinga 315.
Frauenberg (?) (lothr. Kant. Saargemünd), Fromespach 317.
Frebécourt (franz. Dép. Vosges. Kant. Coussey), Febrecort 132.
Frechen (preuss. Rgbz. und Kr. Köln), Vrechen *326.
Fredemborc (verschiedene Ortschaften in Deutschland) 74.
Freicourt, s. Fricourt.
Freisdorf (lothr. Kant. Busendorf), Fristor 123. — Frystorf 314. — Frystorph, Abtei 303.
Freising (Bayern, Prov. Oberbayern, Bez.-A.-St.), Frinsingensis, Frisinga, Frisinghen 62. 390.
— Diöcese *389. 391.
Frenningen, s. Fröningen.
Fresnes-en-Saulnois (lothr. Kant. Château-Salins), Fraines 308.
Friche, s. Frick.
Frichelinga, s. Fraquelfing.
Frick (schweiz. Kant. Aargau, Bez. Laufenburg), Friche *26. — Frike 26.
— s. St. Johannes, Hl. Kreuz, Sta. Maria.
Frickgau, Dekanat der D. Basel 25—27. — Friggouue 25.
Fricourt (Gem. Remoncourt, franz. Dép. Meurthe-et-Moselle, Kant. Blâmont), Freicourt, Priorat 303.
Friesen (elsäss. Kant. Hirsingen) 18.
Friesheim (preuss. Rgbz. Köln, Kr. Euskirchen), Vryshem 329.
Friggouue, s. Frickgau.
Frike, s. Frick.
Frinsingensis, s. Freising.
Friquelinga, s. Fraquelfing.
Frisinga, s. Freising.
Frisingen (luxemb. Kant. Esch an der Alzette), Frisingum 165.
Frisinghen, s. Freising.
Frisingum, s. Frisingen.
Fristor, s. Freisdorf.
Fröningen (elsäss. Kant. Altkirch), Frenningen 19.

Fromespach, s. Frauenberg (?) und Forbach (?).
Frondeman, s. Fondremand.
Frondenem, s. Fondremand.
Frouard (franz. Dép. Meurthe-et-Moselle, Kant. Nancy), Frouart 123.
Frouart, s. Frouard.
Frovilla, s. Froville.
Froville (franz. Dép. Meurthe-et-Moselle, Kant. Bayon), Foruille 130. — Frovilla, Priorat 115.
Frystorf, s. Freisdorf.
Frystorph, s. Freisdorf.
Füllingen (lothr. Kant. Falkenberg), Fullinguen 310.
Fürth (preuss. Rheinprov., Kr. Ottweiler), Furcha 318.
Fulenbach (schweiz. Kant. Solothurn, Bez. Olten-Goesgen), Wlunbach 24.
Fullinguen, s. Füllingen.
Furcha, s. Fürth.

Gaenglingen (lothr. Kant. Falkenberg) Guenguelanges 311.
St. Gallen (schweiz. Kant.-St.), St. Gallus, Abtei 63.
St. Gallus, s. St. Gallen.
Gamelanges, s. Gelmingen.
Gansingen (schweiz. Kant. Aargau, Bez. Laufenburg), Gansungen 26.
Gansungen, s. Gansingen.
Garnaria, in —(Kapelle in Lautenbach) 12.
Gauenstein (Auenstein), (schweiz. Kant. Aargau, Bez. Brugg), Gouuensten 25.
Gaukirke, s. Gehnkirchen.
Gebenna, s. Genf.
Gebennensis, s. Genf.
Gebersweiler (elsäss. Kant. Gebweiler), Geblisuuilr 12.
Gebling (?) (lothr. Kant. Dieuze), Guebedinguen 313. — Gueybeldinga 133.
Geblingen (lothr. Kant. Saaralben), Guebeldinguen 312.
Geblisuuilr, s. Gebersweiler.
Gebuuilr, s. Gebweiler.
Gebweiler (elsäss. Kreis-St.) 911. — Gebuuilr 11. — Geuuilr *11. 13.
— s. Deutschorden, Sta. Katerina.
Geertruidenberg (niederländ. Prov. Nord-Brabant), Mons sancte Gertrudis 270. 276.

Gehnkirchen (lothr. Kant. Bolchen),
Gaukirke 149. — Guenkirchein
310.
Geispitzen (elsäss. Kant. Landser),
Geispolzhein 15.
Geispolzhein, s. Geispitzen.
Geissenberg, franz. Chèvremont
(franz. Arr. Belfort), Grissenberg 19.
Geistkirch, franz. Iuvelize (lothr.
Kant. Vic), Geruilize 309.
Gekingen, s. Mönchenstein.
Gelmingen (lothr. Kant. Bolchen), Ga-
melanges 314.
Gelterkinden (schweiz. Kant. Basel-
Land, Bez. Sissach), Gelterkingên
23.
Gelterkingen, s. Gelterkinden.
Gelucourt (?), deutsch Gisselfingen
(lothr. Kant. Dieuze), Falloncourt
313.
Gemar (elsäss. Kant. Rappoltsweiler),
Gemen superior 7.
Gemblacensis, s. Gembloux.
Gembloux (belg. Prov. Namur, Kant.-
Hauptort), Gemblacensis 355.
— s. St. Mathaeus.
Gemen inferior, s. Nieder-Gemar.
— superior, s. Gemar.
Gemgembach, s. Gengenbach.
Gemigneyum, s. Gremilly.
Gempen (schweiz. Kant. Solothurn, Bez.
Dorneck-Thierstein), Genpenni 6.
Genanuilla, s. Génaville.
Genauilla, s. Génaville.
Génaville (franz. Dép. Meurthe-et-Mo-
selle, Kant. Briey), Genanuilla 133. —
Genauilla 313.
Geneicort, s. Génicourt-sur-Meuse.
Sainte-Geneviève (franz. Dép. Meurthe-
et-Moselle, Kant. Pont-à-Mousson),
Sancta-Genovefa 306.
Genf (schweiz. Kant.-Hauptst.), Gebenna,
Gebennensis 180. 185. *243. 245.
246. 248. *249. 432.
— Diöcese 139. *140. 141. 178. 245. 249.
Gengembacensis, s. Gengenbach.
Gengenbach (bad. A. Offenburg), Gen-
gembacensis, Benediktinerabtei 420. —
Gengembach 390. — Ginginbacum
392.
St. Gengoult, Kirche in Toul, St. Gen-
gulphus 132. *174. 175. 209. 212.

*214. 215. 222. 225. 227. — St. Jan-
gulfus 112.
St. Gengulphus, s. St. Gengoult.
— Kirche in Florennes 357.
— Pfarrkirche in Metz 148. 304.
Génicourt-sur-Meuse (franz. Dép.
Meuse, Kant. Verdun), Geneicort 131.
Gennep (niederländ. Prov. Limburg),
Geuppe 332.
Sta. Genouefa, Pfarrkirche in Bochon (?)
165.
— Kapelle in der Kirche St. Leonard in
Léau 275. .
— Kirche und Kloster in Toul 151.
— s. Sainte-Geneviève.
Genpenni, s. Gempen.
Gentines, s. Gentinnes.
Gentinnes (belg. Prov. Brabant, Kant.
Genappe), Gentines 349.
— s. St. Nicholaus.
St. Georg, Kapelle der Kirche Sta. Maria
in Utrecht 285.
— Pfarrkirche in Metz 304.
— Pfarrkirche in Soest 345.
— Kirche in Köln 49. 326. 328. 331. 345.
384.
— Kirche in Limburg 189. 190.
— Priorat bei Toul *221.
St. Georgius, s. St. Jure.
St. Georius, s. St. Georg K. in Köln.
Gerbéviller (franz. Dép. Meurthe-et-
Moselle, Kant.-St.), Gileberviles,
Priorat 113.
St. Gereon, Kirche in Köln 39. *48.
323. 324. 327. 332. *333. 345. 383.
St. Germanius, Kirche in Tirlemont 355.
St. Germanus, s. Châtel-St.-Germain.
Germay (franz. Dép. Haute-Marne, Kant.
Poissons), Germayum 176. — Ger-
meyum 173.
Germayum, s. Germay.
Germeyum, s. Germay.
Gerner (Geruer?) (ob identisch mit
einer Kirche »sancti Geruarii« im De-
kanat citra colles Ottonis der alten D.
Basel?) 13.
Gerney, s. Jarny.
Gersbeke, s. Kersbeck.
Gerstlingen (lothr. Kant. Busendorf),
Grusselanges 311.
Gertingen (lothr. Kant. Bolchen), Guer-
tangez 311.

Sta. Gertrudis, Kirche in Nivelles 275.
*351. 366.
Geruilize, s. Geistkirch.
St. Gervasius, s. St. Servatius.
Geuppe, s. Gennep.
Geuuilr, s. Gebweiler.
Gewenheim (elsäss. Kant. Thann),
    Gouuenhein 19.
Ghenck (belg. Prov. Limbourg, Kant.
    Bilsen), Gheynke 363.
Ghestole supra Zomam, s. Oud-Gastel.
Gheynke, s. Ghenck.
Ghistele (verschiedene Ortschaften des
    Namens Ghestel in der alten D. Lüt-
    tich) 289.
Ghudenghoue, s. Guttecoven.
Gilbecort, s. Julvécourt.
Gildweiler (elsäss. Kant. Dammerkirch),
    Gilteuuilr 16.
Gileberviles, s. Gerbéviller.
Gilteuuilr, s. Gildweiler.
Ginginbacum, s. Gengenbach.
Giningen, Ober- und Nieder- (lothr.
    Kant. Metzerwiese), Guinanges 310.
Sta. Gisela, Altar der Kirche in Veltheim
    25.
Glandariensis, ehemalige Abtei der D.
    Metz (in Lubeln, s. d. N.) 116. — Glan-
    deriensis 310.
Glanderiensis, s. Glandariensis.
Glehn (preuss. Rgbz. Düsseldorf, Kr. Neufs),
    Gleyne 350.
Gleyne, s. Glehn.
Sta. Glodecindis, s. Sta. Glodesindis.
Sta. Glodesindis, ehemalige Abtei in
    Metz 303. — Sta. Glodecindis 116.
Goch (preuss. Rgbz. Düsseldorf, Kr. Kleve)
    327.
Goesgen (schweiz. Kant. Solothurn, Bez.
    Olten-Goesgen), Gôskon.
Gogney (franz. Dép. Meurthe-et-Moselle,
    Kant. Blâmont), Gouigney 309.
Goin (lothr. Kant. Verny), Goyns 306. —
    Guuhs 133.
Goiwemunde (?) (ehem. an der livländ.
    Aa), Koreyda 86.
Goldbach (elsäss. Kant. St. Amarin),
    Golpach 18.
Golpach, s. Goldbach.
Goncourt (franz. Dép. Haute-Marne, Kant.
    Bourmont), Gongoncort 132.
Gondauilla, s. Haudainville (?)

Gondecourt, s. Gondrecourt.
Gondrecourt (franz. Dép. Meurthe-et-
    Moselle, Kant. Conflans), Gondecourt
    227. — Gondricour 170.
Gondrecourt (franz. Dép. Meuse, Kant.-
    St.), Gondrecuria, Priorat 112. —
    Gondricuria 221. — Grondicuria
    113.
Gondrecuria, s. Gondrecourt.
Gondricour, s. Gondrecourt.
Gondricuria, s. Gondrecourt.
Gongoncort, s. Goncourt.
Gorcia, s. Gorze.
St. Gorgidius, s. St. Georg, Kirche in
    Köln.
St. Gorgonius, Kirche in Hougaerde
    354.
— Pfarrkirche in Metz 304.
Gorinayum, s. Juvigny-en-Perthois (?).
Gorsia, s. Gorze.
Gorsiensis, s. Gorze.
Goruaure, s. Courfaivre.
Gorze, Archipresbyterat der D. Metz
    307—308.   Gorzia 307. 308.
— (lothr. Kant.-St.), ehemalige Abtei 305.
    307. — Gorcia 116. — Gorsia 124. —
    Gorsiensis 117. — Gorziensis 191.
    301. 302.
Gorzia, s. Gorze.
Gorziensis, s. Gorze.
Gôskon, s. Goesgen.
Gosselinguen, s. Gosselmingen.
Gosselmingen (lothr. Kant. Finstingen),
    Gosselinguen 316.
Gottesthal (elsäss. Kant. Dammerkirch),
    Vallis Dei, Abtei 17.
Gouécourt (franz. Dép. Vosges, Kant.
    Coussey), Guencort 130.
Gouigney, s. Gogney.
Gouraincort, s. Gouraincourt.
Gouraincourt (franz. Dép. Meuse, Kant.
    Spincourt), Gouraincort 134.
Gouuenhein, s. Gewenheim.
Gouuensten, s. Gauenstein (Auenstein).
Goyns, s. Goin.
Hl. Grab-Kirche, in Saint-Trond 275. —
    Sanctum Sepulcrum 288.
Gracionopolitanus, s. Grenoble.
Graide (belg. Prov. Namur, Kant. Ge-
    dinne), Gredis 359.
Grandisuallis, s. Münster (Moutier-
    Grandval).   ·

Grandvillars (?) (franz. Arr. Belfort),
Grendenal (Grendeual?) 19.
Graner, s. Jarny.
Gratianopolis, s. Grenoble.
Gratianopolitanus, s. Grenoble.
Gray (franz. Dép. Haute-Saône, Arr.-St.),
Greyacum *247.
Gredis, s. Graide.
Greifswald (?) (preuss. Rgbz. Stralsund,
Kreis-St.), Gripelbald 408.
— s. Sta. Maria.
Grémecey (lothr. Kant. Château-Salins)
308.
Gremigne, s. Gremilly.
Gremilly (franz. Dép. Meuse, Kant. Dam-
villers), Gremigne 170. — Gemig-
neyum 227.
Grendelle, s. Grindel.
Grendenal (Grendeual?), s. Grand-
villars (?).
Grenoble (franz. Dép. Isère), Diöcese,
Gracionopolitanus, Gratianopo-
lis, Gratianopolitanus 178. 180.
243. 249. 257.
Grenzingen (elsäss. Kant. Hirsingen) 18.
Greyacum, s. Gray.
Grigy (lothr. Kant. Metz), Guerigiis
149.
Grindel (schweiz. Kant. Solothurn, Bez.
Dorneck-Thierstein), Grendelle 22.
Gripelbald, s. Greifswald (?).
Grissenberg, s. Geissenberg.
Grofthal, ehemalige Abtei der D. Metz,
Crusallum 117. — Crotaul 303.
Grondicuria, s. Gondrecourt.
Grone, s. Grosne.
Grosne (franz. Arr. Belfort), Grone 18.
Grofs-Moyeuvre (lothr. Kant. Dieden-
hofen), Moieubre 307.
Grofsblittersdorf (lothr. Kant. Saar-
gemünd), Bliterstorph 317.
Grofsrederchingen (?) (lothr. Kant.
Rohrbach), Rotawez 315.
Grofstänchen (lothr. Kant.-Hauptort),
311. — Tenneyum 311.
Grusselanges, s. Gerstlingen.
Guebedinguen, s. Gebling u. Güblingen.
Guebeldinguen, s. Geblingen.
Güblingen (lothr. Kant. Dieuze), Guebe-
dingen 313. — Gueybeldinga 133.
Güderkirch (?) (lothr. Kant. Wolmünster),
Kircheim 315.

Guelembac inferior, s. Nieder-Gail-
bach.
— superior, s. Ober-Gailbach.
Guencort, s. Gouécourt.
Guenguelanges, s. Gaeuglingen.
Guenkirchein, s. Gehnkirchen.
Guerigiis, s. Grigy.
Guertangez, s. Gertingen.
Güstrow (?) (Mecklenburg-Schwerin, Hptst.
des Wend. Kr. und gleichnam. Amt),
Gussowe 94.
Guetze, s. Gützkow (?).
Gützkow (?) (Mecklenburg-Schwerin,
Wend. Kr., A. Stavenhagen), Guetze
94.
Gueybeldinga, s. Gebling u. Güblingen.
Guinanges, s. Giningen.
Guldolzhein, s. Gundolsheim.
Gundolsheim (elsäss. Kant. Gebweiler),
Guldolzhein 13.
Guognelow (in der alten D. Schwerin)
94.
Gurcensis, s. Gurk.
Gurk (Österreich, Kärnten, Bez. St. Veit),
Diöcese, Gurcensis *403.
— Kathedrale 403.
— s. Sta. Radegunda.
Gussowe, s. Güstrow (?).
Gutenbrunnen (?) (elsäss. Kant. Saar-
Union), Codemburez 316.
Guttecoven (in der alten D. Luttich,
Dekanat Sustern, holl. Limburg), Ghu-
denghoue 266.
Guuhs, s. Goin (?).
Gymonville, s. Thimonville.

Habkirchen (bayr. Pfalz, Bez.-A. Zwei-
brücken), Hapkirchein 317.
Habsheim (elsäss. Kant. Mülhausen),
Abechshein 14.
Habudingen (lothr. Kant. Château-Salins),
Hobedinga 312.
Hachberg, s. Homburg.
Hachenberg (preuss. Rgbz. Köln, Kr.
Wipperfürth), Heyenberg 385.
Hackendouel, s. Haekendover.
St. Hadelinus, Kirche in Weset 341.
Hadonuilla, s. Hadonville.
Hadonuillaris, s. Croismare.
Hadonville (franz. Dép. Meuse, Kant.
Vigneulles), Hadonuilla 307.
Hadstat, s. Hattstadt.

33*

Hagendorf (schweiz. Kant. Solothurn, Bez. Olten-Goesgen), Hegendorf 25.
Hackendover (belg. Prov. Brabant, Kant. Tirlemont), Hackendouel 341.
Haelen (mehrere Ortschaften dieses Namens in der belg. Prov. Limbourg), Halen 357.
— s. SS. Petrus und Judocus.
Hasingen (elsäss. Kant. Hüningen), Hesingen *14.
Hagenbach (elsäss. Kant. Dammerkirch) 15. — Agenbach 15. — Dagembach 15.
Hagendal, s. Ober- und Nieder-Hagenthal.
Hageuilla, s. Hagéville.
Hagéville (franz. Dép. Meurthe-et-Moselle, Kant. Chambley), Hageuilla 307.
Haiengez, s. Hayingen.
Hain, s. Ham-unter-Varsberg.
Haiss (?), franz. Hayes (lothr. Kant. Vigy), Hehon 149.
Halberstadensis, s. Halberstadt.
Halberstadt (preuss. Rgbz. Magdeburg), Alberstadensis, Halberstadensis 68. 71.
— Diöcese 69.
Haldenwang (Holderbank) (schweiz. Kant. Solothurn, Bez. Balsthal), Halderuuang 25.
Halderuuang, s. Haldenwang.
Halen, s. Haelen.
Haltwilre, s. Ottweiler (?).
Haluinga, s. Holvingen.
Ham-unter-Varsberg (lothr. Kant. Bolchen), Hain 311.
Hambach (elsäss. Kant. Drulingen) 316.
Hamburg (freie Stadt in Deutschland), Hamburgensis *91. *92. 98.
Hamburgensis, s. Hamburg.
Hamereyum, s. Hommartingen (?).
Hamericourt, s. Remicourt.
Hammerstat (zwischen Roggenhausen und Blodelsheim, elsäss. Kant. Ensisheim) 10.
Hamont (belg. Prov. Limbourg, Kant. Ciney) *354.
Hampont (lothr. Kant. Château-Salins) 312.
Handonvilla, s. Hannonville-sous-les-Côtes.
Hannonville-sous-les-Côtes (franz. Dép. Meuse, Kant. Fresnes), Handonvilla 129.

Hannut(belg. Prov. Lüttich, Kant. Avennes), Hanutum 264. 269. 341. 351.
— s. St. Nicholaus.
Hanutum, s. Hannut.
Hapkirchein, s. Habkirchen.
Hargarten (lothr. Kant. Busendorf), Dehargarde 149.
Harmonville (zerstörte Ortschaft, lag bei Einville, franz. Dép. Meurthe-et-Moselle, Kant. Lunéville), Armevilla 152. — Armeville, Priorat 114.
Harraucourt a. d. Seille (lothr. Kant. Château-Salins), Heraucourt 309.
Harskircheim s. Harskirchen.
Harskirchen (elsäss. Kant. Saar-Union), Harskircheim 316.
Hartmannsweiler (elsäss. Kant. Sulz), Armansuuilr 13. — Hartmansuuilr 13.
Hartmansuuilr, s. Hartmannsweiler.
Harvilla, s. Harville.
Harville (franz. Dép. Meuse, Kant. Fresnes), Harvilla 118.
Hasenberghe, s. Hasenbüren (?).
Hasenbüren (?) (Gebiet von Bremen), Hasenberghe 94.
Hassia, s. Hessen.
Hastixe, s. Hatrize.
Hativilre, s. Hottweiler.
Hatonis Castrum, s. Hattonchâtel.
Hatrize (franz. Dép. Meurthe-et-Moselle, Kant. Briey) *313. — Hastixe 116.
— Archipresbyterat der D. Metz 313.
Hattigny (lothr. Kant. Lörchingen), Huttinguen 315.
Hattonchâtel (franz. Dép. Meuse, Kant. Vigneulles), Antonicastrum 230. — Hatonis Castrum 118.
Hattstadt (elsäss. Kant. Gebweiler), Hadstat 11.
— s. Sta. Maria.
Hauconcourt (lothr. Kant. Metz), Hawenconcourt 307.
Haudainville (?) (franz. Dép. Meuse, Kant. Verdun), Gondauilla 227.
Hauelbergensis, s. Havelberg.
Haumont (zwei Ortschaften dieses Namens im franz. Dép. Meuse), Autemont 131.
Hausen (elsäss. Kant. Andolsheim), Husen *9.

Haute-Seille, ehemalige Abtei der D. Toul (im heutigen franz. Dép. Meurthe-et-Moselle), Alta Silva 114.
Hauteville (franz. Dép. Côte d'Or, Kant. Dijon), Altavilla 142.
Havelberg (preuss. Rgbz. Potsdam, Kr. West-Priegnitz), Hauelbergensis 97.
Hawenconcourt, s. Hauconcourt.
Hayingen (lothr. Kant. Diedenhofen), Haiengez 310.
Hedel (niederländ. Prov. Gelderland) 282. 283. 287. — Heldel 282.
Hegendorf, s. Hägendorf.
Hegenheim (elsäss. Kant. Hüningen) 14. — Hegenhein 14.
Hegenhein, s. Hegenheim.
Hegenshein inferior, s. Nieder-Enzen.
Hehon, s. Haiss (?).
Heidweiler (elsäss. Kant. Altkirch), Heiruuilr 16.
Heilden, s. Hilden.
Heiligenstedten (Holstein, Kr. Steinburg), Hilgestede 92.
Heilig-Kreuz (elsäss. Kant. Colmar), Abtei, Sta. Crux 10. *188.
Heimersdorf (elsäss. Kant. Hirsingen), Einersdorf 19. — Heinersdorf 19.
Heimsbrunn (elsäss. Kant. Mülhausen-Süd), Heinesbrunnen 18.
Heinerinohen superior (in der alten D. Basel, im Ober-Elsafs) 11.
Heinersdorf, s. Heimersdorf.
Heinesbrunnen, s. Heimsbrunn.
Heinkingen (lothr. Kant. Bolchen), Henkanges 311.
Heippes (franz. Dép. Meuse, Kant. Souilly), Heypes 125.
Heiruuilr, s. Heidweiler.
Heiteren (elsäss. Kant. Neubreisach), Heiternhein 9.
Heiternhein, s. Heiteren.
Heldel, s. Hedel.
Helfrantskirch (elsäss. Kant. Landser), Helfrazkilch 14.
Helfrazkilch, s. Helfrantskirch.
Helgueringuen (lag im Archipresbyterat Buchenheim der alten D. Metz) 316.
Helleringen (lothr. Kant. Finstingen), Welteringuen 314. — Waltringa 132. — Walteinga 128.
Hellimer (lothr. Kant. Grofstänchen), Heylemer 312.

Helsdorf (lothr. Kant. Bolchen), Ultestorf 311.
Hemert (niederländ. Prov. Gelderland) 354.
Hénaménil (franz. Dép. Meurthe-et-Moselle, Kant. Lunéville), Henameny 309. — Herbemayguis 133.
Henameny, s. Hénaménil.
Henkanges, s. Heinkingen.
Hennegau (belg. Prov.), Anonia 60.
Heppendorf (preuss. Rgbz. Köln, Kr. Bergheim), Eppindorp 332.
Heraucourt, s. Harraucourt a. d. Seille.
Herbemaygnis, s. Hénaménil (?).
Herbeuilleirs, s. Herbéviller.
Herbéviller (franz. Dép. Meurthe-et-Moselle, Kant. Blâmont), Herbeuilleirs 309.
Herbipolensis, s. Würzburg.
Herbipolis, s. Würzburg.
Herbitzheim (elsäss. Kant. Saar-Union), ehemalige Abtei, Herbossen 117. — Hertzbotzheim 303. — Herbotzheim 316.
Herbossen, s. Herbitzheim.
Herbotzheim, s. Herbitzheim.
Herenkein inferior, s. Nieder-Hergheim.
— superior, s. Ober-Hergheim.
Hergardin, s. Hergarten.
Hergarten (preuss. Rgbz. Aachen, Kr. Schleiden), Hergardin 328.
Hergesinde, s. Erschweil.
Hergesuuilr, s. Erschweil.
Herginhen, s. Heringen.
Heringen (westfäl. Kr. Hamm), Herginhen 331.
Hérival, Priorat der alten D. Toul, Areuilla 113. — Areyuilla 128.
Herleshein, s. Herlisheim.
Herlisheim (elsäss. Kant. Winzenheim), Herlieshein 7.
— s. Sta. Maria.
Hermale (zwei Ortschaften dieses Namens in der belg. Prov. Lüttich) 265. 272.
Herseuelde, s. Hersfeld.
Hersfeld (preuss. Rgbz. Kassel, Kr.-St.), Herseuelde, Abtei 86.
Herstorf, s. Hessdorf.
Herten (preuss. Rgbz. Münster, Kr. Recklinghausen), Hürte 331.
Herthene, s. Kirchherten.
Hertzbotzheim, s. Herbitzheim.

Herxing (lothr. Kant. Rixingen), Irge-
    singuen 315.
Herzenach, s. Herznach.
Herznach (schweiz. Kant. Aargau, Bez.
    Laufenburg), Herzenach 26.
Hesingen, s. Häsingen.
Hessdorf (lothr. Kant. Busendorf), Hers-
    torf 314.   .
Hesse, s. Hessen.
Hessen, Asia 71. 72. — Hassia 71. 262.
    — (lothr. Kant. Saarburg), Esse 149. —
    Hesse 314. — Hesse, Abtei 117. 303.
Heyenberg, s. Hachenberg.
Heylemer, s. Hellimer.
Heypes, s. Heippes.
St. Hilaire (franz. Dép. Meuse, Kant.
    Fresnes), St. Hilarius 227.'— St. Ila-
    rius 170. — St. Ylarius 168.
— Priorat in der alten D. Toul, St. Ila-
    rius 114. — St. Ylarius 123.
St. Hilarius, s. St. Hilaire.
— Pfarrkirche in Huy 360.
Hilbecheim, s. Hilbesheim.
Hilbesheim (lothr. Kant. Finstingen),
    Hilbecheim 314.
Hilden (preuss. Rgbz. u. Kr. Düsseldorf),
    Heilden 326.
Hildesemensis, s. Hildesheim.
Hildesheim (Hannover, Landkr.-Hptst.),
    Hildesemensis, Hildessemensis
    71. 74.
— Diöcese *56. 69. 75.
— Kathedrale 392.
Hildessemensis, s. Hildesheim.
Hilgestede, s. Heiligenstedten.
Hilkerode (unbestimmt im Rheinland,
    alte D. Köln) 324.
Hilsprich (lothr. Kant. Saaralben), Hul-
    sperch 312.
Hindlingen (elsäss. Kant. Hirsingen),
    Hundelingen 19.
Hirsingen (elsäss. Kant. Hirsingen), Hir-
    ·sungen 17.
Hirsungen, s. Hirsingen.
Hirzbach (elsäss. Kant. Hirsingen), Hirze-
    pach 19.
— s. Sta. Afra.
Hirzepach, s. Hirzbach.
Hirzeuelden, s. Hirzfelden.
Hirzfelden (elsäss. Kant. Ensisheim),
    Hirzeuelden 10.
Hoanuilla, s. Jouauille.

Hobedinga, s. Habudingen.
Hobertinguen, s. Hommartingen.
Hochwald (schweiz. Kant. Solothurn, Bez.
    Dorneck-Thierstein), Homualt 6.
Hodeimons, s. Houdemont.
Hoemburc, s. Hohenburg.
Hoemburch, s. Hohenburg.
Höngen (preuss. Rgbz. u. Kr. Aachen),
    Hoyngen 332.
— (preuss. Rgbz. Aachen, Kr. Heinsberg),
    Hoynghen 268.
— s. Sta. Maria.
Hoeselt, s. Hoesselt.
Hoesselt (belg. Prov. Limbourg, Kant.
    Bilsen), Hoeselt 339.
— s. Sta. Katherina.
Hof (lothr. Kant. Saarburg), Houe 314.
Hofsteten, s. Hofstetten.
Hofstetten (schweiz. Kant. Solothurn,
    Bez. Dorneck-Thierstein), Hofsteten
    22.
Hoghardensis, s. Hougaerde.
Hohenburg (elsäss. Kant. Weissenburg),
    ehemalige Abtei, Hoemburc 57. —
    Hoemburch 75.
Hohenkirch (zerstörte Ortschaft, lag bei
    Sierenz, elsäss. Kant. Landser), Hon-
    kilch 15.
Hohrodern (elsäss. Kant. Thann), Hon-
    roden 18.
Holswilre, s. Holzweiler.
Holtzwilre, s. Holzweiler.
Holvingen (lothr. Kant. Saaralben), Hal-
    uinga 312.
Holzuuilr, s. Holzweier.
Holzweier (elsäss. Kant. Andolsheim),
    Holzuuilr 7.
— s. St. Johannes.
Holzweiler (zwei Ortschaften dieses Na-
    mens in der alten Erzdiöcese Köln),
    Holswilre 345. — Holtzwilre 331.
Hombor, s. Homburg.
Homborc, s. Homburg.
Hombourc, s. Homburg.
Homburg, Ober- (lothr. Kant. St. Avold)
    302. — Hombor 129. — Homborc
    128. 167. — Hombourc 196. —
    Humborc 117.
Homburg (elsäss. Kant. Habsheim), Hach-
    berg 10.
Homécourt (?) (franz. Dép. Meurthe-et-
    Moselle, Kant. Briey), Eurecourt 313.

Hommartingen (lothr. Kant. Saarburg), Hamereyum 133. — Hobertinguen 314.

Homualt, s. Hochwald.

Honkilch, s. Hohenkirch.

Honroden, s. Hohrodern.

Horburg (elsäss. Kant. Andolsheim) 9.

Horenbac, s. Hornbach.

Horn (preuss. Rgbz. Arnsberg, Kr. Lippstadt), Horne 329.

Hornbach (bayr. Pfalz, Bez.-A. Zweibrücken), ehemalige Abtei, Horenbac 116. — Hornbachum 302.

— Archipresbyterat der D. Metz *315.

Hornbachum, s. Hornbach.

Horne, s. Horn.

Horneskon, s. Hornussen.

Hornussen (sonst Hornesheim), (schweiz. Kant. Aargau, Bez. Laufenburg), Horneskon 27.

Horten, s. Hosten.

Hosten (preuss. Rgbz. Trier, Kr. Bittburg), Horten 345.

Hottweiler (lothr. Kant. Wolmünster), Hativilre 126.

Houdemont (franz. Dép. Meurthe-et-Moselle, Kant. Nancy), Hodeimons 132.

Houe, s. Hof.

Hougaerde (belg. Prov. Brabant, Kant. Tirlemont), Hoghardensis 266. — Hugardensis 342. 345. 349. 350. 354. 363. 366. — Lughardis 270.

— s. St. Gorgonius, Sta. Maria.

Sainte-Hould, Kloster der alten D. Toul, Sta. Adhuldis 115.

Howauilla, s. Jouaville.

Hoyensis, s. Huy.

Hoyngen, s. Höngen.

Hoynghen, s. Höngen.

St. Hubertus, Altar der Pfarrkirche in Remicourt 348.

— Pfarrkirche in Lüttich 364.

Hückelhoven (preuss. Rgbz. Aachen, Kr. Erkelenz), Hügelhouen 323.

Huefinga, s. Hüssingen (?).

Hüls (preuss. Rgbz. Düsseldorf, Kr. Kempen), Hülse 325.

Hüsseren (elsäss. Kant. St. Amarin), Hursen 9. — Husern 9. — Vrsern 9.

Hüssingen (lothr. Kant. Kattenhofen), Huefinga 205. — Husinga 310. — Vsinga 205.

Hüssingen, s. St. Stephanus Prothomartir.

Hugardensis, s. Hougaerde.

Hügelhouen, s. Hückelhoven.

Huilliécourt (franz. Dép. Haute-Marne. Kant. Bourmont), Hulleycort 123.

Hulleycort, s. Huilliécourt.

Hülse, s. Hüls.

Hulsperch, s. Hilsprich.

Humborc, s. Homburg.

Humenuuilr, s. Hunaweier.

Hunaweier (elsäss. Kant. Rappoltsweiler), Humenuuilr 8.

Hundelingen, s. Hindlingen.

Hundesbach, s. Hundsbach.

Hundsbach (elsäss. Kant. Altkirch), Hundesbach 18. — Hunzembach 15.

Hunzembach, s. Hundsbach.

Hursen, s. Hüsseren.

Hürte, s. Herten.

Husen, s. Hausen.

Husern, s. Hüsseren.

Husinga, s. Hussingen.

Huttinguen, s. Hattigny.

Huy (belg. Prov. Lüttich, Kant.-Hauptort), Hoyensis 268. *273. 278. 279. *288. 290. 339. 341. 349. 350. 360. *365. — Oyen 355.

— s. St. Hilarius, Hl. Kreuz, Sta. Maria.

St. Jacobi Mons, Priorat der alten D. Toul 114. — St. Jacobus in Monte 226.

St. Jacobus, Altar der Kirche St. Leonardus in Léau 355.

— Pfarrkirche in Metz 304.

— Abtei in Regensburg 43.

— Altar der Kirche in Türkheim 7.

— Kirche in Utrecht 282.

— Kirche in Verdun 129.

— in Monte, s. St. Jacobi Mons.

Jainvillotte (franz. Dép. Vosges, Kant. Neufchâteau), Jemulletum 126.

Jamdelixe, s. Jeandelize.

St. Jangulfus, s. St. Gengoult.

Janiuilers, s. Jovilliers.

Jarny (franz. Dép. Meurthe-et-Moselle, Kant. Conflans), Gerney 149. 313. — Graner 149. — Jorneyum 206.

Ibigny (lothr. Kant. Rixingen), Yburguen 315.

St. Jean-de-Laon, ehemalige Abtei der D. Laon, St. Johannes 222.

St. Jean de Maurienne (franz. Dép.
Savoie), Diöcese, Maurian., Maurianensis, Maurianna 178. *185. 243.
245.

St. Jean-Pierrefort (franz.Dép.Meurthe-
et-Moselle, Kant. Donièvre), St. Johannes prope Petram Fortem
123.

Jeandelize (franz. Dép. Meuse, Kant.
Conflans), Jamdelixe 232.

Jeand'heures (Gem. Lisle-en-Rigault,
franz. Dép. Meuse, Kant. Ancerville),
ehemalige Abtei der D. Toul, Jondoriae 113.

Jemulletum, s. Jainvillotte.

Jerrasia, s. Warize.

Jettingen (elsäss. Kant. Altkirch), Ÿtin-
gen 15.

Jeutz, Ober- und Nieder- (lothr. Kant.
Diedenhofen), Jus 123. — Jutz 310.

St. Ignelbertus, s. St. Ingbert.

St. Ilarius, s. St. Hilaire.

— maior, Pfarrkirche in Metz 304.

— minor, Pfarrkirche in Metz 304.

Ildinguen, s. Illingen.

Illfurt (?) (elsäss. Kant. Altkirch), Ilrh 29.

Illingen (preuss. Rheinprovinz, Kr. Ottweiler), Ildinguen 318.

Illmünster (Bayern, Oberbayern, Bez.-A.
Pfaffenhofen), Ilmunstrensis 391. —
Ilmustrensis 389. — Ylmunstren-
sis 389.

Illzach (elsäss. Kant. Habsheim), Ilzech
13.

Ilmunstrensis, s. Illmünster.

Ilmustrensis, s. Illmünster.

Ilrh, s. Illfurt (?).

Ilzech, s. Illzach.

Inberchalz, s. Bergholz.

Incourt (belg. Prov. Brabant), Aycuriensis *275. 360.

St. Ingbert (preuss. Rheinprov., Kr. Zweibrücken), St. Ignelbertus 317.

Ingelsat, s. Angeot (Ingelsod).

Ingersheim (elsäss. Kant. Kaysersberg),
Orgersheim 6. — Ongersheim
7. 8.

— s. Sta. Maria.

Inglingen (lothr. Kant. Metzerwiese),
Enguelinguen 314.

Innichen (Tirol, Bez. Sillian), Nitingua,
Prämonstratenserabtei 59.

Insmingen (lothr. Kant. Albesdorf), Alminga 117. — Amanges 312. —
Ensminga, Priorat 303.

Insula (Kirche der alten D. Lübeck) 96.

— (S. 114), s. Lisle-en-Barrois.

— prope Barrum, Priorat 177.

Inter Colles, Dekanat der D. Basel
14—15. 19.

Jocundus Adventus (lag in der alten
D. Toul) 173.

St. Jodocus, Kapelle in Basel *5. —
St. Joedicus 5. — St. Joedocus 5.

St. Joedicus, s. St. Jodocus.

St. Joedocus, s. St. Jodocus.

Joeuf (franz. Dép. Meurthe-et-Moselle,
Kant. Briey), Juef 313.

St. Johann von Bassel (lothr. Kant.
Finstingen), Bassala, Kloster 117. —
Bassela 303. — Pruzil 316.

St. Johannes, Dekanat der D. Basel
4—6.

— Altar in Frick 26.

— Kapelle der Kirche in Holzweier 7.

— Abtei, s. St. Jean-de-Laon.

— Kirche in Konstanz *421. 422.

— Kirche in Lüttich 225. 271. 275. 341.

— Kirche in Toul 126.

— Kirche in Utrecht 282. 285. 286.

— Kapelle in Veltheim 25.

— Kollegiatkirche in Altenwalde (?) 72.

St. Johannes Babtista, s. St. Joh. Baptista.

St. Johannes Baptista, Altar der Kirche
in Colmar 8.

— Kapelle in Dinant 273.

— in Nouilia, s. Chapelle-sous-Noville-
sur-Mehaigne.

— Kapelle der Kathedrale in Metz 203.

— und Remigius, Altar der Kathedrale
in Lüttich 340.

St. Johannes in Sancto Clemente,
Pfarrkirche in Metz 304.

St. Johannes ewangelista, Altar der
Kirche in Bilsen *349.

— Altar der Kathedrale in Lüttich 352.

St. Johannes Evangelista und Bartholomeus, Kapelle der Kirche St. Paul
in Lüttich 280.

St. Johannes ad Novummonasterium,
Pfarrkirche in Metz 304.

St. Johannes prope Petram Fortem,
s. St. Jean-Pierrefort.

Johannisdorf (preuss. Rgbz. und Kr. Marienwerder) 90.

Johanns-Rohrbach (lothr. Kant. Saaralben), Rorebach 317.

Joiey, s. Jouy-aux-Arches.

Jondeuille, s. Jonville.

Jondoriae, s. Jeand'heures.

Jonville (franz. Dép. Meuse, Kant. Vigneulles), Jondeuille 170.

Jorceyum, s. Jorxey.

Jorneyum, s. Jarny.

Jorxey (franz. Dép. Vosges, Kant. Dompaire), Jorceyum 112.

Jouaville (franz. Dép. Meurthe-et-Moselle, Kant. Briey), Hoanuilla 197. — Howauilla 313.

Jouy-aux-Arches (lothr. Kant. Gorze), Joiey 305. — Joye 116.

Jovilliers (franz. Dép. Meuse, Kant. Ancerville), ehemalige Abtei der D. Toul, Janiuilers 113.

Joye, s. Jouy-aux-Arches.

Irgesinguen, s. Herxing.

Iselmunde, s. Ysselmuiden.

Issenheim (elsäss. Kant. Sulz), Ysenhein *11.

Italien, Italia 110. 111. 413. — Ytalia 347.

St. Judocus, Altar in der Kirche Sta. Maria in Aachen 275.

Juef, s. Joeuf.

St. Julianus, Pfarrkirche in Metz 129. 304. — (S. 307), s. St. Julien bei Metz.

St. Julien bei Metz (lothr. Kant. Metz), St. Julianus 307.

Julvécourt (franz. Dép. Meuse, Kant. Souilly), Gilbecort 127.

St. Jure (lothr. Kant. Verny), St. Georgius 306.

Jus, s. Jeutz.

Jussy (lothr. Kant. Gorze), Juxey 305.

Justemont, deutsch Justberg (lothr. Kant. Diedenhofen), ehemalige Abtei der D. Metz, Justusmons 117. 302.

St. Justus, Kirche in Lyon *187. 252. *253. 254. 255. 256.

Justusmons, s. Justemont.

Jutz, s. Jeutz.

St. Juvenalis, Kirche (wo?) 209.

Juvigny-en-Perthois (?) (franz. Dép. Meuse, Kant. Ancerville), Gorinayum 224.

Juxey, s. Jussy.

Ixheim (bayr. Pfalz, Bez.-A. Zweibrücken), Vckesheim 315.

Kaisersperg, s. Kaysersberg.

Kall (preuss. Rgbz. Aachen, Kr. Schleiden), Kalle 324.

Kalle, s. Kall.

Kalmis, franz. Charmoille (schweiz. Kant. Bern, Bez. Porrentruy), Calamis 20.

Kambi (?) (Russland, Gouv. Livland, bei Dorpat), Capesten. 87.

Kammin (Mecklenburg-Schwerin, Kr. Mecklenburg, A. Bukow), Cámin 94.

Kammin (preuss. Rgbz. Stettin, Kreis-St.), Diöcese, Caminensis *97. 392. *408. 410.

Kanfen (lothr. Kant. Kattenhofen), Cantheuenne 310.

Kappel (schweiz. Kant. Solothurn, Bez. Ohten-Goesgen), Capellis 25.

Karolzbach, s. Carspach.

Karthäuser-Kloster in Villeneuve-lés-Avignon 340.

Kastelen (schweiz. Kant. Aargau, Bez. Brugg), Kastelo 23.

Kastelo, s. Kastelen.

Sta. Katerina, Kapelle im Hause des H. von Gundolsheim in Basel *5.

— Altar der Kirche in Gebweiler 11.

— Kapelle der Kirche in Müspach 21.

— Kapelle im Bischofspalast in Toul 226.

— Kapelle in der Wohnung der Domherrn in Toul 208.

Sta. Katharina, Kirche bei Maestricht 278.

SS. Katharina und Barbara, Altar der Pfarrkirche St. Pholoanus in Lüttich 362.

Sta. Katherina, Altar der Pfarrkirche in Avennes 365.

— Altar der Kirche in Hoesselt 339.

— Altar der Kirche St. Georg in Limburg 164. 189.

— Altar der Kirche St. Michael in Louvain 355.

— Kapelle im Hause von Johannes de Florenuilla, D. Trier 193.

Kattenhofen, franz. Cattenom (lothr. Kant.-Hauptort), Kettbenheim 310.

Katzenwangen (zerstört, lag im heutigen Kr. Rappoltsweiler; s. Schöpflin, Alsatia

illustrata, B. II, S. 455. Eine Katzen-
wangenbruchmühle liegt bei Bennweier),
K a z e n u u a n g 6.
K a y s e r s b e r g (elsäss. Kant.-Hauptort),
Kaisersperg 8. — Keisersperg 8.
K a z e n u u a n g, s. Katzenwangen.
K e d i n g e n (lothr. Kant. Metzerwiese),
Quedinguen 314.
— Archipresbyterat der D. Metz 314. —
Camputre 116. — Quedanges *314.
K e i s e r s p e r g, s. Kaysersberg.
K e m b s (elsäss. Kant. Landser) 10.
K e m p e n (preuss. Rgbz. Düsseldorf, Kreis-
St.), Campensis, Kloster 49.
K e m p l i c h (lothr. Kant. Metzerwiese),
Camputre 116. — Kemputre 314.
K e m p u t r e, s. Kemplich.
K e r b a c h (lothr. Kant. Forbach), K e r r-
p a c h 317.
K e r k o l m e, s. Kirchholm.
K e r p e n (preuss. Rgbz. Köln, Kr. Berg-
heim), K e r p e n s i s 345.
K e r p e n s i s, s. Kerpen.
K e r r p a c h, s. Kerbach.
K e r s c h (preuss. Rgbz. und Kr. Trier),
K e r s e n 191.
K e r s b e c k (belg. Prov. Brabant, Kant.
Glabbeck), G e r s b e k e 357.
K e r s e n, s. Kersch.
K e s s e l a c h, s. Köstlach.
K e t t h e n h e i m, s. Kattenhofen.
K e t t w i g (preuss. Rgbz. Düsseldorf, Kr.
Essen), K e t w i c h 324. 326.
K e t w i c h, s. Kettwig.
K i e n b e r g (schweiz. Kant. Solothurn, Bez.
Olten-Goesgen) 26.
K i e n z h e i m (elsäss. Kant. Kaysersberg),
K o e n s h e i n 8. — Kounsheim 8.
— s. Sta. Regula.
K i l c h b e r g (schweiz. Kant. Basel-Land,
Bez. Sissach), K i l p e r g *23.
K i l c h p e r c h, s. Kirchberg.
K i l p e r g, s. Kilchberg.
K i r b e r g (elsäss. Kant. Drulingen), K i r-
p e r c h 316.
K i r c h b e r g (schweiz. Kant. Aargau, Bez.
Aarau), K i l c h p e r c h 25.
K i r c h b e r g - a m - W a l d (lothr. Kant. Saar-
burg), B e r g u e 315.
K i r c h e i m, s. Güderkirch (?).
K i r c h h e r t e n (preuss. Rgbz. Köln, Kr.
Bergheim), H e r t h e n e 47.

K i r c h h ö r d e (preuss. Rgbz. Arnsberg, Kr.
Dortmund), K ü r c h e n 324.
K i r c h h o l m (russ. Prov. Livland, unfern
Riga), K e r k o l m e 86.
K i r d o r f (preuss. Rgbz. Köln, Kr. Berg-
heim), K i r d o r p 48.
K i r d o r p, s. Kirdorf.
K i r p e r c h (S. 316), s. Kirberg.
— (S. 315), s. Kirrberg.
K i r r b e r g (bayr. Pfalz, Bez.-A. Homburg),
K i r p e r c h 315.
K i r s e b r o c, s. Christburg.
K i s s e l i n, s. Koslau (?).
K l e i n - L a n d a u (elsäss. Kant. Habsheim),
L a n d o u u e 10.
K n ö r i n g e n (elsäss. Kant. Hüningen),
K n o r i n g e n 14.
K n o r i n g e n, s. Knöringen.
K o b l e n z (Rheinprov., Rgbz.-St.), C o n-
f l u e n c i a 165. 191. 192. 193. 194. —
Confluentia 165. 195.
— s. SS. Apostoli, St. Castor, St. Florinus,
Sti. X milia Martyres.
K ö l n (preuss. Rheinprov., Rgbz.-St.), C o-
l o n i a, C o l o n i e n s i s 47. 49. *60.
*64. *65. 69. 73. 267. 334. 347. *369.
374. 393. 395.
— Erzdiöcese und Kirchenprovinz *35. 36.
38—39. 40. 43. *46. *49. 50. *51. 52.
*61. 69. 71. 259. 261. 262. 263 *272.
281. 288. 290. 291 — 295. 333. 335. *338.
343. 344—345. *346. 350. 364. *370.
*371. 372. 373. 374. 376. 377. *383. *384.
*385. 393. *395. 396. *406. *407. *408.
— Kathedrale *39. 47. *48. 272. 321. 334.
*345. *385.
— Kirchen, s. St. Alban, St. Andreas,
Apostelkirche, Sta. Caecilia, St. Cuni-
bertus, St. Georg, St. Georius (sic), St. Ge-
reon, St. Gorgidius (sic), St. Kunibertus,
Sta. Maria in Capitolio, Sta. Maria ad
Gradus, St. Peter, St. Severinus, St. Ste-
phanus, Sta. Ursula.
K ö n i g s f e l d (preuss. Rgbz. Koblenz, Kr.
Ahrweiler), C u n i x u e l t 329.
K o e n s h e i n, s. Kienzheim.
K ö r r e n z i g (preuss. Rgbz. Aachen, Kr.
Erkelenz), K o r e n t z i g 330.
K ö s t l a c h (elsäss. Kant. Pfirt), K e s s e l a c h
19.
K o e t z i n g e n (elsäss. Kant. Mülhausen),
K o z i n g e n 14.

Kokenhausen (?) (russ. Prov. Livland, an der Düna), Yskeshusen 87.
Kolberg (preuss.' Rgbz. Köslin, Kr. Kolberg-Körlin), Colbergensis 392.
Kolmestoppe, s. Celmerstorpe.
Konstanz (Baden, Amtsbez.-St.), Constancia, Constanciensis, Constantia, Constantiensis 42. *63. 66. 68. 73. 75. 422.
— Diöcese 42. 43. *51. *57. *58. 59. 61. 75. *78. 163. *386. 390. *407. *411. 421.
— Kathedrale 42. 58. 81. 407. *421.
— Kirchen, s. St. Johannes, St. Stephanus.
Korentzig, s. Körrenzig.
Koreyda, s. Goiwemunde (?).
Koslau (?) (preuss. Rgbz. Königsberg, Kr. Neidenburg), Kisselin 89.
Kounsheim, s. Kienzheim.
Kozingen, s. Koetzingen.
Kremon und Kipsal (im Treidenschen), Cremon 87. — Kubezala 86.
Hl. Kreuz, Altar der Kirche in Alschweiler 11.
— Altar der Kirche in Frick, Prebenda sancte Crucis 26.
— Kirche in Huy 341.
— Altar in der Kathedrale in Lüttich 287.
— Kirche in Lüttich 264. 266. 267. 271. 275. 288. *340. 342. 358. *367. *404.
— ehemalige Abtei der D. Metz, s. Buris.
— Pfarrkirche in Metz 304.
— Altar der Erlöserkirche in Utrecht 286.
— Kirche in Verdun 118. 129.
— Kapelle der Kirche in Wetolsheim 7.
Krispingen (der auf dem linken Illufer gelegene Teil von Walheim, elsäss. Kant. Altkirch) 16.
Kruckow (Lauenburg, A. Lauenburg), Crucowe 92.
Krücken, Grofs- und Klein- (ostpreuss. Kr. Grofs-Eylau), Kruken 89.
Kruken, s. Krücken.
Kubezala, s. Kremon.
Künheim (elsäss. Kant. Andolsheim), Künhein 10.
Kulm (preuss. Rgbz. Marienwerder, Kreis-St.), Diöcese, Colmensis 90—91. 98. 103.
Kumikon (lag im alten Dekanat Sisgau der D. Basel) 24.
St. Kunibertus, Kirche in Köln (s. St. Cunibertus) 326. 327. 328.

Künhein, s. Künheim.
Kürchen, s. Kirchhörde.
Kurie, Römische 46. 47. 65. 66. 72. *76. 77. 133. 154. *164. 165. *179. *180. *181. 182. *184. *185. *186. 189. 190. 195. 197. 203. 220. 235. *240. 241. 242. *244. *245. 246. 247. *248. *249. *262. 263. 269. 291. *342. 343. 351. *352. *353. *354. 355. 356. 357. *358. *359. *360. *361. 362. 363. 364. 365. *366. *367. 369. 374. 385. 386. 390. 393. *394. *395. 396. 397. 399. 400. 404. *405. 409. 411. *423. 424. *425. *426. 437. *438.
Kurland (Herzogtum und Gouv. in Russland), Diöcese, Curoniensis 88. 103.
Kurzel (lothr. Kant. Pange), Chantey 311.
Kuttingen (lothr. Kant. Dieuze), Cutingua 124. — Cutinguen 313.
Labry (franz. Dép. Meurthe-et-Moselle, Kant. Conflans), Laibrie 313.
Lachalade (franz. Dép. Meuse, Kant. Varennes), ehemalige Abtei, Calladia 118.
La Chaussée (franz. Dép. Meuse, Kant. Vigneulles), Calcia 307.
Laer (belg. Prov. Lüttich, Kant. Landen), Lare 360.
Läufelfingen (schweiz. Kant. Basel-Land, Bez. Sissach), Leiuoluingen 23.
Lagelnhein (unbek. im Ober-Elsafs, wenn nicht identisch mit Logelnheim, das in einem anderen Dekanate lag) 9.
— (S. 10), s. Logelnheim.
Laibrie, s. Labry.
St. Lambertus, s. St. Lambrecht.
St. Lambrecht (österr. Bez. Murau), St. Lambertus, Benediktinerabtei 382.
Lammes, s. Lemiers.
Lancy, s. Lessy.
Landau (bayr. Pfalz, Bezirks-St.), Landol *61.
Landecort, s. Landécourt.
Landécourt (franz. Dép. Meurthe-et-Moselle, Kant. Bayon), Landecort, Priorat 113.
Landen-en-Hesbaye (belg. Prov. Lüttich, Kant.-Hauptort) 361.
— s. Sta. Maria.
Landezer, s. Landser.

34*

Landingen (lothr. Kant. Lörchingen), Landinges 133.

Landinges, s. Landingen.

Landol, s. Landau.

Landouue, s. Klein-Landau.

Landser (elsäss. Kant.-St.), Landezer 15.

Laneuveville-aux-Bois (franz. Dép. Meurthe-et-Moselle, Kant. Lunéville), Nouauilla 309.

Langres (franz. Dép. Haute-Marne), Diöcese, Lingon., Lingonensis, Lingones, Lingonis 65. 111. *138. 140. *141. *142. 143. 177. 178. 179. *180. *181. *184. *185. 242. 243. 248.
— Kathedrale *111. 141. 142. 143.

Laon (franz. Dép. Aisne), Diöcese, Laudunensis 222.

Lare, s. Laer.

Larey, s. Leyre.

Large, s. Ober-Larg.

Largitina, s. Largitzen.

Largitzen (elsäss. Kant. Hirsingen), Largitina 18.

Lascemborn, franz. Lafrimbolle (lothr. Kant. Lörchingen), Lauffenburne 315.

Latzeyum, s. Laxou (?) und Lucey (?).

Laudunensis, s. Laon.

Laufen (schweiz. Kant. Bern, Bez.-St.), Löfen 22. — Loufen 22.

Laufenburg (schweiz. Kant. Aargau, Bez. Laufenburg), Louuenberg 26.

Lauffenburne, s. Lascemborn.

Laupersdorf (schweiz. Kant. Solothurn, Bez. Balsthal), Lompertorf 24.

St. Laurencius, Kapelle in S. Gengoult in Toul 227.

St. Laurentius, Pfarrkirche bei Aachen 362.
— Altar der Stiftskirche in Colmar 8. 9.
— Kollegiatkirche in Dieulouard 216.
— s. Lorenzen.

Lausana, s. Lausanne.

Lausanna, s. Lausanne.

Lausanne (Hauptst. des schweiz. Kant. Waadt), Lausana, Lausanna, Lausanensis, Lausanum 30. 139. 243. 249. 435. 439.
— Diöcese 139. *140. *141. 178. 188. 155.

Lausannensis, Lausanum, s. Lausanne.

Lautenbach-Zell (elsäss. Kant. Gebweiler), Cella sancti Petri *13.

Lautenbach (elsäss. Kant. Gebweiler), ehemalige Abtei, Lutembacium 12.

Lauwyl (schweiz. Kant. Basel-Land, Bez. Waldenburg), Luuuili 24.

Laxou (?) (franz. Dép. Meurthe-et-Moselle, Kant. Nancy), Latzeyum 220.

Lay-saint-Christophe (franz. Dép. Meurthe-et-Moselle, Kant. Nancy), Layum, Priorat 113. 221.

Layum, s. Lay-saint-Christophe.

Léau (belg. Prov. Brabant, Kant.-Hauptort), Lewensis 351. — Lewis 275. 355.
— s. Sta. Genovefa, St. Jacobus, St. Leonardus.

Lebur, s. Leinburg (?).

Ledegha, s. Lediken (?).

Lediken (?) (russ. Prov. Kurland, an der Windau), Ledegha 86.

Leidingen (?) (lothr. Kant. Busendorf), Ludelinguis 149.

Leimbach (elsäss. Kant. Thann), Lenbach 17.

Leimen (?) (bayr. Pfalz, Bez.-A. Pirmasens), Limiers 126.

Leimen (elsäss. Kant. Landser), Lennen 20.

Leinburg (?) (bayr. Bez. Altdorf), Lebur 41.

Leinenthal, s. Leinthal.

Leiningen (lothr. Kant. Albesdorf), Lendinguen 312.

Leintal, s. Leinthal.

Leinthal oder Leymenthal, Dekanat der D. Basel 20—23. — Leinenthal 19. — Leintal 20.

Leintrey (franz. Dép. Meurthe-et-Moselle, Kant. Blâmont), Lentrey 309.

Leiuoluingen, s. Läufelfingen.

Leizey, s. Lezey.

Leksmond (niederländ. Prov. Süd-Holland), Lexmonde 282. 283. 287.

Lemainville (franz. Dép. Meurthe-et-Moselle, Kant. Haroué), Lemenvilla 128.

Lemenvilla, s. Lemainville.

Lemiers (niederländ. Prov. Limburg, Gem. Vaals), Lammes 265.

Lemoncourt (lothr. Kant. Delme) 308.

Lenbach, s. Leimbach.

Lendinguen, s. Leiningen.

Lenna (wo?) 224.

Lennen, s. Leimen.

Lentrey, s. Leintrey.
St. Leo, Kloster in Toul 112.
St. Leodegarius, Kirche in Marsal *168.
196. 205.
— Kirche der alten D. Verdun 171.
Leodiensis, s. Lüttich.
Leodium, s. Lüttich.
Léomont (Gem. Vitrimont, franz. Dép.
Meurthe-et-Moselle, Kant. Lunéville),
ehemaliges Priorat, Leonis mons
113. — Liomons 217. 223.
St. Leonardus, Kirche in Basel 5. 438.
— Altar der Kirche in Colmar 7.
— Kirche in Léau 275. 351. 355.
Leonis mons, s. Léomont.
Leske (?) (preuss. Rgbz. Danzig), Li-
stende 89.
Lesse (lothr. Kant. Delme) 312.
Lessy (lothr. Kant. Metz), Lancy 305.
Lestorf, s. Lostorf.
Lethoringia, s. Lothringen.
Letreicourt, s. Létricourt.
Létricourt (franz. Dép. Meurthe-et-Mo-
selle, Kant. Nomeny), Letreicourt 308.
Leubez, s. Lubey.
Leudinga, s. Lüttingen.
Leuemohel, s. Lovenjoul.
Leuggern (schweiz. Kant. Aargau, Bez.
Zurzach), Lutger 26.
Leuxwilre, s. Linxweiler.
Lewensis, s. Léau.
Lewis, s. Léau.
Lexmonde, s. Leksmond.
Leyre (franz. Dép. Meurthe-et-Moselle,
Kant. Nomeny), Larey 308.
Leyweiler (lothr. Kant. Grofstanchen),
Leywilre 312.
Leywilre, s. Leyweiler.
Lezey (lothr. Kant. Vic), Leizey 309.
Libenualde (in der alten D. Kulm) 90.
Libera Villa, s. Lironville (?).
Liberauilla, s. Lironville (?).
Liberdunum, s. Liverdun.
Lieb-Frauen, Kirche in Dorpat 88.
— Pfarrkirche in Lübeck 96.
Liedersingen (lothr. Kant. Dieuze),
Luderinguen 312.
Liéhon (lothr. Kant. Verny), Lychon 306.
Lieoltingen, s. Lietingen (Glovelier).
Liesberg, franz. Juliemont (schweiz.
Kant. Bern, Bez. Laufen), Diesberg
21. 22.

Lieschberg (preuss. Rgbz. u. Kr. Trier),
Loisburg 191.
Liestal (schweiz. Kant. Basel-Land, Bez.-
St.) 23.
Liestorf, s. Lostorf.
Lietingen, franz. Glovelier (schweiz.
Kant. Bern, Bez. Delémont), Lieol-
tingen 28.
Liffodium Magnum, s. Liffol-le-Grand.
Liffol-le-Grand (franz. Dép. Vosges,
Kant. Neufchâteau), Liffodium Mag-
num 216.
Lignevilla, s. Lignéville.
Lignéville (franz. Dép. Vosges, Kant.
Vittel), Lignevilla 130. — Lygne-
villa 123.
Ligny-en-Barrois (franz. Dép. Meuse,
Kant.-St.), Lineyum 113.132.151.211.
Linheyum 114. — Lyneyum 222.
Limbach (bayr. Pfalz, Bez.-A. Homburg)
318.
Limburg an der Lahn (preuss. Rgbz.
Wiesbaden, Kr. Unterlahn), Limpurg
189. — Limpurgensis 189. — Lum-
pigensis 164.
— s. St. Georgius, Sta. Katherina.
Limiers, s. Leimen (?).
Limpurg, s. Limburg an der Lahn.
Limpurgensis, s. Limburg an der Lahn.
Lindes, s. Lindre.
Lindlar (preuss. Rgbz. Köln, Kr. Wipper-
fürth), Lublar 330.
Lindre, Basse- und Haute- (lothr. Kant.
Dieuze), Lindes 313.
Lineyum, s. Ligny-en-Barrois.
Lingonensis, s. Langres.
Lingones, s. Langres.
Lingonis, s. Langres.
Linheyum, s. Ligny-en-Barrois.
Lintre (belg. Prov. Brabant, Kant. Tirle-
mont), Lintre inferior 252.
Lintre inferior, s. Lintre.
Linxweiler, Ober- und Nieder- (preuss.
Rheinprov., Kr. St. Wendel), Leux-
wilre 317.
Liomons, s. Léomont.
Lironville (?) (franz. Meurthe-et-Moselle,
Kant.Thiaucourt), Liberauilla *172. —
Libera Villa *176.
Lisle-en-Barrois (franz. Dép. Meuse,
Kant. Vaubecourt), Insula, ehemalige
Abtei 114.

Listende, s. Leske (?).
St. Livarius, Pfarrkirche in Metz 304.
Liverdun (franz. Dép. Meurthe-et-Moselle, Kant. Domèvre), Liberdunum 112. 128. 132. 212. 213. 215. 219.
— s. St. Eucarius.
Lixheim (lothr. Kant. Pfalzburg), ehemaliges Priorat, Lukesheim 303. — Luxen 117.
Lixier, s. Lixières.
Lixières (franz. Dép. Meurthe-et-Moselle, Kant. Conflans), Lixier 131.
Löfen, s. Laufen.
Loen, entweder Lohn oder Lohne; s. diese beiden Namen.
Lörchingen (lothr. Kant.-St.), Lorchinga 315.
Löwen, s. Louvain.
Logelnheim (elsäss. Kant. Neubreisach), Lagelnhein 9. 10. — Durren Lagelnhein 10.
Logne oder Leiserhof (lothr. Kant. Metzerwiese), Loignes 307. — Lonhes 133.
Lohn (?) (preuss. Rgbz. Aachen, Kr. Jülich), Loen 344.
Lohne (?) (preuss. Rgbz. Arnsberg, Kr. Soest), Loen 344.
Loignes, s. Logne.
Loisburg, s. Lieschberg.
Loisey (franz. Dép. Meuse, Kant. Ligny-en-Barrois), Loseyum 217.
Loison (franz. Dép. Meuse, Kant. Spincourt), Loyson 131.
Lomeranges, s. Lommeringen.
Lommeringen (lothr. Kant. Fentsch), Lomeranges 307.
Lompertorf, s. Laupersdorf.
Longchamp (franz. Dép. Vosges, Kant. Épinal), Longus Campus 126.
Longeau (franz. Dép. Meuse, Kant. Spincourt), Longiana 228. — Longiane 170. — Longueyum 227. — Longyane 169.
Longiana, s. Longeau.
Longiane, s. Longeau.
Longueyum, in der alten D. Verdun (ob = Longeau?) 227.
Longuyon (franz. Dép. Meurthe-et-Moselle, Arr. Briey), Longwonn 192.
Longus Campus, s. Longchamp.
Longwonn, s. Longuyon.

Longyane, s. Longeau.
Lonhes, s. Logne.
Lopüt, s. Lopik.
Lopik (niederländ. Prov. Utrecht), Loput 287.
Lorchinga, s. Lörchingen.
Lorenzen (elsäss. Kant. Saar-Union), St. Laurentius 316.
Loreyum, s. Lorry-Mardigny.
Lorry-Mardigny (lothr. Kant. Verny), Loreyum 306.
Loseyum, s. Loisey.
Lostorf (schweiz. Kant. Solothurn, Bez. Olten-Goesgen) 25. — Lestorf 25. — Liestorf 25.
Lothoringia, s. Lothringen.
Lothringen, Lethoringia 53. 67. — Lothoringia 172. 179. *181. 184. 185. 195. 227. *242. *244. 245. 411.
Lotten, s. Lottum.
Lottum (niederländ. Prov. Limbourg), Lotten 355.
Louaniensis, s. Louvain.
Louemel, s. Lovenjoul.
Louemoel, s. Lovenjoul.
Loueney, s. Louvigny.
Louenmuel, s. Lovenjoul.
Loufen, s. Laufen.
Louuenberg, s. Laufenburg.
Louvain (belg. Prov. Brabant, Kant.-St.), Louaniensis 341. 342. — Lowaniensis 355.
— s. Sta. Katherina, St. Michael, St. Petrus.
Louvigny (lothr. Kant. Verny), Loueney 306.
Lovenjoul (belg. Prov. Brabant, Kant. Louvain), Leuemohel 294. — Louemel 293. 295. — Louemoel 262. — Louenmuel 292.
Lowaniensis, s. Louvain.
Loyson, s. Loison.
Lubeln, franz. Longeville (lothr. Kant. Falkenberg), ehemalige Abtei »St. Martinus Glandariensis« 116. 302. 310.
Lubey (franz. Dép. Meurthe-et-Moselle, Kant. Briey), Leubez 313.
Lubicensis, s. Lübeck.
Lublar, s. Lindlar.
Luca, s. Lucca.
Lucca (ital. Prov.-Hauptst.), Luca 411. — Lucha 404.

Lucey (franz. Dép. Meurthe-et-Moselle, Kant. Toul), Luceyum 123.
Luceyum, s. Lucey.
Lucha, s. Lucca.
St. Lucherus, s. St. Lutger.
Ludelinguis, s. Leidingen (?).
Luderinguen, s. Liedersingen.
Lübeck (freie Hansestadt), Diöcese, Lubicensis 96—97. 383. 392. 405.
— Kathedrale *96. 392.
— s. Lieb-Frauen.
Lümschweiler (elsäss. Kant. Altkirch), Lûmesuuilr 18.
Lütholdsdorf, franz.Courroux(schweiz. Kant. Bern, Bez. Delémont), Lutelstrof 27.
Lüttich (belg. Prov.-Hptst.), Leodiensis, Leodium *60. *64. *65. 66. 67. 71. 225. 283. *287. *288. 347. 370. 372. *375. 376. 377. *384. 387. *404.
— Archidiakonat 264. 265. 269.
— Diöcese 39. 40. *50. 259. 262—281. *289. *290—295. 333. 335. *338—344. 345. 346. 348—367. 368. *369. *370. *371. *372. *373. *374. 375. 376. 384. *387. 391.
— Kathedrale 262. 263. 266. 267. 268. 269. *270. *271. 272. *274. *277. *279. 280. 281. 287. 290. 291. 292. 293. 294. 295. *339. *340. *342. *343. *344. *348. *349. *350. *351. *352. *353. *356. *357. *358. *359. *361. 362. *364. *365. *367. 386. 391.
— Kirchen, s. St. Adalbert, St. Anthonius, St. Bartholomeus, St. Christoforus, St. Dionysius, St. Eligius, St. Hubertus, St. Johannes, SS. Johannes Bapt. und Remigius, St. Johannes evangelista, SS. Johannes und Bartholomeus, SS. Katharina und Barbara, Hl. Kreuz, St. Maria, SS. Maria und Lambertus, St. Martinus, St. Paulus, SS. Paulus und Mauricius, St. Peter, St. Pholoanus, Ste. Walburge.
Lüttingen (lothr. Kant. Metzerwiese), Leudinga 123.
Lützel (elsäss. Kant. Pfirt), Luzele (alia) 22.
— (schweiz. Kant. Solothurn, Bez. Dorneck-Thierstein), Luzele 22. — Lutelensis, Abtei 27.
Lüxdorf (elsäss. Kant. Pfirt), Luzelsdorf 20.

Luffendorf, franz. Levoncourt (elsäss. Kant. Pfirt), Lunondorf 20.
Lugdunensis, s. Lyon.
Lugdunum, s. Lyon.
St. Lugerius, Kirche in der alten D. Basel (s. Leuggern, St. Lutger) 29.
St. Luggerus, s. St. Lutger.
Lughardis, s. Hougaerde.
Lukesheim, s. Lixheim.
Luleskilch, s. St. Blasius.
Lûmesuuilr, s. Lümsschweiler.
Lum....husen (?), Pfarrei der alten D. Bremen 92.
Lumpigensis, s. Limburg an der Lahn.
Lunaris, s. Saint-Remy.
Lunondorf, s. Luffendorf.
Lupey, s. Luppy.
Lupeyum, s. Luppy.
Luppey, s. Luppy.
Luppy (lothr. Kant. Pange), Lupey 149. — Lupeyum 129. — Luppey 311.
Lutelensis, s. Lützel.
Lutelstrof, s. Lütholdsdorf.
Lutembacium, s. Lautenbach.
Lutenbach, s. Lutterbach.
Luter, s. Lutter.
Luterbach, s. Lutterbach.
Lutevislre, s. Lutzweiler.
St. Lutger (zerstörte Ortschaft, lag bei Carlspach; s. Schöpflin, Alsatia illustrata, B. II, S. 457), St. Lucherus 17. — St. Luggerus 19.
Lutger, s. Leuggern.
Lutolthohe (lag in der alten D. Basel im Ober-Elsafs) 14.
Lutter (elsäss. Kant. Pfirt), Luter 21.
Lutterbach (elsäss. Kant. Mülhausen-Nord), Lutenbach 18. — Luterbach 17.
Lutzelinburch, s. Luxemburg.
Lûtzewilre, s. Lutzweiler.
Lutzweiler (lothr. Kant. Wolmünster), Lutevislre 126. — Lûtzewilre 315.
Luuuili, s. Lauwyl.
Lux, s. Delut.
Luxemburg (Hauptst. des gleichnamigen Grofsherzogtums) 310. — Lutzelinburch 165.
— s. St. Michael.
Luxen, s. Lixheim.
Luxeuil (franz. Dép. Haute-Saône), Luxoviensis, Abtei 175. 210.

Luxoviensis, s. Luxeuil.
Luzcle, s. Lützel.
Luzele (alia), s. Lützel.
Luzelsdorf, s. Lüxdorf.
Lyderstorf, s. Zittersdorf.
Lychou, s. Liéhon.
Lygnevilla, s. Lignéville.
Lyneyum, s. Ligny-en-Barrois.
Lyon (franz. Dép. Rhône), Lugdunensis, Lugdunum 58. 81. 147. 148. *178. *180. *181. 182. 184. 186. 218. 241. *243. 244. *245. 246. *247. *248. 249. 430.
— Diöcese und Kirchenprovinz *156. *157. 161. 162. 164. 176. 178. 179. 180. 181. *183. 186. *187. 243. *244. 246. *250. *251. *252. *253. *254. *255. *256. 257. 319.
— Kirchen, s. Notre-Dame de Fourvière, St. Justus.

Maaseyk (belg. Prov. Limburg), Eykensis, Frauenstift 339.
— s. Sta. Maria.
Maborth, s. Marburg.
Machelia, s. Mecheln.
Machlinensis, s. Mecheln.
Machlinia, s. Mecheln.
Machstat, s. Magstadt.
Machtolzhein (zerstörte Ortschaft in der Nähe von Ensisheim; s. Schöpflin, Alsatia illustrata, B. II, S. 456) 13.
Macliues, s. Mécleuves.
Mâcon (franz. Dép. Aube), Diöcese, Matisconensis 178. 181. 182. 243.
Macourt (lag im Archipresb. Mörchingen, später im davon abgetrennten Habudingen der alten D. Metz) 312.
Madelensis (wohl Sta. Maria Magdalena, Kirche in Verdun) 131.
Madoeciensis, in der alten D. Mailand 176.
Mähren, Moravia 381. 419.
Maestricht (niederländ. Prov. Limbourg) 335. — Traiectensis 274. 277. 278. 279. 281. 288. 289. 333. *338. 341. 343. 349. 350. 351. *354. 357. 365. 366. 367. 368. *369. *370. *371. *372. *373. 374. 375. 377. — Traiectum 278. 289. 369. 370.
— s. Beghinenkloster, St. Blasius, Sta. Katharina, Sta. Maria, St. Servacius.

Magalonensis, s. Maguelonne.
Magatin., s. Mainz.
Magdeburg (preuss. Rgbz.-St.), Kirchenprovinz, Magdeburgensis *97. *391. 393. 412. 414.
— Kathedrale 262. 390. 391.
Magdeburgensis, s. Magdeburg.
Magden (schweiz. Kant. Aargau, Bez. Rheinfelden), Magton 23.
Magena, s. Mangiennes.
Magenes, s. Mangiennes.
St. Magnus, Kirche in Regensburg 413.
Magny (lothr. Kant. Verny), Megney 305.
Magones, s. Mangiennes.
Magstadt (elsäss. Kant. Mülhausen), Machstat 15.
Magton, s. Magden.
Maguelonne, Diöcese, später nach Montpellier transferiert (franz. Dép. Hérault), Magalonensis 368.
Maguncia, s. Mainz.
Maguntan., s. Mainz.
Maguntia, s. Mainz.
Maguntina, s. Mainz.
Maguntinensis, s. Mainz.
Maguntinis, s. Mainz.
Maguntinum, s. Mainz.
Mailand (ital. Prov.-Hauptst.), Diöcese, Mediolanensis 176. 217.
Mainz (Rheinhess., Kreis-St.), Magatin., Maguncia, Maguntan., Maguntia, Maguntina, Maguntinensis, Maguntinis, Maguntinum, Moguntinensis 55. 56. 61. 65. 68. *69. *70. *71. *72. *73. *74. *75. 76. 374.
— Diöcese und Kirchenprovinz *35. 36. 40. 42. *43. 46. 51. 52. *54. 57. *59. 69. *70. 194. 261. 262. 337. 387. *390. 393. 396. 398. 399. *406. *407. 408. 415. 419. 421.
— Kathedrale 55. 406. 407. 409.
— Kirchen, s. Sta. Maria ad Gradus, St. Peter, St. Stephanus, St. Victor.
Mairanges, s. Marange.
Mairney, s. Niederum.
Maisprach (schweiz. Kant. Basel-Land, Bez. Sissach), Mesprache 23.
Maiweiler (lothr. Kant. Falkenberg), Mauilleirs 312.
Maixeires, s. Maizières (Kant. Vic).
Maixieres, s. Maizières bei Metz.

Maizières (lothr. Kant. Vic), Maixeires 309.
— bei Metz (lothr. Kant. Metz), Maixieres 307.
Makestat, s. Maxstadt.
Malaincourt (franz. Dép. Vosges, Kant. Bulgnéville), Malencuria 126.
Malancourt (lothr. Kant. Metz), Malencourt 307.
Malencourt, s. Malancourt.
Malencuria, s. Malaincourt.
Malhinia, s. Mecheln.
Malines, s. Mecheln.
Malley, s. Mouilly.
Malringuen, s. Molringen.
Mambres, s. Mamer.
Mamer (Luxemburg, Kant. Capellen), Mambres 190.
Mance (franz. Dép. Meurthe-et-Moselle, Kant. Briey) 307.
Mandach (schweiz. Kant. Aargau, Bez. Brugg), Mandouue 26.
Mandouue, s. Mandach.
Mandres (verschiedene Ortschaften dieses Namens in der alten D. Toul) 212.
Mangiennes (franz. Dép. Meuse, Kant. Spincourt), Magena 228. — Magenes 169. — Magones 170.
Manillo, s. Ménilot.
Mannouilleirs, s. Manonviller.
Manoncourt-en-Vermois (franz. Dép. Meurthe-et-Moselle, Kant. St. Nicolas), Mariamcort 125.
Manoncourt-sur-Seille (franz. Dép. Meurthe-et-Moselle, Kant. Nomeny), Menoncourt 306.
Manonviller (franz. Dép. Meurthe-et-Moselle, Kant. Lunéville), Mannouilleirs 309.
St. Mansuetus, s. St. Mansuy.
Mansum, s. Montsec.
St. Mansuy, ehemalige Abtei in Toul, St. Mansuetus 112.
Marange (lothr. Kant. Metz), Mairanges 307.
Marbach (elsäss. Kant. Winzenheim), ehemalige Abtei, Marpach 8. — Morbacensis 11. — Morbacum 11.
Marburg (preuss. Prov. Hessen-Nassau, Kreis-St.), Maborth 194.
— s. Deutschorden.
Marcellum, s. Marsal.

St. Marcellus, Pfarrkirche in Metz 304.
Marcleves, s. Mécleuves.
Marcour (belg. Prov. Luxemburg, Kant. Laroche), Markow 270. 278.
St. Marcus (Kirche bei Geberschweier, elsäss. Kant. Rufach) 13.
Saint-Mard (franz. Dép. Meurthe-et-Moselle, Kant. Bayon), St. Medardus 132.
Sta. Margarita, Kapelle der Kirche in Rappoltsweiler 8.
— Kapelle in der Kathedrale in Verdun 237.
Sta. Maria, Kirche in Aachen 266. 268. 269. 271. 275. 338. *339. *340. 342. 343. 350. 351. 359. 361. 362. 363. 366. 367.
— Altar in der Kathedrale in Basel 5.
— Altar in St. Peter in Basel *5.
— Altar der Pfarrkirche von Bergilers (?), D. Lüttich 268.
— Kirche in Ciney, D. Lüttich 266. 340. 348. 353.
— Kirche in Saint-Dié 222.
— Kirche in Dinant 268. 275. 350. *351. *363. 364.
— Kirche in Erfurt 165.
— Altar 'der Kirche St. Gengulphus in Florennes 357.
— Altar in Frick *26.
— Kirche in Greifswald (?) 408.
— Kapelle ausserhalb der Kirche in Hattstadt 11.
— Altar der Kirche in Herlisheim 7.
— Kapelle in Höngen 268.
— Kirche in Hougaerde 270.
— Kirche in Huy 273. 278. 339.
— Altar der Kirche in Ingersheim 7.
— Kapelle in St. Juvenalis (wo?) 209.
— Kapelle in Landen-en-Hesbaye 361.
— Altar der Kirche St. Adalbert in Lüttich 354.
— Kirche in Maaseyk 339.
— Kirche in Maestricht 274. 277. 279. 288. 341. 349. 351. 357. 366.
— ehemalige Abtei in Metz 117. 303.
— Kirche in Montochare (?) 176.
— Kapelle in Mülhausen 14.
— Kirche in Namur 269. *362.
— Pfarrkirche in Néthen 342.
— Altar der Kirche in Nieder-Aspach 16.
— Altar der Kirche in Orp-le-Grand 357.
— Kollegiatkirche in Pfalzel 165. 189.

Sta. Maria, Kirche in Tongern 274. 357.
— Altar in St. Gengoult in Toul 175.
— Kirche in Toul 213.
— Kollegiatkirche in Trier 194.
— Kapelle in der Hl.-Grab-Kirche in Saint-Trond 275. 288.
— Pfarrkirche in Saint-Trond 340.
— Kirche in Utrecht 282. *285. 286.
— Altar der Kirche in Vertryck 354.
— Kapelle der Kirche in Wettolsheim 7.
— Altar der Kirche in Willich 330.
— Kirche in Wismar 96.
— Pfarrkirche in Zülpich 327.
Sta. Maria de Campis, s. Ste. Marie des Champs.
Sta. Maria in Capitolio, Kloster und Kirche in Köln *47.
Sta. Maria Escoriarum, Kirche in der D. Rouen 162. *251. 252.
Sta. Maria Escoyarum, s. Sta. Maria Escoriarum.
Sta. Maria ad Gradus, Kirche in Köln 47. 326. *327. 329. 330. 350.
— Kirche in Mainz 399.
Sta. Maria und St. Lambertus, Altar der Pfarrkirche St. Hubertus in Lüttich 364.
Sta. Maria Magdalena, Kapelle in Sta. Maria in St.-Dié 222.
— Kapelle der Kathedrale in Toul 214.
— Kirche in Verdun 118. 134. 171. *228. *231. *232. 235. *236. 238. 239. 416. — Madelensis 131.
Sta. Maria ad Moniales, Kirche in Metz 205.
Sta. Maria ad nemus, s. Ste. Marie-au-Bois.
Sta. Maria ad quercus, s. Ste. Marie-aux-Chênes.
St. Maria Rotonda, s. Sta. Maria Rotunda.
Sta. Maria Rotunda, Kirche in Metz 37. 128. 198. 199. 302.
Sta. Maria de Verdan, Kirche der alten D. Toulouse 421. 422.
Mariamcort, s. Manoncourt-en-Vermois.
Ste. Marie-au-Bois, chemalige Abtei der D. Toul (später verlegt nach Pont-à-Mousson), Sta. Maria ad nemus 113.
Ste. Marie-des-Champs, chemaliges Priorat bei Metz, Sta. Maria de Campis 202. 303.

Ste. Marie-aux-Chênes (lothr. Kant. Metz), Sta. Maria ad quercus 313.
Marienburg (preuss. Rgbz. Danzig, Kreis-St.), Merginbroc 89.
Markow, s. Marcour.
Marleyum, s. Marly.
Marly (lothr. Kant. Verny), Marleyum 305.
Marpach, s. Marbach.
Mars-la-Tour (franz. Dép. Meurthe-et-Moselle, Kant. Chambley), Martistuore 313.
Marsal (lothr. Kant. Vic), Marcellum 117. 196. — Marsalla 309. — Marsallum 116. 205. 302. 309. — Marssallum 116. 133. — Marsellum *168.
— Archipresbyterat der D. Metz 309, Marsallum *309.
— s. St. Leodegarius.
Marsalla, s. Marsal.
Marsallum, s. Marsal.
Marsellum, s. Marsal.
Marssallum, s. Marsal.
Marsumunster, s. Masmünster.
Sta. Martha, Kapelle in Sta. Maria Magdalena in Verdun 232.
St. Martin (zerstörte Ortschaft, lag bei Marsal, s. oben), St. Martinus ante Marsallam 309.
St. Martinus, Kapelle bei Andernach 193.
— Pfarrkirche in Aus 280.
— Kirche in Avennes 365.
— Kirche in Basel *5.
— Kirche in Bremen 93.
— Kirche in Colmar 163.
— Kirche in Lüttich 351. 352. 353. 356. 358. 363. *366. 386.
— ehemalige Abtei bei Metz 117. 302. — St. Martinus ante Metim 126. 305.
— Pfarrkirche in Metz 304.
— Pfarrkirche in Pont-à-Mousson 306.
— Kirche in Russen 275.
— Kirche in Worms 399.
St. Martinus Glandariensis, chemalige Abtei der D. Metz (in Lubeln) 116. 302. 310.
St. Martinus Glanderiensis, s. St. M. Glandariensis.
St. Martinus ante Marsallam, s. St. Martin.
St. Martinus vallis sancti Amariani, Kirche in der alten D. Basel 10.

Martistuore, s. Mars-la-Tour.
Maruilla, s. Marville.
Marville (franz. Dép. Meuse, Arr. Mont-
médy), Maruilla 190.
Mase Minister, Maseminster, s. Mas-
münster.
Masmünster (elsäss. Kant.-St.), Marsu-
munster 19. — Mase Minister 163. --
Maseminster 188. — Vallis Ma-
sonis 17.
St. Maternus, Kapelle in der Kathedrale
in Lüttich *280.
St. Matheus, Altar der Kirche in Gem-
bloux 355.
St. Matinus, s. St. Martinus.
Matisconensis, s. Mâcon.
Matoncourt, s. Mouacourt.
Matre, s. Metzerwiese (?).
Matzendorf (schweiz. Kant. Solothurn,
Bez. Balsthal), Mazendorf 24.
Mauilleirs, s. Maiweiler.
St. Maur, ehemalige Abtei in Verdun,
St. Maurus 118.
Maurian., s. St. Jean de Maurienne.
Maurianensis, s. St. Jean de Maurienne.
Maurianna, s. St. Jean de Maurienne.
St. Mauricius, Kapelle in der Kirche von
Wasseiges 276. 277.
St. Maurus, s. St. Maur.
St. Maximinus, Pfarrkirche in Metz
304.
— Kirche in Bar-le-Duc 223.
Maxstadt (lothr. Kant. Grofstänchen),
Makestat 128. 150. 312.
Mayeeres (Maizières bei Metz oder M.
bei Vic, s. diese Namen), 149.
Mayr, s. Méy.
Mazendorf, s. Matzendorf.
Mecheln (belg. Prov. Antwerpen), Ma-
chelia 368. — Machlinensis *326. —
Machlinia *371. 373. — Malhinia
372. — Malines 371. 373. — Me-
linis 374. 404.
— s. St. Rumaldus.
Mécleuves (lothr. Kant. Verny), Macli-
ues 305. — Marcleves 37.
St.-Médard (lothr. Kant. Dieuze), Sanctus
Medardus 309.
St. Medardus, s. Saint-Mard, St.-Médard.
— Pfarrkirche in Metz 304.
— Pfarrkirche in Ouffet 358.
— Kirche in Verdun 125.

Medelsheim (bayr. Pfalz, Bez.-A. Zwei-
brücken), Modelheim 315.
Medianum monasterium, s. Moyen-
moûtier.
Mediolanensis, s. Mailand.
Meeffe (belg. Prov. Lüttich, Kant. Avennes),
Meffiensis 271.
Meerssen (niederländ. Prov. Limbourg),
Mense 339.
Meffiensis, s. Meeffe.
Megney, s. Magny.
Mehenbein, s. Meienheim.
Meienburg (?) (preuss. Lddr. Stade,
A. Blumenthal), Membroke 92.
Meienheim (elsäss. Kant. Gebweiler),
Mehenhein 12.
Meinembach, s. Mimbach.
Meli, s. Moehlin.
Meligneyum parvum, s. Méligny-le-
Petit.
Méligny-le-Petit (franz. Dép. Meuse,
Kant. Void), Meligneyum parvum
123.
Melinis, s. Mecheln.
Meltingen (schweiz. Kant. Solothurn, Bez.
Thierstein) 22.
Membroke, s. Meienburg (?).
Memmingen (bayr. Bez.-St.) 42.
— s. St. Anthonius.
Mende (franz. Dép. Lozère), Diöcese, Mi-
matensis 422.
Mendien, s. Mendig, Nieder- und Ober-.
Mendig, Nieder- und Ober- (preuss.
Rgbz. Koblenz, Kr. Mayen), Mendien
165.
Menenbac, s. Mimbach.
Mengen (lothr. Kant. Bolchen), Mengue
317.
Mengue, s. Mengen.
Ménilot (franz. Dép. Meurthe-et-Moselle,
Kant. Toul), Manillo 152.
Menoncourt, s. Manoncourt-sur-Seille.
Meurangez, s. Möhringen.
Mense, s. Meerssen.
Mensekirche, s. Menskirchen.
Menskirchen (lothr. Kant. Busendorf),
Mensekirche 314.
Merchers, s. Mörnach (?).
St. Merdardus, s. St. Medardus.
Merginbroc, s. Marienburg.
Merkenshein, s. Merxheim.
Merkeshein, s. Merxheim.

Merten (lothr. Kant. Busendorf), Morthena 311. — Murtina 149.
Mertinskirch, s. Merzkirchen.
Mersheim (elsäss. Kant. Gebweiler), Merkesheim 12. — Merkenshein 12.
Merzen (elsäss. Kant. Hirsingen), Mornze 19. — Murneza 19. — Murnza 19.
Merzkirchen (preuss. Rheinprov., Kr. Saarburg), Mertinskirch 191.
Mesprache, s. Maisprach.
Meteln (Mecklenburg-Schwerin, Kr. Mecklenburg, A. Schwerin), Metle 94.
Metensis, s. Metz.
Methensis, s. Metz.
Metis, s. Metz.
Metle, s. Meteln.
Metouue, s. Mettau.
Mettau (schweiz. Kant. Aargau, Bez. Laufenburg), Metouue 26.
Metz (lothr. Hauptst.), Metensis, Methensis, Metis 37. 40. 54. 55. *64. 66. *67. *68. 69. 74. 76. 78. 116. 117. 118. 126. 143. 150. 166. 171. 181. *184. *242. 247. 248. *249. 401.
— Archipresbyterat 304.
— Diöcese 37—38. *50. 51—52. *53. 61. 71. 107. *115. 117. *123. *126. *128. *130. *132. 133. *134. *135. 136—137. 138. 139. *147. 148. 151. 164. 166—168. 176. *178. *181. *185. 195. 196—209. *220. *241. *242. 243. 245. *300. *385. 409. *411.
— Kathedrale *37. 43. 82. *109. 115. *116. 122. 124. 127. 128. 129. *131. 133. 134. 135. 140. 141. *142. *143. *144. 147. 148. 150. *166. *167. *168. 195. *196. *197. *198. *199. *200. *201. 202. *203. *204. *205. *206. *207. *208. 209. 247. 256. 297. 299. 300. *301. *302. 318. *319. 388.
— Kirchen, s. St. Amancius, St. Arnualis, St. Arnulphus, St. Bartholomeus, St. Benignus, Dominikanerkloster, St. Eucarius, St. Euzebius, St. Ferrutius, St. Gengulphus, Sta. Glodesindis, St. Georg, St. Gorgonius, St. Ilarius maior, St. Ilarius minor, St. Jacobus, St. Johannes Baptista, St. Johannes in Sto. Clemente, St. Johannes ad Novummonasterium, St. Julianus, Hl. Kreuz, St. Livarius, St. Marcellus, Sta. Maria ad Moniales, Sta. Maria Rotunda,

St. Martinus, St. Maximinus, St. Medardus, St. Nicolaus, St. Paulus, St. Peter, St. Salvator, Sta. Segolena, St. Stephanus Laniatus, St. Sulpicius, St. Symplicius, St. Theobaldus, St. Victor, St. Vitus.
Metzellen (lag in der alten D. Bremen, links von der Elbe) 93.
Metzeresch (lothr. Kant. Metzerwiese), Esch 314.
Metzerlen (schweiz. Kant. Solothurn, Bez. Dorneck-Thierstein), Mezerlon 20.
Metzerwiese (?) (lothr. Kant.-Hauptort), Matre 314.
Mey (lothr. Kant. Metz), Mayr 149.
Mezerlon, s. Metzerlen.
St. Michael, Kapelle in der Kirche Sta. Maria in Aachen 271. 275.
— Kapelle in Basel 5.
— Kirche in Louvain 355.
— Kirche in Luxemburg 165.
— Kapelle im Kloster in Moyenmoûtier 221.
— s. Saint-Mihiel.
Michelbach (elsäss. Kant. Thann), Michelenbach 21. — Michelmbach 17.
Michelenbach, s. Michelbach.
Michelmbach, s. Michelbach.
Mierefelt, s. Mirfeld.
Saint-Mihiel (franz. Dép. Meuse, Kant.-Hauptort), St. Michael, chemalige Abtei *118. 125.
Milcey, s. Mulcey.
Miletensis, s. Minden.
Sti. X milia Martires, Altar in St. Florinus in Koblenz 165.
Ste. XI milia Virgines, s. St. Ursula.
Millerey, Millereyum, s. Millery.
Millery (franz. Dép. Meurthe-et-Moselle, Kant. Pont-à-Mousson), Millerey 306.— Millereyum 220.
— s. St. Proietus.
Millingen (preuss. Rgbz. Düsseldorf, Kr. Rees) 331.
Milrefelt, s. Mirfeld.
Mimatensis, s. Mende.
Mimbach (bayr. Pfalz, Bez.-A. Zweibrücken), Meinembach 315. — Menenbac 124.
Minden (preuss. Rgbz.-St.), Miletensis, Mindensis 74.
— Diöcese 69. 262. 346.

Mindensis, s. Minden.

Minenze, s. Minsen.

Minnweiler (zerstörte Ortschaft, lag in der Nähe von Ammerschweier; s. Schöpflin, Alsatia illustrata, B. II, S. 104 u. 456), Minrenuuilr 6.

— s. St. Nicolaus.

Minsen (Oldenburg, A. Jever), Minenze 93.

Minuelier, s. Minvelier.

Minvelier (besteht nicht mehr; die Ortschaft lag zwischen Court und Sorweiler, schweiz. Kant. Bern), Minuelier 27.

Miravallis, s. Mureau.

Mirfeld (preuss. Rheinprov., Kr. Malmedy), Mierefelt 289. — Milrefelt 280.

Miserach, franz. Miserez (schweiz. Kant. Bern, Bez. Porrentruy), Miserath 188. - Miseria 20.

Miscrath, s. Miserach.

Miseria, s. Miserach.

Missenov (lag in der alten D. Kulm) 90.

Mockrau (preuss. Rgbz. Marienwerder, Kr. Graudenz), Muckera 89.

Modelheim, s. Medelsheim.

Moehlin (schweiz. Kant. Aargau, Bez. Moehlin), Meli 23.

Möhringen (lothr. Kant. Falkenberg), Menrangez 311.

Mönchenstein (schweiz. Kant. Basel-Land, Bez. Arlesheim), Gekingen 6.

Mönthal (schweiz. Kant. Aargau, Bez. Brugg), Munnendal 25.

Mörchingen (lothr. Kant. Grofstänchen), Morangiae 116. 123. 150. — Morhanges 311.

— Archipresbyterat der alten D. Metz 150. 311—312.

Mörnach (?) (elsäss. Kant. Pfirt), Merchers 11.

Mörs (preuss. Rgbz. Düsseldorf, Kreis-St.), Moerse 327.

Moerse, s. Mörs.

Moguntinensis, s. Mainz.

Moguntini (?), Kapelle »in curia prepositi«, s. Basel, Kapelle.

Moieubre, s. Grofs-Moyeuvre.

Moivron (franz. Dép. Meurthe-et-Moselle, Kant. Nomeny), Mouieron 308.

Molendinum, s. Moulins b. Metz.

Mollau (elsäss. Kant. St. Amarin), Mullenouue 16.

Molringen (lothr. Kant. Albesdorf), Malringuen 113.

Monasteriensis, s. Münster.

Monasteriensis in Meyuelt, s. Münstermayfeld.

Monasterium (S. 350), s. Moustier-sur-Sambre.

— (S. 313), s. Moutiers.

— (S. 126. 132. 302. 312. 313), s. Münster.

— Eyflie, s. Münstereifel.

— in Meineuelt, s. Münstermayfeld.

— in Menuelt, s. Münstermayfeld.

— in Meynewelt, s. Münstermayfeld.

— in Munwelt, s. Münstermayfeld.

— supra Sambriam, s. Moustier-sur-Sambre.

Moncel-sur-Seille (franz. Dép. Meurthe-et-Moselle, Kant. Nancy). Mons 309.

Moncourt (lothr. Kant. Vic) 309.

Mondelanges s. Mondelingen.

Mondelingen (lothr. Kant. Diedenhofen), Mondelanges 149. 307.

Moneuuilr, s. Munweiler.

Monhofen (lothr. Kant. Diedenhofen), Monneheim 310.

Monmeyneuelt, s. Münstermayfeld.

Monneheim, s. Monhofen.

Mons, s. Moncel-sur-Seille.

Mons sancti Andree, s. Mont-saint-André.

Mons Cellarum, s. Monzel.

Mons Sti. Egidii (lag in der alten D. Verdun) 125.

Mons sancte Gertrudis, s. Geertruidenberg.

Mons Jovis, s. St. Bernhard, Grofser.

Monsbrisio, s. Montbrison.

Monspessulanus, s. Montpellier.

Monstermeynefelt, s. Münstermayfeld.

Monsum, s. Montsec.

Mont-saint-André (belg. Prov. Brabant, Kant. Perwez), Mons sancti Andree 277.

— s. St. Nicolaus,

Montbéliard (franz. Dép. Doubs), Bellicadrum, Bellicardum 162. 243.

Montbrison (franz. Dép. Loire, Kant.-Hauptort), Monsbrisio 248.

Montefiascone (ital. Prov. Rom) 372.

Montio, s. Mousson.

Monto, s. Mousson.

Montochare (?) 176.

Montochare (?), s. Sta. Maria.

Montpellier (franz. Dép. Hérault), Monspessulanus 368.

Montsec (franz. Dép. Meuse, Kant. Saint-Mihiel), Mansum 308. — Monsum 308.

Monze, s. Münz.

Monzel (preuss. Rgbz. Trier, Kr. Wittlich), Mons Cellarum 164.

Moos (elsäss. Kant. Pfirt), Moze 20.

Mora, s. Waldmohr.

Morangiae, s. Mörchingen.

Morbacensis, s. Marbach.

Morbacum, s. Marbach.

Morey (franz. Dép. Meurthe-et-Moselle, Kant. Nomeny) 306.

Morhanges, s. Mörchingen.

Mornacum (mehrere Ortschaften dieses Namens in Frankreich) 361.

Mornze, s. Merzen.

Morschweiler (elsäss. Kant. Hagenau), Morsuuilr 7.

Morsuuilr (S. 7), s. Morschweiler.

— (S. 18), s. Nieder-Morschweiler.

— (S. 18), s. Ober-Morschweiler.

Morthena, s. Merten.

Moruilla, s. Morville-sur-Seille.

Morville-sur-Seille (franz. Dép. Meurthe-et-Moselle, Kant. Pont-à-Mousson), Moruilla 306.

Mota (lag in der alten D. Toul) 114. 132. 151.

Mouacourt (franz. Dép. Meurthe-et-Moselle, Kant. Lunéville), Matoncourt 309.

Mouieron, s. Moivron.

Mouilly (franz. Dép. Meuse, Kant. Fresnes), Malley 134.

Moulins bei Metz (lothr. Kant. Metz), Molendinum 305.

Mousson (franz. Dép. Meurthe-et-Moselle, Kant. Pont-à-Mousson), Montio 303. — Monto 306. — Moysio 117.

— Archipresbyterat der alten D. Metz 116. *306.

— Priorat der alten D. Metz 117. 303.

Moustier-sur-Sambre (belg. Prov. und Kant. Namur), Monasterium 350 — Monasterium supra Sambriam 276. 340. 349.

— s. SS. Nicholaus und Gertrudis.

Moutiers (franz. Dép. Meurthe-et-Moselle, Kant. Briey), Monasterium 313.

Moutiers-en-Tarantaise (Franz. Dép. Savoie), Diöcese und Kirchenprovinz, Tarantasia, Tarantasiensis, Tarantaziensis, Tharantasiensis 156. *157. 161. 162. 176. *178. 180. 181. 183. *186. 187. 243. 244. 250. *251. *252. 254. 255. 256. 257. 319. *427. *428. 429.

Moyenmoutier (franz. Dép. Vosges, Kant. Senones), ehemalige Abtei, Medianum monasterium 113. 221.

— s. St. Michael.

Moynfeldem, s. Münstermayfeld.

Moysio, s. Mousson.

Moze, s. Moos.

Muckera, s. Mockrau.

Mülhausen (elsäss. Kreis-St.) 9. 11. 14. 15. 20. — Mullehusen *14.

— s. Deutschorden, Sta. Maria, St. Nicholaus.

Münchhausen (elsäss. Kant. Ensisheim), Munchusen 11.

Münster (elsäss. Kant. Colmar), ehemalige Abtei, Vallis sancti Gregorii 7.

— franz. Moutier-Grandval (schweiz Kant. Bern. Bez.-St.), *28.

— Dekanat der D. Basel 28—29. — Grandisuallis *28.

— s. St. Peter.

— (lothr. Kant. Albesdorf), Monasterium 126. 132. 302. 312.

— (preufs. Prov. Westfalen. Rgbz.-St.), Monasteriensis 61.

— Diöcese 69. *346.

Münstereifel (preuss. Rgbz. Köln, Kr. Rheinbach), Monasterium Eyflie 324.

Münstermayfeld (preuss. Rgbz. Koblenz, Kr. Mayen) 165. — Monasteriensis in Meyuelt 193. — Monasterium in Meineuelt 165. 192. — Monasterium in Menuelt 194. — Monasterium in Meynewelt 193. — Monasterium in Munwelt 193. — Monmeyneuelt 165. — Monstermeynefelt 194. — Moynfeldem 164.

— s. SS. Severinus et Martinus, St. Spiritus.

Münz (preuss. Rgbz. Aachen, Kr. Jülich), Monze 48.

Müspach, Ober-, Nieder-, Mittel- (elsäss. Kant. Pfirt), Muspach 21.

— s. Sta. Katerina.

Mulcey (lothr. Kant. Dieuze), Milcey 309.
Mullehusen, s. Mülhausen.
Mullenoune, s. Mollau.
Mumliswyl (schweiz. Kant. Solothurn, Bez. Balsthal), Mummelisuuile 24.
Mummelisuuile, s. Mumliswyl.
Munchusen, s. Münchhausen.
Munnendal, s. Mönthal.
Munstergelcen (niederländ. Prov. Limbourg), Munstergleyn 340.
Munstergleyn, s. Munstergelcen.
Munzach (in der Schweiz, zwischen Liestal und Arlesheim) 24.
Munweiler (elsäss. Kant. Ensisheim), Moneuuilr 13.
Mureau, ehemalige Abtei der alten D. Toul, Miravallis 113.
Murneza, s. Merzen.
Murnza, s. Merzen.
Murtina, s. Merten.
Muspach, s. Müspach.
Mustin (Lauenburg, A. Ratzeburg) 95.
Mustrol inferior, s. Altmünsterol.
Mustrol superior, s. Altmünsterol.
Mutensa, s. Muttenz.
Mutenze, s. Muttenz.
Muttenz (schweiz. Kant. Basel-Land, Bez. Arlesheim), Mutensa 5. — Mutenze 5.
Mutzwyler, franz. Montsevelier (schweiz. Kant. Bern, Bez. Delémont), Muzuuilr 27.
Muzuuilr, s. Mutzwyler.

St. Nabor, s. St. Avold.
St. Nabors, s. St. Avold.
Nambsheim (elsäss. Kant. Neubreisach), Namsheim 10.
Namsheim, s. Nambsheim.
Namur (belg. Prov.-St.), Namurcensis 269. 362. — Namurcum 362.
— s. Sta. Maria.
Namurcensis, Namurcum, s. Namur.
Nancy (franz. Dép. Meurthe-et-Moselle, Hauptst.), Nanseyum, Priorat 113.
Nanseyum, s. Nancy.
Nantois (franz. Dép. Meuse, Kant. Ligny-en-Barrois), Nantone 177.
Nantone, s. Nantois.
St. Narbor prope silvam de Waraudo, s. St. Avold.
Narres, s. Naters.
Nassangne, s. Nassogne.

Nassogne (belg. Prov. Luxembourg, Kant.-Hauptort), Nassangne 360. — Nassongne *360. — Nassoniensis 274. — Nossonge 341.
Nassongne, s. Nassogne.
Nassoniensis, s. Nassogne.
Naters (schweiz. Kant. Wallis), Narres 155.
Nebing (lothr. Kant. Albesdorf), Nebinguen 312.
Nebinguen, s. Nebing.
Necterden, s. Netterden.
Nemausensis, s. Nimes.
Nemeswilre, s. Nussweiler (Wolmünster).
Nentes, s. Suligney.
Neten, s. Néthen.
Néthen (belg. Prov. Brabant, Kant.Wavre), Neten 342.
— s. Sta. Maria.
Netterden (niederländ. Prov. Gelderland), Necterden 286.
Neuengamm (Landschaft Vierlanden, zu Hamburg gehörig), Nova Gamma 95.
Neufchâteau (franz. Dép. Vosges, Arr.-St.), Nouum Castrum, Priorat 112. 114. 212. 217. 221.
Neukirchen (preuss. Rgbz. Köln, Kr. Mörs), Nuenkirchen in der Blünen 327.
Neulant, s. Nonsard.
Neunkirchen (hess. Kr. Dieburg), Nuenkirchen 337.
Neumünster, ehemalige Abtei der D. Metz, Novum Monasterium 116. *117. — Nouum monasterium 303. 317. 318.
— Archipresbyterat der alten D. Metz (gebildet durch Ortschaften des rheinländ. Kr. Ottweiler und der bayr. Pfalz) 317—318.
Neunhäuser, franz. Neufchef (lothr. Kant. Fentsch), Nueschief 307. — Nuevesches 128.
Neuweiler (elsäss. Kant. Landser), Niruuilr 27.
— (elsäss. Kant. Lützelstein), Novillarensis, Abtei 75.
St. Nicholaus, s. St. Nicolaus.
St. Nicolas-du-Port (franz. Dép. Meurthe-et-Moselle, Kant.-St.), Portus, Priorat 112. 113.

St. Nicolas des Prés, St. Nicolaus in prato, ehemalige Abtei in Verdun 118.
St. Nicolaus, Altar in St. Peter in Basel *5.
— Kirche in Brixey-aux-Chanoines 213. *216. 222.
— Altar der Kirche in Colmar 7.
— Altar der Kirche in Gentinnes 349.
— Altar der Kirche in Hannut 264. 269.
— Kapelle in St. Theobaldus bei Metz 207.
— Kirche in Metz 167.
— Kapelle in Minnweiler 6.
— Altar der Kirche von Mont-saint-André 277.
— Kapelle in Mülhausen 14.
— und Gertrudis, Altar der Kirche in Moustier-sur-Sambre 349.
— in prato s. St. Nicolas des Prés.
Nideggen (preuss. Rgbz. Aachen, Kr. Düren), Nydeghin 329.
Nidrmumphier, s. Nieder-Mumph.
Nieder-Aspach (elsäss. Kant. Sennheim), Aspach inferior 16.
— s. Sta. Maria.
Nieder-Bipp (schweiz. Kant. Bern, Bez. Wangen), Bipo inferior 24.
Nieder-Enzen (elsäss. Kant. Ensisheim), Hegenshein inferior 11.
Nieder-Gailbach (bayr. Pfalz, Bez.-A. Zweibrücken), Guelembac inferior 131.
Nieder-Gemar (elsäss. Kant. Rappoltsweiler), Gemen inferior 9.
Nieder-Hergheim (elsäss. Kant. Ensisheim), Herenkein inferior 11.
Nieder-Morschweiler (elsäss. Kant. Mülhausen-Süd), Morsuuilr 18.
Nieder-Mumph (schweiz. Kant. Aargau, Bez. Rheinfelden), Nidrmumphier 26.
Nieder-Sept (elsäss. Kant. Hirsingen), Septen inferior 20.
Nieder-Spechbach (elsäss. Kant. Altkirch), Spechbach inferior 16.
Nieder-Stinzel (lothr. Kant. Finstingen), Stencella inferior 124.
Nieder-Sulzbach (elsäss. Kant. Masmünster), Sulzebach inferior 18.
Niederum, franz. Many (lothr. Kant. Falkenburg), Mairney 311.
Nieukerk (preuss. Rgbz. Düsseldorf, Kr. Geldern), Nuenkirchen 324.

Nievenheim (preuss. Rgbz. Düsseldorf, Kr. Neuss), Novum Oppidum 267.
Niffer (?) (elsäss. Kant. Habsheim), vielleicht Nunar (Nuuar) 10.
Nimes (franz. Dép. Gard), Diöcese, Nemausensis 422.
Niruuilr, s. Neuweiler.
Nitingua, s. Innichen.
Niuella, s. Nivelles.
Niuellensis, s. Nivelles.
Nivelles (belg. Prov. Brabant, Kant.-St.), Niuella 287. 288. — Niuellensis 272. 275. 276. 281. 348. *351. 360. 364. *365. 366.
— s. Sta. Gertrudis.
Nobbelroit, s. Norroy-le-Veneur.
Nocendorf, s. Notzendorf.
Noisseville (lothr. Kant. Vigy), Nowesseuilla 305.
— Archipresbyterat der alten D. Metz 305.
Nomeney, s. Nomeny.
Nomeny (franz. Dép. Meurthe-et-Moselle, Kant.-St.) 305. — Nomeney 305. 306. — Nouineyum 116.
— Archipresbyterat der alten D. Metz 116. 305—306.
Nonsard (franz. Dép. Meuse, Kant. Vigneulles), Neulant 307.
Norroy-le-Veneur (lothr. Kant. Metz), Nobbelroit 149. — Noweroy 307.
Norwegen, Norwegia 300.
Nossonge, s. Nassogne.
Noswilre, s. Nussweiler (Forbach).
Notre-Dame de Fourvière (Kirche in Lyon), eccl. de Forneriis 250.
Notzendorf (preuss. Prov. Westpreussen, Kr. Marienburg), Nocendorf 90.
Nouauilla, s. Laneuveville-aux-Bois.
Nouiant, s. Novéant.
Nouilhenpons, s. Nouillonpont.
Nouilia, s. Chapelle sous Noville-sur-Mehaigne.
Nouillonpont (franz. Dép. Meuse, Kant. Spincourt), Nouilhenpons 127.
Nouineyum, s. Nomeny.
Nouum Castrum, s. Neufchâteau.
Nouummonasterium, s. Neumünster.
Nova Curia Beghinarum, s. Beghinenkloster.
Nova Gamma, s. Neuengamm.
Novéant (lothr. Kant. Gorze), Nouiant 308.

Novillard (?) (franz. Arr. Belfort), Bro-
uuilr 17.
Novillarensis, s. Neuweiler.
Novummonasterium (unbestimmt in
Süddeutschland) 262.
Novum Monasterium, s. Neumünster.
Novum Oppidum, s. Nievenheim.
Noweroy, s. Norroy-le-Veneur.
Nowesseuilla, s. Noisseville.
Nuenkirchen (S. 337), s. Neunkirchen.
— (S. 324), s. Nieukerk.
Nüenkirchen in der Blünen, s. Neu-
kirchen.
Nürnberg (bayr. Bez.-St.), Nuremberg
412. — Nurenberg 414.
Nueschief, s. Neunhäuser.
Nuevesches, s. Neunhäuser.
Nuglar (schweiz. Kant. Solothurn, Bez.
Dorneck-Thierstein), Nugrel *21. 24.
Nugrel, s. Nuglar.
Nunar (Nuuar), s. Niffer (?).
Nunnigen (schweiz. Kant. Solothurn, Bez.
Dorneck-Thierstein), Nunningen 22.
Nunningen, s. Nunnigen.
Nuremberg, s. Nürnberg.
Nurenberg, s. Nürnberg.
Nussweiler (lothr. Kant. Wolmünster),
Nemeswilre 315.
— (lothr. Kant. Forbach), Noswilre 317.
St. Nycholaus, s. St. Nicolaus.
Nydeghin, s. Nideggen.

Ober-Aspach (elsäss. Kant. Thann),
Aspach superior 18.
Ober-Bipp (schweiz. Kant. Bern, Bez.
Wangen), Bipo superior 24.
Oberendorf (lag in der Nähe von Habs-
heim, elsäss. Kant.-Hauptort) 14.
Ober-Enzen (elsäss. Kant. Ensisheim),
Egenshein superior 10.
Ober-Erlisbach (schweiz. Kant. Aargau,
Bez. Aarau), Ernlisbach 25.
Ober-Gailbach (lothr. Kant. Wolmünster),
Guelembac superior 124.
Ober- und Nieder-Hagenthal (elsäss.
Kant. Landser), Hagendal 21.
Ober-Hergheim (elsäss. Kant. Ensis-
heim), Herenkein superior 9. —
Herenkein 10.
Ober-Larg (elsäss. Kant. Pfirt), Large
20.

Kirsch, Die päpstl. Kollektorien.

Ober-Morschweiler (elsäss. Kant. Alt-
kirch), Morsuuilr 18.
Ober-Mumph (schweiz. Kant. Aargau,
Bez. Rheinfelden), Obermumphier
26.
Obermumphier, s. Ober-Mumph.
Ober-Saasheim (elsäss. Kant. Neubrei-
sach), Sachsen 10. — Sachsein 10. —
Sachshein 10.
Ober-Sept (elsäss. Kant. Hirsingen),
Septen superior *20.
Ober-Sulzbach (elsäss. Kant. Maas-
münster), Sulzebach superior 18.
Ober-Weil (schweiz. Kant. Basel-Land,
Bez. Arlesheim), Oberwilr 6.
Oberwilr, s. Ober-Weil.
Ochey (franz. Dép. Meurthe, Kant. Toul),
Ocheyum 123. 220.
Ocheyum, s. Ochey.
Ochsenbach, s. Osenbach.
Ocourt (schweiz. Kant. Bern, Bez. Porren-
truy), Ohkurt 20.
Odemburchein, s. Odemburgheim.
Odemburgheim (zerstört, s. Schöpflin,
Alsatia illustrata, B. II, S. 455), Odem-
burchein 10.
Odern (elsäss. Kant. St. Amarin), Ader 18.
Odewilre, s. Ottweiler.
Oehningen (Baden, Kr. und Bez.-A. Kon-
stanz), Oeningen 42.
Oehringen (württ. A.-St.), Orengen 262.
Oelenberch, s. Oelenberg.
Oelenberg (elsäss. Kant. Mülhausen-
Nord), ehemalige Abtei 19. — Oelen-
berch 17. — Olember 187. — Olem-
berg 188.
Oelendorpe, s. Oelsdorf.
Oelleville (franz. Dép. Vosges, Kant.
Mirecourt), Oyllienvilla 128.
Oelsdorf (Holstein, Kr. Steinburg),
Oelendorpe 94.
Oeningen, s. Oehningen.
Oensingen (schweiz. Kant. Solothurn,
Bez. Balsthal), Ongesingen 24.
Oeschgen (schweiz. Kant. Aargau, Bez.
Laufenburg), Eschon 26.
Oesel (Russland, zu Livland gehörige
Insel, Diöcese, Osiliensis *88. 103.
Oesterreich, Austria 45. 46. 78.
Oestvorne, s. Oostvoorne.
Oetringen (lothr. Kant. Kattenhofen),
Ottrangez 310.

35

Ogy (?) (lothr. Kant. Pange), Orges 37.

Ohay, s. Ohey.

Ohey (belg. Prov. Namur, Kant. Andenne), Ohay 340.

Ohkurt, s. Ocourt.

Oignies (belg. Prov. Namur, Kant. Couvin), Ongniez, Priorat 352.

Oizy (belg. Prov. Namur, Kant. Gedinne), Ozies 338.

Oldenzaal (niederländ. Prov. Overijssel), Adenzel 283. — Adenzelensis 283. 287. — Aldenzel 284. — Aldeselen 61.

Olember, s. Oelenberg.

Olemberg, s. Oelenberg.

Olmucensis, s. Olmütz.

Olmütz (Oesterreich, Kronland Mähren, Bez.-St.), Olmucensis, Kathedrale 402.

Olten (schweiz. Kant. Solothurn, Bez. Olten-Goesgen) 25.

Oltingen (schweiz. Kant. Basel-Land, Bez. Sissach) 22. 23. *26.

Oltrasuuilr, s. Rohrschweier.

Omersheim, s. Ommersheim.

Ommersheim (bayr. Pfalz, Bez.-A. Zweibrücken), Omersheim 317.

Ondesax (lag in der alten D. Utrecht) 286.

Ondestye, s. Overschie.

Ongershein (S. 7. 8), s. Ingersheim.

Ongershein (S. 12), s. Ungersheim.

Ongesingen, s. Oensingen.

Ongniez, s. Oignies.

Onoltschweiler (zerstörte Ortschaft; Brückner, Merkwürdigkeiten der Landschaft Basel, S. 1556, glaubt, der Ort sei identisch mit Oberdorf, Kant. Basel-Land, Bez. Waldenburg), Onolzuuille 23.

Onolzuuille, s. Onoltschweiler.

Onuilla, s. Onville.

Onville (franz. Dép. Meurthe-et-Moselle, Kant. Chambley), Onuilla 307.

Oostvoorne (niederländ. Prov. Süd-Holland), Oestvorne 285.

Opladen (preuss. Rgbz. Düsseldorf, Kr. Solingen), Upladen 48. 325.

Orceualz, s. Orsvels.

Orengen, s. Oehringen.

Oresechow, s. Ostaschewo (?).

Organolis (in der alten D. Uzès, heutiges franz. Dép. Gard) 238.

Orgershein, s. Ingersheim.

Orges, s. Ogy (?).

Ormesheim (bayr. Pfalz, Bez.-A. Zweibrücken), Ouesheim 317.

Oron (lothr. Kant. Delme) 37.

Orp-le-Grand (belg. Prov. Brabant, Kant. Jodoigne), Orpium magnum 357.
— s. Sta. Maria.

Orpium magnum, s. Orp-le-Grand.

Orsvels (zerstörte Ortschaft, lag bei Verny, lothr. Kant.-Hauptort), Orceualz 305.

Orvieto (ital. Prov. Umbria) 57.
— s. St. Andreas.

Osenbach (elsäss. Kant. Rufach), Ochsenbach 11.

Osiliensis, s. Oesel.

Osnabrück (preuss. Prov. Hannover, Lddr. und Kr.-St.), Osnaburgensis, Osneburgensis 61.
— Diöcese 69. 346. 358.
— Kathedrale 262.

Osnaburgensis, s. Osnabrück.

Osneburgensis, s. Osnabrück.

Osperen (Grofsherzogtum Luxemburg) 192.

Ostaschewo (?) (preuss. Rgbz. Marienwerder, Kr. Thorn), Oresechow 91.

Ostein (zerstörte Ortschaft, lag bei Gebweiler im Elsafs), Osthen 12.

Ostheim (elsäss. Kant. Kaysersberg), Osthein 7.

Osthein, s. Ostheim.

Osthen, s. Ostein.

Ostrevanensis, Archidiakonat der alten D. Arras 361.

Otendorf, s. Ottendorf.
— (im Dek. Sundgau der alten D. Basel) 19.

Oteusbül, s. Ottensbühel.

Othoniville, s. Ottendorf.

Otmarshein, s. Ottmarsheim.

Ottendorf, franz. Courtavon (elsäss. Kant. Pfirt), Otendorf 20.
— franz. Ottonville (lothr. Kant. Bolchen) 311. — Othoniville 149.

Ottensbühel, jenseits des —, Dekanat der alten D. Basel 6—9. — Ultra Oteusbül 6. — Ultra colles Ottonis 6.
— diesseits des —, Dekanat der alten D. Basel 11-13. — Citra Oteusbül 11. — Citra colles Ottonis 9. 11.

Ottmarsheim (elsäss. Kant. Habsheim), ehemalige Abtei, Otmarshein 9. 10. *29.
Ottrangez, s. Oetringen.
Ottweiler (elsäss. Kant. Drulingen), Odewilre 316.
— (preuss. Rheinprov., Kreis-St.) 317. — Haltwilre 318.
Oud-Gastel (niederländ. Prov. Nordbrabant), Ghestole supra Zomam 280.
Ouesheim, s. Ormesheim.
Onffet (belg. Prov. Lüttich, Kant. Nandrin), Vffeyum 358.
— s. St. Medardus.
Oûskirchen, s. Euskirchen.
Overschie (niederländ. Prov. Süd-Holland), Ondestye 282.
Oyen, s. Huy.
Oyllienvilla, s. Oëlleville.
Ozies, s. Oizy.

Paderborn (preuss. Prov. Westfalen, Kreis-St.), Badaburgensis, Paderburgensis 61. 71.
— Diöcese 69.
Paderburgensis, s. Paderborn.
Padonzel, s. Padoux (?).
Padoux (?) (franz. Dép. Vosges, Kant. Bruyères), Padonzel 126.
Pairis (elsäss. Kant. Schnierlach), ehemalige Abtei, Paris 6. — Parisius 6.
Palaciolensis, s. Pfalzel.
Palästina 426. 427. 428. *431.
Palatiolensis, s. Pfalzel.
Palschau (?) (preuss. Rgbz. Danzig, Kr. Marienburg), Paulcen 90.
Pange (lothr. Kant.-Hauptort), Espengez 311.
Pannes (franz. Dép. Meurthe-et-Moselle, Kant. Thiaucourt) 308.
Paray, s. Parois.
Parges, s. Paroches, Les-.
Paris (Hauptst. von Frankreich), Parisius 185. *409.
— s. Pairis.
Parisius (S. 6), s. Pairis.
— (S. 183. 409), s. Paris.
Paroches, Les (franz. Dép. Meuse, Kant. St.-Mihiel), Parges 134.
Parois (franz. Dép. Meuse, Kant. Clermont), Paray 238. — Parroy 170. —

Pereyum 153. — Perrey 127. — Perreyum 152.
Parroy (franz. Dép. Meurthe-et-Moselle, Kant. Lunéville), Perroya 309.
— s. Parois.
Passau (bayr. Prov. Niederbayern), Patavia, Pataviensis 59. 62. 67.
— Kathedrale 59.
Patavia, s. Passau.
Pataviensis, s. Passau.
Saint-Paul-Trois-Châteaux (franz. Dép. Drôme), Tricastrinum 143.
— Kathedrale 143.
Paulcen, s. Palschau (?).
St. Paulinus, Kirche in Trier 148. *192. 194. 195. *389.
St. Paulus, Abtei, wahrscheinlich in der D. Besançon 247.
— Altar der Kathedrale in Lüttich 353.
— Kirche in Lüttich *269. 273. 280. *341. *342. *349. 351. *359. *360. 363. 364. *365. *367.
— Kapelle der Kathedrale in Metz 207.
— Kirche in Trier 164.
— ehemalige Abtei in Verdun 118.
SS. Paulus und Mauricius, Altar der Kirche S. Paul in Lüttich 342. 367.
Pelestorf, s. Pisdorf.
Pereyum, s. Parois.
Perrey, s. Parois.
Perreyum, s. Parois.
Perroya, s. Parroy.
St. Peter, Kirche in Bar-le-Duc 212.
— Kirche in Basel 1. 3. *4. *5. 434. 437. 438. ♠
— Kapelle bei Basel *6.
— Kirche in Bastnach 362.
— Kirche in Dommartin 213.
— Kirche in Köln 49.
— Kirche in Louvain 342.
— Kirche in Lüttich 263. 267. *268. 288. 339. 340. 341. 349. 352. *353. *360. 364. 366. 384.
— Kirche in Mainz (?) 69.
— Abtei in Metz 116. 302. 303.
— Kapelle der D. Metz 216.
— Pfarrkirche in Münster (Moutier-Grandval) 28.
— Kirche in der D. Riga 86.
— Kirche in Sittard 278.
— Kirche in Strasburg *423.
— Kirche in Utrecht *283. 285.

St. Peter Junior, Kirche in Strafsburg 40.

Petra Fortis, s. Pierrefort.

St. Petri atrium, im Archipresb. Mousson der alten D. Metz 306.

St. Petri-Mons, s. St. Pierremont.

St. Petrus, s. St. Peter.

St. Petrus de Campis, ehemaliges Priorat in der Nähe von Metz 303.

SS. Petrus und Judocus, Altar der Pfarrkirche in Haelen 357.

St. Petrus Jugelatus (Ingelatus?), s. Saint-Pierre- l'Angelé (?).

St. Petrus prope Pontem Montionis, s. St. Pierre.

Pettlingen (lothr. Kant. Saarburg), Bettelinguen 314.

Pewingen (lothr. Kant. Château-Salins), Bepinguen 312.

Pfaffans, deutsch Pfeffingen (franz. Arr. Belfort), Pfefingen 17.

Pfaffenheim (elsäss. Kant. Rufach), Phafenein 13. 29.

Pfalzel (preuss. Rgbz. u. Kr. Trier), Palaciolensis 189. — Palatiolensis 165.

— s. Sta. Maria.

Pfeffingen (schweiz. Kant. Basel-Land, Bez. Arlesheim), Pheuingen 21.

Pfefingen, s. Pfaffans (Pfeffingen).

Pfermund, franz. Vermes (schweiz. Kant. Bern, Bez. Delémont), Vertina 27.

Pfetterhausen (elsäss. Kant. Hirsingen), Pheterusen 20. ✥

Pfirt (elsäss. Kant.-Hauptort), Pfirte 21.

Phafenein, s. Pfaffenheim.

Pheterusen, s. Pfetterhausen.

Pheuingen, s. Pfeffingen.

SS. Philippus et Jacobus, Altar in der Kirche St. Sulpicius in Diest 274.

Phirte, s. Pfirt.

St. Pholoanus, Pfarrkirche in Lüttich 362.

Pier (preuss. Rgbz. Aachen, Kr. Düren), Pyrne 330.

St. Pierre, Kirche bei Pont-à-Mousson, St. Petrus prope Pontem Montionis 123.

Saint-Pierre-l'Angelé (?) (zerstörte Kirche, lag in Verdun), St. Petrus Jugelatus 237.

Pierrefort (franz. Dép. Meurthe-et-Moselle, Kant. Domèvre, Gem. Martincourt), Petra Fortis 123.

St. Pierremont, Abtei der alten D. Metz (lag bei Avril; s. d. N.), Sancti Petri mons 51. 117. 303. 311.

Pileus, s. Pillon.

Pillon (franz. Dép. Meuse, Kant. Spincourt), Pileus 125.

Pilolzhein, s. Bilzheim.

Pinnow (Mecklenburg-Schwerin, Kr. Mecklenburg, A. Crivitz), Pinowe 95.

Pinowe, s. Pinnow.

Pinsdorf (lag im Dekanat Bergheim der alten Erzdiöcese Köln), Pinstorp 329.

Pinstorp, s. Pinsdorf.

Pirmasens (bayr. Pfalz, Bez.-A.-St.), Birmesensein 315.

Pisdorf (elsäss. Kant. Drulingen), Pelestorf 316.

Plattenbrecht, s. Plettenberg.

Plettenberg (preuss. Rgbz. Arnsberg, Kr. Altena), Plattenbrecht 345.

Polen, Polonia 300. 381. 383. 419.

Polkow, s. Pulkowo, Grofs- und Klein-.

Poluere (in der alten D. Kulm) 91.

Pomerium, s. Baumgart.

Pomesanien (Landsch. der preuss. Prov. Westpreussen), Diöcese, Pomezaniensis 89—90. 98. 100. 102. 103. 104.

— s. St. Adelbert.

Pomezanien'sis, s. Pomesanien.

Pons Montionis, s. Pont-à-Mousson.

Pons Montis, s. Pont-à-Mousson.

Pons Muntionis, s. Pont-à-Mousson.

Pons Tifredi, s. Pontifroy.

Ponstyffridi, s. Pontifroy.

Pont-à-Chaussy (lothr. Kant. Pange), Chassey 124.

Pont-à-Mousson (franz. Dép. Meurthe-et-Moselle, Kant.-St.) *306. — Pons Montionis 123. 206. 209. 306. — Pons Montis 116. — Pons Muntionis 64.

— s. Ste. Marie, St. Martinus, St. Pierre.

Pontifroy, ehemalige Abtei der D. Metz, Pons Tifredi 117. — Ponstyffridi 303.

Pontil (in der alten D. Trier) 190.

Pontoy (lothr. Kant. Verny), Pontey 305.

Porces, s. Poussay.

Port-sur-Seille (franz. Dép. Meurthe-et-Moselle, Kant. Pont-à-Mousson), Portus 306.
Portus (S. 112. 113), s. St. Nicolas-du-Port.
— (s. 306), s. Port-sur-Seille.
— suavis, s. Poussay.
Pouilly (lothr. Kant. Verny), Powilley 305.
Poussay (franz. Dép. Vosges, Kant. Mirecourt), ehemalige Abtei, Porces 112. — Portus suavis 113.
Powilley, s. Pouilly.
Poyacum, s. Puilly-et-Charbeaux.
Prag (Böhmen, Hauptstadt), Praga, Pragensis 385. 412.
— Diöcese und Kirchenprovinz 171. 384. 388. 414.
— Kathedrale 389.
— s. St. Apollinaris.
Praga, s. Prag.
Pragensis, s. Prag.
Prattelen (schweiz. Kant. Basel-Land, Bez. Liestal), Bratelle 6.
Pratum, s. Wissen.
Prény (franz. Dép. Meurthe-et-Moselle, Kant. Pont-à-Mousson), Princyum 112.
Princyum, s. Prény.
St. Privatus, Kirche in Vittel 128.
St. Proietus, Kapelle in Millery 220.
Pruzil, s. St. Johann von Bassel.
Püttlingen (lothr. Kant. Saaralben), Puttelanges 317.
Puilly-et-Charbeaux (franz. Dép. Ardennes, Kant. Carignan), Poyacum 223.
Pulkowo, Grofs- und Klein- (preuss. Rgbz. Marienwerder, Kr. Strasburg), Polkow 90.
Puttelanges, s. Püttlingen.
Puys (in der alten D. Verdun) 134.
Pyrne, s. Pier.

Qualitz (Mecklenburg-Schwerin, Fürstent. Schwerin, A. Bützow) 94.
Quedanges, s. Kedingen.
Quedinguen, s. Kedingen.
St.-Quirin (lothr. Kant. Lörchingen), St. Quirinus, Priorat 303. 314.
St. Quirinus, s. St. Quirin.

Sta. Radegunda, Kirche in der D. Gurk 403.
Radelnesteda, s. Rahlstedt, Alt- und Neu-.

Rädersdorf (elsäss. Kant. Pfirt), Redestorf *20. — Ratolsdorf 29.
Rädersheim (elsäss. Kant. Sulz), Retershein 13.
Rahlstedt, Alt- und Neu- (Holstein, A. Trittau), Radelnesteda 92.
Raisaburgensis, s. Ratzeburg.
Rakringen (lothr. Kant. Grofständchen), Raqueringuen 312.
Rambertiuillaris, s. Rambervillers.
Rambervillers (franz. Dép. Vosges, Kant.-St.), Rambertiuillaris 212.
Ramblensim, s. Rambluzin.
Ramblerouicinum, s. Rambluzin.
Rambluzin (franz. Dép. Meuse, Kant. Souilly), Ramblensim 118. — Ramblerouicinum 231. 232. 237.
Ramesdunch, s. Ramsdonck.
Rameslo, s. Ramsloh.
Ramesmatten, s. Rammersmatt.
Rammersmatt (elsäss. Kant. Thann), Fannbretinatten 17. — Ramesmatten 17.
Rampont (franz. Dép. Meuse, Kant. Souilly) 131.
Ramsbach, s. Ranspach.
Ramsdonck (belg. Prov. Brabant, Kant. Wolverthem), Ramesdunch 280.
Ramsloh (Oldenburg, Amt Friesoythe), Rameslo 91.
Ramspac, s. Ransbach.
Ranconvallis, s. Rangwall.
Randenrode, s. Randerath.
Randerath (preuss. Rheinprov., Kr. Geilenkirchen), Randenrode 268.
Randolzuuilr, s. Rantzweiler.
Rangwall (lothr. Kant. Diedenhofen), Ranconvallis 133.
Ransbach, Blies- (preuss. Regbz. Trier, Kr. Saarbrücken), Ramspac 132. —
Ranspach 317.
— Hecken- (lothr. Kant. Saaralben), Ranspach iuxta Quiege (?) 317.
Ranspach (elsäss. Kant. St. Amarin), Ramsbach 15.
Ranspach, s. Ransbach, Blies-.
— iuxta Quiege (?), s. Ransbach, Hecken-.
Rantzweiler (elsäss. Kant. Mülhausen), Randolzuuilr 15.
Rapolzuuilr, s. Rappoltsweiler.
Rappex, s. Repaix.

Rappoltsweiler (elsass. Kreis-St.) 6. — Rapolzuuilr 8.
— s. Sta. Margarita.
Raqueringuen, s. Rakringen.
Rarécourt (franz. Dép. Meuse, Kant. Clermont), Rareycort 130.
Rareycort, s. Rarécourt.
Ratispona, s. Regensburg.
Ratisponensis, s. Regensburg.
Ratolsdorf, s. Rädersdorf.
Ratzeburg (Hauptst. des gleichn. Fürstentums), Diöcese, Raisaburgensis 95—96. 99.
— Kathedrale 96.
Raucourt (franz. Dép. Meurthe-et-Moselle, Kant. Nomeny) 306. — Rogencort 37.
Rauelier, s. Riedweier.
Rautenberg (Hannover, A. Hildesheim), Rutemberch 72.
Rebeuvelier, deutsch Rippertswyler (schweiz. Kant. Bern, Bez. Delémont), Ribolzuuilr 27.
Recensis, s. Rees.
Réchicourt (franz. Dép. Meuse, Kant. Spincourt), Richecort 131.
Reckesinguen, s. Rexingen.
Recklinghausen (preuss. Rgbz. Münster, Kreis-St.), Rolinkusen 325.
Récourt, Basse- und Haute- (Höfe, Gem. Lezey, lothr. Kant. Vic; zerstörte Ortschaft), Reicourt 309.
Redestorf, s. Rädersdorf.
Rees (preuss. Rgbz. Düsseldorf, Kreis-St.), Recensis 49. — Reysensis 345.
Regenhausen (zerstört, lag in der Nähe von Rappoltsweiler; s. Schöpflin, Alsatia illustrata, B. II, S. 457), Rethenhusen 6.
Regensburg (Bayern, Hauptst. des gleichn. Rgbz.), Ratispona, Ratisponensis 43. 45. 46. *62. *63. 64. 71. 72. *73. 74. 75. 76. 82.
— Diöcese 70.
— Kirchen, s. St. Ameranius, Dominikanerkloster, St. Jacobus, St. Magnus.
Regenshein, s. Regisheim.
Regevallis, s. Riéval.
Regicuria, s. Richecourt.
Regisheim (elsäss. Kant. Ensisheim) 9. — Regenshein 9. 13.
Sta. Regula, Kapelle in Kienzheim 6.

Reich (lothr. Kant. Château-Salins), Rey 312.
Reichenau (Insel im Bodensee, Kr. und Bez.-A. Konstanz), Augea maior, Abtei 43. — Augia maior, Abtei 58.
Reichenbach (preuss. Rgbz. Königsberg, Kr. Preuss.-Holland), Richenbachen 89.
Reichenweier (elsäss. Kant. Kaysersberg), Richenuuilr 8.
Reichersberg, franz. Richemont (lothr. Kant. Diedenhofen), Richemunt 52. 78. — Richiemont 307.
Reicourt, s. Récourt.
Reigoldswyl (schweiz. Kant. Basel-Land, Bez. Waldenburg), Ringonsuuilr 24.
Reillon (franz. Dép. Meurthe-et-Moselle, Kant. Blâmont), Rollon 309.
Reims (franz. Dép. Marne), Remensis 339.
— s. St. Remigius.
Rein (schweiz. Kant. Bern, Bez. Aarwangen), Reine 25.
Reine, s. Rein.
Reiningen (elsäss. Kant. Mülhausen-Nord), Reinungen 19. — Remigii 19. — Ronungen 17.
Reinungen, s. Reiningen.
Relanges (franz. Dép. Vosges, Kant. Darney), Relangiae, Priorat 115. *219.
Relangiae, s. Relanges.
Remeicourt, s. Remoncourt.
Remensis, s. Reims.
Remeringen (lothr. Kant. Saaralben), Rimeringa 149. — Rymeringuen 317.
Remicourt (belg. Prov. Lüttich, Kant. Wasemme), Hamericourt 348.
— s. St. Hubertus.
Remigii, s. Reiningen.
St. Remigius, Altar in einer Kirche der D. Lüttich 267.
— (Pfarrkirche im Archipresb. Saarburg der alten D. Metz) 314. 315.
— Abtei in Reims 339.
Remilley, s. Rémilly.
Rémilly (lothr. Kant. Pange), Remilley 310.
Remiremont (franz. Dép. Vosges, Arr.-St.), ehemalige Abtei, Romaricensis 214.— Romaricimons 112. — Romaricomons 212. 215. 220. — Romaris-

mons 20. — Romarissimons 57. 67.
68. — Romatici Mons 115.
Remoncourt (franz. Dép. Meurthe-et-Moselle, Kant. Blâmont), Remeicourt 309.
Saint-Remy, Abtei in Lunéville (franz. Dép. Meurthe-et-Moselle, Arr.-St.), Lunaris 113.
Rennendorf, franz. Currendelin (schweiz. Kant. Bern, Bez. Moutier) 28.
Rentey, s. Rüttgen.
Repaix (franz. Dép. Meurthe-et-Moselle, Kant. Blâmont), Rappex 309. — Rispet 130.
Reskendorf, s. Röschken (?).
Reschlach, franz. Rechésy (franz. Arr. Belfort), Röchelis 20. — Roschelis 163.
Retershein, s. Rädersheim.
Rethenhusen, s. Regenhausen.
Retonfay, s. Retonfey.
Retonfey (lothr. Kant. Pange), Retonfay 305.
Rexingen (elsäss. Kant. Drulingen), Reckesinguen 316.
Rey, s. Reich.
Reynel (franz. Dép. Haute-Marne, Kant. Andelot), Rinellum 66. — Runellum 114.
— Priorat, Rinellum 216. — Runellum 114.
Reysensis, s. Rees.
Rezonville (lothr. Kant. Gorze), Rixonuilla 307.
Rheindorf (preuss. Rgbz. Köln, Kr. Bonn), Rijndorp inferior 272.
Rheinfelden (schweiz. Kant. Aargau, Bez.-Hauptort), Rinuelden 22. 23. 24.
Rheins, diesseits des, Dekanat der D. Basel 9—11. — Citra fluvium Reni 9. — Citra Rhenum 9.
Rheinsulz (Sulzthal) (schweiz. Kant. Aargau, Bez. Laufenburg), Rinsulz 26.
Ribolzuuilr, s. Rebeuvelier.
Richecort, s. Réchicourt.
Richecourt (franz. Dép. Meuse, Kant. Gondrecourt, Gem. Bonnet), Priorat, Regicuria 222. — Rogecuria 114.
Richemunt, s. Reichersberg.
Richenbachen, s. Reichenbach.
Richenshein, s. Rixheim.
Richenuuilr, s. Reichenweier.

Richiemont, s. Reichersberg.
Richrath (preuss. Rgbz. Düsseldorf, Kr. Solingen), Rigrode 47.
Rieding (?) (lothr. Kant. Saarburg), Rukesinguen 315.
Riedweier (elsäss. Kant. Andolsheim), Rauelier 8.
Riespach (elsäss. Kant. Hirsingen), Rûsbach 19.
Riéval (Gem. Ménil-la-Horgne, franz. Dép. Meuse, Kant. Void), ehemalige Abtei der D. Toul, Regevallis 113.
Riga (Rufsland, Gouv. Livland), Diöcese und Kirchenprovinz, Rigensis 83. 85—91. 98. 103. 394.
— s. St. Peter.
Rigensis, s. Riga.
Rigrode, s. Richrath.
Rijndorp inferior, s. Rheindorf.
Rijnsburgh (niederländ. Provinz Süd-Holland), Riseberghen 286.
Rimeringa, s. Remeringen.
Riminga, s. Rimlingen.
Rimini (ital. Prov. Forli), Diöcese, Ariminensis 419.
— s. St. Archangelus.
Rimlingen (lothr. Kant. Wolmünster), Riminga 133.
Rimschweiler (bayr. Pfalz, Bez.-A. Zweibrücken), Rüssewilre 315.
Rinel, Archidiakonat der alten D. Toul, Rinellum 81. — Runellum 112 (s. Reynel).
Rinellum, s. Reynel, Rinel.
Ringonsuuilr, s. Reigoldswyl.
Rinsulz, s. Rheinsulz (Sulzthal).
Rinuelden, s. Rheinfelden.
Rinuuilr (unbek. in der Schweiz im alten Dekanat Sisgau der D. Basel) 24.
Riouville (Hofgut bei Arracourt, franz. Dép. Meurthe-et-Moselle, Kant. Lunéville; zerstörte Ortschaft), Ryouilla 309.
Riperia Bleze, s. Rivière de la Blaise.
Riperia Moze, s. Rivière de la Meuse.
Ripperia, s. Rivière.
Riseberghen, s. Rijnsburgh.
Rispet, s. Repaix.
Rivière, Archidiak. der alten D. Verdun, Ripperia 230.
— de la Blaise, Archidiakonat der alten D. Toul, Riperia Bleze 112.

Rivière de la Meuse, Archidiakonat der alten D. Toul, Riperia Moze 113.
Rixheim (elsäss. Kant. Habsheim), Richenshein 14.
Rixingen (lothr. Kant.-Hauptort), Ruckesinguen 314.
Rixonuilla, s. Rezonville.
Robert-Espagne (franz. Dép. Meuse, Kant.Bar-le-Duc), Rotberti espaygne 132. — Robertispenia 112.
Robertispenia, s. Robert-Espagne.
Rocha, s. Rochotte (La).
Röchelis, s. Reschlach.
Rochotte (La) (franz. Dép. Meurthe-et-Moselle, Kant. Toul, Gem. Pierre), Rocha 220.
Rodemachern (lothr. Kant. Kattenhofen), Rodemacre 310.
Rodemacre, s. Rodemachern.
Rodez (franz. Dép. Aveyron), Diöcese, Ruthenensis 85.
Rodis, s. Roth.
Rödingen (preuss. Rgbz. Aachen, Kr. Jülich), Roiding 330.
Roenshausen (?) (hess. A. Fulda), Rôgenshusen in uachae (äuachae) 41.
Roeschens (schweiz. Kant. Bern, Bez. Laufen), Röschenze 22.
Röschenze, s. Roeschens.
Röschken (?) (preuss. Rgbz. Königsberg, Kr. Osterode), Reskendorf 89.
Rogecuria, s. Richecourt.
Rogenberg, s. Roggenburg.
Rogencort, s. Raucourt.
Rôgenshusen in uachae (äuachae), s. Roenshausen (?).
Roggenburg (schweiz. Kant. Bern, Bez. Delémont), Rogenberg 22.
Roggenhausen (elsäss. Kant. Ensisheim), Rokenhusen 11.
Rohens (in der alten D. Trier) 164.
Rohr (schweiz. Kant. Solothurn, Bez. Dorneck-Thierstein), Bore 22.
Rohrbach (lothr. Kant. Dieuze), Rorebach 313.
— (lothr. Kant.-Hauptort), Rorebach 315.
Rohrschweier (elsäss. Kant. Rappoltsweiler), Oltrasuuilr 8.
Roiding, s. Rödingen.
Rokelanges, s. Rosslingen.
Rokenhusen, s. Roggenhausen.

Roliers, s. Roly.
Rolierz, s. Roly.
Rölingen (lag im elsäss. Kr. Altkirch oder Mülhausen) 16. — Rulingen 16.
Rolinkusen, s. Recklinghausen.
Rollon, s. Reillon.
Roly (belg. Prov. Namur, Kant. Philippeville), Roliers 341. — Rolierz 365.
Rom 346. 347. 400. 401.
Romaricensis, s. Remiremont.
Romaricimons, s. Remiremont.
Romaricomons, s. Remiremont.
Romarismons, s. Remiremont.
Romarissimons, s. Remiremont.
Romatici Mons, s. Remiremont.
Rombach (lothr. Kant. Metz), Rombacum *307. — Rombairt 307. — Rombar 116.
— Archipresbyterat der D. Metz 307.
Rombacum, s. Rombach.
Rombairt, s. Rombach.
Rombar, s. Rombach.
Rontey, s. Rüttgen.
Ronungen, s. Reiningen.
Rorebach (S. 317), s. Johanns-Rohrbach.
— (S. 313), s. Rohrbach (Dieuze).
— (S. 315), s. Rohrbach (Kr. Saargemünd).
Roschelis, s. Reschlach.
Rosmeer (belg. Prov. Limbourg, Kant. Bilsen), Rosmere 266.
Rosmere, s. Rosmeer.
Rosseln (preuss. Rheinprov., Kr. Saarbrücken), Rüssele 317.
Rosslingen (Lothr. Kant. Diedenhofen), Routhelanges 307. — Rokelanges 128.
Rotawez, s. Grofs-Rederchingen (?).
Rotberti espaygne, s. Robert-Espagne.
Rotenflö, s. Rothenflue.
Roth (lothr. Kant. Saargemünd), Rodis 130.
Rothenflue (schweiz. Kant. Basel-Land, Bez. Sissach), Rotenflö 25.
Rothomagensis, s. Rouen.
Rouen (franz. Dép. Seine-Infér.), Diöcese, Rothomagensis 162. *251. 252.
Rouilla, s. Roville-aux-Chênes.
Routhelanges, s. Rosslingen.
Roville-aux-Chênes (franz. Dép. Vosges, Kant. Rambervillers), Rouilla 216.
Rozelluerc, s. Rozérieulles.

Rozérieulles (lothr. Kant. Gorze), Rozelluere 304.
Rübenheim (bayr. Pfalz, Bez.-A. Zweibrücken) 317.
Rubiacensis, s. Rufach.
Rubiacum, s. Rufach.
Ruchheim (zerstörte Ortschaft, lag bei Rufach), Rugershein 13.
Ruckesinguen, s. Rixingen.
Rüdolsbrunnen, s. Fontaine (?).
Ruelisheim (elsäss. Kant. Mülhausen), Rülishein 12.
Rüttgen (lothr. Kant. Kattenhofen), Rentey 131. — Rontey 310.
Rufach (elsäss. Kant. Gebweiler), Rubiacensis *12. — Rubiacum 13.
Rugershein, s. Ruchheim.
Ruhlingen (lothr. Kant. Saargemünd), Ruldinguen 317.
Ruhzhein (vielleicht identisch mit Rixheim, s. d. N.) 10.
Rukesinguen, s. Rieding (?).
Ruldinguen, s. Ruhlingen.
Rulingen, s. Rölingen.
Rülishein, s. Ruelisheim.
St. Rumaldus, Kirche in Mecheln 365.
Rumersheim (elsäss. Kant. Ensisheim), Rumershein 10. 29.
Rumershein, s. Rumersheim.
Runellum, s. Reynel, Rinel.
Rus, s. Russ.
Rüsbach, s. Riespach.
Russ (elsäss. Kant. Schirmeck), Rus, Priorat 114. 125.
Rüssele, s. Rosseln.
Russen (belg. Prov. Limbourg), Ruthensis 275. 405. — Ruttensis 353.
— s. St. Martinus.
Russerach, s. Büsserach.
Rüssewilre, s. Rimschweiler.
Rutemberch, s. Rautenberg.
Ruthenensis, s. Rodez.
Ruthensis, s. Russen.
Ruttensis, s. Russen.
Rymeringuen, s. Remeringen.
Ryouilla, s. Riouville.

Saalfeld (preuss. Rgbz. Königsberg, Kr. Mohrungen), Saluelt 89.
Saaralben (lothr. Kant.-Hauptort) Albe 317.

Saaraltdorf (lothr. Kant. Finstingen), Altorf 316.
Saarbrücken (preuss. Rheinprov., Kreis-St.), Brücken 317.
Saarburg (lothr. Kreis-St.) 314. — Salaborc 116. 117. — Salborc 116. — Sarbourch 148. — Sarbourg 314. 315. — Sarburgum 302.
— Archipresbyterat der D. Metz 314—315.
Saar-Union (elsäss. Kant.-St.) 316. — Bokenem 116. — Bouckenheim 316.
Sachsein, s. Ober-Saasheim.
Sachsen, Saxonia 65. 69. 71.
Sachsen, s. Ober-Saasheim.
Sachshein, s. Ober-Saasheim.
Saczonensis, s. Sadska.
Sadska (böhm. Kr. Czaslau, Bez. Podiebrad), Saczonensis 171.
Säckingen (Baden, Amtsbez.-St., Kr. Waldshut), Seconiensis 163.
Sailly (lothr. Kant. Verny), Sarley 149. — Sarleyum 306.
Saintois, Landschaft in Frankreich, Sanctays 112. — Sanctoys 114.
Salaborc, s. Saarburg.
Salborc, s. Saarburg.
Salhe, s. Salle (La).
Salheyum, s. Salle (La).
Saligaudia, s. Salsgau.
Salineuallis, s. Salival.
Salival (lothr. Kant. Château-Salins), ehemalige Abtei, Salineuallis 303. — Salva Vallis 116.
Salle (La) (franz. Dép. Vosges, Kant. Saint-Dié), Salhe 114. — Salheyum 128.
Sallonez, s. Salonnes.
Salonnes (lothr. Kant. Château-Salins), Sallonez 308.
Salsaburgensis, s. Salzburg.
Salsgau, Dekanat der alten D. Basel, Saligaudia 27—28.
Saluelt (S. 89), s. Saalfeld.
— (S. 91), s. Schoenwalde (?).
Salva Vallis, s. Salival.
St. Salvator, Kapelle bei Aachen 351. 367.
— Kirche in Metz 133. 197. 198. 199. *203. *204. *209. 302. 411.
— Kirche in Utrecht *282. *285. *286. 287.
— s. St. Sauveur.

Salzaburga, s. Salzburg.
Salzburg (Österreich, Hauptst. des gleichn.
  Herzogtums), Salsaburgensis, Salzaburga, Salzeburga, Salzeburgensis 62. 72.
— Diöcese und Kirchenprovinz 35. 43. *44.
  46. 58. 59. 79. *97. 382. 392. 393. 403.
  404.
Salzeburga, s. Salzburg.
Salzeburgensis, s. Salzburg.
Sambiensis, s. Samland.
Samland (Landsch. der preuss. Prov.
  Ostpreussen), Diöcese, Sambiensis
  88. 103.
Sampigny (franz. Dép. Meuse, Kant.
  Pierrefitte), Champigniacum 229.
Sanctays, s. Saintois.
Sanctoys, s. Saintois.
Sanctum Sepulcrum, s. Hl.-Grab-
  Kirche.
Sancy (franz. Dép. Meurthe-et-Moselle, Kant.
  Audun-le-Roman), Sauceyum 192.
Sandaucourt (franz. Dép. Vosges, Kant.
  Châtenois), Sunetecuria 220.
Sapiencour, s. Spincourt.
Sapiencourt, s. Spincourt.
Sappenheim (zerstört; s. Schöpflin, Al-
  satia illustrata, B. II, S. 457), Sappen-
  heim 10.
Sappenhein, s. Sappenheim.
Sarau (Holstein, Kr. Plön), Saro 96.
Sarbourch, s. Saarburg.
Sarbourg, s. Saarburg.
Sarburgum, s. Saarburg.
Saresdorf (im Eifeldekanat der alten Erz-
  diöcese Köln), Surdorp 49.
Sarley, s. Sailly.
Sarleyum, s. Sailly.
Saro, s. Sarau.
Sarosle (?) (preuss. Rgbz. Marienwerder,
  Kr. Graudenz), Serelt 90.
Sartilluez, s. Cercueil (?).
Sathanacum, s. Stenay.
Sauceyum, s. Sancy.
Saugeren, franz. Soihière (schweiz.
  Kant. Bern, Bez. Delémont), Söger 27.
Sausheim (elsäss. Kant. Habsheim),
  Sonnenshein (Souuenshein?) 13.
St. Sauveur, ehemalige Abtei der alten
  D. Toul (bei Toul), St. Salvator 113.
Sauvigny (?) (franz. Dép. Meuse, Kant.
  Vaucouleurs), Statinheyum 126.

Sauvoy (franz. Dép. Meuse, Kant. Void),
  Soinoy 130.
Scalmia, s. Schallen (?).
Scarponne (franz. Dép. Meurthe-et-Mo-
  selle, Kant. Pont-à-Mousson, Gem. Dieu-
  louard), Xerpaimes 306.
Scartowe, s. Scharcow.
Schalbach (lothr. Kant. Finstingen),
  Xalkembach 316.
Schallen (?) (preuss. Rgbz. Königsberg,
  Kr. Wehlau), Scalmia 89.
Scharcow (Mecklenburg-Schwerin, Kr.
  Mecklenburg, A. Wittenburg), Scar-
  towe 94.
Scherechov, s. Sierakowo.
Schiffenberg, alte Komturei des deut-
  schen Ordens, Stiffemberch 194.
Schiffweiler (preuss. Rheinprov., Kr.
  Ottweiler), Tyffwilre 318.
Schinzenache, s. Schinznach.
Schinznach (schweiz. Kant. Aargau, Bez.
  Brugg), Schinzenache 25.
Schleidweiler (preuss. Rgbz. und Kr.
  Trier), Seletwilre 192.
Schleswig (preuss. Prov. Schleswig-Hol-
  stein, Rgbz. und Kreis-St.), Diöcese,
  Sleswicensis *383.
— Kathedrale 383.
Schlettstadt (elsäss. Kreis-St.) 6.
Schlierbach (elsäss. Kant. Mülhausen),
  Slierbach 15.
Schöller (im Dekanat Neuss, Rgbz. Düssel-
  dorf, der alten Erzdiöcese Köln), Scho-
  lere 324.
Schönthal (schweiz. Kant. Basel-Land,
  Bez. Waldenburg), Schontal 23.
Schoenwalde (?) (preuss. Rgbz. Marien-
  werder, Kr. Thorn), Saluelt 91.
Schönwiese (verschiedene Ortschaften
  dieses Namens im Gebiete der alten D.
  Pomesanien, Prov. Westpreuss.), Sco-
  nowize 89.
Scholere, s. Schöller.
Schontal, s. Schönthal.
Schorbach (lothr. Kant. Bitsch), Scors-
  pach 315.
Schortens (Oldenburg, A. Jever), Scor-
  tenze 93.
Schottland, Scotia 300.
Schupfart (schweiz. Kant. Aargau, Bez.
  Rheinfelden), Schuphart 27.
Schuphart, s. Schupfart.

Schweden, Suecia 300. — Swecia 333.
Schweixingen (lothr. Kant. Saarburg), Sweckesinguen 315.
Schwerin (Mecklenburg-Schwerin, Hptst.), Diöcese, Ziwrinensis, Zurinensis, Zuwrinensis, Zwercinensis, Zwerinensis 94—95. 99. 383. 392.
— Kathedrale 95. 383. 392.
Sciey, s. Scy.
Scletwilre, s. Schleidweiler.
Sc....obeniche (?), Pfarrei der D. Kuhn 90.
Scoliers, s. Chalière.
Sconowize, s. Schönwiese.
Scorspach, s. Schorbach.
Scortenze, s. Schortens.
Scotia, s. Schottland.
Scy (lothr. Kant. Metz), Sciey 305.
Scythopolis, alte Kirchenprovinz 412.
St. Sebastian, Pfarrkirche in Bebelnheim (?) *6.
Seconiensis, s. Säckingen.
Sedunensis, Sedunum, s. Sitten.
Seewen (schweiz. Kant. Solothurn, Bez. Dorneck-Thierstein), Seuuen *21. 24.
Sta. Segolena, Pfarrkirche in Metz 304.
Seilbach, s. Sulzbach.
Selau (böhm. Kr. Czaslau, Bez. Humpoletz), Silarensis, Prämonstratenserabtei 414.
Sella, s. Cella (D. Metz).
Semécourt (lothr. Kant. Metz), Semeicourt 307.
Semeicourt, s. Semécourt.
Senard (franz. Dép. Meuse, Kant. Triaucourt), Senariae 224.
Senariae, s. Senard.
Senatensis, s. Ciney.
Senhein, s. Sennheim.
Sennatensis, s. Ciney.
Sennheim (elsäss. Kant.-Hauptort), Senhein 13.
Senon (franz. Dép. Meuse, Kant. Spincourt) 169.
Senon., s. Senones.
Senonensis (S. 217), s. Senones.
— (S. 175, 217), s. Sens.
Senones (franz. Dép. Vosges, Kant.-St.), ehemalige Abtei, Senon. 221. — Senonensis 217.
Sens (franz. Dép. Yonne), Diöcese und Kirchenprovinz, Senonensis 175. 217.
Senten, s. Sentheim.

Sentheim (elsäss. Kant. Masmünster), Senten 17,
Septen inferior, s. Nieder-Sept.
— superior, s. Ober-Sept.
Seraing-sur-Meuse (belg. Prov. Luttich, Kant.-Hauptort), Sereyng 366.
Seraucourt (franz. Dép. Meuse, Kant. Triaucourt), Serencort 131.
Serécourt (franz. Dép. Vosges, Kant. Lamarche), Siricuria 222.
Serelt, s. Sarosle (?).
Serencort, s. Seraucourt.
Sereyng, s. Seraing-sur-Meuse.
Serieres, s. Serrières.
Serrières (franz. Dép. Meurthe-et-Moselle, Kant. Nomeny), Serieres 306.
St. Servacius, s. St. Servatius.
St. Servatius, Kirche in Maestricht 271. 278. 281. 289. 333. 335. *338. 343. 350. *354. 365. 367. 368. *370. — St. Servacius *369. *371. 372. *373. 374. 375. 377. — St. Gervasius 372.
Seuenoken, s. Siebeneichen.
Seutry (Gem. Herlingen, lothr. Kant. Falkenberg), Sotru 312.
Seuuen (S. 21. 24), s. Seewen.
— (S. 17), s. Sewen.
Saint-Severin (belg. Prov. Luttich, Kant. Nandrin), St. Severinus, Priorat 341.
St. Severinus, Kirche in Köln 47. 328. *329. 332. *367.
— s. Saint-Severin.
— et Martinus, Kollegiatkirche in Munstermayfeld 192. 193. 194.
Sewen (elsäss. Kant. Masmünster), Seuuen 17.
Sicalonia, Archidiakonat der alten Erzdiöcese Bourges 77.
Sicilien, Sicilia 427.
Siebeneichen (Lauenburg, Patrim.-Gericht Wotersen), Seuenoken 95.
Siegburg (preuss. Rgbz. Köln, Kr. Sieg), Syberg 327.
Sierakowo (preuss. Rgbz. Marienwerder, Kr. Thorn), Scherechov 90.
Sierenz (elsäss. Kant. Mülhausen), Sierenze 15.
Sierenze, s. Sierenz.
Signy-Montlibert (franz. Dép. Ardennes, Kant. Carignan), Sygnen 194.
Sigolsheim (elsäss. Kant. Kaysersberg), Sigolzhein 6.

Sigolzhein, s. Sigolsheim.
Silarensis, s. Sclau.
Sillegny (lothr. Kant. Verny), Sulig-
neyum 131. — Sulinga 124. —
Sulligney 305. — Swigneyum 126.
Sillenstede (Oldenburg, A. Jever),
Celensteda 93.
Sinzich (preuss. Rgbz. Koblenz, Kr. Ahr-
weiler), Syntzich 326.
Siricuria, s. Serécourt.
Sisgau, Dekanat der D. Basel 21. —
Sisgouue 22—24.
Sisgouue, s. Sisgau.
Sissach (schweiz. Kant. Basel-Land,
Bez.-St.) 23.
Sistera, s. Süderau (?).
Sittard (niederländ. Prov. Limbourg, Arr.
Maestricht), Zittert 278.
— s. St. Peter.
Sitten (Hauptst. des schweiz. Kant.Wallis),
Sedunensis, Sedunum 187. 243.
— Diöcese *140. 155. 178. 187.
Sleswicensis, s. Schleswig.
Slierbach, s. Schlierbach.
Soest (preuss. Rgbz. Arnsberg, Kreis-St.),
Sosatiensis *330. *331. — Zoza-
ciensis 345.
— s. St. Georg.
Säger, s. Saugeren.
Soignes, s. Solgne.
Soigvel, s. Solgne.
Soinoy, s. Sauvoy.
Soiron (belg. Prov. Lüttich, Kant.Verviers),
Soron 267.
Solgne (lothr. Kant. Verny), Soignes
306. — Soigvel 124.
Solle (in der alten D. Bremen) 93.
Solothurn (schweiz. Kanton) 20. 24. 25.
Sondersdorf (elsäss. Kant. Pfirt), Sun-
dersdorf 20.
Sonnenshein, s. Sausheim.
Sorbey (lothr. Kant. Pange) 305.
Sorcy (franz. Dép. Meuse, Kant. Void),
Sorteyum Castrum 126.
Sornental, s. Sornenthal.
Sornenthal, franz. Sornetan (schweiz.
Kant. Bern, Bez. Moutier), Sornental
27.
Sorneuilla, s. Sornéville.
Sornéville (franz. Dép. Meurthe-et-Mo-
selle, Kant. Nancy), Sorneuilla 309. —
Xulfewlre 133.

Soron, s. Soiron.
Sorteyum Castrum, s. Sorcy.
Sosatiensis, s. Soest.
Sotru, s. Seutry.
Souilly (franz. Dép. Meuse, Kant.-Haupt-
ort), Sulleyum 232.
Sovoen (entweder Seewen oder Sewen)
188.
Spechbach, Ober- und Nieder- (elsäss.
Kant. Altkirch) 18.
Spechbach inferior, s. Nieder-Spech-
bach.
Speyer (bayr. Pfalz, Hauptst.), Spirea,
Spirensis 40. *55. *61. 62. *69. 71. 74.
— Diöcese *40. *55. 359. 406. 407. 408.
— Kathedrale 164.
Sphisheim, s. Spiesen.
Spiesen (preuss. Rheinprov., Kr. Ott-
weiler), Sphisheim 318.
Spincourt (franz. Dép. Meuse, Kant.-
Hauptort), Sapiencour 170. — Sa-
piencourt 227.
Spindelie, s. Épinal.
Spinellensis, s. Épinal.
Spinellum, s. Épinal.
Spirea, Spirensis, s. Speyer.
St. Spiritus, Hospital in Münstermayfeld
165.
Sprimont (belg. Prov. Lüttich. Kant.
Louveigné) 267. 272.
Staffelfelden (elsäss. Kant. Thann),
Stauelfelt 12.
Stagnum, s. Étanche (L').
Stangenberg (preuss. Rgbz. Marien-
werder, Kr. Stuhm), Stangenberghen
89.
Stangenberghen, s. Stangenberg.
Statinheyum, s. Sauvigny (?).
Stauelfelt, s. Staffelfelden.
Steinbach, Schön- (elsäss. Kant. Geb-
weiler) 13.
Steinbiedersdorf (lothr. Kant. Falken-
berg), Stenbenderstorf 312.
Steinbrunn (elsäss. Kant. Mülhausen),
Steinbrunnen 15.— Steinebrunnen
15.
Steinbrunnen, s. Steinbrunn.
Steinebrunnen, s. Steinbrunn.
Steinsel, s. Stinzel.
Steinsulz (elsäss. Kant. Hirsingen), Stein-
sulze 18.
Steinsulze, s. Steinsulz.

Stenay (franz. Dép. Meuse, Arr. Mont-médy), Sathanacum 190. 191.
Stenbenderstorf, s. Steinbiedersdorf.
Stencella inferior, s. Nieder-Stinzel.
Stensel, s. Stinzel.
St. Stephani mons, s. Saint-Etienne (?).
St. Stephanus (Pfarrkirche des Archi-presb. Hatrize der alten D. Metz) 313.
— Vikarie der Kathedrale in Köln 329.
— Kirche in Konstanz 386.
— Kirche in Mainz *390.
— Altar in der Kathedrale in Verdun 236.
— Laniatus, Pfarrkirche in Metz 304.
— Prothomartir, Kapelle in Hüssingen 205.
Sternberg (Mecklenburg-Schwerin, Amt-St., Kr. Mecklenburg), Sternebergh 95.
Sternebergh, s. Sternberg.
Steten, s. Stetten.
Stetten (elsäss. Kant. Landser), Steten 15.
Saynt-Steule (in der alten D. Metz?) 149.
Stiffemberch, s. Schiffenberg.
Stinzel, Ober- und Nieder- (lothr. Kant. Finstingen), Stensel 316. — Steinsel 316.
Stivagiensis, s. Estival.
Stommeln (preuss. Ldkr. u. Rgbz. Köln), Stubele 326.
Stoufen, s. Étueffont.
Straelen (preuss. Rgbz. Düsseldorf, Kr. Geldern), Stralen 325.
Stralen, s. Straelen.
Strafsburg (Elsass-Lothringen, Hauptst.), Argentina, Argentin., Argenti-nensis, Argentinis *40. *41. *57. 58. *61. 63. *64. 68. 73. *75. *76. 387. 394. 396. 397. 398. 400. 405.
— Diöcese 40. 41. *56. 57. 387. *390. 392. 406. 407. 408. *423.
— Kirchen, s. St. Andreas, St. Peter, St. Peter Junior, St. Thomas.
Streas, s. Etain (?).
Stubele, s. Stommeln.
Stulceborne, s. Sturzelbronn.
Stürdelden, s. Durstel (?).
Sturzelbronn (lothr. Kant. Bitsch), Stulceborne, Abtei 303.
Stuselingen, s. Stufslingen.
Stufslingen (schweiz. Kant. Solothurn, Bez. Olten-Goesgen), Stuselingen 24.
Suarce (franz. Arr. Belfort), Suuerze 17.

Suecia, Swecia, s. Schweden.
Süderau (?) (holstein. Kr. Steinburg), Si-stera 92.
Suendücen, s. Sundhausen.
Suligney, Archipresbyterat der alten D. Metz 304—305. — Nentes 116 (s. Sil-legny).
Suligneyum, s. Sillegny.
Sulinga, s. Sillegny.
Sulleyum, s. Souilly.
Sulligney, s. Sillegny.
St. Sulpicius, Kirche in Diest 274.
Sulz (elsäss. Kant. Sulz), Sulze *13.
— (schweiz. Kant. Aargau, Bez. Baden), Sulze 26.
Sulzbach (elsäss. Kant. Münster), Sulze-bach 9.
— (preuss. Rheinprov., Kr. Saarbrücken), Seilbach 317.
— Ober- und Nieder- (elsäss. Kant. Masmünster), Sulzebach 19.
Sulze, s. Sulz.
Sulzebach (S. 9), s. Sulzbach.
— (S. 19), s. Sulzbach, Ober- und Nieder-.
— inferior, s. Nieder-Sulzbach.
— superior, s. Ober-Sulzbach.
Sulzemate, s. Sulzmatt.
Sulzmatt (elsäss. Kant. Rufach), Sulze-mate 13.
Sundersdorf, s. Sondersdorf.
Sundgau, Dekanat der alten D. Basel, Sungouue 14. 15—19.
Sundhausen (elsäss. Kant. Markolsheim), Suendücen 40.
Sundhofen (elsäss. Kant. Andolsheim), Sunthouen 10.
Sunetecuria, s. Sandaucourt.
Sungouue, s. Sundgau.
Suntheim (zerstört, lag bei Rufach im Elsafs; s. Schöpflin, B. II, S. 457), Sunthein 11.
Sunthein, s. Suntheim.
Sunthouen, s. Sundhofen.
St. Supplicius, Kirche in Metz 199.
Surdorp, s. Saresdorf.
Suuerze, s. Suarce.
Sweckesinguen, s. Schweixingen.
Swigneyum, s. Sillegny.
Syberg, s. Siegburg.
Sygnen, s. Signy-Montlibert.
St. Symeon, Kirche in Trier 43. *164. 165. 190. 193. 194.

St. Symphorianus, ehemalige Abtei der D. Metz (lag bei Metz) 116. 301. 302.

St. Symplicius, Pfarrkirche in Metz 304.

Syntzich, s. Sinzich.

Taixey, s. Thézay-saint-Martin.

Talanges, s. Talingen.

Talhein, s. Thalheim.

Talingen (lothr. Kant. Metz), Talanges 307.

Tanne, s. Thann.

Tantelainville (Kirche bei Vionville, lothr. Kant. Gorze), Tantelenuilla 308.

Tantelenuilla, s. Tantelainville.

Tarantasia, s. Moutiers-en-Tarantaise.

Tarantasiensis, s. Moutiers-en-Tarantaise.

Tarantaziensis, s. Moutiers-en-Tarantaise.

Tarbatensis, s. Dorpat.

Tarquinpol (lothr. Kanton Dieuze), Teckempach 313.

Tasuenne, s. Tavannes.

Tatinga, s. Tetingen.

Tavannes, deutsch Dachsfelden (schweiz. Kant. Bern, Bez. Moutier), Tasuenne 27.

Teckempach, s. Tarquinpol.

Tegernau (Baden, Kr. und Bez.-A. Schopfheim), Tegrenum 407. 411.

Tegrenum, s. Tegernau.

Teheicourt, s. Diedersdorf.

Tehenhein, s. Deinheim.

Templer, Haus in Colmar 8.

Tenneyum, s. Grofstänchen.

Tenniken (schweiz. Kant. Basel-Land, Bez. Sissach), Tenninkon 23.

Tenninkon, s. Tenniken.

Tentelingen (lothr. Kant. Forbach), Centeleuges 127. — Tentelinguen 317.

Tentelinguen, s. Tentelingen.

Teruuilr, s. Terweil.

Teruum, s. Charmes.

Terweil (schweiz. Kant. Basel-Land, Bez. Arlesheim), Teruuilr 21.

Tessenhein, ob Fessenheim (?) (s. den Namen) 10.

Tetingen (lothr. Kant. Falkenberg), Tatinga 312.

Teyxei, s. Thézay-saint-Martin.

Thalheim (schweiz. Kant. Aargau, Bez. Brugg), Talhein 23. *25.

Thann (elsäss. Kant.-St.) 11. 15. — Tanne 16.

Tharantasiensis, s. Moutiers-en-Tarantaise.

Tharbatensis, s. Dorpat.

Thelsperch, s. Delémont.

St. Theobaldus, Kirche bei Metz 37. 124. *197. 203. 204. 207. 209. 302.

St. Theobaudus subtus Bromont, s. St. Thiébaud.

St. Theobaldus in Sanctoys, s. St. Thiébaud en Saintois.

Theonisuilla, s. Diedenhofen.

Theruiae (?) supra Mosellam, s. Charmes.

Theuensis, s. Tirlemont.

Thézay-saint-Martin (franz. Dép. Meurthe-et-Moselle, Kant. Nomeny), Taixey 306. — Teyxei 149.

Thiacuria, s. Thiaucourt.

Thiaucourt (franz. Dép. Meurthe-et-Moselle, Kant.-St.), Thiacuria 307.

Thicourt, deutsch Diederdorf (s. den Namen), Tiancort, Priorat 117.

St. Thiébaud (franz. Dép. Haute-Marne, Kant. Bourmont), St. Theobaudus subtus Bromont, Priorat 115.

St. Thiébaud en Saintois (Gem. Méréville, franz. Dép. Meurthe-et-Moselle, Kant. Nancy), Priorat der alten D. Toul, St. Theobaldus in Sanctoys 114.

Thiémonuilla, s. Thimonville.

Thiergarth (preuss. Rgbz. Danzig, Kr. Marienburg), Tirgartin 90.

Thil (?) (franz. Dép. Meurthe-et-Moselle, Kant. Longwy; gehörte zur D. Trier), Tilh oder Bream 123.

Thimenuille, s. Thimonville.

Thiméville (zerstörte Ortschaft, lag bei Maizeray, franz. Dép. Meuse, Kant. Fresnes), Ymonuille 131.

Thimonville (lothr. Kant. Pange), Chimonville 149. — Gymonville 133. — Thiemonuilla 306. — Thimenuille 306.

Tholosana, s. Toulouse.

St. Thomas, Kapelle in Basel 5.
— Kapelle in der Kirche Sta. Maria in Dinant 275.
— Kirche in Strafsburg 40.

Thorn (preuss. Rgbz. Marienwerder),
Toron 90.
— (niederländ. Prov. Limbourg), Thoren-
sis 351.
Thorensis, s. Thorn.
Thuduniensis, s. Thuin.
Thuilley-aux-Groseilles (?) (franz.
Dép. Meurthe-et-Moselle, Kant. Colom-
bey), Dulleyum, Priorat 222.
Thuin (belg. Prov. Hainaut, Kant.-St.),
Thuduniensis 278. — Tudinium
288.
Tiancort, s. Thicourt.
Tieffenbach (elsäss. Kant. Lützelstein),
Diepac 133. — Diepach 316.
Tierinhein, s. Tiernhein.
Tiernhein (lag bei Heiteren im elsäss.
Kr. Colmar) 9. — Tierinhein 9.
Tilh alias Bream, s. Thil.
Tilleyum, s. Tilly.
Tillitz (preuss. Rgbz. Marienwerder, Kr.
Thorn), Tilutz 90.
Tilly (franz. Dép. Meuse, Kant. Souilly)
238. — Tilleyum 235.
Tilutz, s. Tillitz.
Tincry (lothr. Kant. Delme), Tinkerey
308.
Tinkerey, s. Tincry.
Tionisvilla, s. Diedenhofen.
Tiouilla, s. Diedenhofen.
Tirgartin, s. Thiergarth.
Tirlemont (belg. Prov. Brabant, Arr.
Louvain), Theuensis 355.
— s. St. Germanius.
Tirmenach, s. Dürmenach.
Titterten (schweiz. Kant. Basel-Land,
Bez. Waldenburg), Trittinten 23.
Tituuilr (lag in der Schweiz im alten
Dekanat Sisgau der D. Basel) 24.
— (S. 27), s. Dietweiler.
Togbach, s. Traubach, Ober- und Nieder-.
Tongern (belg. Prov. Limbourg, Kant.-St.),
Tongrensis 274. 357. 359. — Ton-
gris 357.
— s. Sta. Maria.
Tongrensis, s. Tongern.
Tongris, s. Tongern.
Tornacensis, s. Tournay.
Toron, s. Thorn.
Toruilleir, s. Dorsweiler.
Toul (franz. Dép. Meurthe-et-Moselle),
Tullencis, Tullensis, Tullis,

Tullum 41. 56. 63. *64. *65. 66. *67.
*68. 72. *76. 123. 148. 171. 172. 181.
*184. *221. 242. 245. 247. 249.
— Diöcese 36—37. *53. *57. 59. 61. 67.
79. 107. 109. 110. *112. *115. 119. 120.
122. 123. *125. *127. *130. *131. 132.
*134. *135. *136. 138. 139. 151—152.
*153. 171—176. 178. 180. 181. *185.
208. 209. 217. 218. *219. 220. 221. 222.
*223. *224. *225. *226. *227. *241. 242.
243. *245. 247. 306. 318. 409. 411.
— Kathedrale *36. 53. 81. 112. 123. 126.
*128. 130. *172. *173. 174. *175. 176.
*210. *211. *212. *213. *214. *215. *216.
217. *222. *223. *224. *225. *226. 227.
228. 237.
— Kirchen, s. St. Amancius, St. Aper,
Dominikanerkloster, St. Gengoult, Sta.
Genouefa, St. Georgius, St. Johannes,
Sta. Katerina, St. Laurencius, St. Leo,
St. Mansuy, Sta. Maria, Sta. Maria
Magdalena.
Toulouse (franz. Dép. Haute-Garonne),
Diöcese und Kirchenprovinz, Tholo-
sana 421. 422.
Tourinnes (zwei Ortschaften dieses Na-
mens in der alten D. Lüttich, heut. belg.
Prov. Brabant), Turinis 358.
Tournay (belg. Prov. Hennegau, Arr.
Tournay), Diöcese, Tornacensis 266.
403. *404.
Traiactensis, s. Utrecht.
Traiectensis, s. Maestricht.
— s. Utrecht.
Traiectum, s. Maestricht.
— s. Utrecht.
Trarbatensis, s. Dorpat.
Traubach, Ober- und Nieder- (elsäss.
Kant. Dammerkirch), Togbach 18.
Trebes, s. Trepki (?).
Trebezes, s. Triebsees.
Treiectensis, s. Utrecht.
Trémont (franz. Dép. Meuse, Kant. Bar-
le-Duc) 225.
Trepki (?) (preuss. Rgbz. Marienwerder,
Kr. Strasburg), Trebes 91.
Treueri, s. Trier.
Treverensis, s. Trier.
Tricastrinum, s. Saint-Paul-Trois-Cha-
teaux.
Triebsees (preuss. Rgbz. Stralsund, Kr.
Grimmen), Trebezes 94.

Trier (preuss. Rheinprov., Rgbz.-St.),
Treueri, Treverensis, 60. *64. *68.
150. 165. 184. *242.
— Diöcese und Kirchenprovinz *35. *36.
37. *38. *43. 44. 46. 50. 52. 53. 54.
*59. 65. 109. 111. 135. 141. 142. *143.
145. *147. 148. 151. 153. 154. 155. *156.
*157. 159. *161. 162. 164—166. *176.
*178. 179. 181. *183. 184. *185. 187.
189—196. 223. 240. 241. 242. *243.
*244. 245. 249. 250. *251. *252. 254.
255. 256. *319. *388. *389. *406. *407.
*408.
— Kathedrale 68. 164. 165. 166. 191. *192.
193. 194. 195.
— Kirchen, s. Sta. Maria, St. Paulinus,
St. Paulus, St. Symeon.
Trieulz, s. Trieux.
Trieux (franz. Dép. Meurthe-et-Moselle,
Kant. Audun-le-Roman), Trieulz 307.
Trikaten (Russland, Gouv. Livland) 86.
Trimbach, s. Trimmbach.
Trimmbach (schweiz. Kant. Solothurn,
Bez. Olten-Goesgen), Trimbach 25.
Trithinguen, s. Trittelingen.
Trittelingen (lothr. Kant. Falkenberg),
Trithinguen 311.
Trittinten, s. Titterten.
Saint-Trond (belg. Prov. Limbourg,
Kant.-St.), St. Trudo 275. 288. 340.
344. 363.
— s. Hl. Grab-Kirche, Sta. Maria.
Troyon (franz. Dép. Meuse, Kant. Saint-
Mihiel), Troyons 129.
Troyons, s. Troyon.
St. Trudo, s. Saint-Trond.
Truns, s. Trunz.
Trunz (preuss. Rgbz. Danzig, Kr. Elbing),
Truns 89.
Trutenhusen (ehem. im Elsafs, bei
Schlettstadt), Truthusen 40.
Truthusen, s. Trutenhusen.
Tudenhein, s. Didenheim.
Tudinium, s. Thuin.
Türkheim (elsäss. Kant. Winzenheim),
Turinkein 7.
— s. St. Jacobus.
Tullencis, s. Toul.
Tullensis, s. Toul.
Tullis, s. Toul.

Tullum, s. Toul.
Tulpetensis, s. Zülpich.
Tulpetum, s. Zülpich.
Tungenshein, s. Dingsheim.
Turinis, s. Tourinnes.
Turinkein, s. Türkheim.
Turlistorf, s. Dürlinsdorf.
Tuwicium, s. Deutz.
Tyffwilre, s. Schiffweiler.

Ueckingen[1] (?) (lothr. Kant. Diedenhofen),
Esconay 310.
Uelin, s. Fellin.
Uffheim (elsäss. Kant. Landser), Vfhein
15.
Uffholz (elsäss. Kant. Thann), Ufholz
11.
Ufholz, s. Uffholz.
St. Ulrich (elsäss. Kant. Hirsingen),
St. Ulricus 17, Priorat 188.
— Kirche in Basel 5.
St. Ulricus, s. St. Ulrich.
Ulteranum, s. Volterra.
Ultestorf, s. Helsdorf.
Ultra colles Ottonis, s. Ottensbühel,
jenseits des.
Ultra Ottensbül, s. Ottensbühel, jen-
seits des.
Umiken (schweiz. Kant. Aargau, Bez.
Brugg), Vninkon 25.
Underschwyler, franz. Underverlier
(schweiz. Kant. Bern, Bez. Delémont),
Vndersuuilr 27.
Ungarn, Ungaria 300. 381. 412. 420.
Ungersheim (elsäss. Kant. Gebweiler),
Ongershein 12.
Upladen, s. Opladen.
St. Ursecinus, s. St. Ursitz.
St. Ursitz, franz. St. Ursanne (schweiz.
Kant. Bern, Bez. Porrentruy), St. Ur-
secinus *19. 163.
Sta. Ursula, Kirche und Kloster in Köln,
XI milia Virgines 47. 325.
Usselskirch (?) (lothr. Kant. Kattenhofen),
Esconay 310.
Uticensis, s. Uzès.
Utrecht (niederländ. Prov.-Hauptst.), Tra-
iactensis, Traiectensis, Traiec-
tum, Treiectensis 60. 65. 288. 289.
*290. 333. 334.

[1] S. auch V und W.

Utrecht, Diöcese *40. 49—50. 64. 65. 69.
259. 261. 262. 263. 281—287. 288. *289.
290. *291. 292. 335. 338. *346. 353.
354. 372. 373. *392.
— Kathedrale *282. *284. 285. *286. 287.
333.
— Kirchen, s. St. Andreas, St. Georg,
St. Jacobus, St. Johannes, Hl. Kreuz,
Sta. Maria, St. Peter, St. Salvator.
Uzès (franz. Dép. Gard), Diöcese, Uticensis 238.

Vahl-Ebersing (lothr. Kant. Grofstän-
chen), Ebresanges 311.
Vahlen (lothr. Kant. Falkenberg), Walen
312.
Valcolor, s. Vaucouleurs.
Valdelavila, s. Vaudeville.
Valen., s. Valence.
Valence (franz. Dép. Drôme), Diöcese,
Valen., Valentina, Valentinensis
178. 180. 224. 243.
Valentina, s. Valence.
Valentinensis, s. Valence.
Valeriae, s. Vallières.
Valle, de (s. Suligney), Archipresb. der
alten D. Metz (Val de Metz) 304.
Valleriae, s. Vallières.
Valles en Ornoys, s. Èvaux.
Vallières (lothr. Kant. Metz), Valeriae
126. — Valleriae *304.
Vallis sancti Amariani, s. St. Amarin.
Vallis Color, s. Vaucouleurs.
Vallis Dei, s. Gottesthal.
Vallis sancti Gregorii, s. Münster.
Vallis Masonis, s. Masmünster.
Valmünster (lothr. Kant. Bolchen), Wal-
munstre 314.
Valpacum (Walbach (?) oder Wahlbach (?);
s. diese Namen) 188.
Vandelainville (franz. Dép. Meurthe-
et-Moselle, Kant. Thiaucourt), Wan-
delenuilla 308.
St. Vanne, ehemalige Abtei in Verdun,
St. Vitonus 118. 234. 239.
Vantoux (lothr. Kant. Metz), Vantouz 305.
Vantouz, s. Vantoux.
Vapey, s. Woippy.
Varangèville (franz. Dép. Meurthe-et-
Moselle, Kant. Saint-Nicolas), Varenge-
villa, Priorat 113. — Warengey-
uilla 215.

Varengevilla, s. Varengéville.
Vaucouleurs (franz. Dép. Meuse, Kant.-
Hauptort), Valcolor 66. — Vallis
Color, Priorat 66. *114.
Vaudeville (mehrere Ortschaften dieses
Namens in der alten D. Toul), Valde-
lavila, Priorat 113.
Vaule, s. Well (?).
Vbergavilla, s. Vergaville.
Vbolheskirchen, s. Wiebelskirchen.
Vekesheim, s. Ixheim.
St. Vdalricus, Altar der Kirche in Velt-
heim 25.
Vecebetingon (= Vetus Bettingen?),
s. Altbettingen (?).
Velfalia, s. Westfalen.
Vellouena, s. Villers-aux-Vents (?).
Velpach, s. Feldbach.
Veltheim (schweiz. Kant. Aargau, Bez.
Brugg), Velthein 25.
— s. Sta. Gisela, St. Johannes, St. Vdal-
ricus.
Velthein, s. Veltheim.
Veltkilch, s. Feldkirch.
Venciae, s. Venedig.
Venecia, s. Venedig.
Venecie, s. Venedig.
Venedig (ital. Prov.-Hauptst.), Civitas
Venetorum 44. — Venciae 382. —
Venecia 382. — Venecie *382.
399. — Venetiae 63. — Veneycia 81.
Venetiae, s. Venedig.
Veneycia, s. Venedig.
Venilleyum, s. Vigneulles-lès-Hatton-
châtel.
Ventos, s. Fentsch.
Verden (preuss. Prov. Hannover, Kreis-St.,
Lddr. Stade), Diöcese, Verdensis 69.
— Kathedrale 392.
— s. St. Andreas.
Verdensis, s. Verden.
Verdun (franz. Dép. Meuse, Arr.-St.), Ver-
dunensis, Verdunum, Verdurium,
Virdunensis, Virdunum 64. *67. 76.
*119. 138. 148. 169. 170. 181. *184. 227.
228. 242. 244. 247. *249.
— Diöcese *38. *54. 61. 69. 76. 107. 118.
*119. *125. *127. *129. *131. 134—135.
137. *138. 139. 147. 152—*153. 168—
171. *178. 181. *185. 227—240. 241.
242. 243. 245. 318. 396. 397. 409. 411.
416.

Verdun, Kathedrale 118. 127. *129. 130.
*134. *168. *171. *228. *229. *230. *231.
*232. *233. *234. *235. *236. *237. *238.
*239. *240.
— Kirchen, s. St. Amancius, Augustiner-
kloster, St. Jacobus, Hl. Kreuz, Sta. Mar-
garita, Sta. Maria Magdalena, Sta. Martha,
St. Maurus, St. Medardus, St. Nicolas-
des-Près, St. Paulus, St. Pierre-l'Angelé,
St. Stephanus, St. Vanne.
Verdunensis, s. Verdun.
Verdunum, s. Verdun.
Verdurium, s. Verdun.
Vergaville (lothr. Kant. Dieuze), ehe-
maliges Frauenstift, Bargavilla 117. —
Vbergavilla 150. — Virgavilla
116. — Wergauilla 303. 313.
— Archipresbyterat der D. Metz 313.
Verticke, s. Vertryck.
Vertigneicourt (zerstörte Ortschaft; lag
bei Puttigny, lothr. Kant. Château-Sa-
lins) 312.
Vertina, s. Pfermund.
Vertonnum, s. Virton.
Vertryck (belg. Prov. Brabant, Kant. Tirle-
mont), Verticke 354.
— s. Sta. Maria.
Veruier, s. Verviers.
Verviers (belg. Prov. Lüttich, Kant. Ver-
viers), Veruier 273.
Vesacum, s. Vesaignes-sous-Lafauche.
Vesaignes-sous-Lafauche (franz. Dép.
Haute-Marne, Kant. Saint-Blin), Vesa-
cum 212.
Vessenhein, s. Fessenheim.
Vffeyum, s. Ouffet.
Vfhein, s. Uffheim.
Vianna, s. Wien.
Viannia, s. Wien.
Vic (lothr. Kant.-St.) 309. — Vicus *109.
116. 122. 134. 135. 140. 141. *142.
*143. 144. 167. 198. 206. — Priorat 302.
303.
— Archidiakonat der alten D. Metz 147.
Vicegradensis, s. Wischehrad.
Vicemburg, s. Weissenburg.
Vicus, s. Vic.
St. Victor, Kirche in Mainz 55.
— Pfarrkirche in Metz 304.
Vienna, s. Vienne.
Vienne (franz. Dép. Isère), Diöcese und
Kirchenprovinz 161. — Vienna 186.

246. 248. — Viennensis *156. *157.
162. 176. *178. 181. 183. 186. 187. 243.
244. 245. 250. *251. *252. *254. 255.
256. 319. *427. *428. 429.
Viennensis, s. Vienne.
— s. Wien.
Vigey, s. Vigy.
Vigneulles-lès-Hattonchâtel (franz.
Dép. Meuse, Kant.-Hauptort), Venil-
leyum 129.
Vigy (lothr. Kant.-St.) 305. — Vigey 314.
Vilcort, s. Villacourt.
Viler, s. Epauvillers.
Vilhans, s. Villance.
Vilicensis, s. Willich.
Villa, s. Ville-sur-Yron.
— supra Cosanssam, s. Ville-sur-Cou-
sance.
— Francha, s. Villefranche.
— prope Magenes, s. Billy-sous-Man-
giennes.
— de Nauilla, s. Chapelle sous Noville-
sur-Mehaigne.
— Stephani, s. Villey-Saint-Étienne.
— Theutonica, s. Deutschendorf.
— super Yron, s. Ville-sur-Yron.
Villacourt (franz. Dép. Meurthe-et-Mo-
selle, Kant. Bayon), Vilcort 53.
Villance (belg. Prov. Luxembourg, Kant.
St.-Hubert), Vilhans 361.
Villanoua, s. Villeneuve-lès-Avignon.
Villaris, s. Villers-Betnach.
Ville-sur-Cousance (franz. Dép. Meuse,
Kant. Souilly), Villa supra Co-
sanssam 118.
Ville-sur-Yron (franz. Dép. Meurthe-et-
Moselle, Kant. Conflans), Villa super
Yron 313. — Villa 130.
Villedeceint (in der alten D. Strafs-
burg) 41.
Villefranche (franz. Dép. Yonne), Villa
Francha 175.
Villeirs, s. Villers-lès-Moivron.
Villeneuve-lès-Avignon (franz. Dép.
Gard, Kant.-Hauptort), Villanoua 340.
— s. Karthäuserkloster.
Villers-Betnach (lothr. Kant. Vigy),
ehemalige Abtei der D. Metz, Villaris
117. — Villeryum 303.
Villers-lès-Moivron (franz. Dép.
Meurthe-et-Moselle, Kant. Nomeny),
Villeirs 308.

Villers-aux-Vents (?) (franz. Dép. Meuse, Kant. Revigny), Vellouena 215.
Villeryum, s. Villers-Betnach.
Villey-Saint-Étienne (franz. Dép. Meurthe-et-Moselle, Kant. Domèvre), Villa Stephani 153.
Villeyum, Priorat der alten D. Toul 113.
St. Vincencius, s. St. Vincentius.
St. Vincentius, ehemalige Abtei in Metz 148. 301. 302. — St. Vincencius 116.
Vinerijs, s. Viviers.
Virdunensis, s. Verdun.
— s. Werden.
Virdunum, s. Verdun.
Virgavilla, s. Vergaville.
Virnospec, s. Weinsberg.
Virton (belg. Prov. Luxemburg), Vertonnum 194.
Viscegradensis, s. Wischehrad.
Viseit, s. Weset.
Viselis, s. Fislis.
Visetensis, s. Weset.
Vitavilla, s. Vittarville.
Vitellum, s. Vittel.
St.-Vith (preuss. Rheinprov., Kr. Malmedy), St. Vitus 278. 280.
St. Vitonus, s. St. Vanne.
Vitrey, s. Wallingen.
Vittarville (franz. Dép. Meuse, Kant. Damvillers), Vitavilla 153.
Vittel (franz. Dép. Vosges, Kant.-St.), Vitellum 112. 128. 211. *213. 228.
— s. St. Benignus, St. Privatus.
Vittoncourt (lothr. Kant. Falkenberg), Witoncourt 311.
St. Vitus, Pfarrkirche in Metz 304.
— s. St. Vith.
Viuarium, s. Viviers.
Vivariensis, s. Viviers.
Viviers (franz. Dép. Ardèche), Diöcese, Viuarium, Vivariensis 110. *111. 122. 178. 180. 243.
— (lothr. Kant. Delme), ehemaliges Priorat, Vineriis 117. — Viviers 303.
Vix oder Viques (schweiz. Kant. Bern, Bez. Delémont) 27.
Vndersuuilr, s. Underschwyler.
Vninkon, s. Umiken.
Voegtlingshofen (elsäss. Kant. Colmar), Vokelishouen 13. — Volclishouen 13.

Vöcklingen (preuss. Rheinprov., Kr. Saarbrücken), Weckelinguen 317.
Völlerdingen (elsäss. Kant. Saar-Union), Willderdinguen 316.
Vokelishouen, s. Voegtlingshofen.
Volclishouen, s. Voegtlingshofen.
Volgelsheim (elsäss. Kant. Neubreisach), Volkholzhein 9.
Volkein (unbek. in der Schweiz im alten Dekanat Sisgau der D. Basel) 23.
Volkensberg (elsäss. Kant. Landser), Volkolsperg 21. — Volkorzpech 21.
Volkholzhein, s. Volgelsheim.
Volkolsperg, s. Volkensberg.
Volkorzpech, s. Volkensberg.
Volkringen (lothr. Kant. Diedenhofen), Walkerangez 310.
Volterra (ital. Prov. Pisa), Ulteranum 419. — Vulteranum 419.
Vormassia, s. Worms.
Vormassiensis, s. Worms.
Vormatia, s. Worms.
Vorscoirvelde (lag in der alten D. Lübeck) 385.
Vulteranum, s. Volterra.
Vrbeis (elsäss. Kant. Schnierlach) 8.
St. Vreissinus, s. St. Ursecinus.
Vrechen, s. Frechen.
Vrgesti, s. Augst.
Vrigina in nemore (lag in der alten D. Trier) 193.
Vrsern, s. Hüsseren.
Vryshem, s. Friesheim.
Vsinga, s. Hüssingen.
Vtingen, s. Jettingen.

Wackewilre, s. Wiesweiler.
Wacwerden, s. Waddewarden.
Waddewarden (Oldenburg, A. Jever), Wacwerden 93.
Wadenhoy (in der alten D. Lüttich) 362.
Wadrich, s. Wallerchen.
Wahlbach (elsäss. Kant. Landser), Walpach 18.
Waibelskirchen, franz. Warize (lothr. Kant. Bolchen), Werrise *310. 311.
Walbach (elsäss. Kant. Winzenheim), Walpach 9.
Sainte-Walburge (Kapelle bei Lüttich, heutige Vorstadt von Lüttich), Sta. Walburgis 339. 343. 359.

Sta. Walburgis, s. Sainte-Walburge.
Walde, Alten- (?) (hannov..A. Dorum), Wolda 72.
— s. St. Johannes.
Waldkirch (in der Schweiz, nördlich von der Aar zwischen Solothurn und Stüsslingen; s. »Monuments de l'ancien évêché de Bâle«, I, S. LXXXV), Walchilch 24.
Waldmohr (bayr. Pfalz, Bez.-A. Zweibrücken), Mora 318.
Walen, s. Vahlen.
St. Walfridus, s. Wölferdingen.
Walheim (elsäss. Kant. Altkirch), Krispingen 16.
Walkerangez, s. Volkringen.
Wallerchen, franz. Vaudreching (lothr. Kant. Busendorf), Wadrich 314.
Wallingen, franz. Vitry (lothr. Kant. Diedenhofen), Vitrey 307.
Walmunstre, s. Valmünster.
Walmustre, s. Wolmünster.
Walpach (S. 18), s. Wahlbach.
— (S. 9), s. Walbach.
Walsburen, s. Walschbronn.
Walschbronn (lothr. Kant. Wolmünster), Walsburen 315.
Walscheid (lothr. Kant. Saarburg), Walscheit 314.
Walscheit, s. Walscheid.
Walteinga, s. Helleringen.
Walting (?) (Bayern, Mittelfranken, Bez.-A. Eichstätt), Wrdingen 42. — Wudingen 42.
Waltringa, s. Helleringen.
Wamel (preuss. Rgbz. Arnsberg, Kr. Soest) 326.
Wandelenuilla, s. Vandelainville.
St. Wandelinus, s. St. Wendel.
Wangen (schweiz. Kant. Solothurn, Bez. Olten) 24.
Wappey, s. Woippy.
Warc, s. Warcq.
Warcq (franz. Dép. Meuse, Kant. Étain), Warc 125.
Warengeyuilla, s. Varangéville.
Warize (Warisia), Archipresbyterat der alten D. Metz 310—311. — Jerrasia 116. — Werrise 310. 311 (s. Waibelskirchen).
Warmiensis, s. Ermeland.
Warno Villariensis, ehemalige Abtei

der alten D. Metz (lag an der Blies, zwischen Homburg und Zweibrücken, bayr. Pfalz) 117. — Wernouillerium 303.
Warsvilre, s. Farschweiler.
Warswilre, s. Farschweiler.
Wasege, s. Wasseiges.
Waseghe, s. Wasseiges.
Wasseiges (belg. Prov. Lüttich, Kant. Avennes), Wasege 277. — Waseghe 276.
— s. St. Mauricius.
Wassenberch (S. 359), s. Wassenberg.
— (S. 7), s. Wasserburg.
Wassenberg (preuss. Rheinprov., Kr. Heinsberg), Wassenberch 359.
Wasserbillig (luxemburg. Kant. Grevenmachern), Wasserpilche 191.
Wasserburg (elsäss. Kant. Münster), Wassenberch 7.
Wasserpilche, s. Wasserbillig.
Watflet, s. Wetzlar.
Wattweiler (elsäss. Kant. Thann), Watuuilr 13.
Watuuilr, s. Wattweiler.
Wauilla, s. Waville.
Waville (franz. Dép. Meurthe-et-Moselle, Kant. Chambley), Wauilla 307.
Weckelinguen, s. Vöcklingen.
Weckersweiler (?) (lothr. Kant. Finstingen), Wig 316.
Wedel (Holstein, Kr. Pinneberg), Wedela 92.
Wedela, s. Wedel.
Wegensteten, s. Wegenstetten.
Wegesteten, s. Wegenstetten.
Wegenstetten (schweiz. Kant. Aargau, Bez. Rheinfelden), Wegensteten 29. — Wegesteten 26.
Weier-im-Thal (elsäss. Kant. Münster), Wilre 9.
Weilburg (preuss. Rgbz. Wiesbaden, Amt-St.), Wilbrug 164.
Weiler (elsäss. Kant. Thann), Wilr 19.
— (elsäss. Kant. Altkirch), Wilr 15. 18.
— (lothr. Kant. Grofstänchen), Wilre 124. 130. 149. 311.
Weinsberg (lothr. Kant. Metzerwiese), Virnospec 124.
Weinzeuuilr, s. Wenzweiler.
Weissenburg (unterelsäss. Kreis-St.), Vicemburg *61.

Weifskirch (elsäss. Kant. Hüningen), Wiskilch 22. 29.

Weifskirchen (lothr. Kant. Dieuze), Alba ecclesia 309.

Well (?) (niederländ. Prov. Gelderland), Vaule 48.

Welteringuen, s. Helleringen.

Weltpach, s. Feldbach.

Welun (?), Wileny (?) (zerstörte Ortschaft, Herzogt. Kurland), Wemela 88.

Wemela, s. Welun (?).

St. Wendel (preuss. Rheinprov., Kreis-St.), St. Wandelinus 317.

Wenzweiler (elsäss. Kant. Landser), Weinzeuuilr 21.

Werden (preuss. Rgbz. Düsseldorf, Kr. Essen), ehemalige Abtei 47. — Virdunensis 47. — Werdensis 331. 332. 343. 344. 345.

Werdensis, s. Werden.

Werenboltzkirchin, s. Wermelskirchen.

Werflariensis, s. Wetzlar.

Wergauilla, s. Vergaville.

Wermelskirchen (preuss. Rgbz. Düsseldorf, Kr. Lennep), Werenboltzkirchin 325.

Wernouillerium, s. Warno Villariensis.

Werrise, s. Waibelskirchen (Warize).

Wesben, s. Wiesbaum.

Weset (belg. Prov. Lüttich, Kant. Dalhem), Viseit 273. — Visetensis 265. 271. 274. 280. 339. 341. 348. 357. 362. — s. St. Hadelinus.

Westalden, s. Westhalten.

Westfalen, Velfalia 69.

Westhalten (elsäss. Kant. Rufach), Westalden 13.

Wetelshein, s. Wettolsheim.

Wettolsheim (elsäss. Kant. Winzenheinff, Wetelshein 7. — Wezelshein 7. — s. Hl. Kreuz, Sta. Maria.

Wetzlar (preuss. Rgbz. Koblenz, Kreis-St.), Watflet 190. — Werflariensis 165.

Wezelshein, s. Wettolsheim.

Widergeisen, s. Würges.

Widoye (belg. Prov. Limbourg, Kant. Tongern), Wydoc, Propstei 372. — Wydoy 344. 348. 356.

Wiebelskirchen (preuss. Rheinprov., Kr. Ottweiler), Vbolheskirchen 149. — Wilkeschircheim 318.

Wien (Hauptst. von Österreich), Vianna 64. — Viannia 78. — Viennensis 45. — Wiennensis'46.

Wiennensis, s. Wien.

Wiesbaum (preuss. Rgbz. Trier, Kr. Daun), Wesben 332.

Wiesweiler (lothr. Kant. Saargemünd), Wackewilre 315.

Wig, s. Weckersweiler (?).

Wijngaarden (niederländ. Prov. Süd-Holland), Wungarde 286.

Wilburg, s. Weilburg.

St. Wilheadus, Kirche in Bremen *93.

Wilhersi, s. Willerzie.

Wilkeschircheim, s. Wiebelskirchen.

Willderdinguen, s. Völlerdingen.

Willerzie (belg. Prov. Luxembourg), Wilhersi 276.

Willich (preuss. Rgbz. Düsseldorf, Kr. Krefeld), Vilicensis 330. — s. Sta. Maria.

Willieres (mehrere Ortschaften dieses Namens in der alten D. Trier) 164.

Willingen (lothr. Kant. Busendorf), Willinguen 311.

Willinguen, s. Willingen.

Wilr, s. Weiler.

Wilre (S. 9), s. Weier-im-Thal. — (S. 124 u. s. w.), s. Weiler.

Wilster (Holstein, Kr. Steinburg), Wilstria 92.

Wilstria, s. Wilster.

Winkel (elsäss. Kant. Pfirt) 19.

Winterheim, s. Wittersheim.

Winteringuen (S. 311), s. Wintringen. — (S. 317), s. Wittringen.

Wintersburg (lothr. Kant. Pfalzburg), Wintesperch 314. 315.

Wintersingen (schweiz. Kant. Basel-Land, Bez. Sissach) 23.

Wintesperch, s. Wintersburg.

Wintringen (lothr. Kant. Grofstänchen), Winteringuen 311.

Winzenheim (elsäss. Kant. Winzenheim), Winzenhein 9.

Winzenhein, s. Winzenheim.

Wirmingen (lothr. Kant. Albesdorf), Wirminguen 312.

Wirminguen, s. Wirmingen.

Wischehrad (böhm. Kr. Prag), Vicegradensis *384. 385. 388. — Viscegradensis 384.

Wisconia, s. Fischau.
Wiskilch, s. Weifskirch.
Wismar (Hauptst. der gleichn. Herrsch. in Mecklenburg-Schwerin), Wismaria 96.
— s. Sta. Maria.
Wismaria, s. Wismar.
Wissen (preuss. Rgbz. Koblenz, Kr. Altenkirchen), Pratum 326.
Wissenkirchin, s. Wifskirchen.
Wifskirchen (preuss. Rgbz. Köln, Kr. Euskirchen), Wissenkirchin 323.
Witendorf, s. Wittersdorf.
Witeneuuilr, s. Witterschwyl.
Witenouue, s. Wittnau.
Witersuuilr, s. Witterschwyl.
Witlerslig, s. Witterschlick.
Witolzein, s. Wittelsheim.
Witolzhein (lag in der Schweiz im alten Dekanat Sisgau der D. Basel) 23.
Witoncourt, s. Vittoncourt.
Wittelsheim (elsäss. Kant. Sennheim), Witolzein 18.
Wittenheim (elsäss. Kant. Mülhausen), Wittenhein 13.
Wittenhein, s. Wittenheim.
Witterschwyl (schweiz. Kant. Solothurn, Bez. Dorneck-Thierstein), Witeneuuilr 26. — Witersuuilr 21.
Wittersdorf (elsäss. Kant. Altkirch), Witendorf 18.
Wittersheim (bayr. Pfalz, Bez.-A. Zweibrücken), Winterheim 317.
Witterschlick (preuss. Rgbz. Köln, Kr. Bonn), Witlerslig 324.
Wittnau (schweiz. Kant. Aargau, Bez. Laufenburg), Witenouue 26.
Wittringen (lothr. Kant. Saargemünd), Winteringuen 317.
Wlunbach, s. Fulenbach.
Wölferdingen (lothr. Kant. Saargemünd), Sanctus Walfridus 317.
Wölfiswyl (schweiz. Kant. Aargau, Bez. Laufenburg), Wolfesuuilr 27.
Woippy (lothr. Kant. Metz), Vapey 203. — Wappey 207. 305.
Woffenhein (zerstörte Ortschaft, lag bei Sundhofen, elsäss. Kant. Andolsheim) 10.
Wolda, s. Walde (?).
Woldescorpe (lag in der alten D. Bremen) 93.

Wolferhein (zerstörte Ortschaft, lag bei Heilig-Kreuz, elsäss. Kant. Colmar) 13.
Wolfeskircheim, s. Wolfskirchen.
Wolfesuuilr, s. Wölfiswyl.
Wolfganshein, s. Wolfganzen.
Wolfganzen (elsäss. Kant. Neubreisach), Wolfganshein 10.
Wolfskirchen (elsäss. Kant. Drulingen), Wolfeskircheim 316.
Wolfuesuuilr, s. Wolschweiler.
Wolfuuile, s. Wolfwyl.
Wolfwyl (schweiz. Kant. Solothurn, Bez. Balsthal), Wolfuuile 24.
Wolkeskircheim (lag im Archipresbyterat Saar-Union der alten D. Metz) 316.
Wolmünster (lothr. Kant.-St.), Walmustre 124. 315.
Wolschweiler (elsäss. Kant. Pfirt), Wolfuesuuilr 21.
Wönach, s. Wünheim.
Wormaciensis, s. Worms.
Wormassia, s. Worms.
Wormatiensis, s. Worms.
Worms (rheinhess. Kreis-St.), Vormassia, Vormassiensis, Vormatia, Wormaciensis, Wormassia, Wormatiensis *61. 68. *69. 71. 72. 73. 75. 399.
— Diöcese 54. 390. 391. 406. 407. 408.
— Kathedrale 390. 391.
— s. St. Martinus.
Wratislaviensis, s. Breslau.
Wrdingen, s. Walting (?).
Wudingen, s. Walting (?).
Wünheim (elsäss. Kant. Sulz), Wönach 13.
Würges (preuss. Rgbz. Wiesbaden, A. Idstein), Widergeisen 195.
Würzburg (Bayern, Rgbz. Unterfranken und Aschaffenburg, Hauptst.), Herbipolensis, Herbipolis *62. 69. 71. 413.
— Diöcese 41. *56. 70. 73. 74. *262. 390. *410. 415.
— Kathedrale *41.
Wungarde, s. Wijngaarden.
Wydoc, s. Widoye.
Wydoy, s. Widoye.

Xalkembach, s. Schalbach.
Xammes (franz. Dép. Meurthe-et-Moselle, Kant. Thiaucourt) 308. — Xoms 131.

Xanten (preuss. Rgbz. Düsseldorf, Kr. Mörs), Xantensis 48. 332. — Xantonensis 328.

Xantensis, s. Xanten.

Xantonensis, s. Xanten.

Xerpaimes, s. Scarponne.

Xeurey, s. Xivray.

Xivray (franz. Dép. Meuse, Kant. Saint-Mihiel), Xeurey *308.

Xoms, s. Xammes.

Xousse (franz. Dép. Meurthe-et-Moselle, Kant. Blâmont) 309.

Xulfewlre, s. Sornéville.

Yburguen, s. Ibigny.

St. Ylarius, s. St. Hilaire.

St. Ylarius Minor, Pfarrkirche in Metz 148.

Ylmunstrensis, s. Illmünster.

Ymonuille, s. Thiméville.

Ysenhein, s. Issenheim.

Yskeshusen, s. Kokenhausen (?).

Ysselmuiden (niederländ. Prov. Overijssel), Iselmude 282.

Zassingen (elsäss. Kant. Landser), Cestingen 29.

Zeiningen (schweiz. Kant. Aargau, Bez. Rheinfelden), Ceiningen 29.

Zell (elsäss. Kant. Schnierlach), Celle 8.

Zellenberg (elsäss. Kant. Kaysersberg), Cellenberg 8.

Zillisheim (elsäss. Kant. Mülhausen-Süd), Zulleshein 14.

Zimmerbach (elsäss. Kant. Winzenheim), Cimberbach 7.

Zirndorf (bayr. Bez. Nürnberg), Ciridorf 41.

Zittersdorf (lothr. Kant. Saarburg), Lyderstorf 316.

Zittert, s. Sittard.

Ziwrinensis, s. Schwerin.

Zone (wohl Seewen oder Sewen, s. diese Namen) 163.

Zozaciensis, s. Soest.

Zülpich (preuss. Rgbz. Köln, Kr. Euskirchen), Tulpetensis 327. — Tulpetum 47. — s. Sta. Maria.

Zulleshein, s. Zillisheim.

Zurinensis, s. Schwerin.

Zuwrinensis, s. Schwerin.

Zuzchon, s. Zuzgen.

Zuzgen (schweiz. Kant. Aargau, Bez. Rheinfelden), Zuzchon 26.

Zuzinken (lag in der Schweiz im alten Dekanat Sisgau der D. Basel) 23.

Zwercinensis, s. Schwerin.

Zwerinensis, s. Schwerin.

Zyfen (schweiz. Kant. Basel-Land, Bez. Liestal), Ciuennen 23.

Zusätze und Berichtigungen.

S. 9, Anm. 4: Das hier erwähnte Feldkirch besteht nicht mehr; es ist nicht identisch mit der Ortschaft gleichen Namens im Dek. diesseits des Ottensbühel (vgl. das Ortsverzeichnis).

S. 46, Zeile 5 v. u.: Das Jahr mufs offenbar 1319 sein (vgl. S. 53 und S. 65). Darum ist in Anm. 4 zu setzen: 16. Januar.

S. 54, Anm. 1 lies: 21. März.

S. 55, Anm. 2 lies: 6. Mai.

S. 79, Zeile 8 v. o. ist wahrscheinlich »15 den.« statt »14 den.« zu lesen.

S. 81, Zeile 12 v. u. lies: »Rinello« statt »Rivello«.

S. 82, Zeile 2 v. u. lies: »Viennensi« statt »Viennsi«.

S. 143, Zeile 4 v. o. ist wohl zu lesen: »et Montilii Ademari« statt »de Montilio Ademari«.

S. 202, Zeile 6 v. o. lies: »2 den.« statt »11 den.«.

S. 238, Zeile 2 v. o. lies: »I(ohannis)« statt »I(ordani)«.

S. 249, Zeile 10 v. o. lies: »Gratianopolim« statt »Gratianonopolim«.

S. 293, Zeile 7 ff. v. o. Dieser Abschnitt findet sich abgedruckt in »Vatik. Akten zur deutschen Geschichte in der Zeit Ludwigs d. B.«, S. V, Anm. 3.

S. 307, Anm. 1 lies: »Metz« statt »Briey«.

S. 308, Nr. 17 lies: »Tantelenuilla« statt »Tautelenuilla«.

S. 348, Zeile 16 lies: »Helie« statt »Henrico«.

S. 405, Anm. 1 lies: »Bertram Cremon« statt »Johann Tralowe (Tralau)«.

S. 409, Zeile 9 v. o. soll der Name des Bischofs »Theodorico« statt »Henrico« heifsen.

S. 441. Zum Personen-Verzeichnis bemerke ich, dafs ich einzelne der darin vorkommenden Ortsnamen beim Drucke desselben noch nicht identifiziert hatte, es jedoch später thun konnte für das Orts-Verzeichnis. Ich bitte deshalb die Angaben über Ortsnamen nach dem letzteren zu kontrollieren.

S. 445, Kol. 2, Zeile 9 v. u. ist das Komma nach Johannes zu streichen.

S. 451, Kol. 1, Zeile 12 v. o. ist nach »Ducarii« einzuschieben: »Ducello, s. Walterus«.

S. 456, Kol. 1, Zeile 18 v. u. lies: »Godulphus« statt »Godulpus«.

» Zeile 5 v. u. lies: »Gomterii« statt »Gonlerii«.

S. 461, Kol. 1, Zeile 22 v. o. ist statt des Querstriches »Hubertus« zu setzen.

S. 491, Kol. 1, Zeile 6 v. o. lies: »St. Salvator« statt »Erlöserkirche«.

S. 495, Kol. 2, Zeile 8 v. o. Es ist nicht dieses »Bakel«, sondern die gleichnamige Ortschaft in der holl. Prov. Brabant gemeint.

S. 502, Kol. 1, Zeile 15 v. o. lies: »Beurey« statt »Burcy«.

S. 516, Kol. 1 ist zu »Ham-unter-Varsberg« hinzuzufügen: »Amps 123«.

Inhalts-Verzeichnis.

Seite

Vorwort . . . . VII—X

Einleitung . . . . XI—LXXVIII

Lage des Papsttums im XIV. Jahrhundert. S. XI—XIII. — Die
Abgaben. S. XIII—XXX. — Die Kollektoren. S. XXX—XLVIII. —
Erhebung der Abgaben und Buchführung. S. XLIX—LIX. — Über-
mittlung der Gelder an die Kammer und Rechnungsablage. S. LIX—
LXXI. — Die Münzsorten. S. LXXI—LXXVIII.

Rechnung des Subkollektors für die Diöcese Basel, Heinrich, Propst von
St. Peter in Basel, über einen vom Papste auferlegten dreijährigen
Zehnten. Um 1302—1304 . . . . 1—32

Rechnung der Kollektoren Petrus Durandi und Bernardus de Montevalrano
über ihre Einnahmen und Ausgaben in den Jahren 1317—1320 . . 33—82

Rechnung des Kollektors Jacobus de Rota über seine Einnahmen und Ausgaben in den Kirchenprovinzen Bremen und Riga. 1317—1320 . . 83 – 105

Rechnung des Kollektors Petrus Guigonis (alias Moreti) de Castronovo über
seine Einnahmen und Ausgaben in den Diöcesen Metz, Toul und Verdun.
1327—1334 . . . . 107—144

Rechnung und Bericht des Kollektors Johannes Ogerii, decanus Belnensis,
über seine Thätigkeit in der Trierer Kirchenprovinz. 1338—1339 . . 145—157

Rechnungen des Kollektors Gerardus de Arbenco über seine Einnahmen und
Ausgaben in der Kirchenprovinz Trier und der Diöcese Basel während
der Jahre 1342—1355 . . . . 159—257

Rechnung des Kollektors Johannes de Casleto über seine Einnahmen in
den Diöcesen Köln, Lüttich und Utrecht vom 21. Juni 1345 bis
28. Februar 1348 . . . . 259—295

Rechnung des Kollektors für die Diöcese Metz, Johannes de Hoyo, Primicerius der Kathedrale in Metz, abgelegt am 20. November 1361 . . 297—319

Rechnung des Kollektors für die Erzdiöcese Köln, Florentius de Wevelinghoven, Subdekan der Kathedrale in Köln. 1360—1364 . . . . . 321—334

Rechnung des Kollektors für die Diöcesen Köln, Lüttich und Utrecht, Sigerus
de Novolapide, Dekan von S. Servatius in Maestricht. 1367—1371 . 335—377

Seite

Anweisungen der von verschiedenen Kollektoren in Deutschland erhobenen
    Gelder an die Camera. 1309—1377 . . . . 379—416
Beilagen . . . . 417—439
        1. Ausgaben für Boten an Kollektoren der apostolischen Camera
    in Deutschland und für Anfertigung der Verzeichnisse von Pfründen,
    welche an solche geschickt wurden. S. 419—420. — 2. Notarieller
    Akt über Ablieferung von Benefiziengeldern. S. 421—422. — 3. Brief
    des Kollektors der Diöcese Strafsburg, Johannes de Lampertheim, an
    den Kammerkleriker Eblo de Mederio. S. 423. — 4. Anfragen betreffs
    verschiedener zweifelhafter Fälle in Erhebung von Annatengeldern
    und Entscheidungen derselben. S. 423—425. — 5. Prozesse des Kol-
    lektors Petrus Durandi in Basel (1306). S. 425—439.
Personen-Verzeichnis . . . . 441—490
Orts-Verzeichnis . . . . 491—559
Zusätze und Berichtigungen   560

———<⧫⬥⧫———

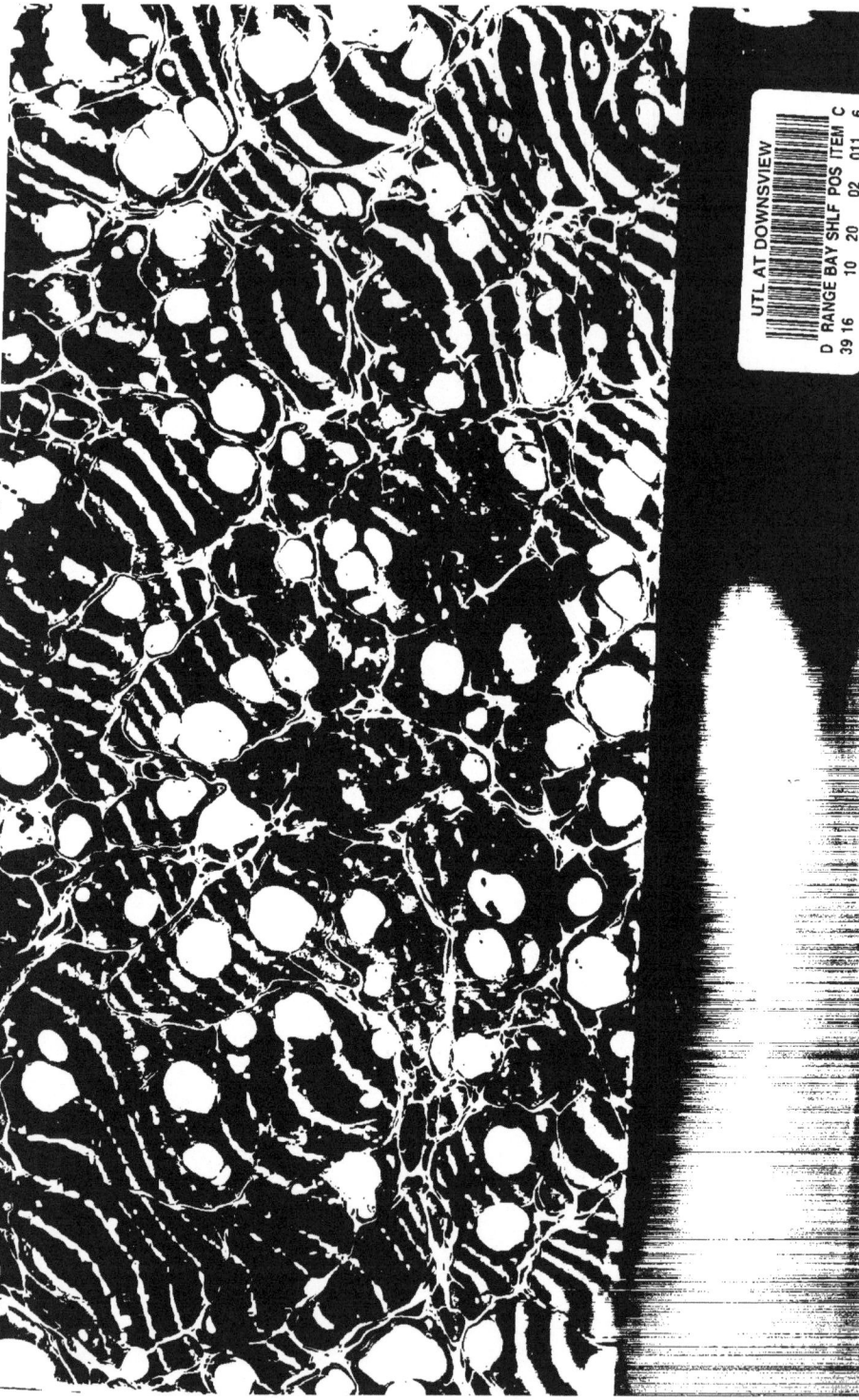